“十二五”普通高等教育本科国家级规划教材

发育生物学

尤永隆　林丹军　张彦定　主编

科学出版社

北　京

内 容 简 介

本书是发育生物学的基础教材，包括动物胚胎发育的简要过程、发育的基本原理、三胚层分化和器官发生的机制等三个部分，共14章。其中，动物胚胎发育过程是发育生物学的基础，学生只有了解了动物胚胎发育过程，才能理解发育的机制；掌握动物发育的基本原理有助于学生理解各器官系统的发生；介绍三个胚层的分化和各相关器官的发育机制，可使学生对器官发育的机制有一个初步的了解。

本书是在编者长期使用的发育生物学讲义的基础上重新编写的，可用作高等院校生物科学专业和生物技术专业的本科生教材，也可供发育生物学专业的研究生和从事相关专业的科研人员参考。

图书在版编目(CIP)数据

发育生物学/尤永隆，林丹军，张彦定主编. —北京：科学出版社，2011. 6
(“十二五”普通高等教育本科国家级规划教材)
ISBN 978-7-03-031164-1

Ⅰ. ①发… Ⅱ. ①尤…②林…③张… Ⅲ. ①发育生物学-高等学校-教材
Ⅳ. ①Q132

中国版本图书馆 CIP 数据核字(2011)第 096270 号

责任编辑：丛 楠 刘 晶 / 责任校对：张怡君
责任印制：赵 博 / 封面设计：谜底书装

科学出版社出版
北京东黄城根北街16号
邮政编码：100717
http://www sciencep com
固安县铭成印刷有限公司印刷
科学出版社发行 各地新华书店经销
*
2011年6月第 一 版 开本：787×1092 1/16
2025年6月第十二次印刷 印张：20 1/2
字数：500 000

定价：78.00 元

(如有印装质量问题，我社负责调换)

前　言

发育生物学既是一门古老的学科，又是一门正在蓬勃发展的学科。说它古老，是因为早在2000多年前，人们就已经对动物的发育进行了研究。自从古希腊的希波克拉底、亚里士多德开始研究鸡的胚胎发育以来，人们对发育之谜从来就没有失去过兴趣。但是在这漫长的研究过程中，由于研究手段所限，人们对发育机制的研究一直没有重大的突破。从20世纪七八十年代起，由于生物化学、细胞生物学和分子生物学等学科的发展，大量新的研究方法应用于胚胎发育的研究，发育生物学因此取得了巨大的进展。特别是90年代以来，发育机制的研究日新月异，硕果累累。但是，尽管如此，发育生物学领域仍然存在着许多有待解决的问题，发育生物学仍然是生命科学领域中最具挑战性的学科之一。因此，在高等院校生物科学专业开设"发育生物学"课程就显得非常必要。

本书编写的指导思想是在介绍动物胚胎发育过程的基础上阐明发育的机制。第一章是绪论，其余章节分为三个部分。第一部分是第二章至第六章，简要叙述动物胚胎发育过程，包括生殖细胞的发生、受精过程及早期发育，在这一部分也对动物早期发育的机制进行简要的阐述。动物胚胎学是发育生物学的基础，学生只有了解了动物胚胎发育过程，才能理解发育的机制。现在，我国高等院校生物科学专业的学生多数没有学过动物胚胎学，对动物胚胎发育过程缺乏最基本的了解。因此，本书有必要对动物早期胚胎发育作简要的介绍，否则，介绍发育机制就成了建设空中楼阁。第二部分是第七章至第十章，简要阐述动物发育的基本原理，掌握这些基本原理有助于学生理解各器官系统的发生。第三部分是第十一章至第十四章，简要介绍三个胚层的分化和各相关器官的发育机制，让学生对器官发育的机制有一个初步的了解。

本书编者的工作单位福建师范大学生命科学学院在发育生物学的教学和科研方面具有悠久的历史和深厚的基础。我院(生物系)自成立以来，就一直开设动物胚胎学课程。我国著名的鸟类学家郑作新院士于20世纪三四十年代在我院前身福建协和大学生物系工作期间，就是从事胚胎学的教学和科研工作的。编者的恩师、我国发育生物学领域的前辈丁汉波教授自20世纪40年代开始，也一直在我院从事胚胎学的教学和动物发育的研究工作。我院发育生物学教学课程除了讲授理论课之外，还坚持进行实验教学，这也是我院发育生物学教学有别于国内许多开设发育生物学课程的学校之处。本书编者长期从事发育生物学的教学和科研工作，本书就是在我院学生使用多届的发育生物学讲义的基础上重新编写而成的。

本书可供高等院校生物科学专业和生物技术专业的本科生学习发育生物学课程使用，也可供发育生物学专业的研究生和从事相关专业的科研人员参考。本书尚存许多不足之处，有待再版时加以订正。

尤永隆　林丹军　张彦定

2010年12月

目　　录

前言

第一章　绪论 …… 1

第一节　发育生物学发展简史 …… 1

一、描述性胚胎学 …… 1

二、比较胚胎学 …… 2

三、细胞胚胎学 …… 3

四、实验胚胎学 …… 4

五、化学胚胎学和分子胚胎学 …… 5

六、发育生物学 …… 6

第二节　发育生物学研究的范围 …… 7

一、发育的简要过程 …… 7

二、发育生物学研究的模式动物 …… 8

三、发育生物学研究的主要问题 …… 10

第三节　发育生物学的应用前景 …… 10

一、在农牧业上的应用 …… 10

二、在医学上的应用 …… 11

第二章　配子发生 …… 14

第一节　精子发生 …… 15

一、精子发生过程 …… 15

二、精子结构 …… 22

三、精子发生过程中的调节 …… 24

第二节　卵子发生 …… 27

一、两栖类的卵子发生 …… 28

二、昆虫的卵子发生 …… 34

三、鸟类的卵子发生 …… 37

四、哺乳类的卵子发生 …… 39

五、卵子发生过程的基因表达 …… 41

六、卵子发生的激素调节 …… 44

七、卵子的类型和卵膜 …… 46

第三章　受精 …… 49

第一节　精卵相遇和识别 …… 49

一、精子运动的激活 …… 49

二、精子趋近卵子 …… 50

三、精子穿过卵膜 …… 52

第二节　精卵质膜融合 …… 55

一、海胆的精卵融合 …… 55

二、哺乳类的精卵融合 …… 56

第三节　卵子代谢的激活 …… 58

一、早期反应 …… 58

二、晚期反应 …… 64

第四节　雌雄原核的结合 …… 65

一、海胆受精卵中雌雄原核的融合 …… 65

二、哺乳类受精卵中雌雄原核的结合 … 67

第五节　受精卵细胞质的重新分布 …… 68

一、被囊动物黄色新月的产生 …… 68

二、两栖类灰色新月的产生 …… 69

第四章　卵裂 …… 71

第一节　卵裂的模式 …… 71

一、辐射对称型卵裂 …… 72

二、螺旋型卵裂 …… 74

三、两侧对称型卵裂 …… 75

四、转动型卵裂 …… 76

五、盘状卵裂 …… 80

六、表面卵裂 …… 84

第二节　卵裂的调节 …… 85

一、卵裂周期的特点 …… 85

二、细胞骨架在卵裂中的作用 …… 86

三、新质膜的形成 …… 88

第五章　原肠胚形成 …… 89

第一节　秀丽隐杆线虫的原肠胚形成 … 90

第二节　果蝇的原肠胚形成 …… 91

第三节　海胆的原肠胚形成 …… 93

一、初级间充质细胞内移 …… 93

二、形成原肠 …… 94

三、原肠的伸长和次级间充质细胞内移 …… 96

第四节　鱼类的原肠胚形成 …… 96

一、胚盘细胞的外包 …… 96

二、胚层的形成 …… 98

第五节　两栖类的原肠胚形成 …… 98

一、非洲爪蟾囊胚的原基分布图 …… 99

二、胚孔的形成 …… 100

三、边缘带的内卷和胚孔形状的改变 …… 101
四、外胚层的外包和胚孔下内胚层的运动 …… 103
第六节 鸟类的原肠胚形成 …… 103
一、原基分布图 …… 104
二、原条的形成 …… 104
三、内胚层和中胚层的形成 …… 105
四、外胚层的外包和原条的退缩 …… 107
第七节 哺乳类的原肠胚形成 …… 107
一、植入 …… 108
二、原肠胚形成的细胞运动 …… 109
第六章 胎膜和胎盘 …… 115
第一节 鸡胚的胎膜 …… 115
一、羊膜和浆膜 …… 115
二、卵黄囊 …… 117
三、尿囊 …… 117
第二节 人胚的胎膜和胎盘 …… 118
一、胎膜 …… 118
二、胎盘 …… 120
第七章 形态发生的细胞学基础 …… 123
第一节 胚胎细胞运动的基础 …… 123
一、细胞骨架 …… 124
二、细胞和基质的黏着 …… 127
三、细胞间的黏着 …… 132
第二节 胚胎细胞的运动 …… 137
一、上皮细胞的运动 …… 137
二、间充质细胞的运动 …… 138
三、细胞运动方向的调节 …… 139
第三节 胚胎细胞的死亡和增殖 …… 140
一、程序性细胞死亡 …… 140
二、细胞的增殖 …… 142
第四节 干细胞 …… 143
一、干细胞的分类 …… 143
二、胚胎干细胞 …… 144
三、成体干细胞 …… 146
第八章 基因组的恒定性与差异的基因表达 …… 149
第一节 细胞核机能分析 …… 149
一、两栖类的细胞核移植 …… 150
二、哺乳类的细胞核移植 …… 152
三、发育中基因组的恒定性 …… 154
第二节 分化细胞基因组的改变 …… 155
一、基因扩增 …… 155
二、基因删除 …… 156
三、基因失活 …… 157
第三节 差异的基因表达 …… 159
一、差异的基因转录 …… 160
二、差异的 RNA 加工 …… 168
三、mRNA 翻译的调控 …… 173
四、基因表达的翻译后调节 …… 178
第九章 胚胎细胞命运的决定 …… 180
第一节 形态发生决定子和自主特化 …… 180
一、秀丽隐杆线虫早期发育中的自主特化 …… 181
二、马蛔虫发育中的自主特化 …… 182
三、极叶与软体动物中胚层器官的形成 …… 182
四、极质与昆虫极细胞的形成 …… 183
五、海胆小分裂球的自主特化 …… 184
六、黄色新月与被囊动物肌肉的形成 …… 185
第二节 位置信息和条件特化 …… 186
一、秀丽隐杆线虫胚胎细胞的条件特化 …… 188
二、位置信息与果蝇小眼 R7 细胞的形成 …… 188
三、位置信息与海胆胚胎细胞的条件特化 …… 189
四、位置信息与脊椎动物体节细胞的分化 …… 190
五、哺乳类胚胎滋养层和内细胞团细胞的决定 …… 191
第三节 合胞特化 …… 191
第四节 诱导:胚胎细胞的相互作用 …… 192
一、初级诱导 …… 192
二、诱导的基本特点 …… 195
三、上皮和间充质的相互作用 …… 197
第五节 诱导信号 …… 198
一、旁分泌信号 …… 199
二、近分泌信号 …… 205
第六节 中胚层诱导 …… 206

一、非洲爪蟾的中胚层诱导 ………… 206
二、中胚层诱导的特征………………… 206
三、中胚层的分化 …………………… 207
第十章 果蝇胚胎体轴的建立 ………… 212
第一节 果蝇胚胎前后轴的形成 …… 212
一、母体基因指导前后轴的分化 …… 213
二、合子基因调节胚胎前后轴的进一步分化 ……………………………… 218
第二节 同源异型基因参与前后轴的形成 ………………………………… 222
一、HOM基因表达的特点 ………… 223
二、HOM基因指导体节的分化 …… 224
三、HOM基因指导附肢的分化 …… 225
第三节 果蝇胚胎背腹轴的形成 …… 227
一、卵母细胞和滤泡细胞之间的信号传递……………………………… 227
二、胚胎细胞核中Dorsal蛋白梯度的建立 ……………………………… 228
三、合子基因在背腹轴上的差异表达 … 229
第十一章 外胚层的分化和相关器官的发生 ………………………… 231
第一节 神经管的分化和中枢神经系统的发生 ………………………… 231
一、神经外胚层的形成………………… 231
二、神经管的形成 …………………… 232
三、神经管前后轴的分化……………… 236
四、神经管背腹轴的分化……………… 240
五、脑和脊髓组织的形成……………… 241
第二节 神经嵴 ……………………… 248
一、神经嵴细胞的形成和分化 ……… 248
二、神经嵴细胞的类型………………… 249
三、躯干部神经嵴 …………………… 251
四、头部神经嵴 ……………………… 253
五、心脏神经嵴 ……………………… 253
第三节 眼睛的发生 ………………… 254
一、视网膜的发生 …………………… 254
二、晶状体的发生 …………………… 256
三、角膜的发生 ……………………… 257
第四节 外胚层基板和表皮外胚层 … 258
一、外胚层基板 ……………………… 258
二、表皮和皮肤附属物………………… 259
第十二章 中胚层的分化和相关器官的发生 ………………………… 261
第一节 体节中胚层的分化 ………… 261
一、体节的形成 ……………………… 262
二、体节的分化 ……………………… 263
三、生骨节的分化和骨的发生 ……… 267
四、生肌节的分化和骨骼肌的发生 … 269
第二节 间介中胚层的分化和肾脏的发生 ………………………………… 271
一、肾脏的发生过程 ………………… 271
二、肾脏发生的机制 ………………… 274
第三节 侧板中胚层的分化 ………… 278
一、生殖腺的发生 …………………… 279
二、心脏的发生 ……………………… 284
三、血管的发生 ……………………… 289
四、血细胞的发生 …………………… 294
第十三章 内胚层的分化和相关器官的发生 ………………………… 297
第一节 原始消化管的分化 ………… 297
一、消化器官的发生 ………………… 299
二、消化器官发生的机制……………… 301
第二节 呼吸器官的发生 …………… 303
一、气管、支气管和肺的简要发生过程 ……………………………… 303
二、呼吸器官发生的调节……………… 303
第十四章 肢的发育 ………………… 305
第一节 肢的结构特点和肢的发生 … 305
一、肢的结构特点 …………………… 305
二、肢的简要发生过程………………… 305
第二节 肢芽的形成和分化 ………… 308
一、肢芽的发育特点 ………………… 308
二、肢芽形成的机制 ………………… 308
第三节 近远轴的形成 ……………… 311
一、顶端外胚层嵴 …………………… 311
二、近远轴的分化 …………………… 312
三、Hox基因和近远轴的分化 ……… 313
第四节 前后轴的形成 ……………… 314
一、极性活性区的诱导信号 ………… 315
二、指(趾)的分化 …………………… 317
第五节 背腹轴的形成 ……………… 318
主要参考书目 ……………………… 319

第一章 绪 论

多细胞有机体都是从单个细胞——受精卵发育而来的。在胚胎发育过程中，受精卵不断分裂，产生数以万计的细胞，这些细胞形成了诸如眼睛、手臂、心脏和脑这样复杂而又完全不一样的结构。动物的胚胎发育给我们提出了许多饶有兴趣的问题。例如，由同一个受精卵分裂而成的胚胎细胞何以产生了巨大的差别？这些不同形态和功能的细胞如何构成器官？是什么在控制胚胎细胞的行为？遗传物质 DNA 是如何在发育过程中发挥作用的？……这些问题有些已经得到解决，但绝大部分尚未找到答案。人类对胚胎发育的研究经历了漫长的过程，对于动物发育的认识有赖于胚胎学、遗传学、细胞学和分子生物学等学科的发展。

第一节 发育生物学发展简史

对于动物发育的研究由来已久，早先的研究局限于对胚胎发育的观察和描述，以后，逐渐发展成为对不同类动物的胚胎发育进行比较，发现它们之间的异同点；接着，研究者用实验的方法探讨发育的原因；在此基础上进而研究发育着的胚胎体内的化学变化；随着分子生物学等学科的发展，对发育的研究进入了一个崭新的阶段。因此，发育生物学的发展经历了描述性胚胎学、比较胚胎学、细胞胚胎学、实验胚胎学、化学胚胎学、分子胚胎学和发育生物学等阶段。

一、描述性胚胎学

据史料记载，对于动物胚胎发育的研究始于鸟类。对于鸡的孵化，我国古代就有记载。在我国，鸡人工孵化技术的使用比欧美各国都早。在《大戴礼记夏小正》中记载有“正月孵桴”；在《埤雅》中记有“鸡二十日而化，鹜三十日而化”。这说明，我国早在 2000 多年以前，就已经记载了鸡鸭的孵化时间。

在西方，最早观察鸡胚发育的是公元前 5 世纪的古希腊科学家希波克拉底（Hippocrates，公元前 460～前 377），他是一位医生，曾逐日观察鸡的胚胎发育，并认为人、动物和植物的发育与鸡的相似。大约一个世纪之后，古希腊哲学家亚里士多德（M. Aristotle，公元前 384～前 322）系统地进行了胚胎发育研究。他在鸡蛋孵化的不同时间打开蛋壳，观察胚胎在蛋壳内的发育。他不但观察鸡的胚胎发育，还观察了星鲛和一些无脊椎动物（如乌贼、蜜蜂）的发育。在其《论动物的发生》一书中，他首先提出胚胎是逐渐形成的，这个观点后来被称为渐成论或后成论（epigenesis）。但是，他又相信自然发生（spontaneous generation），认为胚胎中的形态和结构预先已经存在，在发育过程中这些结构仅仅是增大和展开而已，这种观点后来被称为先成论（preformation）。亚里士多德对待发育的观点是矛盾的，虽然他倾向于渐成论，但又否认外界对发育的影响，认为胚胎发育中存在着一种所谓的活力，即特殊力量。

亚里士多德提出的两种截然相反的观点对于胚胎发育的研究产生了深刻的影响，持有渐成论观点和持有先成论观点的人持续争论了很长的一段时间。在他之后的大约 2000 年里，由于长期的教会神创思想的影响，先成论在科学界盛行。持有先成论观点的科学家又分为两个派别：一派是精子派或精源说者(animalculist)，另一派是卵子派或卵源说者(ovulist)。精子派认为胚胎早已存在于精子中，卵子只为这个胚胎的发育提供养料，甚至有人还在精子中绘制了一个微小的雏形人(homunculus)(图1.1)。持有卵源说的人认为，卵子里早就有了虽然小但却是完整的胚胎。胚胎发育犹如花蕾开放一样，仅是预先存在的胚胎长大而已。例如，意大利科学家马尔丕基(Malpighi，1628～1694)在其《孵育的卵》中描述了鸡胚各种器官的形成，他认为在未经孵化的卵中已经有胚胎的雏形，发育过程仅是胚胎雏形的长大。还有的科学家提出了套装学说(emboitement theory)，认为动物的卵子中包含有它将生出的所有后代，一个世代包着另一个世代，就像大盒套着小盒。甚至有人经过计算后宣称，远古母亲夏娃的卵巢内含有2亿个小人，一个套一个，这个储备量直到世界末日也足够。

图1.1　人精子中的雏形人
(自 Browder et al.，1991)
精子派认为有一个雏形人卷曲在人的精子头部，他们甚至宣称在显微镜下可以看到精子中的雏形人。

1759年，吴尔夫(Casper Wolff，1733～1794)向先成论挑战。吴尔夫仔细观察了鸡胚的发育，指出早期胚胎完全不同于成体，发育是渐进的，新的结构是持续出现的。也就是说，鸡的胚胎是从无结构的卵子逐渐发育来的。然而，吴尔夫的观点遭到当时绝大多数学者的反对。直到19世纪早期，渐成论才被人们接受。

二、比较胚胎学

当对多种动物的发育过程有了较为详细的记载和描述之后，研究人员发现动物的发育过程有相同之处，也有不同之处。有些器官在不同的动物中来源相同，但是功能不同，如鱼的胸鳍、鸟的翅膀和哺乳类的前肢；有的器官虽然功能相同，但是来源不同，如鱼的鳃和蛙的肺，这些为生物进化及其亲缘关系提供了很重要的证据。俄国学者冯·贝尔(Karl Ernst von Baer，1792～1876)在比较研究了鱼类、两栖类、鸟类和哺乳类的早期发育之后，提出了“胚层学说”(germ layer theory)和著名的“贝尔定律”(Baer’s law)。贝尔定律认为，在动物的胚胎发育过程中，一般结构(或共同结构)要比专门的结构出现得早，胚胎的外形首先表现出动物界门的特征，之后依次出现纲、目、科、属和种的特征。这表明，动物界首先起源于一个共同的祖先，以后才发展出不同的类群。冯·贝尔是第一个从观察到的胚胎发育现象出发，把胚胎学现象提高到胚胎学规律的科学家。因此，冯·贝尔被认为是当代胚胎学的奠基人。

1866年，海克尔(E. H. Haeckel，1834～1919)发表了“发生重演学说”(recapitulation theory)或称“生物发生律”。根据这个学说，个体发生重演了系统发生，也就是说，从个体发生可以看到该物种的演化过程。例如，无论是两栖类，还是爬行类、鸟类和哺乳类，在个体发生的过程中都出现了像鱼类一样的鳃裂(图1.2)。这个事实可以证明，无论是两栖类还是爬行类、鸟类和哺乳类，都起源于共同的祖先——远古的鱼类。

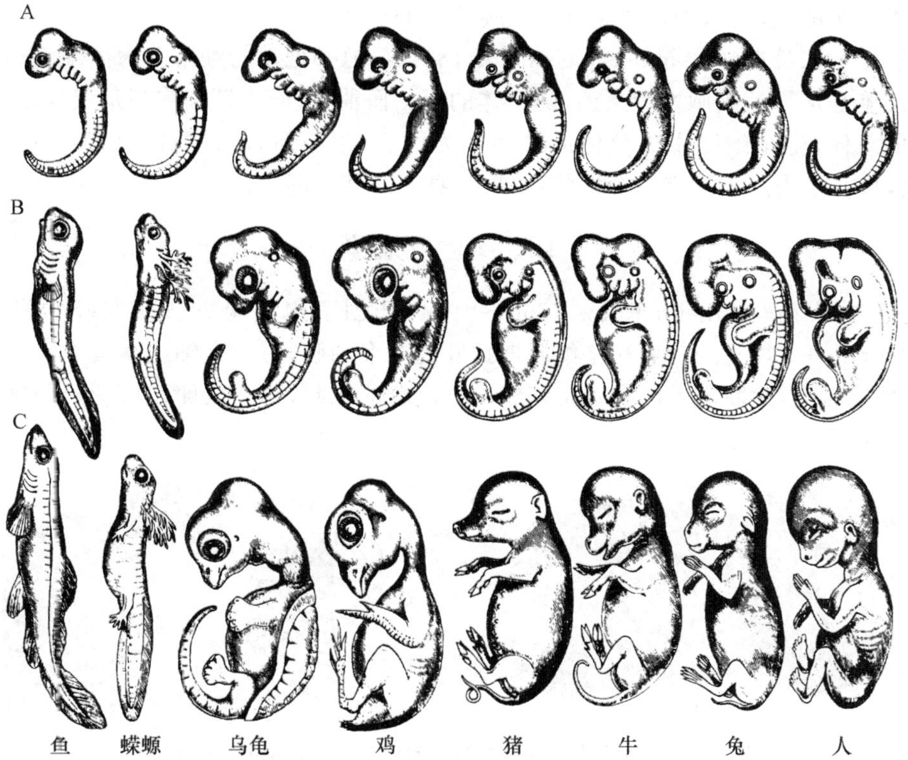

图 1.2 脊椎动物胚胎外形比较(自 Gilbert and Raunio,1997)
脊椎动物早期胚胎外形极为相似,都存在相同的脊椎动物亚门的特征(A),随着发育的进展,不同动物胚胎之间的差异逐渐明显(B、C)。

三、细胞胚胎学

渐成论占了上风之后的 100 年之内,人们对于生殖细胞的本质和作用尚不了解。1839 年,细胞学说的创始人施旺(Theodor Schwann,1810～1882)指出卵子本身也是细胞。1865 年,Schweigger-Seidel 和 St. George 确定了精子的细胞学性质。又过了 10 年,受精是精子和卵子两个细胞的结合这一概念也确定了。至此,人们才确信,雌雄两性都从自己体内提供一个细胞以产生一个新个体。

精子和卵子结合形成的这个细胞即为受精卵,也称为合子(zygote)。合子经过分裂(又称为卵裂,cleavage)产生许多细胞,这些由卵裂而成的细胞形成了胚胎(embryo)。在受精卵(合子)中,精子和卵子的细胞核结合,成为合子核。胚胎细胞的核就是从合子核分裂而来的。然而,受精卵的细胞质几乎全由卵子提供,精子不为受精卵贡献细胞质。鉴于此,赫特维希(Oscar Hertwig,1849～1922)提出,生殖细胞的细胞核携带遗传特性,细胞质与遗传无关。

赫特维希的发现开创了一个新时期,人们开始研究精子和卵子的细胞核在受精和发育中的作用。人们首先注意到细胞核中的染色体。van Beneden 于 1883 年第一次详细描述了马蛔虫受精卵中染色体的行为。马蛔虫只有 4 条染色体,在受精卵的第一次卵裂时,精子和卵子各提供的两条染色体排在赤道板上。每条染色体都纵裂为二,并被纺锤丝拉向相反的两极,最终形成二细胞期胚胎。其中,每一个细胞都得到相同数量的父本和母本染色体。van Beneden 的研究发表之后,在其他的物种中也有相同的研究问世。人们据此得出结论:受精时,精子和卵子都只为受精卵提供一半的染色体，染色体是携带遗传信息的载体。

德国胚胎学家魏斯曼(August Weismann，1834～1914)把动物细胞分为体细胞和生殖细胞。他认为体细胞是从生殖细胞发育来的，随个体的死亡而消失，而生殖细胞却是代代相传的。染色体是遗传的载体，生殖细胞中染色体的总和称为种质(生殖质)。种质由许多决定子(determinant)组成，每一个决定子决定一个性状，发展为身体的某一部分。

四、实验胚胎学

19 世纪末，卢斯(Wilhelm Roux，1850～1924)开创了用实验方法研究胚胎发育的先河。1888 年，卢斯用一支烧烫的针刺死 2 细胞期蛙胚的一个细胞，另一个细胞继续发育，形成一个半胚(图 1.3)。卢斯据此断定蛙的发育是基于一种嵌合的机制，每一次卵裂所形成的细胞，其特点和发育的命运都已决定。

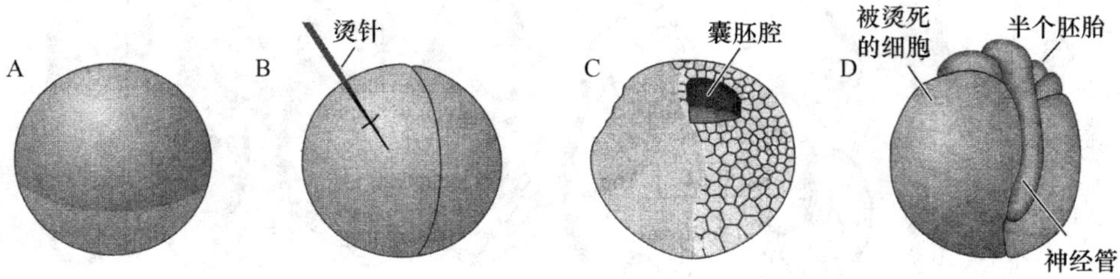

图 1.3　卢斯用热针烫死蛙胚细胞的实验(自 Wolpert，1998)

A. 蛙受精卵；B. 第一次分裂之后，用烧烫的针刺死一个细胞；C. 另一个细胞继续发育；D. 成为半个胚胎。

1892 年，德国胚胎学家杜里舒(Hans Adolf Eduard Driesch，1867～1941)在海胆的胚胎上做了和卢斯相同的实验。他用摇晃的方法将 2 细胞期的海胆胚胎细胞分散开，结果两个细胞都发育成为正常的但略小一点的海胆幼虫。杜里舒随后修改他的实验方法，将 4 细胞期的海胆胚胎放于无钙的海水中，分离胚胎细胞。结果表明，分离开的 4 个细胞各自形成 1 个正常但略小的海胆幼虫(图 1.4)。杜里舒据此认为，每一个胚胎细胞都具有与受精卵一样的发育潜能(developmental potential)。

随后的许多实验都证明了杜里舒是正确的，卢斯的实验结果是错误的。有人重复了卢斯的实验，用结扎的方法分离 2 细胞期蛙胚的两个细胞，结果两个胚胎细胞皆发育成完整的胚胎。卢斯的错误在于他用烫针刺死的那一半胚胎没有移走，死亡了的一半影响了正常一半的发育。哈维重复卢斯的实验时，将被刺死的一半移走，结果，未受损的那一半发育成正常的但体积较小的胚胎。尽管如此，卢斯的工作对发育生物学的影响是巨大的。从此，胚胎学家开始对胚胎进行实验操作，并观察这些实验对发育的影响，以此来研究发育的机制。因此，卢斯被人们称为“实验胚胎学之父”。

1902 年，博维里(Theodor Boveri，1862～1915)指出染色体在发育中的重要作用。他让多个精子进入海胆卵子，得到含有不同染色体数量的胚胎细胞，这样便可以研究这些胚胎细胞的发育。如果让 2 个精子入卵，那么受精卵在第一次卵裂时将形成 4 个星体。第一次卵裂的结果形成 4 个细胞，每个细胞得到的染色体都不一样(图 1.5)。博维里在无钙海水中分离这 4 个细胞，并让这些细胞继续发育，结果这些细胞皆不能正常发育，并在不同的阶段停止发育。博维里认为这些细胞之所以有不同的发育模式是因为它们含有的染色体数不一样。正常的发育有赖于正常的染色体数，受精卵中的每一条染色体都对发育有独特的作用。

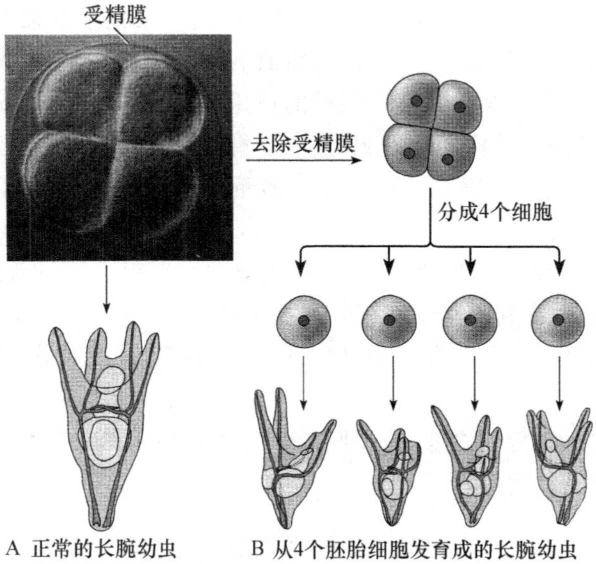

图 1.4　杜里舒分离海胆胚胎细胞的实验(自 Gilbert,2000)

A. 位于受精膜中的海胆 4 细胞期胚胎;B. 将 4 细胞期胚胎从受精膜中取出,分离成 4 个细胞,每一个胚胎细胞都会形成一个完整但是略小的胚胎。

20 世纪 20～40 年代,胚胎学上的重大发现是胚胎诱导(embryonic induction)。1924 年,德国胚胎学家施培曼(Hans Spemann,1869～1941)和他的学生 Hilde Mangold(1898～1924)发现,如果将蝾螈原肠胚的胚孔背唇移植到另一个原肠胚的腹部,将诱导出一个次级胚胎。施培曼将胚孔背唇称为组织者(organizer),他认为胚孔背唇起着组织起一个胚胎的作用。随后,许多科学家致力于诱导的研究,但诱导的本质并没有被发现。直到 50 年代之后,人们才逐渐了解到某些蛋白质[如旁分泌因子(paracrine factor)]在诱导中的作用。

图 1.5　双精入卵的海胆受精卵第一次卵裂(自 Browder et al.,1991)

2 个精子入卵时各携带一套中心粒进入卵子中,结果受精卵中形成 4 个星体,每一个星体都随机地拉动染色体向自己靠近,因此,每一个星体周围的染色体数量都不相同。

1952 年,美国科学家 Robert Briggs(1911～1983)和 Thomas King 创造了细胞核移植技术。他们把豹蛙囊胚的细胞核移植到去核的豹蛙卵子中去,得到了发育正常的蝌蚪。1968 年,英国科学家 John Gurdon(1933～)将非洲爪蟾蝌蚪肠上皮的细胞核移植到经紫外线照射的非洲爪蟾卵子中,得到正常发育的蝌蚪。他们的实验证明了胚胎细胞和分化了的细胞都具有发育的全能性。

五、化学胚胎学和分子胚胎学

从 20 世纪初期开始,化学家和生物学家(如 Warburg、Needam、Barth、Brachet 等)应用化学的方法研究了在胚胎发育过程中胚胎细胞和胚胎组织的化学变化、能量变化,借以了解胚胎的生理活动对形态发生的影响、激素对发育的影响,以及诱导物质的化学本质等。Warburg 于 1908 年测定了海胆卵子的氧化过程,发现海胆卵在受精时出现明显的气体交换,这种气体交换是通过一种呼吸酶的作用得以实现的。Needam 于 1931 年出版了《化学胚胎学》一书，总结前人的工作，将鸡的未受精卵作为一个物理化学系统，分析其各种化学成分，以及在胚胎阶段各化学成分的代谢，此外还研究酶、激素和维生素对于胚胎的作用。1944 年，J. Brachet(1909～1988)也发表了《化学胚胎学》一书，讨论无脊椎动物海胆、昆虫和脊椎动物蛙在发育过程中的生化变化。1954 年，Barth 发表了《发育的能学》，研究发育过程中能量的转化和胚胎发育及分化的关系，从化学反应的角度来解释发育过程。

20 世纪 70 年代，在化学胚胎学的基础上，胚胎学领域兴起了一门新的学科，即分子胚胎学，其代表人物是 J. Brachet。在其《分子胚胎学引论》中认为，分子胚胎学不仅涉及胚胎细胞分化的研究，还涉及胚胎细胞的生长、分裂和运动，以及核质关系等，这说明分子胚胎学与细胞生物学关系密切。

除了研究胚胎的细胞学特征之外，分子胚胎学还研究基因在胚胎发育过程中的表达，特异的基因表达如何导致器官的发生等。

六、发育生物学

虽然发育生物学这个学科在 20 世纪七八十年代才出现，但是它的产生却与现代遗传学和分子生物学的发展息息相关。著名的胚胎学家和遗传学家摩尔根(Thomas Hunt Morgan，1866～1945)与他的合作者主要研究果蝇的遗传规律。果蝇是一种很好的实验材料，具有许多优点，其中之一是含有巨大的染色体。果蝇的染色体只有 8 条，同源染色体配对后形成了 4 条多线染色体(polytene chromosome)，这些多线染色体上有横带(图 1.6)。在不同组织的细胞中，同一条多线染色体上的横带模式是一样的，它代表了染色体上基因的构成。随着发育的进展，横带将产生有规律的变化。摩尔根于 1926 年创立了"基因学说"(the theory of the gene)，把基因作为遗传单位，指出了基因对于性状形成的重要性，第一次指出了位于染色体上的基因如何控制正常的胚胎发育，认为正常的发育有赖于差异的基因表达(differential gene expression)。

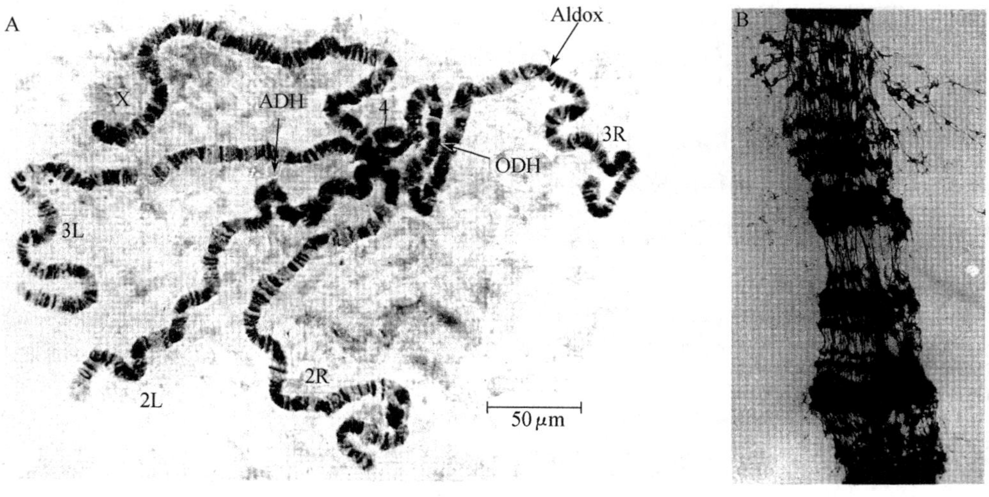

图 1.6　果蝇的多线染色体(自 Gilbert，1997)

A. 果蝇唾液腺细胞的多线染色体具有明显的横带，4 条染色体都与染色中心相连，其中，X 染色体和细小的 4 号染色体都是一端连于染色中心，2 号和 3 号染色体是中段与染色中心相连；Aldox 为醛氧化酶，ADH 为醇脱氢酶，ODH 为辛醇脱氢酶。B. 多线染色体电子显微镜照片，显示横带。

20 世纪 40 年代初，“一个基因一个酶”假说（后来改为“一个基因一个蛋白质”假说）被提出来。不久，基因在细胞代谢中的作用被确立了。接着，人们开始探讨基因的组成，以及遗传信息如何被细胞利用。从 40 年代末至 60 年代初，生物学领域又取得了一些重大进展，包括生物化学、细胞生物学和分子生物学等学科。生物化学方面的进展是确定了基因和蛋白质之间的关系，以及酶在细胞代谢中的作用。细胞生物学方面的进展包括细胞组分的结构和功能。分子生物学方面则是确定了遗传物质的本质和结构、遗传密码的破译、蛋白质合成的机制和基因调节因素的发现等。这些进展奠定了探讨基因如何调节发育和细胞如何分化的基础。

在此基础上，分子生物学家开始探索基因如何使得机体中产生出如此多样的细胞类型，生物化学家开始分析发育中的细胞生理生化的变化，细胞生物学家开始观察分化过程中细胞结构和机能的变化。正是建立在这些学科的基础上，发育生物学这门崭新的学科出现了。发育生物学研究的是如何从一个受精卵产生出一只果蝇、一只青蛙或一个人。对于这个过程，不同的学科可以从其特有的角度去探讨。例如，组织学、生物化学或分子生物学分别有不同的研究手段。但是，发育生物学则要综合组织学的、生物化学的和分子生物学的方法来研究发育的过程。

发育生物学这门学科在很短的时间里已取得了很大的进展。尽管如此，还有许多发育之谜仍有待解开。我们希望学生在学习本课程后能激发起探索发育机制的热情，去解答那些尚待回答的问题。

第二节 发育生物学研究的范围

发育生物学研究的对象是发育中的胚胎（embryo）。胚胎是从受精卵发育到成体的一个变化中的个体，因此，发育生物学是一门研究生物体变化过程的科学。它在研究胚胎发育过程中形态结构变化的基础上探讨形态结构变化的机理。

一、发育的简要过程

胚胎发育的狭义概念指的是从受精到孵化或分娩的整个阶段。广义的胚胎发育包括胚前期、胚胎期和胚后期。胚前期指胚胎发育之前的准备时期，主要是配子（gamete，即精子和卵子）的发生和形成阶段。胚胎期指的是从受精到孵化或分娩阶段，有的动物还包括变态阶段。胚胎期包括胚期（embryonic period）和胎期（fetal period）。以人为例，从受精到第 8 周为胚期，从第 9 周到出生为胎期。胚后期包括性成熟前期、性成熟期和衰老期三个阶段。

配子发生 在雌、雄生殖腺（卵巢和精巢）中，生殖细胞经过一系列的生长和发育，从原始阶段逐渐形成成熟的雄性配子（精子）和雌性配子（卵子）。

受精 精子和卵子从生殖腺排出，结合后形成受精卵。在这个过程中，雌雄配子各产生一系列变化。

卵裂 受精卵进行一系列分裂，直至形成囊胚的过程。卵裂过程中形成的细小细胞称为卵裂球（blastomere）。卵裂球聚集在一起，往往形成一个圆球状的细胞团，称为囊胚（blastula）。囊胚之中往往有一个腔，称为囊胚腔（blastocoele）。囊胚形成后，胚胎细胞继续分裂。

原肠胚形成 囊胚形成之后，胚胎细胞经过增殖、运动，形成了三个胚层：外胚层、中胚层和内胚层。三个胚层的排列有一定的规律：外胚层往往位于胚胎的表层，内胚层位于胚胎内部，中胚层则介于外胚层和内胚层之间。形成了三个胚层之后的胚胎称为原肠胚（gastrula）。从囊胚到原肠胚的发育过程称为原肠胚形成或原肠形成（gastrulation）。原肠胚中往往有一个腔，称为

原肠腔(gastrocoele)。

三胚层的分化　原肠胚继续发育,三个胚层逐渐形成了各主要的器官原基。在脊椎动物中,最先形成的是神经系统的器官原基,即神经管。神经管形成之后的胚胎又称神经胚(neurula)。伴随着神经管的形成,其他器官原基也逐渐产生。这样,胚胎的雏形就建立起来。

器官发生　各器官原基继续分化,形成各种组织,并进一步形成器官。同时,胚体逐渐长大,直至孵化或分娩产出。

变态　有些动物(如两栖类和昆虫)的胚胎在到达成体之前要经历一个幼虫(larva)阶段。幼虫时期的器官系统适应幼虫的生活,与成体的器官系统不同。进入成体之前,幼虫要经过变态,产生一套适应成体生活的器官系统。

二、发育生物学研究的模式动物

世界上的生物种类数以百万计,各类群生物体的发育既有其特殊性,又有与其他类群相似的共性。研究动物的发育,除了探讨动物个体的发育特征之外,更重要的是寻找动物发育的共同特征,并探讨发育的普遍规律。这样,就出现了用模式动物进行胚胎发育研究的做法。

在发育生物学研究领域,理想的模式动物必须具备以下一些特点:①它们必须是一种便于获得的实验材料,最好一年四季都能够得到其受精卵并对其发育进行研究;②它们的生活周期短,便于重复观察研究整个发育的进程;③它们在系统发育中具有重要的地位,研究它们对于整个动物的进化规律有很大的意义;④它们的结构简单,构成个体的细胞数量少,胚胎透明,便于观察体细胞和生殖细胞的变化;⑤它们的生殖细胞体积大,便于对受精卵和胚胎进行实验操作;⑥它们的染色体数量少而且大,便于观察到发育中染色体的变化……迄今为止,在发育生物学研究中常用的模式动物有无脊椎动物秀丽隐杆线虫、果蝇、海胆和脊椎动物斑马鱼、非洲爪蟾、鸡、小鼠等。

秀丽隐杆线虫　秀丽隐杆线虫(*Caenorhabditis elegans*)隶属于线形动物门、线虫纲、小杆线虫目、小杆总科、广杆线虫属。这是一种细小的线虫,成体的长度大约仅有 1mm,直径 70μm,自 20 世纪 70 年代起才开始作为发育生物学的模式动物。它可以在实验室里面用培养皿培养,以细菌为食,生命周期短,一般为 3.5 天;胚胎发育快,在培养温度为 16℃时,发育时间为 16h;培养温度为 25℃时,发育时间仅为 12h。由于个体小,因此细胞数量很少。刚孵化的第一期幼虫仅有 558 个细胞,成体阶段仅有 959 个体细胞和数量不等的生殖细胞。在整个发育过程中,共有 131 个细胞死亡。秀丽隐杆线虫多为雌雄同体,少数是雄性个体。雌雄同体的个体自体受精后可以产生具有纯合基因型的后代,对于发育的研究是非常有用的。

果蝇　果蝇(*Drosophila*)属于节肢动物门、昆虫纲、双翅目、果蝇科、果蝇属。自从 1910 年摩尔根发现第一个突变体白眼果蝇以来,果蝇作为模式动物已经有 100 年的历史了。正是基于在果蝇上的研究,摩尔根才建立了细胞学说,奠定了现代遗传学的基础。在室温下,果蝇的生命周期大约 2 周。受精卵发育成为幼虫并孵化只要一天的时间,成虫的长度为 2mm。由于个体小,在实验室中容易饲养。果蝇具有几十个易于进行诱变分析的遗传特征,保持有大量的突变体。果蝇的染色体少,仅有 4 对,在其幼虫阶段,染色体形成巨大的多线染色体,便于进行发育过程中基因变化的分析。果蝇卵子较大,便于进行卵子发生过程中基因表达的分析。果蝇胚胎发育速度快,前面的 13 次分裂间隔时间仅 8～10min,是观察卵裂、早期胚胎发生和生殖细胞发生的极好的材料。

海胆　海胆是棘皮动物门海胆纲的一类动物。海胆生殖时,雌雄配子释放到海水中受精。由于海胆的生殖细胞数量大,容易获得,卵子体积大,和胚胎一样都是透明的,容易观察其受精和发育过程，因此，海胆是研究受精生物学的经典模式动物。早在19世纪，就有人在海胆中进行了受精生物学的研究。现代有关受精生物学的许多重要知识都来自海胆的研究工作。例如，受精时精子的顶体反应的机理、卵子的皮层反应的本质、阻止多精入卵的机理等都首先在海胆的研究中获得。此外，海胆的卵裂阶段和囊胚都是透明的，而且，囊胚又是由单层细胞构成的，因此便于观察胚胎细胞的运动。

斑马鱼 斑马鱼(*Danio rerio*)隶属于鱼纲、鲤形目、鲤科、但尼鱼属，起源于印度和巴基斯坦，是一种小型热带鱼类；成体小，体长3～4cm。斑马鱼容易养殖，花费低廉，产卵量大，而且全年都可产卵。胚体透明，便于观察胚胎细胞的发育路径。胚胎发育快，受精后24h已经形成了绝大部分的器官原基和组织，孵化后3个月就达性成熟。性成熟后，雌鱼每隔1周就可产卵数百，因此，实验材料很容易获得。斑马鱼作为发育生物学的模式动物历史较短，20世纪80年代起才开始使用斑马鱼进行发育生物学的研究。许多专家相信，在斑马鱼上进行的发育生物学研究可以获得脊椎动物发育的基本原理。

蝾螈 蝾螈是脊椎动物中两栖纲、有尾目、蝾螈科的动物。作为模式动物的蝾螈有北螈(*Triturus*)和美西螈(即虎纹钝口螈 *Ambystoma tigrinum*)。蝾螈与其他两栖动物一样，具有较大的卵子，便于胚胎发育的观察并进行实验操作。而且，像美西螈和北螈这样的蝾螈，在幼体阶段已经达到性成熟，可以产卵受精。20世纪70年代以前，许多有关两栖类的胚胎发育的研究工作是在蝾螈上进行的，并取得了许多研究成果。例如，研究者在北螈卵子中发现了灯刷染色体；施培曼将北螈的受精卵进行结扎，把卵子分成有核和无核的两半，最终获得两只正常的胚胎。施培曼和Mangold在北螈早期原肠胚中进行了诱导实验，发现了"初级诱导"及背唇即组织者(organizer)的作用。此外，W. Vogt在北螈的囊胚上进行活体染色，以确定器官原基的分布，并探讨北螈的原肠胚形成中胚层的运动。事实上，70年代以前，胚胎学教科书上介绍的两栖类原肠胚形成主要是蝾螈的原肠胚形成过程。

非洲爪蟾 非洲爪蟾(*Xenopus laevis*)隶属于脊椎动物亚门、两栖纲、无尾目、负子蟾科、爪蟾属。非洲爪蟾易于进行人工繁殖，在实验室中，进行适当地催情可以促使其在一年中的任何时候产卵。卵子较大，体外受精发育，便于进行发育的观察和显微操作。在非洲爪蟾中可以进行许多有关卵子发生、体轴决定、受精激活、卵裂和中囊胚转变、原肠胚形成、神经管形成、器官发生、细胞核移植等一系列实验，从中总结出脊椎动物胚胎发育的规律。

鸡 鸡隶属于鸟纲、鸡形目、雉科、原鸡属。鸡是研究动物发育最经典的模式动物，在2000多年以前人类就开始观察鸡胚胎的发育，这是由于鸡的胚胎发育过程便于观察。鸡蛋产出时已经发育到了早期原肠胚阶段，这时，胚盘上已经有了大约60 000个细胞。由于鸡蛋离开母体，温度下降，胚胎发育停止。如果将产出的鸡蛋放置于孵卵箱孵化，胚胎发育就会继续进行。在鸡蛋孵化的过程中，可以在蛋壳上开一个窗，观察鸡胚的发育进程。也可以在发育着的鸡胚尿囊绒毛膜上进行鸡胚组织(或器官原基)的培养。在鸡胚上进行了大量的胚胎发育过程的观察、胚胎移植和发育机制的研究。在鸡胚中进行的器官发育机制的研究极大地丰富了发育生物学的理论，加深了人们对脊椎动物器官发生的认识。

小鼠 小鼠隶属于哺乳纲、啮齿目、鼠科。小鼠便于饲养，繁殖快，从20世纪初就开始被广泛地应用于生物学领域的研究。与上述其他模式动物不同的是，小鼠为胎生动物，在其发育过程中借助胎盘与母体发生紧密的联系，以获得营养并排出代谢废物。因此，小鼠的发育要比上述模式动物复杂得多，研究小鼠的胚胎发育要比研究其他模式动物困难得多。但是，要想揭示包括人类在内的哺乳动物发育的奥妙，就必须寻找理想的模式动物，而小鼠就因为其性成熟早、排卵周期短、产仔多、胚胎发育快等优点成为研究哺乳类发育的模式动物。在小鼠中进行了许多胚胎操作，包括转基因和基因剔除等，以研究哺乳类的发育机制。特别是 20 世纪末期，在小鼠中进行了胚胎干细胞(embryonic stem cell)的培养和应用，使得使用干细胞技术治疗人类疾病的前景更加明朗。

三、发育生物学研究的主要问题

发育生物学研究的主要内容是发育中发生的事件，既有对于发育的观察和描述，又有对机理的探讨。按照发育的进程，大致研究如下内容。

生殖细胞的发育　研究胚胎阶段原生殖细胞的发生过程及其与生殖质的关系、在生殖腺中雌雄生殖细胞的形成、卵子成熟的调控，以及配子发生过程中的基因表达。

受精　受精过程中精子的变化及其机理、精子和卵子的结合、精子入卵后卵子的变化及其机理、受精后的蛋白质合成、受精卵合子基因的表达及其调控。

卵裂　卵裂的模式、卵裂中的基因表达，以及中囊胚转变的调节。

原肠胚形成　原肠胚形成过程中的细胞运动和分化、胚层的形成及其调控。

三胚层分化和器官发生　细胞分化和器官原基的形成、胚体雏形的建立、器官原基的继续发育，以及器官发生的基因调节。

着床　哺乳动物囊胚和子宫的相互作用，以及胚胎植入子宫内膜及其调节。

分化的机理　发育过程中胚胎细胞的分化是发育生物学研究的重点内容。细胞分化既有外部的因素又有内在的因素在起作用。外部因素和内在因素如何指导胚胎细胞差异的基因表达是分化的关键。

胚胎干细胞　哺乳动物胚胎干细胞研究是近年来兴起的一个热门研究课题，包括胚胎干细胞的培养、利用胚胎干细胞进行动物的克隆，以及组织和器官的培养等。

胚胎工程　包括卵子和胚胎的培养和保存、嵌合体胚胎的产生、体外受精和试管婴儿，以及转基因动物等。

第三节　发育生物学的应用前景

在发育生物学的漫长发展进程中，理论知识的发展总是和生产实践联系在一起的。无论是原先的动物胚胎学还是现在的发育生物学，本学科的基础理论和农牧业生产、医学实践息息相关。无论是野生经济鱼类的人工驯化繁殖、家禽的杂交育种、家畜的人工授精、良种繁育、克隆动物的产生，还是人类的体外受精、试管婴儿、胚胎干细胞的应用，凡此种种无不是动物发育理论知识的具体体现。可以这么说，将发育生物学的基础理论和实验手段应用于农牧业生产和医疗实践，可以促进农牧业和医学的发展，造福人类。而在农牧业和医学上的应用又反过来丰富了发育生物学的基础理论，促进了发育生物学的发展。

一、在农牧业上的应用

野生动物的保护　当今世界上有许多野生动物濒临灭绝，挽救和保护这些野生动物刻不容缓。发育生物学在野生动物的保护方面大有用武之地。例如，使用有关生殖细胞发育的理论，提高精子的活力，推广人工授精以充分利用优良精液；利用超数排卵技术，增加受精卵的数量以增加产仔数量；体外培养受精卵和早期胚胎，进行胚胎移植；利用珍稀野生动物的体细胞和同种的

卵子进行细胞核移植(即动物的克隆),以解决珍稀野生动物繁殖力低下、种群数量减少的问题。

改良和培育动物新品种 通过嵌合体技术和转基因技术,可以改良某些低产的家畜或形成新品种。例如,绵羊和山羊的胚胎嵌合产生了绵山羊,可以繁殖后代。将生长激素基因转入猪受精卵中,产生了转基因猪,转基因猪生长快,节省饲料,提高了瘦肉率。应用抗猪瘟病毒基因产生的转基因猪仔能够表达抗猪瘟病毒基因。在羊中转入生长激素基因或角蛋白纤丝基因,可以成倍地提高羊毛的产量。在这方面,已经取得了一些成就,但是还有许多尚未解决的问题。

二、在医学上的应用

生产人用珍贵药品 利用动物作为生物反应器,可以生产一些人用的珍贵药品。例如,有的人因为遗传缺陷的缘故,不能产生抗胰蛋白酶,以至于得了肺气肿病,而治疗这种病需要的抗胰蛋白酶又价格昂贵。利用转基因技术可以将人的抗胰蛋白酶基因导入绵羊的受精卵,经过体外培养之后,进行胚胎移植,就可以产出具有这种基因的绵羊,一天可以从一只转基因绵羊的乳汁中提取 70g 抗胰蛋白酶(图 1.7)。又如,利用转基因技术生产的山羊奶中含有治疗人类囊性纤维变性、多发性硬化症、某些癌症和心血管病的蛋白质。利用转基因猪,可以生产珠蛋白(血红蛋白成分)。也可以将人类红细胞生长因子基因转入奶牛的受精卵,经过培养受精卵和移植胚胎,产出的奶牛可以表达这种基因,在其奶中提取出来的红细胞生长因子可以用来治疗贫血病,这样一头转基因奶牛一年可以生产红细胞生长因子 80kg。

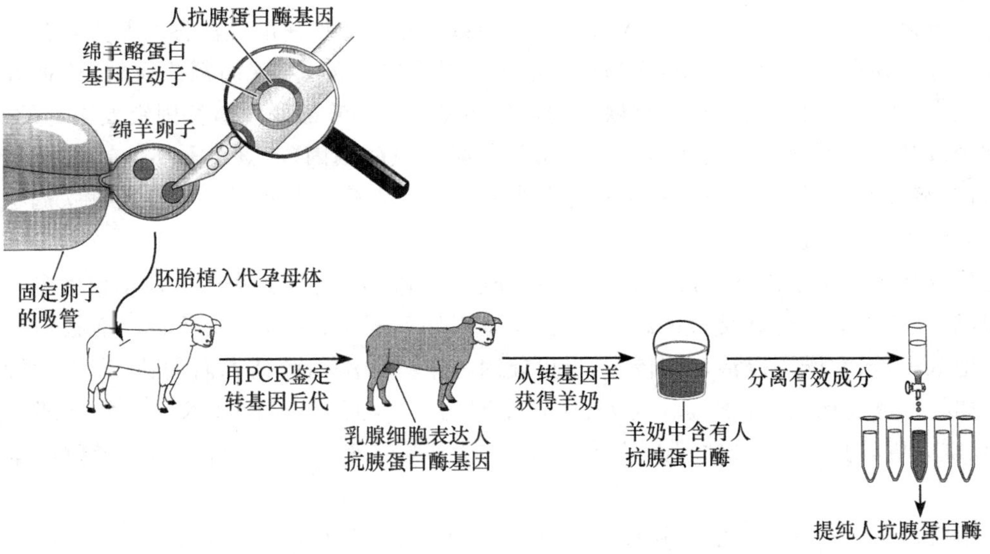

图 1.7 利用转基因羊生产药物(自 Gilbert,2000)

将人类所需的某种蛋白质(如抗胰蛋白酶)的基因连于绵羊的酪蛋白基因的启动子上,再将此重组的基因注射到绵羊受精卵的原核中,受精卵经过培养成为早期胚胎。将此胚胎移植到代孕绵羊子宫中发育。产出的转基因绵羊性成熟后,乳腺细胞将表达人的抗胰蛋白酶基因,羊奶中含有抗胰蛋白酶。从羊奶中分离此蛋白质可用于治疗人类的相关疾病。

体外受精和试管婴儿 体外受精技术可以治疗人类的某些不孕症。将从不孕夫妇身上取出来的精子和卵子(当然,也可以从其他健康的人身上取精子和卵子)进行体外受精和胚胎移植,可以产出正常的婴儿,即试管婴儿。1978 年,在英国出生了世界上首例试管婴儿。从那以后,世界上许多国家都采用了这种技术,解决了成千上万不孕夫妇的烦恼。我国首例试管婴儿于 1988 年出生。现在,试管婴儿技术已经日臻完善,可以将单个精子注入卵子中,以获得受精卵,这样产生的婴儿称为第二代试管婴儿。迄今为止,全球大约有400万人通过体外受精技术出生。首创体外受精技术的英国生理学家罗伯特·爱德华兹(Robert Edwards)获得2010年诺贝尔生理学或医学奖。

治疗癌症 从发育生物学的角度来看,癌细胞是一群脱离了正常发育进程的细胞,这些细胞本来应该进行分化,可是它却返回细胞周期,进行分裂。如果能够让细胞进行正常的分化就可以将癌变的细胞改变成正常的细胞。由此,形成了一种分化疗法(differentiation therapy),该疗法已经成功地用于治疗急性早幼粒细胞白血病。这种病是因为中性粒细胞的前体细胞中15号染色体和17号染色体之间发生了基因重组,引起视黄酸受体的异常,以致中性粒细胞的前体细胞不能正常进行分化。现在使用全反式视黄酸(all-trans-retinoic acid)治疗,90%以上的患者症状可以缓解。全反式视黄酸可以诱导中性粒细胞的前体细胞进行正常的分化,形成中性粒细胞。

细胞异常分裂能否形成肿瘤还和血管发生有关。人体每天都进行着数以亿次计的细胞分裂,每次分裂都可能导致形成潜在的肿瘤。但是,事实上并没有形成肿瘤。原因是肿瘤也需要氧和营养,肿瘤的形成与其周围出现充分的血液供应有关,即潜在的肿瘤周围必须形成丰富的血管。血管发生受血管发生因子和血管发生抑制因子的调节。血管发生因子和血管发生抑制因子之间存在着平衡,如果打破这种平衡,肿瘤周围就会形成血管,潜在的肿瘤就会进行爆炸性生长,变成肿瘤。因此,抑制血管发生就可以阻止肿瘤的形成。已经成功地利用天然的或人工合成的血管发生抑制剂抑制了大鼠和小鼠体内的肿瘤生长。

基因疗法 在患者的细胞中插入野生型基因以治疗遗传疾病的方法称为基因疗法。正常的基因往往是包在载体中植入细胞,充当载体的可以是反转录病毒、腺病毒或质粒,这种方法已经取得了巨大的成功。例如,一种免疫缺陷的遗传病是由于腺苷酸脱氢酶基因突变引起的,这种患者不能合成腺苷酸脱氢酶。使用含有野生型腺苷酸脱氢酶基因(实际上是RNA)的反转录病毒作为载体,将该基因导入细胞中,可以治疗免疫缺陷。血友病和其他的一些遗传性疾病也可以通过这种方法进行治疗。

还可以将野生型基因导入配子、受精卵或胚胎干细胞中,这样获得的个体不但治愈了遗传性疾病,其后代也不会再得这类遗传病。不过,将基因导入配子、受精卵或胚胎干细胞中的做法可能是一把双刃剑,它既可以治愈遗传病,也可能因为某些人滥用此技术而创造出一些所谓的"超人"来,如特别漂亮的人、特别健壮的人、特别聪明的人。而用得起此技术的当然是那些富有的人,一旦富人用此技术产生出"超人"后代,必将加大了富人和穷人的两极分化,导致严重的社会问题。

干细胞治疗 有些患者需要移植器官,而移植他人的器官存在许多问题。一是适合移植的器官来源稀缺,价格昂贵;二是移植之后在患者体内会产生严重的排斥反应,以至于又将移植入的器官取出。为了解决移植器官来源不足的问题,人们考虑使用异种动物的器官,如猪的器官就被成功地移植到人体内,但仍存在排斥的问题。现在,人们在胚胎干细胞上的研究有望解决人类器官移植的难题。

胚胎干细胞(ES细胞)具有巨大的发育潜能,能够分化成为人体中的各种细胞,是一类亚全能性干细胞(pluripotent stem cell)。利用ES细胞可以培养出基因型完全相同的动物(克隆动物),也可以进行定向培养,产生具有特定生理功能的分化细胞。例如,利用ES细胞已经培养出心肌细胞,它可以有节律地跳动。人们希望可以使用ES细胞培养出分化细胞治疗脑疾(如帕金森病)患者,为糖尿病患者制造新的胰岛细胞,为贫血症患者制造正常的红细胞,为心脏病患者更换心肌，让免疫缺陷病患者恢复免疫能力，甚至能够培养出与患者的基因型完全相同的器官以供移植，这样既解决了移植器官来源稀缺的问题，又解决了异体器官移植存在的排斥问题。

在体内还存在着另一类干细胞，称为成体干细胞(adult stem cell)。间充质干细胞、造血干细胞和神经干细胞等都属于成体干细胞。这些干细胞的发育潜能虽然不如ES细胞，但是在一定的培养条件下还是可以分化成为多种细胞类型。这类干细胞又可以称为多能性干细胞(multipotent stem cell)，也可以用于治疗疾病。例如，从成年大鼠的中脑取出神经干细胞，经过培养，分化成为多巴胺能神经元，移植这种神经元可以治疗大鼠的帕金森病。

近年来，研究人员通过病毒向小鼠的体细胞导入4个外源基因(*Oct4*、*Sox2*、*Klf4* 和 *c-Myc*)，将其诱导成为诱导性亚全能干细胞(induced pluripotent stem cell，iPS 细胞)。iPS 细胞类似于胚胎干细胞，具有亚全能性发育潜能，2007 年已经成功地将患有镰状细胞贫血症小鼠的成纤维细胞诱导成为 iPS 细胞，然后向其导入野生型的珠蛋白基因，经过定向培养，形成了正常的造血干细胞。再将此造血干细胞注射到患病小鼠，两个月后，镰状细胞贫血症被治愈。因此，iPS 细胞很有希望被用于治疗人类的某些疾病。2009 年，有人将 2 个外源基因(*OCT4* 基因和 *SOX2* 基因)导入人的脐带造血干细胞，并将其诱导成为 iPS 细胞。甚至只要将一个外源基因(*OCT4* 基因)导入神经干细胞，就可以成功地将其诱导成为 iPS 细胞。

第二章 配子发生

对于自然界的任何一种物种来说，生殖都是其一生中的头等重要大事。生殖可以保证物种的延续，因此，生殖细胞(germ cell)对于物种的发育来说是极为重要的一类细胞。在有些动物的发育过程中，生殖细胞比胚体的任何一种细胞都更早形成。

生殖细胞的发生与受精卵中的一种特殊的细胞质成分有关，这种细胞质成分是在卵子发生的过程中贮藏在卵子中的，称为生殖质(germ plasm)。在受精卵开始分裂的过程中，这种特殊的细胞质成分被局限于某些胚胎细胞中，这些胚胎细胞将发育成为生殖细胞。这样，在发育的早期就出现了两类分化了的细胞：生殖细胞和非生殖细胞[体细胞(somatic cell)]。由此可见，在发育过程中，生殖细胞的发生是个体发育的序幕。

最早形成的生殖细胞称为原生殖细胞(primordial germ cells，PGCs)。原生殖细胞并不是在生殖腺中形成的，其产生地点与生殖腺有一段距离。原生殖细胞要经过迁移才能到达生殖腺，以后就在生殖腺中发育。雌雄两性的原生殖细胞在形态结构上没有什么区别。原生殖细胞在生殖腺中分裂增殖，发育成为各期生殖细胞。当成熟的生殖细胞出现时，两性生殖细胞之间的差异就非常明显。生殖细胞与生殖腺中的体细胞发生了非常紧密的联系，生殖腺中的体细胞对生殖细胞的发育起着支持、保护和提供营养的作用。在雄性的生殖腺中，体细胞称为支持细胞(Sertoli cell)。在雌性生殖腺中，体细胞称为滤泡细胞或卵泡细胞(follicle cell)。

配子发生(gametogenesis)包括雄性配子(精子)和雌性配子(卵子)的发生。雌雄配子发生过程有差异，但也有共同点。之所以有差异，是因为雌雄配子的形态和功能是不同的。雄性配子通常很小，能够运动，它们从雄性生殖腺释放出来后，就会朝向雌性配子存在的位置运动，并与之接触、融合(即受精，fertilization)。而雌性配子相对于雄性配子来说通常很大，不会主动运动，能够与雄性配子相互作用，以完成受精过程。雌雄两性配子对于受精卵细胞核的贡献是一样的，但是在细胞质方面的贡献则差异很大。雄性配子几乎不为受精卵提供细胞质，而雌性配子却提供所有的细胞质。

尽管两性配子差异很大，但是在配子发生过程中两者却经历了相同的几个阶段：增殖期、生长期和成熟期。在增殖期，雌雄生殖细胞分别称为精原细胞(spermatogonium)和卵原细胞(oogonium)。精原细胞和卵原细胞是一类干细胞(stem cell)，它们分裂后形成的两个细胞中一个依然是干细胞，另一个将进入下一阶段的发育。正是因为精原细胞和卵原细胞具有这样的特点，所以能够保证在整个生殖年龄，生殖腺中都源源不断地有生殖细胞产生。进入下一个发育阶段的精原细胞和卵原细胞在增殖期中经过若干次的分裂，使得细胞数量大增。然后，这些细胞进入生长期。在生长期，精原细胞和卵原细胞在细胞质中积累了大量的细胞器，体积增大了许多，特别是雌性生殖细胞的体积增大了数十倍至数千倍不等。此时，生殖细胞称为初级精母细胞(primary spermatocyte)和初级卵母细胞(primary oocyte)。初级精母细胞和初级卵母细胞长到一定阶段，就进入成熟期。在这时期，初级精母细胞和初级卵母细胞都要经过两次成熟分裂。第一次成熟分裂是减数分裂(meiosis)，第二次成熟分裂是普通的有丝分裂。一个初级精母细胞经过第一次成熟分裂，形成了两个单倍体的次级精母细胞(secondary spermatocyte)；一个次级精母细胞经过第二次成熟分裂，形成了两个精子细胞(spermatid)。精子细胞经过精子形成期(spermiogenesis)的一系列变化,最后形成精子(sperm)。一个初级卵母细胞经过第一次成熟分裂,形成一个与初级卵母细胞大小相当的次级卵母细胞(secondary oocyte)和一个几乎不含细胞质的第一极体(first polar body)。次级卵母细胞和第一极体都是单倍体的。一个次级卵母细胞经过第二次成熟分裂,形成一个与初级卵母细胞大小相当的卵子(ovum)和一个与第一极体大小相当的第二极体(second polar body)。第一极体可能分裂,也可能不分裂。第一极体和第二极体都不能受精,最终都死亡。

第一节 精子发生

不同的动物,精子发生过程和精子形态结构有共同的特征,也有其特殊性,本节主要阐述哺乳动物的精子发生。哺乳动物的精子发生是在雄性生殖腺即精巢(testis)的生精小管(seminoferous tubule)中进行的(图 2.1 和图 2.2)。

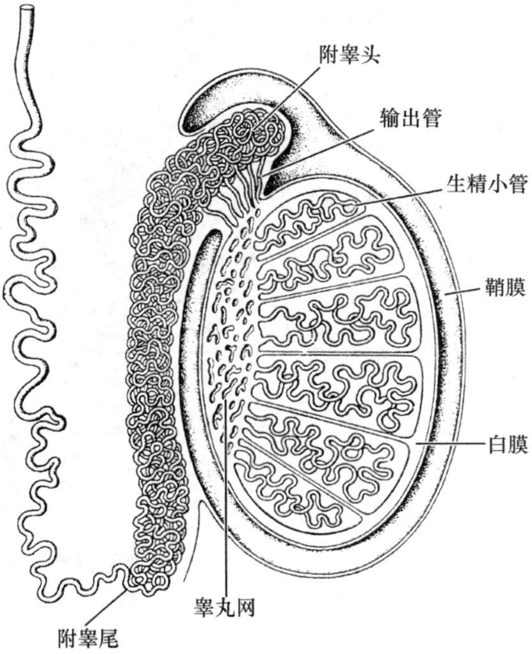

图 2.1 哺乳动物精巢的结构
(自 Austin and Short,1982a)
哺乳动物精巢(睾丸)的纵切面。结缔组织的隔膜将精巢分隔成许多小叶,小叶中有卷曲状的生精小管,精子发生就在生精小管中进行。精子经过睾丸网和输出管进入附睾。附睾是高度卷曲的小管,精子在从附睾头移动到附睾尾的过程中进一步成熟。

一、精子发生过程

精子发生过程指的是从精原细胞发育成为精子的整个过程,包括精原细胞阶段、初级精母细胞阶段、次级精母细胞阶段、精子细胞阶段和成熟精子阶段。其中,从精子细胞发育成为精子经历了一个形态结构发生巨大变化的过程,即精子形成。

(一) 精原细胞的增殖

哺乳动物精巢中最初的精原细胞是 A1 型精原细胞。A1 型精原细胞有椭圆形细胞核,其中的染色质与核膜相连,这类细胞往往紧贴于生精小管的基膜(图 2.3)。A1 型精原细胞经过分裂,形成一个 A1 型精原细胞和一个 A2 型精原细胞。因此,A1 型精原细胞是一种干细胞,它能产生自身类型的细胞(A1 型)和新类型的细胞(A2 型)。A2 型精原细胞分裂,形成 A3 型精原细胞,后者再分裂,形成 A4 型精原细胞。A4 型精原细胞经过分裂,形成中间型精原细胞(intermediate spermatogonia)。中间型精原细胞分裂后形成 B 型精原细胞,B 型精原细胞是最后进行有丝分裂的细胞,它们分裂的结果是形成初级精母细胞(图 2.4)。

(二) 初级精母细胞的成熟分裂

初级精母细胞在生长期体积增大,细胞器增多,同时,细胞核开始了第一次成熟分裂即减数分裂前期的变化。第一次成熟分裂前期时间较长,可以分为 5 个时期。第一个时期称为细线期

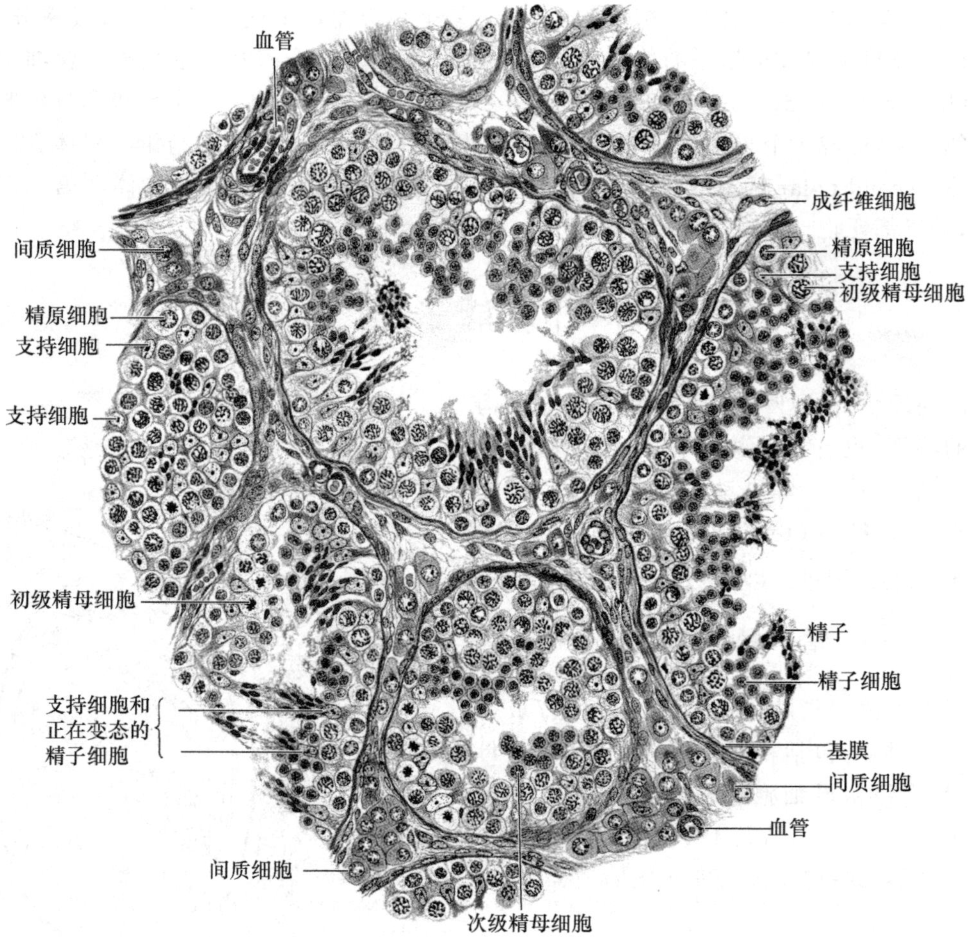

图 2.2 哺乳动物精巢生精小管的结构(自 Browder et al. ,1991)

哺乳动物精巢生精小管的横切面。靠近生精小管边缘的细胞是发育早期的生精细胞,靠近管腔的细胞是接近成熟的生精细胞。

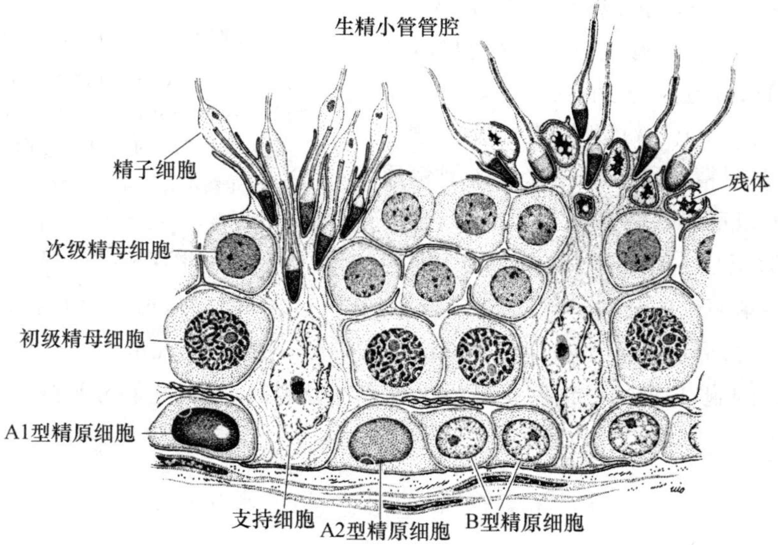

图 2.3 生精小管局部,显示各级生精细胞(自 Gilbert,1997)

哺乳动物生精小管局部,各级生精细胞位于支持细胞表面的凹陷中。

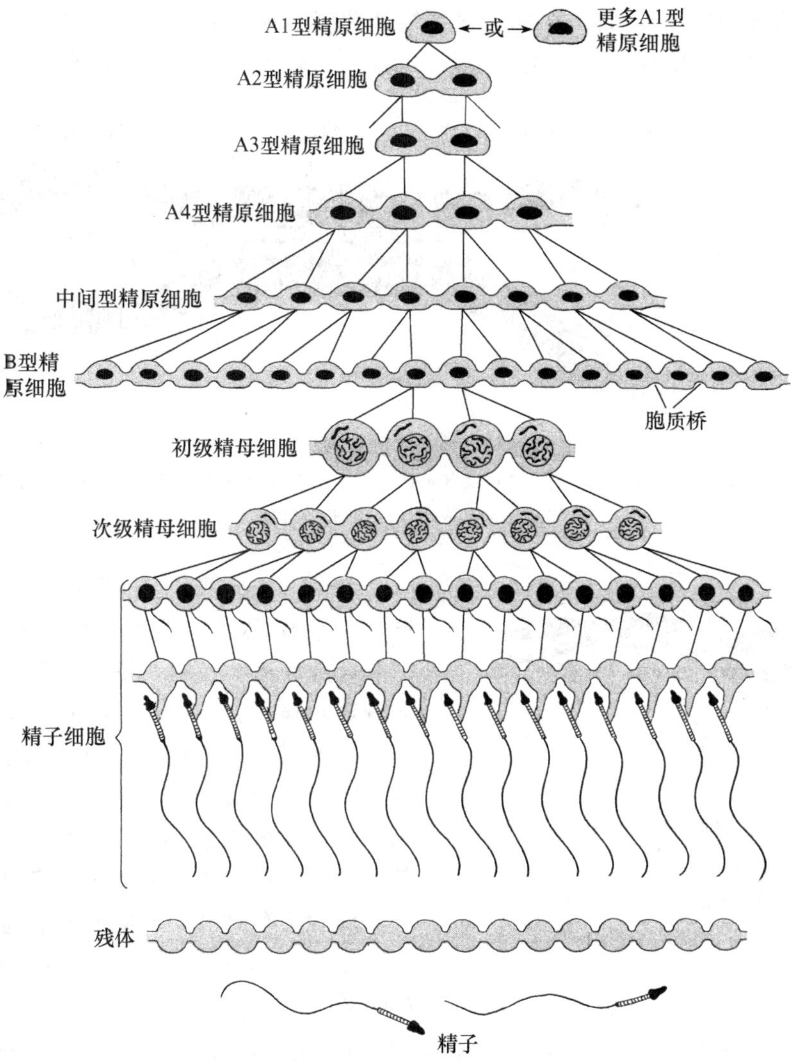

图 2.4　精子发生过程中的同源群(自 Gilbert,1997)

显示从一个 A1 型精原细胞形成各级生精细胞(局部)。从 A2 型精原细胞开始,各级生精细胞没有完全分开,靠胞质桥相连,形成了同源群。

(leptotene)。由于染色体已经复制过了,所以在细线期每条染色体都含有两条相同的染色单体(chromatid)。两条染色单体靠一个着丝粒连接在一起。由于染色质的浓缩,原先极为松散的染色质逐渐变粗,呈细线状,在显微镜下可以看到。随后,进入下一个时期,即偶线期(zygotene)。在偶线期,同源染色体(homologous chromosome)配对。一对同源染色体中一条来自父本,另一条来自母本。同源染色体配对称为联会(synapsis)。由于每一条染色体都由 2 条染色单体组成,因此,每一对同源染色体都由 4 条染色单体组成,这样的结构又称为四分体(tetrad)或二价体(bivalent)。

随后进入粗线期(pachytene),在这个时期,四分体增粗变短。这个时期的一个显著特点是同源染色体中出现了一个特殊的结构,即联会复合体(synaptonemal complex)(图 2.5)。联会复合体在偶线期开始形成,在粗线期完全形成,在下一个时期(双线期)开始解体。在电子显微镜下,联会复合体呈现出一种类似于一个阶梯的两侧被细线缠绕的形状。如果用 DNA 酶处理,联会复合体中央的阶梯状结构依然存在，只是缠绕其两侧的细线消失了。这说明，两侧缠绕的细线是染色质。位于中央的阶梯状结构是一些蛋白质，它们起着将两侧的染色质连接在一起的作用。

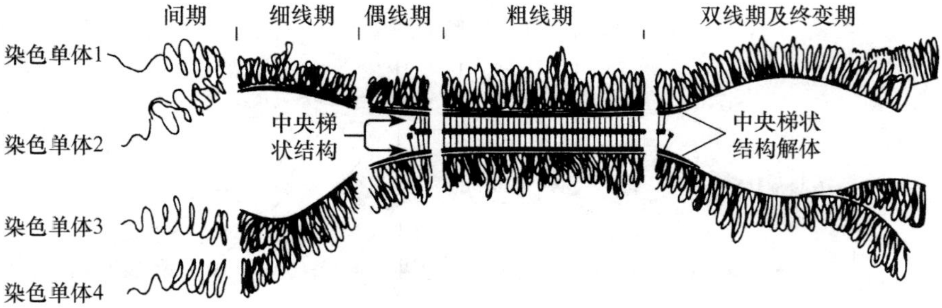

图 2.5　联会复合体的形成和解体（自 Alberts et al.，1989）

显示一对同源染色体形成联会复合体及其解体过程。联会复合体在偶线期开始形成，在粗线期完全形成，在双线期开始解体。

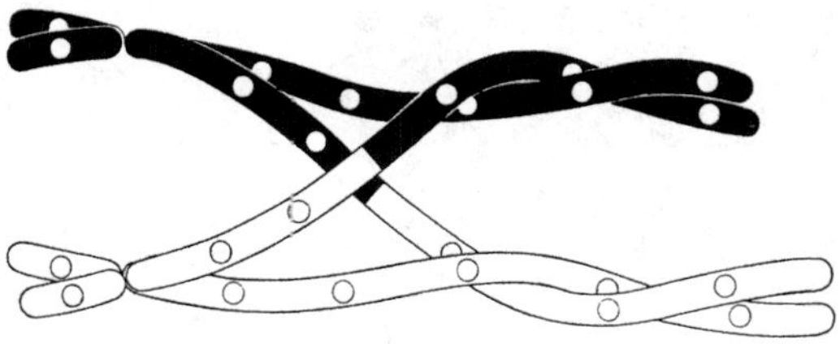

图 2.6　同源染色体的交换（自 Austin and Short，1982a）

本图是一对双线期的同源染色体示意图，显示一个交叉，染色单体之间交换了染色体片段。

在第一次成熟分裂前期，一个最重要的事件是同源染色体之间出现遗传物质的交换（crossing-over），交换发生在粗线期。所谓交换就是在一对同源染色体中，一条染色体的任意一条染色单体与对应的另一条染色的任意一条染色单体互换片段（图 2.6），即来自父本染色体上的部分基因交换到来自母本的染色体上去，来自母本染色体上的部分基因交换到来自父本的染色体上去。由于在一对同源染色体中，交换在多个地点发生，这样，每一条染色体都出现了遗传物质的重组，都具有父本的基因和母本的基因，这就为产生能够遗传的变异提供了物质基础。

下一个阶段是双线期(diolotene)。在双线期，同源染色体开始分开，但是在交换的地方同源染色体仍相连，相连之处称为交叉（chiasmata）。双线期是活跃地进行基因转录的时期。在某些物种中，雌雄生殖细胞在此时会明显地出现“灯刷”状染色体（lampbrush chromosome）。灯刷染色体上进行着大量的 RNA 合成（有关灯刷染色体的详情将在下一节阐述）。双线期之后是终变期（diakinesis），此时，交叉消失，着丝点分开。至此，第一次成熟分裂的前期结束。接着，核仁消失，核膜破裂，四分体移向中期板（metaphase plate），进入第一次成熟分裂的中期。

在第一次成熟分裂的后期，每一对同源染色体中的两条染色体分开，分别进入纺锤体的两极。在末期，次级精母细胞形成，每一个次级精母细胞仅获得初级精母细胞染色体的一半，因此是单倍体的。经过短暂的分裂间期，第二次成熟分裂开始，这次分裂犹如普通的有丝分裂，每一个次级精母细抱形成两个精子细胞，精子细胞也是单倍体的。

（三）精子形成

精子细胞是球状无鞭毛的细胞，与精子的外形没有任何共同之处。精子细胞要经过一系列的变化才能形成精子，此过程称为精子形成。精子形成中产生的变化主要发生在细胞核和细胞器（图 2.7）。

1. 核的变化

核的变化包括染色质的浓缩和核形态的变化。

染色质的浓缩 精子细胞染色质中的组蛋白在酶促作用下，DNA 组蛋白复合体的稳定性遭到破坏。存在于精子细胞中的鱼精蛋白或其他碱性蛋白(如经过特异改变的组蛋白)逐渐取代了组蛋白，形成了新的 DNA 鱼精蛋白复合体，其构象与原先的核小体不一样。在这种复合体中，DNA 被紧密地包裹，失去了转录活性。在精子细胞中，基因失去转录活性意味着与精子形成有关的蛋白质合成只能依靠已经存在于精子细胞中的 mRNA。在组蛋白发生变化的同时，与遗传物质的传递没有直接关系的 RNA 和非组蛋白蛋白质也从细胞核中去掉。这样，染色质浓缩，变得致密结实，细胞核的体积大大减小。

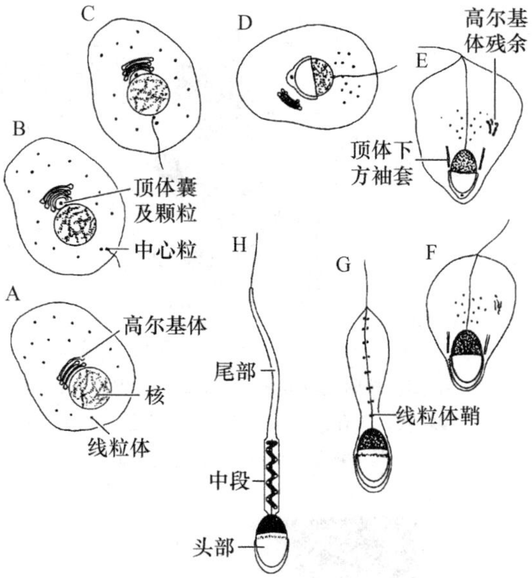

图 2.7 精子形成(自 Saunders，1982)

简要显示哺乳动物精子细胞变成精子的过程(A～H)。

核的形态变化 细胞核的形态变化是和染色质的浓缩同时进行的。细胞核的形状变成流线型，易于运动，该变化可能与核外的微管有关。细胞核外的微管和核膜联系较为密切，它不仅在细胞核形状的改变中起作用，还在整个精子细胞的伸长过程中起作用。微管与正在伸长的细胞核长轴平行，并在细胞核外呈圆筒状排列，包围着细胞核，称为微管轴(manchette)。构成微管轴的微管之间靠一种蛋白质相互联系在一起，以维持微管轴的形状。有人认为，微管轴不但与细胞核的形状有关，还与细胞核内染色质的浓缩有关。精子细胞的核发生了以上变化使得遗传物质不容易受到损伤，不易突变，同时也有利于精子的运动。

2. 细胞器的变化

顶体的形成 在精子细胞中，位于细胞核附近的高尔基体中某些囊泡彼此融合起来，形成一个较大的囊泡。这个囊泡贴于细胞核的一端，成为一个由生物膜组成的顶体囊(acrosomal vesicle)。顶体囊中含有各种水解酶，以颗粒状的形式出现在顶体囊中，称为顶体颗粒(acrosomal granule)。顶体囊继续改变形状，成为一个帽状结构包裹细胞核的前部，此时顶体囊可称为顶体(acrosome)。未参与顶体形成的高尔基体其他部分移向细胞核后的细胞质，进入残体(residual body)中(图 2.8)。

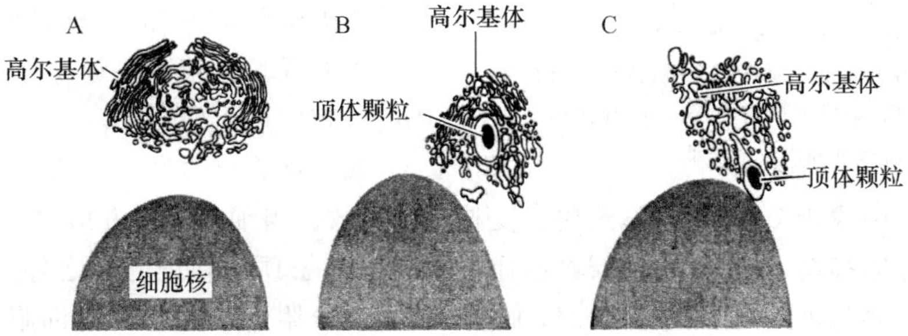

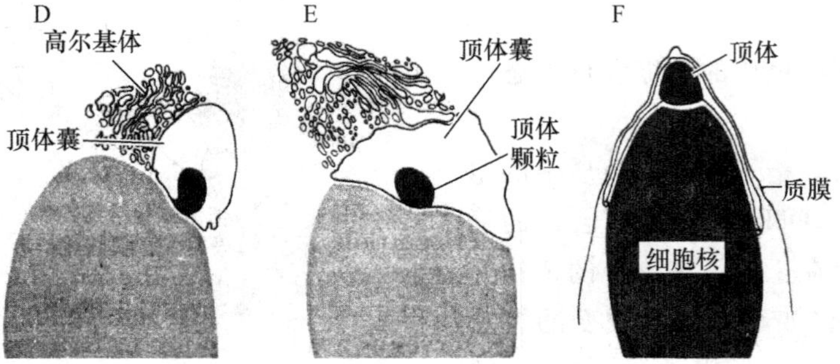

图 2.8　顶体的形成(自 Balinsky,1975)

A. 细胞核附近有高尔基体;B. 高尔基体向细胞核靠近,部分囊泡融合成一个较大的囊泡,其中出现顶体颗粒;C. 含有顶体颗粒的囊泡贴在细胞核的一端;D. 高尔基体的其他小囊泡继续与含有顶体颗粒的囊泡融合,形成更大的囊泡,即顶体囊;E. 顶体囊逐渐包围细胞核的一端;F. 顶体形成。

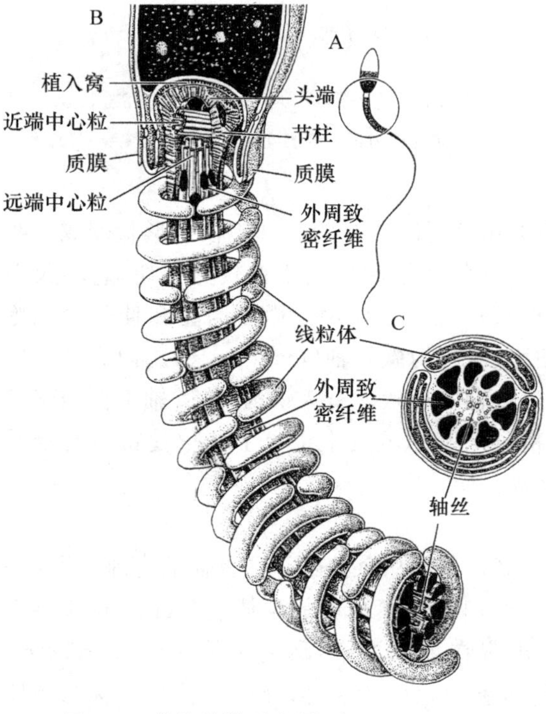

图 2.9　线粒体鞘示意图(自 Krstic,1976)

A. 哺乳动物精子外形;B. A 的局部放大,显示精子尾部的颈段和中段,尾部的质膜大部分剥去。颈段的主要结构是连接片,连接片的头端中央有近端中心粒,连接片的节柱中央有远端中心粒。中段的线粒体环绕轴丝和外周致密纤维排列成鞘(为了显示外周致密纤维,特意将线粒体排列得稀疏一些);C. 中段的横切面,显示线粒体鞘之内的轴丝和外周致密纤维。

轴丝的形成　在精子细胞分化的早期,两个中心粒移位到细胞核的一端,该端与顶体所在的一端正好相反。这一端有一个凹陷,称为植入窝(implantation fossa)。两个中心粒中的一个位于植入窝深处,称为近端中心粒(proximal centriole),其主轴与精子的主轴垂直。另一个中心粒与近端中心粒垂直,位于植入窝外侧,称为远端中心粒(distal centriole),其主轴与精子的主轴平行。中心粒参与受精卵纺锤体的形成,以促使卵裂。远端中心粒起着组织中心的作用,将精子细胞中的微管蛋白聚合起来,形成轴丝(axoneme),轴丝是精子鞭毛中的主要结构成分(图 2.9)。

线粒体鞘的形成　精子细胞中的线粒体仅有部分参与精子的结构。不同的物种,线粒体在精子中所在的位置及线粒体所形成的特殊结构都有差异。在哺乳动物的精子细胞中,线粒体长度伸长,移位到轴丝周围,并有规律地缠绕于轴丝的外方,呈螺线状,称为线粒体鞘(mitochondrial sheath)(图 2.9)。线粒体鞘位于轴丝的靠近细胞核的部分,轴丝的远离细胞核的部分没有线粒体鞘。那些没有参与线粒体鞘形成的线粒体进入残体中。

其余细胞质的变化　精子细胞的大部分细胞质在精子形成中成为多余的物质,最终被支持细胞吸收。当细胞核前方形成顶体时,其余的细胞质向相反的方向移动,仅留下一薄层细胞质与质膜覆盖于顶体和细胞核之外。当精子的尾部(即鞭毛,其中主要为轴丝)往后端伸长时,细胞质的大部分附着于尾部的近细胞核部分,形成残体。当线粒体围绕着轴丝形成线粒体鞘时,残体被支持细胞吸收。

（四）精子的成熟

精子形成完成之后，精子细胞就成为精子，并进入生精小管的管腔。刚形成的精子并没有成熟，它不会运动，没有受精能力。随后，它进入附睾（epididymis），在那里才逐渐成熟。精子的成熟包括形态、生理和生物化学方面的一系列变化。对于精子成熟起着关键作用的是附睾液，在附睾中的精子实际上是浸在附睾液中的，在附睾中成熟了的精子才能排出体外。

精子成熟的变化包括质膜中增加了一些蛋白质，而原先存在于质膜的某些蛋白质去除了或改变了结构，顶体形状发生了细微的变化，某些细胞质成分从头部移向尾部中段等。精子质膜中的脂类发生了明显的物理和化学上的改变。其中，胆固醇的数量和分布都发生了变化。胆固醇是一种在受精前起着重要作用的脂类，它有利于精子在雌性生殖管道中通过各种不同的微环境。此外，精子表面的多糖也发生了改变。细胞表面的多糖介导细胞与周围环境之间的相互作用。植物凝集素（lectin）是一种可以与细胞表面的多糖特异结合的蛋白质，可以作为一种探针检测细胞表面多糖的分布。在附睾中，精子表面的凝集素结合位点的数量和分布都发生了变化。

（五）支持细胞在精子发生中的作用

生精小管中的细胞主要是处于各个发育阶段的生精细胞。除了生精细胞以外，还有一类与精子发生密切相关的体细胞，即支持细胞。支持细胞具有营养生精细胞和调节生精细胞周期的作用。支持细胞是一种外形极不规则的高柱状细胞，它的基底面位于生精小管的基膜上，顶端直达管腔；侧面和管腔面有很多凹陷，各级生精细胞就埋于这些凹陷之中（图 2.10）。相邻的支持细胞之间，以及支持细胞和各级生精细胞之间都有明显的细胞界限和不同的连接复合体（junctional complex）。支持细胞的外形随着埋藏其中的生精细胞的发育而改变。

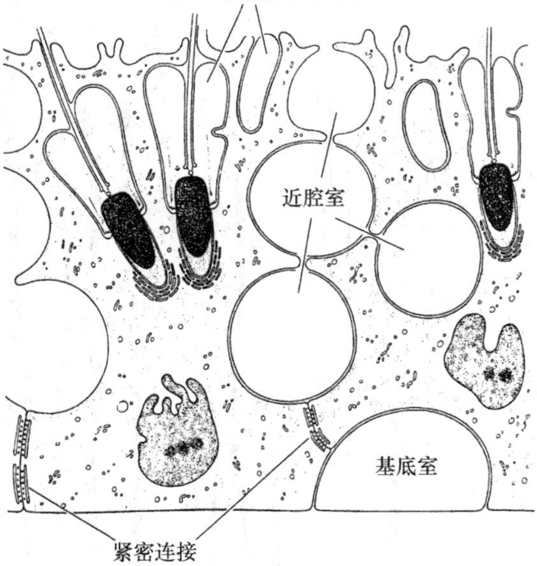

图 2.10　支持细胞（自 Austin and Short，1982a）
生精细胞位于支持细胞表面的凹陷中，相邻支持细胞的细胞膜形成紧密连接，基底室靠近生精小管的边缘，近腔室靠近生精小管的管腔。

支持细胞的一个明显的特点是有一个不规则圆形或锥形的细胞核，其长轴与基膜垂直，内有一个大的核仁。细胞质内有丰富的内质网、溶酶体和脂肪滴，有高尔基体和致密小体。在顶部的细胞质中有纵向排列的微管、微丝和棒状的线粒体。这些细胞器的分布和排列与各期生精细胞逐渐移向管腔有极为密切的关系。相邻的支持细胞侧面上的连接复合体往往很复杂，这些连接复合体将相邻的支持细胞的侧面紧紧结合在一起，这样就形成了血睾屏障（blood-testis barrier）。血睾屏障将相邻支持细胞之间的空间分成两部分——基底室（basal compartment）和近腔室（adluminal compartment）。基底室介于基膜和连接复合体之间，靠近生精小管的边缘。近腔室在连接复合体的内方，靠近生精小管的管腔。精原细胞位于基底室中，初级精母细胞及更后发育阶段的生精细胞都位于近腔室。血睾屏障阻止蛋白质（包括蛋白质类的激素和抗体）进入近腔室，这样可以保证位于近腔室中的各级生殖细胞有一个正常的发育微环境。

（六）精子发生过程中的同源群现象

在从 A1 型精原细胞形成精子细胞的过程中，每一次分裂形成的各级生精细胞都没有完全分开，细胞与细胞之间通过胞质桥(cytoplasmic bridge)相连。胞质桥把由同一个 A1 型精原细胞分裂形成的生精细胞连成一个细胞群(图 2.4)。某些细胞器和物质可以通过胞质桥从一个细胞到另一个细胞。胞质桥起着让营养物质和激素在同源生精细胞中相互沟通的作用，同源生精细胞能够同步发育。这种由胞质桥相连的细胞群随着生殖细胞的分裂，细胞数量增加，位置也逐渐移向管腔。当同源细胞群达到生精小管的管腔面时，整群的精子细胞完成其分化过程，胞质桥断开，同时精子释放到管腔中。这种由同一精原细胞分裂而来的细胞群同步发育和成熟的现象称为同源群现象。

二、精 子 结 构

不同的物种，精子的形状、大小和内部结构有所不同(图 2.11)，但基本上可以分为头部和尾部两个部分。现以哺乳动物的精子为代表叙述其细微结构(图 2.12)。

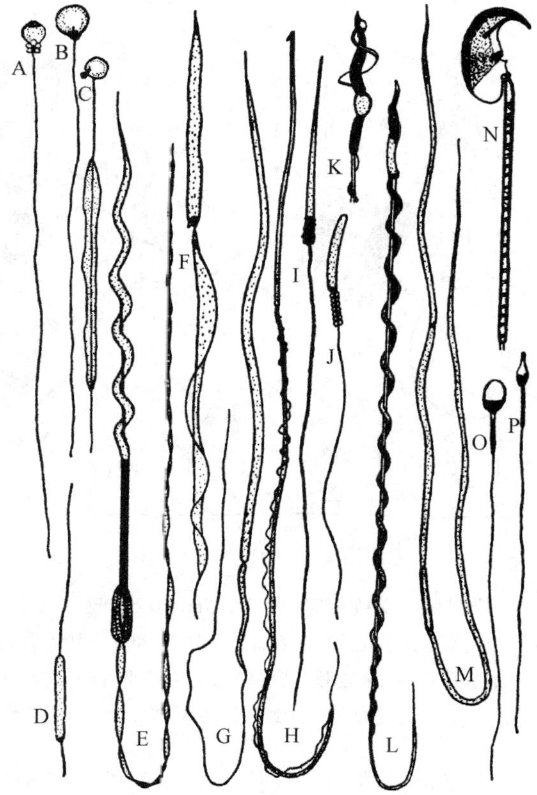

图 2.11　脊椎动物的精子(自曲漱惠等，1980)

A. 文昌鱼；B. 鲑鱼；C. 鲈鱼；D. 七鳃鳗；E. 鳐鱼；F. 蟾蜍；G. 蛙；H. 蝾螈；I. 蜥蜴；J. 长脚秧鸡；K. 燕雀；L. 鸫；M. 针鼹；N. 小鼠；O、P. 人(正面观和侧面观)。

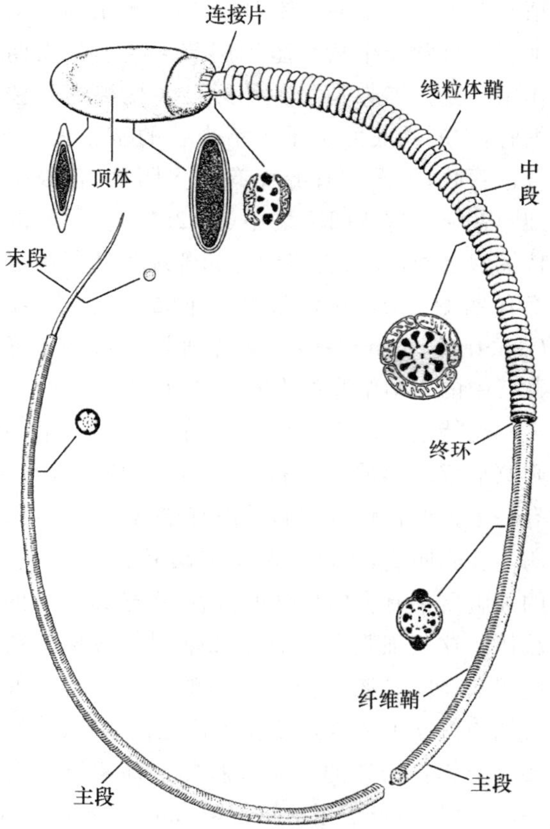

图 2.12　去除了质膜的哺乳动物精子

(自 Austin and Short，1982a)

质膜被剥去之后的哺乳动物精子，显示内部结构。

（一）头　　部

哺乳动物精子头部外形大致可分为卵圆形（有蹄类）、梨形（人、犬）和镰刀形（啮齿类），头部的外形通常由其中的细胞核和顶体的形状决定。

头部的主要结构是细胞核和顶体。细胞核中染色质呈致密状态，有的动物精子细胞核中有空隙，呈空泡状。细胞核的前方有一顶体，顶体呈帽状覆盖于细胞核的前部。与核膜相邻的顶体膜称为顶体内膜（inner acrosomal membrane），与质膜相邻的顶体膜称为顶体外膜（outer acrosomal mambrane）。顶体内膜和顶体外膜之间是顶体内容物。顶体内容物由各种水解酶组成，这些水解酶在受精过程中将起重要作用（图 2.13）。

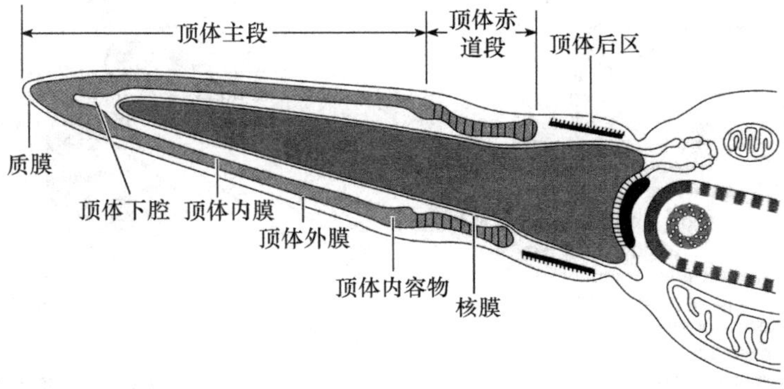

图 2.13　哺乳动物精子的头部（自 Browder et al.，1991）
哺乳动物精子头部的矢状切面，显示细胞核和顶体。

（二）尾　　部

尾部又称为鞭毛。尾部分为四段：颈段（neck region）、中段（middle piece）、主段（principal piece）和末段（end piece），颈段和精子头部相连。

1. 颈段

颈段是尾部起始段，与头部相连（图 2.9），其主要结构是连接片（connecting piece）。连接片分为前部的头端（capitulum）和后部的节柱（segmented column）。头端嵌于细胞核后端的植入窝中，其中央是空腔。头端外形如关节突，有横纹。节柱为 9 条纤维状结构，也有横纹，9 条纤维状节柱围成一个筒状结构。节柱的前部连于头端，后部与中段的 9 条外围致密纤维相连。连接片外侧有线粒体包围。近端中心粒位于连接片头端的空腔之中，远端中心粒则位于 9 条节柱围成的空间中，由远端中心粒发出轴丝。有些哺乳动物精子的远端中心粒已退化，或仅留下痕迹。

2. 中段

中段接于颈段之后（图 2.14）。中段的核心结构是轴丝，它由两条中央微管和周围的 9 组二联微管（doublet）组成。二联微管由两条微管结合而成，其中一条称为 A 微管，另一条称为 B 微管，在 A 微管的管壁上还有动力蛋白臂（dynein arm）附着。动力蛋白臂具有 ATP 酶的活性，能将化学能转化为机械能。

在轴丝的外侧有 9 条外周致密纤维（outer dense fiber）。9 条外周致密纤维分别与颈段的 9 条节柱相连，并向后延伸到主段。每一条纤维都位于某一个二联微管的外侧，因此，轴丝的 9 组二联微管和 9 条外周致密纤维之间有一一对应的关系。在 9 条外周致密纤维之外有线粒体鞘。

在尾部各段,仅有中段才有线粒体鞘,因此线粒体鞘可以作为尾部中段的标志。

3. 主段

主段接于中段之后(图 2.15),是尾部各段中最长的一段。主段的核心结构是轴丝,轴丝是从中段延伸来的,轴丝外侧是从中段延伸来的外周致密纤维。由于 9 条外周致密纤维的长短不一,其末端分别终止于主段的不同部位,因此,在主段的不同横切面上可以看到不同数量的外周致密纤维。在接近末段的地方,所有的外周致密纤维皆已终止。

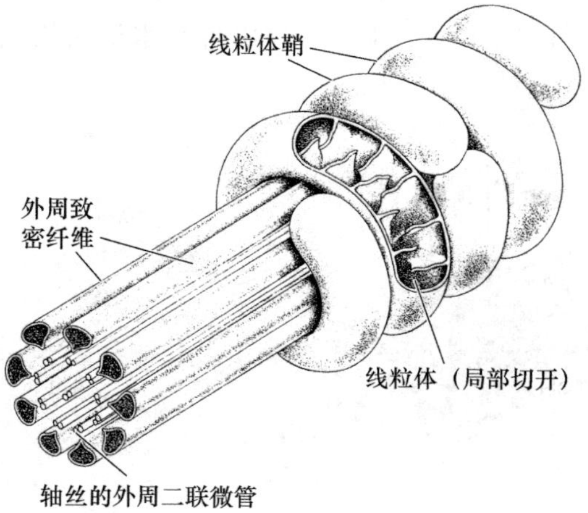

图 2.14 哺乳动物精子尾部中段(自 Austin and Short,1982a)
线粒体鞘中的部分线粒体已经移去,显示中段的外周致密纤维和轴丝。

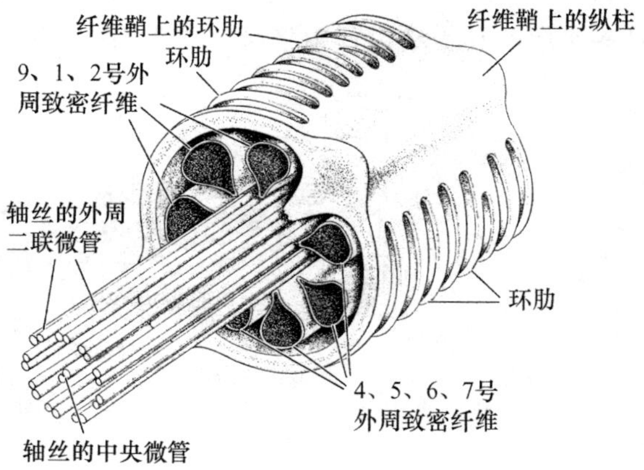

图 2.15 哺乳动物精子尾部主段(自 Austin and Short,1982a)
主段的部分纤维鞘被切去,显示纤维鞘之内的外周致密纤维和轴丝。

在外周致密纤维外侧有一个纤维鞘(fibrous sheath),纤维鞘由位于背部和腹部的两条纵柱(longitudinal column)和许多环肋(circumferential rib)构成。环肋将两条纵柱连接起来,形成一个形状像胸廓的结构。在整个主段都有纤维鞘,但没有线粒体鞘,因此,有无线粒体鞘或纤维鞘可以作为区别中段和主段的标志。

4. 末段

末段是尾部的最后一段,接于主段之后。末段之中仅有从主段延伸下来的轴丝。末段没有纤维鞘,没有外周致密纤维。在整个尾部的外表都有质膜包裹。

三、精子发生过程中的调节

精子发生过程是生精细胞的分化过程,其中存在许多独特的调节机理。精子发生受多种因素的调节,主要是外源调节因素和内源调节因素。外源调节主要是激素的调节,内源调节主要是生精细胞基因水平的调节。

(一) 激素的调节

参与精子发生调节的激素来自睾丸、脑垂体和下丘脑。这些激素主要是雄性激素、促性腺激素(gonadotropin)和促性腺激素释放激素(gonadotropin-releasing hormone,GnRH)。雄性激素由精巢中的间质细胞(Leydig cell)分泌,这些细胞位于生精小管之间的结缔组织中。雄性激素进入生精小管的管腔,对精子发生起促进作用。促性腺激素有两种:一种是滤泡刺激素(follicle-stimulating hormone,FSH),另一种是黄体生成素(luteinnizing hormone,LH),两者都由脑垂体产生。LH对间质细胞合成雄性激素进行调节,它能够促进间质细胞合成雄性激素。当雄性激素的量增加到一定水平,会反过来对脑垂体合成LH进行调节,抑制LH的生成。当血流中的LH下降到一定水平,雄性激素的水平也下降,这样就解除了对LH合成的抑制,脑垂体又开始合成LH,雄性激素的水平又开始上升,这种调节称为反馈抑制(feedback-inhibition)。脑垂体产生的FSH对支持细胞进行调节。FSH能够促进支持细胞产生雄性激素结合蛋白(androgen-binding protein,ABP),该蛋白质进入生精小管,与雄性激素结合,促使其持续存在于生精小管中,发挥促进精子发生的作用。脑垂体产生促性腺激素又受到下丘脑的调节。下丘脑产生的GnRH能够促进脑垂体产生促性腺激素。但是,精巢产生的雄性激素也会对下丘脑产生的GnRH进行反馈抑制,当血流中的雄性激素水平太高时,会抑制GnRH的产生。支持细胞还产生抑素(inhibin)和运铁蛋白(transferrin)。抑素进入血流,抑制脑垂体合成和分泌FSH,它和FSH之间也存在着反馈抑制,运铁蛋白可以将离子运入生精细胞(图2.16)。

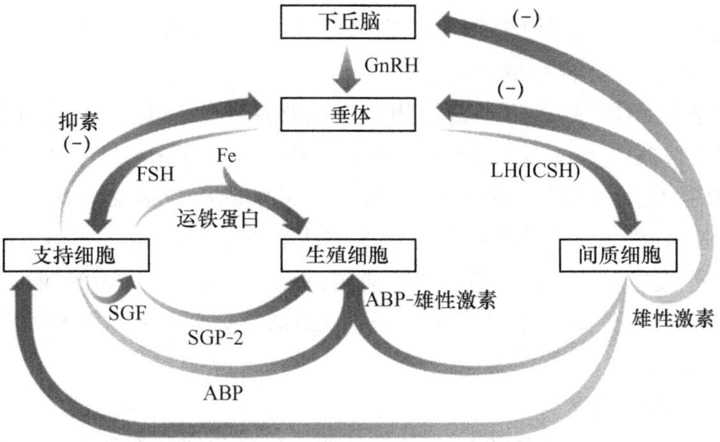

图2.16 精子发生的激素调节(自Browder et al.,1991)

下丘脑分泌的GnRH作用于垂体,促进其分泌FSH和LH。FSH和LH分别作用于支持细胞和间质细胞,产生ABP和雄性激素。ABP和雄性激素进入生精小管,促进精子发生。高水平的雄性激素抑制GnRH和促性腺激素的分泌,支持细胞分泌的抑素也能抑制促性腺激素的分泌。

(二)基因的调节

在整个精子发生阶段都存在着一系列特定基因表达的过程。在精子发生的不同阶段,有不同的调节因子调控一些基因按一定的时间和空间顺序进行表达。即使是在单倍体的生精细胞阶段(次级精母细胞和精子细胞)也有基因表达,也会合成某些基因产物。不同的发育阶段,基因表达有其特点。在精子发生过程中表达的基因产物主要参与调控生精细胞的分裂和分化。这些基因产物或者是酶类,或者是生精细胞的结构蛋白,或者是调节其他基因表达的转录因子(transcription factor,关于转录因子,详见第八章)。

在精子形成阶段,染色质浓缩成为致密的状态。在这种状态下,任何基因都是不能表达的。因此,为了让精子发生正常进行,必须在染色质浓缩之前表达所有应该表达的基因。此外,不同的物种,在精子发生过程中基因停止转录的时间也不尽相同。在某些物种(如果蝇)中,基因的转录在初级精母细胞阶段就停止了。而在哺乳类和鸟类中,只有当精子细胞的染色质浓缩之后,转录才停止。

1. 成熟分裂之前的基因表达

哺乳动物在青春期开始精子发生，这与一种称为骨形态发生蛋白 8B(bone morphogenetic protein 8B,BMP8B)的旁分泌因子有关(有关 BMP,详见第九章)。在青春期，精原细胞开始合成 BMP8B,当 BMP8B 在细胞中的量达到一定浓度时，精原细胞就开始分裂分化。要是小鼠在青春期缺少 BMP8B,精子发生就不会进行。

人的 Y 染色体长臂上有一个 *DAZ* 基因。只有精原细胞的 Y 染色体上 *DAZ* 才会表达。*DAZ* 编码的是一种与 RNA 结合的蛋白质，该蛋白质在基因表达的较后阶段即 mRNA 翻译成蛋白质阶段起调节作用。这类与 RNA 结合的蛋白质统称为 RNA 结合蛋白。RNA 结合蛋白结合于 mRNA 的特殊部位，或者刺激该 mRNA 翻译成蛋白质，或者抑制翻译的进行。精子发生的基因调节往往发生于 mRNA 的翻译水平上。例如，有些动物精子发生的正常进行不依赖于基因的转录，而是依赖于新的蛋白质合成。因此，在精原细胞中 *DAZ* 的表达导致 RNA 结合蛋白的合成对于精子发生的正常进行是很重要的。在果蝇中也有类似情况。果蝇有两种编码 RNA 结合蛋白的基因——*Rb97D* 和 *boule*,这两种基因编码的 RNA 结合蛋白对果蝇精子发生起着关键的作用。要是果蝇的 *Rb97D* 有缺陷，精原细胞就会退化。要是果蝇缺 *boule*,就不能进行正常的精子发生，初级精母细胞不会进行成熟分裂。

细胞分裂与细胞周期蛋白(cyclin)密切相关。细胞周期蛋白是一种周期性合成和分解的蛋白质。在精子发生的过程中，主要是 cyclin A1、cyclin B 和 cyclin H 参与细胞的分裂。其中，*cyclin A1* 基因只在哺乳动物精原细胞阶段和初级精母细胞阶段表达。第一次成熟分裂完成之后，cyclin A1 就迅速分解。如果采用基因剔除的方法去除雄性小鼠 *cyclin A1*,则精子发生进程停止在第一次成熟分裂之前。cyclin A1 可能通过激活磷酸酶 Cdc25 的活性，促进促成熟因子(MPF)(关于促成熟因子，见下一节卵子发生部分)的活化，诱导细胞周期中 G_2 期到 M 期的转换，促进减数分裂的完成。

2. 成熟分裂时的基因表达

精子发生中的基因表达有许多发生于第一次成熟分裂前期的双线期。双线期是活跃地进行转录的时期，在此时期形成的基因产物往往与精子的运动或精卵的结合有关。此时期果蝇(*D. melanogaster*)β2 微管蛋白(β2-tubulin)基因开始表达。β2 微管蛋白参与减数分裂的纺锤体、轴丝及与线粒体相连的微管的形成，特别是轴丝的形成对果蝇精子发生至关重要，因为果蝇精子的一个显著特点是鞭毛极长，达 2mm,与果蝇成体长度相当。有一种果蝇(*D. bifurca*),其鞭毛长度达 58.3mm,大约是成体果蝇体长的 20 倍。由此可见，果蝇在精子发生中形成轴丝是一项重大的任务，而 β2 微管蛋白基因的表达对精子发生的正常进行起着举足轻重的作用。

转录因子中有一类是含有锌指(zinc finger)的蛋白质，称为锌指转录因子。锌指转录因子基因家族中与精子发生有关的是 *Zfy* 和 *Zfp* 两类基因。*Zfy1* 和 *Zfy2* 在减数分裂期表达，*Zfp35* 从粗线期开始表达，*Zfp38* 在粗线期精母细胞到精子细胞阶段表达，这些基因表达后形成的转录因子主要调节另外一些基因的活性。

3. 精子细胞阶段的基因表达

某些基因在精子细胞阶段表达，鱼精蛋白基因就是这一类基因。鱼精蛋白是一种碱性蛋白，在精子细胞的核变化过程中起重要作用，它将取代染色质中的组蛋白，引起染色质的浓缩。当精子细胞还是圆球状时，鱼精蛋白的基因开始转录。鱼精蛋白的 mRNA 贮藏在细胞质中大约一周时间。在这段时间内，精子细胞的形状从圆球状变成具有长柱状头部的形态。鱼精蛋白 mRNA 的翻译之所以要过几天才进行，是因为鱼精蛋白 mRNA 的翻译受到一种 RNA 结合蛋白的调节，这种 18kDa 的结合蛋白只有被磷酸化之后才会识别并结合于鱼精蛋白 mRNA，引起鱼精蛋白 mRNA 的翻译。在小鼠的精子细胞中，半乳糖基转移酶基因开始表达，该基因产物半乳糖基转移酶将来位于精子的细胞膜上，在受精过程中将有助于精子和透明带的结合。

当精子细胞染色质中组蛋白被鱼精蛋白或其他种类的碱性蛋白(如某些氨基末端去磷酸化的组蛋白)取代后，染色质呈浓缩状态(染色质纤维增粗并相互靠拢，呈致密结构)。浓缩了的染色质不再进行基因的转录，基因表达就此终止。

第二节 卵子发生

卵子发生在卵巢中进行。在卵巢中，卵母细胞之外有滤泡细胞包被着。卵母细胞和其外方的滤泡细胞合称为滤泡或卵泡(follicle)。不同的动物，滤泡细胞的数量和层数不尽相同。同一个滤泡，在发育的不同阶段，滤泡细胞的数量和层数也有差异。滤泡细胞为卵母细胞的发育提供营养，甚至产生激素，对生殖和发育进行调节。

卵子发生与精子发生相比有相同之处，更有许多差异。卵子发生也有增殖期、生长期和成熟期。在增殖期，卵原细胞分裂增殖，产生大量的贮备细胞。在生长期，卵原细胞迅速增大体积，成为初级卵母细胞。初级卵母细胞的细胞质和细胞核都发生了许多变化。在成熟期，初级卵母细胞进行两次成熟分裂，形成卵子。但是，卵子发生在许多方面与精子发生不同。精子发生的最后形成了能活动的精子。精子中最重要的结构是细胞核，受精时，精子的细胞核进入卵子中，与卵子的遗传物质结合形成二倍体的核。其他的成分中除了中心粒之外，并不为卵子所利用。而成熟卵子不但具有一个单倍体的细胞核，而且含有早期发育所需的所有因子，如各种酶、mRNA、细胞器和许多蛋白质。在某些物种的卵子中，不同的细胞质成分可能被局限于卵子的不同区域，这对于胚胎细胞的分化将产生重要的作用。

在精子发生过程中，生精细胞的分化主要发生在两次成熟分裂之后。而在卵子发生过程中，在第一次成熟分裂之前，卵母细胞就开始分化。在第一次成熟分裂开始时，卵母细胞中已经积累了成熟卵子中的所有物质。对于大部分动物来说，卵子的分化主要发生在第一次成熟分裂的前期。某些动物的卵子发生过程中还产生卵黄，这类卵子发生过程可以分成卵黄形成前期(previtellogenesis)、卵黄形成期(vitellogenesis)和卵黄形成后期(postvitellogenesis)。在这类卵子发生过程中，卵母细胞的生长主要发生在卵黄形成期。

像海胆、鱼类和蛙类这样的物种，一次产卵量可达数百甚至成千上万；而人类和大多数哺乳动物，在一生中仅产生为数不多的卵子。在那些大量产卵的物种中，卵原细胞在动物体的一生中都在分裂，因此，卵巢中都有卵原细胞的存在。而在那些产卵量很少的物种(如哺乳动物)中，卵原细胞分裂和初级卵母细胞的形成在胎儿出生之前就已经完成，出生之后的卵巢中已经不存在卵原细胞。例如，在人类的胚胎期(受精后第 2 个月到第 7 个月)，卵原细胞经过分裂，形成了约 700 万个细胞。第 7 个月后，大部分卵原细胞相继死亡，其余的卵原细胞进入生长期，形成初级卵母细胞。初级卵母细胞进入第一次成熟分裂前期的双线期后就停止发育。初级卵母细胞停留于双线期的时间很长，直至青春期。从那时起，定期有部分初级卵母细胞开始恢复第一次成熟分裂前期的发育，因此，人类卵子发生的第一次成熟分裂开始于胚胎期，而成熟分裂的完成却至少要等到十二三年之后。事实上，卵巢中有的初级卵母细胞停留于双线期长约 50 年。出生时，卵巢中大约有 200 万个初级卵母细胞，而只有大约 400 个能形成卵子。

卵子发生与精子发生的不同之处还在于成熟分裂的中期板位置不同。当初级卵母细胞分裂时，细胞核位于动物极，分裂纺锤体也位于动物极。第一次成熟分裂结束后形成的两个子细胞中一个几乎不含有细胞质，另一个则几乎含有初级卵母细胞所有的细胞质(图 2.17)。不含有细胞质的那个细胞称为第一极体，另一个细胞称为次级卵母细胞。次级卵母细胞进行第二次成熟分裂时又出现了相似的情况，几乎所有的细胞质都留于成熟卵中，而另一个细胞(第二极体)几乎没有细胞质。这样，在卵子发生过程中的成熟分裂起着将卵母细胞的细胞质保留于一个细胞(成熟卵)中的作用，而不是将初级卵母细胞的细胞质平均分配到 4 个子细胞中。

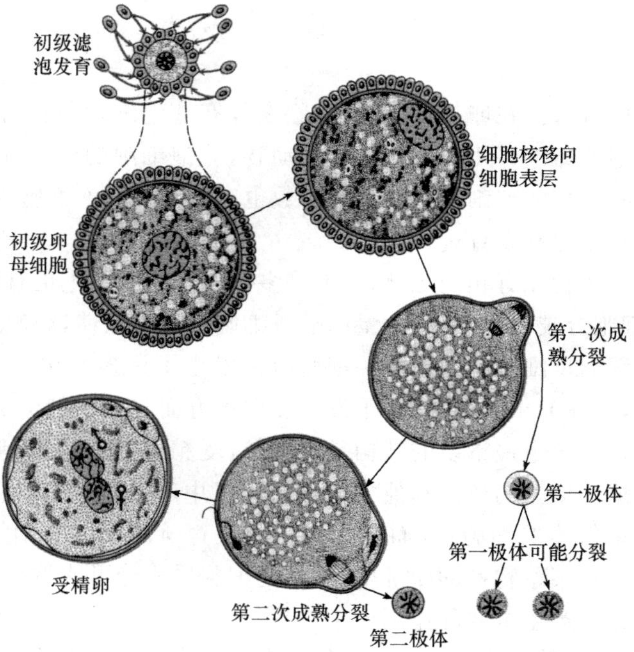

图 2.17 卵母细胞成熟分裂(自 Ross et al.,2003)
初级卵母细胞的细胞核移向动物极，纺锤体在那里形成。第一次成熟分裂形成一个与初级卵母细胞一样大的次级卵母细胞和一个第一极体。次级卵母细胞的细胞核依然位于动物极，待受精后，完成第二次成熟分裂，放出第二极体。第一极体可能分裂，也可能不分裂。

一、两栖类的卵子发生

哺乳类卵原细胞的增殖期在胚胎阶段就停止了，而两栖类则不是这样，卵原细胞的增殖每年都在进行。像大多数低等脊椎动物一样，两栖类每年都要产生大量的卵子，而且往往一次性排出(有些种类可多次产卵)。两栖类的产卵量可达数百个甚至数千个，每年都有一批卵原细胞进入生长期。豹蛙卵子的成熟需 3 年，在蝌蚪变态后不久，第一批卵母细胞开始生长。在前两年，生长比较缓慢，但是在第 3 年的夏天，生长迅速，在第 3 年的秋天，卵母细胞的直径达 1.5mm，随后进入冬眠期，在第 4 年的春天产卵。由于卵子发生的周期要 3 年，因此，性成熟的雌体卵巢中含有三批发育不同的卵母细胞。

卵母细胞位于滤泡中，卵母细胞的外方被一层滤泡上皮(滤泡细胞层)包裹。滤泡上皮外方是一层滤泡膜，滤泡膜属于结缔组织，其中含有血管。在滤泡膜之外是一层卵巢上皮。在生长和成熟阶段，卵母细胞必须为将来早期胚胎的发育准备足够的物质。因为两栖类的胚胎在能够自由摄食之前，完全靠受精卵中贮备的物质来进行发育，这些物质包括 RNA、蛋白质和卵黄等。在卵黄形成前期，初级卵母细胞中仅有少量的细胞器和内含物。在卵黄形成期(此时正处于第一次成熟分裂前期的双线期)，初级卵母细胞的细胞核和细胞质都发生了许多变化(图 2.18)。

(一) 细胞核的变化

在双线期，细胞核开始了积极的 RNA 合成，细胞核的体积也迅速扩大，其中充满核液，像个大囊泡，此时的细胞核又称为生发泡(germinal vesicle)。生发泡并非位于卵子的正中央，而是位于卵子的一侧。生发泡所在的这一侧称为动物半球(animal hemisphere)，而没有生发泡的另一侧称为植物半球(vegetal hemisphere)。在生发泡中，染色体改变原先(粗线期)的紧密螺旋状态，出现了大量的环，这种状态的染色体称为灯刷染色体(图 2.19)。灯刷染色体上的环是 DNA 伸展开来而形成的，在环上进行 RNA 的合成。

在双线期初，细胞核中还形成大量的核仁。在非洲爪蟾初级卵母细胞的细胞核中，核仁多达 1500 个，分布于核膜内侧(图 2.20)。大量核仁的出现是特异基因扩增(specific gene amplification)的缘故。核仁与 rRNA 的合成及核糖体的形成有关。初级卵母细胞中必须贮备大量的核糖体以备早期胚胎发育之需。据估计，要是卵母细胞中仅有与体细胞相同数量的核仁，那么卵母细胞要花数百年时间才能合成足够数量的核糖体。事实上，卵母细胞在生长期由于 rRNA 基因的扩增而产生了大量的核仁，因此在几个月之内就合成了足够数量的核糖体。

(二) 细胞质的变化

在细胞核进行积极的 RNA 合成的同时，细胞质中也产生了许多重要的变化。这些变化主要有大量线粒体的出现、卵黄的形成、皮层颗粒的产生和色素颗粒的出现等。

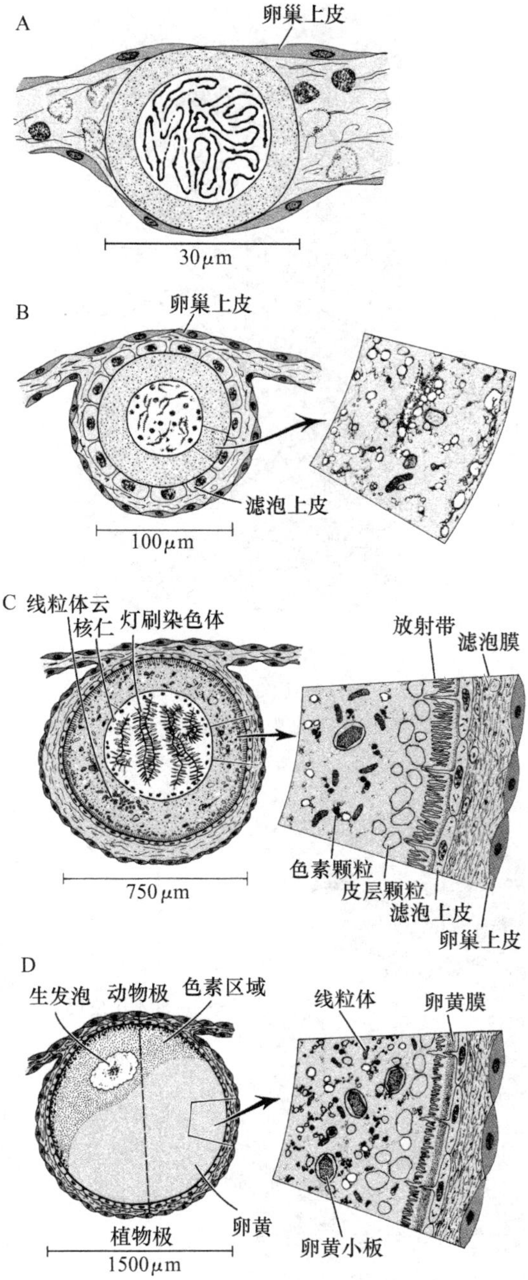

图 2.18 两栖类卵子发生中卵母细胞的变化
(自 Carlson，1988)
A. 细线期卵母细胞；B. 早双线期卵母细胞；C. 双线期卵母细胞；D. 处于第一次成熟分裂前期末的卵母细胞。

1. 线粒体

初级卵母细胞中的线粒体含量极为丰富。大多数体细胞中含有数百个线粒体，而初级卵母细胞中的线粒体数量却超过百万。线粒体中的环形单链 DNA 可以自我复制。线粒体数量巨大，因此，线粒体 DNA 在卵母细胞总 DNA 中占的比例相当大。例如，在非洲爪蟾的体细胞中，核 DNA 和线粒体 DNA 之比大约是 100∶1，而初级卵母细胞中的两者之比却颠倒过来，从最初

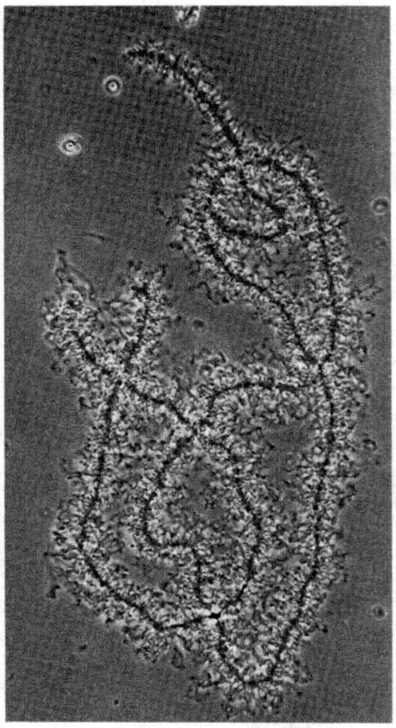

图 2.19　灯刷染色体

（自 Berrill and Karp，1976）

两栖类初级卵母细胞灯刷染色体的显微镜照片。

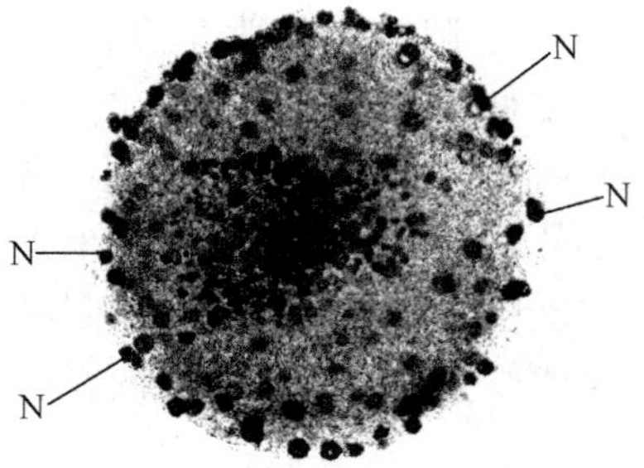

图 2.20　非洲爪蟾卵母细胞生发泡中的核仁

（自 Saunders，1982）

在非洲爪蟾卵母细胞的细胞核中大约有 1500 个核仁（N），这些核仁都在合成 rRNA。

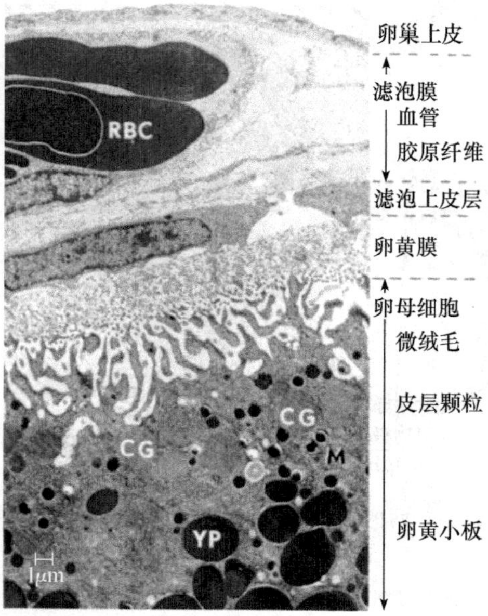

图 2.21　非洲爪蟾滤泡结构，示卵黄小板

（自 Browder et al.，1991）

卵巢局部显微照片，从上到下依次是卵巢上皮、滤泡膜、滤泡上皮层、卵黄膜和卵母细胞。在滤泡膜中有血管（其中有红细胞，RBC）和胶原纤维；卵母细胞表面有许多微绒毛，细胞质中有皮层颗粒（CG）、线粒体（M）和卵黄小板（YP）。

的 1∶1 到完全长足的卵母细胞的 1∶100。这时，卵母细胞中大约有 10^7 个线粒体。

在早期的初级卵母细胞中，线粒体往往结成团块状围绕在细胞核的周围。由于线粒体的分裂，这些线粒体团块逐渐长大，即使在光学显微镜下也能看到。位于细胞核周围的这些线粒体团块被称为“卵黄核（yolk nucleus）”、“线粒体云（mitochondrial cloud）”或“巴尔比亚尼体（Balbiani body）”。在电子显微镜下，线粒体云中除了线粒体以外，还有球状和纤丝状的电子致密物质，这种物质称为粒丝状物质（granulofibrillar material）。卵子细胞质中除了线粒体云之外，还有分散的线粒体分布。

2. 卵黄

卵黄形成期以卵黄在初级卵母细胞中的出现为标志。卵黄是几种蛋白质的统称，它贮藏于卵子的细胞质中以备胚胎发育之需。在两栖类的卵母细胞中，卵黄以卵黄小板（yolk platelet）的形式存在（图 2.21）。卵黄小板是卵子中的一种细胞器，呈卵圆形，主要由两类蛋白质组成——卵黄高磷蛋白（phosvitin）和卵黄脂磷蛋白（lipovitellin）。前者含有较多的磷元素，相对分子质量为 35 000；后者是一种脂蛋白，相对分子质量很大，为 400 000。这两种蛋白质以晶格的形式排列。并非所有动物卵母细胞中的卵黄都以卵黄小板的形式存在，它也可以以分散的非晶格的形式分布于卵子细胞质中。

构成卵黄的蛋白质有两个来源：一种是由初级卵母细胞本身合成的，称为自体合成（autosynthesis）；另一种是在卵母细胞以外的器官中合成，然后再运送到卵母细胞内部，称为异体合成（heterosynthesis）。脊椎动物卵子的卵黄往往是异体合成的。非洲爪蟾卵黄的前体物质卵黄原蛋白（vitellogenin）在肝脏中合成，再经血流送到卵巢。当卵黄原蛋白到达初级卵母细胞表面时，它通过胞吞作用（endocytosis）进入卵母细胞中。在初级卵母细胞表面具有许多微绒毛（图 2.21），微绒毛之间的质膜往往向内凹陷，形成一个个小陷窝。在小陷窝处，质膜表面有一层糖萼（glycocalyx）。糖萼由质膜上的糖脂和糖蛋白的寡糖侧链与细胞外的蛋白多糖和糖蛋白共同组成。糖萼含有卵黄原蛋白的受体，能够识别并结合卵黄原蛋白。当小陷窝中装载了卵黄原蛋白后，就与细胞膜脱离，形成由单位膜包被的小囊泡，并进入初级卵母细胞的细胞质中。数个含有卵黄原蛋白的小囊泡相互融合，形成一个多泡体（multivesicular body）。在多泡体中，卵黄原蛋白分裂成为卵黄高磷蛋白和卵黄脂磷蛋白，并排列成结晶状。数个多泡体再融合成为一个卵黄小板（图 2.22）。

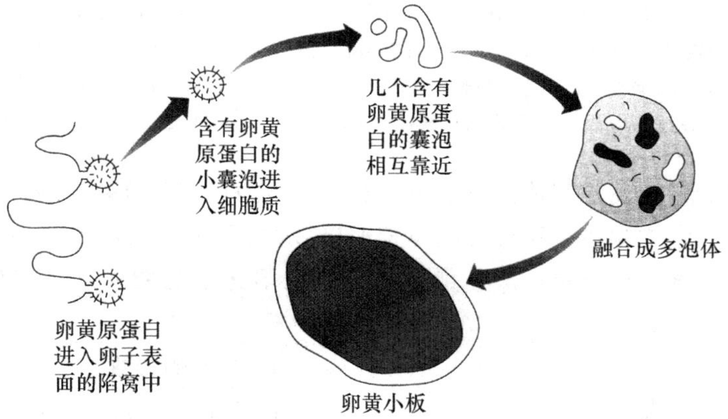

图 2.22　卵黄小板形成示意图（自 Browder et al.，1991）

卵母细胞通过胞吞作用，摄入卵黄原蛋白。含有卵黄原蛋白的多个小囊泡相互融合，形成一个较大的囊泡，即多泡体。在多泡体中，卵黄原蛋白分裂成为卵黄高磷蛋白和卵黄脂磷蛋白，最终形成卵黄小板。

卵黄小板在形成的过程中逐渐向卵子内部移动，最终定位于卵子的植物半球。图 2.23 显示非洲爪蟾卵黄小板的移动过程。给非洲爪蟾的初级卵母细胞注射荧光物质，让其结合于卵黄原蛋白，这样，通过观察荧光标记了的卵黄原蛋白的位置变化，就可以知道卵黄小板在卵母细胞中的定位过程。标记后 18h，卵黄小板主要分布在卵子表层的细胞质（即皮层）中；标记后 5 天，卵黄小板扩散到深层的细胞质中；标记后 20 天，卵黄小板主要集中在植物半球。

3. 皮层颗粒和色素颗粒

在卵黄小板形成的同时，皮层颗粒也开始形成。皮层位于卵母细胞的表层，该处的物理性质不同于深层细胞质。深层细胞质是液态的，可以流动，而皮层是黏胶态的。当卵母细胞放置于离心机中离心后，深层细胞质中的细胞器往往移位，而皮层中的细胞器却不移位。皮层中具有一些特有的细胞器，如皮层颗粒（cortical granule）和色素颗粒（pigment granule）。皮层颗粒源于高尔基体，也由生物膜包裹而成，内含蛋白质和多糖。皮层颗粒中的蛋白质最初在粗面内质网中合

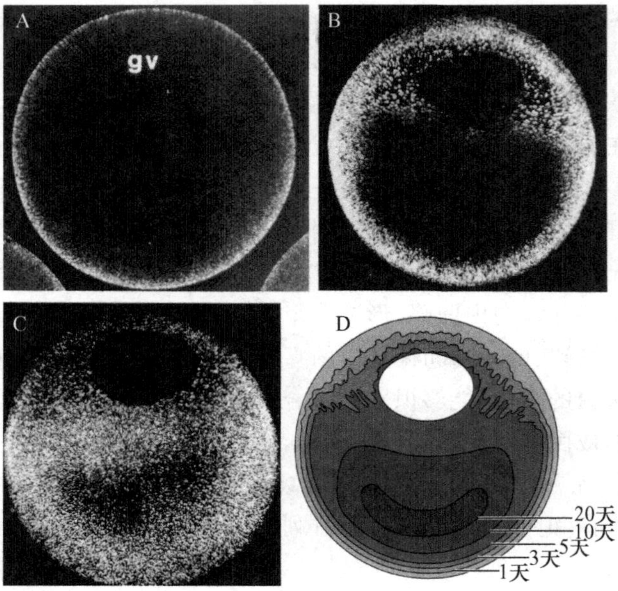

图 2.23　卵黄小板在卵子中的定位过程（自 Browder et al.,1991）

A. 非洲爪蟾卵母细胞用荧光标记的卵黄原蛋白处理后 18h，荧光物质（卵黄原蛋白）位于卵母细胞表层，gv 代表生发泡的位置；B. 5 天后，卵黄原蛋白向卵母细胞内部移动；C. 20 天后，植物半球含有较多的卵黄原蛋白；D. 卵黄原蛋白在卵母细胞中移动轨迹示意图，等高线代表在某一天（以 1～20 天表示）卵黄原蛋白移动的边界。

成，以后转移到高尔基体，高尔基体的囊泡中含有这些蛋白质。从高尔基体的成熟面脱落下来的囊泡形成皮层颗粒。色素颗粒在卵母细胞中较迟出现，它分布于动物半球，植物半球不含色素。色素颗粒中含有黑色素（melanin），黑色素能够吸收太阳光中的紫外线，以免细胞核中的 DNA 遭受紫外线辐射的破坏。

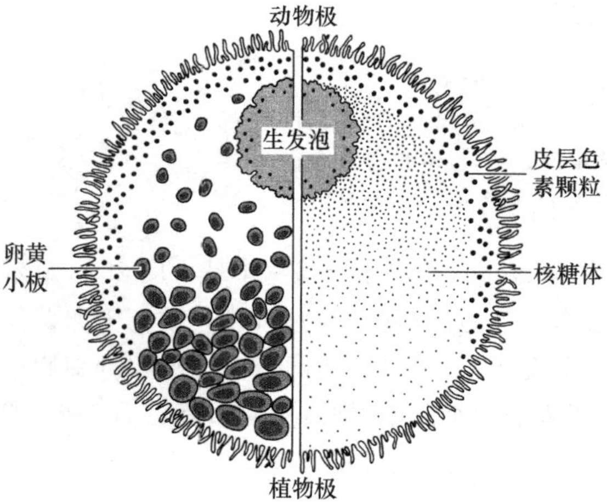

图 2.24　卵子的极性（自 Browder et al.,1991）

两栖类卵母细胞极性示意图，生发泡位于动物极附近，色素主要位于动物半球的皮层。图的左侧主要显示卵黄小板的分布梯度，右侧主要显示核糖体的分布梯度。

4. 卵子的极性

在卵子发生过程中，生发泡、各种细胞器和卵黄在卵子中的分布有一定的规律。生发泡位于动物半球，在初级卵母细胞趋近成熟时，它更向动物半球的皮层靠近。卵黄主要分布于植物半球。如果通过生发泡和卵黄中心画一条直线，这条直线与卵母细胞质膜相交的两点便成为卵母细胞的两极——动物极（animal pole）和植物极（vegetal pole）。从动物极到植物极，卵母细胞中的各种细胞器呈梯度分布。生发泡位于动物极附近。核糖体、线粒体、色素颗粒等从动物极向植物极递减；而卵黄则从动物极向植物极递增（图 2.24）。介于动物半球和植物半球之间的过渡区域称为边缘带（marginal zone）。从动物极到植物极的轴大致就是将来两栖类成体的体轴，动物极相当于口的位置，植物极相当于肛门的位置。

（三）卵母细胞的成熟和排卵

在两栖类卵母细胞的成熟阶段有两次发育停顿：第一次在第一次成熟分裂前期的双线期，第二次在第二次成熟分裂的中期。以豹蛙为例，初级卵母细胞发育到双线期时，停顿的时间可长达3年。次级卵母细胞在第二次成熟分裂中期停留的时间较短，仅有1～2天。

初级卵母细胞第一次成熟分裂的恢复与孕酮（progesterone）的作用有关。在脑垂体分泌的促性腺激素作用下，滤泡细胞合成并分泌孕酮。在孕酮作用下，卵母细胞完成第一次成熟分裂：生发泡破裂，核仁解体，染色体浓缩，分裂成一个次级卵母细胞和一个第一极体。次级卵母细胞习惯上称为成熟卵，因为它是可以受精的。当它处于第二次成熟分裂中期时，次级卵母细胞被排出卵巢，称为排卵（ovulation）。排出的次级卵母细胞要等到受精后才完成第二次成熟分裂，放出第二极体。

孕酮诱发卵母细胞完成第一次成熟分裂可由体外实验证实。若将处于第一次成熟分裂前期的初级卵母细胞置于孕酮之中孵育，初级卵母细胞将很快进行第一次成熟分裂，并进入第二次成熟分裂的中期。若从停止于第二次成熟分裂中期的次级卵母细胞中取出一些细胞质注射到处于第一次成熟分裂前期的初级卵母细胞中，也会诱发初级卵母细胞完成第一次成熟分裂。为什么孕酮会诱发初级卵母细胞的成熟呢？原来，经孕酮作用过的卵母细胞中会出现一种物质——促成熟因子（maturaton-promoting factor），现在也称为促有丝分裂因子（mitosis-promoting factor，MPF），MPF在没有孕酮作用的情况下亦能促使卵母细胞成熟。

在卵母细胞发育的不同阶段，MPF的活性不同。未经孕酮处理的初级卵母细胞中，MPF的活性很低；在孕酮的作用下，MPF活性升高，初级卵母细胞进入第一次成熟分裂的中期；当MPF活性下降时，完成第一次成熟分裂；当MPF活性再次升高时，次级卵母细胞进入第二次成熟分裂的中期。卵子受精后，MPF活性又下降，卵子完成第二次成熟分裂。在随后的受精卵进行的一系列分裂过程中，每当MPF活性升高，细胞就进入分裂期；每当MPF活性下降，细胞就进入间期。

MPF是一种异二聚体的蛋白质激酶，它由一个催化亚基和一个调节亚基组成。调节亚基称为细胞周期蛋白B（cyclin B），催化亚基是依赖于细胞周期蛋白的蛋白质激酶（cyclin-dependent protein kinase）P34。在卵母细胞的发育过程中，cyclin B的浓度随着发育的进行呈现周期性变化。当它浓度高时，它是有活性的，能促进细胞进入分裂阶段；以后，它就迅速降解。P34的活性依赖于它是否被磷酸化。MPF的活性与cyclin B和P34密切相关：当cyclin B浓度升高，同时P34磷酸化时，MPF有活性；当cyclin B降解，P34去磷酸化时，MPF就没有活性。在第一次成熟分裂前期的非洲爪蟾卵母细胞中，虽然cyclin B已经存在，但是P34没有被磷酸化，因而MPF是没有活性的，此时，初级卵母细胞只能停留于第一次成熟分裂的前期，不能进入中期。

孕酮促进了卵母细胞中的母体基因产物 *c-mos* mRNA的多聚腺苷酸化。这样，*c-mos* mRNA就能够被翻译成为一种磷蛋白。在卵母细胞的成熟阶段，可以检测到c-mos蛋白，它能够在卵母细胞中激发一系列的磷酸化反应，并将P34磷酸化。这样，P34就成为有活性的蛋白质。一旦P34具有活性，MPF就被激活，并促使初级卵母细胞进入第一次成熟分裂的中期（图2.25）。如果将 *c-mos* mRNA的反义RNA注射进初级卵母细胞，卵母细胞就不能进入第一次成熟分裂中期。

初级卵母细胞进入第一次成熟分裂中期后，cyclin B迅速降解，MPF又失去活性，这样，卵母细胞就完成第一次成熟分裂，进入间期。当cyclin B再次合成，次级卵母细胞中MPF的活性再次升高后，次级卵母细胞进入第二次成熟分裂的中期，并停留于该期。

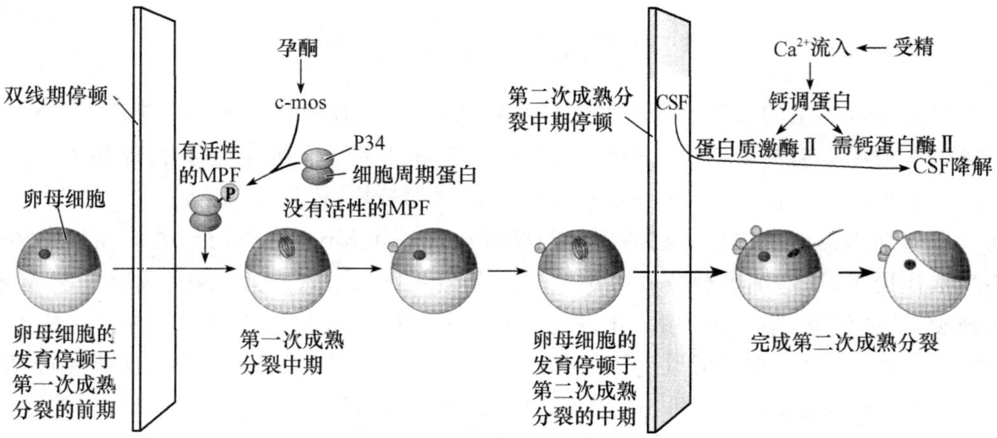

图 2.25　非洲爪蟾卵母细胞的成熟(自 Gilbert,2010)

卵母细胞的第一次成熟分裂受到孕酮的调节,第二次成熟分裂受到钙离子的调节。由于缺少有活性的 MPF,初级卵母细胞停留于第一次成熟分裂的双线期。孕酮促使 c-mos 蛋白产生,该蛋白质触发一系列的磷酸化过程,最终将 P34 磷酸化,MPF 就有了活性,从而促使初级卵母细胞完成第一次成熟分裂。由于细胞中 CSF 的持续存在,细胞周期蛋白就不分解,次级卵母细胞停留于第二次成熟分裂的中期。受精后,自由钙离子浓度增加,激活了钙调蛋白,后者通过依赖于钙调蛋白的蛋白激酶Ⅱ和需钙蛋白酶Ⅱ破坏了 CSF 的两个组成成分,致使 CSF 失活并降解,导致细胞周期蛋白分解,MPF 活性随之下降,这样,卵子就能完成第二次成熟分裂。

那么,次级卵母细胞为什么停留于第二次成熟分裂中期呢?原来在卵母细胞进入第二次成熟分裂时,卵母细胞中出现了一种称为细胞静止因子(cytostatatic factor,CSF)的物质。CSF 由两种蛋白质组成:一种是 c-mos 蛋白,另一种是依赖于细胞周期蛋白的蛋白质激酶 2(cyclin-dependent protein kinase 2,cdk2)。CSF 能维持细胞周期蛋白,不让其降解。由于细胞周期蛋白的持续存在,MPF 就一直有活性,次级卵母细胞就不能完成分裂而进入下一个阶段,只能停留于第二次成熟分裂的中期。

那么为什么受精又能触发卵子完成第二次成熟分裂呢?这与受精后卵子内部钙离子的增多有关,受精卵内钙离子增多将导致钙调蛋白(calmodulin)发挥作用。钙调蛋白由一条约 150 个氨基酸组成的多肽折叠而成,广泛存在于各种细胞中,它有 4 个与钙有高度亲和性的位点。当钙调蛋白结合了 4 个钙离子后,其构型发生了变化,成为有活性的蛋白质。此时,它就能够结合于细胞内的靶蛋白,改变相应的靶蛋白的活性。在次级卵母细胞中,钙调蛋白能够激活两种酶:一种称为依赖于钙调蛋白的蛋白质激酶Ⅱ(calmodulin-dependent protein kinase Ⅱ)。该酶与钙调蛋白结合后被激活,进而将构成 CSF 的 cdk2 磷酸化,使其失活;另一种与钙调蛋白结合的蛋白质是需钙蛋白酶Ⅱ(calpain Ⅱ),需钙蛋白酶与钙调蛋白结合后被激活,它能够降解 c-mos 蛋白。这样,CSF 的两个组分或失活或分解。没有了 CSF,细胞周期蛋白就会发生降解,MPF 随之失去了活性,卵子就能离开第二次成熟分裂的中期,完成第二次成熟分裂(图 2.25)。

次级卵母细胞从卵巢中排出来后,先是位于腹腔,以后进入输卵管,最后排出体外,在体外受精。

二、昆虫的卵子发生

昆虫的卵子发生有几种类型,其中研究得最为详尽的是果蝇和蛾这一类的昆虫,这些昆虫的卵子发生称为滋卵型卵子发生(meroistic oogenesis)。

（一）卵子发生过程

当果蝇的卵原细胞进入分裂时，细胞质分裂不完全，形成的子细胞通过胞质桥相连。在由同一个卵原细胞分裂而成的一群细胞中仅有一个能发育成为配子，其余的皆成为抚育细胞（nurse cell），这些细胞共同构成一个卵室（egg chamber），卵室由滤泡细胞包被（图 2.26）。抚育细胞为卵母细胞提供 RNA 和蛋白质，甚至核糖体，这些物质皆通过胞质桥送入卵母细胞中。

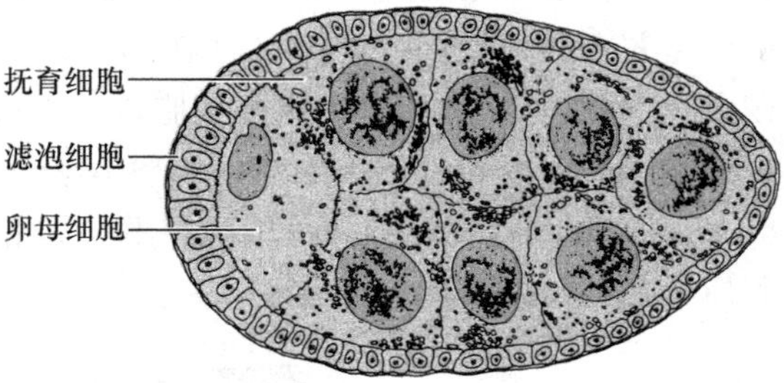

图 2.26　果蝇的卵室（自 Browder et al.，1991）
果蝇卵室的纵切面，显示抚育细胞和卵母细胞之间，以及抚育细胞之间细胞质可以相通。整个卵室外方被一层滤泡细胞包围着。

果蝇的卵子发生如图 2.27 所示。卵原细胞是一种干细胞，它分裂形成的两个细胞中一个依然作为干细胞，另一个成为成包囊细胞（cystoblast）。卵室的细胞由成包囊细胞分裂而成。成包囊细胞分裂形成的子细胞称为包囊细胞（cystocyte），包囊细胞之间通过环管（ring canal）相连。经过 4 次分裂之后，形成 16 个细胞，其中有 2 个细胞与众不同，它们各有 4 个环管与其他细胞相连，这两个细胞称为前卵母细胞（pro-oocyte）。前卵母细胞进入成熟分裂，其他的抚育细胞则不进行成熟分裂。两个前母细胞在成熟时仅有一个完成成熟分裂，产生卵子；另一个分裂不完全，结果还是形成抚育细胞。

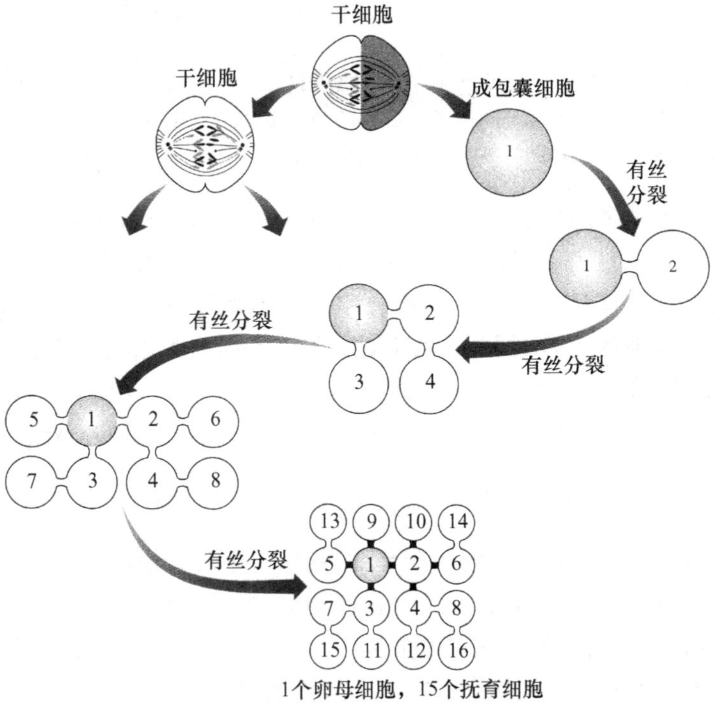

图 2.27　果蝇的卵子发生（自 Browder et al.，1991）
卵原细胞分裂后，一个子细胞依然是卵原细胞，另一个子细胞形成了成包囊细胞。成包囊细胞继续分裂，形成 16 个细胞。其中 2 个是前卵母细胞，每一个都与 4 个细胞相连。2 个前卵母细胞中只有 1 个发育成为卵母细胞，其余的 15 个细胞都成为抚育细胞。

（二）抚育细胞的作用

在卵子发生过程中，卵母细胞没有进行基因转录。相反，抚育细胞中却进行着积极的基因表达，产生的RNA被运送入卵母细胞中。图2.28显示家蝇卵室中RNA的合成和运输。当家蝇的卵室置于放射性同位素标记的胞嘧啶核苷中孵育之后马上固定，经检测，抚育细胞的细胞核呈现大量的放射性，而卵母细胞的细胞核却无放射性。这表明抚育细胞的基因正在活跃地转录，合成新的RNA，而卵母细胞的基因却没有表达。如果让卵室在放射性胞嘧啶核苷中孵育之后过5h再固定，此时，抚育细胞的细胞核不呈放射性，但细胞质却呈放射性，同时，放射性RNA通过胞质桥（环管）进入卵母细胞中。

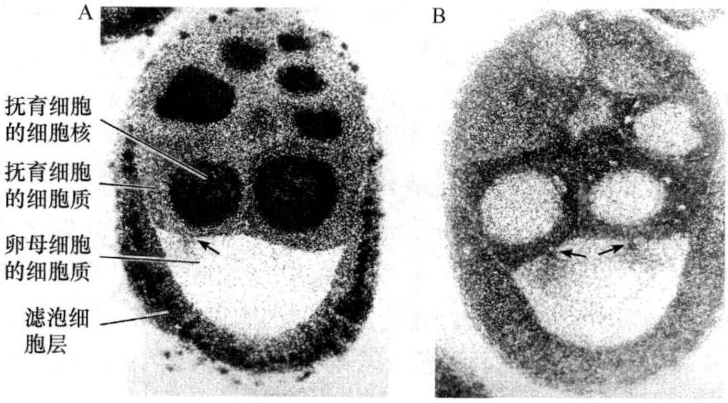

图 2.28 抚育细胞合成RNA（自 Gilbert，1997）

A. 家蝇的卵室置于放射性同位素标记的胞嘧啶核苷中孵育之后马上固定，抚育细胞的细胞核具有很强的放射性，表明细胞核中基因正在活跃地转录，合成大量的RNA。此时，卵母细胞却没有放射性。少量被标记了的RNA从抚育细胞进入卵母细胞中（箭号）；B. 卵室在放射性胞嘧啶核苷中孵育之后过5h再固定，抚育细胞的细胞核中放射性很弱，细胞质中放射性增强，表明RNA进入细胞质中。抚育细胞合成的RNA通过胞质桥（环管）进入卵母细胞中（箭号）。

抚育细胞的染色体呈多线染色体结构，每条多线染色体的DNA复制多次，含有512条甚至更多的拷贝，这更增加了抚育细胞合成RNA的量。15个抚育细胞把它们合成的rRNA、mRNA、蛋白质，甚至核糖体运送进卵母细胞之中。进入卵母细胞后，这些mRNA往往没有马上合成蛋白质。在卵母细胞中，不同的mRNA分布于不同的位置。与头部分化有关的 *bicoid* mRNA分布于卵母细胞的前端，与生殖细胞形成有关的 *oskar* mRNA和 *nanos* mRNA分布于卵母细胞的后端，此外，还有 *gcl* mRNA、*vasa* mRNA等也分布于卵子的后端。

（三）抚育细胞运送物质的机理

滋卵型卵子发生的一个饶有兴趣的问题是，既然卵室中所有细胞皆通过胞质桥相连，它们之间可以相互沟通蛋白质和RNA，那么，为什么这些细胞却有两种不同的发育命运？为什么只有一个细胞能成为卵母细胞，而其他的却只能成为"合成RNA的工厂"？为什么RNA和蛋白质的运送只按一个方向进行呢？这些问题尚未有一个肯定的答案。

虽然迄今为止我们还无法肯定地回答为什么一个卵室中的16个细胞仅有一个发育成为卵母细胞，但是，有人观察到了与此有关的一个现象。抚育细胞的细胞核是一种多倍体的细胞核，它的DNA量增加了许多，甚至是单倍体细胞核的1024倍。如果用孚尔根染色法（Feulgen staining，能够特异地让DNA着色）对卵室进行染色，那么抚育细胞的细胞核由于含有大量的DNA

而被染上很深的颜色,而卵母细胞的细胞核由于是二倍体的,染色就浅得多。但是,如果给果蝇饲喂秋水仙素,那么,果蝇将产生没有卵母细胞的卵室。经孚尔根染色后,这种卵室中的所有16个细胞的细胞核都被深染,即16个细胞的细胞核都是多倍体的。这表明,秋水仙素让预定发育成为卵母细胞的前卵母细胞改变发育途径,成为抚育细胞。由此可见,前卵母细胞也是可以发育成为抚育细胞的,只不过被某种机制所控制,不能成为卵母细胞,而秋水仙素似乎将这种控制机制破坏了。秋水仙素的作用是破坏微管的形成,那么,微管的形成是否与卵母细胞的发育有关呢?有人认为,在抚育细胞运送mRNA进入卵母细胞的过程中,细胞骨架起着重要的作用。微管排列于环管中,要是微管的排列遭到破坏,mRNA就不会按一个方向运输,其结果是16个细胞皆成为抚育细胞。据认为,被运送的物质往往与驱动蛋白(kinesin)结合在一起,驱动蛋白沿着微管运动,将mRNA从抚育细胞送入卵母细胞。除了微管,微丝也衬于环管的内侧,要是破坏微丝的分布,也将阻止mRNA从抚育细胞进入卵母细胞。

还有人观察到,抚育细胞和卵母细胞中存在的电压差可能与RNA、蛋白质按一个方向运输有关。经测定,抚育细胞的细胞质与卵母细胞的细胞质相比,前者为负,后者为正。卵母细胞中有一股正电荷稳定地通过环管输入抚育细胞,抚育细胞中带有负电荷的蛋白质也通过环管输入卵母细胞。

三、鸟类的卵子发生

鸟类的卵巢中已不存在卵原细胞,卵原细胞只存在于胚胎期。卵巢中只有体积大小不等的卵母细胞,滤泡细胞在卵母细胞外呈一连续的上皮细胞层包被卵母细胞。在滤泡细胞之外有结缔组织的膜包被,该膜称为滤泡膜(theca folliculi),它又可分为两层:靠内的一层是致密结缔组织,靠外的一层是疏松结缔组织(图2.29)。

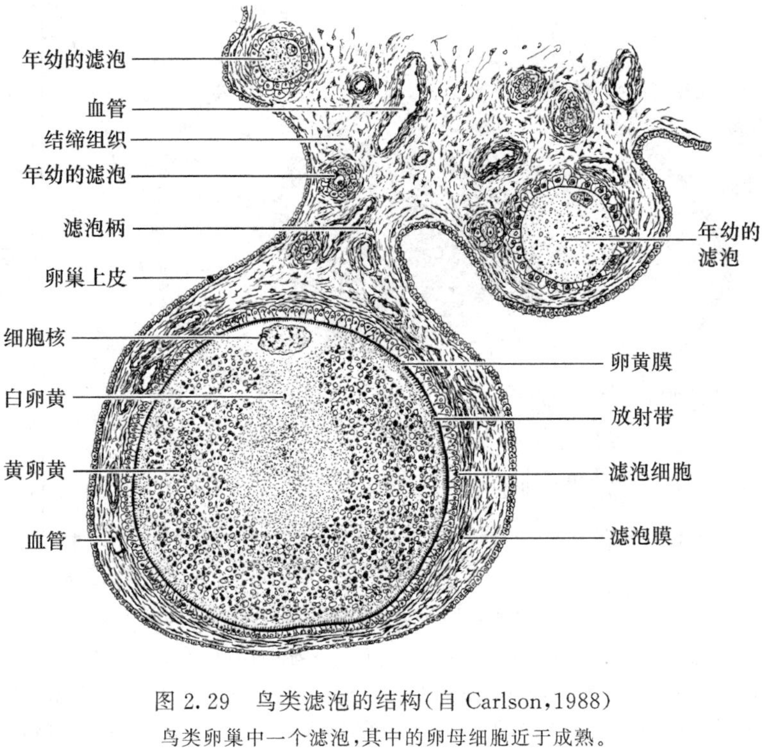

图2.29 鸟类滤泡的结构(自Carlson,1988)

鸟类卵巢中一个滤泡,其中的卵母细胞近于成熟。

在母鸡的卵巢中，年幼的卵母细胞占据卵巢的中央部位。早期的初级卵母细胞直径只有50μm，当它逐渐长大、直径达6mm之后就加速生长，每天直径约增加2.5mm，到排卵时，卵母细胞直径已达35mm。卵母细胞体积迅速增大是由于其内部大量积累卵黄的缘故。卵黄不是由卵母细胞本身合成，而是由肝脏合成，然后经由血液送到卵巢，通过卵母细胞周围的滤泡细胞进入卵母细胞中。卵黄由水、脂肪、蛋白质和碳水化合物组成，其中水占50%，脂类占33%，蛋白质占16%，碳水化合物占1%。卵黄中的蛋白质有几类，主要是卵黄脂磷蛋白、卵黄高磷蛋白和卵黄蛋白(livetin)。脂肪主要是中性脂肪、磷脂和胆固醇等，此外还有维生素A、B_1、B_2、D和E等。由于初级卵母细胞中卵黄的大量积累，细胞核和细胞质被推移到卵母细胞的表层。在细胞核周围，细胞质的量比较多，而其余的细胞质则成为薄薄的一层包被在卵黄之外。初级卵母细胞中细胞核和大部分细胞质所在的区域称为胚盘(blastoderm)。胚盘所在处是卵母细胞的动物极，相反的一极称为植物极。

初级卵母细胞中的卵黄按肉眼可见的颜色差异可以分为两大类：白卵黄和黄卵黄，白卵黄呈浅黄色，黄卵黄呈棕黄色。除了颜色差异外，这两类卵黄在组成方面也有差异。在卵母细胞的中央，白卵黄呈一花瓶状，称为卵黄心(latebra)。卵黄心向动物极方向伸长，在胚盘的下方展开来，呈一喇叭状，称为潘氏核(nucleus of Pander)。白卵黄除了形成卵黄心和潘氏核之外，还和黄卵黄共同形成很薄的同心层。白卵黄和黄卵黄之所以以同心层相间分布是由卵黄在昼夜积累的差异所致。卵母细胞在产出前的第7天开始积累卵黄，白天沉积的卵黄中黄色类胡萝卜素含量多，卵黄呈棕黄色，为黄卵黄。而在夜间的最后数小时沉积的卵黄只含有很少量的脂类，蛋白质的含量比较多，这种卵黄中的类胡萝卜素少，呈浅黄色，为白卵黄。卵母细胞每天形成一层较厚的黄卵黄和一层较薄的白卵黄(图2.30)。

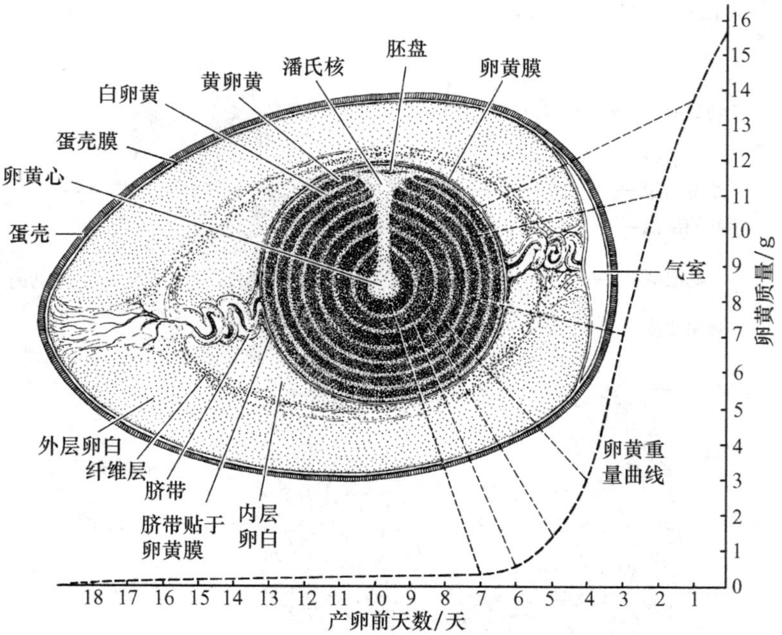

图2.30　鸟类卵母细胞的结构(自Carlson，1988)

卵母细胞几乎都被卵黄占据，白卵黄和黄卵黄呈同心圆排列。胚盘位于动物极，细胞核和绝大部分细胞质都位于胚盘中。卵母细胞外方由卵黄膜包被，卵黄膜外方是卵白，卵白外方是蛋壳膜和蛋壳。横坐标表示产卵前的天数，纵坐标表示卵黄的质量(g)，曲线代表卵黄质量的变化。

初级卵母细胞的质膜形成许多微绒毛突起，这些微绒毛与滤泡细胞伸出的微绒毛突起呈犬齿交错状分布，使得卵母细胞表面出现一层放射状结构，称为放射带(zona radiata)(图 2.29)。在卵母细胞迅速积累卵黄时，放射带形状明显，这时滤泡细胞正活跃地将营养物质运入卵母细胞之中。当卵母细胞的卵黄积累将近完成时，滤泡细胞和卵母细胞的微绒毛逐渐缩回去，放射带不明显。这时，在原先微绒毛占据的空间积累了由蛋白质和碳水化合物组成的物质，这些物质组成了卵黄膜(vitelline envelope)，卵黄膜包被在卵母细胞的质膜之外。

初级卵母细胞在卵巢之中积累了卵黄和其他的细胞质成分后进入成熟分裂。第一次成熟分裂后形成次级卵母细胞和第一极体。次级卵母细胞从卵巢排出，进入输卵管，在输卵管中受精，受精后完成第二次成熟分裂，并开始早期的发育。如果次级卵母细胞在输卵管中不受精，那么它不进行第二次成熟分裂，排出的卵还是次级卵母细胞。

四、哺乳类的卵子发生

雌性哺乳动物出生后，其卵巢中已存在的卵母细胞数量不再增加，相反，却逐渐减少。以人为例，出生时卵巢中约有 200 万个卵母细胞，这些卵母细胞绝大多数都将退化，只有大约 400 个能发育到成熟阶段，卵母细胞的发育也在滤泡之中进行(图 2.31)。

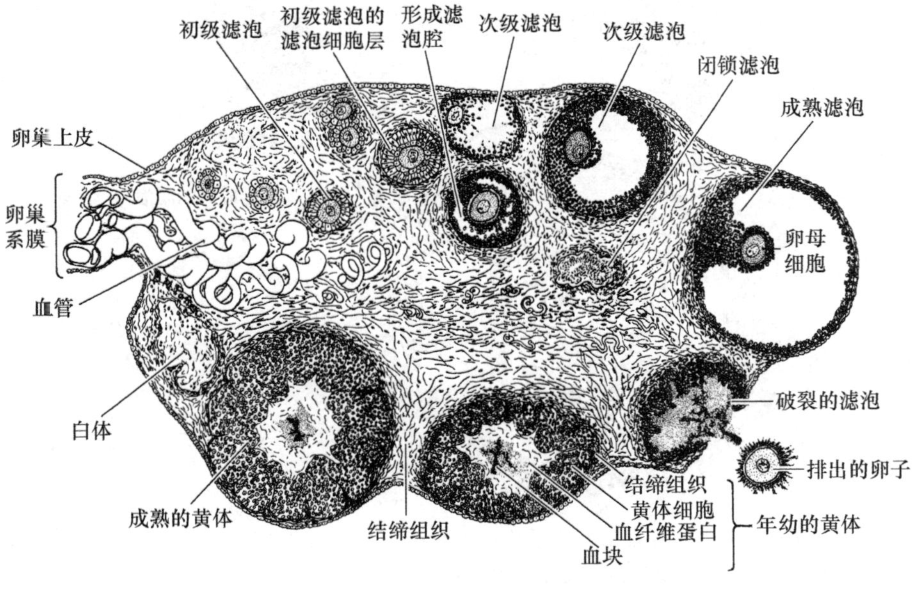

图 2.31　人的卵巢结构(自 Carlson,1988)

人卵巢中各级滤泡位于卵巢的皮层，右下方显示一个成熟滤泡正在排卵。排卵后的滤泡转变成为黄体。

在人类，早在 4 个月的胚胎中，某些初级卵母细胞就进入第一次成熟分裂的前期。在初级卵母细胞之外，扁平的滤泡细胞形成一层包被层，这时的滤泡称为原始滤泡(primordial follicle)(图 2.32A)。在以后的胚胎发育阶段，滤泡细胞由单层扁平细胞变成单层立方细胞，并逐渐增加细胞的层数，这时的滤泡改称为初级滤泡(primary follicle)(图 2.32B、D)。初级滤泡中的初级卵母细胞皆处于第一次成熟分裂前期的双线期。除了那些退化的卵母细胞外，在青春期之前的这一段时间之内，初级卵母细胞皆处于双线期。从青春期起，才有部分初级卵母细胞恢复第一次成熟分裂。初级卵母细胞恢复第一次成熟分裂是分批进行的，大约每个月都有一批初级卵母细胞从双线期中苏醒过来，但是，往往仅有一个能发育到成熟，其余的则退化(闭锁)。在双线期，初级卵母细胞的染色体也会形成灯刷染色体。初级卵母细胞与滤泡细胞都伸出许多微绒毛，两者的微绒毛接触处有缝隙连接存在（缝隙连接和前述的紧密连接都属于相邻细胞之间连接复合体的一种，详见第七章），以利于滤泡细胞和卵母细胞之间物质的沟通。当第一层的滤泡细胞层完全包被住卵母细胞后，在卵母细胞外方开始形成一层主要由蛋白质和多糖组成的膜，称为透明带（zona pellucida）。初级滤泡的体积因卵母细胞的生长和滤泡细胞层数的增加而增大。初级滤泡中的滤泡细胞层数可达数层，这些滤泡细胞往往又称为颗粒细胞（granulosa cell）。

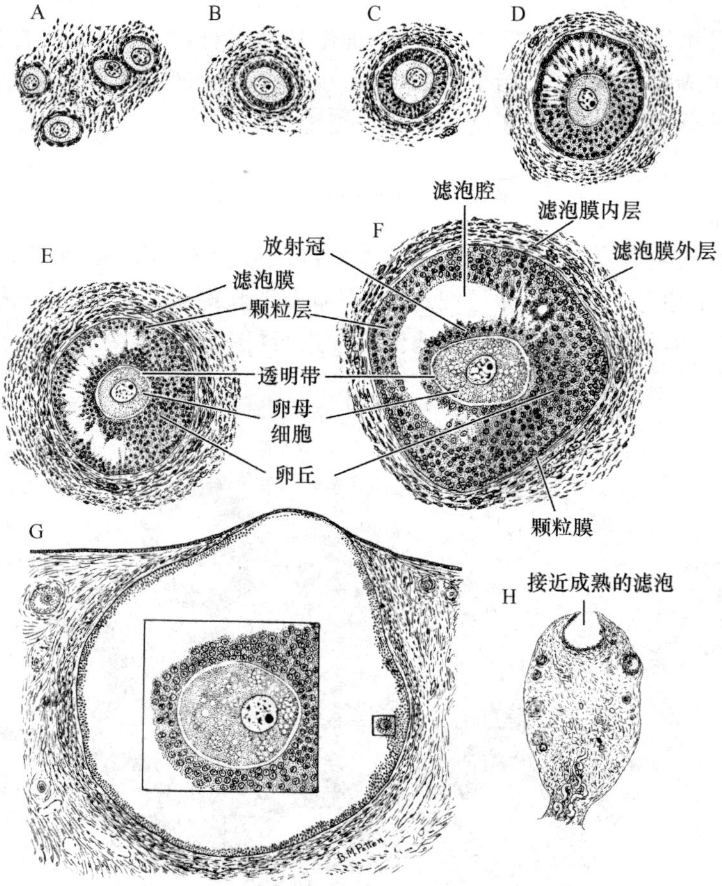

图 2.32　人滤泡的发育（自 Carlson，1988）

A. 原始滤泡；B～D. 初级滤泡，示滤泡细胞层数增加；E、F. 次级滤泡，滤泡腔出现并逐渐扩大；G. 成熟滤泡，滤泡腔中是卵丘位置的放大图，示初级卵母细胞；H. 卵巢纵切面。

在滤泡发育的下一个阶段，颗粒细胞层中出现充满液体的腔隙，称为滤泡腔（antrum），其中的液体称为滤泡液。这一过程受到几种激素的调节，如脑垂体前叶分泌的促性腺激素（特别是FSH）对滤泡的发育至关重要，滤泡本身产生的雌激素可能也对滤泡的发育起促进作用。当滤泡腔出现之后，滤泡的名称改为次级滤泡（secondary follicle）（图 2.32E、F）。次级滤泡中的卵母细胞仍然是处于双线期的初级卵母细胞。次级滤泡的颗粒细胞层外方出现了一层基膜，这层基膜又称为颗粒膜（membrana granulosa）。在颗粒膜之外，卵巢的结缔组织形成一层滤泡膜（theca folliculi）。滤泡膜形成后逐渐分化成两层：里面的一层称为内膜（theca interna），富含血管；外面的一层称为外膜（theca externa），纤维含量较高，细胞含量较少。

次级滤泡的继续发育仍受到激素的调节，在激素的刺激下迅速增大体积，从卵巢表面凸出，形如一个大水泡，此时的滤泡改称为成熟滤泡（mature follicle）（图 2.32G），又称格拉夫滤泡（Graafian follicle）。在成熟滤泡中，卵母细胞连同其外方的数层颗粒细胞突入滤泡腔中，形成卵丘（cumulus oophorus）。在排卵之前，初级卵母细胞从双线期进入前期的其他阶段，然后完成第一次成熟分裂，成为次级卵母细胞，并释放出第一极体。

排卵与血流中的 LH 的水平息息相关。在血流中高水平的 LH 及 FSH 的刺激下，滤泡继续肿胀膨大，滤泡液的量激增，导致滤泡破裂。位于卵丘的卵母细胞连同其外方的滤泡细胞被排出滤泡，滤泡液也随同排出。滤泡壁破裂的确切机制至今尚未完全清楚。人们原先认为滤泡液的增多导致内压的增加，由于滤泡内压力的增加，使得滤泡壁破裂。但是经过测定，滤泡液的增多并没有增加内压。有人认为由于水解酶的作用，促使滤泡壁局部变薄，易于破裂。还有人认为滤泡周围一些类似平滑肌纤维的细胞具有收缩功能，由于它们的收缩，卵子被排出。

五、卵子发生过程的基因表达

卵子发生过程除了形成一个高度特化的细胞（卵母细胞）之外，还在细胞内部积累了大量供胚胎发育需要的物质。因此，在卵子发生过程中充分利用基因组的信息对于以后的胚胎发育尤为重要。在两栖类的早期发育过程中需大量的蛋白质，这些蛋白质若全部都预先合成好并贮存在卵母细胞中是不现实的，许多蛋白质是在受精后才合成的。但是卵母细胞在生长期为以后的蛋白质合成制造了许多必需的物质，如 mRNA、tRNA、核糖体及有关的酶类。因此，在两栖类卵母细胞的生长过程中，基因组积极地进行转录，以产生出足够的 RNA。

（一）灯刷染色体上的 RNA 合成

两栖类卵母细胞停留于双线期的时间长达数月或一两年，卵母细胞主要的生长和分化都在这段时间里进行。在这段时间中，同源染色体形成灯刷染色体。灯刷染色体因其形状与擦拭煤油灯灯罩的刷子相似而得名（图 2.19）。由于两栖类卵子的灯刷染色体大，因而对其研究得较为彻底。一对同源染色体由两条染色体配对而成，每条染色体又含有两条染色单体。仔细观察灯刷染色体，就会发现每条染色体上排列着致密的球状结构，称为染色粒（chromomere）。染色粒由染色质紧密螺旋而成，相邻的染色粒之间是不致密的染色粒间染色质（interchromomeric chromatin）。从每个染色粒上各伸出一对环，在每一个环的基部，染色粒依然保持其致密状态（图 2.33），每一个环都具有基质（matrix），基质由蛋白质和 RNA 组成，基质赋予环毛茸茸的形状。从同一个染色粒伸出来两个环的基质形状基本相同。但是，相邻的染色粒伸出来环的基质形状不尽相同。

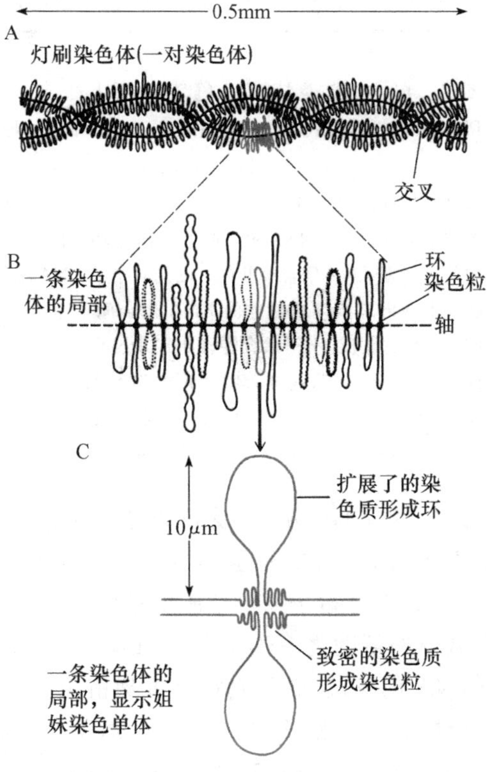

图 2.33　灯刷染色体的结构（自 Alberts et al.，1989）
A. 灯刷染色体模式图；B. 一条染色体的局部放大，示从每一个染色粒上各伸出一对环；C. 图 B 的局部放大，示大致对称的两个环。

在灯刷染色体的环上进行着积极的 RNA 合成。RNA 聚合酶 Ⅱ 结合在环上，然后开始转录。

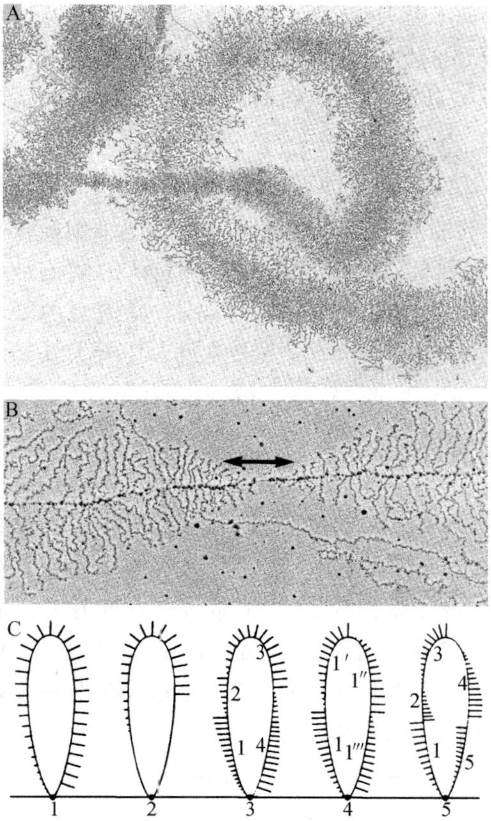

图 2.34 两栖类灯刷染色体的环上正在合成 RNA(A、B 自 Browder et al.,1991;C 自 Brachet and Alexandre,1986)

A. 灯刷染色体上一个环的电子显微镜照片,该环只有一个转录单位。许多 RNA 聚合酶Ⅱ都沿着环向同一个方向前进。在 RNA 聚合酶Ⅱ前进的同时生成 RNA,RNA 从环上伸出来。前进最远的 RNA 聚合酶Ⅱ上伸出的 RNA 最长,相反,刚刚结合在环上的 RNA 聚合酶Ⅱ上伸出的 RNA 最短,这样,环的一端较粗,另一端较细;B. 一个环上有两个转录单位,RNA 聚合酶Ⅱ的移动方向相反;C. 一个环上转录单位的数量及转录的方向。

随着 RNA 聚合酶Ⅱ在环上移动,RNA 逐渐伸长。当第一个 RNA 聚合酶Ⅱ移开原先结合的位点后,新的 RNA 聚合酶Ⅱ又结合上去。这样,在环上就结合了一串的 RNA 聚合酶Ⅱ。所有的 RNA 聚合酶Ⅱ都沿着同一个方向运动,同时,都在合成 RNA(转录本)。那些越早结合在环上的 RNA 聚合酶Ⅱ合成的 RNA 越长,越迟结合在环上的 RNA 聚合酶Ⅱ合成的 RNA 越短。这样,环就呈现出粗细不均的形态。如图 2.34A 所示,环的一端较细,另一端较粗。当 RNA 合成时,蛋白质就与之结合,成为核糖核蛋白(ribonucleoprotein,RNP),也就是环的基质。当 RNA 合成结束,转录本连同与它结合的蛋白质一起从环上脱落下来。

图 2.34A 显示一个环上仅有一个转录单位。事实上,环上面的转录单位往往不止一个。如果环上有多个转录单位,RNA 聚合酶Ⅱ结合在不同的转录单位进行 RNA 合成时,其移动方向可能一致,也可能不一致。图 2.34B 显示了环上相邻的两个转录单位,箭号表示 RNA 聚合酶Ⅱ(环上的一串黑点)的移动方向相反。

在环上合成的 RNA(转录本)称为核 RNA (nuclear RNA,nRNA),或者称为 hnRNA。这类 RNA 还要经过加工才形成 mRNA,然后,mRNA 进入细胞质。在卵母细胞中贮存了大量的各种 mRNA。例如,海胆的卵子中就含有数千种不同的 mRNA。在受精之前,这些 mRNA 的 80%都没有被利用,仅是贮备起来,留待受精后的早期胚胎发育之需。

贮备于卵母细胞中的各种 mRNA 往往分布于某些特异的区域,在受精卵分裂的过程中被分配到不同的胚胎细胞中去,不同的胚胎细胞获得了不同的 mRNA 和蛋白质,这将赋予该细胞特异的发育命运。其中最典型的一种是 *Vg1* mRNA,它分布于卵母细胞的植物极。但是,它不是一产生就位于植物极的,它产生之后在微管和微丝的帮助之下逐渐移位并固定于植物极的一个新月形区域。在此过程中,微管帮助 *Vg1* mRNA 的移位,微丝则将移位到植物极的 *Vg1* mRNA 固定在那里。在卵裂过程中,*Vg1* mRNA 被分配到胚胎植物半球的卵裂球中去。*Vg1* mRNA 编码的蛋白质 Vg1 属于转化生长因子 β(TGF-β)中的一种(TGF-β 是一类旁分泌因子,详见第九章)。转化生长因子 β 与中胚层的发育有关,它们能诱导边缘带区域的细胞发育成中胚层。在果蝇的卵子中,*bicoid* mRNA 位于卵子的前端细胞质中。细胞胚盘形成以后,*bicoid* mRNA 进入胚胎前部的细胞中,指导头部的发育。而另一些 mRNA 则只分布于卵子后部的细胞质中,以后进入胚胎后端的细胞中,指导胚胎后端的细胞形成原始生殖细胞。

（二）核糖体成分的合成

在卵子发生过程中，产生和积累核糖体是一个重大的任务。在卵子中贮藏大量的核糖体使得受精后就可以进行蛋白质合成以供胚胎发育之需。因此，在卵子发生过程中必须合成大量的核糖体成分，这些成分包括 5S RNA、18S RNA、28S RNA 和核糖体蛋白。这些 RNA 在核仁中合成并组装成为核糖体，然后再运送到细胞质中贮藏起来。

在非洲爪蟾中，5S RNA 合成的时间较早，主要在卵黄形成前期合成。在 18S RNA、28S RNA 和核糖体蛋白尚未开始合成之前，5S RNA 就开始合成了。由于其合成迅速，它的数量几乎占了卵母细胞内 RNA 总量的 45%。到卵黄形成期的早期，卵母细胞大约合成了 5S RNA 总量的一半，之后它继续合成，但是合成速度稍减缓。

5S RNA 的基因位于核仁区域的核仁组织者(nucleolar organizer)中。细胞核中所有含有 rRNA 基因的染色体，它们的 rRNA 基因聚集在一起，形成了核仁组织者。核仁组织者上 5S RNA 的基因是多拷贝的。卵母细胞含有 96 000 个 5S RNA 的基因。由于基因数量大，所以 5S RNA 的合成速度很快。5S RNA 合成后，贮藏于 7S RNP 颗粒和 42S RNP 颗粒中。5S RNA 的合成需要 RNA 聚合酶Ⅲ和多个转录因子的参与，这些转录因子结合于 5S RNA 基因的启动子位置，其中一个转录因子是 TFⅢA，这是一种含有锌指的转录因子(有关锌指转录因子，详见第八章)。TFⅢA 中含有 9 个锌指，每个锌指大约有 30 个氨基酸。TFⅢA 靠其锌指结合于 5S RNA 基因的启动子上。

18S RNA 和 28S RNA 是卵母细胞中主要的 RNA，这两种 RNA 之所以能够大量合成，主要依赖于卵母细胞中核糖体 RNA 基因的扩增(amplification)。在体细胞中，18S RNA 和 28S RNA 基因也位于核仁组织者上。但是，在卵母细胞中，从核仁组织者上脱落下来大量编码 18S RNA 和 28S RNA 的 DNA，这些 DNA 呈环状，分布于核膜的内侧。这些环状的 DNA 构成了卵子细胞核中的多核仁(有关 18S RNA 和 28S RNA 基因的扩增，详见第八章)。由于卵母细胞含有大量的核仁，卵母细胞可以在较短的时间内合成足够数量的 18S RNA 和 28S RNA。18S RNA 和 28S RNA 主要在卵黄形成期合成。在卵黄形成期，这两种 RNA 合成的速度很快。据认为，18S RNA 和 28S RNA 合成速度快除了与基因扩增有关外，还与 RNA 聚合酶的量有关。研究表明，在 18S RNA 和 28S RNA 基因的启动子区域，含有大量的 RNA 聚合酶。这些 RNA 聚合酶由于彼此靠得很近，成为很密集的结构。

由于卵子发生中需要组装大量的核糖体，因此，卵母细胞中合成了大量的核糖体蛋白。核糖体蛋白的合成大致与 18S RNA 和 28S RNA 的合成同步，主要在卵黄形成期。这时，核糖体蛋白的数量已经达到卵子中蛋白质总量的 20%。

（三）tRNA 的合成

tRNA 和 5S RNA 同时合成。在卵黄形成前期，tRNA 和 5S RNA 产生的量各占总 RNA 量的 45%。它们合成后也贮存在同样的结构即 42S RNP 颗粒中。一个 42S RNP 颗粒中含有 12 个 tRNA 分子和 4 个 5S RNA 分子。卵母细胞中大约一半的 5S RNA 贮藏于 42S RNP 颗粒中，另一半则贮藏于 7S RNP 颗粒中。卵母细胞中大约 90%的 tRNA 分子都贮藏于 42S RNP 颗粒中。在卵黄形成期，42S RNP 颗粒逐渐解体，5S RNA 和 tRNA 也分散到卵质中去。

六、卵子发生的激素调节

卵子发生受到激素的调节。脑垂体合成的促性腺激素(FSH 和 LH)调节卵巢的机能,促进滤泡的生长、成熟和排卵,同时,也促进滤泡细胞合成类固醇激素(雌激素和孕激素)。而脑垂体合成促性腺激素又受到下丘脑产生的促性腺激素释放激素(GnRH)的调节。

像两栖类这样的卵生动物,卵子发生过程中的一个重大任务是合成和积累卵黄。当生殖季节来临时,环境的因素作用于脑,促使垂体分泌促性腺激素。促性腺激素随血流达到卵巢,促使卵巢合成雌激素。雌激素随血流到达肝脏,促使肝脏合成卵黄原蛋白。卵黄原蛋白随血流运送到卵巢,在促性腺激素的协助下,被卵母细胞吸收,形成卵黄小板。促性腺激素还促进卵巢的滤泡细胞产生孕酮,孕酮促进卵子的成熟和排卵(图 2.35)。

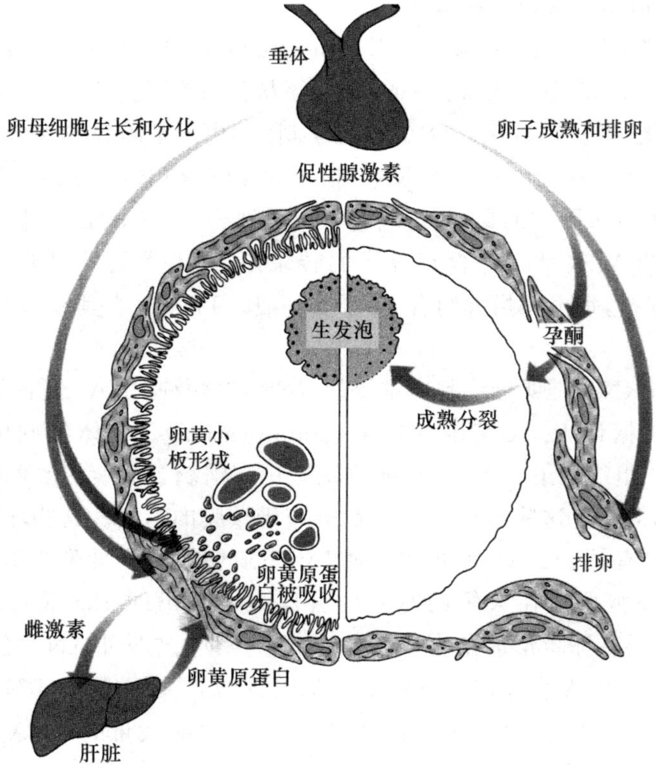

图 2.35　两栖类卵子发生的激素调节(自 Browder et al.,1991)

左侧显示促性腺激素促进卵母细胞的生长和分化,右侧显示促性腺激素促进卵母细胞的成熟和排卵。

在果蝇的卵子发生过程中也出现了相类似的情况。果蝇的促性腺激素称为保幼激素(juvenile hormone),它是由咽侧体(corpus allatum)产生的。保幼激素促进卵母细胞的发育,也促进卵巢产生蜕皮激素(ecdysone)。蜕皮激素促进脂肪体(fat body)产生卵黄原蛋白,卵黄原蛋白进入血淋巴,并在保幼激素的协助下进入卵母细胞中。保幼激素还促进卵巢产生卵黄原蛋白,因此,果蝇的卵黄有两个来源。但是,对于绝大多数昆虫而言,它们的卵黄都属于异体合成,不是自体合成,像果蝇这样的情况并不多见。

哺乳类卵子发生的调节较为复杂。对于真兽亚纲的动物来说,每一个生殖周期中都有许多滤泡在生长,但是,真正能够发育成熟并排卵的并不多,许多滤泡都退化了。在此过程中,促性腺激素促进滤泡的生长、成熟和卵子的排放，并促进滤泡细胞合成类固醇激素。

灵长类的生殖周期又称为月经周期。图2.36显示了激素调节人类月经周期的情况。月经周期的开始阶段是月经期，在这一阶段，垂体产生FSH的量增加。FSH促进滤泡的生长和卵母细胞的发育，同时，在LH的协助下，促进滤泡细胞产生雌激素。滤泡外的结缔组织构成了滤泡膜，滤泡膜细胞的质膜上有LH的受体。LH结合到质膜的受体上，刺激滤泡膜细胞产生睾丸酮。睾丸酮越过滤泡表面的基膜进入滤泡。滤泡细胞(又称为颗粒细胞)的质膜上有FSH的受体，FSH结合到颗粒细胞的质膜受体上，刺激cAMP的产生。cAMP进而激活颗粒细胞中的酶促反应，使得睾丸酮转变成为雌二醇(E2)。雌二醇是一种雌激素，它能促进滤泡的生长。血流中的雌激素的积累促使下丘脑释放GnRH，后者促使垂体在月经周期的中期大量分泌LH。LH促进成熟滤泡中的次级卵母细胞完成第一次成熟分裂并排卵，同时也促进排卵后的滤泡转变成为黄体(corpus luteum)。

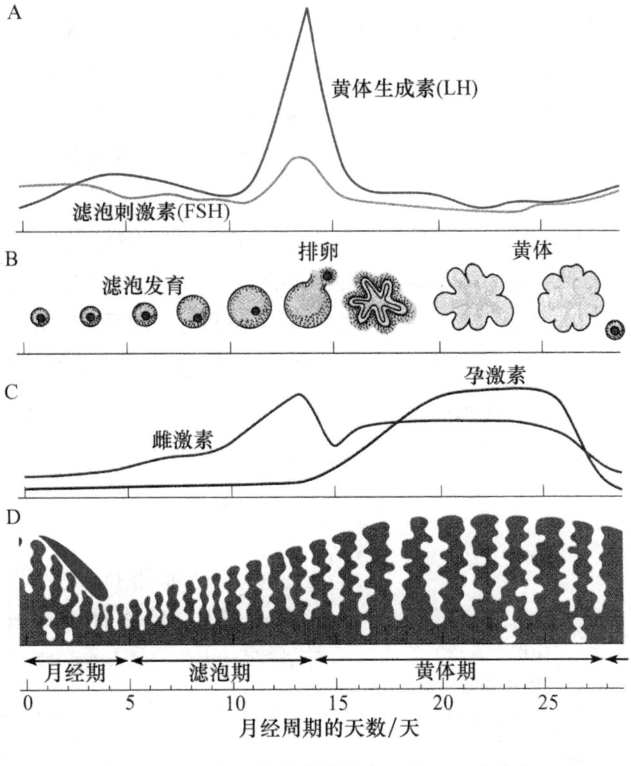

图2.36　人的月经周期(自Gilbert，2000)

垂体分泌的促性腺激素(A)及性腺分泌的雌激素和孕激素(C)调节卵巢(B)和子宫(D)的变化。

黄体迅速长大，成为内分泌腺体，它分泌大量的孕酮和一些雌激素。孕酮的一个重要作用是促使子宫内膜做好准备迎接早期胚胎(囊胚)的到来。当囊胚到达子宫时将植入到子宫内膜中继续发育，而子宫内膜在胚胎到来之前已发生了许多变化：子宫腺体更加丰富，腺腔扩大，其间能见到分泌物；血管增生，动脉呈螺旋状；子宫内膜更加肥厚，从1mm左右增加到4～5mm，这些变化都受到黄体分泌的孕激素的调节。

要是排出的卵子没有受精，由于黄体细胞质膜上LH和FSH受体的减少，黄体对促性腺激素不敏感。由于失去促性腺激素的刺激，黄体在排卵后的8～10天内逐渐开始退化，一个新的月经周期开始。要是排出的卵子受精，在胚胎分泌的绒毛膜促性腺激素作用下，黄体(又称为妊娠黄体)继续长大,分泌更多的孕酮,以利于胚胎发育的正常进行。此时,月经周期停止。在人类,妊娠黄体直径可达 2～3cm。妊娠黄体维持大致 4 个月,之后,孕酮的分泌减少,黄体退化,这时,胎盘成为主要的分泌孕酮的器官。

七、卵子的类型和卵膜

(一) 卵子的类型

不同的动物,卵子中含有卵黄的数量是不同的。根据卵黄的含量和分布,可以将卵子分为几种类型。有些动物的卵子中几乎不含卵黄,或者含有很少的卵黄,而且这些卵黄在卵子中分布均匀,这样的卵子称为均黄卵(homolecithal egg)。许多无脊椎动物的卵子是均黄卵,如海胆和文昌鱼的卵子。哺乳动物中,那些具有胎盘的种类也产生均黄卵。

与均黄卵相对的是另一种极端的类型。在这种类型的卵子中,细胞质和卵黄各自分布于不同的区域。卵黄含量极大,几乎占据了整个卵子。细胞质主要位于动物极,细胞核位于其中,这类卵子称为端黄卵(telolecithal egg)。像脊椎动物中的鱼类、爬行类和鸟类,它们的卵子都是端黄卵;哺乳动物中的原始种类(如鸭嘴兽)也产生端黄卵。在无脊椎动物中,软体动物的卵子也是端黄卵。像两栖类这样的动物,卵子中卵黄的量介于均黄卵和端黄卵之间,含量中等,称为中黄卵(mesolecithal egg)。

节肢动物(特别是昆虫)的卵子,卵黄分布于卵子的中央,细胞质位于表层并将卵黄包裹起来,这一类的卵子称为中央黄卵(centrolecithal egg)。中央黄卵的细胞核位于卵黄的中央。在中央黄卵中不存在动物极和植物极,而是存在另外一种极性:前后极(anteroposterior polarity)。昆虫的卵子一端较钝,另一端较尖。较钝的一端将来是胚胎的后端,较尖的一端是将来胚胎的前端。此外,卵子表面稍突出的一侧是将来胚胎的腹侧,与其相对的另一侧面即稍微凹陷的一侧是将来胚胎的背侧。这样,卵子就有了前后轴和背腹轴。

(二) 卵　　膜

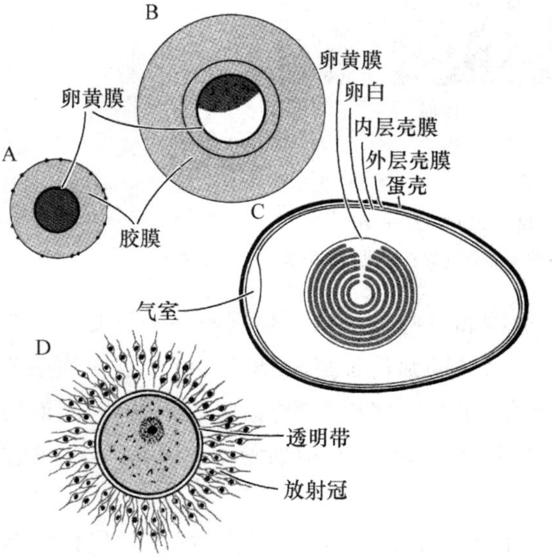

图 2.37　几种动物的卵膜(自 Carlson,1988)
A. 海胆;B. 两栖类;C. 鸟类;D. 哺乳类

卵子从卵巢排出后是在体内受精还是排出体外受精,视动物种类而异。鱼类和两栖类的卵子产在水中。在水中,这些卵子必须不被天敌捕食,免受病害侵袭,经受渗透压和酸碱度的变化。鸟类、爬行类和原始哺乳类的卵子产于陆地,也必须受到保护,以免遭受干燥或其他不利因素的侵害。因此,动物的卵子外方往往都有卵膜包被,有的动物卵子外方的卵膜还不止一层,卵膜对卵子起着保护的作用。高等哺乳类及某些其他种类的胎生动物,排卵之后,卵子仍然处于体内,但是它们仍然有卵膜包被。卵膜可以在卵巢中形成,如由卵母细胞分泌出物质或由滤泡细胞分泌出物质形成;也可以在卵子经过雌性生殖管道时由生殖管道黏膜上皮细胞的分泌物形成(图 2.37)。

1. 海胆的卵膜

海胆的卵子外方有两层卵膜，紧贴于质膜外方的是卵黄膜(vitelline envelope)，含有多种蛋白质和多糖。在卵黄膜之外有一层较厚的胶膜(jelly coat)，胶膜中富含多糖，该多糖由硫酸岩藻糖组成，此外，还有糖蛋白和一些小肽。当卵子产出后，胶膜将大量吸水而膨胀。

2. 两栖类的卵膜

在两栖类的卵母细胞生长期，卵母细胞和滤泡细胞皆会长出微绒毛。在微绒毛之间，逐渐有物质沉积，这些物质由卵母细胞和滤泡细胞共同分泌，称为卵黄膜。当卵母细胞发育至近双线期，卵黄膜变得很厚。排出的卵子进入输卵管后，输卵管的分泌物将促使卵黄膜结构发生改变，以利于受精阶段的精子穿入。随着卵母细胞在输卵管中穿过，输卵管分泌的胶膜包被于卵黄膜之处。胶膜可多达3～5层，主要由蛋白质和多糖组成。产卵后，胶膜也会吸水膨胀。

3. 鸟类的卵膜

鸟类的卵母细胞在发育过程中，在质膜外方形成一层卵黄膜，卵黄膜由纤维状蛋白质组成。当排出的卵子进入输卵管时，输卵管各段的分泌物逐层包被在卵黄膜之外(图2.38)。

鸟类输卵管可以分为漏斗部、膨大部、狭窄部和子宫等几段。漏斗部是最接近卵巢的一段，排出的卵子首先进入这一段。在这里，输卵管的上皮细胞分泌纤维状的蛋白质添加于卵黄膜之上，这一新添加上的成分称为外卵黄膜，原来在卵巢中形成的卵黄膜则改称为内卵黄膜。当卵母细胞进入膨大部时，此处的上皮细胞分泌卵白包被在卵黄膜之外。当卵母细胞进入狭窄部，在卵白之外又包被上两层蛋壳膜。当卵子进入子宫时，蛋壳形成，包于蛋壳膜之外。因此，鸟类的卵子外方含有多层卵膜：卵黄膜、卵白、蛋壳膜和蛋壳(图2.30)。

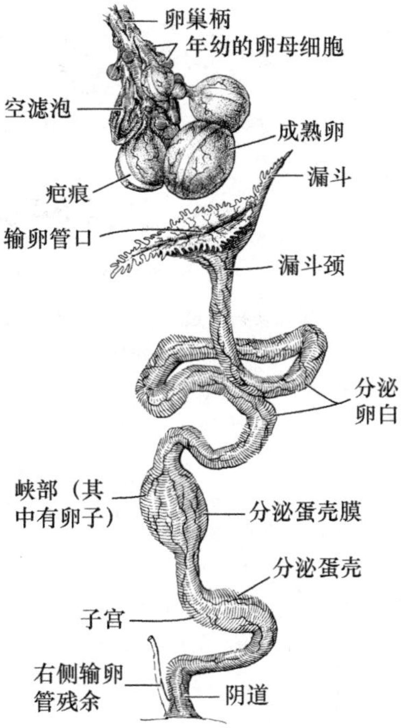

图2.38 鸟类卵子通过输卵管
(自Carlson,1988)
母鸡左侧的输卵管发育，右侧的退化。当卵巢中一个卵母细胞成熟并排出卵巢后，就进入左侧的输卵管，并依次通过漏斗部、膨大部、狭窄部和子宫。输卵管各段的分泌物逐层包被在卵子外方。

4. 哺乳类的卵膜

当哺乳类的卵母细胞还处于初级滤泡中时，卵母细胞和滤泡细胞都长出许多微绒毛，在微绒毛之间逐渐有物质填充，形成透明带(图2.39)。透明带由蛋白质和多糖组成。蛋白质主要有三种：ZP1、ZP2和ZP3，这些蛋白质在受精过程中将起重要作用。电子显微镜观察表明，透明带大致可以分为两层，因此推测透明带由滤泡细胞和卵母细胞共同分泌物质形成。当卵子排出卵巢时，卵子仍被来自卵丘的数层滤泡细胞所包被，这些滤泡细胞构成透明带外方的放射冠(corona radiata)，同时，这些细胞还合成并分泌类固醇激素。据认为，放射冠细胞分泌的激素对早期胚胎发育有帮助作用。

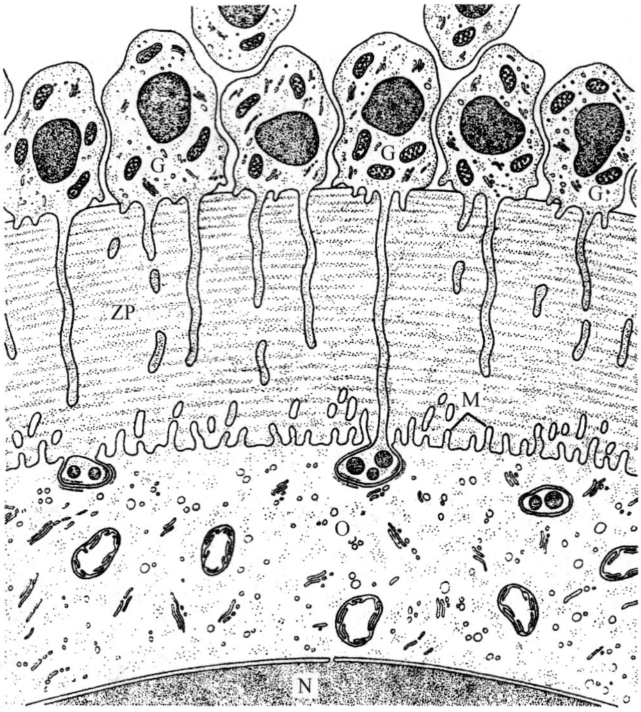

图 2.39　哺乳类透明带的形成(自 Austin and Short,1982a)

哺乳动物的透明带(ZP)在卵母细胞(O)和滤泡细胞(G)之间的空间中形成,该处原先是卵母细胞和滤泡细胞的微绒毛(M)分布的区域。N 为卵母细胞的细胞核。

第三章 受 精

受精是精子和卵子结合形成合子的过程。受精有两个重要作用：第一个作用是将精子和卵子携带的遗传物质结合在一起，染色体数目恢复成二倍体；第二个作用是发育的激活，这包括合子中的一系列代谢活动和形态的变化，导致受精卵分裂形成多细胞有机体。

我们对受精的认识主要基于海胆和哺乳动物的研究结果。海胆是研究受精极好的模式动物，它能产生大量的配子，受精在体外进行。卵子体积大，和胚胎一样都是透明的，容易观察其受精过程。哺乳类是体内受精的动物，有关受精生物学方面的变化不易观察到。当人们解决了哺乳类体外受精技术上的难题之后，哺乳类也成为研究受精的模式动物。本章主要讨论海胆和哺乳类的受精。虽然其他动物类群的受精过程有所差异，但是大致相似，都要发生如下事件：①精子和卵子相互识别及接触，保证受精在同种的配子之间进行；②精子入卵，保证只有一条精子与卵子结合；③精子和卵子遗传物质的结合；④受精卵代谢的激活，胚胎发育开始。

第一节 精卵相遇和识别

在许多种动物的受精过程中，精子和卵子的相遇并不是一件简单的事情。特别是那些体外受精的动物，它们将精子和卵子释放在水环境中，这种水环境可能仅仅是一个小水塘、一条小溪，也可能是一片汪洋大海。在这个水域中，往往并不是仅有一种动物在产卵受精，而是同时有多种动物都在进行生殖活动，这样就出现了一个很严重的问题，即精子如何找到同种的卵子并使之受精？

事实上，在长期的进化过程中，各种动物都形成了一套非常精巧的机制，保证受精在同种的精子和卵子之间进行。第一，精子要利用自身有限的能量游动相当长的距离才能到达受精地点，而精子运动的激活与精卵之间的相互识别有关；第二，精子的运动不是漫无目标的，它必须往卵子所在处运动，而精子之所以能够向卵子所在的方向运动与卵子释放出吸引精子的物质有关，这里也存在着精子和卵子的相互识别；第三，精子到达受精地点后要穿过卵子外方的卵膜才能进入卵子中，而异种的精子却不能进入，这里仍然存在着精子和卵子的相互识别。

一、精子运动的激活

精子在精巢中是不会游动的，但是，一旦释放出来，它就能活泼地游动。海胆精子运动的激活是受 pH 控制的。在精巢中，由于 CO_2 含量很高，精子内部 pH 大约为 7.2。在这种情况下，精子不会运动。当海胆精子进入海水中，由于海水中 CO_2 含量低，pH 高达 8.0，精子内部的 H^+ 外泄，海水中的 Na^+ 流入精子内部，海胆精子内部的 pH 迅速从 7.2 升高到 7.6。在这样的 pH 条件下，精子的呼吸量大增，精子靠其鞭毛的摆动而开始运动。

海胆卵子外方的胶膜也对精子运动的激活起着重要的作用。胶膜中含有精子激活肽(sperm-activating peptide)，称为呼吸活化肽(resact)。这是一种由 14 个氨基酸组成的多肽，能刺激精子内部 pH 的升高，也能迅速提高精子线粒体的呼吸作用。精子表面有呼吸活化肽的受体，它是一种跨越质膜的蛋白质，当它的胞外部分结合了呼吸活化肽后，其胞内部分的构型发生变化，同时，引起与其偶联的酶被激活，进而激活精子鞭毛轴丝上的动力蛋白。动力蛋白是一种ATP酶，当它被激活后，ATP被分解产生了能量，精子便开始游动。卵子外方胶膜中的呼吸活化肽和精子表面呼吸活化肽受体的结合具有种的特异性。只有同种的精子和卵子才能结合，异种的精子和卵子不能结合。因此，精子和卵子的相互识别就成为异种精子和卵子之间的一道屏障。

哺乳类精子排入雌性生殖管道时，运动被激活。在雌性生殖管道里，精子的活动渐趋活跃，当精子到达卵子附近（壶腹部）时，运动更加激烈。此时，精子的运动称为超激活运动（hyperactivated motility）。精子的超激活运动表现为精子头部摆动加剧，鞭毛振动的振幅和频率加大，甚至鞭毛出现了有力的鞭打状振动。精子出现超激活运动可能与钙离子浓度的提高有关。一般认为，在雌性生殖管道中，精子质膜上的G蛋白被激活，进而激活质膜上的钙离子通道，引起钙离子内流。钙离子进而激活腺苷酸环化酶，使精子内部cAMP的量增加，激活蛋白质激酶的活性。此外，G蛋白也激活精子质膜上的Na^+/H^+通道，引起氢离子外泄、钠离子内流，提高了精子内部的pH。在蛋白质激酶和升高了的pH的共同作用下，精子鞭毛中的轴丝开始弯曲、滑动，精子开始运动。

二、精子趋近卵子

精子运动的激活并不能保证精子能找到卵子，特别是当精子被释放于水域之中时，情况更是如此。体外受精的动物进化出了一种机制，就是卵子能释放出某种化学物质吸引同种精子，而精子也具有趋化性，这样，精子能接近同种的卵子，这种情况在刺胞动物、软体动物、棘皮动物和尾索动物的受精时都存在。

刺胞动物门直杯螅属动物 *Orthopyxis caliculata* 的卵子不但能够释放吸引精子的化学物质，而且还能够调节释放的时间。如果将处于不同成熟阶段的卵母细胞放在载玻片上，同时将精子放在同一载玻片上离卵子不远的位置，那么，精子是否游向卵子视卵子的成熟度而定。如果卵子尚未完成第二次成熟分裂，就不会释放吸引精子的物质，精子不会游向卵子；如果卵子完成第二次成熟分裂，就会同时释放物质吸引精子，这时，精子就会游向卵子。可见，卵子不但能够吸引同种精子，而且还能够控制吸引精子的正确时间。

海胆精子也有趋化性，能吸引海胆精子的物质就是位于卵胶膜中的呼吸活化肽，它在很低的浓度下依然可以吸引精子。如图3.1所示，将一滴含有海胆 *Arbacia punctulata* 精子的海水置于载玻片上，精子做环形运动，环的直径大约是50μm。当少量的呼吸活化肽滴于海胆精子所处的海水中，原先做环形运动的精子将改变其运动方式，不再做环形运动。在注入呼吸活化肽处，精子逐渐趋向呼吸活化肽，并聚集在一起。随着时间的推移，呼吸活化肽向四周扩散，更多的精子会逆呼吸活化肽的浓度梯度向浓度高的地方游动，使得原先注入呼吸活化肽地方的精子聚集得更多。呼吸活化肽具有种的特异性，从 *A. punctulata* 胶膜上提取出来的呼吸活化肽对异种精子不起作用。

同样，鱼类受精过程中也存在卵子吸引精子的现象。鱼类的卵子外方包有一层卵膜，称为壳膜。壳膜上有一个受精孔（micropyle），是供精子进入卵子的通道。精子不能从其他地方穿越壳膜（图3.2）。在生殖季节，鱼类的精子和卵子都排放在水中。从壳膜受精孔释放出吸引精子的物质，该物质迅速扩散到水中。受到这种物质的吸引，精子会逆该物质的浓度梯度向壳膜受精孔的方向运动，并进入受精孔。如果将壳膜之内的卵子去掉，精子仍然会聚集在受精孔周围，并进入空的壳膜内。与海胆的情况一样，鱼类的精子不会被异种卵子释放的物质所吸引。

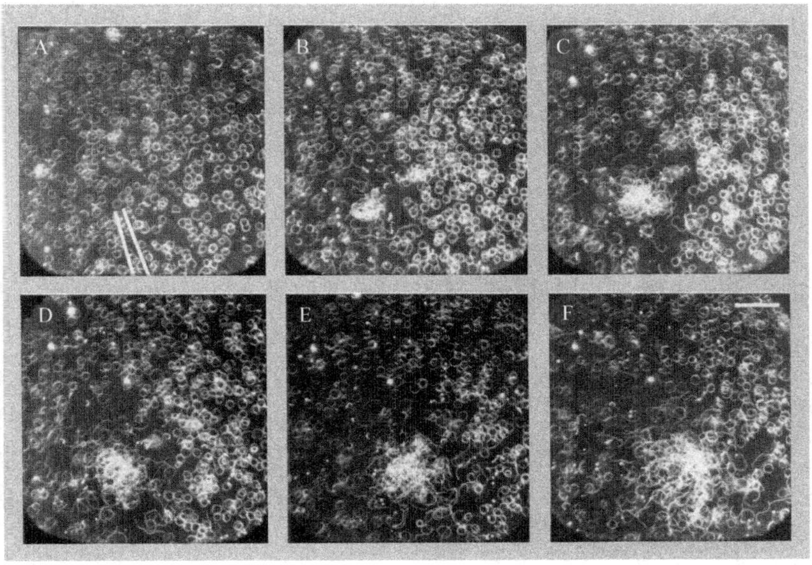

图 3.1 呼吸活化肽对精子的作用(自 Browder et al.,1991)

A. 小圆圈是在游动的精子,此时呼吸活化肽尚未添加到海水中,图下方的白色双线代表将要添加呼吸活化肽的滴管位置;B. 添加呼吸活化肽后 20s,少量精子聚集在添加地点;C~F. 添加后 40s、50s、70s 和 90s,聚集的精子数量在逐渐增加。标尺=200μm。

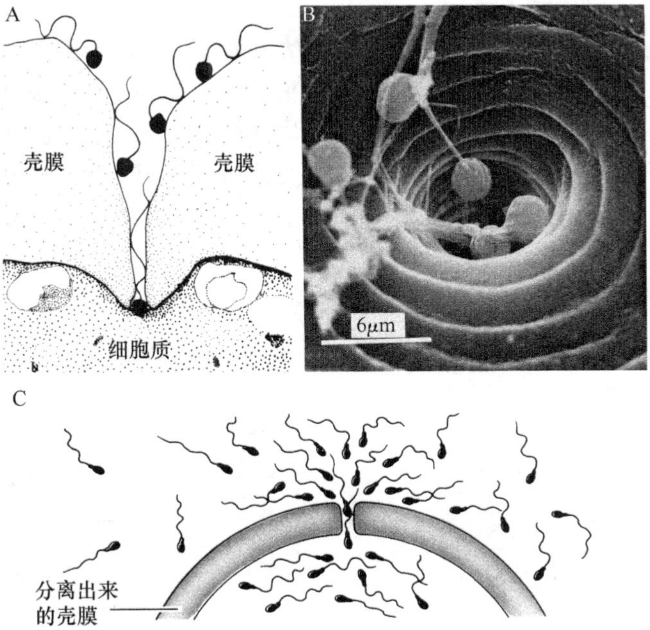

图 3.2 鱼类精子通过受精孔进入卵子(A、B 自 Dale,1983;C 自 Browder et al.,1991)

A. 鱼类精子进入受精孔;B. 扫描电子显微镜照片,显示卵膜表面受精孔的开口及精子;C. 去除卵膜内的卵子,精子依然从受精孔进入。

在雌性生殖管道中的哺乳动物精子除了本身具有鞭毛能够摆动外,子宫和输卵管肌肉的收缩也起着推进精子的作用。如果没有子宫肌肉的运动,精子就不能进入输卵管。在输卵管中,如果有刚从卵巢排出的卵子存在,那么,卵母细胞或滤泡细胞释放出来的某些化学物质也起着吸引精子的作用,引导精子往卵子所在的位置(壶腹部)运动。

三、精子穿过卵膜

精子受到同种卵子的吸引，游动到卵子的周围。在这里，精子必须穿透卵子外方的卵膜，才能进入卵子内部，完成受精。

（一）海胆精子穿透胶膜和卵黄膜

海胆精子进入卵子之前，必须穿越卵子外方厚厚的卵膜。海胆卵子的卵膜有两层：一层是卵黄膜，它紧贴在卵子质膜的外方；另一层是胶膜，包裹着卵黄膜（图 3.3）。当海胆精子与胶膜接触时，精子的形态结构会发生明显的变化：精子头部的顶体破裂，释放出顶体中的水解酶，这些水解酶能够溶解卵膜，便于精子穿越胶膜和卵黄膜。同时，精子头部前端伸出一个突起，便于精子和卵子的质膜融合。精子发生的以上反应称为顶体反应。

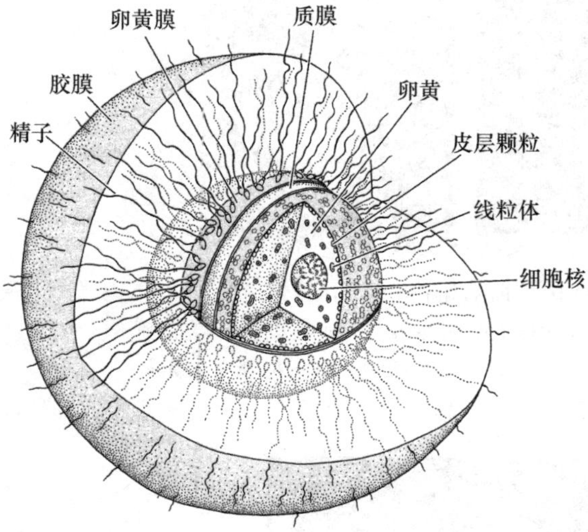

图 3.3 海胆卵子外方的卵膜（自 Gilbert，1991）
卵黄膜包围着卵子，胶膜再包围着卵黄膜。胶膜、卵黄膜和卵子的质膜都被切去 1/4，以显示内部结构。大量精子已经穿过胶膜，头部依附于卵黄膜上。

海胆精子的顶体位于细胞核的前方。细胞核的前端有一个凹陷，其间贮藏有球状肌动蛋白分子（图 3.4）。当海胆精子接触到卵子外方的胶膜时，胶膜中的硫酸岩藻糖聚合物诱导精子发生顶体反应。在精子的质膜上有硫酸岩藻糖的受体，当硫酸岩藻糖和精子质膜上的受体结合时，激活了质膜上的三种蛋白质：一个是钙离子通道，它允许钙离子进入精子头

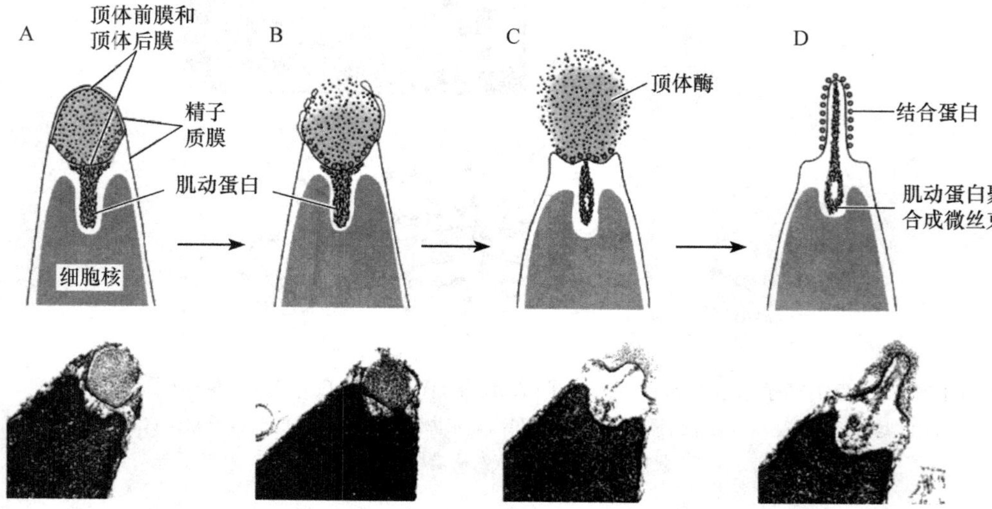

图 3.4 海胆精子的顶体反应（自 Gilbert，1997）
上方是顶体反应的模式图，下方是与模式图对应的照片。A. 尚未发生顶体反应的精子；B. 顶体反应开始，顶体前膜与质膜融合，形成许多小囊泡；C. 小囊泡散开，顶体中的水解酶释放出来，同时，细胞核前端凹陷中的肌动蛋白聚合，形成微丝束；D. 微丝束伸长，将顶体后膜推向前方，形成了顶体突起，上面有结合蛋白附着。

部;第二个是钠氢交换泵,它将氢离子泵出细胞外,同时将钠离子泵入细胞内;第三个是磷脂酶,它分解质膜上的一种物质,产生了 IP_3。IP_3 将精子内部的钙离子释放成为自由钙离子(可能就是从顶体中释放出钙离子)。细胞内部的自由钙离子介导精子质膜和位于其内侧的顶体前膜发生融合。精子质膜和顶体前膜的融合引起这两层膜的泡状化,即两层膜共同形成许多细小的囊泡。这样,顶体出现了许多孔洞,顶体内贮藏的水解酶通过胞吐作用从这些孔洞中释放出来,并在胶膜上溶解出一条通道,精子通过这些通道穿透胶膜(图 3.4)。随着泡状化程度的加剧,在胞吐作用的过程中,精子质膜和顶体前膜融合后形成的囊泡逐渐丢失。这样,精子细胞核前方的质膜就改由原先的顶体后膜来担任。

胶膜诱导精子顶体反应具有高度的种特异性。海胆精子和卵子胶膜之间存在着相互识别。一种海胆的胶膜只能诱导本种的精子发生顶体反应,而不能诱导即使亲缘关系很近的异种海胆精子发生顶体反应。这样,精卵之间的相互识别机制就在异种的海胆精子和卵子之间筑起又一道屏障,阻止了异种受精现象的发生。

精子与胶膜接触还引起另一个变化,即精子头部细胞核的前方伸出一个棒状突起,称为顶体突起(acrosomal process),这也与钙离子浓度的升高有关。在精子的顶体和尾部中段含有 RhoB 蛋白,RhoB 与 GTP 结合在一起。钙离子激活了 RhoB,后者帮助位于细胞核前端凹陷中的球状肌动蛋白分子聚合,形成微丝束。微丝束逐渐伸长,将顶体后膜(此时已成为顶体反应后的精子前端的质膜)推向前方,形成了顶体突起。在顶体突起上黏附着顶体中的某些蛋白质,其中有一种称为结合蛋白(bindin)。结合蛋白也具有种的特异性,从海胆 *Strongylocentntus purpuratus* 的顶体中分离出的结合蛋白能够结合在同种卵子的卵黄膜上,但是不能与异种海胆(如 *Strongylocentntus franciscanus*)的卵黄膜结合。

当顶体反应后的精子穿过胶膜到达卵黄膜表面时,其顶体突起上的结合蛋白就与卵黄膜上的特异受体结合。海胆卵子的卵黄膜上能结合为数众多的精子。精子顶体突起上还黏附有类胰凝乳蛋白酶,该酶是一种蛋白水解酶,能分解卵黄膜,精子靠这种酶的水解作用穿过卵黄膜。

(二) 哺乳动物精子穿过透明带

哺乳动物的精子在穿过透明带之前必须在雌性生殖管道里存在一段时间。在这段时间里,精子的生理状况产生了一个重要变化,使得精子获得了让卵子受精的能力,这个生理上的变化称为获能(capacitation)。获能所需时间视物种而定,小鼠精子不到 1h,而人的精子却需 5～6h。获能的地点也视物种而定,有的精子在子宫获能,有的在输卵管获能,有的在子宫和输卵管中获能。

获能的机理尚不清楚,但是其基本的变化是精子质膜发生了某些变化,如下所述。①雌性生殖管道中的某些蛋白质能够将精子质膜中的胆固醇去掉,使得精子质膜的组成发生变化。②精子表面的某些蛋白质和多糖消失,使得精子表面的受体(该受体能够识别卵子外方透明带)暴露出来,这种变化可能与质膜中胆固醇的减少有关。③质膜上的钾离子通道打开,钾离子外泄,其结果是质膜的电位变化。由于质膜的胆固醇减少和电位变化,质膜上的钙离子通道和碳酸氢根离子通道开放,钙离子和碳酸氢根离子内流,导致环腺苷酸的产生。④由于环腺苷酸的产生,精子内部蛋白质开始磷酸化,并终将导致精子的获能。⑤精子顶体外膜的成分发生变化,导致它与精子质膜靠近,为两者的融合做准备。精子获能后呼吸活动加强,运动性也加强,精子的这种变化有助于其穿过透明带。

精子在穿过透明带之前要先穿过放射冠,放射冠由滤泡细胞组成,这些滤泡细胞即卵丘的细胞(图 3.5)。精子靠自身活跃的运动穿过放射冠,到达透明带表面。透明带要比海胆的卵黄膜厚得多,也致密得多,其作用类似于海胆的卵黄膜,也具有种属特异性。但是,哺乳动物透明带的种属特异性似乎不是绝对的。透明带的化学组分中含有三种糖蛋白:ZP1、ZP2 和 ZP3,这些蛋白质是由卵母细胞合成并分泌的(图 3.6)。

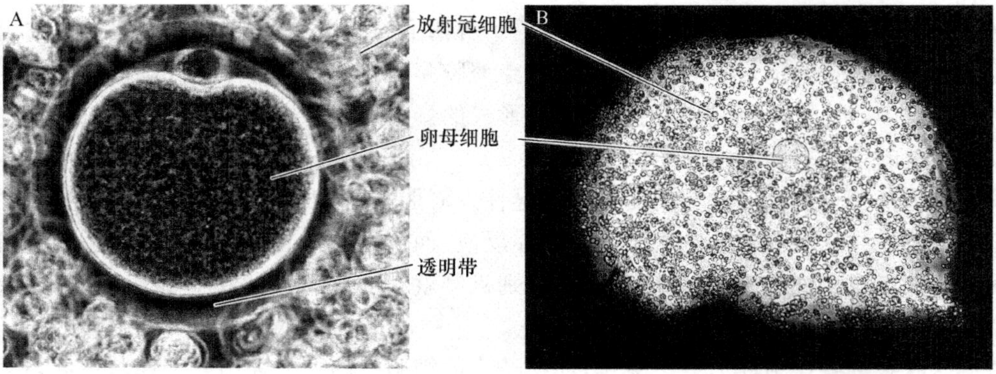

图 3.5 刚排出的仓鼠卵子(自 Gilbert,1997)

A. 高倍显微镜照片,显示卵子的外方有透明带包围,透明带外方又有卵丘细胞(滤泡细胞)包围;B. 低倍显微镜照片,显示位于卵丘中的卵子。

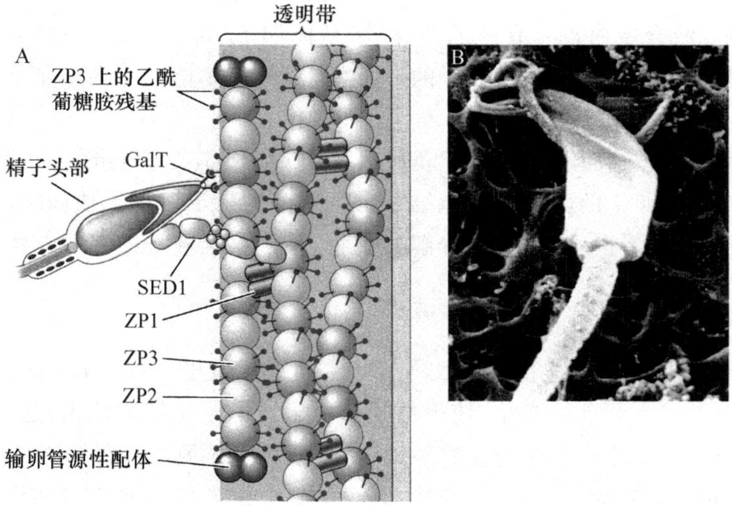

图 3.6 小鼠精子结合于 ZP3(自 Gilbert,2010)

A. 右侧是透明带结构示意图。ZP2 和 ZP3 形成二聚体并首尾相连,形成一串串念珠串结构。这些念珠串结构再通过 ZP1 相互连接起来,形成网状结构。在透明带表层有输卵管分泌的蛋白质,作为精子受体的配体。精子先与透明带表层的配体较弱地结合,然后靠 SED1 与透明带结合,以加固两者的连接。最后,精子表面的半乳糖转移酶(GalT)与 ZP3 分子的乙酰葡糖胺残基结合,最终导致精子的顶体反应。B. 电子显微镜照片显示金仓鼠精子和透明带的结合。

精子到达透明带表面,就会与透明带结合,结合过程是循序渐进的(图 3.6)。首先,精子与透明带表层结合。透明带表层是输卵管分泌的一些蛋白质,它们是精子表面一些受体的配体,能够与精子表面的受体结合,这种结合是较为松散的。其次,透明带识别精子表面的 SED1 蛋白,并与之结合,这种结合较为牢固。最后,精子表面的几种蛋白质与 ZP3 分子伸出来的糖基结合,其中一种蛋白质是半乳糖转移酶。半乳糖转移酶是精子质膜上的跨膜蛋白,其胞外部分与透明带 ZP3 分子的乙酰葡糖胺(*N*-acetylglucosamin)残基结合,引起精子质膜上的多种蛋白质交联在一起。蛋白质的交联进而引起精子质膜上的G蛋白被激活，并引发了一系列反应，最终导致位于精子质膜上的钙离子通道打开。钙离子进入精子内部，精子发生如下变化：精子质膜和顶体外膜发生多处融合，以至这两层膜泡状化，在精子顶体上出现了许多孔洞，顶体内贮藏的水解酶便从这些孔洞泄出来(图3.7)。这些水解酶作用于透明带，溶解其中的组分，形成供精子穿透的通道。哺乳动物精子发生的以上变化也称为顶体反应。精子靠顶体反应穿过透明带，进入透明带和卵子质膜之间的卵周隙(perivitelline space)，进而到达卵子表面。

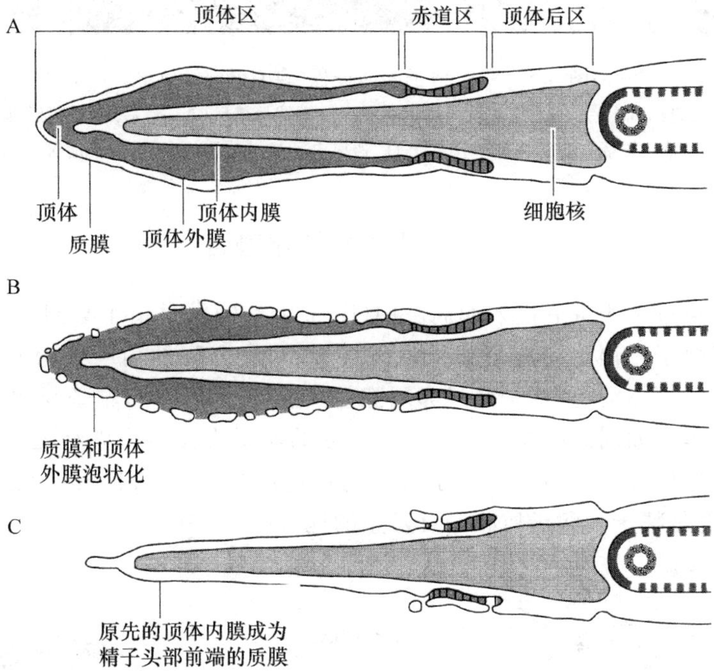

图3.7 仓鼠精子的顶体反应(自 Browder et al.,1991)

A. 尚未开始顶体反应的精子；B. 精子开始顶体反应，质膜和顶体外膜融合，形成许多小囊泡，顶体中的水解酶可以通过囊泡之间的间隙泄漏出来；C. 顶体反应后的精子。

第二节 精卵质膜融合

精子穿过卵膜之后到达卵子质膜表面。在这里，精卵质膜融合，精子的细胞核和部分细胞器(如中心粒和轴丝等)进入卵子细胞质中。

一、海胆的精卵融合

海胆精子的顶体突起最先穿过卵黄膜到达卵子质膜的表面，与卵子质膜上的微绒毛接触。在这里，顶体突起上的结合蛋白再次发挥作用。据认为，结合蛋白犹如流感病毒的HA蛋白或仙台病毒的F蛋白那样能引起两个细胞的融合。在结合蛋白的作用下，顶体突起与卵子微绒毛接触处的质膜融合，接着，与顶体突起融合的卵子微绒毛扩大成为半球状的受精锥(fertilization cone)。精子的细胞核向受精锥中的卵子细胞质靠近，最终被吞入卵子细胞质中(图3.8)。

图 3.8　海胆精子入卵过程(自 Gilbert,2003)

A～C. 扫描电子显微镜照片,显示精子靠其顶体突起和卵子的微绒毛接触(A),然后,精子接触处的卵子微绒毛扩大成为受精锥(B),精子被受精锥拖入卵子中(C);D. 透射电子显微镜照片,显示精子通过受精锥进入卵子。

二、哺乳类的精卵融合

哺乳类的精子穿过透明带后进入卵周隙中(图 3.9)。哺乳类精子与卵子质膜的接触角度与海胆的不同。海胆精子靠顶体突起与卵子表面接触,两者之间的角度约为 90°。而哺乳类精子顶体反应后并不形成顶体突起,精子穿过卵周隙并接近卵子质膜时,精子与卵子表面的位置关系犹如切线和圆的关系。如同海胆受精时精子接触处的卵子表面伸出微绒毛一样,哺乳类卵子表面的精子接触处也伸出许多微绒毛。精子头部的赤道区(equatorial region)最先与卵子表面的微绒毛接触,这里也是精子和卵子质膜融合发生的地方(图 3.10)。

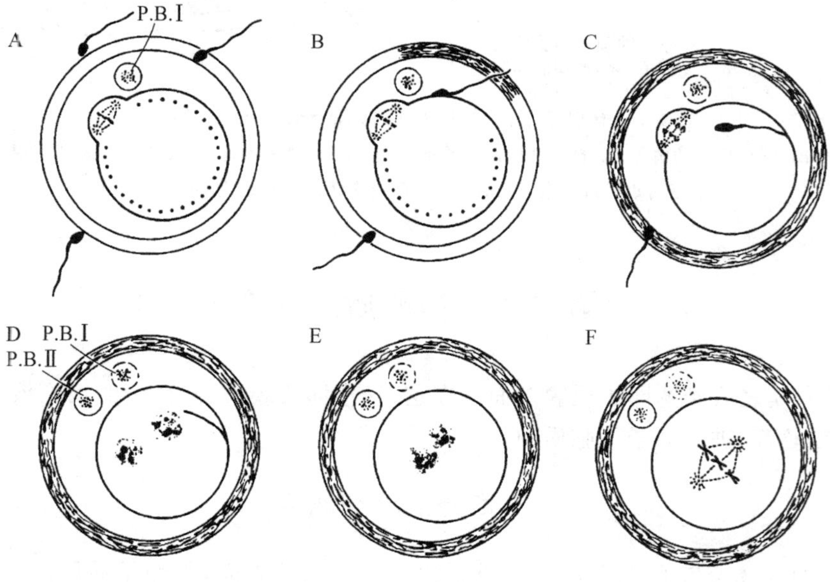

图 3.9　哺乳动物受精过程示意图(自 Carlson,1988)

A. 次级卵母细胞的第二次成熟分裂纺锤体位于动物极,皮层具有皮层颗粒,卵母细胞周围有一个第一极体(P. B. Ⅰ),精子正在穿过透明带;B. 精子已经到达卵子表面,在精卵接触处,皮层颗粒破裂,产生皮层反应,在透明带上,精子穿过处产生透明带反应;C. 精子进入卵子中,皮层反应完成,整个透明带都发生了透明带反应;D. 卵子完成第二次成熟分裂,排出第二极体(P. B. Ⅱ),雌雄原核形成;E. 雌雄原核相互靠近;F. 受精卵开始第一次分裂。

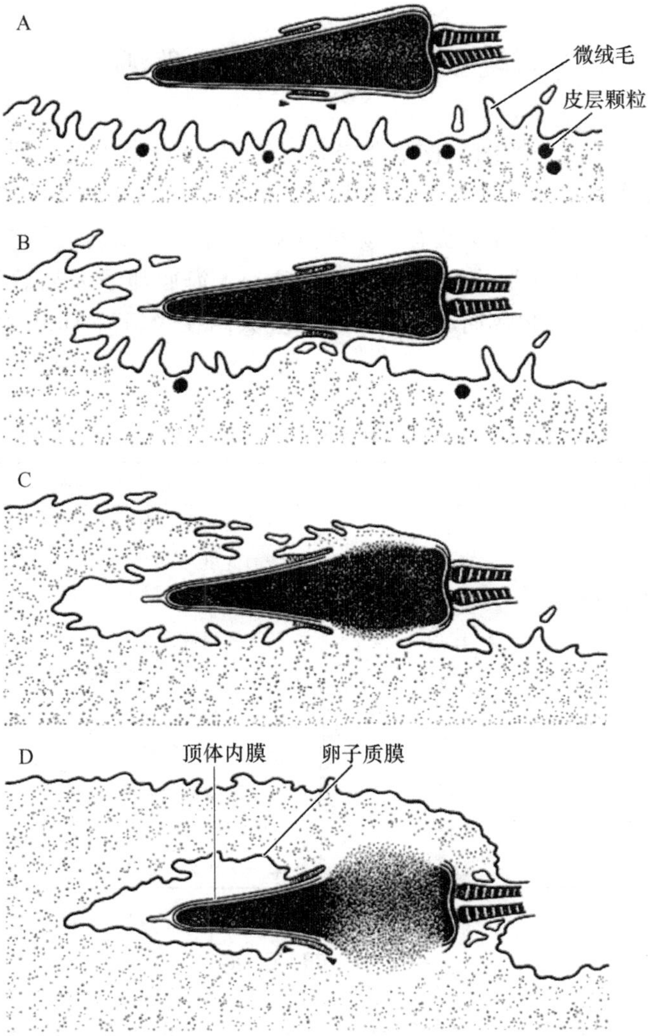

图 3.10 精子质膜和卵子质膜的融合(自 Austin and Short,1982a)

A. 精子接近卵子表面的微绒毛;B. 卵子微绒毛和精子头部赤道段的质膜融合;C. 精卵质膜的融合区域扩大,同时,卵子的微绒毛逐渐包围精子头部,精子的核膜部分破裂,染色质开始松散;D. 精子头部质膜大部分与卵子质膜融合,精子染色质更加松散。

关于精子和卵子质膜的融合机理至今还没有定论。据认为,精子和卵子的融合可能与精卵质膜上蛋白质的相互作用有关。卵子质膜上的蛋白质 CD9 可能参与精卵质膜的融合过程。如果剔除雌性小鼠的 *CD9* 基因,该小鼠就变成不育的,因为其卵子不能与精子融合。但是,如果向这种不育小鼠的卵子注射小鼠或人的 *CD9* mRNA,该卵子又可以受精。虽然目前还不明白 CD9 如何促进精子质膜和卵子质膜的融合,但是,有证据表明,在发育过程中,CD9 能够促进骨骼肌细胞的前体细胞——成肌细胞(myoblast)的细胞膜相互融合成为骨骼肌细胞。精子方面参与质膜融合的蛋白质可能是一种免疫球蛋白状的蛋白质,称为 Izum。*Izum* 基因突变的小鼠,其精子能够与透明带结合,从而发生顶体反应,也能够穿越透明带,但是不能与卵子的质膜融合。人的精子中也有 Izum 蛋白,当精子用抗 Izum 蛋白的抗体处理之后,就不能与卵子融合。

精子和卵子的质膜一旦融合,两者的细胞质就相互连通,位于精子头部附近的卵子微绒毛逐渐将精子的头部包被起来,最终将其吞入卵子之中(图 3.10)。

第三节　卵子代谢的激活

受精并非仅仅是雌雄配子的细胞核结合成为二倍体的核(合子核),同样重要的还在于受精触发了胚胎发育。未受精卵是一种处于沉睡中的细胞,代谢极不活跃。如果没有受精,它将很快死去。受精激活了卵子,让其从沉睡状态中苏醒过来,开始了一系列按部就班、有条不紊的反应,卵子中发生的这些反应统称为卵子的激活(activation)。海胆卵子受精后的反应按照时间顺序大致可以分为两类:早期反应和晚期反应。早期反应大约在受精后 1min 之内发生,晚期反应在 1min 后开始(表 3.1)。

表 3.1　海胆卵子受精的反应

卵子中发生的事件	距受精后的时间	卵子中发生的事件	距受精后的时间
早期反应		精子进入卵子中	1～2min
精卵接触	0s	酸的流出	1～5min
卵子电位升高(快速阻止多精入卵)	1s 内	pH 升高	1～5min
精卵质膜融合	1s 内	精子细胞核去浓缩	2～12min
钙离子浓度升高	10s	精子细胞核移向卵子中央	2～12min
皮层反应(慢速阻止多精入卵)	15～60s	卵子细胞核移向精子细胞核	5～10min
晚期反应		蛋白质合成的激活	5～10min
NAD 激酶开始激活	1min	氨基酸运输的激活	5～10min
$NADP^+$ 和 $NADPH^+$ 开始增加	1min	DNA 开始合成	20～40min
耗氧量开始增加	1min	第一次卵裂开始	60～80min

一、早 期 反 应

在卵子的早期反应事件中有一个非常重要的事件,即阻止多精入卵。虽然许多精子都能穿过卵膜,但是能进入卵子中的精子通常只有一个。单精入卵(monospermy)能使受精卵恢复二倍性,而多精入卵(polyspermy)将产生多倍体。多倍体的受精卵会产生灾难性的后果,因为在多倍体的受精卵随后的一系列卵裂过程中,胚胎细胞无法保证得到相同数目的染色体。在某些细胞中染色体数目较多,而另一些则很少,这将引起不同的胚胎细胞之间基因表达的巨大差别。在某个发育阶段,细胞中该表达的基因无法表达。最终,胚胎在发育的早期死亡(图 3.11)。在长期的进化过程中能够存留下来的动物,都有一套完善的机制阻止多精入卵的发生。

在动物的长期进化过程中,不同的物种产生了不同的阻止多精入卵的方法。海胆和其他多种海洋无脊椎动物有一种快速阻止多精入卵的机制,即改变卵子质膜的电位。第二种是限制穿过卵膜的精子数量,海胆、哺乳动物和其他脊椎动物都有效地利用这种方法来阻止多精入卵。例如,鱼类的卵膜上有一个狭窄的受精孔,能穿过该受精孔到达卵子表面的精子数量极为有限。如果剥离卵膜,多个精子就有可能进入卵子中,导致早期胚胎死亡。第三种方法是在多个精子入卵之后限制与卵子细胞核结合的精子细胞核数量。在某些生理性多精受精(physiological polyspermy)的动物中(如蝾螈),往往有多个精子同时进入卵子中(蝾螈卵子受精时,多达 20 个精子进入卵子)。尽管这些精子的细胞核都发育成雄原核(male pronucleus),但唯有一个雄原核能与雌原核(卵子的细胞核)结合。其余的雄原核在受精卵第一次卵裂之前全部死亡。

（一）快速阻止多精受精

快速阻止多精受精由卵子质膜的电位变化来调节。海胆卵子质膜内外离子的浓度有很大的差异。以钠离子为例，海水中的钠离子浓度大大超过了细胞质中的钠离子浓度。而钾离子的情况则相反，细胞质中的钾离子浓度大于海水中的钾离子浓度。卵子的质膜有效地阻止了钠离子通过质膜内流和钾离子通过质膜外泄。如果将一个微电极插入卵子中，另一个放置于卵子外方，测得质膜内外电位差为 70mV。相对于细胞外，细胞内的电位为负，因此，未受精卵的质膜电位记为 −70mV。

当第一个精子接触到卵子质膜时，在 1～3s 之内，卵子的质膜电位改变为 +20mV，这是因为钠离子流入细胞内的缘故。这种卵子质膜电位的变化从精子接触点开始，迅速波及全卵。当卵子质膜的电位从 −70mV 升高到 +20mV 时，精子就不能进入卵子之中，因此起到阻止多精入卵的作用。如果人为地让海胆未受精卵的质膜电位升高到 +20mV，则此未受精卵如同受精卵那样阻止精子入卵。相反，如果人为地让受精卵的质膜电位下降（通过降低卵子中的钠离子浓度），则此受精卵犹如未受精卵那样还能允许精子入卵。卵子质膜电位的升高为什么可以阻止多精入卵呢？有两种可能的解释。第一种解释认为，卵子质膜上的精子受体是一种对电压敏感的蛋白质，只有当卵子质膜的电位是负的状态下，该精子受体才会与精子结合。第二种解释认为，精子质膜上有一种对电压敏感的蛋白质，它的作用是促进精卵质膜的融合。只有当卵子质膜的电位是负的状态下，精子质膜上的这种蛋白质才会发挥作用。

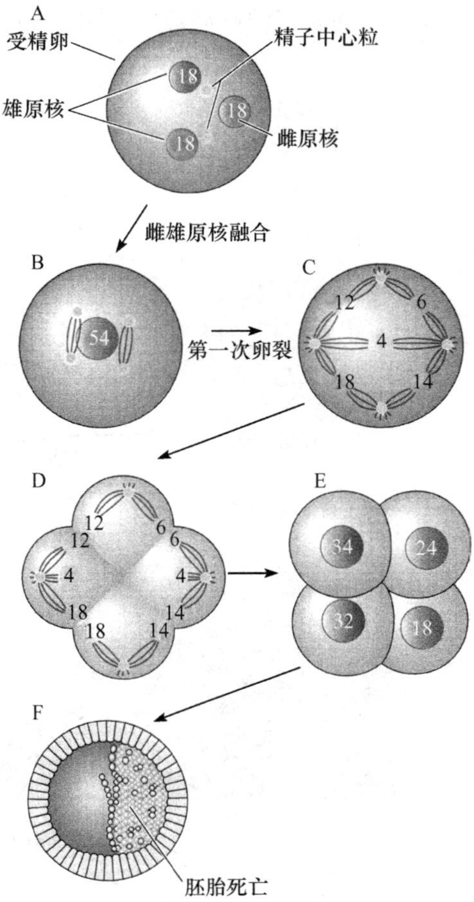

图 3.11　两个精子入卵后的海胆胚胎发育（自 Gilbert，2000）

A. 受精卵中具有 2 个雄原核和 1 个雌原核；B. 3 个原核融合；C. 受精卵的第一次分裂，产生 5 个分裂纺锤体，在各个纺锤体的赤道板上，染色体数量不同；D. 不同数量的染色体被分配到纺锤体的 4 个极；E. 第一次分裂产生 4 个细胞，每一个细胞中的染色体数量都不同；F. 胚胎在发育的早期死亡。

质膜电位的变化是很短暂的，当质膜的电位变化逐渐波及全卵时，最早发生变化的地方又恢复到原有的电位。电位的恢复也是从这一点开始，快速波及全卵。

（二）慢速阻止多精受精：皮层反应

由于卵子质膜电位变化的持续时间不长，质膜电位很快又恢复为负的电位，因此，快速阻止多精受精仅是暂时的，必须有另一种机制来有效地阻止多精入卵。慢速阻止多精入卵则能一劳永逸地达到阻止多精入卵的目的。

慢速阻止多精入卵通过皮层反应（cortical reaction）得以实现。在海胆卵子的皮层中存在着大约 15 000 个皮层颗粒，每个直径大约是 1μm。当第一个精子与卵子的卵黄膜接触时，位于接触处的卵子皮层颗粒的膜与卵子质膜融合，胞吐作用发生，皮层颗粒中的物质释放入卵黄膜和卵子质膜之间狭窄的卵周隙中(图 3.12)。

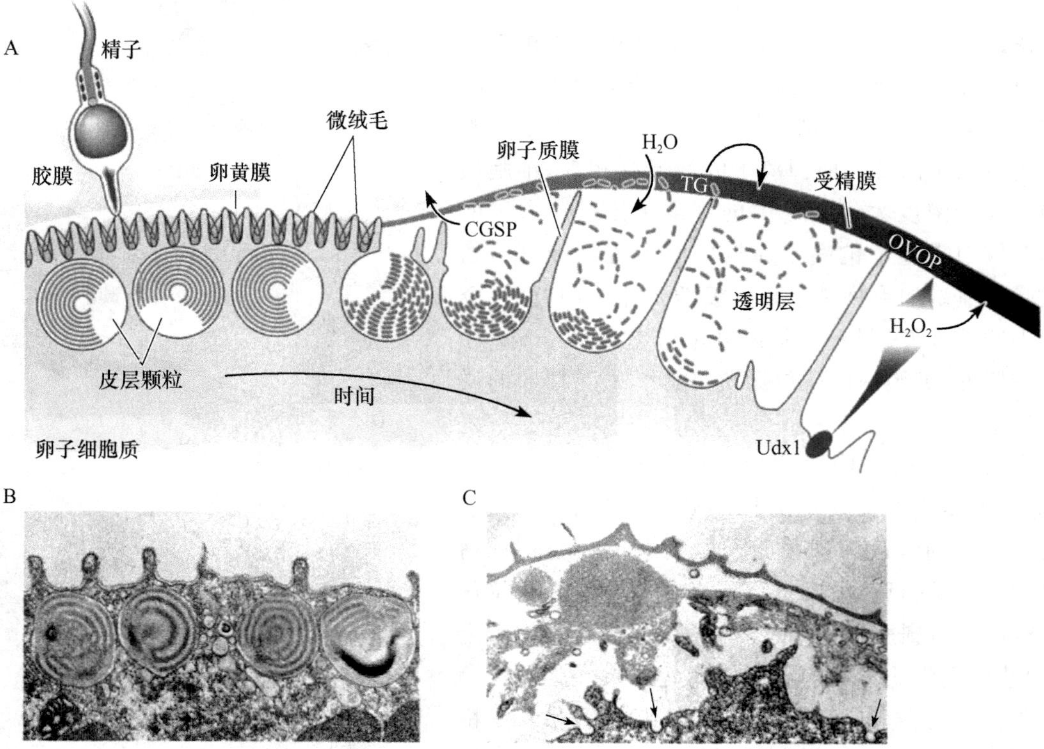

图 3.12 海胆卵子的皮层反应(自 Gilbert,2010)

A. 皮层颗粒破裂时释放出丝氨酸蛋白酶(CGSP),该酶分解连接卵黄膜和质膜的蛋白质。皮层颗粒释放的多糖在卵周隙中吸水膨胀,形成透明层,透明层将卵黄膜举起。过氧化物酶(OVOP)和转谷氨酰胺酶(TG)促使卵黄膜硬化,形成受精膜。B、C. 透射电子显微镜照片,分别显示未受精卵的皮层和发生了皮层反应的卵子皮层。C 图中的箭号表示破裂的皮层颗粒。

从皮层颗粒中释放出来进入卵周隙的物质主要是蛋白质和多糖。其中有一类蛋白水解酶是皮层颗粒丝氨酸蛋白酶(cortical granule serine protease),该酶分解卵黄膜和质膜之间起连接作用的蛋白质,卵黄膜和质膜因此不再紧紧相连。此外,该酶还破坏卵黄膜上结合蛋白的受体,使精子不可能与卵黄膜结合。皮层颗粒中释放出来的多糖在卵周隙中形成了渗透梯度,吸引水进入卵周隙。同时,多糖吸水后膨胀,形成透明层(hyaline layer)。透明层包被于受精卵的质膜表面,将来在胚胎发育过程中,也能阻止胚胎细胞分散开来。由于出现了厚厚的透明层,卵周隙扩大,卵黄膜从质膜表面隆起。此外,皮层颗粒中释放出来的过氧化物酶和转谷氨酰胺酶(transglutaminas)将卵黄膜上蛋白质的酪氨酸残基交联起来,使卵黄膜硬化。硬化了的卵黄膜改称为受精膜(fertilization envelope)。受精膜最先形成于第一个精子和卵黄膜接触的地方,也就是皮层反应最早出现的地方。在很短的时间内,整个卵子表面都形成了受精膜。由于受精膜的形成,那些没有进入卵子的精子都从受精膜上脱落,再也不能进入卵子中。这个过程大约在第一个精子和卵黄膜接触后 20s 开始,在受精后 1min 之内结束(图 3.13)。

由于皮层颗粒与卵子质膜融合,皮层颗粒的膜添加到卵子质膜中,因此受精卵的质膜面积急剧增加,卵子以伸长微绒毛的方式来保持卵子体积的恒定。如图 3.14 所示,未受精的海胆卵,其质膜上仅有很短的微绒毛。受精后 5min,这些微绒毛伸长许多。受精后 13min,卵子表面由于微绒毛的伸长而呈现绒毛状。

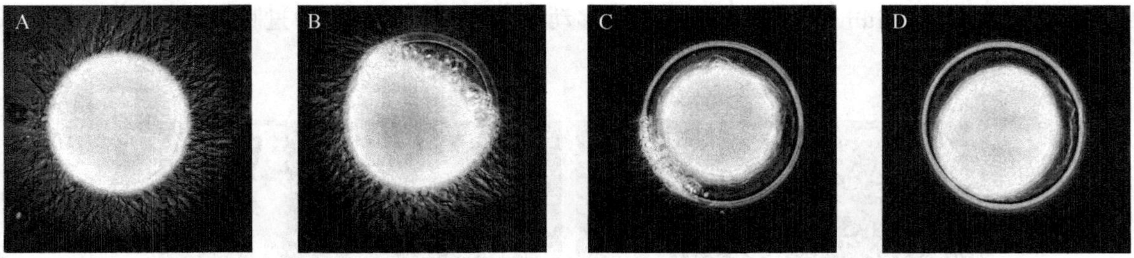

图 3.13　海胆卵子受精膜的形成和多余精子的脱落(自 Gilbert,2003)

A. 在含有卵子的海水中添加精子,10s 后,卵子表面布满精子;B. 人工授精后 25s,受精膜开始形成,受精膜上精子已经脱落,但尚未形成受精膜的卵黄膜上依然还有精子包围;C. 受精后 35s,大部分受精膜形成,仅有少量精子附着于卵子表面;D. 受精膜完全形成,所有多余的精子皆从卵子表面脱落。

哺乳动物和其他动物受精时卵子也发生皮层反应,皮层反应也起到阻止多精入卵的作用,但是没有形成受精膜。小鼠的卵子皮层中也含有大量皮层颗粒,皮层颗粒中含有水解酶类。当精、卵的质膜融合时,皮层颗粒中的水解酶也会释放到卵周隙中,并破坏透明带中精子的受体。小鼠的皮层颗粒中含有 *N*-乙酰葡糖胺糖苷酶(*N*-acetylglucosaminidase),该酶能够切去透明带中 ZP3 分子糖链上的乙酰葡糖胺。受精时,精子靠其质膜上的几种蛋白质与 ZP3 分子伸出的糖基结合,包括与乙酰葡糖胺结合(图 3.7)。一旦乙酰葡糖胺从 ZP3 分子上切掉,ZP3 分子再也不能与其他精子结合,也不诱发精子的顶体反应。此外,ZP2 分子也遭皮层颗粒中的另外一种酶的破坏。透明带在皮层反应后的变化称为透明带反应(zona reaction)。发生了透明带反应后,精子再也不能结合在透明带上(图 3.13)。

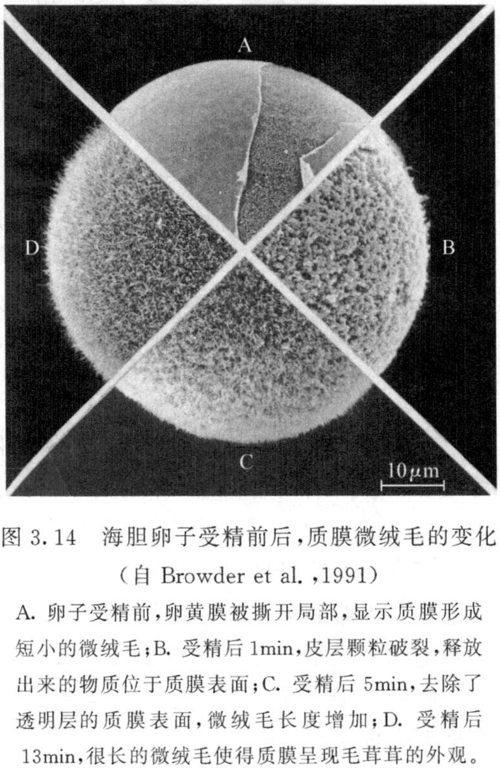

图 3.14　海胆卵子受精前后,质膜微绒毛的变化(自 Browder et al.,1991)

A. 卵子受精前,卵黄膜被撕开局部,显示质膜形成短小的微绒毛;B. 受精后 1min,皮层颗粒破裂,释放出来的物质位于质膜表面;C. 受精后 5min,去除了透明层的质膜表面,微绒毛长度增加;D. 受精后 13min,很长的微绒毛使得质膜呈现毛茸茸的外观。

(三) 皮层反应的调控

皮层反应由钙离子诱发。引起皮层反应的钙离子不是从细胞外流入细胞内,而是早就存在于卵子内部。未受精的海胆卵子中贮藏有大量的钙离子,这些钙离子位于内质网中,处于束缚状态。当精卵质膜融合时,钙离子从内质网中泄漏出来,成为自由钙离子。卵子内部自由钙离子浓度的急剧升高触发了卵子的皮层反应。

受精卵中自由钙离子增加由下述实验证实。水母发光蛋白(aequorin)从水母中提取,它具有对自由钙离子极为敏感的特性,当它遇到自由钙离子时就会发光。而当自由钙离子浓度下降时,它就不发光。若将水母发光蛋白注射入青鳉的未受精卵中(青鳉是一种硬骨鱼,其卵子大而透明,便于显微注射),再让其受精。在暗的环境中,鱼卵将产生亮光,该亮光便是由于受精后卵子中自由钙离子浓度升高,使水母发光蛋白发光所致。受精卵最先发光位点就在精子入卵处(卵膜的受精孔下方),亮光从此点开始向卵子的对侧扩展,其扩展过程如同水波(图 3.15)。亮光的移动模式揭示了受精卵中钙离子从束缚到释放再到束缚的过程。钙离子的释放过程使得受精卵中出现一个钙波(calcium wave),上述亮光的移动过程就是钙波的移动过程,即从精子穿入点开始,逐渐向对侧扩展。

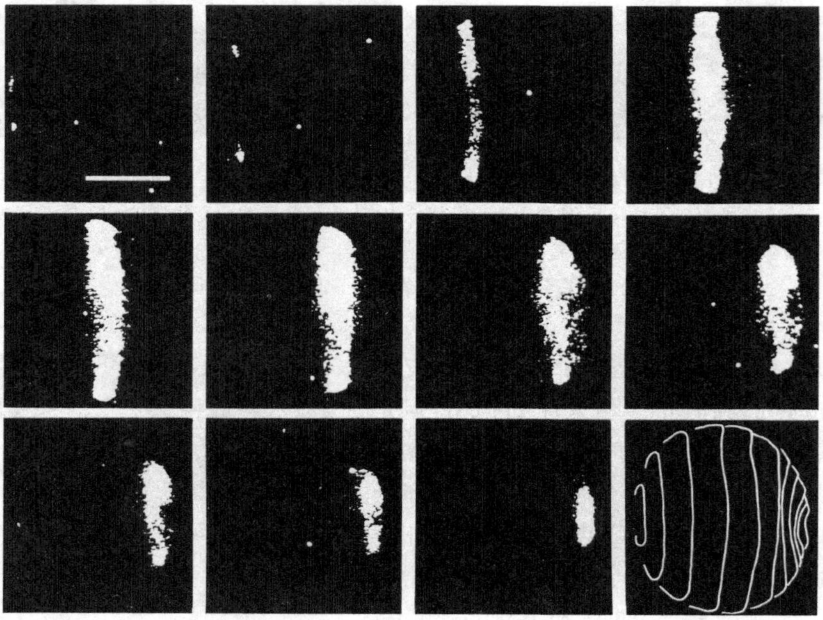

图 3.15 青鳉卵子受精时出现的钙波(自 Carlson,1988)

受精后,青鳉卵子中出现了自由钙离子,钙离子和注射进卵子的水母发光蛋白结合,产生了亮光。亮光以光带的形式从卵子的一侧移到对侧。最后一个图是光带移动的轨迹。

在海胆卵子受精时,也会出现钙波。向未受精的海胆卵子中注射一种染料,该染料如果遇到钙离子就会与钙离子结合,并且发出荧光。然后,让卵子受精,受精卵中就出现钙波,这时,就会看到受精卵表面出现了荧光带,并且向对侧移动,整个过程大约持续 30s。

有许多实验证实了自由钙离子诱发卵子的皮层反应。钙离子载体 A23187 能携带钙离子进入细胞。当海胆的未受精卵置于含有 A23187 的海水中,即使不向海水中添加精子,未受精卵也会发生如同受精卵那样的皮层反应。如果将钙离子注射入海胆未受精卵子中,该卵子也将产生皮层反应。EDTA 是钙离子的螯合剂,当 EDTA 注射入海胆未受精卵后再添加精子,受精卵就不会产生皮层反应。

(四)钙离子浓度升高的机理

受精是如何引起卵子中钙离子浓度的升高呢?虽然对于受精时卵子内部钙离子增多的确切机理尚不是很清楚,但是现在的普遍看法是卵子质膜中的一种组分被分解,由此在细胞内部产生了大量的钙离子。质膜中有一种称为磷脂酰肌醇二磷酸(phospholipid phosphatidylinositol 4,5-bisphosphate,PIP_2)的物质,精子和卵子质膜的结合激活了卵子质膜上的磷脂酶 C(phospholipase C,PLC)。PLC 引起 PIP_2 分解成两个部分:二酰甘油(diacylglycerol,DAG)和肌醇三磷酸(inositol 1,4,5-trisphosphate,IP_3)。DAG 仍留于质膜中,转而激活质膜上的一种称为钠氢交换泵(Na^+/H^+ exchange pump)的蛋白酶,引起钠离子进入卵中,同时氢离子外泄,使受精卵中 pH 上升。IP_3 产生后离开质膜进入卵子细胞质中,并结合于内质网上,引起内质网膜上的钙离子通道打开,原先贮藏于内质网中的钙离子从内质网释放出来,卵子中的钙离子浓度升高(图 3.16)。

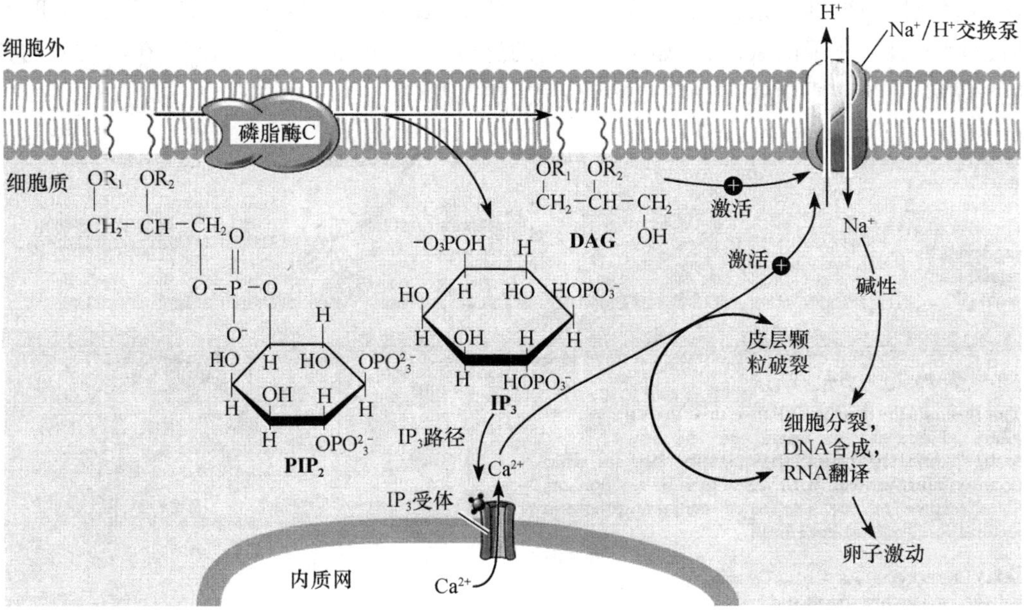

图 3.16 受精卵中钙离子产生的机理(自 Gilbert,2010)

精子和卵子质膜的结合激活了卵子质膜上的磷脂酶 C,该酶将卵子质膜中的磷脂酰肌醇二磷酸(PIP_2)分解成为二酰甘油(DAG)和肌醇三磷酸(IP_3)。DAG 激活质膜上的钠氢交换泵,引起受精卵中 pH 上升。IP_3 结合于内质网上的钙离子通道,促使钙离子从内质网释放出来,从而使卵子中的钙离子浓度升高。

海胆卵子受精后几秒钟,在精子穿入点附近就可以检测到 IP_3。如果阻止海胆卵子中 IP_3 的产生,钙离子就不能产生。而向未受精卵子中注射 IP_3,就能促使卵子产生大量的钙离子,并产生皮层反应。在位于卵子皮层的内质网上找到了 IP_3 的受体,该受体与钙离子通道相偶联。内质网中的钙离子一旦从通道中释放出来,就扩散开,与皮层内质网上钙离子的受体结合,引起钙离子更大量地释放。由于钙离子的释放只是暂时的,先释放出来的钙离子先返回内质网,后释放出来的后返回,结果使卵子内出现了钙波。钙波从精子穿入点开始,向对侧扩展,波及整个卵子。

海胆卵子中的 PLC 属于 γ 家族的 PLC。如果在海胆卵子中加入该家族 PLC 的抑制剂就能够抑制卵子中 IP_3 的产生和钙离子的释放。如果再向该卵子注入 IP_3,又有钙离子从内质网中释放出来。那么,究竟是什么原因使得 PLC 被激活?至今尚未找到确切的原因。实际上,PLC 的种类很多,因此,激活 PLC 的机理也很多,不同物种的 PLC 被激活的方法不尽相同。目前认为,PLC 的激活与 Src 家族的蛋白质激酶有关。一旦该激酶被激活,γ 家族的 PLC 也就激活,IP_3 和自由钙离子就产生。如果抑制 Src 家族的蛋白质激酶,IP_3 和自由钙离子就不会产生。

那么,受精又是如何激活 Src 家族的蛋白质激酶呢?至今没有定论。一种可能是 Src 家族的蛋白质激酶与卵子质膜上的精子受体相连,精子一旦结合到受体上就激活了该激酶,进而激活 γ 家族的 PLC,产生 IP_3,释放内质网中的钙离子(图 3.17A),这种激活 PLC 的途径发生于海胆精子和卵子的质膜融合之前。激活 γ 家族的 PLC 的途径也可能发生在精卵质膜融合之后。其中一种可能是在精卵质膜融合后,卵子中一种可溶性因子从卵子中释放出来,结合到精子质膜的受体上,这会引起与该受体偶联的 Src 家族的蛋白激酶的激活,后者进而激活 PLC(图 3.17B)。另一种可能是激活物质存在于精子中,当精卵质膜融合后,该物质激活了位于卵子中的 Src 家族的蛋白质激酶,后者再激活 PLC(图 3.17C)。存在于精子中的激活物质可能还包含精子所特有的 PLC,称为 PLCζ,它能够直接结合在内质网的受体上,引起钙离子的释放。最后一种途径在哺乳动物的受精中得到证明。现在，人工授精中使用的一种方法是将单个精子注射到卵子中，精子注射进卵子引起卵子的激活，开始了一系列的反应，导致正常发育的开始。在注射入的精子头部细胞核周围的细胞质中就存在着上述激活物质和 PLCζ。

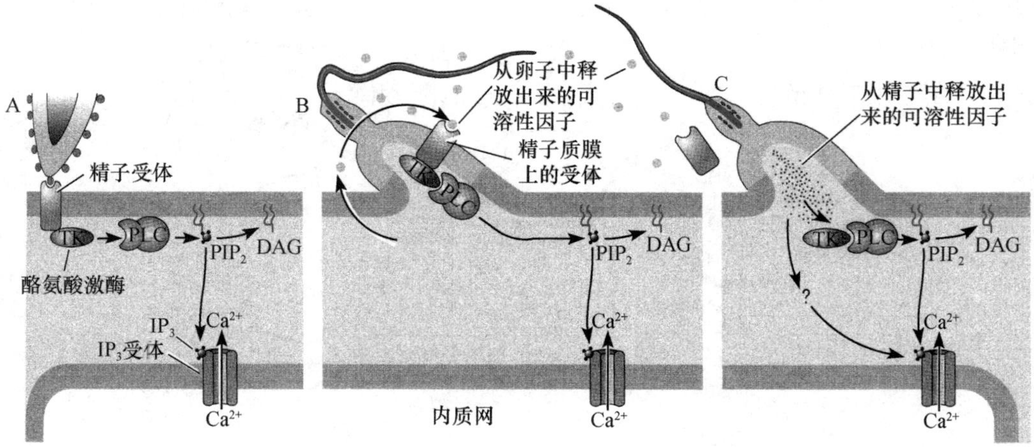

图 3.17 激活磷脂酶 C 的三种可能途径(自 Gilbert,2003)

A. 精子结合于卵子质膜上的受体，激活了与受体相连的 Src 家族的蛋白质激酶(TK)，TK 再激活 PLC，产生 IP_3，释放内质网中的钙离子；B. 精卵质膜融合后，卵子中一种可溶性因子从卵子中释放出来，结合到精子质膜的受体上，这会引起与该受体偶联的 TK 被激活，TK 进而激活 PLC；C. 精卵质膜融合后，存在于精子中的激活物质激活了位于卵子中的 TK，TK 再激活 PLC。

二、晚期反应

晚期反应在精卵结合后 1min 时开始。晚期反应中的 NAD^+ 激酶的激活也是由钙离子浓度升高引起的，激活了的 NAD^+ 激酶将 NAD^+ 转变成为 $NADP^+$。这种转变对于脂类代谢非常重要，因为 $NADP^+$ 可以作为一种合成脂类的辅酶。这样，NAD^+ 转变成 $NADP^+$ 就有助于质膜的形成，满足受精卵随后开始的一系列分裂对新质膜的需求。钙离子的增加也使得卵子中氧耗增加，受精卵中氧耗急剧升高。而与氧耗增加有关的酶依赖于 NADPH。NADPH 帮助受精卵产生谷胱甘肽，后者能够清除受精卵中存在的自由基，以免其对受精卵和胚胎细胞的 DNA 产生损害。

晚期反应中最重要的事件是 DNA 合成和蛋白质合成。DNA 合成和蛋白质合成的激活既依赖于钙离子的增加，也依赖于 pH 的升高。受精卵中 pH 的升高与钠离子流入和氢离子外泄有关，这两种离子的流动通过钠氢交换泵进行。由于氢离子外泄，受精卵中 pH 就升高，pH 的升高和钙离子的增加共同激活了蛋白质合成和 DNA 的合成。pH 对蛋白质和 DNA 合成的作用由如下所述的实验加以证实。将海胆未受精卵置于含氨的海水中，氨将进入卵子中，并与氢离子结合形成铵根离子，这样，卵子内部 pH 将升高，未受精卵将像受精卵那样开始蛋白质和 DNA 的合成。如果将海胆的未受精卵置于无钠的海水中并受精，由于钠氢交换不能进行，受精卵中的 pH 不能升高，胚胎就不能发育。如果用钠氢交换的抑制剂氨氯吡嗪脒(amiloride)处理海胆的未受精卵，然后再受精，受精卵中的 pH 也不能升高，这样的受精卵也不能发育。相反，如果海胆的卵子先进行受精，待 pH 升高以后再做上述处理，则卵子内部 pH 不受影响，发育能正常进行。这些实验表明，pH 的升高是海胆激活程序中的一个重要调节步骤。DNA 合成也受钙离子的调节。钙离子能够使 MAP 激酶失活，将其从磷酸化状态（激活状态）转变成为非磷酸化状态（失活状态）。没有活性的 MAP 激酶能够解除细胞对 DNA 合成的抑制，促进 DNA 的合成。

海胆卵子受精后的几分钟内，蛋白质合成就出现了一个高峰。这种蛋白质合成不是依赖于受精卵中新合成的 mRNA，而是利用贮藏在卵子中的 mRNA。这些 mRNA 编码的是那些在发育早期急需的蛋白质，如组蛋白、微管蛋白、肌动蛋白及各种形态发生因子等。这些 mRNA 原先处于被“遮蔽”状态，因此不能翻译成为蛋白质。起遮蔽作用的抑制物（蛋白质）结合在翻译起始因子 eIF4E 上，从而抑制翻译的进行。受精后，一种蛋白质激酶被激活，它将卵子中的某些蛋白质磷酸化，从而解除 mRNA 的被遮蔽状态，使蛋白质的合成能够顺利进行（详见第八章）。

第四节　雌雄原核的结合

精卵质膜的融合实际上仅是受精的开始，只有当精卵的细胞核结合在一起，受精才真正完成。当精子的质膜和卵子的质膜融合之后，精子的细胞核和中心粒进入卵子细胞质中。精子的细胞核将和卵子的细胞核结合，中心粒在受精卵分裂时将组装起一个纺锤体，而鞭毛连同其中的线粒体则不为受精卵所利用，将在卵子中分解。

精子的细胞核进入卵子后要经历一个重大的变化过程，这个变化过程与精子形成时精子细胞的细胞核变化恰好相反，这个变化分三步完成。①核膜破裂；②染色质去浓缩；③核膜重新形成，经过这个变化之后的精子细胞核称为雄原核（male pronucleus）。卵子在完成第二次成熟分裂之后的细胞核改称为雌原核（female pronucleus）。在卵子中，雌雄原核要相互靠拢，并结合在一起。不同的动物，受精卵中雌雄原核结合的情况是有差异的。像海胆这样的动物，雌雄原核将融合在一起，形成一个细胞核，称为合子核（zygote nucleus）。然而，像蛔虫、软体动物中的蛤类、贝类和哺乳动物这样的物种，雌雄原核却没有形成合子核。下面将分别讨论海胆和哺乳动物受精卵中雌雄原核的结合。

一、海胆受精卵中雌雄原核的融合

海胆卵子的受精在卵母细胞完成了两次成熟分裂之后进行。因此，海胆的未受精卵是真正意义上的卵子，而不是次级卵母细胞，它的细胞核可以称为雌原核。当海胆精子进入卵子中时，其细胞核经历了上述一系列变化成为雄原核。首先，核膜泡状化，成为一个个细小的囊泡，并逐渐消散于卵子细胞质中。这样，精子细胞核中的染色质就暴露于卵子的细胞质中。然后，原先将精子 DNA 紧紧结合在一起的组蛋白被卵子中的组蛋白所取代。组蛋白的置换使得精子的染色质去浓缩，变成松散状态。精子染色质中的组蛋白之所以会被取代是因为其被卵子中的蛋白质激酶磷酸化。组蛋白被磷酸化之后，它与 DNA 之间的联系被破坏，两者的结合变为一种很松散的结合。这样，卵子中的组蛋白才有可能取代精子染色质中的组蛋白。最后，在松散的染色质周围重新聚集了许多小囊泡，这些小囊泡相互融合，形成了新的核膜，至此，雄原核完全形成（图 3.18）。

海胆精子进入卵子之后，细胞核就旋转 180°，这样，中心粒就位于雌雄两细胞核之间。当雄原核形成后，就向雌原核靠拢。雌雄原核的相互靠拢似与精子星体（aster）有关。精子星体由精子的中心粒形成。精子的中心粒起着微管组织中心（microtubule organizing center）的作用，在中心粒周围聚集了大量的微管，这些微管以中心粒为中心呈放射状分布，称为星体。星体中的微管逐渐伸长。星体似推动着雄原核向卵子的中心移动。最终，星体的微管伸及雌原核，拖着雌原

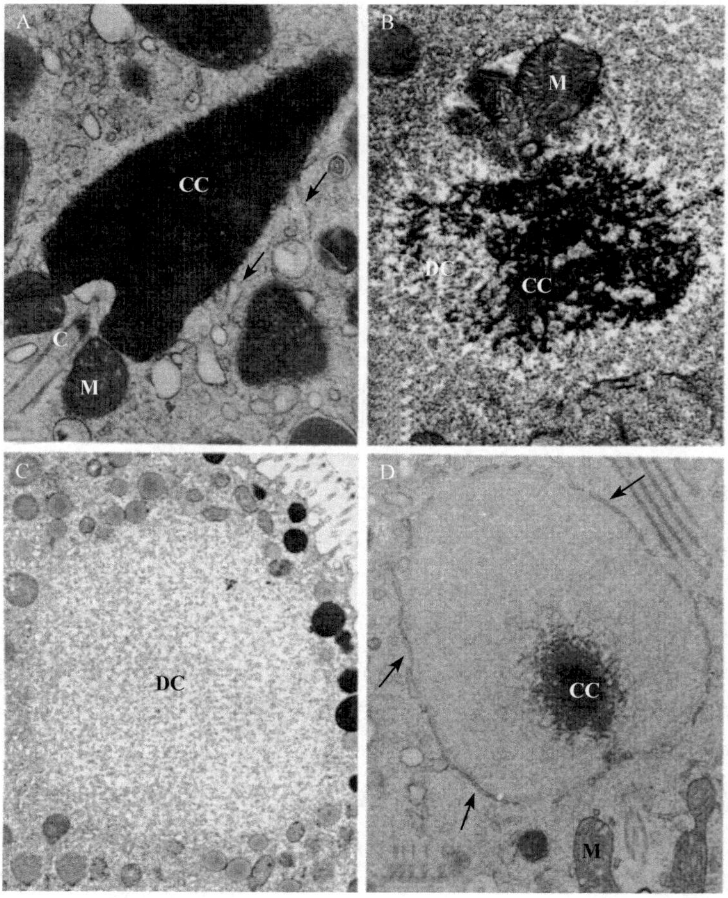

图 3.18 海胆受精卵中雄原核的形成(自 Longo,1987)

A. 受精卵中的精子,核膜已经消失,核(CC)旁边的囊泡(箭号)是泡状化了的核膜残余,C 表示中心粒,M 表示线粒体;B. 精子致密的染色质开始松散,CC 表示尚未完全松散的染色质,DC 表示较松散的染色质,M 表示精子的线粒体;C. 完全松散了的精子染色质(DC);D. 雄原核基本形成,箭号示新形成的核膜,CC 表示开始浓缩的染色质。

核向雄原核靠拢。在星体的帮助下,雌雄原核相互靠拢,在卵子的中心融合成合子核。在合子核中,雌雄原核携带的染色质被一个共同的核膜所包被。图 3.19 显示雌雄原核的融合过程。

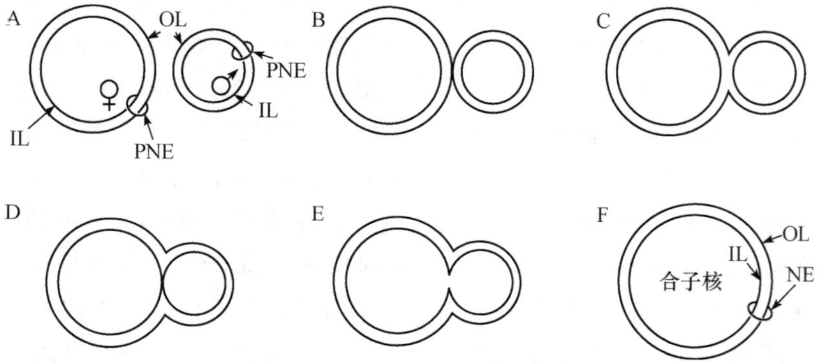

图 3.19 海胆雌雄原核的融合(自 Longo,1987)

雄原核(♂)和雌原核(♀)先是外层核膜(OL)融合,然后是内层核膜(IL)融合。PNE 表示原核的核膜,NE 表示合子核的核膜。

二、哺乳类受精卵中雌雄原核的结合

哺乳动物精子在卵子中也经历了雄原核的形成过程(图 3.20)。精子染色质中的 DNA 原先与鱼精蛋白结合,并通过二硫键紧紧地缠绕在一起,成为致密的状态。卵子细胞质中的谷胱甘肽能够去除二硫键,使得致密的染色质中的鱼精蛋白被卵子细胞质中的组蛋白所取代。

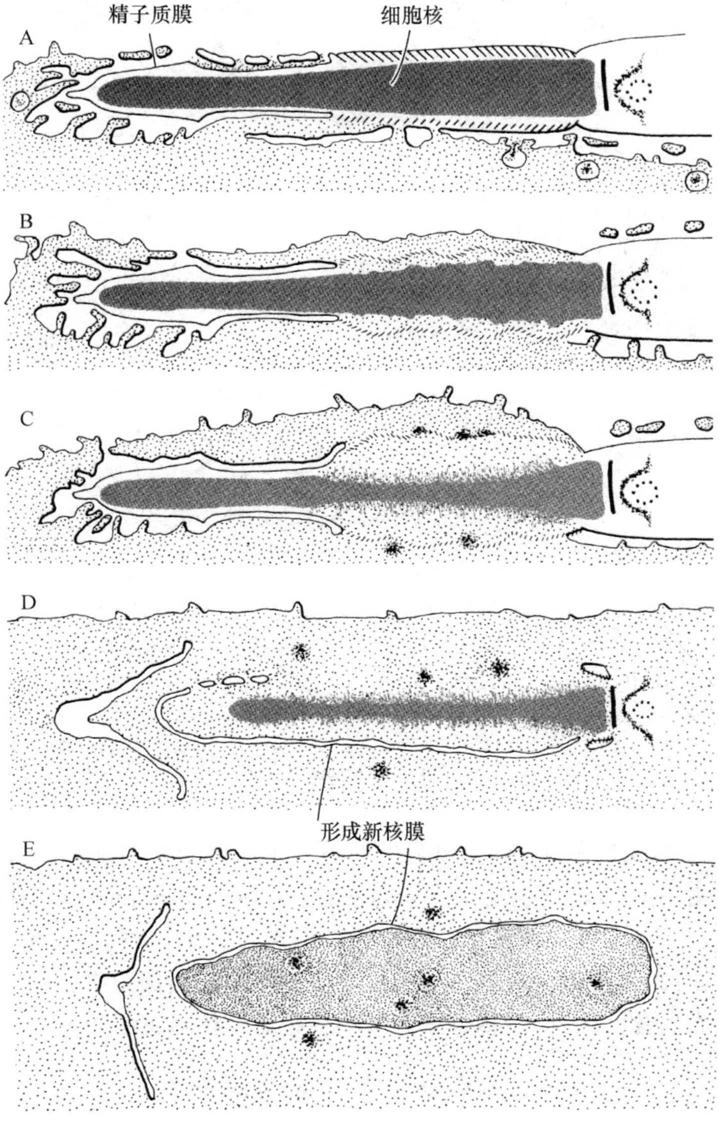

图 3.20　仓鼠精子入卵和雄原核的形成(自 Carlson,1988)

A. 精子头部的质膜和卵子的质膜开始融合;B. 融合的区域扩大,精子的染色质开始松散;C. 精子染色质更加松散;D. 精子松散的染色质周围出现一些囊泡,这些囊泡开始融合成为核膜;E. 雄原核形成。

哺乳动物的卵子受精时正处于第二次成熟分裂的中期,染色体位于纺锤体的赤道板上。受精促使第二次成熟分裂的完成,放出第二极体,同时形成了雌原核。雌雄原核相互靠拢后没有融合(图 3.9 和图 3.21)。在受精卵的第一次卵裂之前,雌雄原核仅仅是并列在一起,并没有一个共同的核膜将两者的染色质包被在一起。在受精卵开始第一次卵裂时,雌雄原核的核膜皆破裂,两者的染色体一起排在赤道板上。第一次卵裂结束,形成两个细胞,每一个细胞中才有一个共同的核膜将来自父母本的染色体包被起来。

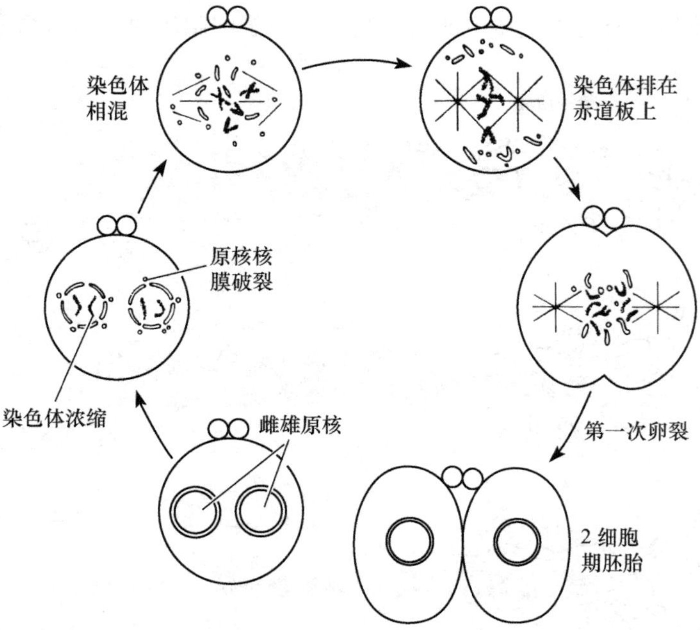

图 3.21　哺乳动物的雌雄原核(自 Longo,1987)

哺乳动物受精卵中的雌雄原核相互靠拢后,各自的核膜破裂,双方的染色体混杂,然后一起排列在赤道板上,进入分裂的后期和末期,最后形成 2 细胞期的胚胎。

第五节　受精卵细胞质的重新分布

受精触发卵子细胞质的移位,卵子细胞质的重新定位对于胚胎细胞的分化是至关重要的。卵子的细胞质中含有许多形态发生决定子(morphogenetic determinant),不同的形态发生决定子在受精后重新定位于卵子的不同区域。在随后的卵裂过程中,这些形态发生决定子分别进入不同的胚胎细胞中,并最终导致含有某种形态发生决定子的胚胎细胞中特定基因的表达或抑制,使得该细胞出现某种特化。因此,受精卵中细胞质的正确定位对正常的发育是举足轻重的。

一、被囊动物黄色新月的产生

在某些动物中,形态发生决定子的重新分布是肉眼可见的。被囊动物 *Styela partita* 未受精的卵子中央是含卵黄多的灰色细胞质,其外方包被着一层皮层。皮层中含有黄色脂类内含物,因此皮层细胞质呈黄色。在卵子成熟分裂时,位于动物极的细胞核破裂,释放出透明的物质,这些透明物质积累于动物极。受精后 5min 之内,黄色皮层细胞质和动物极的透明物质一起往植物极方向移动,而雄原核却从植物半球向动物半球移动。在雄原核移动时,黄色细胞质和透明物质也随之移动。这样,在卵子皮层中就形成了一块黄色的新月状的区域,这个区域称为黄色新月(yellow crescent),黄色细胞质就分布于黄色新月区域(图 3.22)。将来幼虫的肌肉细胞将从黄色新月形成。

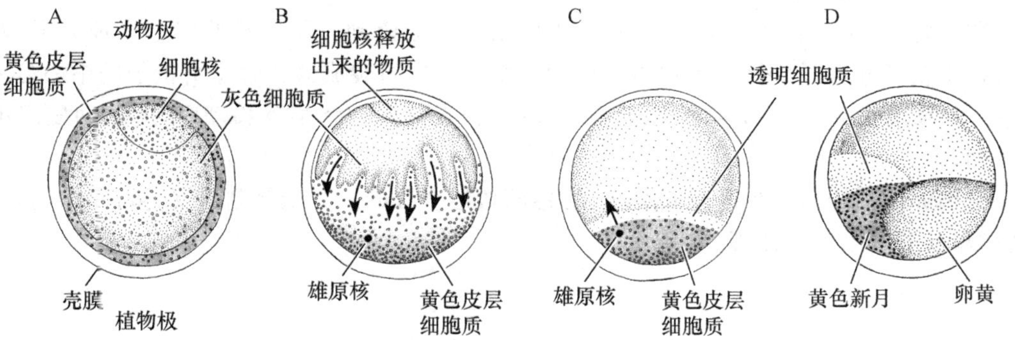

图 3.22 被囊动物受精卵黄色新月的形成(自 Gilbert,1991)

A. 未受精卵,黄色的皮层细胞质包围着多卵黄的灰色细胞质;B. 精子入卵后,细胞核中释放出来的透明细胞质和黄色皮层细胞质一起向植物极方向移动;C. 雄原核带动黄色皮层细胞质和透明细胞质向动物半球移动;D. 受精卵细胞质最终定位,黄色新月形成。

二、两栖类灰色新月的产生

两栖类卵子受精后细胞质也重新定位。蛙的精子入卵后,卵子细胞质的分布模式发生了变化。未受精卵的细胞质是以动植物轴为对称轴的辐射对称分布。精子入卵后,与精子穿入点(在动物半球)相对的动物半球皮层细胞质向精子穿入点方向移动了大约 30°(图 3.23)。由于蛙卵动物半球的皮层往往含有大量的色素颗粒,因此是有颜色的。当皮层细胞质移动后,精子穿入点对侧的皮层被植物半球无色素的皮层所取代。这一处在动物半球,靠近赤道,与精子穿入点相对。现在,此处的皮层虽没有色素,但是其下方的深层细胞质却含有少量的色素,这些色素的颜色透过皮层显现出来,使得这一处皮层呈现灰色,这一灰色的区域也呈新月状,因此称为灰色新月(gray crescent)。灰色新月在发育中具有重大意义,第一次卵裂一定平分灰色新月,原肠形成时胚孔背唇也在灰色新月区域出现。

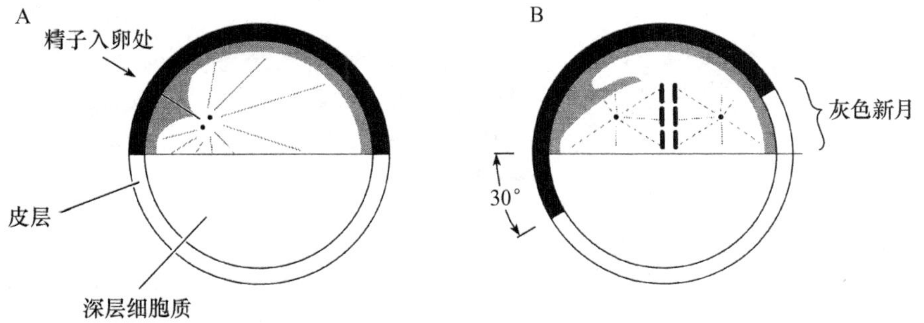

图 3.23 两栖类受精卵灰色新月的形成(自 Gilbert,1991)

A. 受精卵是以动植物轴为对称轴的辐射对称型细胞。动物半球的皮层含有大量的色素,其下方的细胞质中色素含量较少,精子穿入点位于动物半球;B. 动物半球皮层向精子穿入点方向移动了大约 30°,动物半球皮层中与精子穿入点相对的区域被植物半球的皮层取代,该处的皮层下色素透过皮层,呈现出灰色,该区域即灰色新月。

两栖类受精卵皮层细胞质的流动与微管有关。在皮层细胞质和深层细胞质之间,有一层平行排列的微管，其走向与将来皮层细胞质流动的方向一致。这一层微管在皮层细胞质流动之前出现，在皮层细胞质流动之后消失。如果在皮层细胞质流动之前用秋水仙素处理卵子，或用紫外线照射卵子，这一层微管就不会出现，皮层细胞质也不会流动。用微管的抗体处理卵子，发现这些微管是由精子和卵子的微管蛋白组装成的。微管蛋白组装成为微管是由精子的中心粒来完成的。这一层微管分布在植物半球，靠近植物极区域，当它向动物半球移动时，就驱动皮层细胞质一起运动。

当受精卵的细胞质发生了重新分布，雌雄原核结合，DNA 开始复制，新的蛋白质开始合成之后，受精卵就开始第一次卵裂。

第四章 卵 裂

受精是发育的开始，受精卵中的细胞质重新定位之后就开始进行分裂，形成多细胞的有机体。最早的发育阶段称为卵裂(cleavage)，卵裂是受精后进行的一系列特殊的有丝分裂。在卵裂过程中，受精卵的细胞质被分配到许多细小的细胞中去，这些细胞称为卵裂球(blastomere)。

在大多数动物中，卵裂的速度和卵裂球之间的相对位置受卵子中贮藏的卵黄、蛋白质和mRNA的控制。合子基因在早期卵裂阶段并没有发挥作用，在卵裂的后期才有少量的合子基因转录。因此，在卵裂阶段应用抑制基因转录的物质处理胚胎，卵裂照样进行。卵裂不同于细胞增殖，在卵裂过程中胚胎体积没有增加。在细胞增殖过程中，两次有丝分裂之间有一个细胞生长的阶段。因此，在增殖时，细胞群体的体积不断增大，细胞质与细胞核的比率保持恒定。在卵裂过程中细胞质并无增加，受精卵的细胞质被分配到越来越小的卵裂球中，这是因为在卵裂过程中细胞并无生长的时期，相邻的两次分裂之间的间隔时间很短。例如，蛙受精卵在43h之内卵裂球的数量就达到37 000个；在果蝇的卵裂阶段，每隔10min左右就分裂一次，12h之内就可以形成50 000个卵裂球。

卵裂阶段细胞快速分裂的结果是细胞质与细胞核的比率越来越小，而质核比的减少与合子基因激活的时间相关联。例如，在非洲爪蟾的卵裂过程中，第12次卵裂之后合子基因开始表达。

第一节 卵裂的模式

卵裂是一个极为协调的细胞活动，完全受到遗传的控制。不同的物种，卵裂模式不同。卵子中卵黄数量的多寡和卵黄的分布，以及影响有丝分裂纺锤体形成和角度的因子都对卵裂模式起重要作用。

卵黄的数量和分布决定了卵裂在何处进行，也决定了卵裂球的大小。卵黄对卵裂起阻碍作用，如果卵子的一极含有的卵黄较少，或几乎没有卵黄，则此处卵裂速度比含有卵黄的另一极快得多。含卵黄少的一极为动物极，相反的一极为植物极，受精卵的核往往偏向动物极。表4.1显示卵裂的类型及卵黄对卵裂的影响。在含卵黄较少的卵子(如均黄卵和中黄卵)中，卵裂是完全的，称为完全卵裂(holoblastic cleavage)。而在含卵黄较多的卵子中，卵裂是不完全的，卵裂沟没有伸及卵黄，这样的卵裂称为不完全卵裂(meroblastic cleavage)。不完全卵裂可以是盘状卵裂(discoidal cleavage)，如鱼类和鸟类的卵裂；也可以是表面卵裂(superficial cleavage)，如昆虫的卵裂。含卵黄较多的卵子是进行盘状卵裂还是进行表面卵裂，完全视卵黄所处的位置而定。鱼类和鸟类的卵子都是端黄卵，卵黄占据了卵子的绝大部分空间，细胞质位于动物极的胚盘。卵裂只在胚盘中进行，所以是盘状卵裂。而昆虫的卵子是中央黄卵，卵黄位于卵子中央，细胞质位于卵子表层，卵裂只在表层细胞质中进行，所以是表面卵裂。

然而，卵黄仅是影响卵裂模式的一个因素。卵子细胞质中那些影响有丝分裂纺锤体的形成和角度的因子同样对卵裂的模式起决定性作用。例如，同样是均黄卵的动物，尽管其卵裂皆为完全卵裂，但是却表现出各不相同的4种类型：辐射对称型、螺旋型、两侧对称型和转动型。

表 4.1 卵裂类型

卵裂类型		卵子类型	代表动物
完全卵裂	辐射对称型	均黄卵	棘皮动物、文昌鱼
	螺旋型		软体动物、环节动物、扁形动物
	两侧对称型		海鞘
	转动型		线虫、哺乳动物
	辐射对称型	中黄卵	两栖类
不完全卵裂	盘状卵裂	端黄卵	鱼类、爬行类、鸟类
	表面卵裂	中央黄卵	昆虫

一、辐射对称型卵裂

辐射对称型卵裂是最简单的卵裂形式，它的裂面与卵子的动植物轴平行或垂直。辐射对称型卵裂是棘皮动物、头索动物中的文昌鱼和蛙类所特有的卵裂类型，这些物种都产生均黄卵或中黄卵。

（一）海胆的卵裂

海胆受精卵第一次卵裂的纺锤体与卵子的动植物轴垂直，因此，第 1 次卵裂的裂面通过动植物极形成大小相等的两个卵裂球，这样的分裂称为经裂(meridional cleavage)。第 2 次卵裂依然是经裂，裂面也通过动植物极，但与第 1 次卵裂的裂面垂直，第 2 次卵裂后形成 4 个大小相等的卵裂球。第 3 次卵裂的裂面与卵子赤道面平行，因此与第 1、第 2 次卵裂的裂面垂直，这样的分裂称为纬裂(equatorial cleavage)。第 3 次卵裂后形成了 8 个细胞。8 个细胞分 2 层：动物半球 4 个，植物半球 4 个，这 8 个细胞的体积大致相等。第 4 次卵裂时，动物半球的那一层 4 个细胞进行经裂，形成 8 个卵裂球，8 个卵裂球大小相同，称为中裂球(mesomere)。植物半球的那一层 4 个细胞进行纬裂，产生 4 个大的细胞和 4 个小的细胞，大的细胞称为大裂球(macromere)，小的细胞称为小裂球(micromere)。第 5 次卵裂时，动物半球的 8 个中裂球纬裂，形成 2 层细胞——an1 和 an2，an1 位于 an2 的上方。植物半球的 2 层中，大裂球进行经裂，形成 8 个细胞，位于 an2 之下。小裂球也分裂，形成一团细胞(8 个)，位于大裂球的下方。第 6 次卵裂全为纬裂，形成 64 个细胞。an1 和 an2 各有 2 层；大裂球也分成 2 层：veg1 和 veg2；小裂球依然是一团细胞(16 个)，位于 veg2 的下方(图 4.1)。

第 7 次卵裂全为经裂，形成 128 个细胞。此时，胚胎形如一个空心的球囊状结构，其中央有一个空腔，128 个细胞单层排列在球囊的表面，这样的胚胎称为囊胚(blastula)，囊胚中央的空腔称为囊胚腔(blastocoel)。胚胎细胞之间通过紧密连接紧紧相连，因此，这一层细胞犹如上皮组织的细胞那样排列紧密，封密了囊胚腔，使之不与外界相通。随着胚胎细胞的继续分裂，细胞更为细小，仍排成一层。囊胚细胞在外表面形成了纤毛，每个细胞长一根纤毛(图 4.2)。由于囊胚长有纤毛，因此囊胚在受精膜内可以转动。以后，动物半球的细胞合成并分泌孵化酶(hatching enzyme)。孵化酶分解受精膜，胚胎得以从受精膜中孵出，成为自由游动的囊胚。

（二）两栖类的卵裂

绝大多数蛙类和蝾螈的卵裂是辐射对称型卵裂。但是，两栖类的卵子中含有的卵黄比棘皮

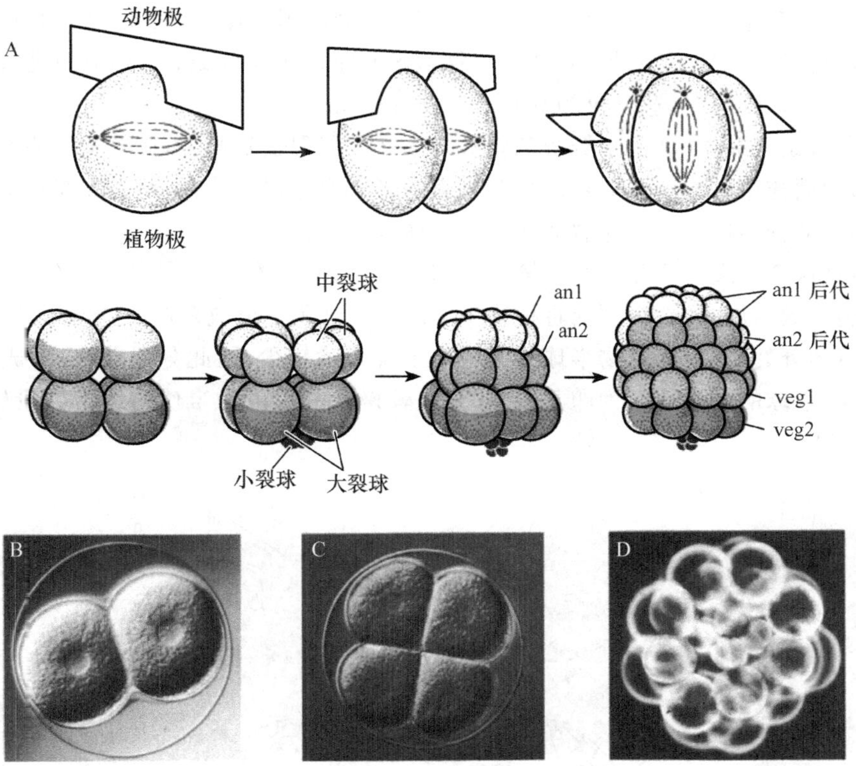

图 4.1 海胆卵裂示意图(自 Gilbert,1991)

A. 开头的6次卵裂,形成了64个细胞;B. 2细胞期胚胎照片,胚胎位于受精膜中;C. 4细胞期胚胎照片,胚胎位于受精膜中;D. 32细胞期胚胎照片。

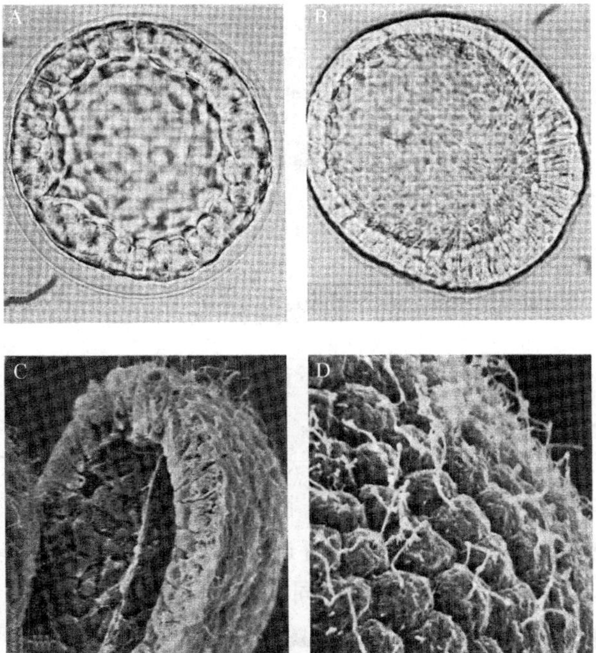

图 4.2 海胆的囊胚(自 Berrill and Karp,1976)

A. 早期囊胚照片,显示胚胎位于受精膜中,胚胎细胞单层排列,表面有透明层;B. 晚期囊胚照片;C. 扫描电子显微镜照片,囊胚被切开,显示囊胚腔;D. 扫描电子显微镜照片,显示胚胎细胞表面长出的纤毛。

动物的多,这些卵黄主要分布于植物半球,而卵黄对卵裂起阻碍作用,因此,从动物极开始的卵裂缓慢地伸及植物极。例如,美西螈卵裂时,动物半球的卵裂速度为 1mm/min;而进入植物半球后速度减缓,快接近植物极时,速度仅为 0.02～0.03mm/min。

第 1 次卵裂是经裂,卵裂面平分灰色新月。第 2 次卵裂也是经裂,在第 1 次卵裂尚未完成之时就已开始,裂面与第 1 次卵裂的裂面相互垂直。第 3 次卵裂是纬裂,卵裂面在赤道上方,因此,第 3 次卵裂后,动物半球的 4 个卵裂球比植物半球的 4 个卵裂球略小。第 4 次卵裂是经裂,有 2 个卵裂面,而且这 2 个裂面相互垂直。第 5 次卵裂是纬裂,也有 2 个卵裂面,一个裂面将动物半球的 8 个细胞分成两层,另一个裂面将植物半球的 8 个细胞也分成两层,这样,形成 4 层共 32 个细胞。在以后的分裂过程中,动物半球的细胞由于含卵黄较少,因此分裂较快,形成了较多的细小卵裂球;植物半球的卵裂球因为卵黄较多、分裂较慢,因此,植物半球的细胞数量较少,细胞体积较大(图 4.3)。

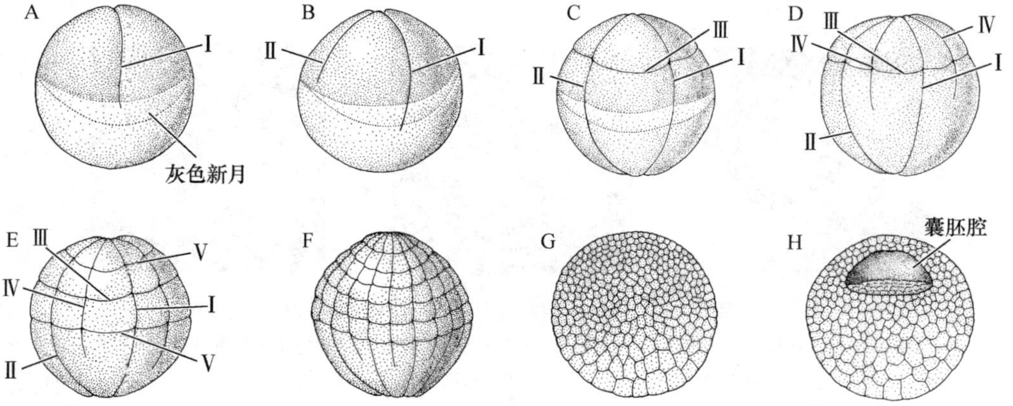

图 4.3　两栖类的卵裂(自 Gilbert,1991)

A. 第 1 次卵裂;B. 第 2 次卵裂;C. 第 3 次卵裂;D. 第 4 次卵裂;E. 第 5 次卵裂;F. 128 细胞期胚胎(早期囊胚);G. 囊胚表面观;H. 囊胚纵切面,示囊胚腔。Ⅰ～Ⅴ代表第 1 次到第 5 次卵裂的卵沟。

16 细胞期至 64 细胞期的两栖类胚胎称为桑椹胚(morulae),128 细胞期的胚胎称为囊胚,在其中央出现了一个空腔,称为囊胚腔。在囊胚阶段,细胞继续分裂,细胞数量增至 1000～15 000 个。之后,胚胎进入下一个发育阶段。

二、螺旋型卵裂

螺旋型卵裂是扁形动物中的涡虫纲动物、环节动物和软体动物(头足纲除外)所特有的卵裂。螺旋型卵裂与辐射对称型卵裂相比有许多不同。第一,卵裂面并非与卵子的动植物轴平行或垂直,而是呈一定的倾斜角,卵裂球的排列呈螺旋状;第二,卵裂球之间的接触面很大,如同肥皂泡之间的接触,卵裂球这样的排列具有很大的稳定性;第三,在原肠形成之前,卵裂次数较少,因此,卵裂球数量也较少,这便于追踪各卵裂球的发育途径,对扁形动物、环节动物和软体动物同期胚胎的卵裂球发育命运进行比较时发现,具有相同发育命运的细胞往往位于胚胎的相同位置;第四,螺旋型卵裂形成的囊胚是没囊胚腔的,这类囊胚又称为实囊胚(stereoblastula)。

软体动物的螺旋型卵裂如图 4.4 所示。开头的两次卵裂产生出 4 个细胞:A、B、C 和 D,其中,D 往往是最大的细胞。第 3 次卵裂后,每个细胞都形成一个大裂球和一个小裂球,4 个小裂球皆位于动物极,每个小裂球不是直接位于大裂球之上,而是稍稍移位至大裂球的右上方或左上方，这样，两层胚胎细胞之间相互对应的 2 个细胞（如大裂球 1A 和小裂球 1a）是错位排列的，4 个小裂球皆旋转了相同的角度。如果从胚胎的动物极往下看胚胎，每一次分裂的纺锤体排列不是全为顺时针方向，就是全为逆时针方向。而且，相邻的两次分裂，纺锤体的排列呈顺时针方向和逆时针方向交替进行的模式。

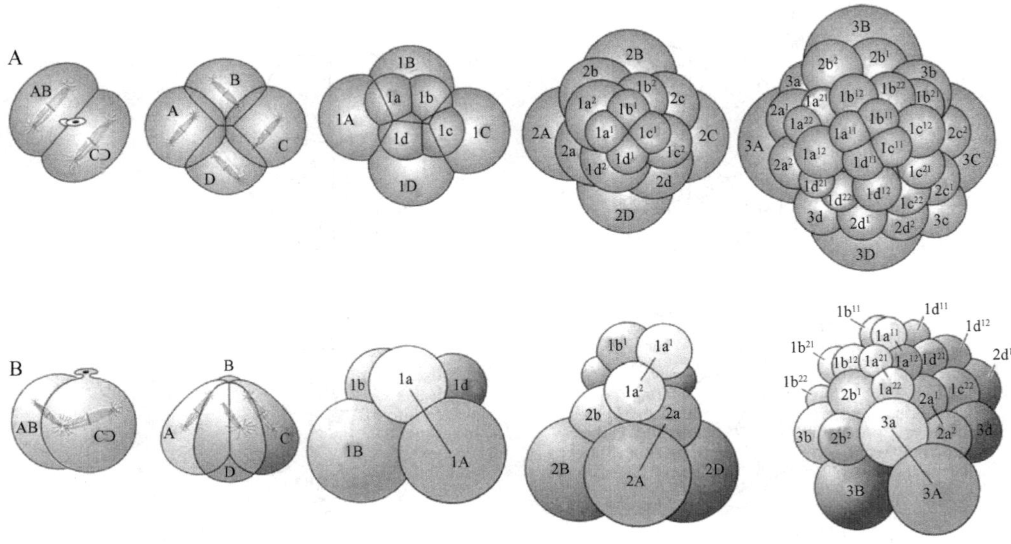

图 4.4 软体动物的卵裂（自 Gilbert，1997）

A. 从动物极观察开头的 5 次卵裂；B. 从侧面观察开头的 5 次卵裂，各图和 A 的各图一一对应。

第 3 次卵裂时，卵裂球 A 分裂成大裂球 1A 和小裂球 1a。卵裂球 B、C 和 D 也一样分裂，形成大裂球 1B、1C、1D 和小裂球 1b、1c、1d。在绝大多数软体动物中，小裂球皆位于大裂球的右上方，这样的螺旋型卵裂称为右旋（dextal spiral）。第 4 次卵裂时，1A 分裂成大裂球 2A 和小裂球 2a；小裂球 1a 分裂成两个小裂球 $1a^1$ 和 $1a^2$。其他的大裂球和小裂球也一样分裂，形成了大裂球 2B、2C 和 2D，以及小裂球 2b、2c 和 2d；$1b^1$ 和 $1b^2$；$1c^1$ 和 $1c^2$；$1d^1$ 和 $1d^2$。第 5 次卵裂时，大裂球 2A 形成大裂球 3A 和小裂球 3a，小裂球 2a 分裂成 $2a^1$ 和 $2a^2$；$1a^1$ 分裂成 $1a^{11}$ 和 $1a^{12}$；$1a^2$ 分裂成 $1a^{21}$ 和 $1a^{22}$，其他的卵裂球也一样以此方式进行分裂。

三、两侧对称型卵裂

两侧对称型卵裂主要是被囊动物的卵裂类型。如图 4.5 所示，两侧对称型卵裂的一个重要特点是第一次卵裂面就是胚胎的唯一对称面，该裂面把受精卵分为左右两半。在随后的卵裂过程中，左侧的一半形成的半个胚胎恰好是右侧的一半形成的半个胚胎的镜像（mirror image）。

第 1 次卵裂是经裂，平分黄色新月，形成的两个卵裂球皆含有半个黄色新月。第 2 次卵裂也是经裂，该裂面与第一次裂面垂直。第 2 次卵裂把胚胎分为前后两个部分，前后两部分都含有 2 个卵裂球，后面的 2 个卵裂球含有黄色新月的成分。第 3 次卵裂是纬裂，把胚胎分为两层，动物半球的一层含有 4 个细胞，植物半球的一层也含有 4 个细胞，黄色新月存在于植物半球那一层的后部 2 个细胞中。在随后的卵裂过程中，动物半球的卵裂方式与植物半球的卵裂方式不太一样。第 4 次卵裂是经裂，形成 16 个细胞。动物半球的 8 个细胞排列方式与植物半球 8 个细胞的排

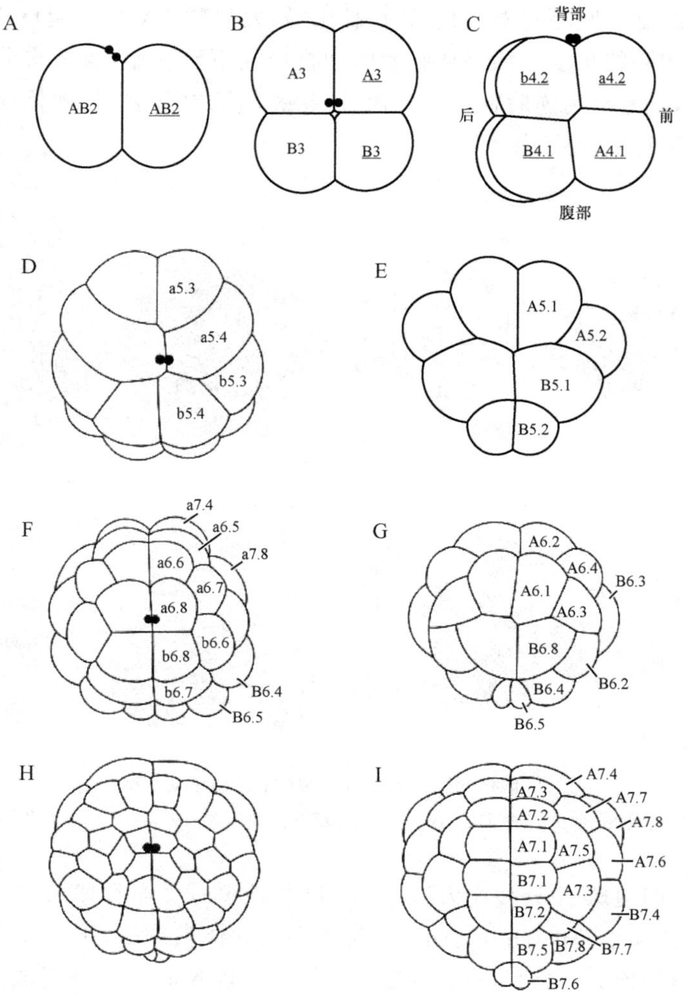

图 4.5　海鞘的卵裂(自 Gilbert and Raunio,1997)

A. 2 细胞期(侧面观);B. 4 细胞期(动物极观);C. 8 细胞期(侧面观);D. 16 细胞期(动物极观);E. 16 细胞期(植物极观);F. 32 细胞期(动物极观);G. 32 细胞期(植物极观);H. 64 细胞期(动物极观);I. 64 细胞期(植物极观)。

列方式不同,黄色新月成分存在于植物半球的后部 4 个细胞中。第 5 次卵裂后形成 32 个细胞,黄色新月成分位于植物半球后部的 6 个细胞中。第 6 次卵裂后形成 64 个细胞,此时的胚胎称为囊胚。

四、转动型卵裂

转动型卵裂是线虫和哺乳动物所特有的卵裂。第 1 次卵裂是经裂,第 2 次是纬裂。第 2 次卵裂时,一个卵裂球旋转 90°,使得两个卵裂卵球中的有丝分裂纺锤体相互垂直。这样,两个卵裂球中一个进行经裂,另一个卵裂球却进行纬裂。图 4.6 比较了海胆的辐射对称型卵裂和兔子的转动型卵裂。

(一) 哺乳动物的卵裂

哺乳类的卵裂是完全卵裂,同时也是等裂,即每次分裂形成的细胞大小相等。卵裂的速度很

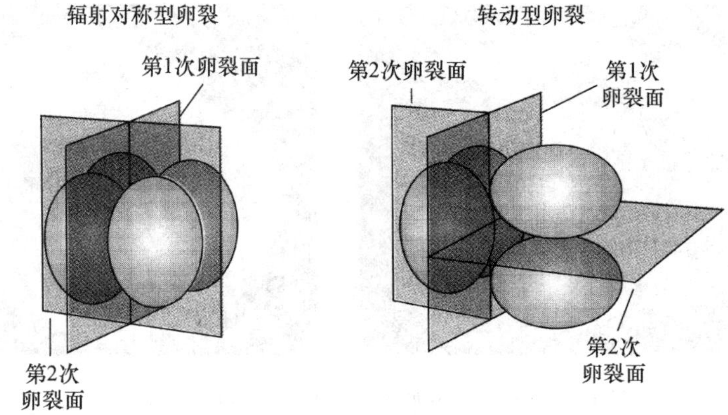

图 4.6 辐射对称型和转动型卵裂的对比(自 Browder et al.,1991)
左侧是辐射对称型卵裂模式图,右侧是转动型卵裂模式图。

慢,以小鼠为例,每次卵裂之后往往要间隔 12～24h。因此,在哺乳类完成第 1、第 2 次卵裂的时间里,两栖类、海胆或昆虫已进入较后的发育阶段了。在哺乳类的卵裂过程中,卵裂球往往不同步分裂。第 2 次卵裂时,两个卵裂球一先一后地分裂,以后的分裂也是如此。因此,胚胎细胞数量的增加不是呈算术级数增加,而是逐个地增加(图 4.7)。

也许哺乳类卵裂的一个最显著的特点是在早期分裂过程中,胚胎细胞之间经过一个致密化(compaction)的过程。在第 3 次卵裂之后,8 细胞期的胚胎要经历致密化的变化。起初,8 细胞期胚胎的细胞之间空隙很大,细胞与细胞的接触面不大。不久后,细胞与细胞之间的接触面增大,空隙大为减小,形成一个致密的球状胚胎(图 4.8)。据认为,8 细胞期胚胎之所以会产生致密化是由于细胞表达了桑椹胚黏着蛋白(uvomorulin E-cadherin)的缘故。桑椹胚黏着蛋白是一种依赖于钙离子的细胞黏着分子,起着将相邻细胞紧紧地粘合到一起的作用。如果用黏着蛋白的抗体处理致密化了的小鼠 8 细胞期胚胎,则胚胎又失去致密化,恢复原样。那些位于致密化了的胚胎表面的细胞,细胞之间产生了紧密连接,封闭了细胞之间的缝隙,使得位于内部的细胞不能与外界相通。而那些位于胚胎内部的细胞,细胞之间产生了另一种细胞连接,即缝隙连接,使得小分子物质和离子可以在内部细胞之间相互沟通。

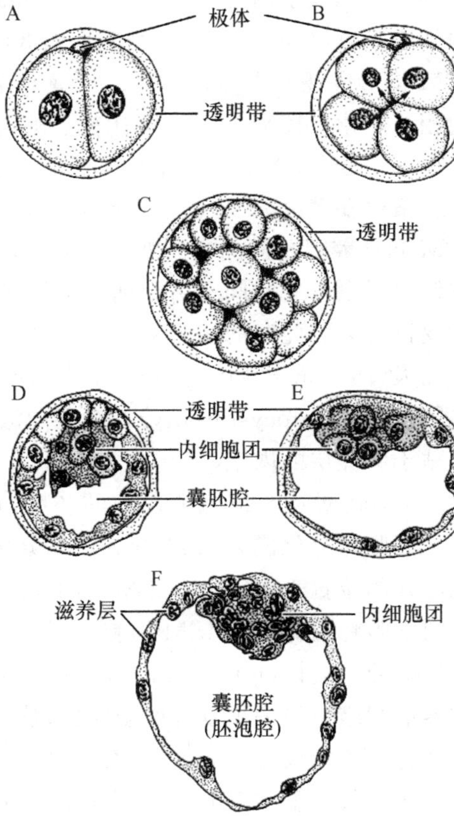

图 4.7 猪的卵裂(自 Browder et al.,1991)
A. 2 细胞期;B. 4 细胞期;C. 16 细胞期;
D～F. 早期至晚期囊胚。

致密化了的胚胎继续分裂,形成 16 细胞期胚胎,此时的胚胎称为桑椹胚(morula)(图 4.7),位于桑椹胚表面的细胞数量超过位于内部的细胞数量。位于表面的细胞经过分裂,将主要形成滋养层(trophoblast),也称为滋养外胚层(trophectoderm)。滋养层(滋养外胚层)不参与胚胎本

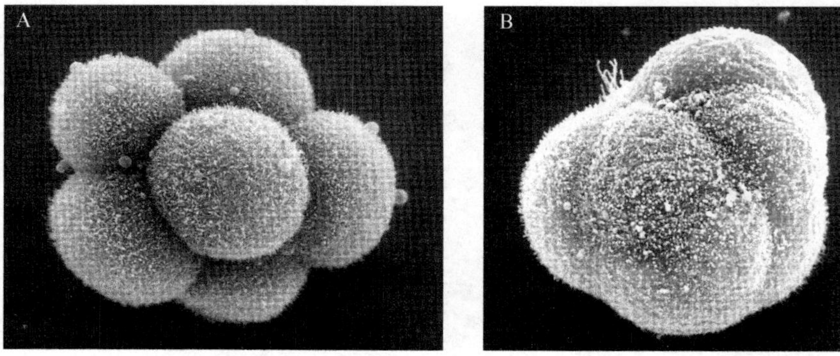

图 4.8 8 细胞期胚胎的致密化(自 Gilbert,1997)
A. 未致密化的 8 细胞期胚胎;B. 致密化了的 8 细胞期胚胎。

体的形成,它将形成绒毛膜(chorion),绒毛膜是将来胎盘(placenta)的组成部分。位于内部的细胞分裂后形成了内细胞团(inner cell mass,ICM)。ICM 除了由位于内部的细胞形成之外,少量的细胞来自滋养层。在 16 细胞期向 32 细胞期过渡的时候,小部分滋养层细胞参与到 ICM 中。ICM 将形成胚胎本体、卵黄囊、尿囊和羊膜。到了 64 细胞期,ICM 和滋养层之间不会再有细胞的相互转化。ICM 和滋养层代表了哺乳类胚胎发育过程中最早出现的两类分化了的细胞。由于出现了分化,将来胚胎才有可能附着于子宫内膜继续发育。

桑椹胚继续分裂,位于表层的滋养层细胞能够分泌一些液体进入 ICM 和滋养层之间,使得 ICM 和滋养层之间的空间变大。同时,滋养层细胞的质膜上具有钠泵(Na^+/K^+-ATP 酶),能够将钠离子泵入此空间。由于钠离子的聚集,胚胎外的水分就进入到这个空间中,这样,这个空间就变得更大。此时的胚胎称为囊胚,中间的空间称为囊胚腔(blastocoel)。由于哺乳类囊胚的囊胚腔大,而且充满液体,像是一个大水泡,因此,哺乳类囊胚又称为胚泡(blastocyst),囊胚腔又称为胚泡腔(blastocyst cavity)。囊胚的滋养层呈单层扁平上皮状,而位于里面的 ICM 则呈一细胞团贴于滋养层的内壁。

8 细胞期及 8 细胞期以前的胚胎,每一个细胞都有分化成为 ICM 细胞或滋养层细胞的能力。细胞是分化成为 ICM 细胞还是分化成为滋养层细胞完全是随机的,主要由胚胎致密化时细胞所处的位置来决定。在致密化的胚胎中处于外表面的细胞将发育成为滋养层细胞,而处于内部的细胞将发育成为 ICM 细胞。因此,在 8 细胞期及 8 细胞期以前的胚胎中,所有的细胞都具有发育的全能性(totipotency),即发育成为任何类型细胞的能力。而进入囊胚之后,ICM 细胞和滋养层细胞都失去了发育的全能性,这两类细胞不能再相互转化了。ICM 细胞具有发育成为动物体各种类型细胞的能力,具有发育的亚全能性(pluripotency),但是不具有全能性。

滋养层细胞和 ICM 细胞表达不同的基因。滋养层细胞表达含有 T 盒的转录因子 Eomesodermin 的基因和含有同源异型域(homeodomain)的转录因子 Cdx2 的基因。转录因子 Eomesodermin 能够激活滋养层细胞特异的基因,转录因子 Cdx2 能够下调滋养层细胞中 *Oct4* 基因和 *Nanog* 基因的表达。Oct4 和 Nanog 两个都是转录因子,它们和另一个转录因子 Stat3 都在 ICM 细胞中表达,这三个转录因子能够促进 ICM 细胞的形成,还能够维持 ICM 细胞的亚全能性。*Oct4* 基因是最早表达的,在桑椹胚阶段就已经开始表达,以后,它在 ICM 细胞中表达。Oct4 能够阻止细胞转化成为滋养层细胞。*Nanog* 基因和 *Stat3* 基因随后表达。Nanog 和 Stat3 这两种转录因子也能阻止细胞转化成为滋养层细胞,同时还能促进 ICM 细胞的分裂增殖。将 ICM 细胞分离出来进行培养,*Oct4* 基因、*Nanog* 基因和 *Stat3* 基因能够持续表达,细胞持续增殖。这样,培养出来的细胞就是胚胎干细胞(embryonic stem cell,ES 细胞)。ES 细胞和 ICM 细胞一样,具有发育的亚全能性,能够分化成为体内任何类型的细胞。亚全能性的获得有赖于细胞中存在的这三种转录因子(有关胚胎干细胞,详见第七章)。

哺乳类的卵裂发生于输卵管中。受精卵从输卵管上段往子宫方向移动的过程中进行卵裂。胚泡之前的胚胎都包被于透明带之中。当胚胎达到子宫时,已发育到胚泡阶段,此时,从透明带中孵化出来。在子宫里,胚胎继续发育,并植入(implantation)到子宫内膜中去。

(二) 秀丽隐杆线虫的卵裂

在秀丽隐杆线虫(*C. elegans*)卵裂的早期,每一次分裂都产生一个生成细胞(founder cell)和一个干细胞(stem cell)。第一次卵裂产生的生成细胞又称为 AB 细胞。在以后的卵裂中,由 AB 细胞产生的后代都将分化成为体细胞。第一次卵裂产生的干细胞又称 P1 细胞。在 P1 细胞随后三次的分裂中,每一次都产生一个生成细胞和一个干细胞,这些生成细胞和 AB 细胞一样,分裂后产生的细胞都分化成为体细胞,而干细胞(分别称为 P2、P3 和 P4)分裂的结果是形成生殖细胞(图 4.9)。

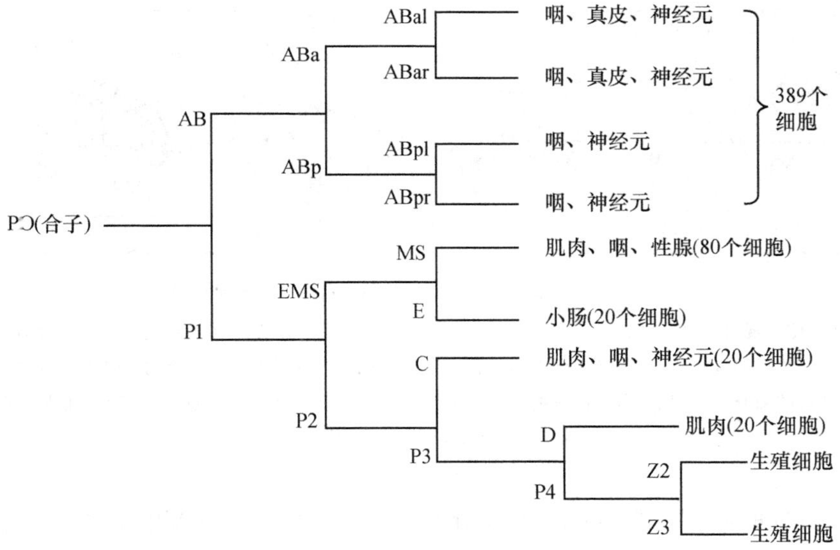

图 4.9 秀丽隐杆线虫卵裂球的分化(自 Gilbert,2000)

受精卵(PO)分裂成为 AB 细胞和 P1 细胞。AB 细胞的后代(ABal、ABar、ABpl 和 ABpr)全部是体细胞,P1 细胞的后代既有体细胞(MS、E、C 和 D),又有生殖细胞(P2、P3、P4、Z2 和 Z3)。

秀丽隐杆线虫的受精卵是椭球形的,其长轴就是将来胚胎的前后轴。第 1 次卵裂是经裂,裂面不是平分受精卵,而是稍微靠后,这样形成的两个细胞不一样大,因此是不等裂。位于前面的是生成细胞 AB,位于后面的是干细胞 P1。第 2 次卵裂与哺乳动物的卵裂相同,一个细胞是经裂,另一个细胞是纬裂。生成细胞 AB 进行纬裂,形成两个细胞,这两个细胞本来应该上下(背腹)排列,但由于两个细胞总的厚度超过了卵壳横切面的直径,因此,一个细胞滑动到另一个细胞的背部后方,这样,两个细胞就成为一前一后排列,位于前面的称为 ABa,位于后面的称为 ABp。P1 细胞进行经裂,形成了 EMS 和 P2。EMS 是生成细胞,P2 是干细胞(图 4.10)。

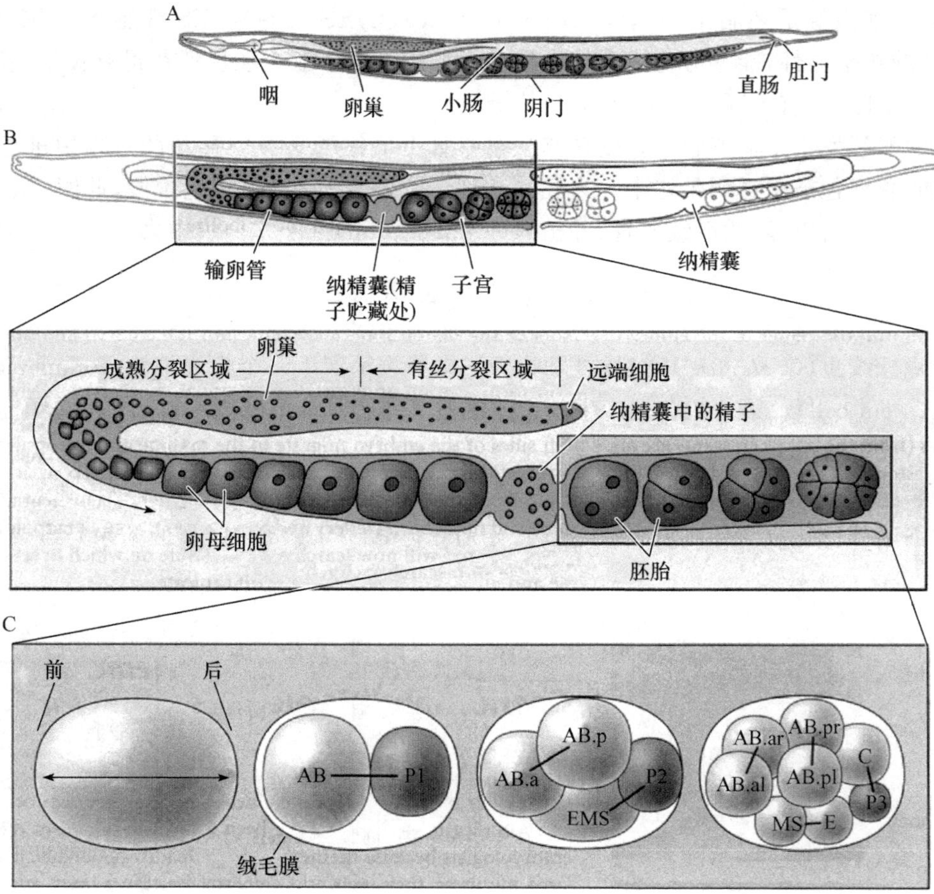

图 4.10　秀丽隐杆线虫的卵裂(自 Gilbert,2000)

A. 成体的侧面观,显示生殖腺。B. 部分生殖腺放大。在远端的生殖腺中,生殖细胞进行有丝分裂,增加细胞的数量。稍近的区域,生殖细胞进行成熟分裂。先进行成熟分裂的细胞形成精子,贮藏于纳精囊;后进行成熟分裂的细胞形成卵子,卵子在通过纳精囊时受精。C. 早期胚胎发育示意图。卵子受精后,继续向生殖孔的方向运动,在此过程中进行卵裂。

在第 3 次卵裂的时候,生成细胞 ABa 分裂成 ABal 和 ABar;ABp 分裂成 ABpl 和 ABpr;EMS 分裂成 MS 和 E,这些细胞都将分化成为体细胞。干细胞 P2 分裂成 C 和 P3,其中,C 是生成细胞,将分化成为体细胞,P3 是干细胞。P3 再分裂,形成 D 和 P4,其中,D 是生成细胞,P4 是干细胞。P4 继续分裂,形成 Z2 和 Z3,这两个细胞都是生殖细胞,这些细胞在透明的卵壳内明显可见,这时,胚胎进入囊胚期。

五、盘状卵裂

盘状卵裂是鱼类、爬行类和鸟类的卵裂方式。鱼类、爬行类和鸟类的卵子是端黄卵,细胞质集中于动物极上一个很小的区域,该区域称为胚盘(blastodisc)。卵子的绝大部分空间为卵黄所占据。端黄卵的卵裂只在胚盘中进行,卵黄不参与卵裂。由于胚盘是一个盘状区域(鸡卵的胚盘直径为 2~3mm),因此,在胚盘进行的卵裂称为盘状卵裂。胚胎本体在胚盘中形成,不参与卵裂的卵黄将形成卵黄囊,卵黄在发育过程中被分解并被胚胎吸收。

(一) 鸟类的卵裂

如图 4.11 所示,鸡的卵裂在胚盘中进行。第 1 次卵裂是经裂,裂沟没有将胚盘完全一分为二。裂沟既未伸及胚盘边缘,也未深入胚盘底部,两个卵裂球依然相连,因此是不完全卵裂。第 2 次卵裂也是经裂,裂沟与第 1 次的垂直。第 2 次卵裂也仅在胚盘中央进行,形成的 4 个卵裂球实际上都是不完整的细胞,4 个细胞的细胞质相连,并与卵黄相连。第 3 次卵裂还是经裂,形成不完整的 8 个细胞。第 4 次卵裂是环状分裂,形成了中央的 8 个细胞和周围的 8 个细胞,这些细胞仍然保持着细胞质的连通。接下来的卵裂在中央和周围有差异。中央区域的细胞下方出现了与胚盘表面平行的纬裂,使得胚盘中央区域出现了一层完整的细胞,而胚盘周围的细胞仍然是不完全卵裂。中央区域的细胞经过几次连续的纬裂之后形成数层细胞,胚盘周围的细胞层数则较少。

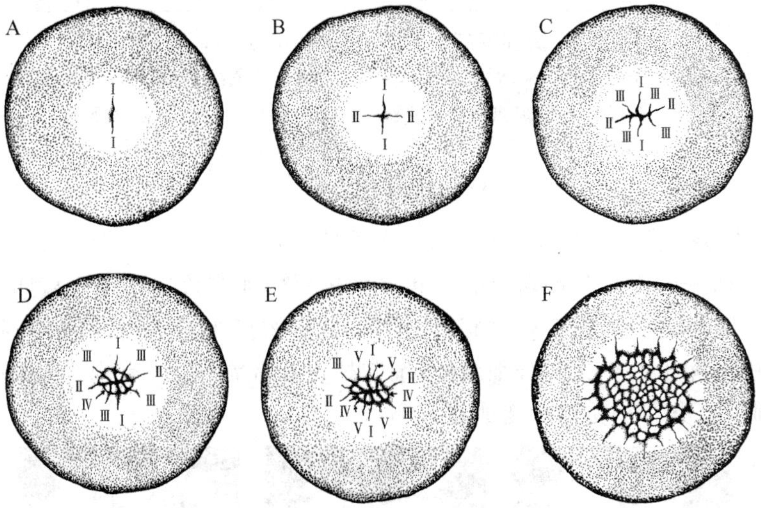

图 4.11 鸡的卵裂(自 Carlson,1988)

A. 第 1 次卵裂;B. 第 2 次卵裂;C. 第 3 次卵裂;D. 第 4 次卵裂;E. 第 5 次卵裂,F. 早期囊胚。

在胚盘中央的细胞进行第一次纬裂后,细胞的下方出现了一个空腔,该空腔称为胚盘下腔(subgerminal cavity)。随着中央细胞层数的增加,胚盘下腔体积也逐渐扩大。由于胚盘下腔的出现,胚盘可以明显地分为两个区域。位于胚盘下腔上方的细胞组成了胚盘的明区(area pellucida),明区是一个圆形的区域,位于胚盘的中央。明区外围的细胞组成了胚盘的暗区(area opaca),暗区位于胚盘的边缘,呈一环形,包着明区。明区因其下方有胚盘下腔而显得透明,暗区因其细胞贴于卵黄之上而比较灰暗(图 4.12)。

随后,明区的某些细胞开始往胚盘下腔下陷,下陷的细胞在胚盘下腔中以小岛的形式分散存在。这些下陷的细胞构成了初级下胚层(primary hypoblast),它是一层不完整的细胞层。胚盘上没有下陷的细胞构成了上胚层(epiblast)。不久,胚盘后端的细胞增殖,进入胚盘下腔并向前端扩展。这些细胞在扩展的过程中结合初级下胚层,并在胚盘下腔中形成一层完整的细胞层,称为次级下胚层(secondary hypoblast)。上下胚层在胚盘的周围相互连续。介于上下胚层之间的空腔称为囊胚腔,下胚层下方的空腔依然称为胚盘下腔,胚盘下腔下方是卵黄(图 4.12)。

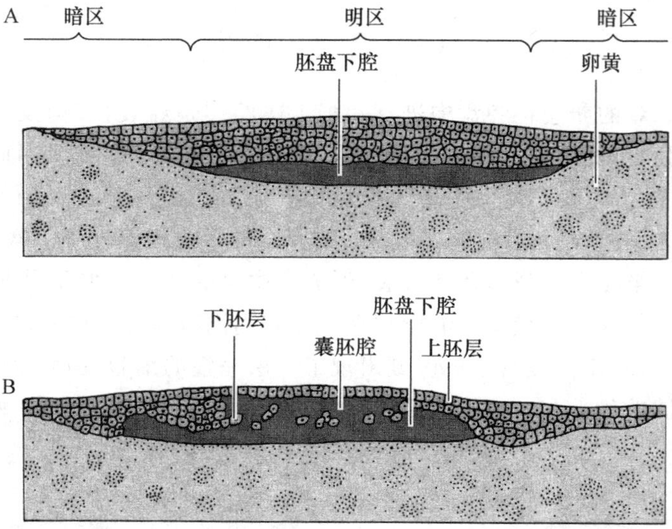

图 4.12　鸡胚下胚层的形成(自 Browder et al.,1991)

A. 胚盘的切面,显示胚盘的明区和暗区,以及胚盘下方的胚盘下腔;B. 胚盘细胞下陷,产生下胚层,由于下胚层的产生,胚盘下腔被分隔成上方的囊胚腔和下方的胚盘下腔。

(二) 鱼 的 卵 裂

鱼类的卵子在受精前后的结构有所差异,在受精后出现了一些变化。未受精卵的细胞质分布于卵子的皮层,卵子的中央是卵黄,因此,鱼类的未受精卵应该属于中央黄卵。受精后,皮层的细胞质向动物极移动,并聚集于动物极。这样,在动物极形成一个帽状突起,称为胚盘(图 4.13)。胚盘集中了卵子的绝大部分细胞质,细胞核也在胚盘中,仅有很少量的细胞质包在巨大的卵黄外方,因此,鱼类卵子受精后变成端黄卵。

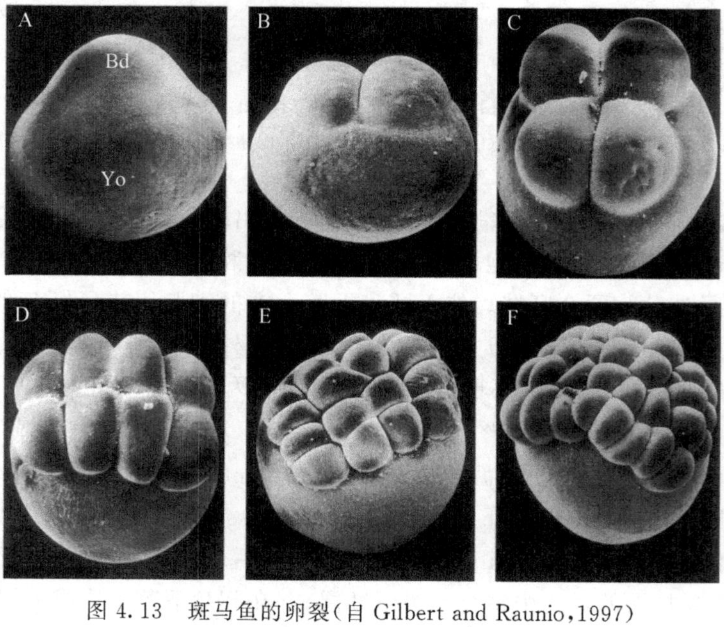

图 4.13　斑马鱼的卵裂(自 Gilbert and Raunio,1997)

扫描电子显微镜照片。A. 受精后,卵子的细胞质集中到动物极,在动物极形成一个帽状的突起,称为胚盘(Bd),细胞核位于胚盘中,胚盘下方是巨大的卵黄(Yo);B. 2 细胞期胚胎;C. 4 细胞期胚胎;D. 8 细胞期胚胎;E. 16 细胞期胚胎;F. 32 细胞期胚胎。

卵裂在胚盘中进行，卵黄不参与卵裂。卵裂方式类似于鸟类的卵裂，也是不完全卵裂。表面上看，开头的几次卵裂将胚盘分成各自独立的卵裂球，实际上这些卵裂球的细胞质还保持着联系。在开头的几次经裂之后，也产生了纬裂，因此，胚盘中形成了多层细胞。胚盘的下方也产生胚盘下腔，不过有些鱼类胚盘下腔不明显，或缺少胚盘下腔。斑马鱼的卵裂速度很快，大约每隔15min就分裂一次。大约在第12次卵裂之后，囊胚形成，此时，卵裂球堆积于胚盘，胚盘隆起于卵黄之上。胚盘下方为卵黄细胞(yolk cell)，卵黄细胞除卵黄之外还包括包于卵黄之外很薄的一层细胞质。鱼类的胚胎本体从胚盘的细胞中形成，卵黄细胞为胚胎发育提供营养。

在囊胚尚未形成之前的第10次卵裂前后，位于胚盘边缘的卵裂球与卵黄细胞融合。这样，在靠近胚盘边缘的卵黄细胞的薄层细胞质中形成特殊的一个环形区域，该区域含有许多细胞核，这个区域称为卵黄多核层(yolk syncytial layer，YSL)。卵黄多核层的细胞核分裂后依然留在卵黄多核层中。当囊胚开始向原肠胚过渡时，胚盘向植物极方向扩展，逐渐包被卵黄细胞。此时，卵黄多核层的细胞核也开始移动，部分细胞核进入胚盘下腔下方的细胞质中，该处细胞质称为内卵黄多核层(internal YSL)；部分细胞核沿着卵黄表面往植物极方向移动，这样，在胚盘外侧的细胞质中形成了外卵黄多核层(external YSL)(图4.14)。

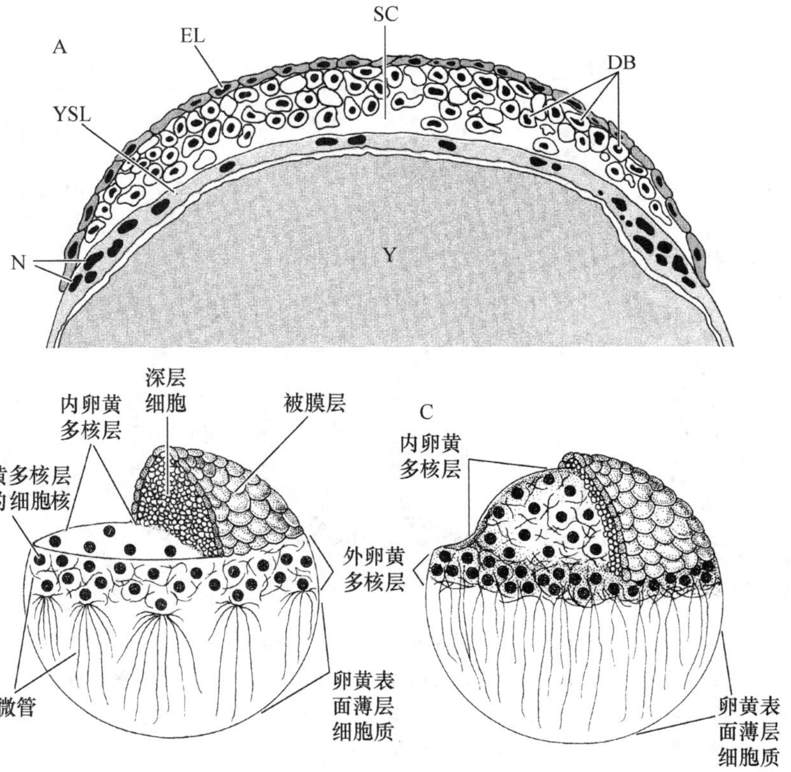

图4.14　斑马鱼的囊胚(A自Browder et al.，1991；B、C自Gilbert and Raunio，1997)

A. 胚盘表层的细胞构成了被膜层(EL)，其下方是深层细胞(DB)，深层细胞下方是胚盘下腔(SC)，胚盘下腔下方是卵黄多核层(YSL)，其中含有许多细胞核(N)，卵黄多核层下方是卵黄细胞(Y)；B. 切去一半的胚盘，显示内卵黄多核层；C. 胚盘开始扩大，被膜层依附在外卵黄多核层上向植物极的方向移动。

在卵黄多核层形成的同时，胚盘最表层的细胞形成单层扁平上皮那样的一层被膜层(enveloping layer)。被膜层将胚盘深层的细胞包被起来，它将形成鱼胚的保护层——胎皮。在胚胎发育的晚期，胎皮将剥落。介于被膜层和内卵黄多核层之间的囊胚细胞称为深层细胞(deep cell)，参与鱼胚本体的形成。

六、表面卵裂

表面卵裂是昆虫所特有的卵裂方式。在昆虫的卵子中，卵黄位于中央，表层是细胞质，卵子属于中央黄卵类型，卵裂被局限于卵子表层很薄的一层细胞质中。此外，昆虫卵裂还有另一个特点，即在卵裂早期，仅细胞核分裂，细胞质并不分裂，因此不形成卵裂球，仅形成合胞体，在卵裂的后期才形成卵裂球。在果蝇的前 10 个卵裂周期，每个周期仅 8min 左右。连续的几次核分裂使得卵子中央堆积大量的细胞核。第 8 次卵裂后形成 256 个细胞核，这些细胞核逐渐向卵子的表层移动。在第 9 次卵裂周期中，几个细胞核移到胚胎后端的表面，并被完整的质膜所包被，成为完整的细胞，这些最先出现的细胞称为极细胞(pole cell)。极细胞是昆虫的原生殖细胞，将分化成为成体的生殖细胞。其余的细胞核将在第 10 个细胞周期时(此时，细胞核的数量达到 1024 个)都到达胚胎的表面。这些细胞核皆位于共同的细胞质中，细胞核之间并无质膜将相邻的细胞核隔开，成为一种合胞体结构，此时的胚胎称为合胞体胚盘(syncytial blastoderm)。形成合胞体胚盘之后，细胞核继续分裂，但是速度逐渐减缓(图 4.15)。

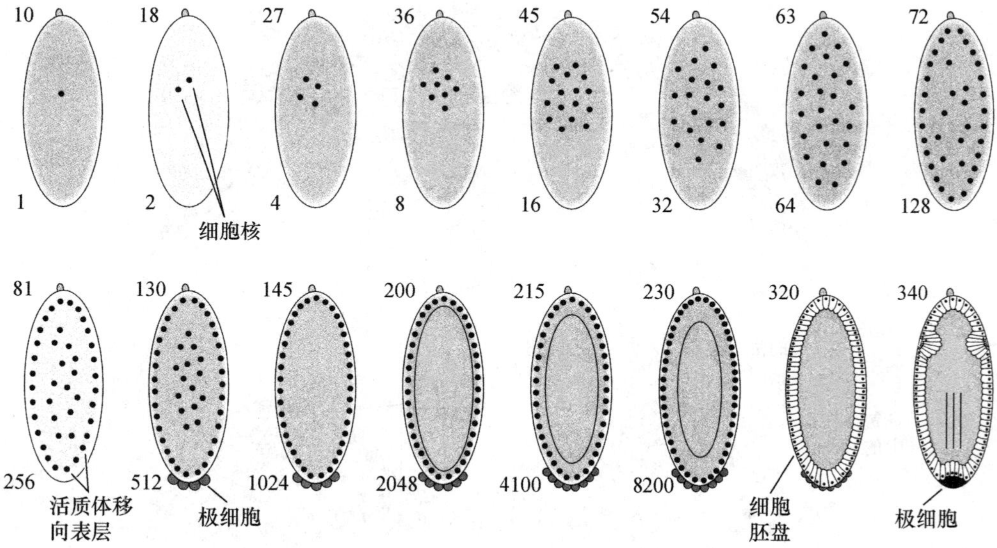

图 4.15 果蝇的卵裂(自 Gilbert，1997)

每一个胚胎左上方的数字代表距离受精后的时间(min)，左下方的数字代表细胞核的数量。细胞核在卵子中央的卵黄中分裂，以后向卵子的表层迁移。在细胞核的数量达到 512 个时，胚胎的后端形成极细胞。在细胞核的数量达到 1024 个时，合胞体胚盘形成。在第 14 个卵裂周期之后，形成细胞胚盘。

尽管在合胞体胚盘中所有的细胞核都位于共同的细胞质中，但是这并不意味着细胞质是均质的。实际上，每一个细胞核都位于一个由微管和微丝组成的微环境中。一个细胞核和其周围的细胞质(包括微管和微丝)构成了一个小岛，称为活质体(energid)。在第 14 个卵裂周期，卵子的质膜往相邻的两个活质体之间陷入，将细胞核隔开，最终形成一层细胞贴于卵黄外侧(图 4.16)，此时的胚胎称为细胞胚盘(cellular blastoderm)。细胞胚盘的形成有赖于活质体中的微丝和微管。由于微管的收缩，质膜在两个细胞核之间下陷，产生了一个沟，并逐渐加深，当此沟达到细胞核所在的深处时，由于微丝的收缩，质膜快速下陷，最终形成完整的细胞膜，将每一个细胞核包被起来。果蝇的细胞胚盘在受精后4h之内形成，此时，细胞核的数量超过10 000个。

从第10个卵裂周期（合胞体胚盘形成）起，细胞核的分裂速度逐渐慢了下来。前10次的卵裂周期都是8min，而第13个周期却长达25min。在第14个卵裂周期（细胞胚盘形成），胚胎细胞的卵裂不同步，有的细胞用了75min完成这个周期，而有的细胞却要用175min才完成分裂。同时，在第14个卵裂周期，原先开始于第11个周期的合子基因转录也大大加速。这种细胞核分裂速度降低伴随着基因转录速度加快的现象称为中囊胚转变(mid-blastula transition)。

中囊胚转变在许多动物门类中都存在，但是，在非洲爪蟾和果蝇的卵裂阶段特别明显。中囊胚转变与细胞中细胞质和染色质的比值有关。有人比较了野生型的果蝇和单倍体的突变型果蝇的早期发育。单倍体果蝇胚胎在第8个卵裂周期时的染色质含量与野生型果蝇胚胎第7个卵裂周期时的染色质含量相等。野生型果蝇胚胎在第14个周期形成细胞胚盘，而单倍体果蝇胚胎却要在第15个周期才形成细胞胚盘。

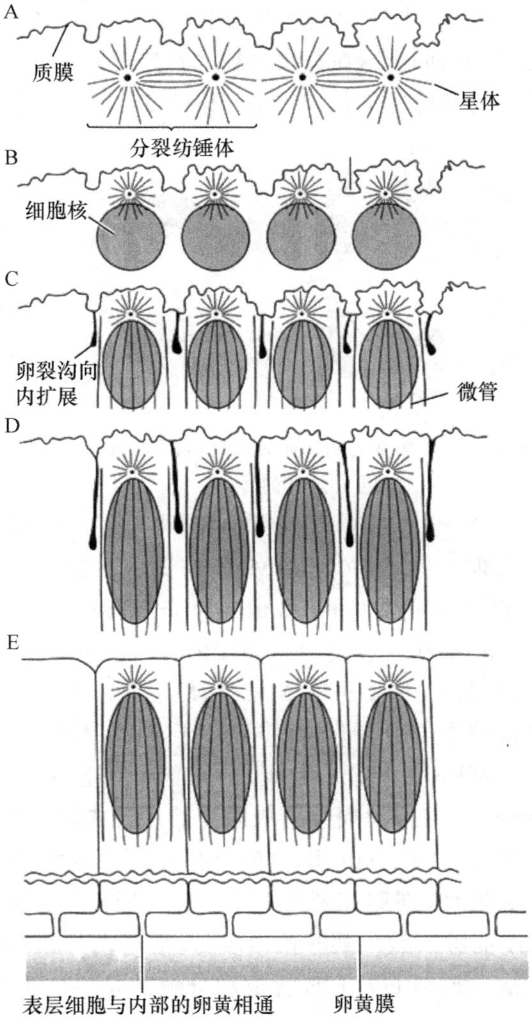

图4.16 果蝇细胞胚盘的形成(自 Browder et al.,1991)
A. 细胞核分裂时，在质膜下方出现有丝分裂纺锤体；B. 核分裂后位于质膜下方的表层细胞质中；C. 细胞核周围的微管伸长，拉着质膜在相邻的两个细胞核之间下陷；D. 微管伸得更长，质膜下陷更深，细胞核呈椭圆形；E. 细胞胚盘形成。

胚胎细胞并不是均匀地分布在胚胎表层。在胚胎的腹面和两侧，细胞集中得多一些，这些细胞将构成胚胎的胚带(germ band)。在原肠胚形成过程中，胚带的细胞形成胚胎的躯干，而细胞胚盘的其余细胞则成为胚外被膜，对发育中的胚胎起保护作用。

第二节 卵裂的调节

从受精到第一次卵裂结束的这段时间称为第一个卵裂周期，从第一次卵裂结束到第二次卵裂结束的这段时间称为第二个卵裂周期……卵裂周期和体细胞的细胞周期相比有其特殊之处。

一、卵裂周期的特点

体细胞的细胞周期由4个阶段组成：G_1期（间期1）、S期（DNA合成期）、G_2期（间期2）和M期（分裂期）。在M期之后，细胞经历一个生长的阶段，新分裂的细胞要长大到与其亲本细胞(parent cell)一样大之后才开始下一次分裂。然而,在卵裂周期中,新产生的细胞并没有一个生长阶段,因此,卵裂球在每次分裂之后都变得更小,卵裂球的细胞质和细胞核的比率越来越小。例如,未受精海胆卵的体积大约是其核的 550 倍,而到卵裂结束时,在每一个卵裂球中,这个比率只有 6∶1。

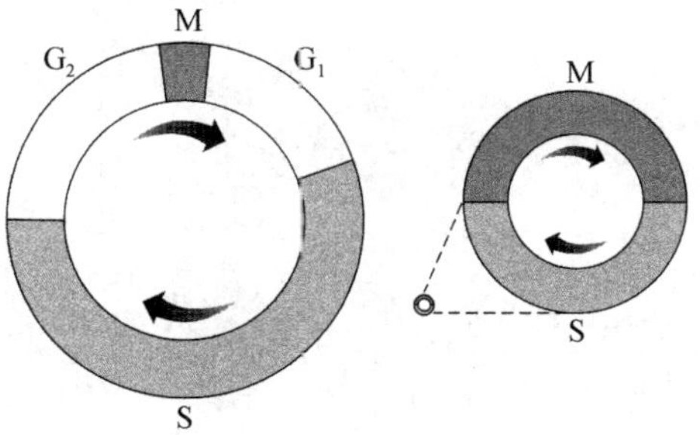

图 4.17 体细胞周期和卵裂周期(自 Browder et al.,1991)

左侧是体细胞周期,右侧是卵裂周期。

卵裂周期与体细胞的细胞周期对比往往很短,这是因为卵裂周期往往缺 G_1 期和 G_2 期,同时 S 期和 M 期的长度也缩短的缘故,这样,卵裂周期仅由 S 期和 M 期组成(图 4.17)。在卵裂过程中,S 期和 M 期交替出现。虽然 S 期和 M 期的长度都缩短,但是 S 期的缩短更明显。例如,果蝇体细胞周期中的 S 期长约 10h,而果蝇胚胎卵裂周期中的 S 期仅有 3~4min。

促成熟因子(MPF)最早在两栖类的卵子成熟过程中被发现(见上一章"配子发生"),它能够促进卵子的成熟,促使卵母细胞从第一次成熟分裂的前期进入分裂期。后来,又发现 MPF 在受精后继续发挥作用,调节卵裂过程。因此,MPF 的意思从其最初的促进成熟(maturation-promoting factor)改变为促进细胞的有丝分裂(mitosis-promoting factor)。在卵裂过程中,MPF 的活性随着细胞周期的变化发生周期性的变化。在 M 期,MPF 活性最高,进入 S 期,MPF 活性消失。如果将处于 S 期的卵裂球放置于含有蛋白质合成抑制剂的溶液中孵育,卵裂球将停留于 S 期,不会进入 M 期。这表明,MPF 的活性与蛋白质合成有关。

MPF 由两个部分组成:细胞周期蛋白 B(cyclin B)和依赖于细胞周期蛋白的蛋白激酶 P34。cyclin B 在卵裂周期中周而复始地合成和降解。*cyclin B* mRNA 贮藏于卵母细胞中,在进入 M 期之前合成 cyclin B,这时,MPF 就有活性,细胞进入 M 期。在 M 期,cyclin B 迅速分解,MPF 失去活性,细胞完成分裂,进入 S 期。如果 *cyclin B* mRNA 的翻译被抑制,卵裂就不能进行。P34 能够磷酸化某些蛋白质,包括组蛋白和核膜蛋白等,其结果是染色质浓缩,核膜破裂,纺锤体形成。调节 cyclin B 合成和分解的是一些蛋白质,这些蛋白质和 *cyclin B* mRNA 一样,也贮藏于卵子的细胞质中。由此看来,在卵裂阶段的细胞周期与合子的基因组无关。在卵裂的早期,用抑制 RNA 合成的试剂作用于卵裂球,卵裂照样进行。

在卵裂过程中,随着卵裂球中细胞质和细胞核的比率逐渐减少,细胞质中的母本基因产物(mRNA 和蛋白质)逐渐减少,细胞分裂将逐渐缓慢。当卵裂球的质核比达到某一临界点时,卵裂球中母本 mRNA 和蛋白质消耗殆尽,这时,合子基因开始表达,此时就是中囊胚转变时期(这个名称给人的感觉是胚胎进入了囊胚中期,实际上,此阶段在囊胚形成之前,而不是进入囊胚期之后)。

在中囊胚转变阶段,细胞周期出现了某些变化。首先,G_1 期和 G_2 期添加到了细胞周期中,使得新形成的卵裂球有了一个生长的时间。非洲爪蟾胚胎在第 12 次卵裂之后出现了 G_1 期和 G_2 期;果蝇在第 14 次卵裂之后出现 G_2 期,在第 17 次卵裂之后出现了 G_1 期。其次,在中囊胚转变阶段,卵裂球之间的分裂同步性逐渐消失,这是由于不同的细胞合成了不同的物质来调节 MPF 活性。再次,新的 RNA 开始合成,新合成的 mRNA 编码的蛋白质往往是下一个阶段胚胎发育(原肠胚形成)所必需的。在许多物种中,如果在中囊胚转变阶段用抑制基因转录的试剂作用于卵裂球,卵裂仍可缓慢地进行,但是胚胎不能进行原肠胚形成。

二、细胞骨架在卵裂中的作用

卵裂和体细胞的分裂一样可以分为两部分:核分裂(karyokinesis)和胞质分裂(cytokinesis)。核分裂和胞质分裂协调进行，保证每一个卵裂球中含有一个细胞核。但是，在卵裂过程中，核分裂和胞质分裂也可不协调进行。例如，昆虫的卵裂过程中，在细胞胚盘形成之前的阶段，仅有核分裂而无胞质分裂，这样，形成了合胞体胚盘。

核分裂由有丝分裂器(mitotic apparatus)控制，有丝分裂器由纺锤丝、中心粒和星体组成，其中，纺锤丝和星体皆由微管构成，而微管的聚合又受中心粒的影响。中心粒在细胞中起着组织中心的作用，将细胞中的微管蛋白聚合成微管，这些微管在中心粒周围呈放射状分布，形成星体。两套中心粒之间的微管呈纺锤体状，称为纺锤丝。胞质分裂由收缩环(contractile ring)控制，收缩环由微丝构成。卵子的微丝分布于皮层。在电子显微镜下，收缩环呈一带状分布，宽度为0.1μm，此环在分裂时出现，它的直径逐渐变小，使得受精卵(或卵裂球)表面出现了环形的凹陷，称为卵裂沟(cleavage furrow)。随着卵裂沟的加深，受精卵(或卵裂球)分成两个细胞。若用抑制微丝聚合的试剂处理受精卵，胞质分裂就将停止。核分裂和胞质分裂的控制器即有丝分裂器和收缩环之间的相互关系如图 4.18 所示，该图显示海胆受精卵的第一次卵裂时，有丝分裂器与收缩环相互垂直，有丝分裂器位于收缩环之内。

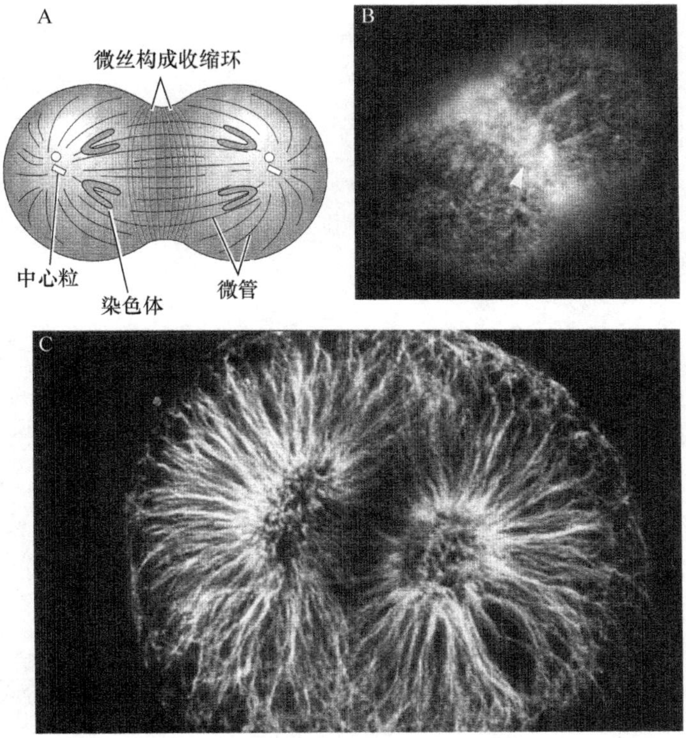

图 4.18　卵裂和细胞骨架(自 Gilbert，1997)

A. 有丝分裂器与收缩环相互垂直；B. 海胆受精卵第一次卵裂时荧光标记的肌动蛋白，肌动蛋白组成微丝，微丝构成了收缩环；C. 海胆受精卵第一次卵裂时荧光标记的微管蛋白，微管蛋白聚合成微管，微管构成星体和分裂纺锤体。

在卵裂时，有丝分裂器中的星体起着控制卵裂沟的数量和位置的作用。受精卵中仅有一对星体，卵裂沟也仅有一个。多精入卵的情况下，一个受精卵内有多对星体，每两个星体之间必定会有一个卵裂沟。如果在昆虫卵裂的早期，细胞核尚未迁移到卵子后端时就让中心粒先行到达卵子的后端，那么在卵子后端就会形成极细胞，尽管极细胞中没有细胞核。由此观之，星体是胞质分裂的必备条件。

三、新质膜的形成

卵裂涉及卵裂球质膜的形成，那么，卵裂球的质膜是新合成的呢，还是仅仅由卵子原来的质膜扩展而来呢？两栖类的卵裂为我们提供了一个答案。非洲爪蟾的质膜因与皮层的色素颗粒贴在一起，因此是有颜色的。在第一次卵裂时，卵裂沟附近的质膜却不具颜色，这表明此处的质膜不与色素颗粒相连，这些不含色素的质膜是新合成的。如果将非洲爪蟾受精卵的质膜用放射性同位素标记，并用放射自显影的方法跟踪这些具有放射性的质膜在卵裂球的分布，也可以判断卵裂过程中有无新质膜的形成。第一次卵裂时，卵裂沟以外区域的质膜皆有放射性，这表明这些区域的质膜皆为原有的质膜。在卵裂沟的底部，质膜也有放射性，但是沟的两侧却几乎不显示放射性。这表明在卵裂过程中，新合成的质膜仅存在于卵裂沟的两侧。

第五章　原肠胚形成

囊胚形成之后，胚胎细胞进行一系列的运动，建立起三个胚层的结构，这个过程称为原肠胚形成（或称原肠形成，gastrulation）。原肠胚形成过程中的细胞运动涉及整个胚胎，一些细胞从胚胎表面进入内部，或从胚胎内部的某一处移到另一个地方，参与内部器官的形成。另一些细胞虽然仍留在胚胎表面，但是也在进行运动，这些细胞将形成表皮和神经系统。那些进入胚胎内部的细胞形成了中胚层（mesoderm）和内胚层（endoderm），而留在胚胎表面的细胞则组成外胚层（ectoderm）。胚胎任何一处的细胞运动都与其他部分的细胞运动协调地进行。不同的物种，原肠胚形成的细胞运动不尽相同。尽管如此，如下几种方式的细胞运动在原肠胚形成中较为常见（图 5.1）。

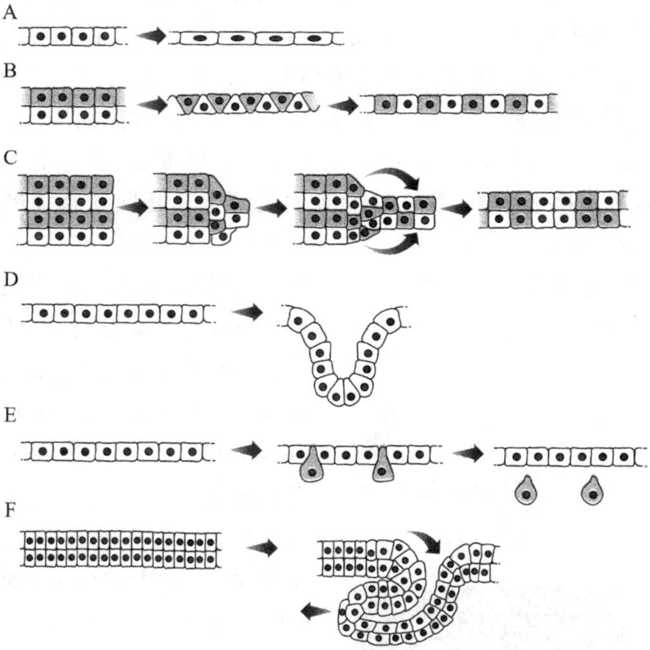

图 5.1　原肠胚形成的细胞运动方式（自 Browder et al.，1991）
A. 外包；B. 嵌入；C. 会聚性延伸；D. 内陷；E. 内移；F. 内卷。

外包（epiboly）　这是外胚层细胞所特有的运动方式。位于胚胎外表的上皮状细胞层向四面八方扩展，细胞厚度减少，面积扩大，将胚胎的深层细胞包被起来。

嵌入（intercalation）　这种运动涉及两层或两层以上的细胞层。同一层的细胞之间黏着度减少，与另一层细胞相互镶嵌，形成一个单层的细胞层。

会聚性延伸（convergent extension）　片状细胞层沿着某一特定的方向变狭窄（会聚），接着再拉长（延伸）。在此过程中，细胞与原先相邻的细胞失去连接，与新的细胞建立起连接（有点类似马路上不同车道的汽车并入一个车道的情景）。

内陷（invagination）　上皮状细胞层中的细胞顶部和基部的形状发生变化（顶部变得狭窄，基部变得宽大），但相邻细胞的连接仍然保持着。这样，该细胞层发生弯曲，往胚胎内部陷入。

内移(ingression) 上皮状的细胞层中个别细胞与其相邻的细胞失去连接,迁移入囊胚腔。细胞往往是单个地内移,内移的细胞与内陷的细胞相似,亦改变形状(如呈瓶状)。

内卷(involution) 上皮状的细胞层先是扩展,后沿着一个边缘向胚胎内部卷入,卷入内部后向相反的方向扩展。

分层(delamination) 一个细胞层分裂成两个或更多的平行细胞层。

在原肠胚形成过程中,并非上述所有的运动方式都会出现。一般是以某一种方式为主,辅以另外几种方式。此外,原肠胚形成的细胞运动方式并非局限于原肠胚形成阶段,在以后的器官形成过程中也会出现这些运动方式。

第一节 秀丽隐杆线虫的原肠胚形成

秀丽隐杆线虫(*C. elegans*)的囊胚在 P4 细胞出现后形成。除了 P4 细胞以外,所有其他细胞(ABal、ABar、ABpl、ABpr、MS、E、C 和 D)都将形成体细胞,这些体细胞包含了预定三个胚层的细胞。表皮细胞和神经细胞将从 ABal、ABar、ABpl、ABpr 和 C 细胞的后代中产生,因此,这些细胞是预定外胚层细胞。肌肉、咽、性腺的体细胞将从 ABal、ABar、MS、C 和 D 细胞的后代中产生,因此,它们是预定中胚层细胞。肠子从 E 细胞的后代产生,E 细胞的后代是预定内胚层细胞。在原肠胚形成过程中,三个胚层的细胞都在运动。生殖细胞、预定中胚层细胞和预定内胚层细胞都将内陷或内卷,进入胚胎内部,留在胚胎表面的预定外胚层细胞则进行外包运动。

秀丽隐杆线虫开始原肠胚形成时,囊胚的细胞数量大约是 24 个,囊胚中央有一个不大的囊胚腔。这时,E 细胞已经分裂成为 Ea 和 Ep 两个细胞,它们都是预定内胚层细胞,也是最早运动的细胞。Ea 和 Ep 两个细胞从它们所在的胚胎腹面内陷,进入囊胚腔中,在那里它们继续分裂,形成 20 个细胞,构成肠子。由于 Ea 和 Ep 的内陷,胚胎的腹面出现了一个凹陷,称为胚孔(blastopore)。继 Ea 和 Ep 之后,P4 细胞从胚孔内卷进入胚胎内部,定位于肠子原基的下方。在那里,P4 细胞继续分裂,将形成精子和卵子。接下来,预定中胚层细胞将从胚孔内卷。其中,MS 分裂产生的细胞将从胚孔的前缘内卷,C 和 D 分裂产生的细胞从胚孔的后缘内卷,这些细胞进入胚胎内部后将排列在肠子原基的两侧。大约在受精后的 6h,AB 起源的中胚层细胞(ABal 和 ABar 的后代)也从胚孔进入胚胎内部,这些细胞和部分 MS 的后代定位于肠子原基的前方,将形成咽。那些预定外胚层细胞,即形成表皮和神经元的细胞,在胚胎表面做外包运动,分布于整个胚胎外层,并将胚孔封闭(图 5.2)。

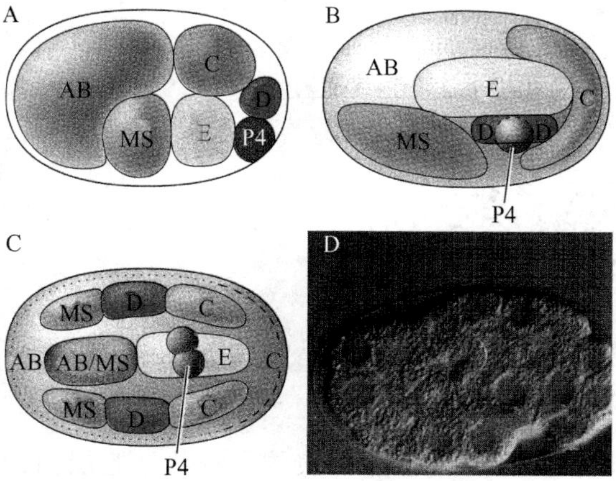

图 5.2 秀丽隐杆线虫的原肠胚形成(自 Gilbert,2000)

A. 显示原肠胚形成之前,胚胎中各生成细胞的后代和 P4 细胞所在的位置,此时,胚胎细胞达 26 个;B. 102 细胞阶段,MS、E、C、D 细胞的后代和 P4 细胞都已经进入胚胎内部;C. 原肠胚形成即将完成时各细胞后代所在的位置;D. 早期原肠胚照片。

在随后的 6h 里面,细胞继续分裂,椭球形的胚胎逐渐变成长梭形的幼虫。雌雄同体的幼虫有 558 个体细胞,另有 115 个细胞在发育过程中凋亡。经过 4 次蜕皮之后,形成性成熟的个体,体细胞数量达 959 个,另有大量的精子和卵子。

第二节　果蝇的原肠胚形成

果蝇的原肠胚形成可以分为两个阶段。在第一个阶段,预定中胚层细胞在表面的腹部中线处内陷,形成腹沟(ventral furrow)。腹沟两侧边缘相互靠近,最终愈合成为一条缝,内陷的腹沟逐渐在胚胎内部形成一条纵向的管,这条管位于腹部中线的内侧,以后变成一层扁平的中胚层组织,这层中胚层及其下方的腹部细胞构成了胚带(germ band)(图 5.3 和图 5.4),胚带中的细胞将形成果蝇的躯干。由于胚胎弯曲,表面形成了一些横沟,有头沟(cephalic furrow)、前背沟(anterior dorsal furrow)和后背沟(posterior dorsal furrow)。

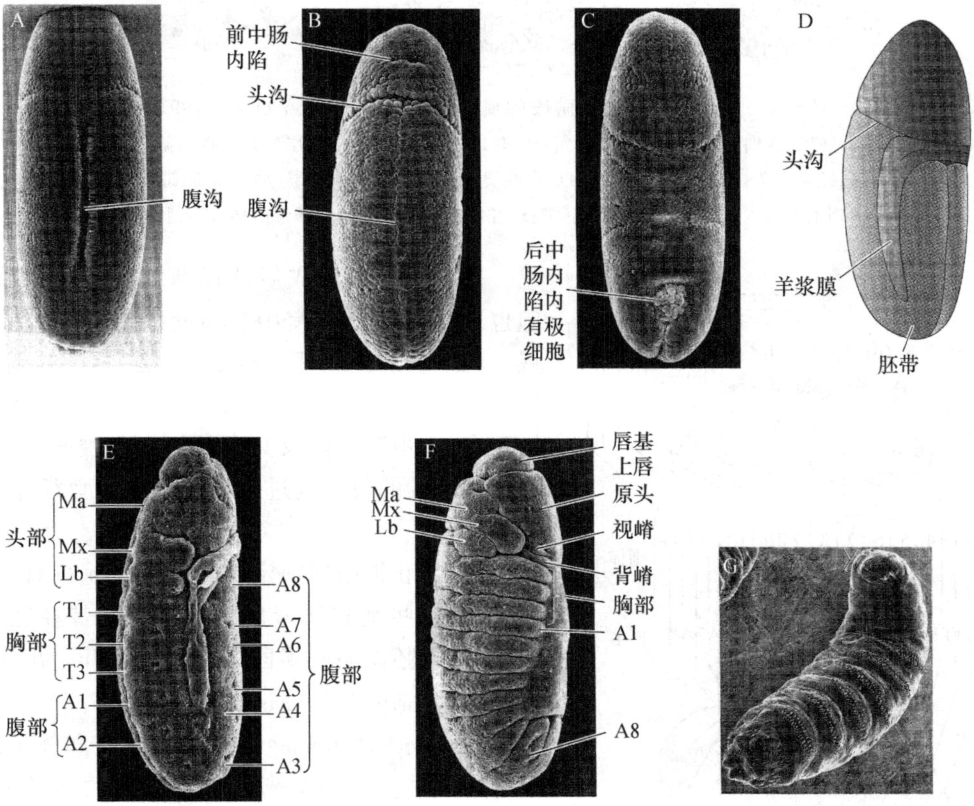

图 5.3　果蝇原肠胚形成阶段的表面观(自 Gilbert,2000)

A. 胚胎腹面观,腹沟形成;B. 胚胎腹面观,腹沟两侧边缘相互靠近并愈合,前方出现头沟,头沟前方有前中肠内陷 C. 胚胎背面观,由于胚带的扩展,后中肠内陷移到胚胎背部的后端,其中有极细胞;D. 原肠胚模式图,显示胚胎侧面,胚带扩展到背部;E. 胚胎侧面观,胚胎开始分节,形成副体节,副体节将改变成为体节,头部的三个体节是上颚节(Ma)、下颚节(Mx)和下唇节(Lb),胸部的三个体节是 T1、T2、T3,腹部的 8 个体节是 A1～A8;F. 胚带退缩,体节形成;G. 刚孵化的幼虫。

在第二个阶段,胚胎的腹面出现了两处凹陷:一个凹陷在腹沟的前方,称为前中肠内陷(anterior midgut invagination),它由前端的预定内胚层细胞内陷而成;另一个凹陷在腹沟后方的近极细胞处,称为后中肠内陷(posterior midgut invagination),它由后端的预定内胚层细胞内陷而

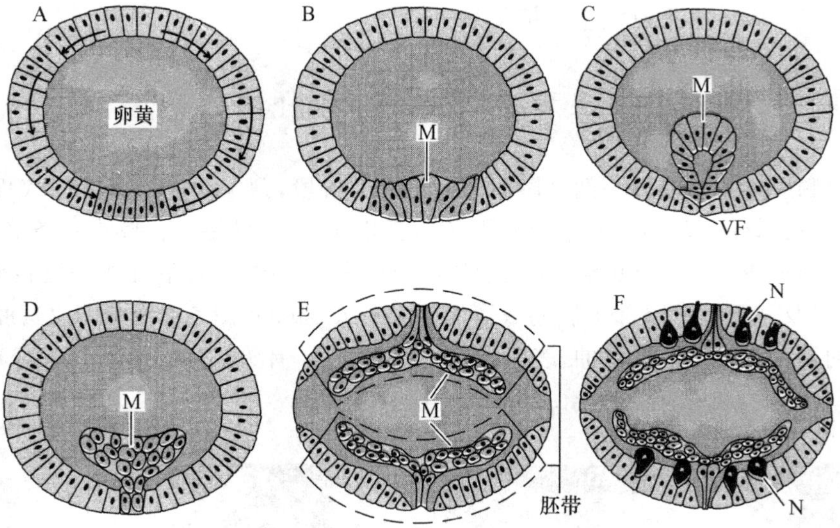

图 5.4　果蝇原肠胚形成阶段的横切面观(自 Browder et al.,1991)

A. 腹沟形成前胚胎,在细胞胚盘的中央是卵黄;B. 开始原肠胚形成,中胚层(M)即将内陷;C. 中胚层(M)进入胚胎内部,成为一条管,腹沟(VF)形成;D. 中胚层管变成扁平的中胚层(M);E. 胚带从腹部扩展到背部,横切面上可以看到背、腹部皆有胚带;F. 预定神经细胞(N)从胚带内移,进入胚胎内部。

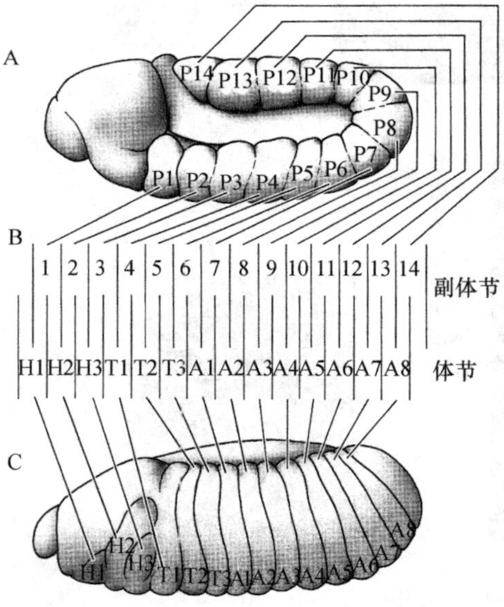

图 5.5　果蝇的副体节和体节(自 Browder et al.,1991)

A. 副体节形成,P1～P14 代表 14 个副体节;B. 显示副体节和体节的对应关系;C. 体节形成,H1～H3 是头部的 3 个体节,T1～T3 是胸部的 3 个体节,A1～A8 是腹部的 8 个体节。

成。后中肠内陷形成后就逐渐加深,其附近的极细胞也逐渐陷入此陷窝中。与此同时,胚带往后端扩展。胚带扩展至腹部后端之后,绕过后端,到达胚胎后端的背部,并继续向胚胎前端扩展。在胚带扩展过程中,后中肠内陷及其中的极细胞被胚带推动着,从胚胎后端的腹面绕过后端移位至胚胎背部(图 5.3 和图 5.4)。

以后,胚带中的预定神经系统细胞内移,进入胚胎内部,这些细胞将形成神经索。胚带在胚胎背部伸展,进入胚体的前半段,此时,胚体开始出现分节,形成 14 个副体节(parasegment)(图 5.5)。以后,副体节改变成为体节(segment),副体节和体节之间有一定的关系。每一个副体节都由前后两部分组成,每一个副体节的后部和后一个副体节的前部将构成一个体节。胚体出现分节后,胚带又逐渐沿着与原来伸展的相反方向退缩,返回至原来胚胎的腹面及两侧区域。胚胎背部的细胞将构成羊浆膜(amnioserosa)。随着胚带的退缩,后中肠内陷移至胚胎的后端,在此处,它将形成肛门。

果蝇胚胎、幼虫和成体的体型大致相同,都有明显的头端和尾端,在头尾端之间是体节。在这些体节中,前 3 个形成头部,中间 3 个形成胸部,后 8 个形成腹部。在形成胸部的 3 个体节中,第 1 个胸节只形成一对腿;第 2 个胸节除了形成一对腿,还形成一对翅膀;第 3 个胸节除了形成一对腿,还形成一对平衡棒。

第三节　海胆的原肠胚形成

在无脊椎动物中，海胆的原肠胚形成比其他的类群更为人们所理解，这是由于应用现代实验方法对海胆原肠胚形成过程中的细胞运动做了较详细的研究。

海胆的囊胚大约有1000个细胞，这些细胞单层排列，呈球状，中央是囊胚腔。细胞的顶部伸出纤毛，纤毛埋藏于透明层中。囊胚腔的内壁衬有一层基板(basal lamina)，囊胚腔中还有多纤维的基质。海胆原肠胚形成过程分为三个阶段：①初级间充质细胞(primary mesenchyme cell)内移；②形成一个短而粗的原肠(archenteron)；③原肠伸长，同时，次级间充质细胞(secondary mesenchyme cell)内移(图5.6)。

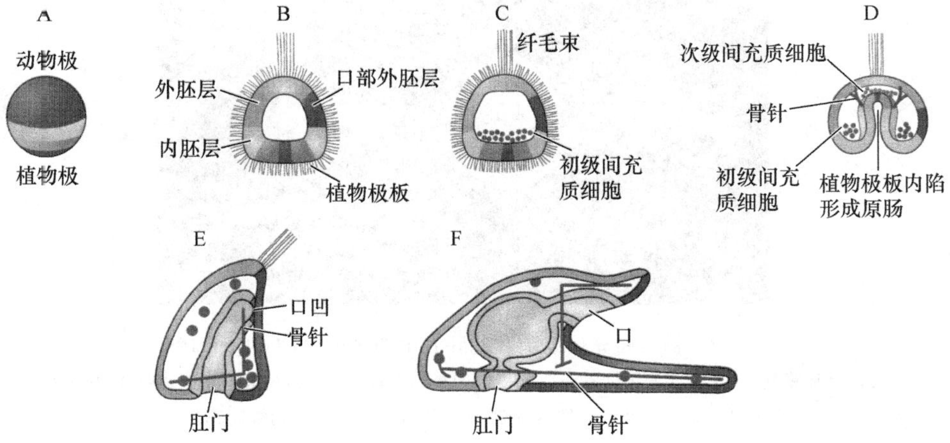

图5.6　海胆原肠胚形成模式图(自Gilbert，2000)

A. 受精卵；B. 晚期囊胚，胚胎表面长有纤毛；C. 初级间充质细胞内移；D. 原肠形成，次级间充质细胞内移；E. 棱柱幼虫阶段；F. 长腕幼虫阶段。

一、初级间充质细胞内移

海胆原肠胚形成的最初标志是囊胚的植物极逐渐变平坦，形成植物极板(vegetal plate)。构成植物极板的细胞是预定中胚层和预定内胚层细胞。其中一些预定中胚层细胞内移进入囊胚腔，称为初级间充质细胞(图5.7)。初级间充质细胞靠其伸出的丝状伪足(filopodia)沿着囊胚腔内壁的基板移动，丝状伪足相互融合，在植物半球的囊胚腔中形成一个环形的合胞体。在其中的两个位置，初级间充质细胞堆积得很多，成为两个细胞团(图5.8)。初级间充质细胞将形成海胆的骨骼系统，此时的胚胎称为间充质囊胚(mesenchyme blastula)。

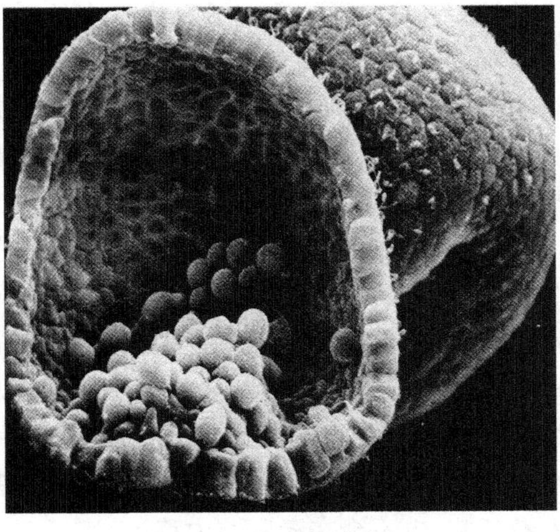

图5.7　初级间充质细胞的内移(自Carlson，1988)

此图为海胆胚胎的扫描电子显微镜照片。前面的胚胎纵切，显示囊胚腔中的初级间充质细胞，后面的胚胎植物极可以看到胚孔。

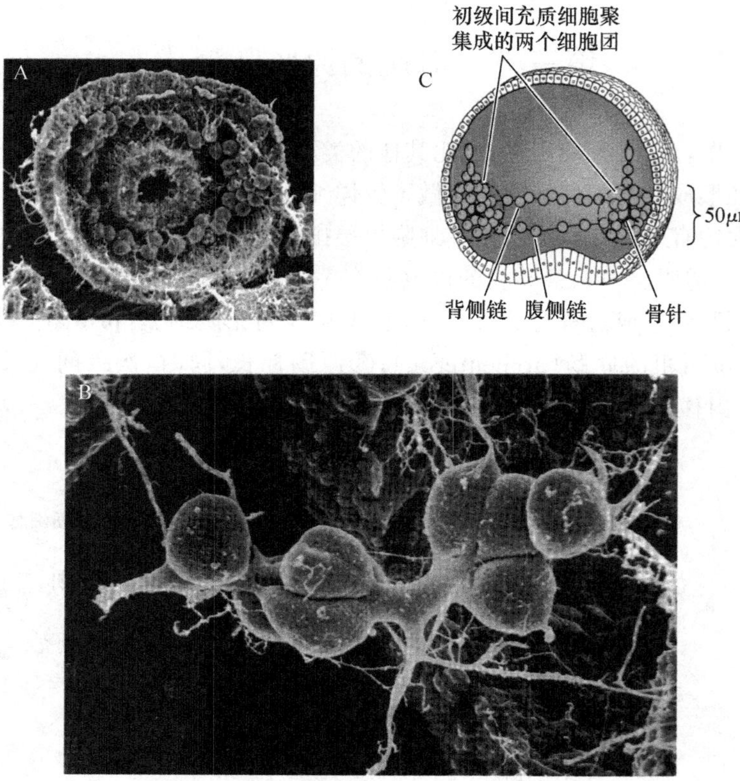

图 5.8　初级间充质细胞在囊胚腔中的排列(自 Gilbert,1997)

A. 胚胎横切,显示囊胚腔中的初级间充质细胞排列成环状;B. 扫描电子显微镜照片,显示初级间充质细胞;C. 胚胎纵切示意图,显示囊胚腔中的两个初级间充质细胞团。

初级间充质细胞是在第 4 次卵裂时出现的 4 个小分裂球的后代,而初级间充质细胞的内移与这些细胞和相邻细胞、透明层及基板之间亲和力的改变有关。在囊胚阶段,相邻细胞之间连接紧密,细胞和透明层之间的连接也很紧密,但是细胞和基板的连接较松。在原肠胚形成的开始阶段,情况发生了变化。小分裂球起源的初级间充质细胞与其相邻的细胞和透明层的亲和力丧失殆尽,大致仅剩原来的 2%,而与基板的亲和力却增加了约 100 倍。初级间充质细胞亲和力的改变导致其从相邻细胞和透明层的包围中释放出来,被基板所吸引,进入囊胚腔。此外,细胞表面的某些分子(如整联蛋白、层粘连蛋白和钙黏着蛋白等)也在此过程中发挥作用。

进入囊胚腔的初级间充质细胞逗留在植物极板内侧一段时间,然后开始沿着囊胚腔内壁的胞外基质移动。如上所述,胞外基质富含纤维,这些纤维大致呈平行排列。初级间充质细胞伸出丝状伪足,在纤维的引导下,丝状伪足牵着初级间充质细胞运动(图 5.9)。在此运动过程中,几种蛋白质起着重要作用。一种是纤连蛋白,它是基板的组分之一,在原肠胚形成中,初级间充质细胞与纤连蛋白的亲和力大大增加。第二种蛋白质是硫酸盐化了的蛋白多糖,这种蛋白多糖位于初级间充质细胞表面。如果这种蛋白多糖的合成或其硫酸盐化受阻,初级间充质细胞即使进入囊胚腔,也不会在囊胚腔中移动。

二、形成原肠

初级间充质细胞从植物极板内移进入囊胚腔之后,留在植物极板上的细胞有内胚层细胞,也

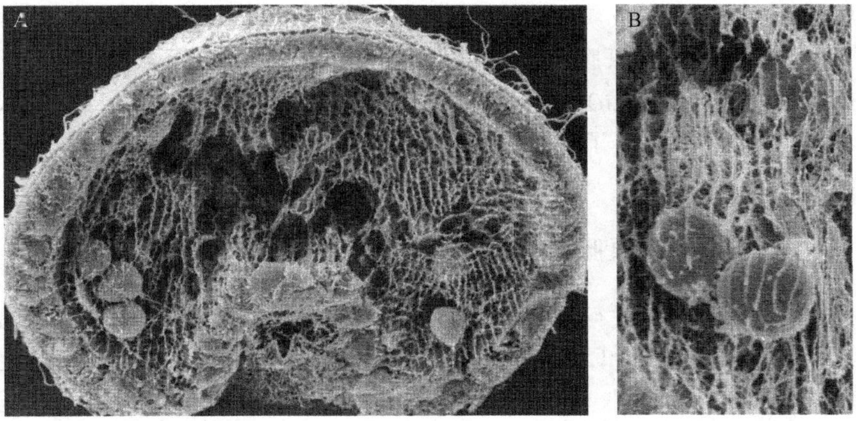

图 5.9　囊胚腔中的纤维和初级间充质细胞（自 Gilbert，1997）

A. 海胆原肠胚（纵切）的扫描电子显微镜照片，显示囊胚腔中纤维的走向，以及依附于纤维的初级间充质细胞；B. 局部放大。

有中胚层细胞。随后，整个植物极板内陷进入囊胚腔并形成原肠。原肠仅伸入囊胚腔的 1/3 便停止，原肠在植物极板的开口称为胚孔（blastopore）（图 5.10）。

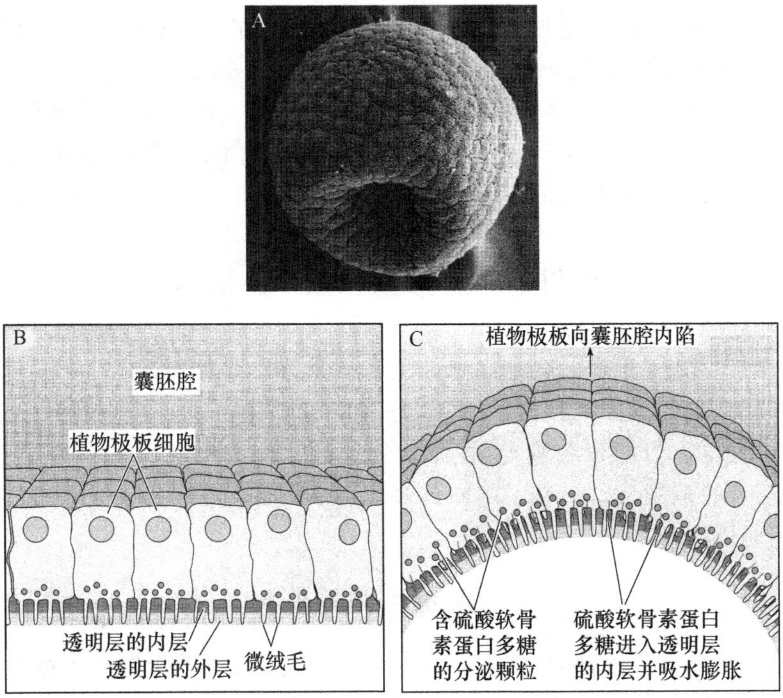

图 5.10　植物极板的内陷（自 Gilbert，1997）

A. 海胆原肠胚表面观，显示胚孔；B. 胚胎表面的透明层分为内外两层，植物极板细胞中含有硫酸软骨素蛋白多糖的颗粒靠近细胞表面，将向透明层释放蛋白多糖；C. 硫酸软骨素蛋白多糖进入透明层的内层，内层吸水膨胀，而外层并未膨胀，导致透明层弯曲，将植物极板推进囊胚腔。

植物极板内陷并形成原肠与植物极板细胞的形状改变及透明层有关。植物极板中央的细胞变成瓶状细胞，一端变狭窄，一端膨大，这样使得植物极板向内陷入。此外，透明层吸水也发挥了作用。透明层实际上由两层构成：其外层成分主要是透明素蛋白(hyaline)，其内层由一种称为 fibropellin 的蛋白质组成。在原肠胚形成时，植物极板的细胞分泌出硫酸软骨素蛋白多糖(chondroitin sulfate proteoglycan)，该多糖进入透明层的内层并吸水，使得内层肿胀。但是透明层的外层并不肿胀，这样就产生了一种弯曲的力，该力将贴于透明层的植物极板推入囊胚腔(图 5.10)。

三、原肠的伸长和次级间充质细胞内移

植物极板的内陷不是连续进行的，原肠刚形成就停止内陷。经过一段短暂的停留之后，植物极板又开始继续内陷。在第二阶段内陷过程中，原肠的长度明显增加，有的个体会达到原来的 3 倍，原来较短较粗的原肠变成较长较细的狭窄管状结构。与此同时，位于原肠顶部的中胚层细胞内移进入囊胚腔，这些细胞称为次级间充质细胞。次级间充质细胞从原肠顶部分离出去后，构成原肠的细胞全部是内胚层细胞。由于原肠拉长成狭窄的管状，原肠的顶部接近动物极。留在胚胎表面未内陷的细胞做外包运动。

原肠长度的变化靠两个因素起作用。一个因素是构成原肠的细胞发生了重新排列。细胞的重新排列主要通过会聚性延伸，其结果是原肠变细，原肠横切面的细胞由原来的 20～30 个减至 6～8 个，同时，原肠的长度增加。第二个因素是次级间充质细胞的牵拉。次级间充质细胞从原肠顶部分离出去后，逗留于原肠顶端。接着，次级间充质细胞伸出丝状伪足，该丝状伪足伸向动物极附近的囊胚腔内壁，并固定于该处。然后，丝状伪足收缩，将原肠顶端拉向动物极附近。若用激光除去次级间充质细胞的丝状伪足，原肠只能伸长至 2/3 的长度。

原肠顶端伸及动物极附近的囊胚腔内壁时，就贴在该处。次级间充质细胞从原肠顶端散入囊胚腔中，并分裂增殖形成中胚层器官。原肠顶端与囊胚腔内壁接触处形成一个口，口与原肠组成连续的消化管，胚孔是未来肛门的位置(图 5.6)。

第四节　鱼类的原肠胚形成

鱼类的囊胚如图 4.14 所示。胚胎细胞都位于胚盘，最表层的细胞构成被膜层，被膜层之下是深层细胞。深层细胞的下方有胚盘下腔，但是，有的鱼类囊胚的胚盘下腔并不明显。胚盘下腔之下是巨大的卵黄(也称为卵黄细胞)。在卵黄细胞的背侧有一层卵黄多核层。卵黄多核层扩大，超过胚盘所覆盖的范围，这样，有了内卵黄多核层和外卵黄多核层之分。胚盘细胞的外包运动标志着原肠胚形成的开始。

一、胚盘细胞的外包

在原肠胚形成的最早阶段，胚盘细胞向植物极方向运动，并逐渐包被卵黄细胞，这个过程属于外包。由于胚盘细胞的外包运动，胚盘的面积逐渐扩大(图 5.11)。胚盘细胞的外包不是由于细胞的主动移动，而是由于卵黄多核层的主动扩展才得以完成的。被膜层边缘的细胞和卵黄多核层紧紧贴在一起，当卵黄多核层沿着卵黄细胞表面往植物极方向扩展时，被膜层被拖着一起往植物极方向移动。深层细胞紧接着填充于被膜层边缘和卵黄多核层之间的空间(图 5.12)。如果人为地分开被膜层和卵黄多核层，卵黄多核层仍会沿着卵黄细胞表面扩展，而被膜层和深层细胞却不会移动。卵黄多核层的主动扩展与微管有关，在卵黄多核层中分布着微管网。若用试剂抑制微管蛋白的聚合，微管不能形成，卵黄多核层也不会扩展。

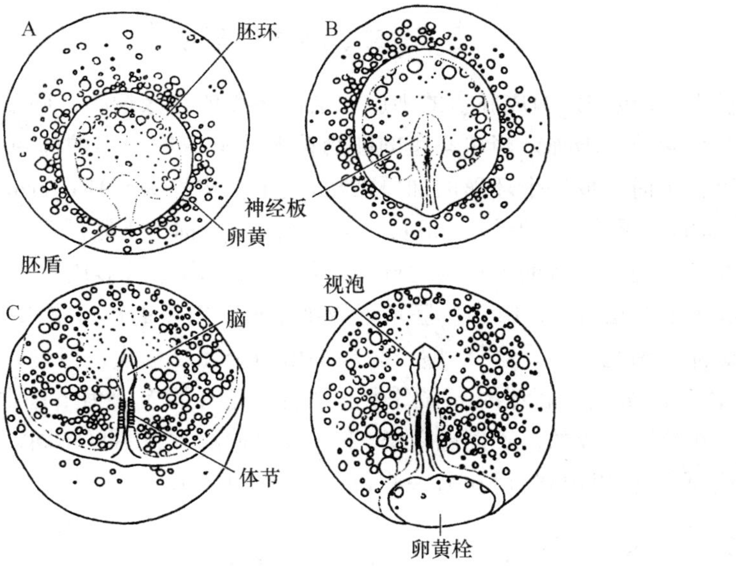

图 5.11　鲑鱼胚盘的扩大(自 Balinsky,1975)

A. 原肠胚开始形成时的胚盘,边缘是胚环,在未来胚胎的背部,胚环上的细胞聚集得更多,形成胚盾;B. 胚盘扩大,胚盾伸长;C. 胚盘大约包盖住卵黄细胞的 50%,胚盾中形成脑、视泡和体节;D. 胚盘几乎包盖了整个卵黄,未被包围的卵黄称为卵黄栓。

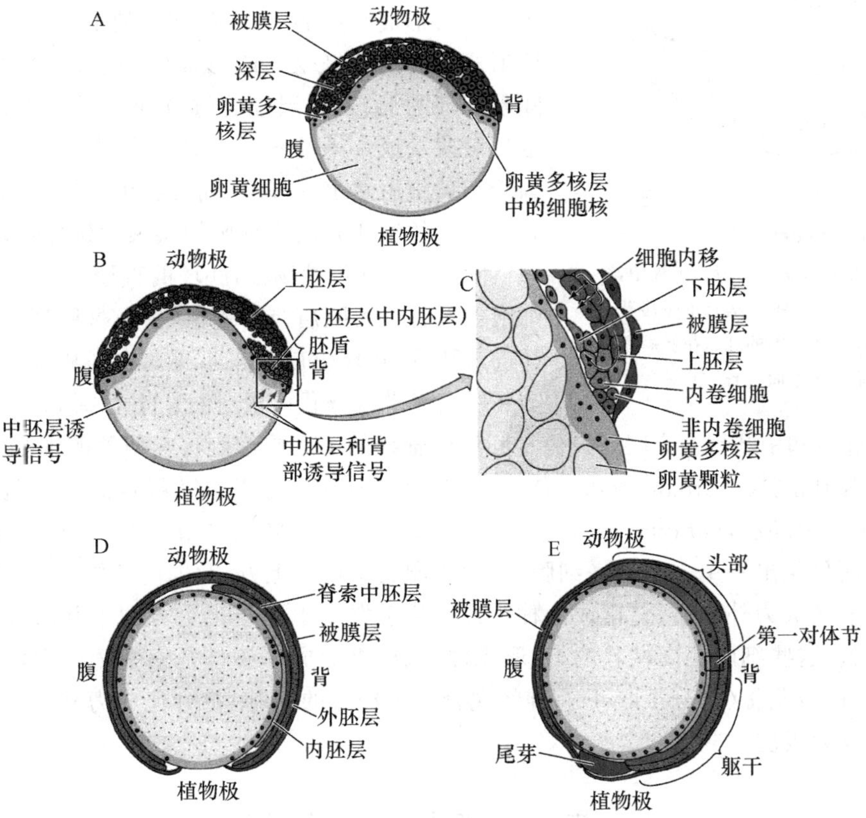

图 5.12　斑马鱼原肠胚形成示意图(自 Gilbert,2000)

A. 胚盘大约包围了 1/3 的卵黄细胞;B. 下胚层形成;C. 胚盘边缘放大,显示细胞的内卷和内移;D. 胚盘外包了绝大部分的卵黄细胞,三胚层形成;E. 原肠胚完全形成。

二、胚层的形成

胚盘扩大(外包)时,构成胚盘的细胞逐渐向胚盘的边缘迁移。胚盘中央的细胞层数减少,而胚盘周围的细胞数量增加。当斑马鱼的胚盘扩大并覆盖约一半的卵黄细胞时,胚盘的边缘由于细胞聚集得较多而形成一个环形的加厚结构,这个结构称为胚环(germ ring)。胚环由两个细胞层组成:上面的一层称为上胚层(epiblast),下面的一层称为下胚层(hypoblast)。上、下胚层的形成机制至今尚不确定。有的人认为是胚环边缘的细胞内卷后形成了下胚层,而留在表层未内卷的细胞构成了上胚层(图 5.12C)。胚环下缘细胞最早内卷的地方是未来胚胎的背部,不久,整个胚环的下缘都有细胞内卷。这样,整个胚环都由两个胚层构成。但是,有的人却认为胚环的某些细胞内移,内移的细胞在胚环的下方组成下胚层。还有的人认为下胚层的形成是内卷和内移这两个运动方式共同造成的。不同的鱼类,下胚层形成的方式不尽相同。在某些鱼类中,下胚层的形成以内卷为主,辅以内移;而在另一些鱼类,则以内移为主,辅以内卷。

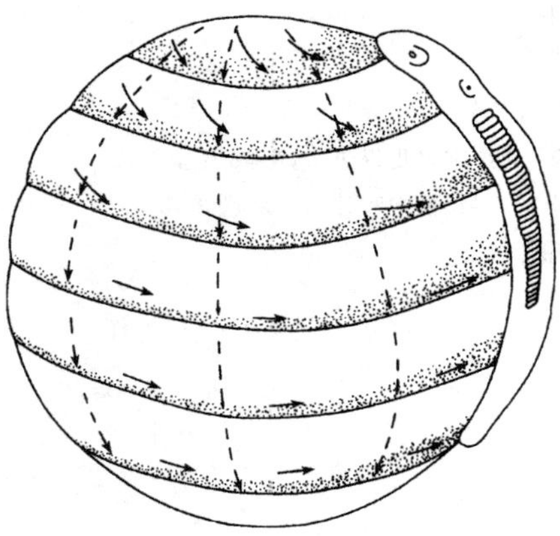

图 5.13　鲑鱼胚环的运动轨迹

(自 Saunders,1982)

显示胚盘在往植物极扩大(外包)过程中,胚环移动的轨迹。虚线箭号表示胚环移动方向,实线箭号表示胚环中的细胞往胚盾方向(胚胎背部方向)的运动。

胚环形成后,胚盘的细胞还在继续外包,因此,胚盘继续扩展,逐渐往植物极方向移动(图 5.13)。在胚环往植物极移动的过程中,上、下胚层的细胞同时向未来胚胎背部的方向集中。这样,在胚胎背部,胚环形成一个加厚的结构,这个结构称为胚盾(embryonic shield)。和胚环一样,胚盾也由上、下两个胚层组成。胚环的上胚层细胞进入胚盾后形成胚盾的上胚层,胚环的下胚层细胞进入胚盾后形成胚盾的下胚层。刚形成的胚盾形状为扇形,以后,随着胚环的上、下胚层细胞继续向胚盾集中,胚盾的形状也逐渐改变成一条狭窄的长条状结构,位于胚胎背侧,匍匐于卵黄细胞之上,一端朝向动物极,另一端朝向植物极。胚盾形状的变化是由于细胞做会聚性延伸运动造成的。

随着胚环接近植物极,胚环的直径越来越小,而胚环的细胞也不断进入胚盾。到达植物极时,胚环的细胞已经全都进入胚盾,胚环也就消失不见。在胚盾伸长过程中,上、下胚层已经进入分化阶段(图 5.11 和图 5.13)。胚盾的下胚层包括内胚层和中胚层两个胚层。位于胚盾中轴线的下胚层细胞将与两侧的细胞脱离,形成一条索状的脊索中胚层(chordamesoderm),它是脊索的原基。脊索中胚层两侧的细胞称为体节中胚层(也称轴旁中胚层,paraxial mesoderm)。体节中胚层是胚胎体节的原基,将分化成为体节。下胚层的腹面分化出一单层的扁平细胞,它贴于卵黄多核层上方,此即内胚层(图 5.12D)。

胚盾的上胚层为外胚层,将形成两种结构。位于脊索中胚层正上方的上胚层细胞是预定神经系统的细胞,这些细胞是高柱状的,先形成神经板,再形成一条与脊索中胚层走向相同的长条状结构,称为神经龙骨(neural keel)。神经龙骨是神经管的原基,将分化成为神经管。其余的上胚层细胞将成为表皮。

第五节　两栖类的原肠胚形成

两栖类的原肠胚形成已被人们研究了 100 多年,因此,这是一个很古老的研究领域。但是,有关无尾两栖类原肠胚形成的机制却是在20世纪七八十年代以后才逐渐被人们所了解。从这个意义上说，两栖类的原肠胚形成又是一个年轻的研究领域。不同的两栖类，其原肠胚形成的细胞运动方式和形成机制不尽相同。在20世纪的早期，主要研究有尾两栖类蝾螈的胚胎发育。动物胚胎学中有关两栖类发育的描述也主要是蝾螈的发育。近二三十年来，研究人员集中研究非洲爪蟾原肠胚形成中的细胞运动及其机理。本节主要介绍非洲爪蟾的原肠胚形成。

一、非洲爪蟾囊胚的原基分布图

两栖类囊胚呈球状，在动物半球有一个囊胚腔。动物半球的细胞较细小，含卵黄很少，植物半球的细胞大且含卵黄多。通过活体染色法，可以在两栖类的囊胚表面划分出未来器官原基的分布区域，这样就可以在囊胚表面画出原基分布图(fate map)。

非洲爪蟾的原基分布图与有尾两栖类的不同之处在于：有尾两栖类所有三个胚层起源的器官原基皆可在囊胚表面找到，而非洲爪蟾只有外胚层和内胚层起源的器官原基才可在囊胚表面看到，中胚层起源的器官原基位于胚胎的内部。如图5.14所示，非洲爪蟾的囊胚表面可以分为

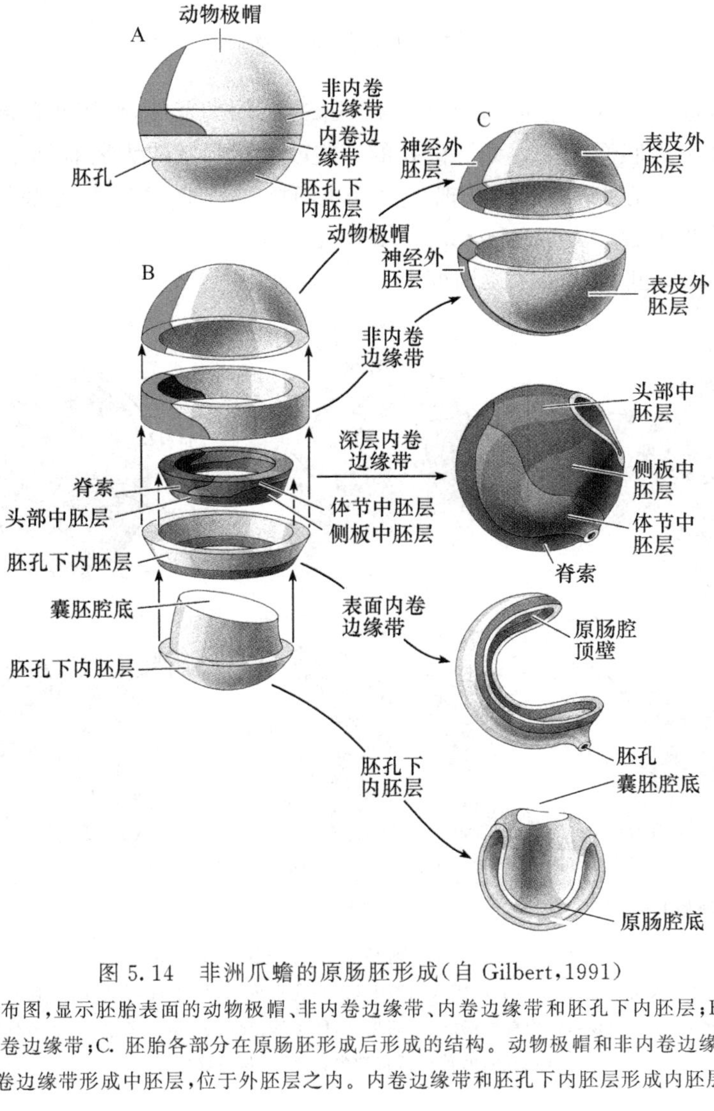

图5.14　非洲爪蟾的原肠胚形成(自 Gilbert,1991)

A. 非洲爪蟾的原基分布图，显示胚胎表面的动物极帽、非内卷边缘带、内卷边缘带和胚孔下内胚层；B. 胚胎解构图，显示胚胎各部分，包括深层内卷边缘带；C. 胚胎各部分在原肠胚形成后形成的结构。动物极帽和非内卷边缘带形成外胚层，位于胚胎的表面。深层内卷边缘带形成中胚层，位于外胚层之内。内卷边缘带和胚孔下内胚层形成内胚层，位于中胚层之内。

三个区域：靠近动物极的是动物极帽(animal cap)；靠近植物极的是胚孔下内胚层(subblastoporal endoderm)；介于这两者之间的是边缘带(marginal zone)。动物极帽主要是神经外胚层和表皮外胚层。胚孔下内胚层是内胚层细胞主要聚集的地区。边缘带又可分为两部分：靠近动物极帽的部分为非内卷边缘带(noninvoluting marginal zone)；靠近胚孔下内胚层的部分为内卷边缘带(involuting marginal zone)。非内卷边缘带包括神经外胚层和表皮外胚层，内卷边缘带为内胚层。在内卷边缘带的深层还有一层环状结构，为深层内卷边缘带(deep involuting marginal zone)。深层内卷边缘带是中胚层细胞聚集的地区，包括脊索中胚层、头部中胚层、体节中胚层和侧板中胚层。

据认为，囊胚预定胚层的分布格局与转录因子 VegT 及 TGF-β 家族的旁分泌因子 Vg1 有关，这两种蛋白质的 mRNA 都存在于胚孔下内胚层。如果用 VegT 的反义 RNA 作用于卵子，早期胚胎中就不会出现 VegT。结果，囊胚的原基分布与正常的大相径庭。动物极帽仅有表皮外胚层，没有神经外胚层；应该产生中胚层的深层内卷边缘带却产生表皮和神经组织，不产生中胚层；胚孔下内胚层区域本来是内胚层，却产生外胚层和中胚层，不产生内胚层，因此，这样的胚胎缺内胚层和脊索中胚层。

二、胚孔的形成

非洲爪蟾原肠胚形成的细胞运动最早发生于未来胚胎的背部，位于灰色新月的下方，该处是内卷边缘带和胚孔下内胚层的交界处。该处的细胞改变其形状成为瓶状细胞(bottle cell)，瓶状细胞向胚胎内部陷入，在胚胎表面出现一个弧形的浅沟，此浅沟即为胚孔(blastopore)(图 5.15)，胚孔上缘称为背唇(dorsal blastopore lip)，位于原先的灰色新月区域。在随后的发育过程中，胚孔将逐渐加深，里面的腔隙逐渐变大。

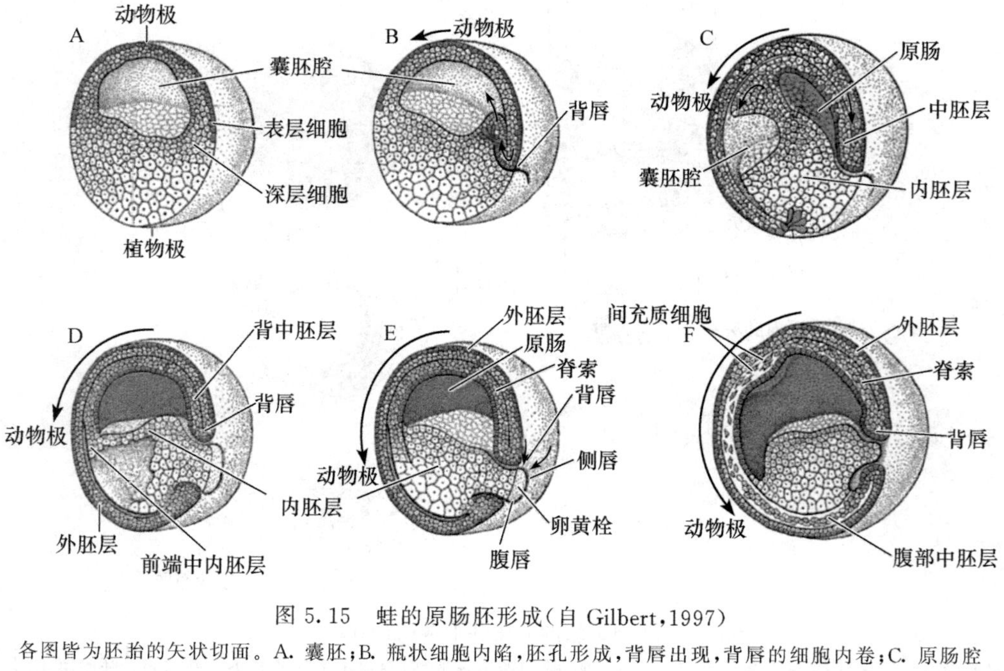

图 5.15　蛙的原肠胚形成(自 Gilbert，1997)

各图皆为胚胎的矢状切面。A. 囊胚；B. 瓶状细胞内陷，胚孔形成，背唇出现，背唇的细胞内卷；C. 原肠腔扩大，囊胚腔缩小，侧唇出现；D. 中期原肠胚，腹唇出现，卵黄栓出现；E. 囊胚腔消失，卵黄栓缩小；F. 晚期原肠胚，卵黄栓即将消失，三胚层位置确定。

胚孔总是出现在灰色新月的下方，而灰色新月的出现又与受精卵皮层细胞质的流动有关。由于皮层细胞质的流动，在精子穿入点的对侧出现了灰色新月。因此，胚孔的位置与细胞质的流动有关。胚孔所在的位置是将来胚胎的背部，与其相对的一侧是将来胚胎的腹部。如果阻止微管蛋白聚合成为微管，那么受精卵的皮层细胞质将不会流动，将来胚胎就不会形成胚孔。可见，皮层细胞质的流动对于胚孔的形成是至关重要的。皮层细胞质的流动可能促使与精子穿入点相对的植物半球的几个卵裂球具有诱导其上方的细胞内陷形成胚孔的能力，这几个细胞将形成一个信号中心，称为 Nieuwkoop 中心(Nieuwkoop center，详见第九章)。如果将非洲爪蟾 64 细胞期胚胎的与精子穿入点相对的植物半球几个卵裂球(Nieuwkoop 中心)移植到受紫外线照射的胚胎腹部(该胚胎受到紫外线辐射后本来不会形成原肠胚)，将诱导宿主胚胎产生胚孔，并开始原肠胚形成。如果将此卵裂球移植到另一个正常宿主胚胎的腹部，将诱导出第二个胚孔，并由此开始第二个原肠胚的形成，从而形成一个双头的胚胎(图 5.16)。

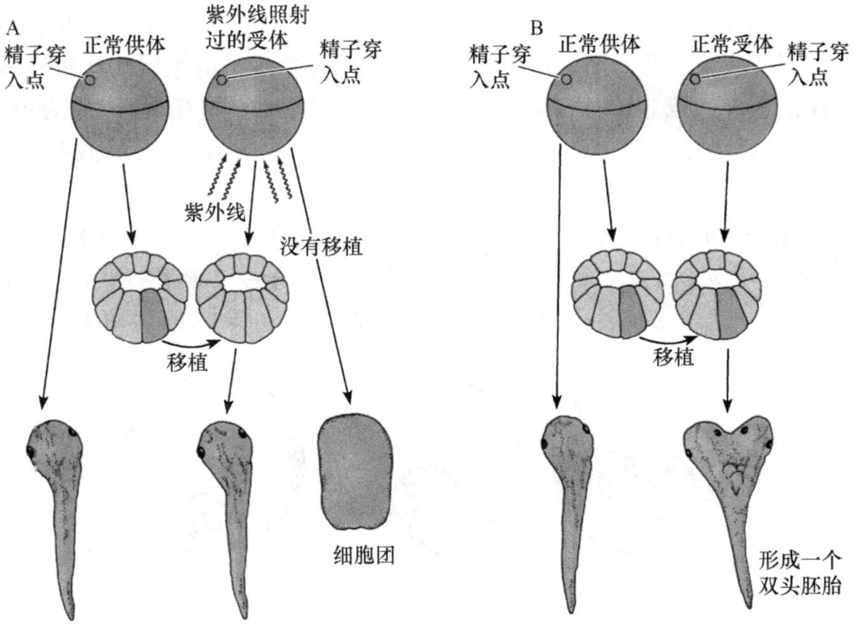

图 5.16　胚孔下方植物极细胞的移植实验(自 Gilbert，1997)
A. 将正常的 64 细胞期胚胎预定胚孔下方的植物极细胞(Nieuwkoop 中心)移植到经紫外线照射的同期胚胎腹部，宿主胚胎可以正常发育；B. 将正常的 64 细胞期胚胎 Nieuwkoop 中心移植到一个同期正常胚胎的腹部，宿主将形成一个双头的胚胎。

胚孔是由细胞内陷形成的，而细胞内陷与细胞形状的改变有关。最早内陷的细胞先改变成为瓶状细胞，然后向胚胎内部钻入(图 5.17)。蝾螈胚胎的瓶状细胞天生具有活跃地向胚胎内部钻入的能力。如果将蝾螈早期原肠胚的瓶状细胞移到载玻片上，它们将贴在玻片上，并拖着与其相连的其他细胞一起运动。如果将蝾螈早期原肠胚边缘带上预定内陷的内胚层细胞切下来，移植到另一处内胚层上方，移植来的细胞将改变成为瓶状细胞，并钻到宿主中。

三、边缘带的内卷和胚孔形状的改变

胚孔形成后，胚胎背侧的内卷边缘带(预定内胚层)越过背唇向胚胎内部卷入，使得胚孔往胚

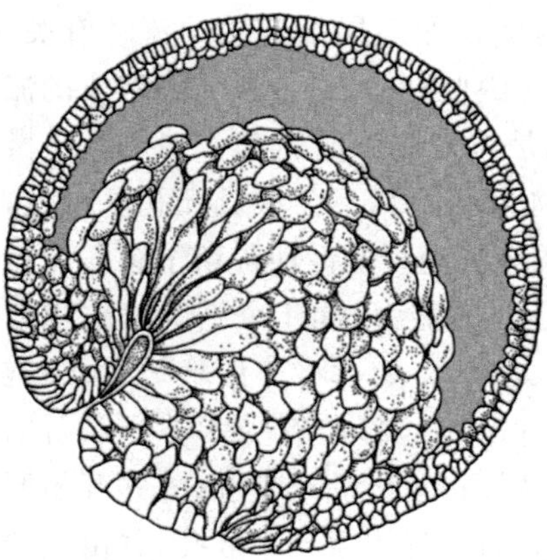

图 5.17　瓶状细胞内陷形成胚孔

（自 Berrill and Karp，1976）

两栖类原肠胚纵切面，显示瓶状细胞内陷，产生了胚孔。

胎内部扩大，成为一个狭窄的裂隙，称为原肠腔。与囊胚腔相似，原肠腔也位于胚胎的动物半球。在随后的发育过程中，原肠腔逐渐扩大，并挤压囊胚腔，最终囊胚腔被挤压消失，原肠腔则充分扩大，成为胚胎中唯一的腔。内卷边缘带的细胞进入内部后，成为原肠腔的顶壁。与此同时，胚胎背侧的深层内卷边缘带中预定脊索中胚层也绕过背唇内卷，进入原肠腔的背方，位于内胚层的上方，并在那里继续进行会聚性延伸运动，成为位于背中线的一条细胞带。这条细胞带就是脊索中胚层，将发育成为胚胎的脊索，它和后来形成的位于其背部的神经管一起成为胚胎的主轴（前后轴）（图 5.15）。

一般认为，表层的内卷边缘带（预定内胚层）的内卷是被动的，而深层的内卷边缘带中预定脊索中胚层的内卷才是主动的。深层内卷边缘带的细胞在绕过背唇之前做会聚性延伸运动。深层内卷边缘带本来不止一层，在内卷之前，细胞相互嵌合，成为单层的细胞层。然后，深层内卷边缘带主动地绕过背唇内卷，同时拖着与其贴在一起的表层内卷边缘带（内胚层）一起内卷。

胚孔在胚胎背侧形成后，沿着内卷边缘带和胚孔下内胚层的交界处向两侧扩展，先是形成马蹄形，然后闭合成为环形。在此过程中，由于动物极帽和非内卷边缘带的外包，变化着的胚孔亦逐渐向植物极方向移动，因此，当环形胚孔形成后，其直径变得很小（图 5.18）。

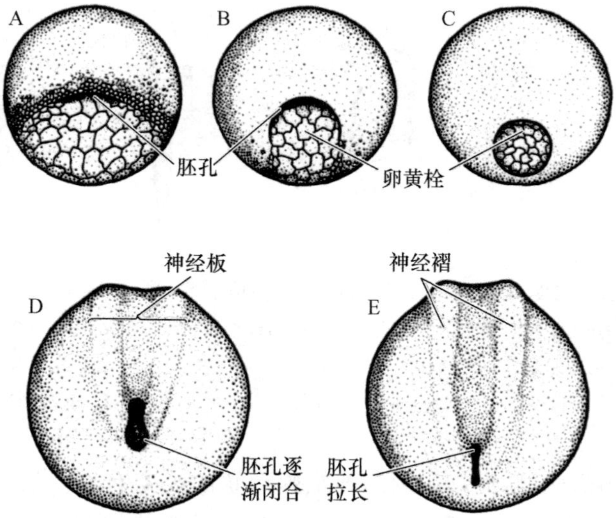

图 5.18　胚孔形状的改变（自 Carlson，1988）

A. 胚孔刚形成，背唇出现；B. 胚孔扩大，侧唇出现；C. 胚孔完全形成，腹唇出现；D、E. 胚孔缩小，左右侧唇靠近。

在胚孔往两侧扩展成马蹄状时，形成左右两个侧唇（lateral lip）。当环状胚孔形成后，腹唇（ventral lip）也随之形成。表层内卷边缘带中除了那些位于胚胎背部的细胞以外，所有其他位置的细胞分别从胚孔的侧唇和腹唇内卷。深层内卷边缘带中预定体节中胚层细胞从侧唇内卷，预定侧板中胚层细胞则从腹唇内卷（图 5.14 和图 5.15）。预定体节中胚层细胞从侧唇内卷后，也做会聚性延伸运动，并逐渐向位于胚胎背中线的脊索中胚层两侧靠近，形成位于脊索中胚层两侧的体节中胚层（即轴旁中胚层）。侧板中胚层从腹唇内卷后位于胚胎腹部和两侧，并与背部的体节中胚层相连。

在原肠胚形成中，脊索中胚层和体节中胚层都进行会聚性延伸运动。有两个因素在中胚层的会聚性延伸中起作用，一个是细胞的粘连作用，一个是钙离子浓度的提高。在原肠胚形成中，预定脊索中胚层细胞表达轴原钙黏着蛋白（axial protocadherin）基因，预定体节中胚层细胞中表达轴旁原钙黏着蛋白（paraxial protocadherin）基因。轴原钙黏着蛋白和轴旁原钙黏着蛋白是位于细胞表面的黏着分子，能够使同类细胞相互粘连。如果该基因突变，产生显性失活形式（dominant negative form）的蛋白质，那么，显性失活的轴原钙黏着蛋白和轴旁原钙黏着蛋白就不再位于细胞表面，而是成为分泌蛋白。这样，细胞就不再相互粘连，也不会进行会聚性延伸。此外，进行会聚性延伸的细胞会出现自由钙离子的高峰（钙波），这些钙离子是从细胞内的钙离子贮藏库中释放出来的。如果钙离子的释放受阻，脊索中胚层和轴旁中胚层都不会进行会聚性延伸运动。据认为，钙离子能够调节细胞中微丝的收缩，而微丝的收缩又与细胞的会聚性延伸有关。

四、外胚层的外包和胚孔下内胚层的运动

在内卷边缘带细胞内卷的同时，动物极帽和非内卷边缘带的细胞不断分裂增殖，并在胚胎表面做外包运动，逐渐向植物半球扩展。与此同时，原先数层的外胚层逐渐合并成为一层。在此过程中，预定神经外胚层做会聚性延伸运动，形成一狭长的带状结构分布于胚胎背部，重叠于脊索中胚层上方，与后者一样从胚胎的头部走向尾部（图 5.15）。其余的细胞则逐渐包被胚胎的表面，这些细胞形成胚胎的表皮（图 5.14）。

当动物极帽和非内卷边缘带往植物极方向外包时，胚孔下内胚层被动地被推入胚胎内部，构成原肠腔的底壁，这一过程是逐渐进行的。当这些细胞尚未完全被推入内部之前，呈一栓塞状塞于环形的胚孔之中，称为卵黄栓（yolk plug）（图 5.15）。卵黄栓仅是暂时性结构，随着胚孔的逐渐缩小，卵黄栓也逐渐变小，最终卵黄栓全部被推入原肠腔的底部。位于原肠腔底壁的内胚层通过原肠腔的两侧壁（也是内胚层）与位于顶壁的内胚层相连。

原肠胚形成后，外胚层分布于胚胎的表面。位于胚胎背中线的是神经外胚层，其余的地方是表皮外胚层。内胚层分布在原肠腔的四壁，其中原肠腔背部的内胚层很薄，而底部很厚。中胚层成为介于外胚层和内胚层之间的套层。其中，脊索中层位于背部，贴在神经外胚层的下方，呈一狭窄的长条状结构。脊索中胚层的两侧是体节中胚层，侧板中胚层位于胚胎的腹部，并绕过两侧与体节中胚层相连（图 5.14 和图 5.15）。两栖类的原肠胚大致还是一个球状结构，其体积和原先的囊胚没有很大的差异。

第六节　鸟类的原肠胚形成

在鸟类的囊胚阶段，胚盘位于卵黄的上方，在胚盘中已形成了上胚层和下胚层，上、下胚层之间有囊胚腔，下胚层的下方有胚盘下腔（图 5.19）。由于囊胚腔和胚盘下腔皆位于胚盘的中央，因此胚盘中央区域显得比较透亮，该处称为明区；而胚盘的边缘区域没有腔隙，细胞直接贴于卵黄之上，因此，胚盘的边缘区域显得比较暗，该处称为暗区（图 5.21）。

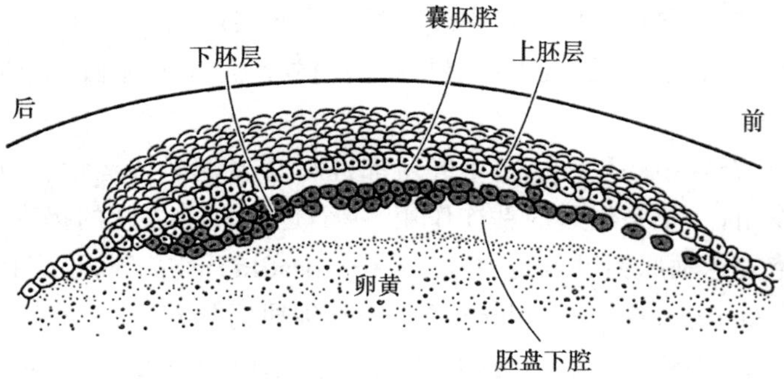

图 5.19　鸡的囊胚纵切面观(自 Carlson,1988)
胚盘由两个胚层组成。胚盘的表层是上胚层,其下方是囊胚腔,囊胚腔下方是下胚层,下胚层下方是胚盘下腔,胚盘下腔下方是卵黄。

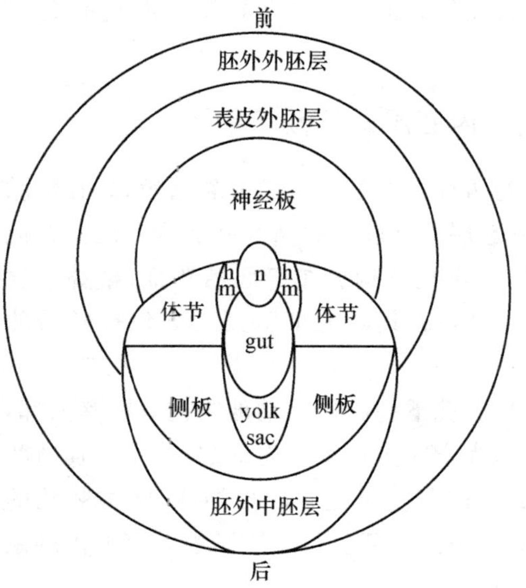

图 5.20　鸡胚明区上胚层的原基分布图
(自 Balinsky,1981)
预定中胚层和预定内胚层(两者都包括胚内部分和胚外部分)位于明区上胚层的后半部,预定外胚层(胚内部分)位于明区上胚层的前半部,预定胚外外胚层位于明区上胚层的最外侧。

一、原基分布图

鸟类胚胎所有三个胚层皆起源于上胚层,因此,器官原基分布在上胚层,不在下胚层。上胚层除了形成三个胚层外,还产生出胚外结构,如羊膜、浆膜和部分卵黄囊。上胚层中的器官原基分布如图 5.20 所示。在上胚层的中央有一块椭圆形区域,是预定脊索(n)。在预定脊索的后方是预定内胚层,该区域将形成肠子(gut)。在预定内胚层的后方是预定胚外内胚层,该区域将参与卵黄囊(yolk sac)的形成。在预定脊索和肠子的两侧是预定头部中胚层(hm)。在预定头部中胚层的两侧是预定体节中胚层。在预定体节中胚层的后方是预定侧板中胚层。在预定侧板中胚层的后方是预定胚外中胚层(extraembryonic mesoderm)。在预定脊索、预定头部中胚层和预定体节中胚层的前方是预定神经板(neural plate)。在神经板的外侧是预定表皮。在预定表皮的外侧是预定胚外外胚层(ertraembryonic ectoderm)。下胚层将参与形成胚外结构卵黄囊,此外,下胚层还形成原生殖细胞。

从原基分布图可以看出,在明区上胚层中不仅有胚内的成分,还有胚外的成分。凡是胚外的成分(包括胚外外胚层、中胚层和内胚层)都不参与胚胎本体的组成。只有胚内的外胚层、中胚层和内胚层才参与胚胎本体的组成。

二、原条的形成

爬行类、鸟类和哺乳类原肠胚形成的一个共同特征是形成原条(primitive streak)。在明区上胚层的后端先出现一个加厚的区域，该区域的形状随后发生变化。这个加厚区域是上胚层中预定中胚层细胞和预定内胚层细胞（包括胚内和胚外部分）向上胚层的后端集中形成的，这个加厚的区域即原条（图 5.21）。

参与原条形成的细胞主要是以会聚性延伸的运动方式形成原条。刚形成的原条呈扇形，随后逐渐变狭窄，并向未来胚胎的头端延伸。原条延伸达最长时，可占明区长度的 60%～75%。原条是胚胎的头尾轴，由于原条的伸长，明区的形状也由原先的圆形改变成为椭圆形。原条的头端有一个细胞聚集较多的结构，称为原结（primitive knot），也称为亨氏结（Hensens' node）。原结的中央有一个漏斗状凹陷，称为原窝（primitive pit）。在原结后方，原条的中线有一沟状凹陷，称为原沟（primitive groove），原沟与原窝相通。原沟两侧隆起来的部分称为原褶（图 5.22）。构成原条的细胞逐渐越过原沟和原窝内卷，并进入囊胚腔中或嵌入到下胚层中。因此，原条的细胞成分是不断更新的。原沟相当于两栖类胚胎的胚孔，而原结相当于胚孔的背唇。

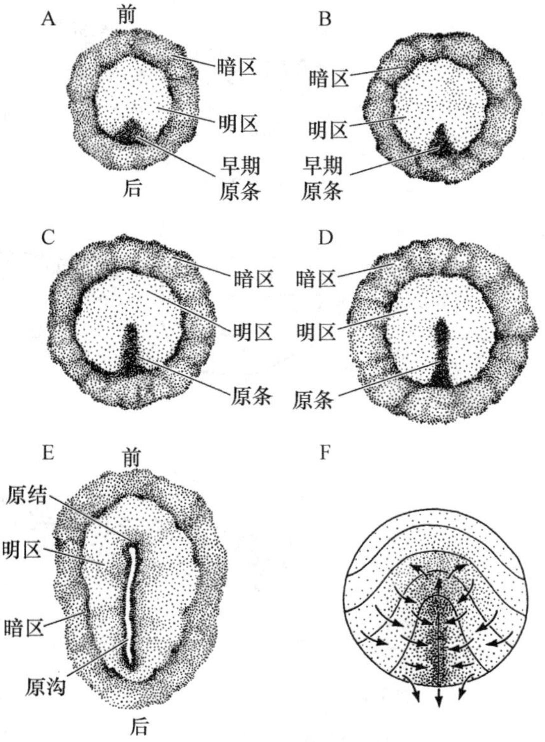

图 5.21　鸡的原条形成（自 Gilbert，1991）

A. 胚盘分为明区和暗区，明区位于胚盘的中央，暗区呈环状，包围着明区，刚形成的原条位于明区上胚层的后端；B～D. 原条形状改变，逐渐拉长，变窄；E. 由于原条的伸长，明区的形状也由原先的圆形变为椭圆形，原条长度达明区长度的 75%左右；F. 明区上胚层细胞通过会聚性延伸的运动方式形成原条。

位于明区上胚层的细胞本来呈上皮状，细胞与细胞之间紧密连接在一起。预定中胚层和内胚层细胞内卷之前，细胞之间的黏着被破坏。同时，细胞改变了形状，从原先的上皮细胞改变成为间充质细胞（mesenchymal cell）。间充质细胞是一类多突起的细胞，细胞与细胞之间仅有松散的联系。在发育过程中，间充质细胞往往分散运动。这些间充质细胞开始内卷，进入胚胎内部。原条细胞的内卷与一种分散因子（scatter factor）有关。分散因子是由这些内卷的细胞本身分泌的，它能够下调 E 钙黏着蛋白基因的表达，阻止 E 钙黏着蛋白发挥作用，同时也能促进细胞形状的改变。

三、内胚层和中胚层的形成

如图 5.22 所示，构成原条的预定中胚层和预定内胚层细胞通过原窝和原沟内卷。最早内卷的细胞是预定内胚层细胞，它们从原窝内卷，将形成胚胎的肠子。预定内胚层细胞进入囊胚腔后，嵌入到次级下胚层中。当内胚层细胞嵌入次级下胚层时，下胚层细胞被推向前端去，最终，在前端形成一个新月状的结构，称为生殖新月（germinal crescent）。生殖新月的细胞（即原先的次级下胚层细胞）将发育成为原生殖细胞（PGCs）。原生殖细胞将迁移入胚胎的生殖嵴，发育成为生殖细胞（精原细胞或卵原细胞）。嵌入了内胚层的次级下胚层改称为内胚层。

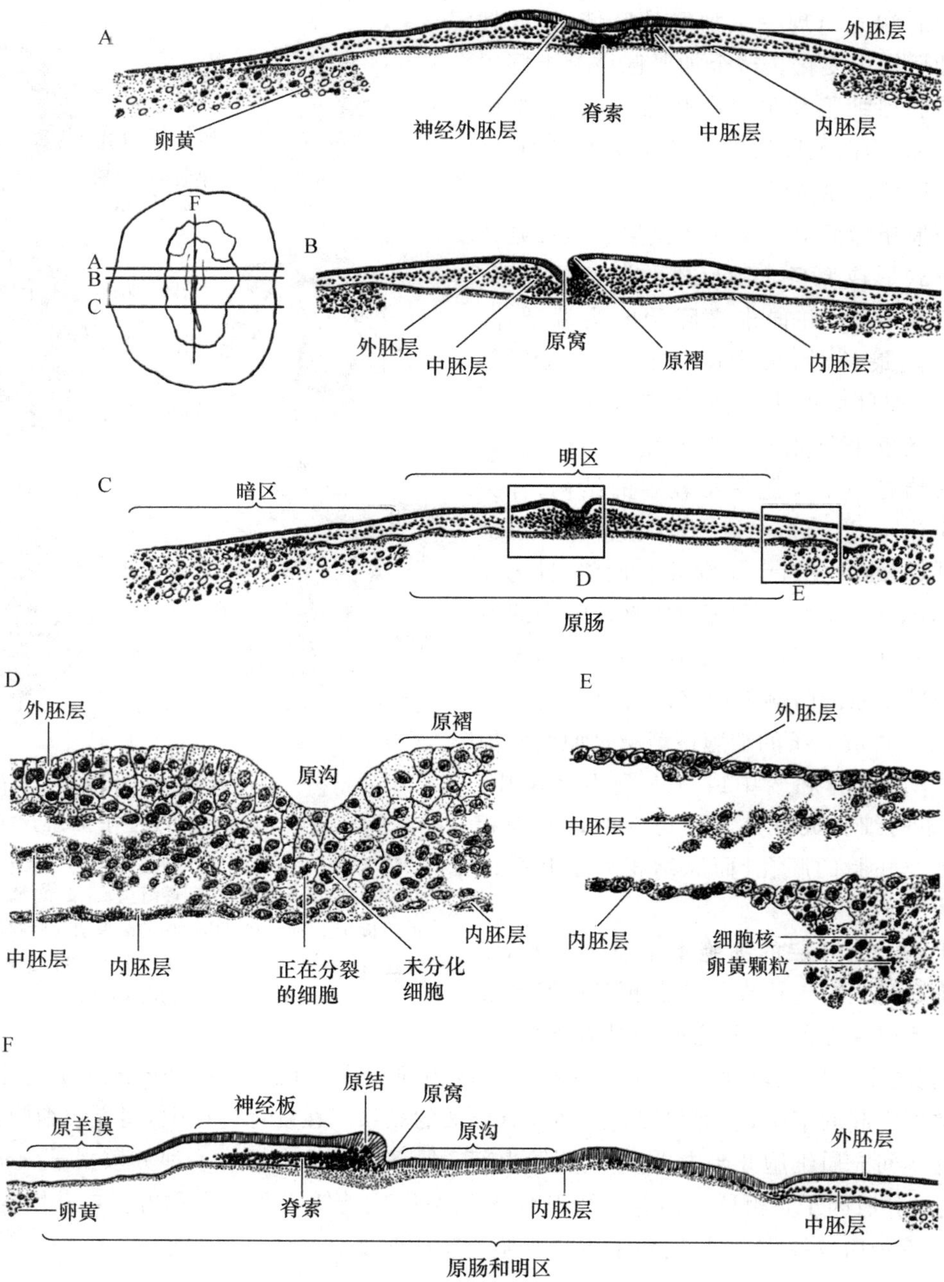

图 5.22　孵化 18h 的鸡原肠胚切面观(自 Carlson,1988)

本图左上方是 18h 鸡胚表面观简图,其中的三条横线(A、B 和 C)和一条竖线(F)代表三个横切面(A、B 和 C)和一个纵切面(F)。A. 过原条前方脊索的横切面;B. 过原结的横切面;C. 过原沟的横切面;D. C 图中原沟位置的放大图;E. C 图中明区、暗区交界处的放大图;F. 胚胎的正中矢状切面。

预定脊索中胚层和预定头部中胚层细胞随后也从原窝内卷,它们进入囊胚腔后向前方迁移。在囊胚腔中,预定脊索中胚层形成一个棒状结构,称为头突(head process),即脊索。预定头部中胚层位于脊索前端。预定胚外内胚层、预定体节中胚层、预定侧板中胚层和预定胚外中胚层相继从原沟内卷,其中,预定胚外内胚层内卷后嵌入到囊胚腔下方的内胚层中,位于胚内内胚层的外围。和脊索一样,预定体节中胚层和预定侧板中胚层内卷后位于囊胚腔中,形成一个新的胚层,即中胚层。预定体节中胚层分布于脊索的两侧，预定侧板中胚层位于体节中胚层的两侧。预定胚外中胚层内卷后位于侧板中胚层的两侧，并扩展到暗区（图5.22和图5.23）。

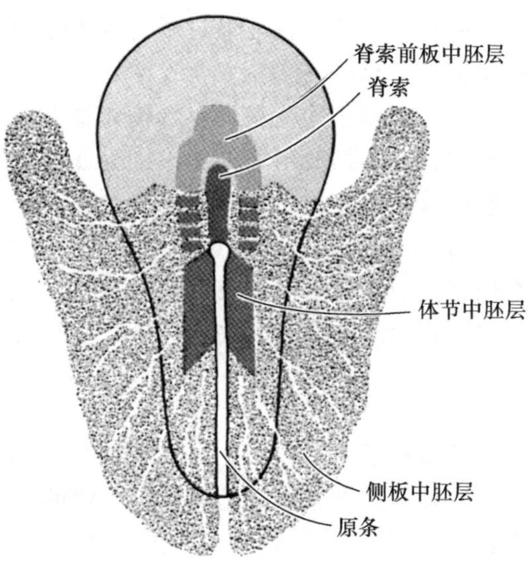

图5.23　鸡原肠胚中胚层的分布（自Carlson，1988）
明区的形状呈灯泡状，原条位于正中线的后半部，其前方是脊索。脊索两侧的体节中胚层已经分节，其后方尚未分节。体节中胚层的两侧是侧板中胚层，它已经扩展到暗区。

四、外胚层的外包和原条的退缩

在预定中胚层和预定内胚层细胞往后端集中，形成原条并越过原条内卷的同时，分布于上胚层前部的预定外胚层细胞做外包运动。它们迅速占据了原来预定中胚层和预定内胚层所分布的位置，其中，预定神经外胚层做会聚性延伸运动，分布于原条的前方、脊索的背方，近似于椭圆形。预定表皮外胚层分布于预定神经外胚层的周围。

随着构成原条的细胞不断离开原条进入胚胎内部，上胚层中预定中胚层和预定内胚层的细胞越来越少。这样，构成原条的细胞也逐渐减少，表现为原条在达其最大长度之后就开始缩短。原条的头端（原结）向后退缩，整个长度逐渐变短。在原条退缩的同时，神经外胚层和脊索也随之往胚胎后端伸长。当原条退缩至明区最后端位置时，上胚层中预定中胚层和预定内胚层的细胞基本上已全部进入胚胎内部，留在上胚层的皆为外胚层细胞，此时的上胚层即可改称为外胚层。在明区出现三个胚层的同时，暗区的细胞也分层，形成上下重叠的三个胚层。暗区的三个胚层分别与明区的三个胚层相连。

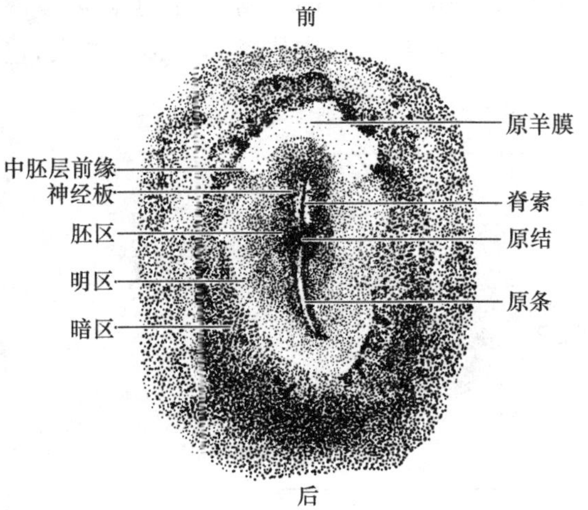

图5.24　孵化18h的鸡原肠胚表面观（自Carlson，1988）
在原条的前方，透过上胚层可以看到脊索，脊索的正上方是神经外胚层分布的位置。

鸡胚孵化后18h，胚胎表面的形态如图5.24所示。此时，明区已经拉长，呈椭圆形。明区上胚层中的原条已经向后退缩，长度不及明区长轴的一半。原条前方是神经外胚层，神经外胚层的下方是脊索。当原条开始退缩时，原条前方的神经外胚层和中胚层就开始进一步分化。神经外胚层逐渐形成神经管，头突两侧的体节中胚层同时形成体节。因此，胚胎前端比胚胎后端的分化要更进一步。随着原条的退缩，神经管逐渐往后端延伸，体节也逐渐往后端增加。

第七节　哺乳类的原肠胚形成

低等哺乳类的原肠胚形成与鸟类相似，而高等哺乳类的原肠胚形成却与鸟类有较大的差异，这主要是因为高等哺乳类是胎生动物，胚胎发育在母体内进行，与胎生相适应，在发育过程中产生了胎盘。母体的营养通过子宫内膜送到胎盘，再进入胚胎中，胚胎的代谢废物则通过相反方向的途径传给母体。

哺乳类卵子的受精地点在输卵管上段，受精卵在沿着输卵管向子宫方向运动的过程中进行发育，与此同时，放射冠的滤泡细胞逐渐失去，但是，胚胎依然在透明带中。透明带能够阻止胚胎与输卵管黏膜产生粘连。如果胚胎和输卵管黏膜发生粘连，就会出现宫外孕。当胚胎到达子宫时，正处于胚泡期，此时，透明带破裂，胚泡从透明带中孵化出来。小鼠胚胎的滋养层会分泌一种类似胰蛋白酶的水解酶，该酶会在透明带上溶解出一个洞，囊胚就从这个洞中逸出。随后，胚胎就在子宫中继续发育，子宫为胚胎发育提供营养。

一、植　　入

胚胎从透明带中孵化出来后，滋养层上内细胞团(ICM)附着处的细胞最先与子宫内膜接触，并产生黏着。滋养层细胞和子宫内膜的黏着靠两者细胞表面的一些分子相互作用。在滋养层细胞表面有钙黏着蛋白、整联蛋白和糖基转移酶等分子，在子宫内膜表面也有钙黏着蛋白，以及胶原蛋白、硫酸乙酰肝素蛋白多糖等分子。黏着分为两个阶段：第一个阶段是不稳定的黏着，第二个阶段是稳定的黏着。

胚泡和子宫内膜黏着后，黏着处的滋养层迅速增生，形成明显的两层结构：其内层由细胞组成，称为细胞滋养层(cytotrophoblast)；其外层的细胞界限消失，成为合胞体状态，称为合胞体滋养层(syntrophoblast)。合胞体滋养层分泌多种水解酶，包括胶原酶、基质溶素(stromelysin)和纤溶酶原激活物(plasminogen activitor)。这些蛋白水解酶将子宫内膜溶解，形成一个缺口，胚泡由此缺口进入子宫内膜，这个过程称为植入，也称为着床(implantation)。植入后，子宫内膜缺口迅速修复，胚泡完全包于子宫内膜之中(图 5.25)。在子宫内膜中，合胞体滋养层逐渐扩大，包被整个细胞滋养层。

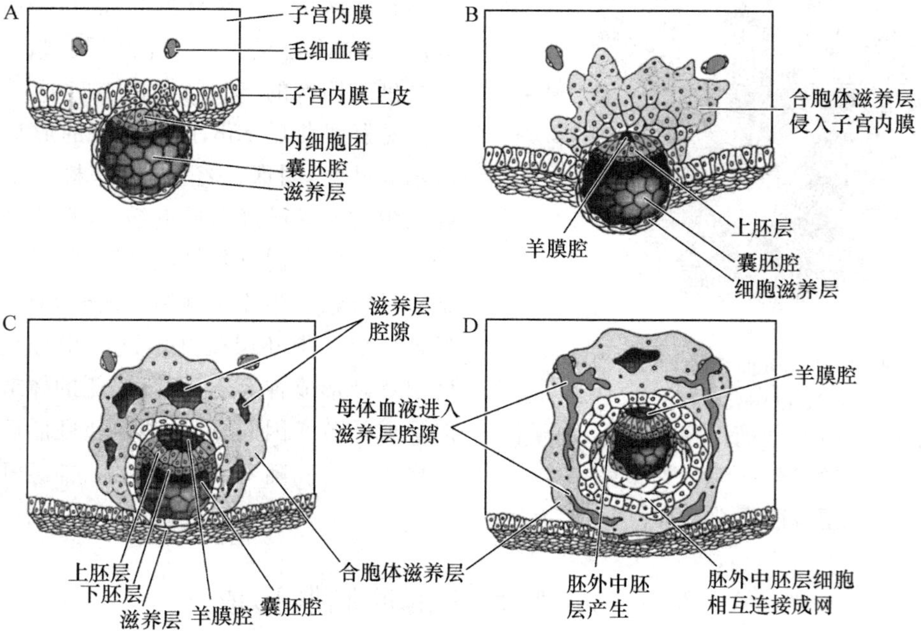

图 5.25　人胚胎的植入(自 Gilbert，1997)

A. 受精后 7 天，滋养层开始分解子宫内膜上皮，ICM 产生下胚层；B. 胚胎已经植入一半，合胞体滋养层扩大，ICM 中出现羊膜腔，上胚层形成；C. 胚胎基本植入，卵黄囊即将形成；D. 胚胎完成植入，子宫内膜上皮修复，卵黄囊形成。

子宫内膜在胚泡植入的刺激下进一步增厚，血液供应更加丰富，腺体分泌更加旺盛，结缔组织中的细胞更加肥大，充满糖原和脂肪滴，子宫内膜的这一系列变化称为蜕膜反应。蜕膜反应之后的子宫内膜改称为蜕膜(decidua)。胚泡植入处的蜕膜一部分包盖着胚泡，另一部分位于胚泡的深层。包盖着胚泡的那一部分蜕膜称为包蜕膜(decidua capsularis)，位于胚泡深层的蜕膜称为底蜕膜(decidua basalis)，除了包蜕膜和底蜕膜以外的蜕膜称为壁蜕膜(decidua parietalis)(图 5.26)。在蜕膜中，合胞体滋养层连同其内方的细胞滋养层一起形成许多突起，这些突起称为绒毛。

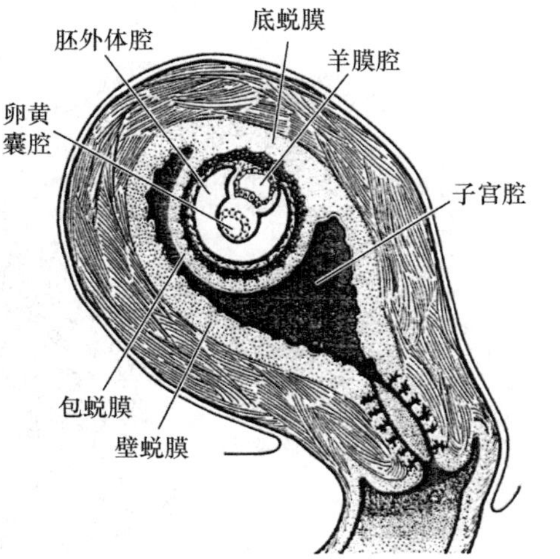

图 5.26　植入后的胚胎和蜕膜
(自 Torrey and Feduccia，1979)
胚泡植入处的蜕膜分成两部分：一部分包盖着胚泡，称为包蜕膜；另一部分位于胚泡的深层，称为底蜕膜，除了包蜕膜和底蜕膜以外的蜕膜称为壁蜕膜。

二、原肠胚形成的细胞运动

在高等哺乳类中，原肠胚形成的方式也不尽相同。例如，灵长类、有蹄类与小鼠这样的啮齿类动物对比，原肠胚形成过程就有较大的差异。下面分别阐述灵长类和啮齿类的原肠胚形成。

(一) 人的原肠胚形成

在人的胚泡植入过程中，原肠胚形成也同时进行。首先，ICM 朝向囊胚腔一侧的细胞形成一层扁平细胞层，称为下胚层，下胚层将形成胚外内胚层，并构成卵黄囊的内壁。然后，ICM 中央出现一个小腔，即羊膜腔(amniotic cavity)，其中有液体，称为羊水。羊膜腔底部的 ICM 细胞成为上胚层，上胚层位于下胚层的背方，上、下胚层共同构成胚盘(图 5.27)。下胚层扩大，并沿着细胞滋养层内侧下包，逐渐形成卵黄囊。接着，在滋养层之内、羊膜和卵黄囊之外的胚泡腔中产生了星状细胞(一类多突起的间充质细胞)，这些星状细胞是胚外中胚层细胞(图 5.28)。胚外中胚层细胞先是充满胚泡腔，后来在胚外中胚层细胞之间出现了一些腔隙，腔隙逐渐汇合增大，

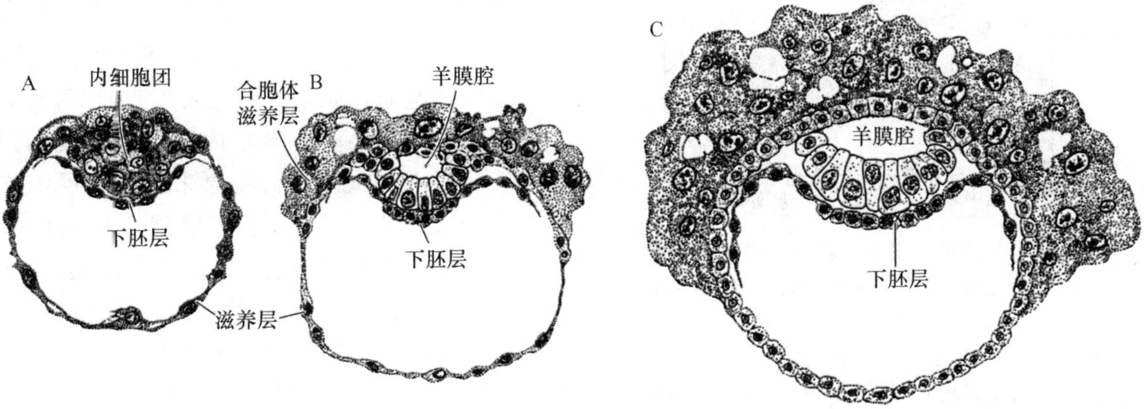

图 5.27　人胚的胚盘形成(自 Carlson，1988)
A. 下胚层出现；B. 合胞体滋养层产生，下胚层扩大，羊膜形成；C. 合胞体滋养层扩大，下胚层沿着滋养层内侧扩展。羊膜的底部为上胚层，上、下胚层共同构成胚盘。

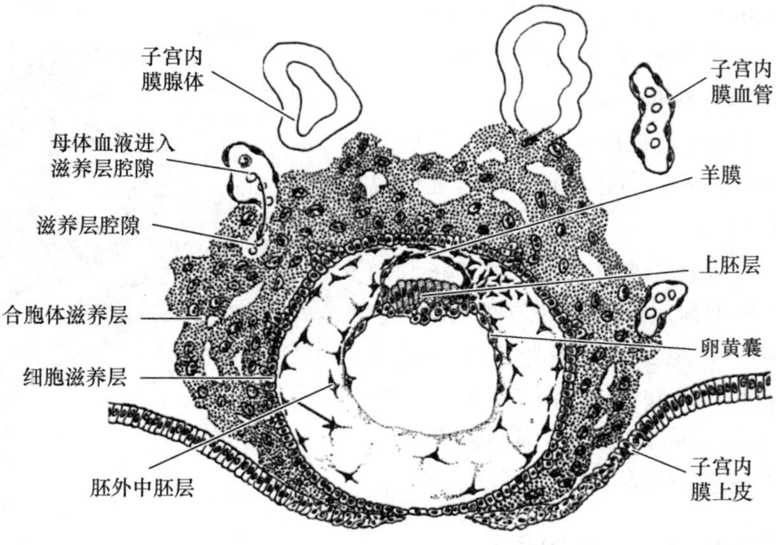

图 5.28　9～10 天的人胚(自 Carlson,1988)

胚胎基本植入子宫内膜,卵黄囊即将形成,胚泡腔中出现胚外中胚层细胞。

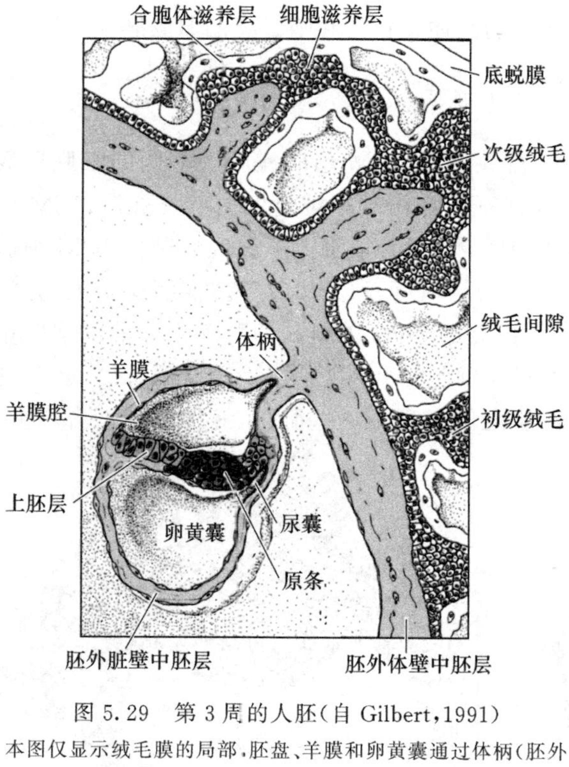

图 5.29　第 3 周的人胚(自 Gilbert,1991)

本图仅显示绒毛膜的局部,胚盘、羊膜和卵黄囊通过体柄(胚外中胚层细胞)与绒毛膜相连。胚盘中已经开始原肠胚的形成。

形成一个大腔,这个大腔称为胚外体腔(extraembryonic coelom)。一部分胚外中胚层细胞贴于羊膜和卵黄囊之外,分别构成了羊膜和卵黄囊的外壁。另一部分胚外中胚层细胞贴于细胞滋养层的内侧,这层胚外中胚层和细胞滋养层及合胞体滋养层共同构成绒毛膜。在羊膜和绒毛膜相连处,胚外中胚层细胞增殖,形成体柄(图 5.29)。

胚盘的上胚层包含预定外胚层、中胚层和内胚层的细胞。与鸡胚的情况相似,在上胚层的后端,预定中胚层和内胚层的细胞聚集形成原条,原条也包括原结、原窝和原沟等结构。上胚层中的预定中胚层和预定内胚层细胞通过原条内卷进入胚胎内部,其运动方式如同鸟类。预定内胚层细胞嵌入到下胚层中,分裂增殖,将原来的下胚层细胞推到边缘去。这样,下胚层就改称为内胚层。预定中胚层细胞进入胚胎内部之后,在上、下胚层之间形成新的一层,包括脊索、体节中胚层(轴旁中胚层)和侧板中胚层。在胚盘的边缘,侧板中胚层与先形成的胚外中胚层相连(图 5.30)。

在原肠胚形成中,细胞的运动及胚层的分化似与成纤维细胞生长因子(FGF)有关。原条的细胞具有合成 FGF 的能力,*FGF8* 基因突变的个体,原条的细胞不能内卷,中胚层和内胚层不能形成。E 钙黏着蛋白起着将上胚层细胞粘连在一起的作用,而 FGF8 能够下调上胚层细胞中 E

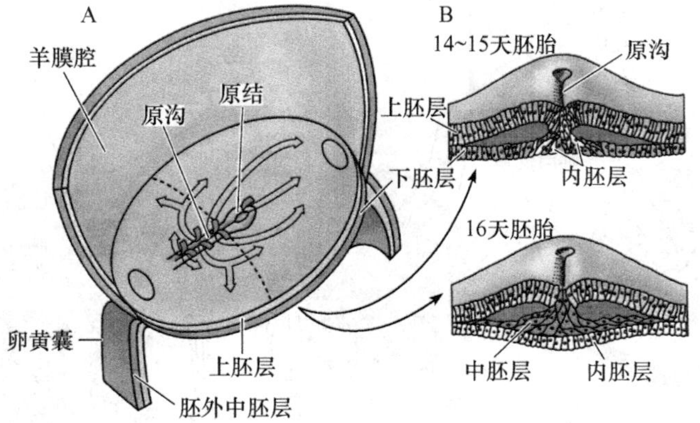

图 5.30　第 3 周人胚的原条(自 Gilbert,1997)

A. 羊膜和卵黄囊切去局部,显示胚盘上胚层;B. 上胚层中预定中胚层和预定内胚层的细胞通过原条内卷。

钙黏着蛋白基因的表达,使得上胚层中的预定中胚层和预定内胚层的细胞能够运动,并形成原条。FGF8 还能够调节细胞中 *snail* 基因、*Brachyury* 基因和 *Tbx6* 基因的表达,这三个基因的表达对于中胚层的形成至关重要。

随着上胚层中预定中胚层和预定内胚层细胞的内卷,原条逐渐向后退缩。当原条向后退缩时,原条前方的预定外胚层细胞也向后扩展(外包运动)。当所有的中、内胚层细胞都从上胚层内移后,原条也退缩至最后端,以至看不见。这时,留在胚盘上胚层的细胞都为外胚层细胞,上胚层可以改称为外胚层。其中,神经外胚层细胞做会聚性延伸运动,位于中轴线,其下方是脊索。

(二) 小鼠的原肠胚形成

小鼠的胚泡(囊胚)也由两部分组成:滋养外胚层(滋养层)(trophectoderm)和内细胞团(ICM)。受精后 3.5～4.5 天,滋养外胚层和 ICM 开始发生变化,从 ICM 朝向胚泡腔(囊胚腔)的那一侧分出一层细胞来,这一层细胞称为原始内胚层(primitive endoderm)。原始内胚层不是胚胎的内胚层,它将分化成为胚外组织。原始内胚层形成后,细胞继续增殖,一部分细胞贴在 ICM 的表面,一部分细胞扩展到滋养外胚层的内表面。贴在 ICM 表面的原始内胚层称为脏内胚层(visecral endoderm),贴在滋养外胚层内表面的原始内胚层称为壁内胚层(parietal endoderm)。ICM 的细胞除了形成原始内胚层之外,其余的细胞就成为原始外胚层(primitive ectoderm)的细胞。滋养外胚层也分成两部分:一部分遮盖在 ICM 的表面,称为极滋养外胚层(polar trophectoderm),其余的部分称为壁滋养外胚层(mural trophectoderm)(图 5.31)。

大约在受精后的第 3 天,胚胎进入子宫。在受精后第 4 天,子宫已经做好准备迎接胚胎的到来。这时,胚泡从透明带中孵化出来,准备植入母体子宫内膜。胚泡孵化是壁滋养外胚层细胞合成并分泌类胰蛋白酶的缘故。壁滋养外胚层细胞靠其分泌的蛋白水解酶消化了子宫内膜上皮及其下方的基膜,侵入子宫内膜的结缔组织中,此过程即是胚泡的植入。在胚泡侵入的地方,有些子宫内膜上皮细胞死亡,而壁滋养外胚层细胞通过吞噬作用,将死亡的细胞碎片摄入细胞中。子宫内膜在胚泡植入的刺激下,结缔组织增生,血管丰富,腺体发达,此时,子宫内膜改称为蜕膜。从植入起,胚胎就从蜕膜获得营养,体积长大,质量增加。同时,胚外结构也一起形成。

植入后,极滋养外胚层的细胞迅速分裂,在其背方形成一个隆起,称为外胎盘锥(ectoplacental cone)。壁滋养外胚层的细胞不分裂,仅仅发生 DNA 复制,因此,成为多倍体的巨大细胞(giant cell)。极滋养外胚层的细胞继续分裂,一部分往胚泡腔的方向移动,形成了胚外外胚

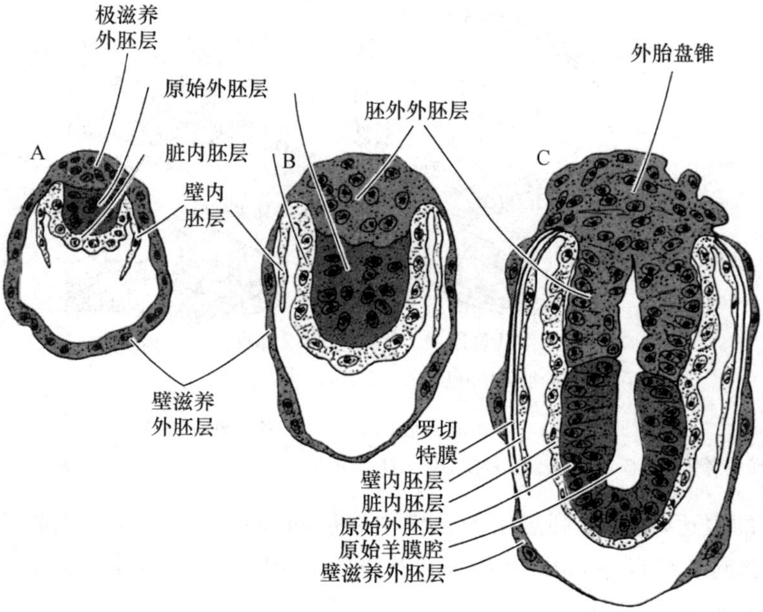

图 5.31　小鼠的原肠胚形成(一)(自 Carlson,1988)

A. 大约 4.5 天的胚胎,原始内胚层形成后,一部分细胞贴在 ICM 的表面,称为脏内胚层;一部分细胞扩展到滋养外胚层的内表面,称为壁内胚层,其余的 ICM 细胞成为原始外胚层。滋养外胚层也分成两部分:极滋养外胚层和壁滋养外胚层。B. 大约 5 天的胚胎,胚胎进入早卵柱期。极滋养外胚层形成外胎盘锥和胚外外胚层,后者将原始外胚层推向胚泡腔。此时,胚泡为椭球状。C. 大约 6 天的胚胎,胚胎进入晚卵柱期。在原始外胚层和胚外外胚层之中形成了一个腔,称为原始羊膜腔。

层(extraembryonic ectoderm)。胚外外胚层将原始外胚层推向胚泡腔,并和后者形成了一个伸入胚泡腔的突起。此时,胚泡形状也由球状改变成为椭球状,胚胎进入了早卵柱期(early egg cylinder stage),此时大约是受精后的第 5 天(图 5.31)。

随后,在原始外胚层和胚外外胚层之中形成了一个腔,称为原始羊膜腔(proamniotic cavity)。形成原始羊膜腔是由于位于中央的细胞凋亡了的缘故,此时,胚胎进入了晚卵柱期(late egg cylinder stage),原始外胚层改称为上胚层(epiblast),脏内胚层改称为下胚层(hypoblast),上胚层和下胚层合称胚盘。小鼠的胚体从胚盘的上胚层产生。上、下胚层共同形成一个杯状结构,上胚层位于这个杯状结构的内层,下胚层位于外层。如果纵切胚胎,上下胚层呈"U"字形。位于内部(背侧)的上胚层内凹,而位于外部(腹侧)的下胚层外凸。

大约在受精后的 6.5 天,在杯状胚盘一侧(将来胚胎的后部)的上胚层中出现了细胞加厚的区域,此即原条。与鸡胚一样,构成原条的细胞也是预定中胚层和预定内胚层的细胞。预定中胚层细胞从原条内卷,在上、下胚层中出现了新的一层,即中胚层。中胚层中含有胚外中胚层,胚外中胚层向胚外外胚层和脏内胚层(下胚层)之间扩展(图 5.32A)。原条中的预定内胚层细胞从原条内卷后镶嵌在下胚层中,与原先的下胚层共同构成了内胚层。原条的发育和鸡胚一样,也经历了伸长和退缩的过程。当它伸长时,沿着胚胎的头尾轴从后端向前端延长,最长时到达杯状胚盘的对侧。此后,原条又沿着原来的路线退缩,以致最终消失。在原条退缩时(大约受精后的 7.5 天),在原结的前方出现了头突,即脊索。脊索是中胚层的结构,其背方是神经外胚层,将来形成神经管。在受精后的 8.5 天,胚胎的头端出现了头褶,即未来胚胎的头部(图 5.32C)。头褶里面是神经管的前端部分。大约从受精后 8 天起,在脊索的两侧出现了体节,体节从前向后逐一出现，大约每隔 1.5h 增加一对。

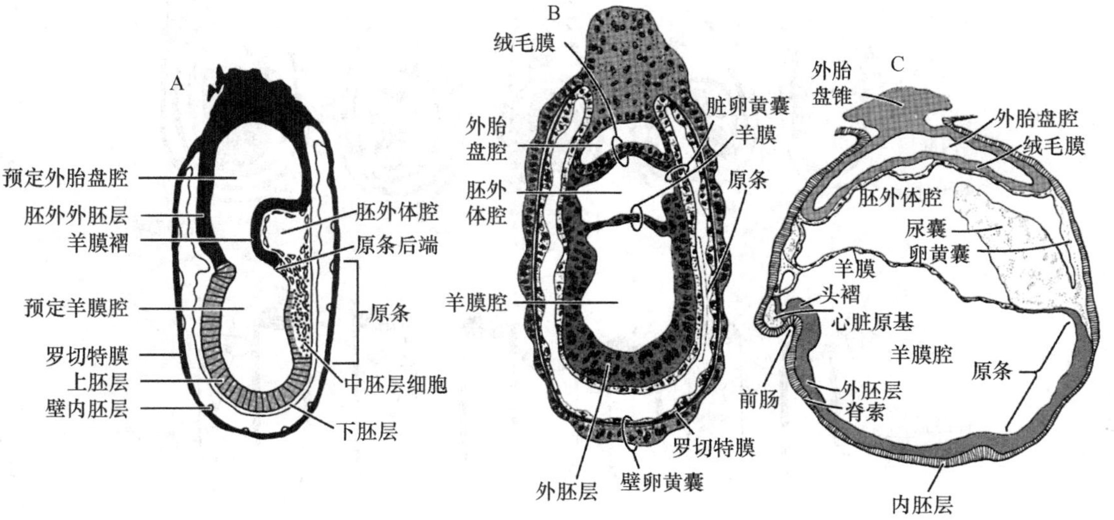

图 5.32 小鼠的原肠胚形成(二)(A 自 Hogan et al.,1986;B 和 C 自 Carlson,1988)

A. 受精后 6.5 天左右，在杯状胚盘一侧的上胚层中出现了原条。预定中胚层细胞从原条内卷，在上、下胚层中出现了新的一层，即中胚层。其中的胚外中胚层向胚外外胚层和脏内胚层之间扩展。至受精后 7 天，在胚外外胚层和原条后端的交界处，胚外外胚层和胚外中胚层向原始羊膜腔突出，形成羊膜褶，羊膜褶中出现胚外体腔。B. 受精后 7.5 天左右，羊膜褶将原始羊膜腔分隔成下方的羊膜腔和上方的外胎盘腔，介于两者之间的为胚外体腔，尿囊位于胚外体腔。胚外体腔和羊膜腔之间的隔膜是羊膜，胚外体腔和外胎盘腔之间的隔膜为绒毛膜。C. 受精后 8.5 天的胚胎，胚胎的头端出现了头褶。

大约在受精后 7 天，在原始羊膜腔的中段，即胚外外胚层和原条后端的交界处，胚外外胚层和胚外中胚层向原始羊膜腔突出，形成了羊膜褶(amniotic fold)(图 5.32A)。羊膜褶继续扩展，最终将原始羊膜腔分隔成为两个腔，下方的是羊膜腔(amnitic cavity)，上方的是外胎盘腔(ectoplacental cavity)。与此同时，羊膜褶中的胚外中胚层中央裂开，形成一个完全由胚外中胚层围绕的腔，称为胚外体腔(exocoelom)。这样，原先的原始羊膜腔变成了三个腔：从上向下依次是外胎盘腔、胚外体腔和羊膜腔。胚外体腔和羊膜腔之间的隔膜称为羊膜(amnion)，羊膜由两个胚层组成：上层是胚外中胚层，下层是胚外外胚层。胚外体腔中将出现尿囊，尿囊由原条后端的胚外中胚层产生，其中无内胚层成分(图 5.32C)。尿囊将来被包在脐带中，并产生血管。胚外体腔和外胎盘腔之间的隔膜称为绒毛膜(chorion)。外胎盘腔靠近外胎盘锥，后者将参与胎盘的组成，外胎盘腔最终消失。胚外体腔的背面和腹面分别是绒毛膜和羊膜，而侧壁则和脏内胚层细胞共同构成了脏卵黄囊(visceral yolk sac)。壁内胚层则和壁滋养外胚层共同构成了壁卵黄囊(parietal yolk sac)(图 5.32B)。

大约在受精后 8.5 天，胚胎长轴呈“U”字形，胚胎的背部下陷，而腹部外凸。胚体周围与背方的羊膜相连(图 5.32C)。接着，胚胎发生了一个重要的变化，即胚体的翻转(turning)，原先凹陷的背部翻转成为向外凸出的形状(图 5.33)。伴随着胚体的翻转，胎膜也发生了重大的变化。原先较为平坦的羊膜仅仅遮盖在胚体的上方，现在扩大了，并且逐渐包住整个胚胎。羊膜与胚胎的周围相连，并在胚胎的腹部相互靠拢，形成一条管状的脐带，将尿囊包在里面。在羊膜扩大的同时，脏卵黄囊和绒毛膜也随着扩大，并将羊膜包住。脏卵黄囊、绒毛膜和羊膜之间的空间是胚外体腔。最后，壁卵黄囊再将脏卵黄囊包住。

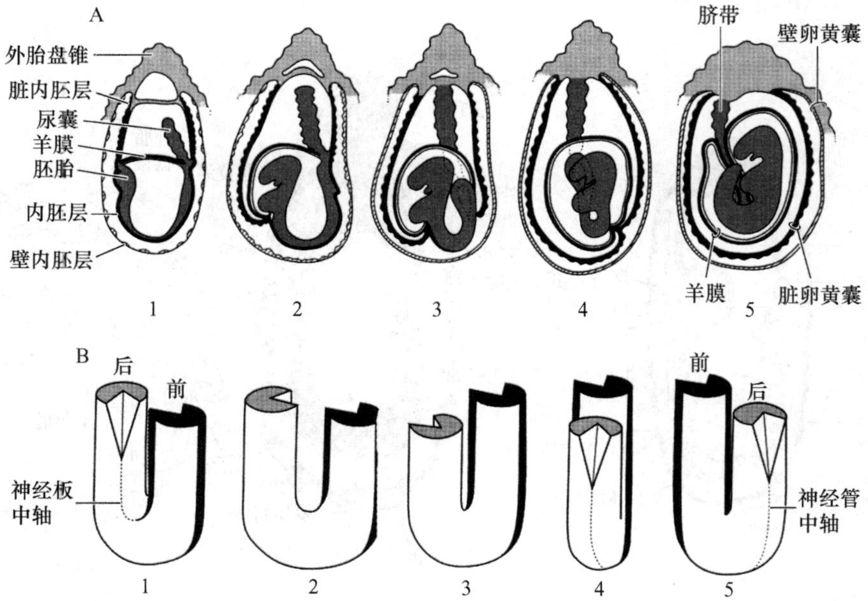

图 5.33　小鼠胚胎的翻转(自 Slack,2006)

A. 受精后 7.5～9.5 天的小鼠胚胎,显示胚体的翻转,以及羊膜、脏卵黄囊、绒毛膜的变化;B. 胚体翻转示意图。

第六章　胎膜和胎盘

水生动物的胚胎发育较为简单，水环境对胚胎起保护作用，胚胎发育过程中的气体交换和代谢废物的排泄可以通过水环境迅速进行。与水生动物相比，陆栖脊椎动物的发育就较为复杂。爬行类、鸟类和哺乳类的胚胎发育过程中出现了一些胚外结构即胎膜(extraembryonic membrane)。胎膜起着保护胚胎、为胚胎提供气体交换，以及运送营养物质和代谢废物的作用。哺乳类的胚胎发育中还出现了特殊的结构即胎盘。

第一节　鸡胚的胎膜

鸡胚的胎膜主要由胚盘的暗区(胚外部分)发育而成，胚盘的明区也有一部分细胞参与胎膜的形成。鸡胚的胚外部分也有外胚层、中胚层和内胚层之分。胚外部分的外胚层、中胚层和内胚层分别与胚内部分的外胚层、中胚层和内胚层相连。胚外部分和胚内部分的中胚层裂开，形成体壁中胚层(somatic mesoderm)和脏壁中胚层(splanchnic mesoderm)。体壁中胚层位于外胚层的下方，脏壁中胚层位于内胚层的上方，介于体壁中胚层和脏壁中胚层之间的是体腔。在鸡胚的发育过程中，体壁中胚层和外胚层结合在一起运动，称为体壁层(somatopleura)，共同参与浆膜和羊膜的形成。脏壁中胚层和内胚层结合在一起运动，称为脏壁层(splanchnopleura)，共同参与卵黄囊和尿囊的形成(图 6.1)。

由于体壁层和脏壁层伸到胚外区域，所以体腔相当宽阔。体腔分为两个部分:胚内体腔和胚外体腔。靠近间介中胚层的是胚内体腔，远离间介中胚层的是胚外体腔。但是，在早期的胚胎中，胚内体腔和胚外体腔之间并没有明显的界线。当体壁层产生出羊膜后(羊膜与胚体的表皮相连)，羊膜与胚胎外胚层的交界处在胚胎的腹部相互靠拢，胚内体腔和胚外体腔的分界才渐渐明确。

在鸡胚的发育过程中形成的胎膜有羊膜(amnion)、浆膜(也称绒毛膜，chorion)、卵黄囊(yolk sac)和尿囊(allantois)。

一、羊膜和浆膜

大约在孵化 30h 的时候，鸡胚头部前方的体壁层(胚外外胚层和胚外体壁中胚层)向上方隆起，形成一个褶，这个褶称为羊膜头褶(head fold of amnion)。羊膜头褶靠近胚胎的一侧将发育成为羊膜，而远离胚胎的一侧将发育成为浆膜。羊膜头褶往上方并往后方生长，将胚胎头部包裹在里边。羊膜头褶往上往后生长的同时，胚体两侧的体壁层也隆起，形成羊膜侧褶(lateral amniotic fold)。胚体两侧的羊膜侧褶往上方生长，同时也向对侧生长。大约在孵化第 3 天，羊膜尾褶(tail fold of amnion)在胚胎尾部后方形成。和羊膜头褶、羊膜侧褶一样，羊膜尾褶也是由体壁层形成。羊膜尾褶向上方生长，同时也向前方生长。与羊膜头褶一样，羊膜侧褶和羊膜尾褶的靠近胚胎的一侧将发育成为羊膜，而远离胚胎的一侧将发育成为浆膜(图 6.2A、B)。

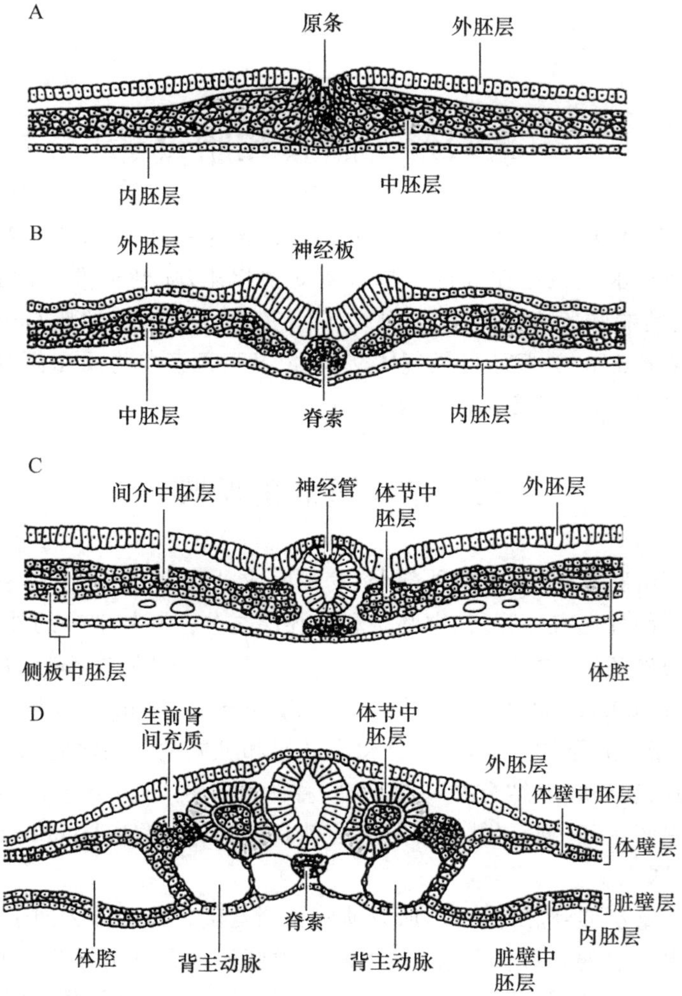

图 6.1　鸡胚横切，示不同发育阶段的中胚层（自 Browder et al.,1991）

A. 原肠胚阶段，形成三个胚层；B. 神经胚形成阶段，脊索从中胚层中分离出来；C. 神经胚阶段，体节中胚层、间介中胚层和侧板中胚层形成，侧板中胚层分裂成为体壁中胚层和脏壁中胚层，体腔出现；D. 体节形成阶段，前肾正在形成，体壁中胚层和外胚层结合，称为体壁层，脏壁中胚层和内胚层结合，称为脏壁层。

羊膜头褶和羊膜尾褶在胚胎的上方相互靠近，同样，两侧的羊膜侧褶也在胚胎的上方相互靠近。最终，羊膜头褶、羊膜尾褶和羊膜侧褶相遇并愈合在一起，形成一个疤痕，称为羊膜缝（amniotic raphe）。这样，胚胎就完全被体壁层形成的一个密闭的膜包裹起来，这个膜称为羊膜。构成羊膜的体壁层中，胚外外胚层在内方，胚外体壁中胚层在外方。羊膜之内的空腔称为羊膜腔（amniotic cavity），羊膜腔中充满羊水，鸡胚浸于羊水之中（图 6.2C）。

在羊膜形成的同时，浆膜也开始形成。如上所述，体壁层在形成羊膜头褶、羊膜尾褶和羊膜侧褶时，它们靠近胚体的一面将构成羊膜，而远离胚胎的另一侧将形成浆膜。同时，体壁层的浆膜部分沿着卵黄膜的内壁往下方生长。羊膜和浆膜之间的空间为胚外体腔，胚外体腔和胚内体腔相通。浆膜在往下方伸展的同时，卵黄膜破裂并逐渐萎缩，浆膜逐渐挣脱了卵黄膜的束缚，向外扩展。随后，由于尿囊在腔外体腔中充分扩大，卵白不断萎缩，浆膜得以在蛋壳膜之内的空间中扩大，最终将羊膜、卵黄囊、尿囊和卵白包裹住。本来位于卵黄膜之内的浆膜最后直接与蛋壳膜相贴（图 6.2D）。

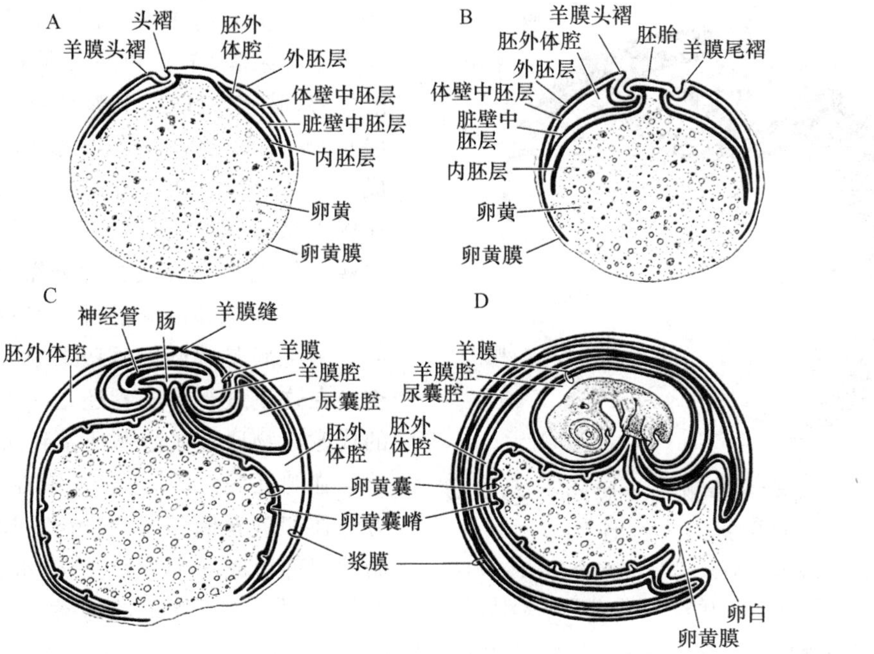

图 6.2　鸡胚的胎膜形成(纵切面观)(自 Carlson,1988)

仅画卵黄膜之内的结构变化,卵白、蛋壳膜和蛋壳都没有画出。A. 孵化 2 天的胚胎,羊膜头褶形成,体壁层和脏壁层开始向植物极方向扩展;B. 孵化 3 天的胚胎,羊膜尾褶形成,体壁层和脏壁层逐渐包围卵黄;C. 孵化 5 天的胚胎,羊膜头褶和羊膜尾褶在胚胎上方相遇并愈合,羊膜形成,与此同时形成浆膜,脏壁层包围卵黄形成卵黄囊,尿囊已经形成,并在胚外体腔中扩大;D. 孵化 9 天的胚胎,胚胎扩大,羊膜随之扩大,卵黄囊开始缩小,尿囊的壁和浆膜的壁愈合形成尿囊绒毛膜。

二、卵　黄　囊

鸡的原肠胚形成后,内胚层盖于卵黄之上。其中胚内内胚层将形成肠子,而胚外内胚层扩展到暗区。由胚外内胚层和胚外脏壁中层结合成的脏壁层逐渐沿着浆膜的内侧向植物极方向扩展,同时包住卵黄。这样,卵黄外方由脏壁层构成了一个囊,称为卵黄囊(图 6.2)。卵黄囊的内壁为胚外内胚层,与肠子相连。但是,卵黄囊和肠子的分界并不明显。随后,前肠往后端延伸,后肠往前端延伸,卵黄囊仅与中肠相连,并且相连处逐渐变细成为卵黄囊柄。

卵黄囊是贮藏营养物质(卵黄)的场所。卵黄囊壁的外层即胚外脏壁中胚层将形成毛细血管网,分布于卵黄囊上。该毛细血管网与卵黄动脉和卵黄静脉相连,在吸收、运输营养物质方面起着重要作用。在毛细血管吸收营养物质之前,卵黄囊内胚层会分泌水解酶将卵黄水解成可溶性物质,以便毛细血管吸收并运送到胚体。在发育较晚的胚胎中,卵黄囊壁上形成许多皱褶,这样便加大了吸收面积。

三、尿　　囊

大约在孵化的第 3 天,从鸡胚的后肠腹壁往下生出一个盲管状突起,即尿囊。尿囊的壁与卵黄囊的壁一样,也是脏壁层。在孵化的第 4 天,尿囊长大,伸入胚外体腔。尿囊的盲端膨大,其与后肠相连处收缩变窄成为尿囊柄(图 6.2 和图 6.3)。尿囊柄和卵黄囊柄平行。从第 4 天起到第

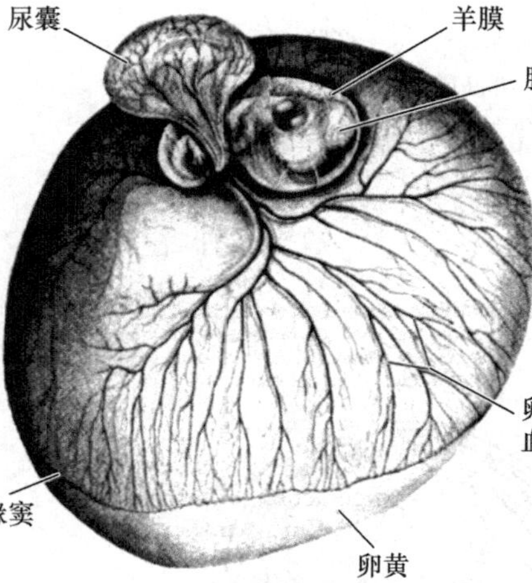

图 6.3 孵化 5.5 天的鸡胚，示羊膜、卵黄囊和尿囊
（自 Carlson，1988）
本图显示浆膜以内的结构，可以看到羊膜、卵黄囊和尿囊；胚胎位于羊膜之中；尿囊被提起，以显示尿囊柄。

10 天，尿囊迅速扩大，在胚外体腔中充分扩展。尿囊壁与浆膜、羊膜和卵黄囊壁相靠近。尿囊壁的外层（脏壁中胚层）和浆膜壁的内层（体壁中胚层）相贴并愈合。这样，尿囊和浆膜的壁共同构成了尿囊绒毛膜（chorioallantoic membrane）。在尿囊绒毛膜的中胚层部分形成了毛细血管。这些毛细血管形成血管网分布于尿囊绒毛膜，并通过尿囊动脉和尿囊静脉与胚内血液循环相连。尿囊绒毛膜是鸡胚的呼吸器官，氧和二氧化碳的交换在这里进行。尿囊还是一个排泄器官，鸡胚的代谢废物通过血液循环排到尿囊腔之中。

在鸡胚发育的后期，羊膜在胚胎的腹面往下方包住卵黄囊柄和尿囊柄（图 6.2），这样便在胚胎的腹部形成一个管状结构，称为脐带。脐带逐渐拉长并变细，其中的卵黄囊柄和尿囊柄也变细。当雏鸡孵出时，脐带断掉，尿囊柄也随之断掉。尿囊绒毛膜附在壳膜上，连同蛋壳一起被抛弃。羊膜也留于蛋壳之内，而卵黄囊则已随着卵黄的吸收殆尽而极度萎缩。在脐带断掉之前，卵黄囊已被吸入胚胎之内。

第二节 人胚的胎膜和胎盘

在哺乳类的发育过程中也形成 4 种胎膜：羊膜、绒毛膜（即浆膜）、卵黄囊和尿囊。这 4 种胎膜的产生方式和功能与鸡胚的相比不尽相同。在哺乳类的胎膜中，绒毛膜是一个极为重要的结构，它和母体的子宫内膜共同形成胎盘（placenta）。胎盘为胎儿的发育提供营养并运走代谢废物。

一、胎　膜

人的囊胚（即胚泡）由两部分组成：滋养层（trophoderm）和内细胞团（ICM）。ICM 将发育成胚胎本体，而滋养层发育成为绒毛膜。当胚泡开始植入子宫内膜时，滋养层分化成内层的细胞滋养层和外层的合胞体滋养层。合胞体滋养层形成许多伪足状突起，称为绒毛。细胞滋养层和合胞体滋养层构成了早期的绒毛膜。

在胚泡植入的过程中，ICM 腹面的细胞增殖，并沿着细胞滋养层的内壁往下方伸展，逐渐形成一个空心的囊状结构，此为卵黄囊。哺乳类胚胎发育中虽然与爬行类和鸟类一样都形成卵黄囊，但是哺乳类胚胎的卵黄囊中没有卵黄（低等哺乳类如鸭嘴兽的卵黄囊中有卵黄，类似于爬行类的卵黄囊）。哺乳类发育中出现卵黄囊是系统发育的重演，表明哺乳类的祖先是卵生动物。ICM 中不久出现一个空腔，该腔的上方为细胞滋养层。随后，ICM 的细胞沿着滋养层往上方扩展，形成一个空心的囊，即羊膜。羊膜的底壁（上胚层）和卵黄囊的顶壁（下胚层）共同构成胚盘。

在原肠胚形成过程中，胚外中胚层细胞在胚泡腔中产生，并充满胚泡腔。随后，在胚外中胚层细胞中产生裂隙。该裂隙逐渐扩大，并将胚外中胚层分成两个部分，其中一部分贴于羊膜和卵黄囊的外侧，成为羊膜和卵黄囊的外层结构；另一部分贴于细胞滋养层的内侧，成为绒毛膜的内层结构。介于绒毛膜、羊膜和卵黄囊之间的空间称为胚外体腔。在羊膜的背方，胚外中胚层细胞堆积得较多，起着连接羊膜和绒毛膜的作用，称为体柄(或称体蒂)。在以后的发育过程中，体柄逐渐移位，从胚胎背部移到胚胎腹部。体柄是脐带的原基(图 6.4)。

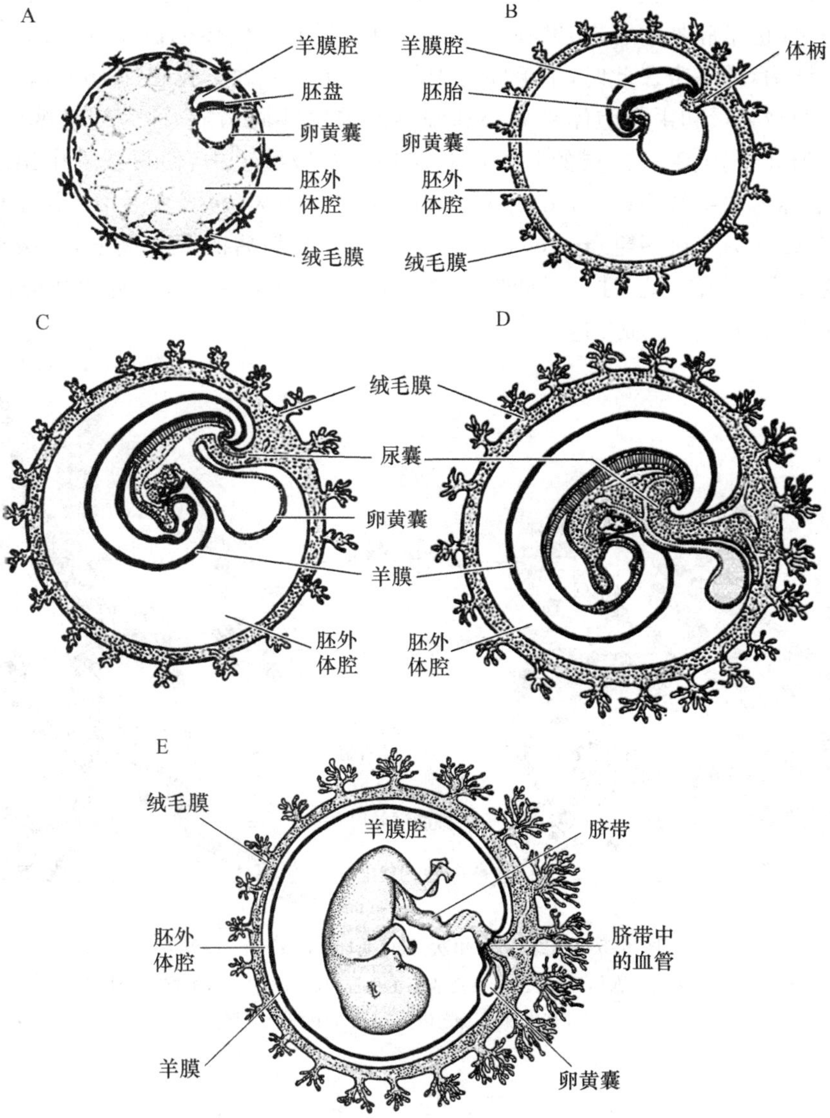

图 6.4　人的胎膜(自 Carlson，1988)

A. 绒毛膜内的空间是胚外体腔，羊膜、卵黄囊以及两者之间的胚盘靠体柄连接到绒毛膜；B. 羊膜、卵黄囊和绒毛膜扩大，胚盘中形成头褶(头部)，神经管形成，前肠和后肠形成；C. 胚胎长大，羊膜扩大，卵黄囊萎缩，尿囊在体柄中形成，绒毛膜上的绒毛出现差异，在绒毛膜与体柄连接的区域(该处位于底蜕膜)绒毛长得粗大，在绒毛膜的其他区域(位于包蜕膜)绒毛较细小；D. 羊膜继续扩大，推动卵黄囊靠近体柄，羊膜在胚胎的腹部相互靠近，逐渐包围体柄、尿囊柄和卵黄囊柄，将形成脐带；E. 羊膜在绒毛膜中充分扩大，挤压胚外体腔，羊膜腔中充满羊水，脐带已形成并伸长，尿囊和卵黄囊都被包在脐带中，位于底蜕膜的绒毛更加粗大，形成丛密绒毛膜，位于包蜕膜的绒毛则逐渐萎缩，形成平滑绒毛膜。

在后肠形成后，后肠的腹壁往下伸出一个盲管状突起，此为尿囊原基。尿囊伸入体柄之中。由于人胚尿囊不像鸡胚尿囊那样伸入胚外体腔中，因此不能像鸡胚尿囊那样充分扩展，它在体柄中成为一个退化的器官(图 6.4)。

在随后的胚胎发育中,胚胎逐渐长大,羊膜和绒毛膜也不断扩大,而卵黄囊则逐渐萎缩。由于羊膜扩大较为迅速,它压迫胚外体腔,使之逐渐变小。同时,羊膜的腹面贴向体柄,并将卵黄囊也推向体柄。最终,由于羊膜的充分扩展,胚外体腔被挤压以致消失。羊膜的外层(胚外中胚层)与绒毛膜的内层(也是胚外中胚层)贴在一起。羊膜的腹面包住体柄以及其中的尿囊和卵黄囊,形成一条管状结构,即脐带。此时,绒毛膜之中仅有一个空腔即羊膜腔(图 6.4)。

绒毛膜上的绒毛最初由合胞体滋养层和细胞滋养层共同构成,称为初级绒毛(primary villi)。在受精后第 3 周,绒毛膜内层的胚外中胚层伸入初级绒毛中,使得绒毛中出现了间充质组织,这时的绒毛称为次级绒毛(secondary villi)(图 6.5)。不久,次级绒毛中的结缔组织中出现血管,这时的绒毛改称为三级绒毛(tertiary villi)。大约在受精后的第 3 周末,三级绒毛已具备了从子宫吸收营养物质的能力。在以后的发育过程中,绒毛都保持三级绒毛的结构和功能,而且绒毛中央的结缔组织和血管更加发达。

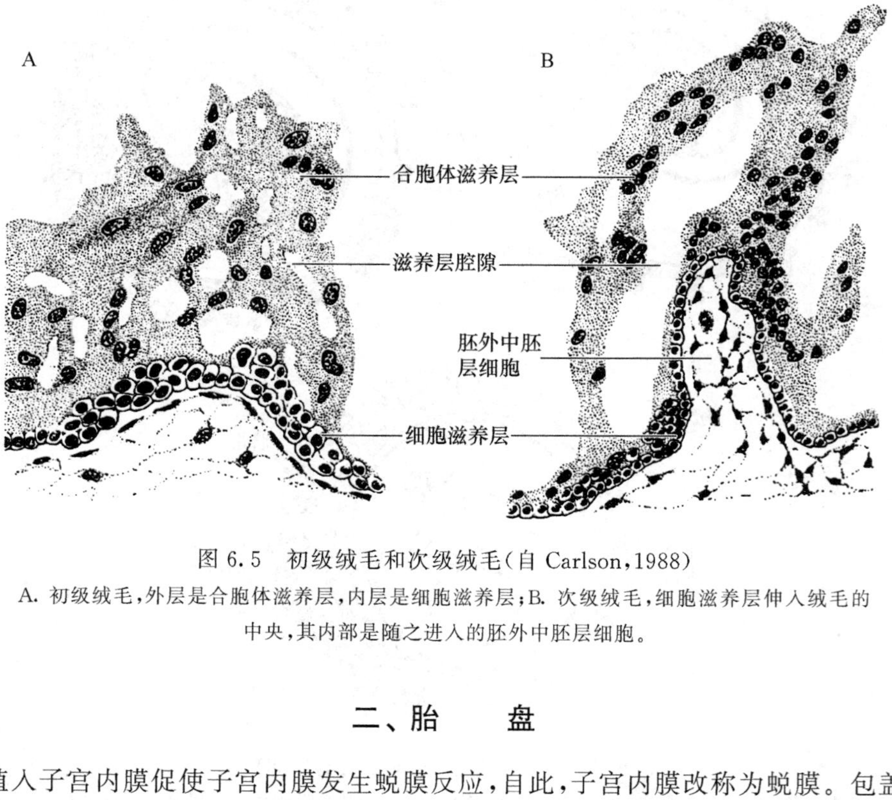

图 6.5　初级绒毛和次级绒毛(自 Carlson,1988)

A. 初级绒毛,外层是合胞体滋养层,内层是细胞滋养层;B. 次级绒毛,细胞滋养层伸入绒毛的中央,其内部是随之进入的胚外中胚层细胞。

二、胎　　盘

胚泡植入子宫内膜促使子宫内膜发生蜕膜反应,自此,子宫内膜改称为蜕膜。包盖在胚泡表面的子宫内膜称为包蜕膜,位于胚泡深层的子宫内膜称为底蜕膜,除了包蜕膜和底蜕膜以外的子宫内膜称为壁蜕膜(图 5.26)。壁蜕膜没有绒毛分布,在为胚胎提供营养方面没有直接起到作用。包蜕膜和底蜕膜的情况则有所不同。起先,位于包蜕膜的绒毛膜上的绒毛和位于底蜕膜的绒毛膜上的绒毛一样,没有大小之分。不久,由于胚泡的长大,包蜕膜被撑大,并逐渐变薄,其中血液供应减少。包蜕膜本身发生的这些变化不利于该处绒毛膜上绒毛的发育,因此,该处绒毛膜上的绒毛逐渐萎缩。在妊娠的第 3 个月末,包蜕膜上的绒毛大为萎缩。到妊娠中期,包蜕膜变成极薄的一层,其上的绒毛已经消失。底蜕膜的情况与包蜕膜的恰好相反。底蜕膜是整个子宫内膜中血液供应最为丰富的地方,该处绒毛膜上的绒毛非但不萎缩,反而长得更加粗大(图 6.6)。

由于包蜕膜和底蜕膜两处绒毛膜上的绒毛生长状况不同，这两处的绒毛膜分别有了不同的名称：位于包蜕膜处的绒毛膜称为平滑绒毛膜(chorion laeve)，位于底蜕膜处的绒毛膜称为丛密绒毛膜(chorion frondosum)。丛密绒毛膜和底蜕膜共同组成人的胎盘。

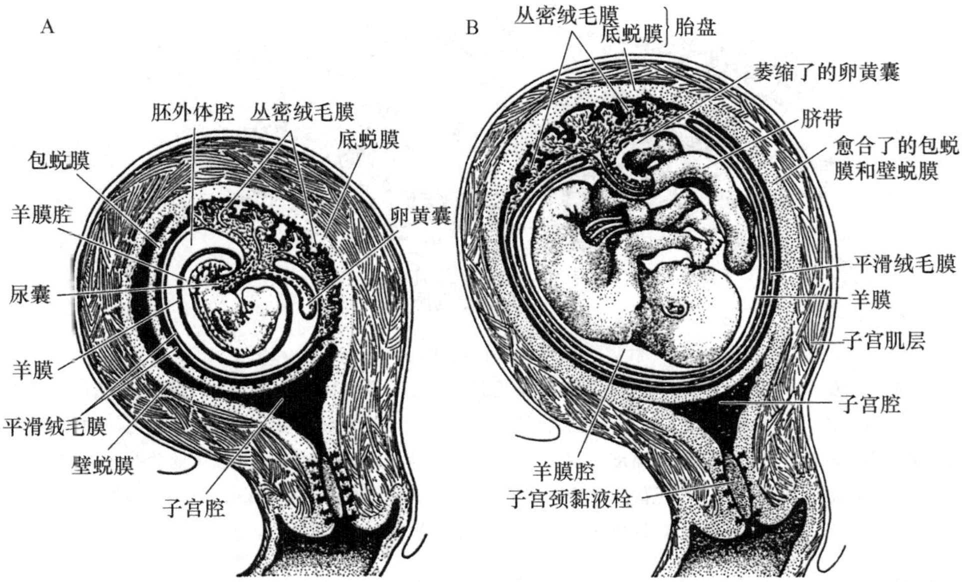

图 6.6 人胚的胎膜和胎盘(自 Torrey and Feduccia，1979)

A. 由于胚胎的长大和羊膜的扩大，绒毛膜也随着扩大，包蜕膜被推向对侧的壁蜕膜，同时，包蜕膜变薄，位于包蜕膜之内的绒毛膜成为平滑绒毛膜，位于底蜕膜的绒毛膜成为丛密绒毛膜；B. 包蜕膜和壁蜕膜愈合，子宫腔大部消失，羊膜和绒毛膜愈合，胚外体腔消失，平滑绒毛膜上的绒毛已经萎缩，而丛密绒毛膜上的绒毛则更加粗大，并和底蜕膜组成胎盘。

随着妊娠的进展，丛密绒毛膜上的绒毛长得更为粗大，称为绒毛干(cotyledon)。在丛密绒毛膜上有 40～60 个绒毛干，每个绒毛干都反复分支。这 40～60 个绒毛干分布于一个圆形的区域。每一个绒毛干都将底蜕膜侵蚀，形成一个很深的凹陷，称为绒毛间隙，在底蜕膜处共有 40～60 个绒毛间隙。在此过程中，子宫内膜的血管(螺旋动脉和静脉)也遭侵蚀而破裂，血液流入绒毛间隙，绒毛干就浸于其中的母体血液之中。绒毛间隙中的母体血液不是静止不动的，新鲜的血液不断从螺旋动脉进入绒毛间隙，然后通过开口于绒毛间隙的静脉流走。绒毛间隙中的血流一直处于动态平衡之中(图 6.7)。

绒毛干中具有丰富的毛细血管，这些血管通过脐带中的两条脐动脉和一条脐静脉与胚胎的血管相连(图 6.7)。在妊娠期间，胎儿的血液始终不和母体的血液相混。胎儿的血液循环从一开始就是在闭合的管道之中进行。在绒毛之中，胎儿的血液由胎盘屏障与母体的血液相隔离。胎盘屏障由绒毛的上皮(滋养层细胞)、绒毛中的结缔组织和毛细血管内皮构成。由母体血流送来的营养物质和氧必须经过这道屏障进入胎儿的血液循环，胎儿的代谢废物也必须经过这道屏障进入绒毛间隙中的母体血液。母体的动脉血约从 30 个螺旋动脉进入绒毛间隙，血压约为 70～80mmHg。富含营养物质和氧的动脉血在绒毛之间穿行，血压下降，最后回到绒毛间隙的底部，通过开口于绒毛间隙的静脉流回心脏。绒毛间隙中的总血量约为 150mL。在妊娠晚期，每分钟绒毛间隙中的血液被更新三次。胎儿的血液由脐动脉进入绒毛。尽管由动脉送来，该血液却富含二氧化碳和代谢废物，因此是静脉血。血液进入绒毛中的毛细血管，胎儿和母体之间的物

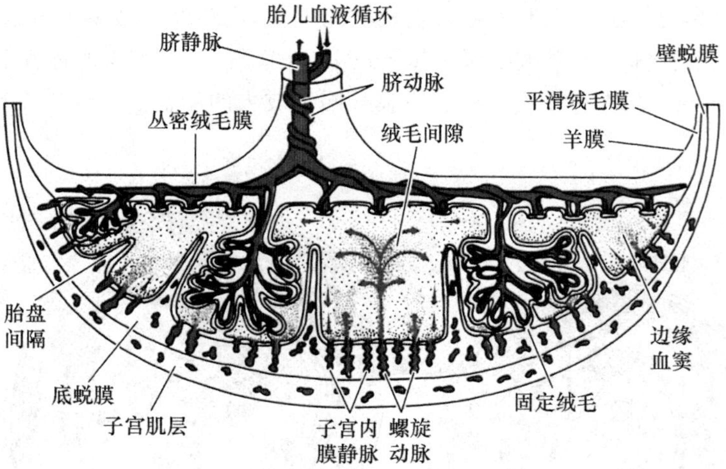

图 6.7　胎盘结构模式图(自 Browder et al. ,1991)

胎盘由两部分组成:母体的底蜕膜和胎儿的丛密绒毛膜。由于羊膜的扩大,羊膜的腹面贴在丛密绒毛膜上。丛密绒毛膜上长出 40～60 个绒毛干。底蜕膜被绒毛干侵蚀,形成 40～60 个绒毛间隙。绒毛间隙中充满从破裂了的螺旋动脉中流出来的母体血液(动脉血)。在绒毛间隙中,母体血液和绒毛中的胎儿血液进行物质交换,变成静脉血,通过开口于绒毛间隙的静脉回流。胎儿的血液由两条脐动脉送入绒毛,和母体的血液进行物质交换后,通过一条脐静脉流回体内。

质交换就在绒毛的末端进行。随后,血液经过脐静脉流回胚胎,在静脉中流回胚胎的血液已经是动脉血了。

胎盘的功能主要是输送物质和合成激素。由于绒毛反复分支,使得绒毛表面积大为增加,这样有利于胎儿和母体之间的物质交换。由母体血液送来的营养物质有水、氧、无机盐、糖、氨基酸、脂肪和抗体等。由胎儿血液送来的物质包括二氧化碳、尿素和其他代谢废物。胎盘的合胞体滋养层能合成 4 种激素:人绒毛膜促性腺激素、人胎盘催乳激素、孕激素和雌激素,这些激素能维持妊娠。

在妊娠过程中。由于胎儿和羊膜的明显长大,羊膜贴于绒毛膜,胚外体腔消失。绒毛膜之中只有一个腔,即羊膜腔。包蜕膜也贴于壁蜕膜,子宫腔的大部分也消失不见(图 6.6)。脐带的形成也像鸡胚的脐带一样,由羊膜在胚体腹部相互靠拢收紧而成。脐带之中有 1 条脐静脉和 2 条脐动脉,此外,还有退化的尿囊和卵黄囊。脐带形成后逐渐变长,使得胚胎可以在羊膜腔中自由活动。分娩时,脐带长 50～55cm,直径 1～2cm。

第七章　形态发生的细胞学基础

在囊胚期，胚胎只是一个球状的（如蛙和哺乳类的囊胚）或片层状的结构（如爬行类和鸟类的囊胚），与成体的形态毫无共同之处。在原肠胚形成过程中，细胞经过活跃的运动，位置发生了重大变化，最终形成了三个胚层。三个胚层所在的位置与分别由三胚层形成的器官所在的位置大致相对应。随着胚层的分化，各器官原基相继出现，并由此形成了各种器官和系统。这一系列过程称为形态发生（morphogenesis）。胚胎细胞是形态发生的基础，形态发生靠胚胎细胞的形态发生运动（morphogenetic movement）及胚胎细胞的增殖和死亡才得以完成。

根据细胞的形态，可以将胚胎细胞分成两大类：上皮细胞（epithelial cell）和间充质细胞（mesenchymal cell）。上皮细胞排列紧密，细胞之间靠连接复合体（junctional complex）结合在一起，呈片状或管状。间充质细胞是一类多突起的细胞，细胞之间连接松散。在形态发生运动中，胚胎细胞可以集中在一起运动，也可以单个地（分散）运动。上皮细胞采取的是集中在一起的运动，它们往往排列成一层，进行扩展（即外包）和弯曲（下陷、外突和分支）。例如，预定中胚层和内胚层细胞进入胚胎内部时，留在胚胎表面的外胚层就迅速扩展，进行外包运动；神经管形成时，神经板沿着背中线弯曲下陷，形成神经管；腺体形成时，上皮细胞层折叠下陷甚至分支，最终形成复杂的腺体。与上皮细胞的运动方式不同，间充质细胞是分散运动。例如，神经嵴细胞从神经板和表皮脱离出来以后，分散迁移到头部、躯干部和内脏中；在生殖腺的发育中，原生殖细胞单个地从生殖腺以外的地方迁移进入生殖腺。

在形态发生运动中，胚胎细胞的形状往往也发生相应的变化。例如，单个运动的间充质细胞往往呈变形虫的形状，其外形不断地变化。成群运动的上皮细胞，其形状的变化将促进细胞层的形状改变。例如，在神经管形成中，构成神经板的细胞往往由柱状变成扇形，这样，神经板发生弯曲，形成神经沟，并最终卷曲成管状的神经管。

除了形态发生运动以外，胚胎细胞的增殖和死亡也促进形态发生的完成。在胚胎的某一处，由于细胞的选择性增殖（selective cell proliferatation），该处出现了突起，并由此形成了器官，如肢的发生。相反，胚胎某一处的细胞却在发育过程中死亡（称为形态发生细胞死亡，morphogenetic cell death），胚胎细胞的死亡起着对胚胎进行雕刻的作用。例如，在手指和脚趾的形成中，蹼状的四肢末端出现了指（趾）间细胞的死亡，这样，手指和脚趾的形状才得以出现。

第一节　胚胎细胞运动的基础

上皮细胞由于与相邻的上皮细胞紧密结合，因此，每一个上皮细胞就有三个面：游离面、侧面和基底面。每一个面都有其独特的结构。游离面是不与其他细胞接触的面，主要结构有微绒毛（microvilli）或纤毛（cilia）。在侧面，相邻的细胞会形成一些相互连接的结构，称为连接复合体，起着加固细胞之间连接的作用。在基底面，细胞与胞外一种称为基膜（basement membrane）的基质（matrix）成分结合（图 7.1）。

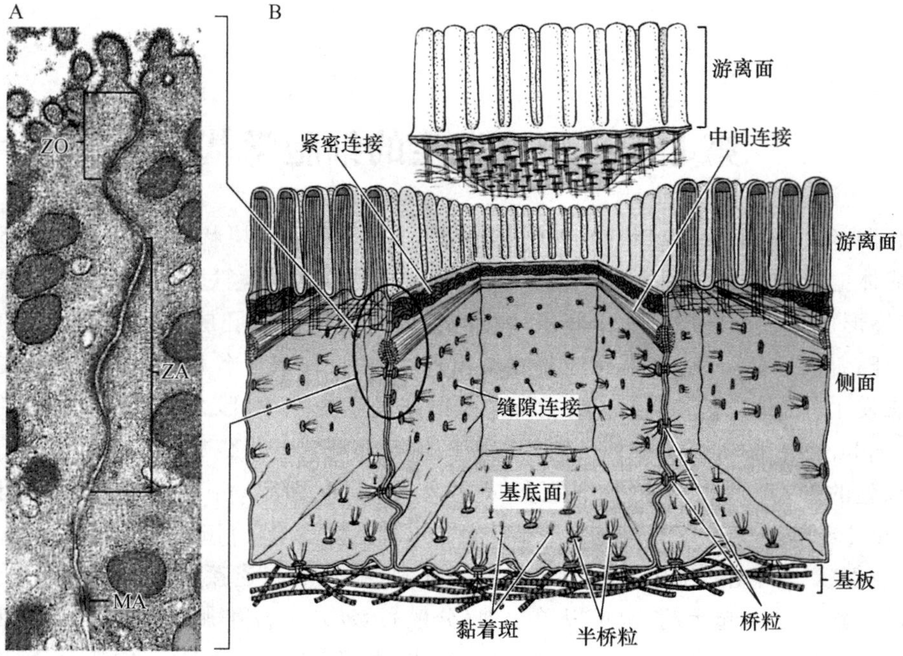

图 7.1 上皮细胞三个面的特殊结构(自 Ross et al.,2003)

A. 两个相邻的上皮细胞近游离面的电子显微镜照片,显示相邻细胞侧面形成的连接复合体,包括紧密连接(ZO)、中间连接(ZA)和桥粒(MA);B. 上皮细胞结构模式图,显示游离面、侧面和基底面的特殊结构。

由于间充质细胞不与其他细胞紧密结合在一起,所以不像上皮细胞那样有三个面。但是,间充质细胞也与基质接触。和上皮细胞一样,间充质细胞也要通过运动参与组织、器官和系统的形成。在形态发生运动中,胚胎细胞靠其自身的细胞骨架、细胞和细胞外基质的黏着以及细胞间的相互黏着完成运动。

一、细胞骨架

细胞骨架(cytoskeleton)包括三种纤维状的成分:微管(microtubule)、微丝(microfilament)和中间丝(intermediate filament)。这三种骨架都与细胞的运动和细胞形状的维持有关。

(一)微　管

微管是由 13 条原丝(protofilament)围成的直而不分支的小管,管径大约为 24nm,管壁厚度约为 5nm。原丝由微管蛋白二聚体(tubulin dimer)首尾相接而成。一个微管蛋白二聚体由一个 α 微管蛋白(α tubulin)和一个 β 微管蛋白(β tubulin)组成。

一般说来,微管是从位于细胞核附近的微管组织中心(microtubule-organizing center, MTOC)生长起来的。MTOC 上有许多 γ 微管蛋白(γ tubulin)。与 GTP 结合的微管蛋白二聚体结合到 γ 微管蛋白上,聚合成为一条管状的微管。微管有一个负端(－end)和一个正端(＋end)。负端是不会伸长的一端,即与 MTOC 结合的一端。正端是微管蛋白二聚体不断结合到微管的一端,也是会伸长的一端。微管长到一定长度后,微管蛋白二聚体的聚合和解聚交替进行,使得微管长度能够保持动态平衡(图 7.2)。

微管参与细胞形状的维持和细胞的运动,细胞表面长出纤毛和鞭毛与微管有关。纤毛和鞭毛的核心结构是轴丝，轴丝就是由微管组成的，而纤毛和鞭毛的摆动也与轴丝有关。细胞分裂时形成的纺锤体也是由微管组成的，每一条纺锤丝都是一根微管。中心粒周围的星状射线（星体）也是微管。细胞长度的增加是由于微管伸长的缘故。微管也与细胞的运动有关。胚胎细胞从一个地方迁移到另一个地方，需要微管的参与。如果用阻止微管蛋白二聚体聚合的秋水仙素作用于胚胎细胞，由于微管不能聚合，胚胎细胞就不能运动。

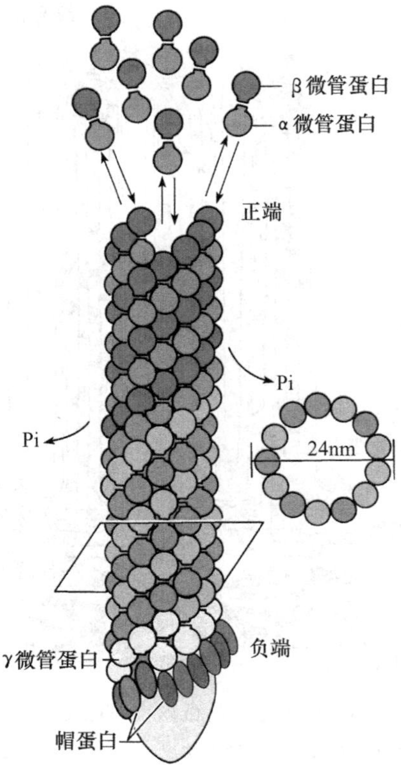

图 7.2 微管（自 Ross et al.，2003）
显示微管的聚合和解聚过程。下方是负端，上方是正端。负端含有一圈 γ 微管蛋白，此外还有许多帽蛋白。

（二）微 丝

微丝由肌动蛋白（actin）分子聚合而成。肌动蛋白是有极性的，可以首尾相接聚合成为直线状的细丝，两条这样的细丝螺旋状结合成为一条微丝。尚未聚合的肌动蛋白称为 G 肌动蛋白（G-actin），即球状肌动蛋白。已经聚合了的肌动蛋白称为 F 肌动蛋白（F-actin），即纤丝状肌动蛋白。微丝的直径大约为 7nm，比微管小而且短，同时也更柔软（图 7.3）。

微丝的聚合与细胞中的 G 肌动蛋白量的多寡有关，同时，也与肌动蛋白结合蛋白（actin-binding protein，ABP）有关。ABP 除了控制肌动蛋白的聚合以外，还控制微丝的结构。例如，ABP 中有一类称为肌动蛋白成束蛋白（actin-bundling proteins），包括肌成束蛋白（fascin）和丝束蛋白（fimbrin），能够将微丝连接成为平行排列的微丝束。微丝束支撑着细胞表面的突起如微绒毛（microvilli）（图 7.4）。

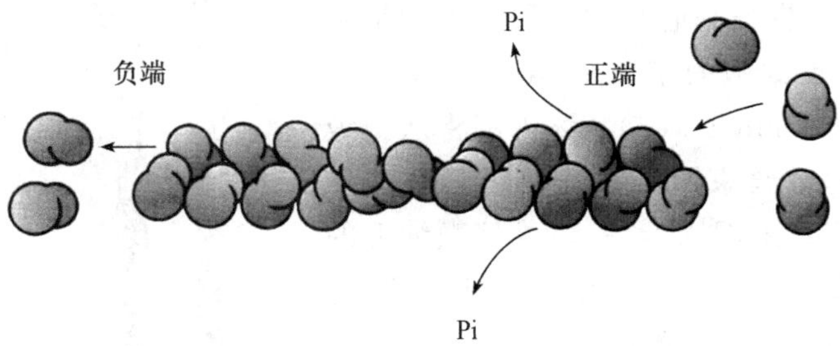

图 7.3 微丝（自 Ross et al.，2003）
两条肌动蛋白细丝螺旋状结合，成为一条微丝。在正端，与 ATP 结合的肌动蛋白加入到微丝的组成中，然后 ATP 被分解成为 ADP。

微丝除了与细胞形状的维持有关以外，还参与相邻细胞之间的连接，如上皮细胞之间存在的连接复合体结构中有微丝。连接复合体能够保持上皮细胞的稳定，在上皮细胞运动之前，要先行破坏细胞之间的连接复合体。微丝也参与细胞的分裂，核分裂之后，由微丝构成的收缩环在胞质

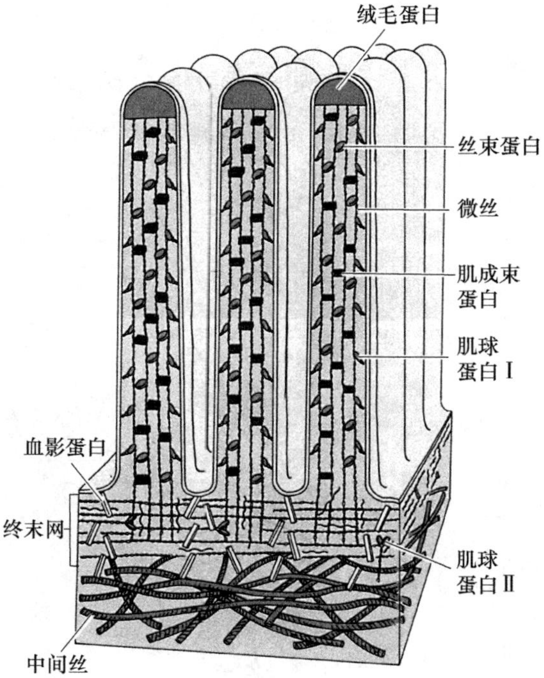

图 7.4　微绒毛中的微丝束(自 Ross et al.,2003)
微绒毛的核心结构是微丝束,肌成束蛋白和丝束蛋白等肌动蛋白成束蛋白将微丝连接在一起,成为微丝束。

分裂中起重要作用。此外,微丝还参与细胞的运动。胚胎细胞运动时,有时会伸出伪足,如海胆的原肠胚形成中,初级间充质细胞进入囊胚腔中,靠其伪足的伸缩得以在囊胚腔的基板上运动,伪足中就有微丝束。

(三) 中　间　丝

中间丝的直径介于微管和微丝之间,大约为 10nm。与微管和微丝不同的是,组成中间丝的蛋白质往往不是单一的,具有多样性。不同组织的细胞,其中间丝的蛋白质组成往往不一样。

尽管组成中间丝的蛋白质多种多样,但是都有一个共同的特点,就是其一端具有严格保守的球状区域,而中间却有一个高度变异的棒状区域。不同的中间丝,位于蛋白质中间棒状区域的氨基酸序列是不同的,而严格保守的球状区域的氨基酸序列是相同的,这有助于蛋白质的首尾相连(聚合)。两个相同的蛋白质单体(monomer)先形成双螺旋的结构,即二聚体(dimer)。两个二聚体(它们的蛋白质组分相同或不同)再形成反向双螺旋结构,成为四聚体(tetramer)。四聚体再首尾相连,形成中间丝(图 7.5)。在动物体内,共有 4 种类型的中间丝:角蛋白丝(keratin filament)、波形蛋白丝(vimentin filament)或类波形蛋白丝(vimentin-like filament)、神经丝(neurofilament)、核纤层蛋白丝(lamin filament)。

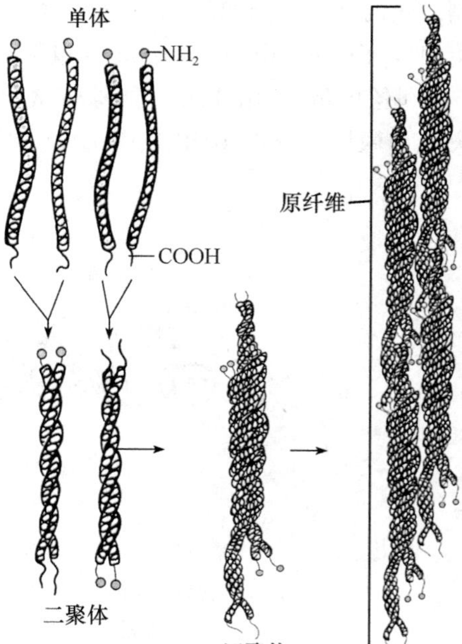

图 7.5　中间丝的结构(自 Ross et al.,2003)
两个相同蛋白质单体先形成双螺旋的二聚体,两个二聚体再形成四聚体,四聚体再首尾相连,形成中间丝。

角蛋白丝存在于上皮细胞起源的各种类型的细胞中。图 7.6 显示在上皮细胞的胞质中,微丝交织在一起,形成一层终末网(terminal web)。终末网将从微绒毛中延伸入细胞质的微丝束固定住。在终末网的下方,有一层角蛋白丝将终末网固定住,以维持微绒毛的形状。此外,在上皮细胞中,角蛋白丝还通过桥粒(连接复合体中的一类)将相邻的细胞连接在一起。

波形蛋白丝或类波形蛋白丝存在于许多类型的细胞中,它们的蛋白质组分单一。中胚层起源的细胞,其中间丝的蛋白质组分往往都是波形蛋白。类波形蛋白丝又有以下几种类型:结蛋白丝(desmin filament),存在于肌肉细胞中;胶质原纤维酸性蛋白丝(glial fibrillar acid protein filament),存在于神经胶质细胞中;外周蛋白丝(periphrin filament),存在于神经元中。

神经丝存在于神经元中，从细胞体延伸到轴突和树突的末端，维持突起的形状。它的蛋白质组分是神经丝三联体。核纤层蛋白丝存在于所有类型细胞的核中，与内层核膜相连。在所有的四类中间丝中，除核纤层蛋白丝以外的其他三类中间丝都存在于细胞质，唯有核纤层蛋白丝存在于细胞核。核纤层蛋白丝由两类蛋白质组成：核纤层蛋白 A(lamin A)和核纤层蛋白 B(lamin B)。核纤层蛋白丝能够维持细胞核的形状。

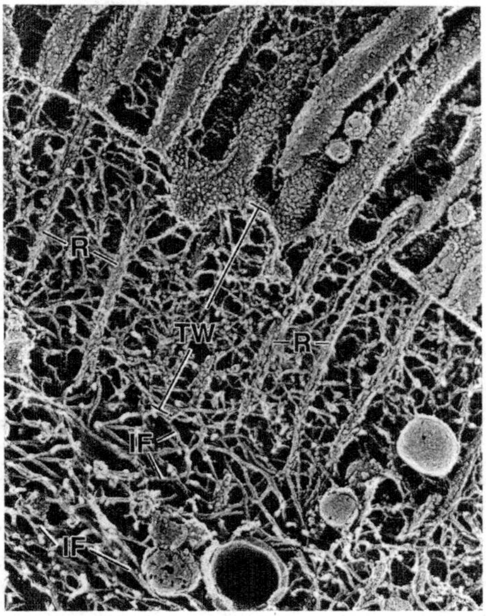

图 7.6　上皮细胞中的中间丝
(自 Ross et al.，2003)
电子显微镜照片，显示靠近上皮细胞游离面的胞质中微丝交织在一起，形成一层终末网(TW)。终末网将从微绒毛中伸下来的微丝束(R)固定住，角蛋白丝(IF)再将终末网固定住。

二、细胞和基质的黏着

胞外基质主要是由细胞分泌的大分子物质组成的，它们分布于细胞间隙中。对于动物发育来说，胞外基质的作用是很重要的。细胞黏着和细胞运动全都依赖细胞和胞外基质之间的连接。在某些发育过程中(如上皮的形成)，细胞和胞外基质的连接显得尤为牢固。而在另一些发育过程中(如间充质细胞的迁移)，细胞和胞外基质的连接要经历建立、破坏、再建立的过程。在有些发育过程中，胞外基质仅仅作为细胞黏着的物质；而在另外一些发育过程中，胞外基质却为细胞的运动提供了通道；甚至在某些发育过程中，细胞和胞外基质的结合能够激活某些基因。

在胞外基质中存在的大分子物质可以分为三类：胶原(collagen)、蛋白多糖(proteoglycan)和糖蛋白(glycoprotein)。在细胞间质中，这些大分子物质可以形成网状结构，也可以在上皮组织的基底面形成一层基膜。

(一) 胶　　原

胶原是动物体中含量最多的蛋白质，超过动物体蛋白质总量的一半。在细胞间质中，胶原含量最多。一个胶原分子由三条多肽链(α 链)组成，三条多肽形成三螺旋。三条多肽的类型繁多，有 α1、α2、α3、α4、α5，α1 又有 α1(Ⅰ)、α1(Ⅱ)、α1(Ⅲ)等，至少有 27 种不同的 α 链，每种类型的 α 多肽都由一个基因编码。

在不同的组织器官中，这些基因的表达有其特异性，因此有不同的 α 链组合方式。迄今为止，至少有 19 种不同的胶原蛋白分子被发现。在疏松结缔组织、致密结缔组织中，胶原的多肽组成为$[\alpha1(\text{I})]_2\alpha2(\text{I})$，此为Ⅰ型胶原(图 7.7)。在软骨组织中，胶原的多肽组成为$[\alpha1(\text{II})]_3$，此为Ⅱ型胶原。在皮肤、血管等组织中，胶原的组成为$[\alpha1(\text{III})]_3$，此为Ⅲ型胶原。在基板中，胶原的组成为$[\alpha1(\text{IV})]_2\alpha2(\text{IV})$，此为Ⅳ型胶原。在所有结缔组织中皆有的胶原为Ⅴ型胶原，其多肽链组成为$[\alpha1(\text{V})]_2\alpha2(\text{V})$。以上 5 种类型胶原是研究得比较透彻的胶原。其中，Ⅰ型、Ⅱ型、Ⅲ型胶原蛋白分子聚合形成原纤维，原纤维具有横纹。其他类型的胶原蛋白分子不形成原纤维，但可交织成网状。

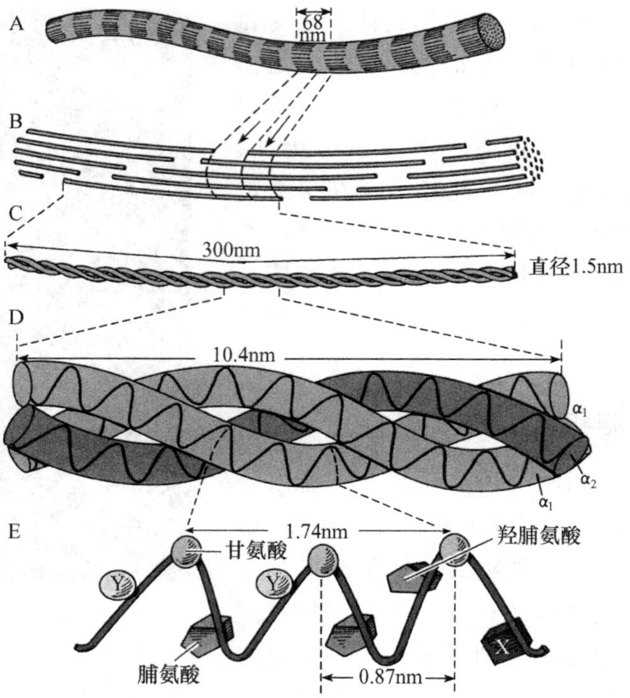

图 7.7　Ⅰ型胶原的组成(自 Ross et al.,2003)

A. Ⅰ型胶原原纤维,具有横纹;B. 原纤维由胶原蛋白分子按一定的间隔距离排列组成;C. 胶原蛋白分子长约 300nm,直径约为 1.5nm;D. 胶原蛋白分子由 3 条 α 多肽组成;E. 在 α 多肽上,每隔 2 个氨基酸就有 1 个甘氨酸。Y 代表羟脯氨酸,X 代表脯氨酸。

(二) 蛋白多糖

基质中的第二类大分子是蛋白多糖。蛋白多糖是一类巨大的分子,由糖胺聚糖(glycosaminoglycan)与蛋白质组成。糖胺聚糖是一类多糖,它是由重复的二糖聚合成的一条直链状结构,该二糖由氨基己糖和糖醛酸组成。不同的单糖组成不同的二糖,不同的二糖组成不同的糖胺聚糖。动物体内的糖胺聚糖有透明质酸(hyaluronic acid,其二糖为葡糖醛酸-乙酰氨基葡糖)、硫酸软骨素(chondroitin sulfate,其二糖为葡糖醛酸-乙酰半乳糖胺)、硫酸皮肤素(dermatan sulfate,其二糖为葡糖醛酸-硫酸乙酰半乳糖胺)、硫酸乙酰肝素(heparan sulfate,其二糖为葡糖醛酸-硫酸葡糖胺)和硫酸角质素(keratan sulfate,其二糖为半乳糖-硫酸乙酰葡糖胺)。除了透明质酸以外,其他的糖胺聚糖都会与蛋白质结合起来,形成蛋白多糖。例如,多个硫酸软骨素分子和一个蛋白质分子结合称为硫酸软骨素蛋白多糖(chondroitin sulfate proteoglycan),多个硫酸皮肤素分子和一个蛋白质分子结合称为硫酸皮肤素蛋白多糖(dermatan sulfate proteoglycan)。许多蛋白多糖又会结合于透明质酸,形成巨大的复合物,该聚合物呈松散的网状分布于基质中(图 7.8)。

分布最广泛的蛋白多糖是硫酸软骨素蛋白多糖和硫酸乙酰肝素蛋白多糖。硫酸乙酰肝素蛋白多糖能与旁分泌因子中的 FGF 家族、Wnt 家族和 TGF-β 家族成员结合,防止大剂量的旁分泌因子结合到受体上。果蝇、秀丽隐杆线虫和小鼠中那些不能合成蛋白多糖及糖胺聚糖的突变体,其胚胎细胞不能迁移、不能正常分化,形态发生不能正常进行。

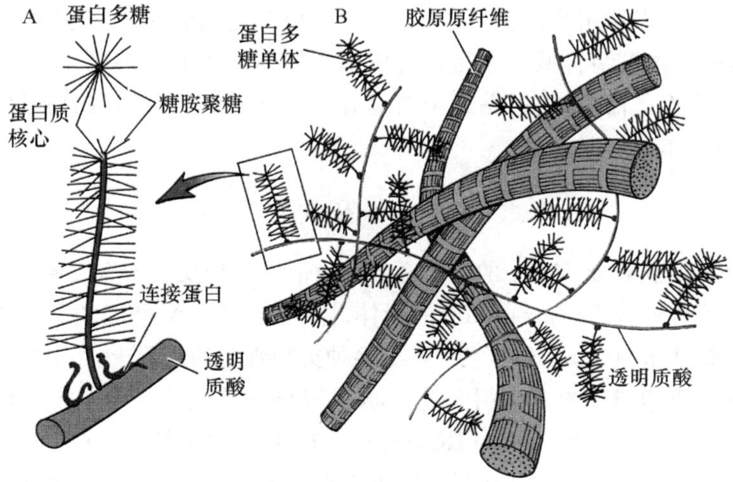

图 7.8　蛋白多糖的复合物(自 Ross et al.,2003)

A. 一个蛋白多糖分子,它由多个糖胺聚糖分子结合于一个蛋白质分子而成,蛋白多糖分子又可以通过连接蛋白结合于透明质酸分子上;B. 蛋白多糖的复合物,许多蛋白多糖分子结合于透明质酸分子上,形成巨大的复合物,该复合物呈松散的网状分布于基质中,胶原原纤维依附于上。

(三) 糖　蛋　白

在基质中存在着大量的糖蛋白分子,它在基质三维空间的构建方面及细胞与基质的连接方面都起着重要的作用。糖蛋白中人们最为了解的是纤连蛋白,它由多种类型的细胞分泌,是一种二聚体。二聚体中的每一条多肽都有许多结合域(binding domain),包括细胞结合域、胶原结合域、肝素结合域、纤维蛋白(fibrin)结合域等。两条多肽在其羧基末端通过二硫键连接起来(图 7.9)。纤连蛋白的结构特点使得它能连接基质和细胞。此外,纤连蛋白还帮助胚胎细胞(主要是中胚层起源的细胞)的迁移。例如,生殖细胞沿着纤连蛋白铺设的通道迁移到生殖腺,心脏细胞也会被纤连蛋白引导到胚胎的中线位置。如果将纤连蛋白的抗体注入鸡胚,形成心脏的细胞就不会迁移到胚胎的中线,结果不是形成一个心脏,而是形成两个分开的心脏。

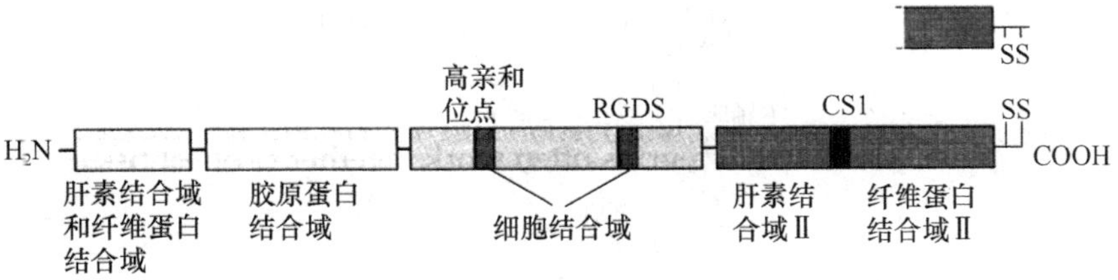

图 7.9　纤连蛋白的结构示意图(自 Gilbert,1997)

构成纤连蛋白的两条多肽在其羧基末端通过二硫键连接起来。在每一条多肽上都有肝素结合域、胶原结合域、细胞结合域、纤维蛋白结合域等,使得它能连接基质和细胞。

层粘连蛋白是另一种主要的糖蛋白,主要分布于上皮组织下方的基膜中(图 7.1)。基膜位于上皮细胞基底面的下方,由两层组成:基板(basal lamina)和网板(reticular lamina),基板位于网板的上方。基板的主要成分是层粘连蛋白和Ⅳ型胶原。Ⅳ型胶原蛋白分子不会形成原纤维,只是交织成网状。网板中的主要成分是网状纤维(reticular fiber),网状纤维由Ⅲ型胶原组成。基膜的基板和网板像是紧密编织的网,为上皮细胞提供了支撑作用。

层粘连蛋白由三条多肽组成。像纤连蛋白一样,层粘连蛋白的三条多肽上有许多细胞结合域、胶原结合域和糖胺聚糖结合域。细胞结合域识别的细胞是上皮细胞,胶原结合域识别的胶原是Ⅳ型胶原。也像纤连蛋白一样,层粘连蛋白起着组装基质的三维结构、促进细胞与基质的连接以及帮助细胞迁移的作用。

(四) 细胞黏着受体

细胞与基质分子的黏着由质膜上的受体介导。目前已发现质膜上有胶原、层粘连蛋白、纤连蛋白和另一个基质分子玻连蛋白(vitronectin)的受体。其中研究得最彻底的是纤连蛋白的受体。纤连蛋白的受体称为整联蛋白(integrin),它存在于多种类型细胞的质膜上,由 α 链和 β 链组成。整联蛋白嵌于质膜中,α 链和 β 链的氨基端朝向基质,羧基端朝向细胞质。纤连蛋白上有一段序列,其中至少含有精氨酸-甘氨酸-天冬氨酸,称为 RGD 序列。RGD 序列是纤连蛋白上的细胞结合域。胚胎细胞靠其质膜上整联蛋白与基质中纤连蛋白的 RGD 序列结合(图 7.10)。整联蛋白的胞内部分通过另外的一些连接蛋白,如踝蛋白(talin)、辅肌动蛋白(α-actinin)和黏着斑蛋白(vinculin),结合于细胞骨架,为细胞骨架提供了支撑点。这样,整联蛋白将细胞外的基质和细胞内的细胞骨架连接起来。这种双重的连接使得细胞能够靠其细胞骨架的收缩,沿着胞外基质运动。

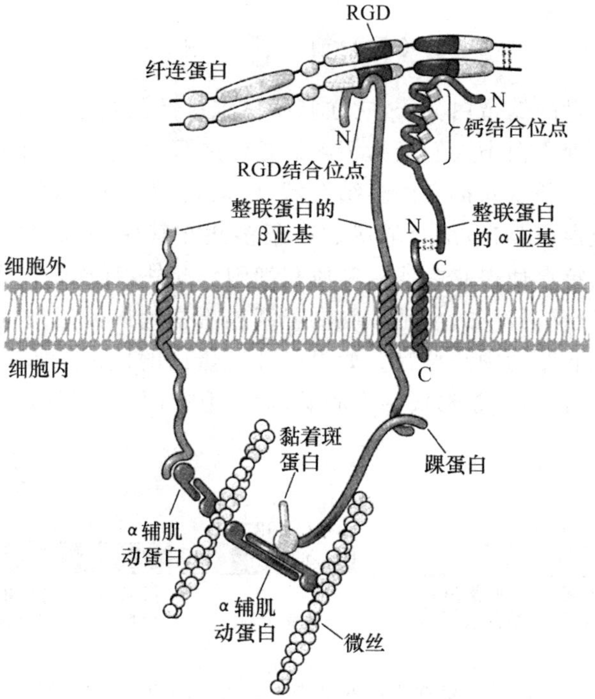

图 7.10 纤连蛋白和整联蛋白的结合(自 Gilbert,2010)

整联蛋白镶嵌于质膜,其胞外部分朝向基质,与纤连蛋白的 RGD 序列结合。其胞内部分与细胞骨架结合,踝蛋白、辅肌动蛋白和黏着斑蛋白等参与此结合。

胚胎细胞上其他基质分子的受体如胶原受体、层粘连蛋白受体、玻连蛋白受体的分子组成与整联蛋白的相似,也由 α 链和 β 链组成。这些受体分子也与基质分子的 RGD 序列结合,如胶原受体与胶原的 RGD 结合,玻连蛋白受体与玻连蛋白的 RGD 结合。由于这些受体的结构相似,它们称为整联蛋白超家族(integrin superfamily)。

（五）基 因 表 达

基质和胚胎细胞的黏着可以引起某些发育中器官的细胞，特别是肝脏、睾丸和乳腺细胞的特异基因的表达，产生某些转录因子。此外，当胚胎细胞质膜上的整联蛋白分子结合了基质分子的时候，细胞中就会表达阻止细胞凋亡的相关基因，胚胎细胞就会正常发育。例如，当软骨细胞存在于基质中，并且质膜上的整联蛋白结合于基质时，软骨细胞就会合成软骨组织的组分。如果将鸡胚的胸骨（软骨）分离出来，并与基质分子的抗体一起培养，那么，胸骨就会萎缩并很快死亡。

现在已经发现了某些由细胞和基质的结合而被激活的基因。如图 7.11 所示，培养中的小鼠乳腺细胞能够表达与细胞分裂有关的基因，如 *c-myc* 和 *cyclin D1*，因此，细胞能够进行分裂。但是它们不能表达乳腺细胞特有的基因，因此不能产生酪蛋白、乳铁蛋白和乳清酸性蛋白等。如果在培养的小鼠乳腺细胞中添加基膜（基膜中含有层粘连蛋白），乳腺细胞质膜上的整联蛋白就会与层粘连蛋白结合，那么，指导细胞分裂的基因（*c-myc* 和 *cyclin D1*）就停止表达，而阻止细胞分

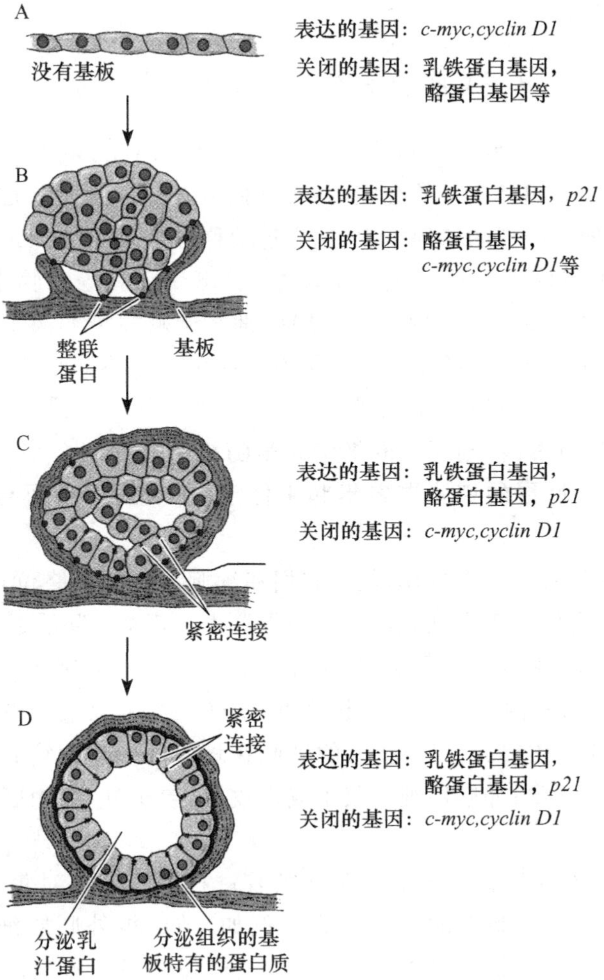

图 7.11 基膜诱导乳腺细胞的基因表达（自 Gilbert，2000）

A. 培养中的小鼠乳腺细胞没有与基板接触，细胞可以分裂，与细胞分裂有关的基因 *c-myc* 和 *cyclin D1* 等表达，酪蛋白基因、乳铁蛋白基因和乳清酸性蛋白基因不能表达；B. 如果培养的乳腺细胞与基膜接触，*c-myc* 基因和 *cyclin D1* 基因停止表达，乳铁蛋白基因等开始表达；C、D. 乳腺细胞包被于基膜之中，形成分泌上皮，分泌乳汁。

裂的基因 *p21* 就会表达，同时，乳铁蛋白基因也开始表达。最后，包被于基膜之中的乳腺细胞形成了犹如乳腺腺泡一样的结构，乳汁中的所有蛋白质都将产生。在此过程中，细胞膜上的整联蛋白结合于基质是引起特异基因表达的重要因素。

整联蛋白结合于胞外基质相当于细胞膜上的受体与配体的结合，此结合将引发细胞内产生信号转导路径(signal transduction pathway)，信号从整联蛋白传到一些衔接蛋白(adaptor protein)，如小窝蛋白(caveolin)、Fyn 激酶等，再传到 G 蛋白 Ras。有活性的 Ras 是蛋白质激酶，它磷酸化另外一些蛋白质激酶。最后一个被激活的蛋白质激酶进入细胞核，磷酸化(激活)某个转录因子，引起特异基因的表达。

三、细胞间的黏着

在发育过程中，胚胎细胞除了与胞外基质黏着以外，胚胎细胞之间也会相互黏着。在不同类型的细胞表面有许多特异的蛋白质，而这些特异的蛋白质赋予细胞特异的黏着特性，使得同类的细胞能够相互黏着形成组织。

(一) 胚胎细胞具有选择性亲和力

胚胎细胞相互黏着与形态发生之间的关系最早由 H. V. Wilson 在 1907 年发现。Wilson 将海绵组织破碎成碎片、细胞团和单个的细胞，并将它们放在培养液中。这些碎片、细胞团和细胞又会相互黏着起来，形成一个新的海绵组织，这个过程称为"重建"(reconstitution)。胚胎细胞相互黏着(重建)的特性不但体现于低等无脊椎动物，也出现在高等动物中。1955 年 Townes 和 Holtfreter 将两栖类原肠胚的外、中、内三个胚层分别置于碱性培养液中，让它们分离成单个细胞，然后按不同的组合将三个胚层的细胞混合培养。使用具有不同细胞体积和色素的两栖类胚胎，在混合培养中可以区分不同胚层的细胞。在培养过程中，不同胚层的细胞相互黏着，形成一团细胞。在这些细胞团中，不同胚层的细胞先是随机杂乱地混合在一起，不久，不同胚层的细胞开始移位，来自同一胚层的细胞再聚集起来位于同一位置，从而与其他胚层的细胞分离开来(图 7.12)。

不同胚层细胞的再聚集有一个规律，就是它们在细胞团中的最终位置与它们在胚胎中的位置相似。中胚层细胞总是倾向于在细胞团块的中央聚集。若将中胚层细胞和表皮外胚层细胞一起培养，表皮外胚层细胞将形成一层包于外方，而中胚层细胞则形成一团被包于其中(图 7.12A)。若将中胚层细胞和内胚层细胞一起培养，中胚层细胞聚集在中央，内胚层则形成一层将中胚层包围起来(图 7.12B)。当三个胚层的细胞在培养液中进行培养时，内胚层细胞聚集在细胞团的中央，呈一实心球状；外胚层细胞聚集成表皮状，包于外方；中胚层细胞夹于内、外胚层之间(图 7.12C)。

来自同一胚层但具不同发育命运的细胞在黏着过程中也会相对集中起来，分别占据不同的位置，而且该位置大致与胚胎中的位置一致。例如，神经板外胚层细胞和表皮外胚层细胞一起培养时，表皮外胚层细胞总是包于外方，而神经板外胚层细胞则位于内部，形成脑泡状结构(图 7.12D)。当轴中胚层细胞和表皮细胞、神经板细胞一起培养时，表皮细胞位于最外层，神经板细胞聚集于中央，而中胚层细胞则介于两者之间(图 7.12E)。

在鸟类和哺乳类的胚胎细胞进行相同的实验也证明了上述细胞再聚集的规律，即不同胚层的细胞经过再聚集之后，它们模拟了正常胚胎发育过程中各胚层存在的位置。用 Holtfreter 的

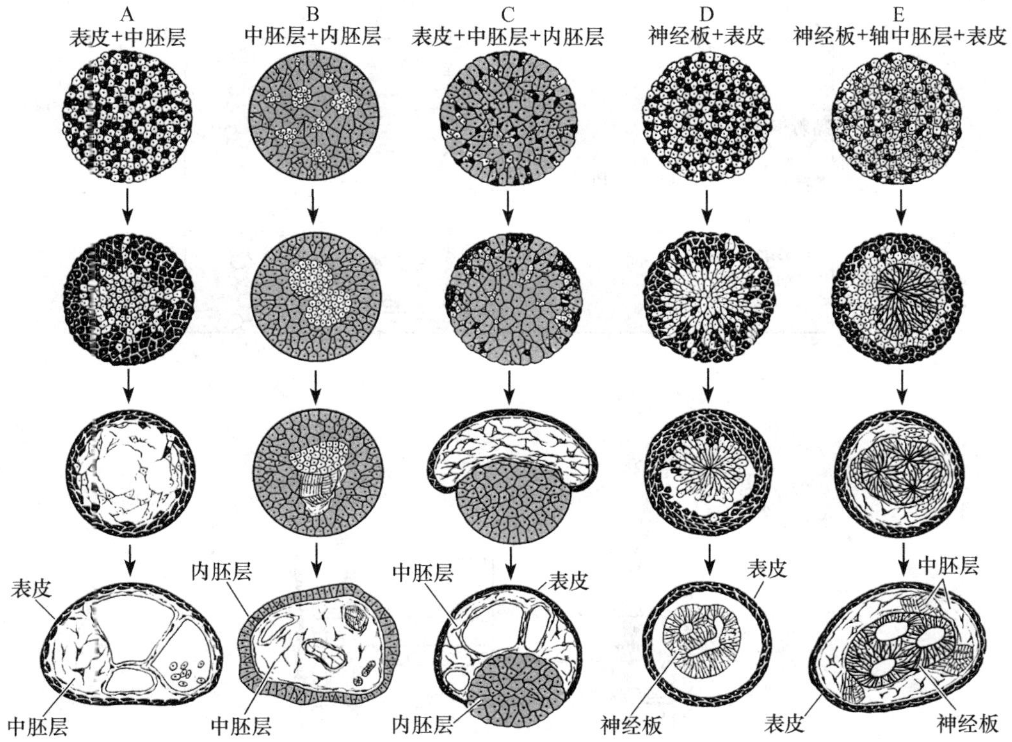

图 7.12　不同胚层细胞的再聚集(自 Gilbert,1997)

A. 表皮细胞和中胚层细胞混合培养;B. 中胚层细胞和内胚层细胞混合培养;C. 表皮细胞、中胚层细胞和内胚层细胞混合培养;D. 神经板细胞和表皮细胞混合培养;E. 神经板细胞、轴中胚层细胞和表皮细胞混合培养。

话来解释,就是胚胎细胞具有选择性亲和力(selective affinity)。

(二)细胞黏着分子

细胞相互黏着与细胞表面存在起黏着作用的分子有关。在这些起黏着作用的分子中,最重要的是钙黏着蛋白(cadherin)。钙黏着蛋白是依赖于钙离子的细胞黏着分子,它对细胞之间建立和维持联系是至关重要的,同时,对细胞相互黏着形成组织也起着重要的作用。

一个细胞表面的钙黏着蛋白和相邻细胞表面的钙黏着蛋白相互作用并结合在一起。钙黏着蛋白再通过细胞内的一种称为连环蛋白(catenin)的蛋白质与微丝相连,以使得细胞间的黏着得到进一步加固(图 7.13)。上皮细胞就是通过钙黏着蛋白紧密结合在一起的。如果使用钙黏着蛋白的抗体作用于细胞,细胞就不能相互黏着,组织和器官就不能形成。

在脊椎动物的胚胎中有以下几种钙黏着蛋白分子。①E 钙黏着蛋白,这种钙黏着蛋白分子存在于哺乳动物所有类型的细胞表面。早在受精卵阶段,E 钙黏着蛋白就已经产生,后来,E 钙黏着蛋白局限于上皮组织的细胞,因此也称为上皮黏着蛋白。②P 钙黏着蛋白,它出现于胎盘的滋养层细胞和底蜕膜细胞中。胎盘这两类细胞的 P 钙黏着蛋白相互连接,促进了滋养层和子宫的连接。所以,这种钙黏着蛋白也称胎盘黏着蛋白。③N 钙黏着蛋白,也称神经黏着蛋白。它最早出现于原肠胚中,以后主要出现于神经系统的细胞中。④R 钙黏着蛋白,在视网膜的形成中发挥重要作用。⑤B 钙黏着蛋白,存在于神经系统的许多细胞中。

在大多数情况下,不同的钙黏着蛋白分子相互之间会发生黏着。例如,具有 E 钙黏着蛋白的细胞会和具有 P 钙黏着蛋白的细胞结合。而且,E 钙黏着蛋白和 E 钙黏着蛋白、P 钙黏着蛋白

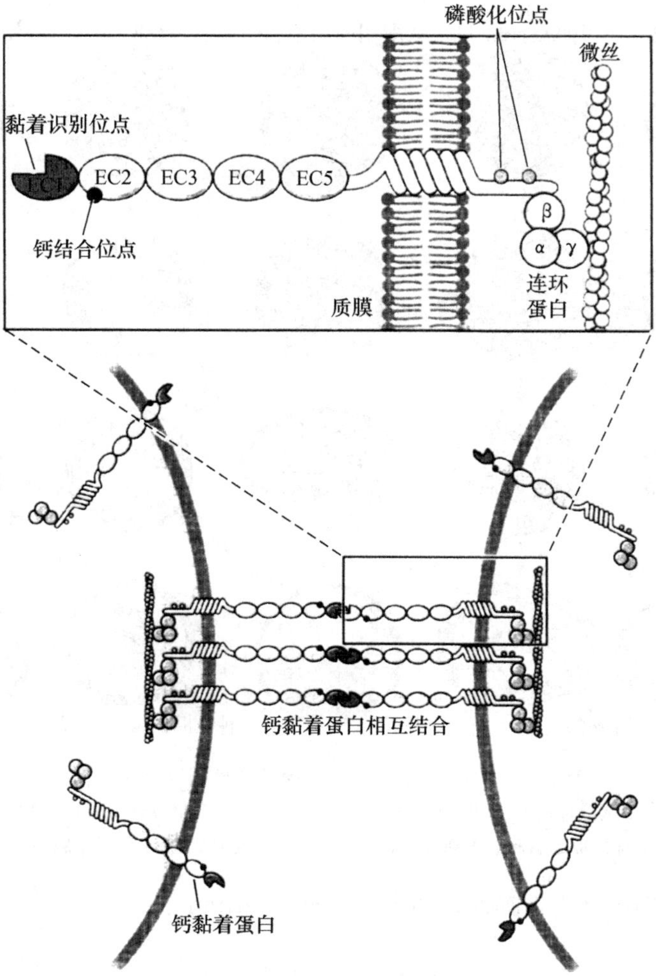

图 7.13　相邻细胞之间通过钙黏着蛋白的结合(自 Gilbert,2010)
相邻细胞之间通过钙黏着蛋白结合在一起,钙黏着蛋白再通过连环蛋白和微丝相连,以加固细胞间的黏着。

和P钙黏着蛋白、E钙黏着蛋白和P钙黏着蛋白之间的黏着强度大致相同。它们之间黏着的强度调节着胚胎组织结构的形成。

胚胎发育的进程似乎也与钙黏着蛋白的产生有关。例如,在鸡胚后肢的发育过程中,只有当预定形成软骨的间充质细胞开始聚集成为细胞团块时,这些细胞的表面才出现N钙黏着蛋白。N钙黏着蛋白不会在间充质细胞聚集之前出现,也不会在聚集之后出现。如果在预定形成软骨的间充质细胞聚集成为细胞团块之前将N钙黏着蛋白的抗体注射入后肢,间充质细胞就不会聚集,软骨也不会形成。由此观之,N钙黏着蛋白的出现似乎是肢芽间充质细胞聚集形成软骨的信号。

在发育过程中,钙黏着蛋白通常与其他的细胞黏着成分协同作用。例如,哺乳类的囊胚植入子宫内膜前,胚泡滋养层必须黏着于子宫内膜上皮,这两者之间的黏着靠几种黏着分子共同发挥作用才得以完成。首先,滋养层细胞表面有E钙黏着蛋白和P钙黏着蛋白,这两种钙黏着蛋白识别并结合于子宫内膜上皮细胞相应的钙黏着蛋白分子上。其次,滋养层细胞表面有整联蛋白分子,能够结合子宫内膜上的胶原和硫酸乙酰肝素蛋白多糖。最后,滋养层细胞表面还有糖基转移酶，它能够与子宫内膜上皮细胞表面糖蛋白的糖基结合。以上三种细胞间的黏着作用促使胚泡表面黏着于子宫内膜上皮，以便植入能够正常进行。

（三）细胞表面的连接复合体

胚胎细胞的黏着除了靠黏着分子之外，细胞表面还会形成特殊的结构将相邻的细胞连接在一起。这种特殊的结构称为连接复合体（junctional complex），包括紧密连接（tight junction）、中间连接（intermediate junction）、桥粒（desmosome）和缝隙连接（gap junction）（图 7.1）。

紧密连接　紧密连接又称闭锁小带（zonula occludens），位于上皮细胞侧面的顶端，靠近游离面，是由一个细胞质膜上成串排列的跨膜蛋白（称为闭合蛋白，occludin）和相邻细胞质膜上对应位置的成串跨膜蛋白彼此紧密相贴而成的封闭索（图 7.14）。紧密连接将相邻细胞顶部的细胞间隙封闭，形成了一道屏障，防止大分子物质通过细胞间隙进入深层组织中。

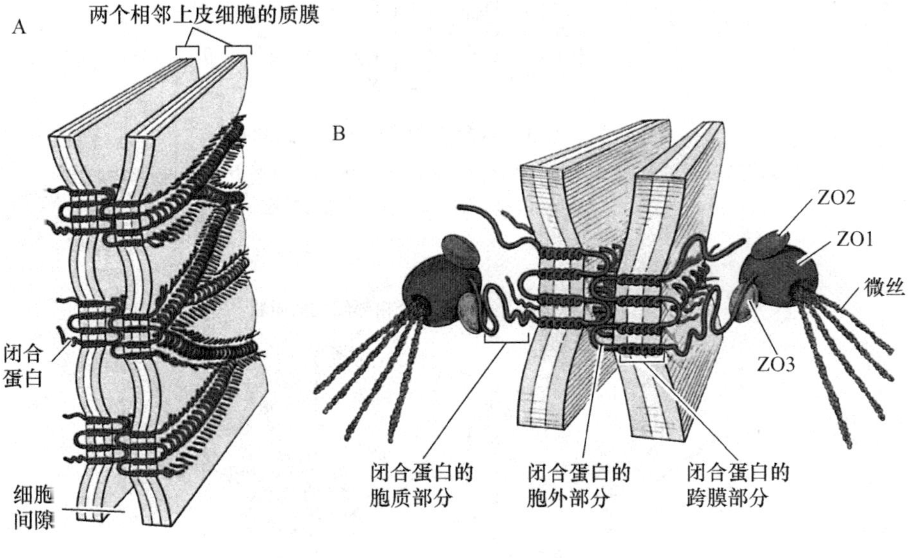

图 7.14　紧密连接（自 Ross et al.，2003）

A. 两个相邻上皮细胞侧面的紧密连接；B. 紧密连接结构模式图。

中间连接　中间连接又称黏着小带（zonula adherens），位于紧密连接的下方，呈连续带状环绕着上皮细胞。相邻细胞的质膜上都有跨膜蛋白 E 钙黏着蛋白，两个相邻细胞通过 E 钙黏着蛋白的胞外端结合在一起。在 E 钙黏着蛋白的胞质端，连环蛋白与之相连，形成复合体。然后，钙黏着蛋白-连环蛋白复合体再通过黏着斑蛋白（vinculin）和 α 辅肌动蛋白（α-actinin）与平行排列的微丝相连（图 7.15）。

桥粒　桥粒又称黏着斑（macula adherens），位于中间连接的深部，呈斑状。相邻细胞的胞质中各有一块致密的附着板（attachment plaque），其面向胞质的一侧附着许多中间丝，面向质膜的一侧连着桥粒芯蛋白（desmoglein）和桥粒胶蛋白（desmocollin），两者都是跨膜蛋白。相邻两个细胞靠其从附着板上伸出到胞外的桥粒芯蛋白和桥粒胶蛋白相互黏着（图 7.16）。

缝隙连接　缝隙连接是相邻细胞之间靠特殊的蛋白质形成的一种结构，起着沟通相邻细胞的作用。相邻细胞中的小分子物质和离子能自由地通过缝隙连接。构成缝隙连接的蛋白质称为连接蛋白（connexin），也是一种跨膜蛋白。6 个连接蛋白形成一个正六边形的结构，称为连接子

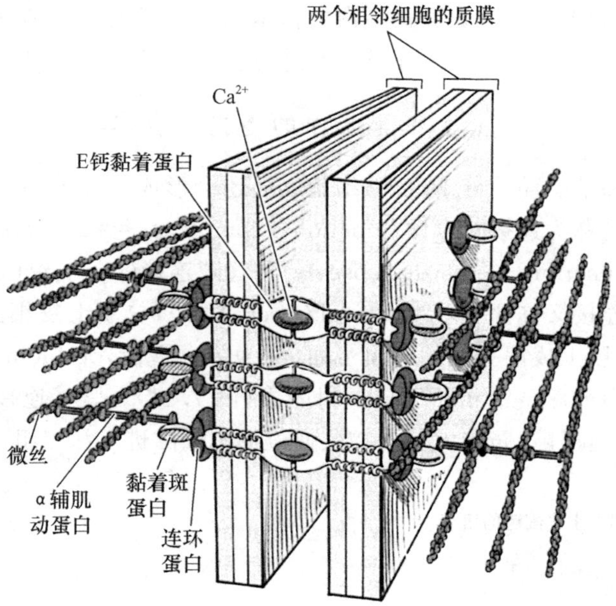

图 7.15　中间连接(自 Ross et al.,2003)

两个相邻的细胞通过E钙黏着蛋白结合在一起。在细胞内,E钙黏着蛋白再通过连环蛋白、黏着斑蛋白和α辅肌动蛋白与微丝相连。

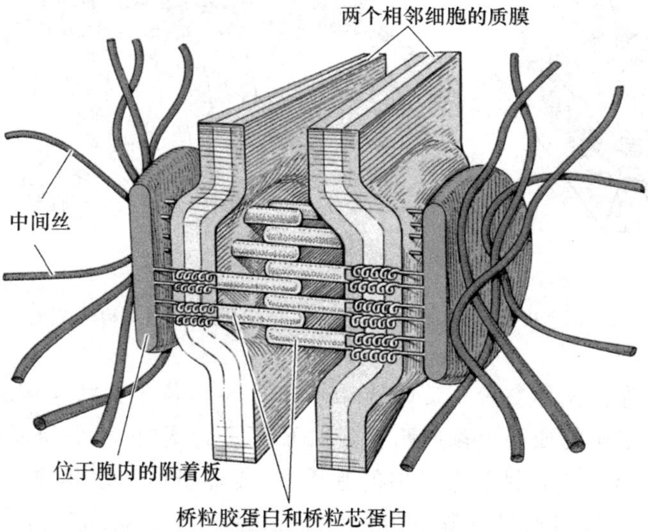

图 7.16　桥粒(自 Ross et al.,2003)

两个相邻细胞的胞质中各有一个附着板,上面有中间丝附着,还连接着桥粒芯蛋白和桥粒胶蛋白。两个相邻细胞的桥粒芯蛋白和桥粒胶蛋白穿过质膜并相互结合。

(connexon),中间有一直径为2nm的通道。连接子构形的变化会改变通道直径的大小。相邻细胞质膜上对应的两个连接子相对排列,其中的通道相通,使得相邻细胞相互沟通(图7.17)。

某些胚胎细胞之间有缝隙连接存在。例如,在哺乳动物8细胞期胚胎和桑椹胚,位于胚胎内部的细胞之间就有缝隙连接存在,离子和可溶性小分子物质可以相互通过。如果将连接蛋白的

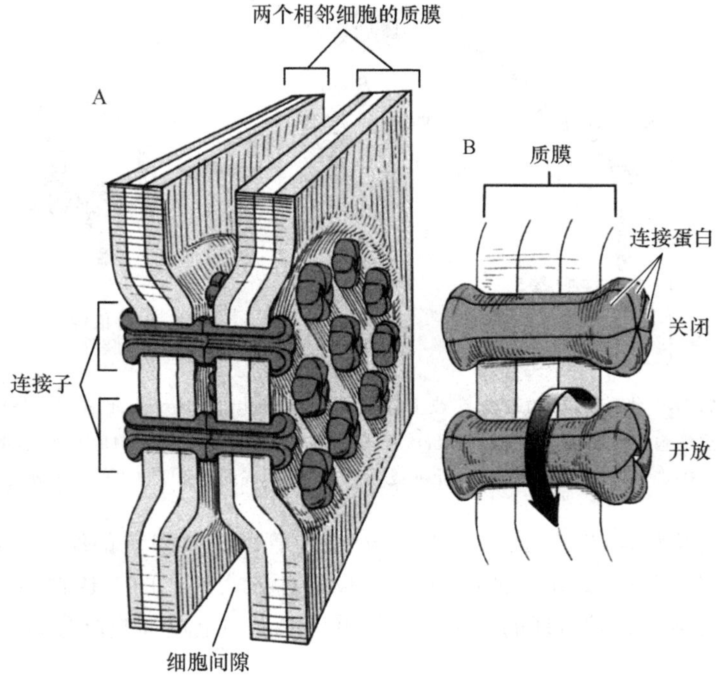

图 7.17　缝隙连接(自 Ross et al. ,2003)

A. 两个相邻细胞的质膜上存在缝隙连接;B. 连接子结构放大,显示位于中央的通道。该通道直径的变化控制着细胞之间物质的流动。

抗体注射入非洲爪蟾早期胚胎的一个细胞中,由此发育而成的蝌蚪部分器官将出现畸形。如果将连接蛋白的抗体注射入小鼠 8 细胞期胚胎的细胞之中,那么胚胎就不会致密化。虽然 8 个细胞仍会继续分裂,但不会产生进一步的分化。如果将连接蛋白的反义 RNA(antisense RNA)注入小鼠 8 细胞期胚胎的一个细胞中,该细胞将被排斥于胚胎之外,不参与致密化过程。由此可见,连接蛋白以及由其形成的缝隙连接在形态发生过程中发挥着重要的作用。

第二节　胚胎细胞的运动

从原肠胚形成开始,胚胎细胞就出现了明显的运动。胚胎细胞的运动导致了发育的继续进行。上皮细胞和间充质细胞的运动方式不同:上皮细胞之间紧密结合,以整个细胞层进行运动;间充质细胞之间连接松散,细胞分散运动。

一、上皮细胞的运动

上皮细胞层的运动可以是弯曲,也可以是扩展(外包)。在产生弯曲时,细胞层往往是先局部加厚,然后向一个方向弯曲。如图 7.18A 所示,细胞局部加厚是因为细胞从立方状改变成为柱状的缘故。上皮细胞层的这种局部加厚可以是范围比较大的,如神经外胚层变成的神经板(neural plate);也可以是一小块区域,如胚胎头面部的基板(placode,将产生感觉器官)。

加厚区域的弯曲可以是向胚胎内部或向胚胎外部进行。当向胚胎内部进行时,这种运动称为内陷(invagination);当向胚胎外部进行时,这种运动称为外突(evagination)。沿着一条中线

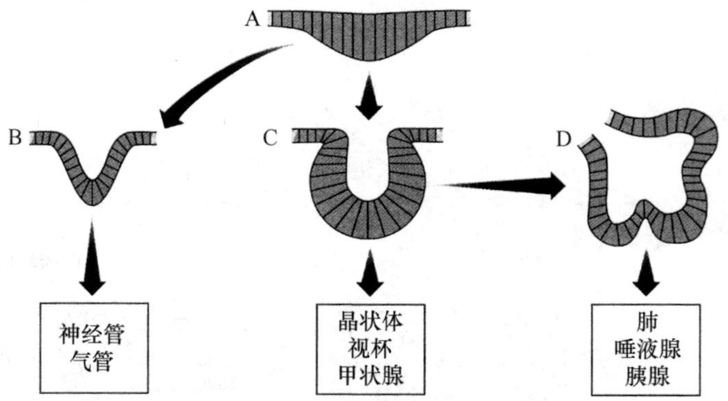

图 7.18　细胞形状的改变导致上皮层的结构变化(自 Browder et al.,1991)

A. 上皮细胞层局部细胞伸长成柱状;B. 上皮细胞层在出现柱状细胞的地方下陷,形成一个沟;C. 下陷后也可以形成一个囊或一个管;D. 形成的囊和管也可能产生分支。

下陷,将产生一条沟状结构(图 7.18B)。神经沟(神经管形成时出现的结构)和喉气管沟(laryngotracheal groove,气管形成时出现的结构)都是以这种方式形成的。这种沟可能与上皮细胞层分离,如神经沟形成神经管时出现的情况。但是也可能不与上皮细胞层分离,如喉气管沟形成气管时的情形。

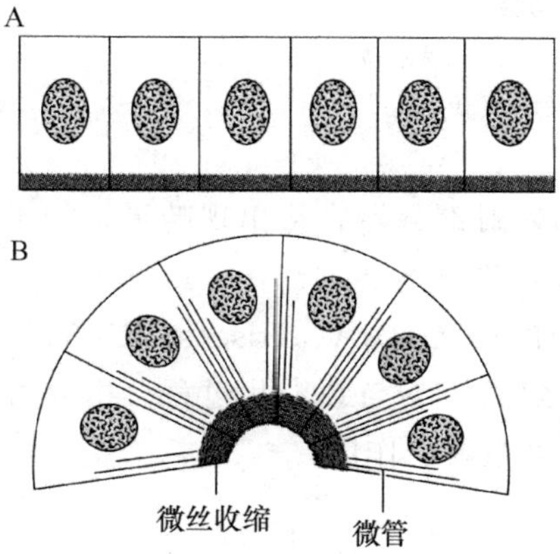

图 7.19　上皮细胞形状的改变和胚层的弯曲(自 Browder et al.,1991)

A. 单层柱状上皮细胞连接成为一个细胞层,细胞的基部有许多微丝;B. 微丝收缩,细胞的基部变窄小,上皮细胞层弯曲。

上皮细胞层的内陷也可能产生了一个囊状的凹陷(图 7.18C),如晶状体基板(lens placode)、听基板(otic placode)和嗅基板(nasal placode)的内陷都将产生一个囊状结构。这些囊或者与上皮细胞层保持联系,如嗅基板内陷形成的鼻腔;也可能与上皮细胞层脱离,如晶状体基板和听基板的内陷。前者产生晶状体泡,后者产生听泡,都不和上皮细胞层连接。上皮细胞层的内陷也可能产生一条管状结构,如海胆植物极板内陷形成的原肠。这种管状结构末端可能分支,形成更多的盲管(图 7.18D),这种情况出现在腺体的形成中。上皮细胞层局部加厚区域的柱状细胞改变形状是产生弯曲或内陷的原因。如图 7.19 所示,柱状细胞的一端变小,另一端扩大,细胞形状成为扇形状。这样,上皮细胞层就弯曲或内陷,如同神经板弯曲前或海胆植物极板内陷前细胞发生的变化一样。

上皮细胞层的运动也可以是扩展(外包)。这时,细胞的形状往往是变得较为扁平,细胞的表面积扩大,从而使得上皮细胞层的面积扩大。原肠胚形成时,外胚层的外包运动就属于上皮细胞层的扩展。

二、间充质细胞的运动

间充质细胞的运动往往像变形虫的运动,细胞伸出突起即伪足,伪足和基质粘连,然后拉着细胞体向前移动,如同海胆的初级间充质细胞在囊胚腔中附着基质运动一样。

间充质细胞都位于胚胎内部,不容易观察到它的运动方式。因此,往往通过研究培养中的细胞运动方式来理解间充质细胞的运动。其中,最适合研究的培养细胞是成纤维细胞(fibroblast)。成纤维细胞在运动时，会产生一个薄而宽大的片状伪足(lamellipodium)。片状伪足产生于细胞的一端，这一端就是将来成纤维细胞的运动方向(图 7.20)。片状伪足越伸越长，并粘连于基质，这样成纤维细胞就被拉长。当细胞拉到足够长时，细胞的另一端就与基质脱离，向伪足伸长的方向收缩，这样，细胞就向前移动了一步。

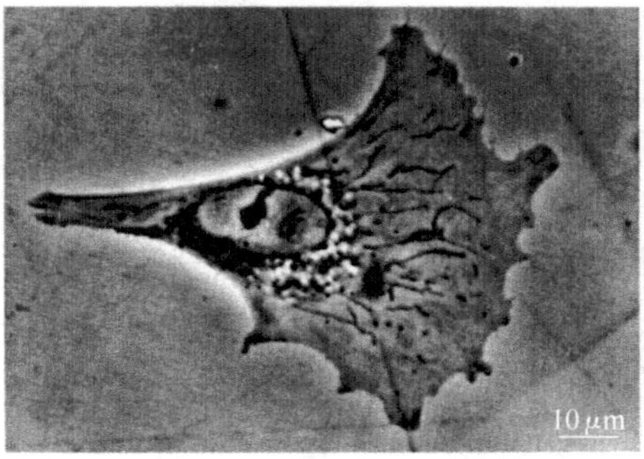

图 7.20　成纤维细胞的运动(自 Browder et al.,1991)
成纤维细胞的相差显微镜照片，其右侧形成了一个宽大的片状伪足，细胞将向右侧运动。

在胚胎发育过程中，像成纤维细胞这样作变形虫运动的情况很多，如海胆初级间充质细胞的运动、鸟类原条细胞内移进入囊胚腔等。在鱼类的囊胚中，被膜层下方的深层细胞也会伸出长长的伪足。在囊胚刚形成时，由于这些细胞的伪足很长，使得细胞之间的距离很大，这样，胚盘的体积显得很大，高高地突出在卵黄细胞的上方。因此，早期的鱼类囊胚又称为“高囊胚”。随后，胚盘的细胞靠其伪足依附在卵黄多核层上向四周运动，胚盘扩大，高度也逐渐下降，所以又有“中囊胚”和“低囊胚”的说法。

三、细胞运动方向的调节

在发育过程中，细胞的运动有的是长距离的。许多因素参与细胞迁移的调节，其中包括胞外基质。

(一) 迁移路线的决定

迁移着的胚胎细胞受到基质中纤维排列的导向。基质中分布的纤维或原纤维的走向决定了细胞运动路线。例如，在海胆的原肠胚形成中，初级间充质细胞进入囊胚腔时，受到基质中纤维的导向。此时，囊胚腔中的纤维呈平行排列，其走向与动植轴一致(图 5.9)。而基质中分布的纤维或原纤维的走向又由成纤维细胞决定，成纤维细胞对基质中的纤维或原纤维进行梳理，使它们按一定的走向排列。

细胞与基质分子的黏着视基质分子的种类而异。细胞与某种分子能强烈黏着，而与另一些分子却只能微弱地黏着。例如，神经嵴细胞能牢固地黏着于纤连蛋白和层粘连蛋白，却只能微弱地黏着于硫酸软骨素蛋白多糖。在胚胎发育中，正是由于细胞与基质分子黏着的差异决定了细胞迁移的路线。胚胎细胞总是沿着更有黏性的基质迁移。

胚胎内部的间充质细胞之间有较大的空间，胚胎细胞正可利用此空间迁移。例如，在小鼠的视网膜神经元迁移进入视柄过程中就是沿着视柄中出现的空间迁移的。视柄中某些细胞在视网膜神经元迁移之前产生程序性细胞死亡(programmed cell death)，这样在视柄中形成一个通道。然后，视网膜神经元才能沿着这个通道迁移。某种突变型小鼠视柄中不能形成通道，在这种视柄中就没有视网膜神经元的神经纤维。

(二) 迁移方向的决定

胞外基质中的黏着分子、纤维和细胞之间的空间为胚胎细胞的迁移创造了通路。在这些通路上，细胞往哪一个方向迁移又受到严格的调控。在胚胎的不同位置，细胞和胞外基质中黏着分子的黏着强度存在着差异。例如，形成鸡胚心脏的前体细胞（心内膜细胞）从侧板中胚层分离出来之后，会依附在内胚层表面从胚胎的两侧向胚胎腹部中线运动。到达腹部中线后，这些细胞将共同形成心脏的原基（详见第十二章）。在这些细胞运动过程中，细胞和层粘连蛋白的黏着强度不断增加。也就是说，细胞是沿着黏着梯度从黏着强度小的两侧向黏着强度大的腹部中线方向运动。如果用层粘连蛋白的抗体孵育鸡胚，心内膜细胞就不会运动，在胚胎两侧会各产生一个心脏。如果将心内膜细胞运动过程中依附的内胚层切下来，并旋转 180°后再放置原处，心内膜细胞的运动方向将和原先的相反。这说明心内膜细胞和层粘连蛋白之间的黏着梯度指导心内膜细胞沿着正确的方向运动。

许多胚胎细胞具趋化性，它们能沿着某些可扩散物质浓度梯度的方向从低浓度的地方向高浓度的地方迁移。在迁移的过程中，细胞会伸出伪足，伪足伸向浓度高的方向。以三叉神经节的神经元为例，某种物质从上颌突中扩散出来，该物质吸引三叉神经节的神经元趋向上颌突，组织培养实验已证明了这一点。将三叉神经节中的神经元与上颌突组织及其他组织（如肢芽）培养于同一培养介质中，神经元总是趋向上颌突组织，而不趋向其他组织。

在培养介质中，当一个细胞与另一个细胞接触时，接触处的突起会缩回细胞体中，而在另一处伸出新的突起，两个细胞会朝相反的方向运动，这个现象称为接触抑制（contact inhibition）。接触抑制指导细胞从细胞密度高的方向往密度低的方向运动。例如，神经嵴细胞迁移过程中就受到接触抑制的调控。神经嵴细胞产生于神经管背侧，在接触抑制的调控下，它们离开神经管背侧，迁移到神经嵴细胞密度低的地方去。

第三节　胚胎细胞的死亡和增殖

在形态发生过程中，胚胎的某些细胞在某一特定发育阶段自然死亡的现象称为程序性细胞死亡，也称凋亡（apoptosis）。程序性细胞死亡是发育过程中必然出现的，它受到基因的调控。胚胎细胞的增殖对于某些器官的形成也是至关重要的，某些器官原基的出现就是靠细胞的增殖来实现的。

一、程序性细胞死亡

在形态发生过程中，程序性细胞死亡的现象经常出现。胚胎细胞的程序性死亡起着切除多余组织器官的作用。例如，两栖类蝌蚪尾巴的消失是程序性细胞死亡的结果。胚胎细胞的程序性死亡也可以控制某些器官中的细胞数量，以便器官能够正常发挥功能。例如，在神经系统的发育中，大量的神经元死亡，腾出空间让其余的神经元能够正常定位。胚胎细胞的程序性死亡还可以起到“雕刻”器官形态结构的作用，如腭的形成、视网膜的形成和脊椎动物指（趾）的形成都是程序性细胞死亡的结果。

在线虫发育过程中，程序性细胞死亡是一个常见的现象。秀丽隐杆线虫的体细胞多次死亡，共有 131 个体细胞在发育中相继死亡，成体中体细胞为 959 个。另一种雌雄同体的线虫 *P. redivivus* 的子宫发育过程中也发生了细胞死亡。*P. redivivus* 的生殖腺和生殖细胞起源于 4 个细胞：Z1、Z2、Z3 和 Z4，其中 Z2 和 Z3 的后代将形成生殖细胞，而 Z1 和 Z4 将形成生殖腺的体细胞。Z4 细胞的一个后代称为 Z4. PP，该细胞发生程序性死亡，Z1 的后代则不死亡。在秀丽隐杆线虫的生殖腺发育过程中，Z1 和 Z4 的后代皆不发生程序性细胞死亡。由于两种线虫的生殖腺发育过程中细胞死亡的差异，导致两者子宫结构的差异。秀丽隐杆线虫的子宫有两个臂状结构，而 *P. reaivivus* 的子宫则只有单个臂状结构。

在脊椎动物的前后肢发育过程中，程序性细胞死亡对于指(趾)的形成是非常重要的。例如，在鸡胚的后肢芽发育中，肢芽的末端会出现几处细胞死亡的区域，分别称为前坏死区(anterior necrotic zone)、后坏死区(posterior necrotic zone)、趾间坏死区(interdigital necrotic zone)和内坏死区(interior necrortic zone)(图 7.21)。这些细胞的死亡皆为程序性死亡，它起着"雕刻"趾的形态结构的作用。例如，趾间坏死区的出现会将相邻的趾分开。在鸡的某种突变种中，趾间坏死区不形成，该突变种的趾并不分开，鸡爪成蹼状。前坏死区和后坏死区对趾的数量起控制作用。在鸡的某一突变种中，前坏死区和后坏死区不形成，结果该突变种的趾多达 8 趾。

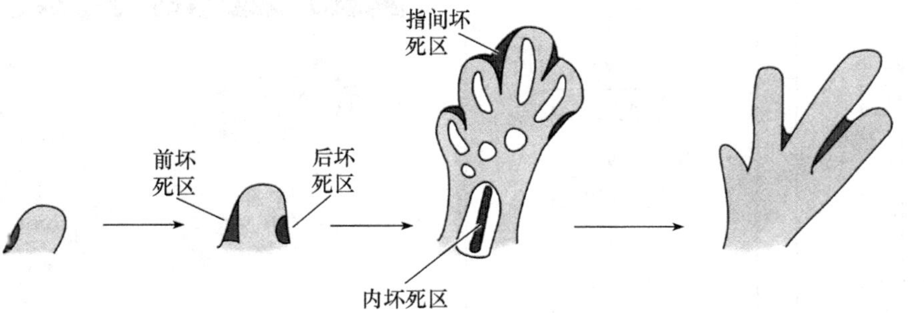

图 7.21　程序性细胞死亡和鸡胚趾的形成(自 Gilbert，1997)

后肢芽的前坏死区和后坏死区对趾的数量起控制作用，趾间坏死区和内坏死区对于趾的形成起着雕刻的作用。

程序性细胞死亡受到基因的控制。对秀丽隐杆线虫的研究表明，*ced-3* 和 *ced-4* 参与程序性死亡。要是线虫中这两个基因突变，那么本来要死亡的 131 个细胞就不会死亡。CED-4 是一种蛋白酶激活因子，它能够激活 CED-3。CED-3 是蛋白酶，它被激活后就开始溶解细胞，促使细胞死亡。在那些没有发生程序性死亡的细胞中，*ced-3* 和 *ced-4* 受到 *ced-9* 基因产物的作用而关闭。*ced-9* 编码的蛋白质 CED-9 能够结合在 *ced-4* 上，使其失活。*ced-9* 功能丧失突变(loss-of-function mutation)的秀丽隐杆线虫，由于 CED-9 失去功能，在那些本来不需要死亡的细胞中，*ced-3* 和 *ced-4* 都激活了，因此，这些细胞都发生了程序性死亡。最终，整个胚胎也死亡。相反，*ced-9* 功能获得突变(gain-of-function mutation)的秀丽隐杆线虫，那些本来要死亡的细胞中出现了蛋白质 CED-9，这些细胞就不会死亡。因此，*ced-9* 基因像是一个双向开关，在细胞的水平上控制着生与死(图 7.22A)。

在哺乳动物中存在一种基因 *bcl-2*，该基因的作用与 *ced-9* 的相同。*bcl-2* 和 *ced-9* 的序列高度一致。如将哺乳动物的 *bcl-2* 导入线虫中，它能发挥出与 *ced-9* 相同的作用。在哺乳动物中也发现了与 *ced-4* 的作用相当的基因，称为 *apaf1*(是由凋亡蛋白酶激活因子 apoptotic protease activiting factor 1 首字母组合成的)。凋亡蛋白酶激活因子 Apaf1 的作用与 CED-4 相同。在哺乳动物中还存在胱天蛋白酶 9(caspase 9)和胱天蛋白酶 3(caspase 3)，两者都是蛋白酶，和 CED-3 同源。凋亡蛋白酶激活因子 Apaf1 能够激活胱天蛋白酶 9 和胱天蛋白酶 3(图 7.22B)。胱天蛋白酶 9 和胱天蛋白酶 3 是强大的水解酶，它能够将细胞内部的蛋白质和染色质分解。

线虫 *ced-4* 基因的突变体能够存活，这种突变个体的体细胞数量比野生型的多了 15%。而小鼠胱天蛋白酶 9 基因(*caspase 9*)的突变体却不能活，由于该基因失活，许多本该死亡的细胞没有死亡，导致脑部畸形。如图 7.23 所示，野生型的小鼠胱天蛋白酶 9 促进神经元的程序性死亡，

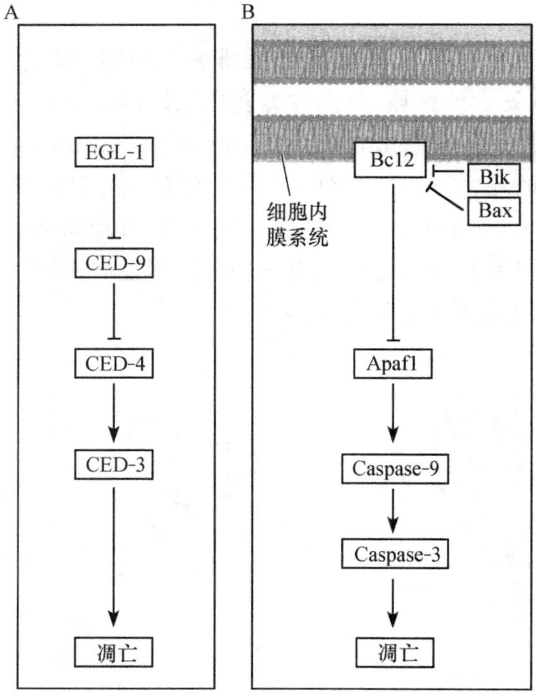

图 7.22　线虫和哺乳动物的细胞凋亡机制
（自 Gilbert，2010）

A. 秀丽隐杆线虫细胞的程序性死亡机制示意图，蛋白酶激活因子 CED-4 激活蛋白酶 CED-3，引起程序性细胞死亡，CED-9 能够抑制 CED-4，而 CED-9 又受到 EGL-1 的抑制；B. 哺乳动物神经元的程序性死亡机制示意图，相当于 CED-4 的凋亡蛋白酶激活因子 Apaf1 激活相当于 CED-3 的胱天蛋白酶 9（caspase 9）和胱天蛋白酶 3（caspase 3），引起细胞凋亡，相当于 CED-9 的 Bcl2 能够抑制凋亡蛋白酶激活因子 Apaf1 的活性。

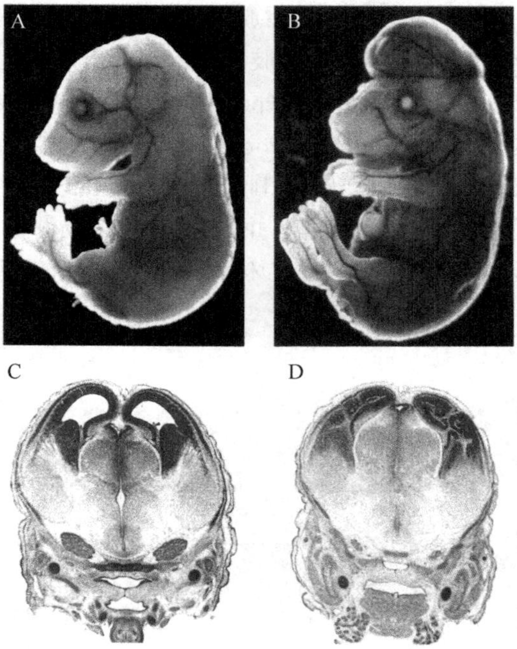

图 7.23　*caspase 9* 基因与脑的发育
（自 Gilbert，2003）

A. 野生型小鼠 16 天胚胎，显示头部发育正常；B. *caspase 9* 基因剔除以后的同龄小鼠胚胎，脑的发育异常，出现了一个瘤状突起；C. 野生型小鼠 13.5 天胚胎前脑的横切面，显示正常的脑室；D. *caspase 9* 剔除以后的同龄小鼠胚胎前脑的横切面，显示脑室因为神经元的增生而堵塞。

脑部发育正常；而通过基因剔除的方法去掉胱天蛋白酶 9 基因的小鼠脑部神经元过分增生，在头上出现了一个巨大的瘤状突起。脑的横切面也显示，这种小鼠的脑室因为神经元的增生而堵塞，这样的小鼠出生后即死亡。同样，*apaf1* 基因剔除的小鼠也出现颅面畸形、脑部增生、脚趾间有蹼等变化。

二、细胞的增殖

选择性细胞增殖同样也是形态发生的机制之一。肢芽的出现主要就是中胚层细胞选择性增殖的结果。由于中胚层起源的间充质细胞迅速分裂，使得胚胎体侧形成一个突起，即肢芽。肢芽的中心是间充质细胞，其外面是表皮层。在肢芽的顶端，表皮层加厚，形成顶端外胚层嵴（apical ectodermal ridge）。其内侧有一个区域，由间充质细胞组成，称为前进区（progress zone）。前进区的间充质细胞分裂极为迅速。这些细胞的不断分裂促进了肢芽的伸长和分化（有关肢的形成，详见第十四章）。

第四节　干　细　胞

干细胞(stem cell)是一类未分化或分化程度很低的细胞,当它分裂时,产生的两个细胞中一个依然保持原有状态,即干细胞状态,另一个进入分化程序,最终成为一种分化了的细胞(图7.24)。这样,干细胞在每一次分裂时能够自我更新,以保持干细胞数量的恒定,同时,又能够产生一个可进入分化阶段的细胞,以满足机体生长发育的需要。干细胞的这种分裂方式称为不对称分裂(asymmetric division)。

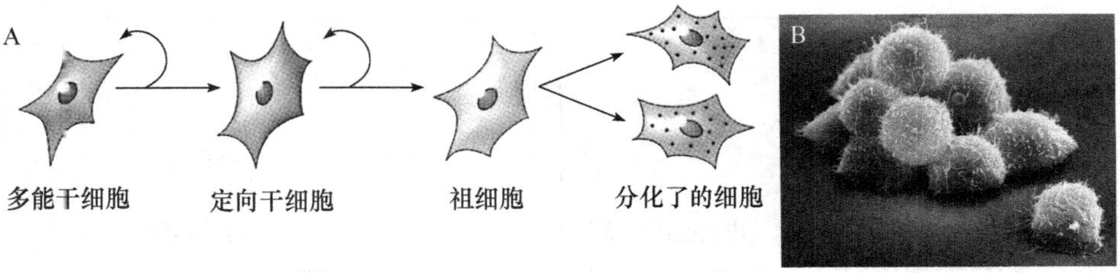

图 7.24　干细胞(自 Gilbert,2010)

A. 干细胞分裂时产生两个明显不同的后代:一个干细胞和一个定向分化的细胞;B. 从人的骨髓分离出来的造血干细胞扫描电子显微镜照片。

一、干细胞的分类

干细胞的名称五花八门,从来就没有统一过。近年来,在使用干细胞的名称方面逐渐有所规范。根据干细胞的起源,将所有的干细胞分为两类:胚胎干细胞(embryonic stem cell,ES 细胞)和成体干细胞(adult stem cell)。胚胎干细胞来自哺乳动物胚泡(即囊胚)的内细胞团(ICM),它们能够产生除滋养层细胞以外的胚体所有类型的细胞。成体干细胞存在于发育成熟的器官中,它们仅能产生有限类型的细胞,供机体修复组织、替代衰老死亡的细胞。

干细胞形成不同类型细胞的能力称为发育的潜能(potency)。在哺乳动物中,具有发育全能性的细胞(totipotent cell)是那些既能够产生滋养层细胞,又能够产生胚体各种类型细胞的细胞。具有发育全能性的细胞是受精卵、未致密化的 8 细胞期胚胎及之前胚期的卵裂球。除了这些细胞以外,其他类型的细胞都不具有发育全能性。

囊胚阶段的 ICM 细胞和由它培养而成的胚胎干细胞能够形成胚体各种类型的细胞,但是不能形成滋养层细胞。这类细胞具有发育的亚全能性(pluripotency),因此称为亚全能干细胞(pluripotent stem cell)。成体干细胞仅能分化成为数量有限的细胞类型,因此具有发育的多能性(multipotency),称为多能干细胞(multipotent stem cell)。例如,造血干细胞(hemapoietic stem cell)能够产生血液中的各种细胞,包括红细胞、各种白细胞和血小板,但是不能产生神经细胞、肌肉细胞、软骨细胞。有些成体干细胞只能产生单一类型的细胞,称为单能干细胞(unipotent stem cell)。例如,精原细胞只能形成精子,不能形成其他类型的细胞。多能干细胞和单能干细胞(即成体干细胞)又合称定向干细胞(committed stem cell)。

另外,有一类与干细胞有关的细胞称为祖细胞(progenitor cell)。祖细胞从干细胞发育而来,它与干细胞最大的差别是它不能自我更新。也就是说,它分裂后形成的两个细胞都进入分化途径。祖细胞分裂的次数有限,不能像干细胞那样多次分裂。单能干细胞和祖细胞又可以合称为谱系限制细胞(lineage-restricted cell)。

二、胚胎干细胞

胚胎干细胞是由 ICM 细胞经过培养形成的,是亚全能干细胞。近年来,亚全能性的胚胎干细胞主要通过两种方法获得:一种是培养试管婴儿时制作的多余胚泡,将其中的 ICM 细胞分离出来并进行培养;另一种方法是使用流产胎儿的原生殖细胞进行培养。由胎儿的原生殖细胞培养而成的胚胎干细胞又称胚胎生殖细胞(embryonic germ cell,EG 细胞)(图 7.25)。还有人通过培养晚期桑椹胚的细胞获得胚胎干细胞。

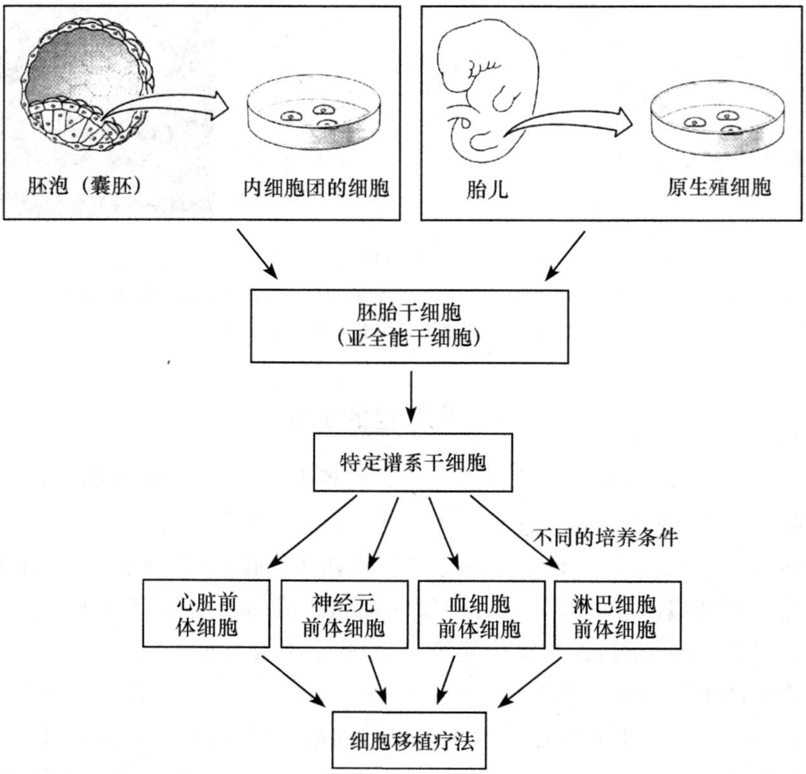

图 7.25 获得胚胎干细胞的方法(自 Gilbert,2010)

胚胎干细胞可以通过培养囊胚的内细胞团细胞和胎儿的原生殖细胞获得。通过不同的培养条件,胚胎干细胞形成不同类型的细胞。

(一) 胚胎干细胞在医疗中的应用

亚全能的胚胎干细胞在医疗实践上具有巨大的潜在用途。人类有可能利用胚胎干细胞产生新的神经元来治疗早老性痴呆、帕金森病、脊髓的损伤;或者利用胚胎干细胞产生新的胰岛 β 细胞以治疗糖尿病;有可能利用胚胎干细胞产生新的心脏细胞替代严重心脏病患者损坏了的组织;有望通过胚胎干细胞改善有免疫缺陷患者的免疫系统。在小鼠中已经成功地进行了利用胚胎干细胞治疗疾病的实验。已经成功地使用不同的培养条件,将小鼠的胚胎干细胞培养成为胰岛素分泌细胞、肌肉干细胞、胶质干细胞和神经干细胞。将由胚胎干细胞培养而成的多巴胺能神经元注射到患帕金森病的小鼠体内,能有效地减轻患病小鼠的症状。将生殖细胞源性的胚胎干细胞培养成为神经干细胞，再将此神经干细胞移植到神经元受损伤的小鼠脑中，神经干细胞就会产生新的神经元和神经胶质细胞以替代受损的神经组织。将猴子的胚胎干细胞移植到因多巴胺能神经元受损而患有类似帕金森病的猴子体内，可以治愈该症状。但是，移植大量的胚胎干细胞源性神经干细胞，宿主体内往往仅能产生极少量的多巴胺能神经元，而宿主体内产生肿瘤的概率却大大增加。

人的胚胎干细胞也可以培养成为各类定向干细胞。例如，将人的胚胎干细胞置于小鼠的骨髓或内皮细胞上培养，可以产生造血干细胞。而且，这些造血干细胞可以分化产生各类血细胞。将人的胚胎干细胞移植到因感染病毒而截瘫的大鼠体内，治愈了大鼠的疾病。这可能是因为胚胎干细胞分化成为神经元，同时又能分泌一些旁分泌因子阻止宿主现存的神经元死亡的缘故。现在，人们正在探索使用更简单的条件，如使用一些小分子物质而不是旁分泌因子，来促进胚胎干细胞的定向分化。2009 年，有人成功地使用蛋白激酶 C 调节剂分子(indolactam V)诱导胚胎干细胞表达 *Pdx1* 基因，并形成了胰岛谱系细胞。这样，将来就有可能更加便捷地获得各种类型的细胞来治疗各种疾病。

(二) 诱导性亚全能干细胞

哺乳动物囊胚 ICM 细胞亚全能性的获得与某些转录因子有关，这些转录因子包括 Nanog、Oct4 和 Sox2 等。要是剔除小鼠 ICM 细胞这些转录因子的基因，ICM 细胞将失去亚全能性，并将导致胚胎死亡。转录因子 Oct4 和 Sox2 能够形成二聚体，该二聚体能够激活 *Oct4*、*Sox2*、*Klf4* 和 *Nanog* 等基因。其中，转录因子 Oct4 不但能够激活其他几种基因，还能抑制一种微 RNA(miR145)的形成。miR145 能够阻止 *Oct4* mRNA、*Sox2* mRNA 和 *Klf4* mRNA 的翻译。转录因子 Oct4、Sox2、Klf4 和 Nanog 等再激活 ICM 细胞和胚胎干细胞的其他转录因子基因，使得它们获得发育的亚全能性。

由于发现了细胞亚全能性的获得与某些转录因子基因的表达有关，发育生物学家开始寻找将体细胞培养成为亚全能干细胞的方法，以期培养出与患者基因型完全相同的干细胞。2006 年，日本京都大学的研究人员将 4 种转录因子 Oct4、Sox2、Klf4 和 c-Myc 的基因导入小鼠任意一种体细胞中，结果获得了这些外源转录因子基因的体细胞都转变成为类似于胚胎干细胞的具有亚全能性的细胞，这样的细胞称为诱导性亚全能干细胞(induced pluripotent stem cell，iPS 细胞)。这 4 种转录因子(Oct4、Sox2、Klf4 和 c-Myc)在诱导体细胞成为亚全能性干细胞方面各有不同的作用。其中，c-Myc 能够促进细胞的分裂和保持未分化状态，Klf4 能够阻止细胞的凋亡和衰老，Oct4 和 Sox2 能够阻止分裂的细胞形成肿瘤。到了 2007 年，京都大学的研究人员已经成功地将人的成纤维细胞诱导成为类似于胚胎干细胞的诱导性亚全能干细胞。该项技术的研究成功意味着可能将人的任意体细胞转变成为胚胎干细胞。

近年来，人们发现成体干细胞的发育潜能实际上距亚全能性仅一步之遥。激活某一适当的基因就能够将多能性的成体干细胞诱导成为 iPS 细胞。2009 年，有人将 *OCT4* 基因和 *SOX2* 基因导入从人的胎儿脐带血中分离出来的造血干细胞中，结果成功将造血干细胞诱导成为 iPS 细胞。甚至有人仅仅将一个 *OCT4* 基因导入人的神经干细胞，就成功地将它诱导成为 iPS 细胞。

iPS 细胞在治疗遗传疾病方面具有极为光明的前景。通过导入转录因子 Oct4、Sox2、Klf4 和 c-Myc 的基因，已经成功地将患有镰状细胞贫血病小鼠的成纤维细胞诱导成为 iPS 细胞。再通过电穿孔(electroporating)方法，将野生型珠蛋白基因导入 iPS 细胞，以纠正 iPS 细胞的珠蛋白基因。再将这种珠蛋白基因经过纠正的 iPS 细胞培养成为造血干细胞，并将造血干细胞注射到患镰状细胞贫血病的小鼠体内。2 个月后，贫血病被治愈(图 7.26)。

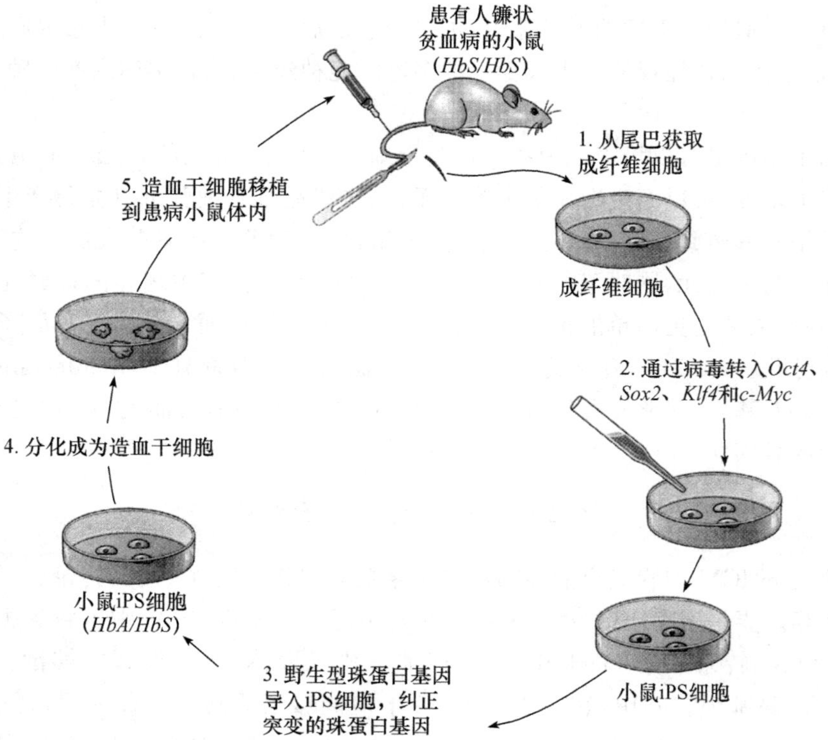

图 7.26　用 iPS 细胞治疗小鼠镰状细胞贫血病(自 Gilbert,2010)

1. 从患有镰状细胞贫血病的小鼠尾巴末端获取成纤维细胞；2. 通过病毒将转录因子 Oct4、Sox2、Klf4 和 c-Myc 的基因导入成纤维细胞中，将其培养成为 iPS 细胞；3. 用电穿孔法将野生型珠蛋白基因导入 iPS 细胞，纠正 iPS 细胞的珠蛋白基因；4. 将珠蛋白基因纠正过了的 iPS 细胞培养成为造血干细胞；5. 将造血干细胞注射到患镰状细胞贫血病的小鼠体内。

2009 年，有人从患有范科尼贫血病(又称先天再生不良性贫血病，表现为各类血细胞减少)患者的皮肤真皮获取成纤维细胞，将野生型的基因添加到成纤维细胞中，再通过病毒导入 *OCT4*、*SOX2*、*KLF4* 和 c-*MYC* 基因，将成纤维细胞诱导成为 iPS 细胞。iPS 细胞经过培养，形成该患者所需的造血干细胞。

三、成体干细胞

在许多成体的器官中都存在成体干细胞(定向干细胞)，如造血干细胞、表皮干细胞、神经干细胞、肠干细胞和生殖系干细胞等。在器官中的成体干细胞数量很少，尚不及器官细胞总量的 1/1000。以骨髓中的造血干细胞为例，大约 15 000 个骨髓细胞中才有 1 个造血干细胞。

尽管成体干细胞数量少，又不易获得，但是它的作用却是非常明显的。对小鼠的研究表明，一个造血干细胞就足以重建小鼠体内的血液系统和免疫系统；一个乳腺干细胞就能够形成一个完整的乳腺；移植一个前列腺干细胞就可能在宿主体内形成一个前列腺。对人的医疗实践也证明，造血干细胞可以成功地治疗人的血液系统疾病。因此，尽管造血干细胞在骨髓中含量很少，全世界每年都要进行大约 40 000 例的骨髓移植。

（一）成体干细胞微环境

成体干细胞在各器官中所处的环境称为微环境(microenvironment)，也称为小生境(niche)。成体干细胞微环境能够保证干细胞进行不对称分裂，即分裂产生的子细胞中一个依然是干细胞，另一个离开微环境进行分化。成体干细胞微环境通过其基质细胞分泌旁分泌因子来调节成体干细胞的分裂和分化，这些旁分泌因子能够保持干细胞处于未分化状态。细胞一旦离开成体干细胞微环境，进入到这些旁分泌因子不能到达的地方，就进入分化阶段。

哺乳动物造血干细胞微环境位于红骨髓中(图 7.27)。在该微环境中，骨细胞、毛细血管内皮细胞、周细胞、各种旁分泌因子(包括 Wnt、血管生成素和干细胞生长因子等)、细胞表面的信号分子(如 Notch、整联蛋白等)、血管送来的激素、神经纤维发出的神经递质等都参与调节造血干细胞的分裂和分化。啮齿动物牙齿干细胞微环境与此大致相同。啮齿类的门牙和人类的牙齿不同，在啮齿动物的一生中，门牙都在生长。这是因为啮齿动物的门牙具有两个牙齿干细胞的微环境，而其他哺乳动物却没有。啮齿动物门牙的牙齿干细胞微环境位于牙颈环(cervical loop)中。在门牙面向口腔的一侧和面向嘴唇的一侧各有一个牙颈环。牙齿干细胞就生活在这里，一直处于分裂和未分化状态。这里有各种旁分泌因子，如 Fgf3、活化素(activin)、BMP4 和 Follistatin 等。其中 Fgf3 和活化素能够促进干细胞的分裂，而 BMP4 和 Follistatin 分别抑制 Fgf3 和活化素。

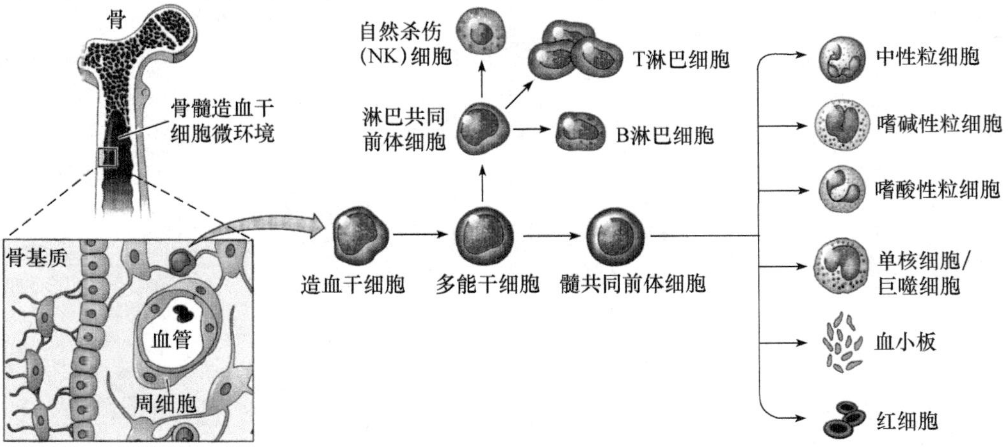

图 7.27　造血干细胞微环境(自 Gilbert，2010)

骨髓的造血干细胞微环境调节造血干细胞的分裂和分化。造血干细胞和微环境的基质细胞、骨细胞、毛细血管内皮细胞、周细胞等接触，同时，造血干细胞也暴露于各种旁分泌因子中。通过不对称分裂，造血干细胞除了保持干细胞数量的恒定以外，还产生各类血细胞。

干细胞微环境调节细胞分裂和细胞分化的比率，对于我们的健康是非常重要的。如果太多的干细胞进入分化阶段，人就开始老化；如果太多的干细胞进行分裂，将形成肿瘤。例如，人的头发变白就与位于毛囊中的毛发干细胞微环境遭破坏有关。由于微环境被破坏，许多黑色素细胞干细胞不能保持其分裂和未分化状态，进入分化阶段。这样，形成的黑色素细胞减少，造成毛发变白。相反，骨髓中的造血干细胞微环境要是不能正常调节干细胞的分裂，干细胞和其后代细胞将过度分裂，这将导致骨髓增生病(myeloproliferative disease，造血干细胞肿瘤)的发生。

（二）间充质干细胞

如前所述，成体干细胞是多能干细胞，可以形成多种类型的细胞。但是，与胚胎干细胞相比，成体干细胞的发育潜能就显得较为低下，所以，成体干细胞又称为定向干细胞。但是，在骨髓中发现的一类成体干细胞却具有比较大的发育潜能，称为间充质干细胞（mesenchymal stem cell）。间充质干细胞也属于成体干细胞的范畴，不过它具有较大的可塑性。由于它最早是在骨髓中发现的，所以又称为骨髓源性干细胞（bone marrow-derived stem cell）。后来，在脂肪组织、肌肉组织、胸腺、牙髓及脐带中都发现了间充质干细胞。

间充质干细胞受到微环境的旁分泌因子和基质分子的调节。某些基质成分，如层粘连蛋白，能够保持干细胞处于未分化状态，而某些旁分泌因子却让其进入分化阶段。例如，血小板源性的生长因子（platelet-derived growth factor）和 TGF-β 家族的旁分泌因子能够促进间充质干细胞分化成为软骨，FGF 能够促进间充质干细胞分化成为骨组织。此外，间充质干细胞的分化也受到培养条件的影响。如果将间充质干细胞置于表面较为柔软（弹性较大）的培养基上培养，它将分化成为神经元；如果置于弹性中等的培养基上培养，它将分化成为肌肉组织；而在较为坚硬的培养基上培养，则将形成骨组织。

由于间充质干细胞比其他成体干细胞的发育潜能大，所以，人们就想让父母在其孩子出生时将脐带的间充质干细胞冷冻起来，以备孩子长大以后的需要（移植干细胞），这样可以避免排斥现象的发生。但是，迄今为止，即使对小鼠的实验也尚未证明间充质干细胞可以转变成为亚全能性干细胞。

第八章　基因组的恒定性与差异的基因表达

在多细胞有机体的发育过程中，受精卵通过一次又一次的分裂产生了许多细胞，这些细胞在形态和机能方面逐渐出现了特化。卵母细胞、红细胞、神经细胞、骨骼肌细胞、肝细胞等不同类型的细胞形态结构差异巨大。卵母细胞往往是动物体内体积最大的一类细胞，呈球状；骨骼肌细胞呈杆状，具有横纹，质膜下有多达数百个的细胞核；神经细胞往往有许多突起，小脑蒲肯野细胞(Purkinje cell)的树突反复分支，排列成柏树的叶片状；红细胞的形状像一个双面凹陷的圆饼；脂肪细胞中具有一个巨大的脂滴，以致细胞质和细胞核都被推挤到细胞的一侧。这些分化了的细胞不但形态结构不同，而且生理功能各异。卵母细胞能够和精子结合，形成受精卵，并将发育成为一个完整的个体；骨骼肌细胞具有收缩的能力；红细胞能够与氧和二氧化碳结合；神经细胞能够接受刺激，传导冲动；脂肪细胞能够保温，并能缓冲外力对动物体的侵害；等等。

这些分化了的细胞皆来源于受精卵，而由受精卵发育而成的各类细胞和受精卵的形态结构大相径庭。不同类型的细胞之所以会出现各自不同的形态结构和生理功能，与细胞合成的蛋白质类型有关。不同的细胞，如果在蛋白质合成方面出现了差异，细胞就出现特化。例如，红细胞的双凹圆饼状结构与质膜内侧依附的蛋白质有很大的关系，而红细胞能够与氧和二氧化碳结合则是因为细胞质中存在血红蛋白的缘故；骨骼肌细胞具有横纹是因为合成了肌动蛋白、肌球蛋白、肌原蛋白和原肌球蛋白，并由这些蛋白质组成了粗、细肌微丝，粗、细肌微丝再按照一定的空间结构排列的缘故。既然分化了的细胞各自合成特异的蛋白质，而特异的蛋白质又是由特异的基因指导合成的，那么，分化细胞的基因组是否还保持恒定？分化细胞的基因结构是否发生变化？不同类型细胞的基因组是否有差异？分化细胞的核是否还具有发育的潜能？如果这些分化细胞的基因组没有出现变化，不同类型细胞的基因组是恒定的，那么，为什么它们合成的蛋白质会出现差异，并导致形态结构和生理功能的巨大不同呢？凡此种种问题就是本章要回答的。

第一节　细胞核机能分析

为了检测分化细胞的核是否还具有发育的潜能，可以通过对细胞核进行机能分析，也可通过对遗传物质本身进行分析，以决定在发育过程中细胞核是否还保持完整无损。细胞核移植(nuclear transplantation)可以分析细胞核是否还具有发育潜能。所谓细胞核移植是指用不同发育阶段细胞的核取代卵子的细胞核，以此形成一个类似受精卵的二倍体细胞。该“受精卵”能否成功地发育即可作为细胞核是否具有发育潜能的标志。这种以无性生殖的方式形成个体的过程称为克隆(clone)。

用细胞核移植方法来判断分化细胞的核发育潜能最早由施培曼(H. Spemann)于1938年提出。14年后(1952年)，R. Briggs和T. King两人成功地进行了这一实验。Briggs和King将不同胚龄的豹蛙胚胎细胞核移植入豹蛙去核的卵母细胞中，获得了豹蛙的成体。此后，在不同的物种中(包括鱼、羊、牛、猪和猴子等)相继进行了细胞核移植实验。

一、两栖类的细胞核移植

Briggs 和 King 的核移植如图 8.1 所示。主要步骤有二:①受体蛙卵的准备;②供体细胞的分离和移核。受体卵可以通过诱发排卵获得,然后,用玻璃针刺入未受精的卵母细胞,卵母细胞被激动,处于第二次成熟分裂中期的细胞核移向动物极。再用另一玻璃针在卵母细胞的动物极将细胞核挑走。供体细胞的分离可以用无钙的溶液,然后,用玻璃吸管吸取一个分离了的豹蛙胚胎细胞。由于吸管的内径略小于胚胎细胞的直径,因此,吸入吸管时,胚胎细胞的质膜破裂。再将吸管中的核连同其周围的细胞质一起注射入去核的卵母细胞中。

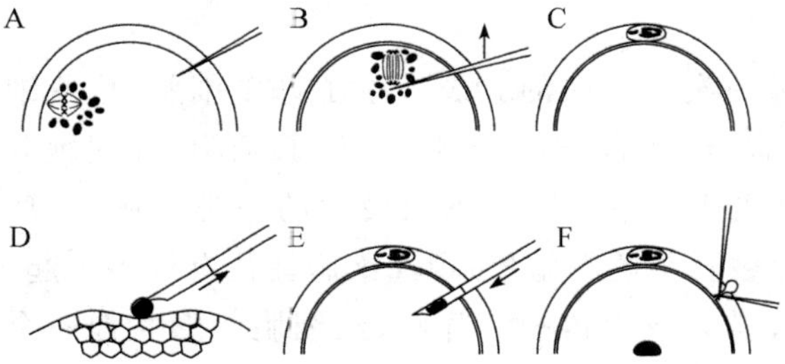

图 8.1 Briggs 和 King 的豹蛙细胞核移植
(自 Browder et al. ,1991)
A. 用干净的玻璃针刺入卵母细胞,促使其激动;B. 用玻璃针将位于动物极的细胞核挑去;C. 无核的卵母细胞;D. 将分离了的供体细胞(胚胎细胞)吸入微吸管,供体细胞破裂;E. 供体核注入无核的卵母细胞;F. 切断质膜表面突起(该突起由微吸管离开卵子时带出)。

Briggs 和 King 用不同发育阶段的胚胎细胞作为供核细胞。当供体核取自囊胚细胞时,55%的移核卵能正常卵裂并发育至囊胚,这些囊胚中 80%能发育到蝌蚪,这些蝌蚪中 75%能变态。囊胚细胞的核移植成功表明,发育至囊胚阶段的两栖类胚胎细胞的核仍保持其发育潜能。

Briggs 和 King 也从囊胚以后发育阶段的胚胎细胞中取出细胞核移植到去核的卵母细胞中,以此来检测是否随着发育的进展,核的发育潜能逐渐丧失。确实,从发育后期的胚胎细胞中取出的细胞核移植到去核的卵母细胞中,其发育到蝌蚪的百分率比早期胚胎细胞低:早期原肠胚细胞核的发育潜能明显地低于囊胚期的细胞核;晚期原肠胚的细胞核又低于早期原肠胚;神经胚期的细胞核又低于晚期原肠胚的细胞核。这些实验表明,随着发育的进展,胚胎细胞的核逐渐丧失其发育潜能。

在非洲爪蟾上进行的核移植实验,其结果也表明了发育越后期的胚胎,其细胞核的发育潜能越小。但是,非洲爪蟾蝌蚪的细胞核仍保留其发育潜能。1962 年 J. Gurdon 用非洲爪蟾蝌蚪的小肠上皮细胞的核作为供体核移植入去核的卵母细胞中。他的方法有两点与豹蛙的核移植不同:①受体卵母细胞的核用紫外线照射,其作用与挑去核一样;②供体与受体的品系不同,供体核仅有一个核仁,而受体卵属于两个核仁的品系。选用具不同数量核仁的供体核和受体卵有利于鉴定核移植胚胎的细胞核究竟是来自供体核还是来自受体的细胞核(无论是用玻璃针挑去核还是用紫外线照射,都必须保证受体卵的核确实不参与移核卵的发育过程)。实验结果表明,大约 1.5%的移核卵能发育到自由摄食的蝌蚪,其中有的还变态成成体,它们的细胞核中含有一个核仁(图 8.2)。

Gurdon 证明了移核卵产生的后代,其遗传性状与供核个体的性状一致(图 8.3)。他用取自一只患白化病雌性非洲爪蟾尾芽期蝌蚪的细胞核作为供体核,该患白化病非洲爪蟾的父本和母本也都患了白化病。供体核移植到野生型的非洲爪蟾去核的卵母细胞中,成功发育的个体完全体现了供体的特征:所有克隆出来的个体全是雌性的,而且全都患上了白化病。

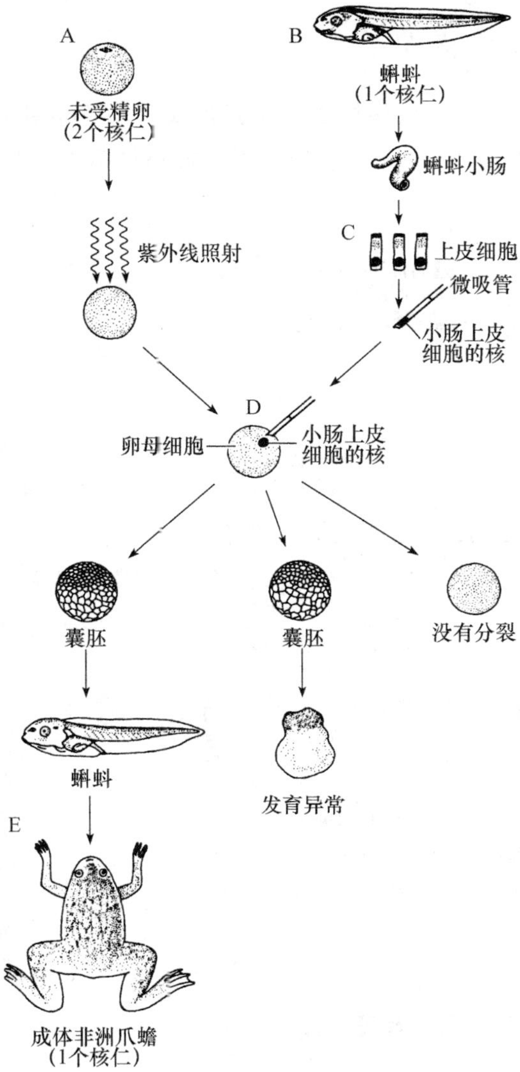

图 8.2　非洲爪蟾细胞核移植(自 Ham and Veomett,1980)

A. 用紫外线照射未受精的卵母细胞,该卵子属于 2 个核仁品系;B. 供核的蝌蚪是 1 个核仁品系的,分离其小肠上皮细胞;C. 用微吸管吸入上皮细胞,细胞破裂;D. 将细胞核注入紫外线照射过的卵母细胞;E. 移核卵发育,大约 1% 成为成体,细胞核中含有 1 个核仁。

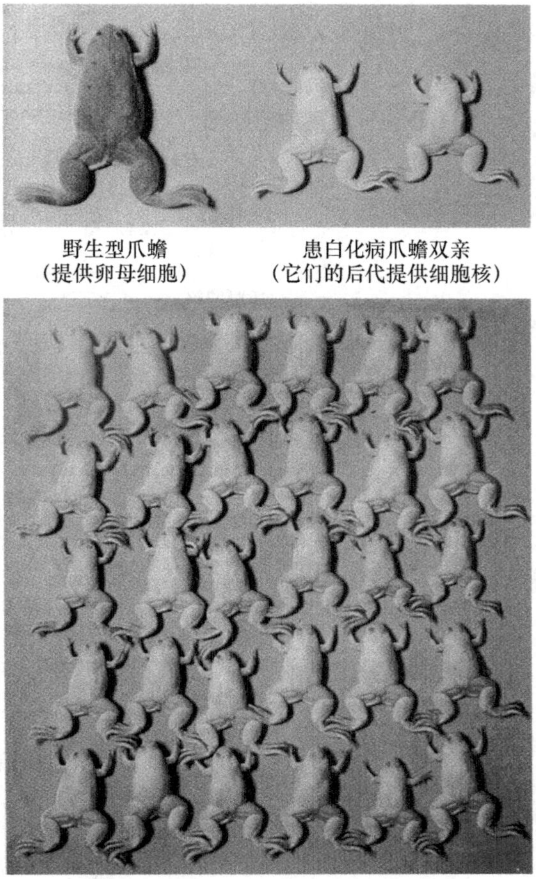

图 8.3　克隆白化病的非洲爪蟾(自 Gilbert,2000)

上图,左侧是野生型非洲爪蟾,提供卵子;右侧是患白化病非洲爪蟾双亲,其雌性后代提供细胞核。下图,经过细胞核移植后产生的个体,全都患有白化病。

Gurdon 还发现,移核卵大部分不能正常发育的原因是核移植手术本身给受体卵造成了损伤,以至卵裂不正常。这样,供体核的真正发育潜能就不能体现出来。他改用"系列核移植"方法进行实验,即通过第一次核移植产生囊胚,分离囊胚细胞,并将其细胞核注射到去核的卵母细胞中。第二次核移植产生的囊胚,发育的成功率提高了。再将这些囊胚的细胞核移植到去核的卵母细胞中,第三次核移植的发育成功率又进一步提高。这些实验表明,即使非洲爪蟾发育到蝌蚪阶段,其细胞核并没有完全丧失其发育潜能。

二、哺乳类的细胞核移植

两栖类的核移植成功之后，其他类群动物包括哺乳类的核移植也相继获得成功。1983 年，首先对小鼠进行细胞核移植实验。如图 8.4 和图 8.5 所示，小鼠的核移植方法包括显微手术和

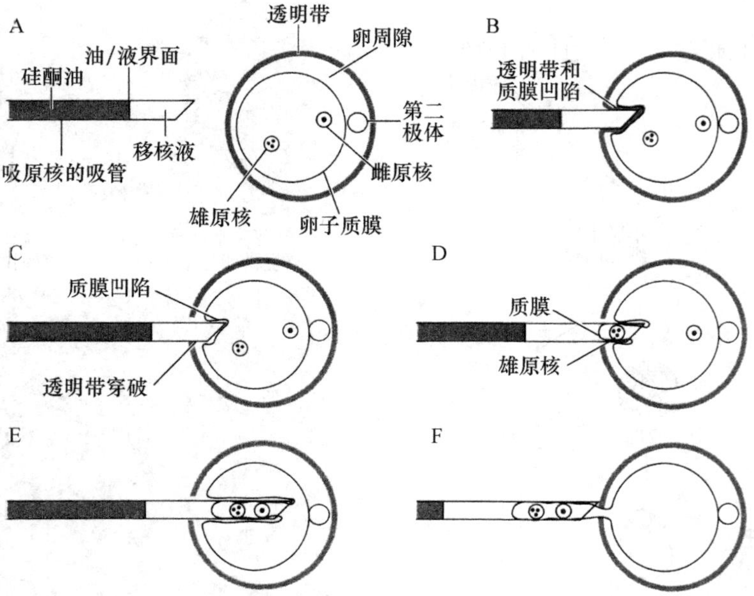

图 8.4 小鼠的细胞核移植(一)(自 Hogan et al.,1986)

A. 供核的卵子是受精卵，具有雌雄两个原核；B. 将微吸管陷入透明带和质膜；C. 透明带被穿透，质膜仅是凹陷；D. 吸入一个原核；E. 吸入另一个原核；F. 退出微吸管。

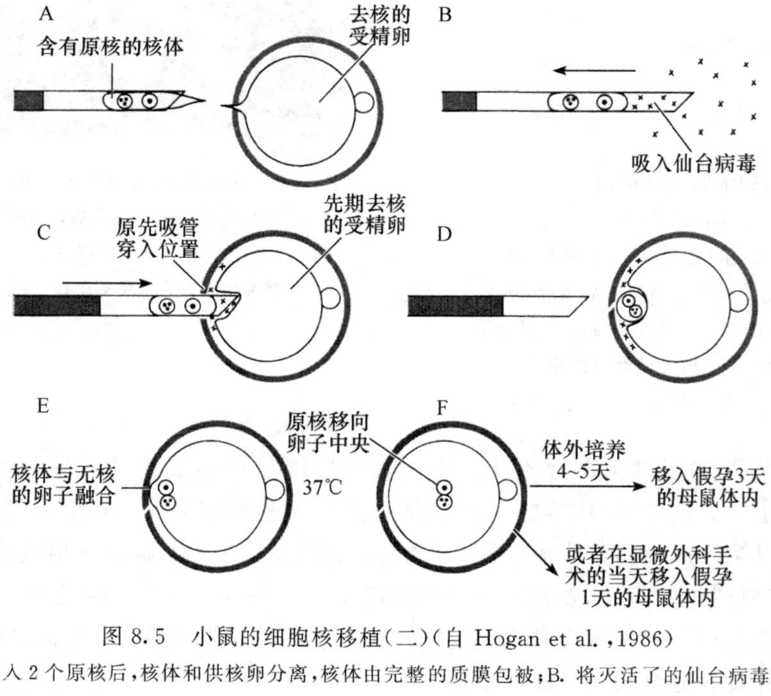

图 8.5 小鼠的细胞核移植(二)(自 Hogan et al.,1986)

A. 微吸管吸入 2 个原核后，核体和供核卵分离，核体由完整的质膜包被；B. 将灭活了的仙台病毒添加入核体；C. 含有核体的微吸管刺入另一个已经去核了的受精卵卵周隙中，将核体置于卵周隙；D. 退出微吸管，仙台病毒促使核体和卵子融合；E. 两个原核进入卵子中；F. 原核向卵子中央移动，准备进行第一次卵裂。

细胞融合。受体卵为受精卵，供体核为受精卵的两个原核。用吸管将供体卵的雌、雄原核吸出，被吸出的原核包于质膜之中，称为核体(karyoplast)。将经过紫外线照射而灭活了的仙台病毒添加入核体，再将核体注入另一个受体卵的卵周隙(受体卵的雌雄原核已先期被吸出)。仙台病毒将核体的质膜与受体卵的质膜融合，核体就进入受体卵中。移核卵90%以上能正常发育。若采用受精卵以后的胚胎期细胞核作为供体核，移核卵的发育成功率下降。

继小鼠的核移植成功之后，其他哺乳类的核移植也获得成功。供体核不采用受精卵的原核，改用胚胎细胞的核，甚至用成体细胞的核，移核卵都能正常发育。1997年2月23日，英国爱丁堡的罗斯林研究所和PPL医疗公司宣布用成年雌性绵羊体细胞的核成功地克隆出了一只绵羊，取名多莉(Dolly)。进行这项实验的是I. Wilmut研究小组。他们从一只6岁的正处于妊娠期的芬兰多塞特品系(Finn-Dorset strain)绵羊的乳腺取出细胞进行培养，并使这些培养的乳腺细胞处于细胞周期的G_1期。再从苏格兰黑脸品系(Scottish blackface strain)的绵羊中取出处于第二次成熟分裂中期的卵母细胞，并去除其细胞核。将培养的乳腺细胞和去核的卵母细胞一起放置在电场中，加入瞬时电脉冲。两个细胞的质膜由于受到电流的作用，变得不稳定，并相互融合，构成了类似于受精卵的细胞。同时，电脉冲也激活了卵母细胞，使得“受精卵”开始了发育的进程。然后，将发育到胚泡(囊胚)阶段的胚胎移植到代孕的母体(一只苏格兰黑脸绵羊)的子宫中继续发育(图8.6)。

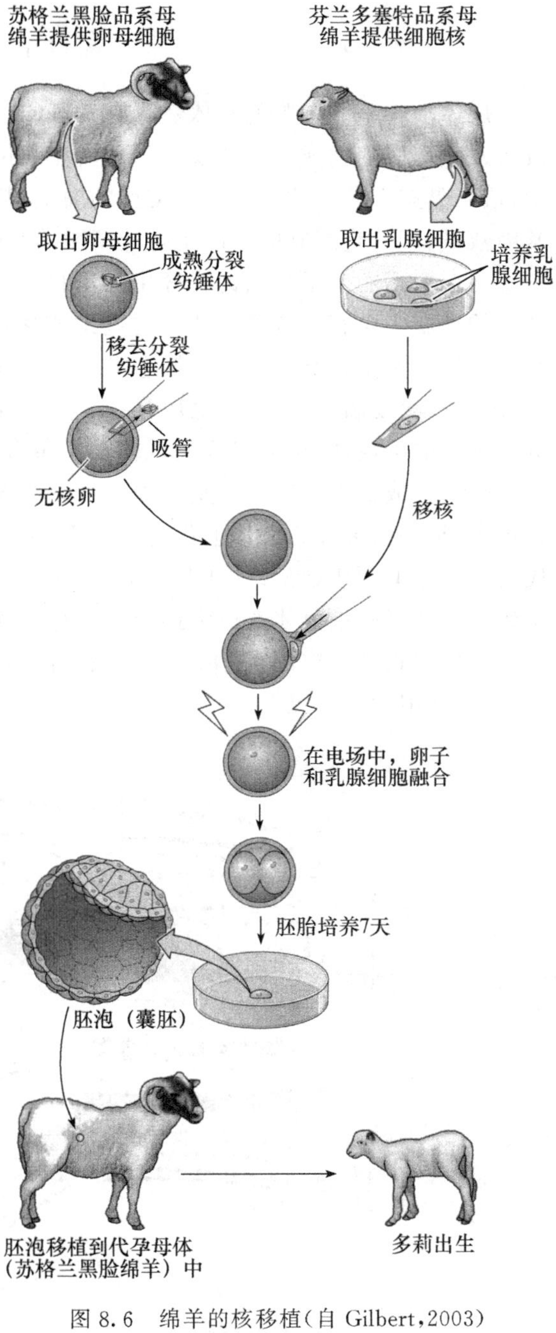

图8.6　绵羊的核移植(自Gilbert，2003)
在高压电场中，将芬兰多塞特品系绵羊乳腺细胞的核移入苏格兰黑脸品系绵羊的无核卵子中，发育到胚泡阶段，将胚泡移植到代孕的苏格兰黑脸品系绵羊子宫中发育，产出多莉。

I. Wilmut研究小组一共用了434个卵子进行核移植，只有一个移核卵发育成功，就是多莉。DNA分析表明，多莉的细胞核与芬兰多塞特品系的核一样。多莉的出生表明，哺乳动物的发育过程中，胚胎细胞的核并没有丧失发育潜能，成体细胞的细胞核仍是全能的。移核卵产生的后代，其遗传性状与供核个体的性状一致。克隆羊多莉是正常的雌性绵羊，它通过有性生殖，产出了一只羊羔波利(Bonnie)。

三、发育中基因组的恒定性

成体动物分化细胞的核依然具有发育的全能性意味着在发育过程中细胞核没有发生改变,没有发生基因丧失或失活的现象。那些在分化了的细胞中没有被使用的基因依然存在于细胞核中,依然具有正常的功能。不同类型的细胞,其基因组皆保持恒定,既不增加基因数量,也不减少基因数量,即分化细胞的基因组与受精卵的基因组是一致的。

一个典型的例子可以说明分化细胞的基因组保持恒定。某些双翅目的昆虫,如果蝇和摇蚊,幼虫的细胞中含有多线染色体。这些细胞中的 8 条染色体发生了配对,形成 4 对同源染色体。在每一对同源染色体中,2 条染色体整齐地排列在一起,犹如一条染色体。配对之后发生了 DNA 的多次复制,每次复制之后,DNA 并不分开,仍然紧紧排列在一起。多次复制的结果是形成了巨大的染色体,称为多线染色体。一条多线染色体中的 DNA 数量是正常染色体的 512 倍或 1024 倍,或更多。图 1.6 是果蝇幼虫唾液腺细胞的多线染色体照片,该照片呈现出 4 条多线染色体,每一条多线染色体上都能看到明暗相间的横纹。其中暗的部分称为横带(band),横带代表染色体上 DNA 密度大的区域,横带处的 DNA 之所以密度大是因为该处的 DNA 重复折叠所致。每条多线染色体的横带排列模式有其特殊性,不同组织的细胞,其同一条多线染色体上横带的排列模式是一样的(图 8.7)。这表明,不同类型的细胞具有相同的基因组,即在发育过程中,胚胎细胞的基因组保持恒定。

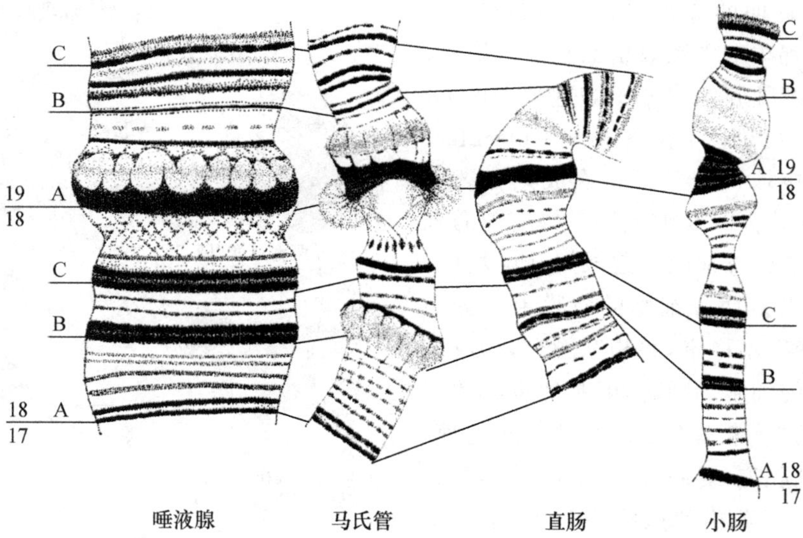

图 8.7　摇蚊幼虫不同组织的同一条多线染色体(自 Gilbert,1997)

摇蚊幼虫的唾液腺、马氏管、直肠和小肠细胞的同一条多线染色体具有相同的横带。

此外,还有许多证据表明发育中基因组的恒定性。遗传信息(基因)由 DNA 中的核苷酸顺序决定,在分化了的细胞中,遗传信息是一样的,即不同的细胞没有发生丢失某一遗传信息或增加某一遗传信息的事。即使是那些特化了的细胞才具有的蛋白质,其基因不仅存在于产生这些蛋白质的细胞中,也同样存在于不产生这些蛋白质的细胞中。人的 β 珠蛋白基因就是一个例子。β 珠蛋白是血红蛋白的组分之一,而血红蛋白是红细胞所特有的蛋白质,因此,β 珠蛋白也是红细胞所特有的蛋白质。但是,β 珠蛋白基因并非仅存在于红细胞的前体细胞中,在其他类型细胞中，如输卵管上皮细胞，也有 β 珠蛋白基因。

第二节 分化细胞基因组的改变

我们已经通过细胞核的移植实验证明了分化细胞基因组是恒定的，也就是说，不同类型的细胞都具有相同的基因。但是，例外总是存在的。某些分化了的细胞，基因组确实发生了改变。这些改变包括：①在某些分化了的细胞中，某些基因的数量增加了即扩增了；②某种基因对于某些细胞的功能没有起什么作用的，因此被删除了；③某些基因对于细胞的特定功能没有什么作用，处于失活的状态。在发育的过程中，某些细胞就以上述三种机制中的一种来进行分化。但是，我们一定要牢记的是，基因扩增（gene amplification）、基因删除（gene elimination）和基因失活（gene inactivation）仅仅是细胞分化的特例，并不是细胞分化的普遍规律。

一、基 因 扩 增

首先要区别基因的扩增和基因的重复序列。基因的重复序列是基因组的基本结构形式之一。如果在一个细胞中，某一基因存在着重复序列，那么，该重复序列在所有的细胞中都存在。而扩增的基因仅出现在某一类细胞中，而且仅在发育过程中的某一阶段出现。以基因扩增的方式促进细胞分化的一个例子是两栖类的卵子发育。在非洲爪蟾的卵母细胞中，18S RNA 和 28S RNA 的基因经过扩增，增加了 1000 多倍。在扩增之前，18S RNA 和 28S RNA 的基因是以重复序列存在的，大约有 500 个拷贝，这些基因都位于核仁组织者（nucleolar organizer）中。18S RNA 基因和 28S RNA 基因结合成为一个转录单位（transcription unit），转录的时候，整个转录单位一起转录。根据转录本 5′端到 3′端的序列，可以知道一个转录单位依次包括：①转录间隔（transcribed spacer），该区域可以转录，但是产生的 RNA 序列后来降解了；②18S RNA 的基因；③第二个转录间隔，该区域也可以转录，但是产生的 RNA 序列后来部分降解了，其中有一段序列（5.8S RNA）没有降解，5.8S RNA 后来与 28S RNA 相连，成为 28S RNA 的一部分；④28S RNA 的基因。在两个转录单位之间是一段较长的非转录间隔（non-transcribed spacer），非转录间隔是不被转录的区域。大约 500 个转录单位和非转录间隔相间排列在一起，位于核仁组织者中（图 8.8）。

在核仁组织者中，18S RNA 基因和 28S RNA 基因的 500 个拷贝中有一部分经过扩增，使得 18S RNA 和 28S RNA 基因数量达到大约 200 万个。扩增发生在雌性的非洲爪蟾蝌蚪变态时期，此时，卵母细胞正处于第一次成熟分裂的前期。扩增出来的基因从染色体上脱落下来，形成了环状的 DNA，即位于染色体之外的核仁。在非洲爪蟾的卵母细胞中，染色体之外的核仁数量多达 1000～1500 个，这就是两栖类卵子发生中出现的多核仁现象。这些核仁在整个卵子的成熟过程中都存在，直到第一次成熟分裂。除了两栖类以外，鱼类、软体动物、蠕虫和昆虫的卵子发生时，也出现了核糖体 RNA 的基因（rDNA）扩增的现象。

18S RNA 基因和 28S RNA 基因的扩增只出现在卵母细胞中，因此是卵母细胞区别于其他类型细胞的一个重要特征。由于 18S RNA 基因和 28S RNA 基因的扩增，才使得两栖类卵母细胞能够在很短的时间内积累足够的 18S RNA 和 28S RNA。而 18S RNA 和 28S RNA 又是核糖体的重要组成部分，因此，在两栖类的卵子发生过程中，能够制造出大量的核糖体，以供给早期胚胎发育之需。

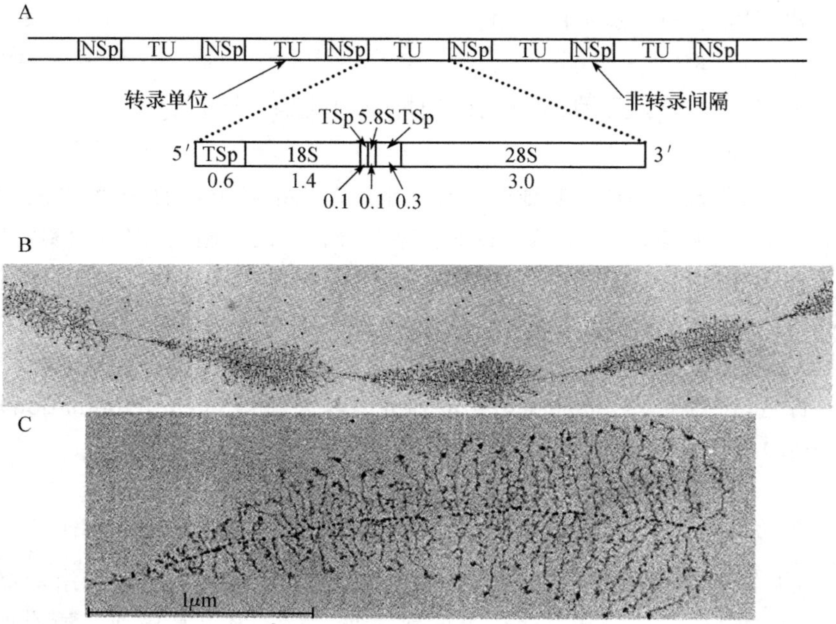

图 8.8 非洲爪蟾核糖体 RNA 基因(自 Ham and Veomett, 1980)

A. 转录单位(TU)和非转录间隔(NSp)重复排列在染色体上,下方是一个转录单位的放大示意图,一个转录单位依次包括转录间隔(TSp)、18S RNA 的基因、第二个转录间隔(TSp,其中包括 5.8S RNA 的基因)、28S RNA 的基因;B. 电子显微镜照片,显示核糖体 RNA 基因上正在进行转录;C. B 图的局部放大。

二、基因删除

部分基因被删除的现象往往出现在无脊椎动物的发育过程中,脊椎动物中较少见。一个典型的例子是蛔虫属线虫发育中体细胞的基因删除现象。在这类线虫的早期发育过程中,所有的体细胞都失去大量的基因,仅生殖细胞保留了完整的基因组(图 8.9)。

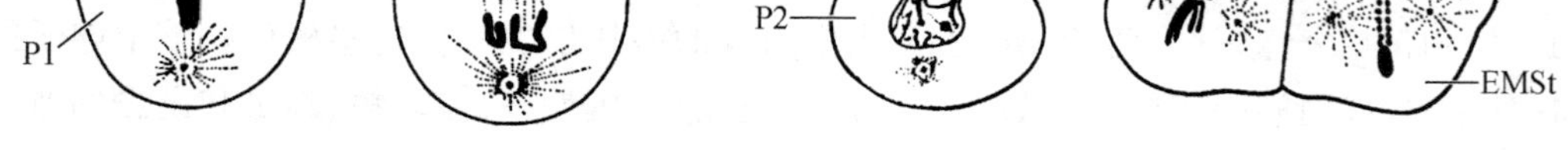

图 8.9 蛔虫属线虫卵裂中的基因删除(自 Ham and Veomett, 1980)

A. 第一次卵裂后形成 2 个细胞,即 AB 细胞和 P1 细胞;B. 第二次卵裂,AB 细胞中的染色体破碎,P1 细胞中的染色体完整;C. 第二次卵裂后,AB 细胞分裂形成 A 细胞和 B 细胞,P1 细胞分裂形成 EMSt 和 P2;D. 第三次卵裂开始,EMSt 细胞中的染色体破碎,P2 细胞的染色体完整,A 细胞和 B 细胞中的染色体不再丢失。

第二次卵裂时,两个卵裂球中的一个发生了基因删除。先是染色体破裂成许多碎片,那些位于染色体中间区域的碎片因为和着丝粒相连,因此在分裂过程中被拉至纺锤体的两极,以后进入新形成的卵裂球中。而那些位于染色体两端的碎片由于没有与着丝粒相连，不能到达纺锤体的两极，就消散在细胞质中。发生基因删除的细胞将发育成体细胞。另一个卵裂球是生殖细胞的前体细胞，进行正常的卵裂，不发生基因删除现象。第三次卵裂时，生殖细胞前体细胞形成的两个子细胞中的一个发生基因删除现象，另一个不发生基因删除现象。同样的情况也出现在第四次卵裂之时，但是，第五次卵裂时没有发生基因删除现象。第五次卵裂之后，胚胎中有两个生殖细胞的前体细胞，它们都含有全套的基因。此外，还有30个体细胞，它们的染色体全都失去了许多的基因，据估计，大约丧失了DNA总量的27%。

基因删除现象也发生于某些昆虫（如双翅目瘿蚊科）的早期发育中。与果蝇的发育一样，双翅目昆虫的早期卵裂仅有细胞核的分裂，细胞质没有分裂，因此形成了合胞体的结构。瘿蚊（*Mayetiola destructor*）的最初4次分裂，形成了16个细胞核，其中2个细胞核移到胚胎后端的细胞质中，这两个核将发育成为生殖细胞的核。在第五次卵裂时，这两个核没有分裂，其他的14个细胞核进行不正常的分裂。它们分裂时，40条染色体中仅有8条染色体能够到达纺锤体的两极，其他的32条染色体依然留在赤道板上，先是融合，然后降解。这些发生了基因删除的细胞核将发育成为体细胞的细胞核。经过基因删除之后形成的胚胎是正常的，具有生殖能力。如果在第五次卵裂之前，用头发丝结扎胚胎后端的细胞质，不让细胞核进入其中，或者用紫外线照射胚胎的后端，那么，16个细胞核将都进行第五次卵裂，并且都出现了基因删除。这样，所有的细胞核都发育成为体细胞的核，将不会产生生殖细胞，这样的胚胎是不育的。

以上的现象说明了基因删除是体细胞的正常发育所必需的，但不是生殖细胞的正常发育需要的。卵裂球分化成为体细胞或生殖细胞与这些基因的删除与否息息相关。

三、基因失活

在果蝇、线虫和哺乳动物雌性个体的细胞中含有2个X染色体，而雄性个体的细胞中仅有1个X染色体。与Y染色体不同，X染色体上含有数千个基因。因此，雌性个体拥有的X染色体基因数量是雄性个体的2倍。然而，尽管如此，雄性个体和雌性个体的细胞中所含有的X染色体的基因产物却大致相同，这种现象称为剂量补偿（dosage compensation）。

不同的动物取得剂量补偿的方法不同。雄性果蝇X染色体上基因的转录速度是雌性果蝇X染色体上基因转录速度的两倍，这样，尽管雄性个体的X染色体数量仅有雌性个体的一半，X染色体上基因的转录本数量却与雌性个体的一样。雄性个体X染色体上的基因转录速度之所以快，是因为构成雄性个体X染色体的核小体（nucleosome）全部乙酰化了的缘故。乙酰化的作用是使得RNA聚合酶更容易结合于基因的启动子上。秀丽隐杆线虫的剂量补偿又是靠另一种方法：两条X染色体上的部分基因被抑制了，不能进行转录，因此，雌雄个体X染色体的基因产物是一样的。

与果蝇和秀丽隐杆线虫不同，雌性哺乳动物的剂量补偿是通过让每个细胞中的一条X染色体失活来实现的。这样，不论雌雄，每个体细胞中有功能的X染色体都只有一条。X染色体失活之后，形态改变成为异染色质。在整个细胞周期中，异染色质都是处于致密的状态，其DNA的复制比常染色质迟。在雌性哺乳动物的细胞核中，成为异染色质的X染色体以巴氏小体（Barr body）的形式出现。在核膜的内侧可以看到致密的团块，此即巴氏小体（图8.10）。哺乳动物细胞核中巴氏小体的数量总是比其X染色体的数量少一个。以人为例，如果细胞核中仅有一个X染色体（记为XY或XO；XY为雄性，XO为特纳综合征患者，先天性卵巢发育不全），那么就没有巴氏小体。如果有 2 条 X 染色体(记为 XX 或 XXY;XX 为正常雌性,XXY 为雄性,Kleinfrlter 综合征患者),就有 1 个巴氏小体。如果有 3 条 X 染色体(记为 XXX,超雌),就有 2 个巴氏小体。

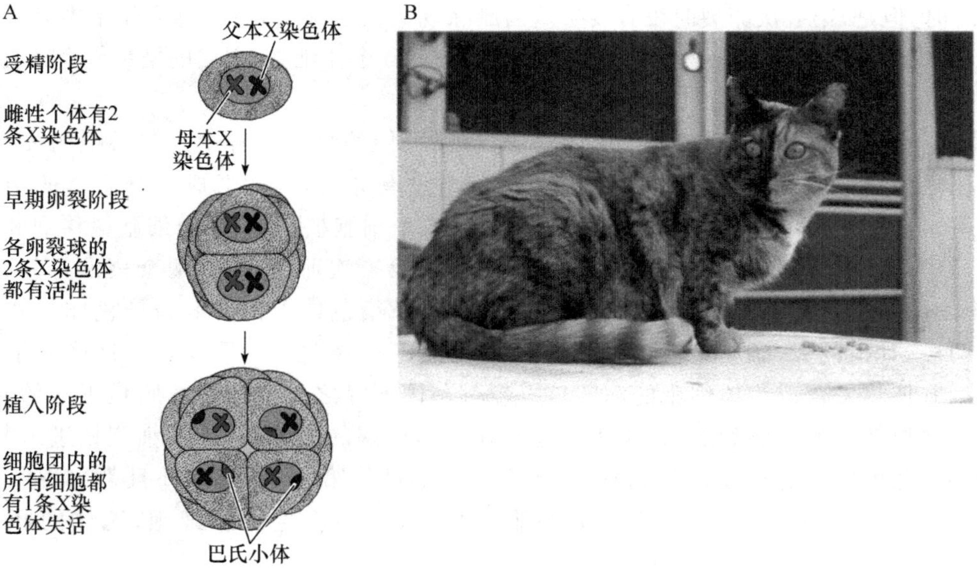

图 8.10　哺乳动物 X 染色体的失活(自 Gilbert,2000)

A. 大致在胚泡植入时,每一个细胞核中的任意一条 X 染色体失活;B. 猫身上的毛色呈现棕色和黑色镶嵌的状态,这是由于细胞中 X 染色体随机失活的缘故。

X 染色体失活发生于雌性哺乳动物胚胎发育的早期,大致在胚泡植入子宫内膜的时候。关于 X 染色体的失活,有如下规律:①在雌性哺乳动物发育的早期,2 条 X 染色体都是有活性的;②随着发育的进展,每个细胞中都有 1 条 X 染色体失活;③这种失活是随机的,在某些细胞中父本的 X 染色体失活,而在另一些细胞中,母本的 X 染色体失活;④X 染色体的失活是不可逆的。一旦一个细胞中来自父本(或来自母本)的 X 染色体失活,由这个细胞分裂而成的所有细胞后代中都是来自父本(或来自母本)的 X 染色体失活。由于 X 染色体失活发生于发育的早期,因此雌性哺乳动物的组织是由两类细胞组成的嵌合体。

如果某种遗传性状是由位于 X 染色体上的基因控制的,由于来自父本或来自母本的 X 染色体失活是随机的,那么,这种遗传形状的表现形式就可能是以嵌合的形式出现。例如,猫的毛色是由位于 X 染色体上的基因控制的。如果一只棕色的猫(X 染色体上有控制毛发呈现棕色的基因)和一只黑色的猫(X 染色体上有控制毛发呈现黑色的基因)交配,雌性子一代的毛色就会出现棕色斑块和黑色斑块镶嵌的情形(图 8.10B)。这是由于雌性子一代体细胞中既有含棕色毛发基因的 X 染色体,又有含黑色毛发基因的 X 染色体。有的皮肤细胞是含有棕色毛发基因的 X 染色体失活,由该细胞产生的细胞后代聚集在一起,长出的毛发是黑色的;有的皮肤细胞则是含有黑色毛发基因的 X 染色体失活,由该细胞产生的细胞后代聚集在一起,长出的毛发是棕色的。这样就出现了棕色毛发和黑色毛发镶嵌的现象。

有人认为,失活的 X 染色体上并非所有的基因都失活了。大约 15%的基因逃脱了失活的命运,依然是有活性的。此外,雌性哺乳动物 X 染色体的失活只局限于体细胞,初级卵母细胞中的两条X染色体都是有活性的。

关于X染色体失活的机制至今还不很清楚，但是，已经知道有些因子参与了失活的开始和维持。研究表明 *Xist* RNA与X染色体的开始失活有关。1991年，发现了人失活的X染色体上 *Xist* 基因的转录本 *Xist* RNA。该转录本不编码蛋白质，它存在于细胞核中，并与失活的X染色体结合在一起，形成了 *Xist* 巴氏小体复合体。在小鼠中也出现了相似的情况，*Xist* 基因的转录本将失活的X染色体包裹起来。在雌性小鼠中，*Xist* RNA总是在X染色体失活之前出现。如果将一条X染色体上的 *Xist* 基因剔除，该条X染色体就不会失活。

在两条X染色体中，*Xist* RNA只作用于产生它的那条X染色体，即只与产生它的那条X染色体稳定地结合在一起。在尚未植入子宫内膜的小鼠胚胎中，两条X染色体都合成 *Xist* RNA。这些 *Xist* RNA结合于两条X染色体上。但是，一条X染色体上的 *Xist* RNA迅速降解，这条X染色体就不会失活。这是由于受到X染色体上的另一个基因 *Tsix* 作用的缘故（*Tsix* 的拼写与 *Xist* 的拼写恰好相反）。*Tsix* 基因编码的不是蛋白质，也是存在于细胞核中的RNA。*Tsix* RNA是 *Xist* RNA的反义RNA。*Tsix* RNA结合于将来有活性的X染色体上，降解 *Xist* RNA。

X染色体失活后，靠两种方法维持失活的状态。第一种涉及DNA的甲基化。基因的甲基化使得基因失去活性。有活性的X染色体上的 *Xist* 基因甲基化了，而失活的X染色体上的 *Xist* 基因却没有甲基化，具有活性。与此相反，失活的X染色体上的许多基因的启动子都甲基化了，失去了活性，而有活性的X染色体上许多基因的启动子却没有甲基化。第二种维持X染色体失活的方法与组蛋白的结构改变有关。组蛋白是染色质的基本结构单位核小体的成分，有H1、H2A、H2B、H3和H4几种。当 *Xist* RNA与X染色体结合后，X染色体中的组蛋白H3的赖氨酸就甲基化，同时，组蛋白H4的乙酰基被除去。组蛋白发生了这些结构的改变之后，X染色体就变成了异染色质，呈现出巴氏小体的形状。

第三节　差异的基因表达

所谓分化就是细胞产生了特异的蛋白质。由于在不同类型的细胞中基因组都是恒定的，而基因组的主要功能又是指导蛋白质的合成，因此，从理论上说，每一个细胞都有产生任何一种蛋白质的能力。但是事实上，在发育过程中，某种蛋白质的产生能力仅局限于某一类细胞，而其他类型的细胞却没有这种能力。例如，人的红细胞前体细胞能合成血红蛋白，其他类型的细胞却不产生血红蛋白。正是由于不同的细胞中产生了不同的蛋白质，才产生了分化。发育过程中细胞出现了合成蛋白质的差异意味着在不同细胞中表达不同的基因，这就是差异的基因表达（differential gene expression）。

以人的β珠蛋白基因为例，基因表达共有4个层次：转录、RNA的加工、mRNA的翻译和蛋白质的组装（图8.11）。差异的基因表达也包括4个步骤。①差异的基因转录。不同的细胞转录的基因是不一样的，某一基因能在某一细胞中转录形成转录本，却不能在另一细胞中转录。②选择性的核RNA加工。转录本在细胞核中要经过加工才能形成信使RNA。有时，不同的细胞具有相同的转录本，但是对转录本的加工却不同，这样就会形成不同的mRNA。③mRNA选择性的翻译。mRNA进入细胞质后可以作为模板合成蛋白质。mRNA在细胞质中是否被作为合成蛋白质的模板在不同的细胞中也有差异。有的mRNA很快降解，有的mRNA却有很长的寿命。④蛋白质合成后的组装。以mRNA为模板合成的是一条多肽，这条多肽还要经过加工，或添加某些基团，或剪去某段序列，或与其他多肽共同构成某一有功能的蛋白质分子。

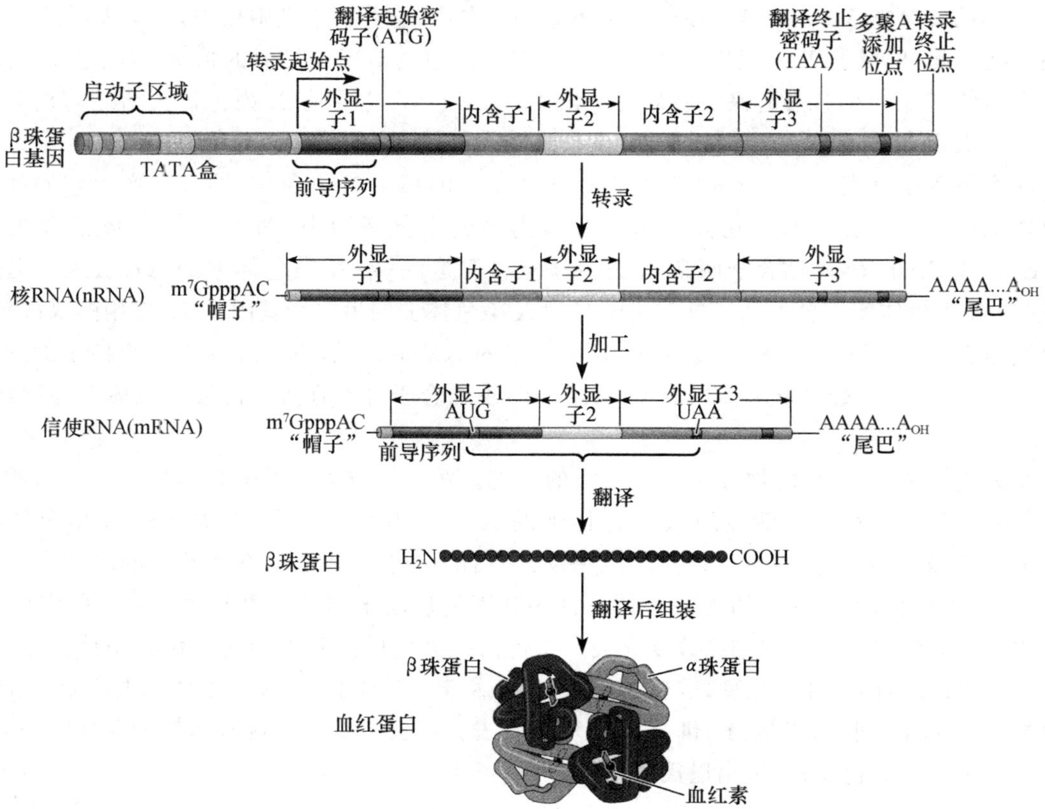

图 8.11　人β珠蛋白基因表达的四个步骤(自 Gilbert,2010)

β珠蛋白基因转录后形成的核 RNA 含有外显子、内含子、"帽子"、"尾巴"及非翻译区。核 RNA 经过加工，去除了内含子，形成 mRNA。mRNA 翻译后产生β珠蛋白。β珠蛋白是没有活性的，它和α珠蛋白、血红素一起，组成了有活性的血红蛋白。

一、差异的基因转录

在发育过程中，差异的基因转录在时空两方面都得以体现，即在不同的发育阶段，同一组织(细胞)中转录的基因不同；在同一发育阶段，不同的组织(细胞)中转录的基因不同。为了更好地理解差异的基因转录，有必要对基因结构、影响基因转录的因素等进行简单的介绍。

(一) 基 因 结 构

真核生物的基因位于由 DNA 和蛋白质组成的染色质上。其中，蛋白质占了染色质大约一半的质量，主要是组蛋白。组蛋白有 H1、H2A、H2B、H3 和 H4 几种。其中，H2A、H2B、H3 和 H4 各 2 个分子形成了八聚体。然后，DNA 双螺旋的一段序列(长度大约是 140 个碱基对)缠绕在组蛋白八聚体上，形成核小体。核小体是染色质的基本结构单位，它们通过连接 DNA(大约 60 个碱基对的长度)相互连接成为念珠串的结构，此即染色质。组蛋白 H1 结合在连接 DNA 上，并将相邻的核小体拉近,使得结构紧密。染色质进一步螺旋成螺线管(solenoid)的形状(图 8.12)。在结构紧凑的染色质上,基因是不能转录的。

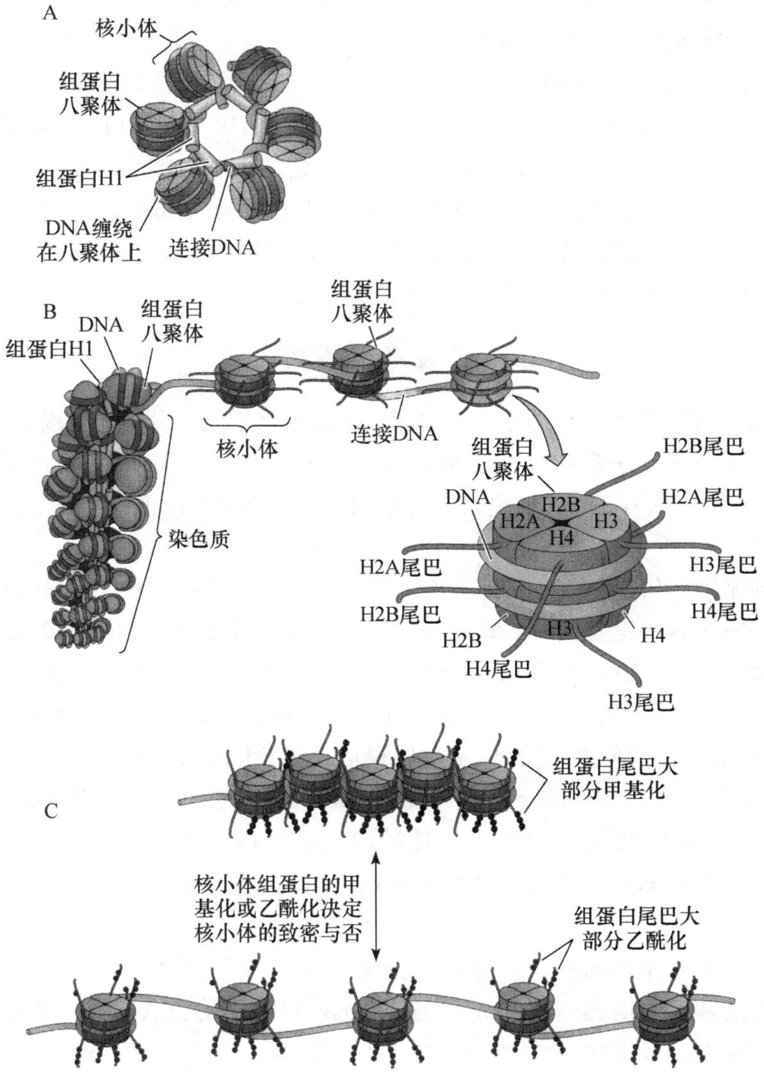

图 8.12　染色质的结构(自 Gilbert,2010)

A. 组蛋白 H1 将相邻的核小体拉近,致使染色质结构致密;B. 染色质螺旋成螺线管的形状,从核小体的组蛋白伸出来的"尾巴"能够让其他化学基团结合在组蛋白上;C. 组蛋白甲基化促使染色质更加致密,阻止基因的转录,而组蛋白的乙酰化促使染色质去致密,便于 RNA 聚合酶和转录因子结合,使基因能够表达。

在基因二有外显子(exon)区域和内含子(imtron)区域。外显子编码氨基酸序列,内含子不编码氨基酸序列。一个基因上往往有几个外显子,它们被内含子隔离开。典型的真核生物的基因结构可以以人的 β 珠蛋白基因为例(图 8.11),包括以下区域。①启动子(promoter),是基因上让 RNA 聚合酶Ⅱ和转录因子结合的地方。β 珠蛋白基因的启动子区域有三个独立的单位。②转录起始位点(transcription initiation site),β 珠蛋白基因的转录起始位点的序列是 ACATTTG,也称为帽子序列(cap sequence)。这个位点也代表 β 珠蛋白 mRNA 的 5′端,将来要结合一个甲基化了的鸟苷,称为"戴帽"。mRNA 的 5′端"戴帽"对于其与核糖体结合,以及随后的翻译都很重要。③翻译起始位点(translation initiation site),翻译起始位点的密码子是 ATG,在β珠蛋白基因中,它与转录起始位点相距 50 个碱基对。此 50 个碱基对序列称为 5′非翻译区(5′ untranslated region,5′ UTR),也称为前导序列(leader sequence)。④第一个外显子,含有 90 个碱基对,编码β珠蛋白的前 30 个氨基酸。⑤第一个内含子,含有 130 个碱基对。⑥第二个外显子,含有 222 个碱基对,编码β珠蛋白第 31～104 个氨基酸。⑦第二个内含子,含有 850 个碱基对。⑧第三个外显子,含有 126 个碱基对,编码β珠蛋白第 105～146 个氨基酸。⑨翻译终止位点(translation termination site),翻译终止密码子是 TAA。⑩3′非翻译区(3′ untranslated region,3′ UTR),在这个区域含有 AATAAA 序列,对于β珠蛋白 mRNA 的多聚腺苷化(polyadenylation)非常重要。多聚腺苷酸也称为 poly(A)尾巴,β珠蛋白 mRNA 的 3′端加上了 poly(A)尾巴会稳定该 mRNA,使之离开细胞核,并能够合成蛋白质。

(二) 启动子和增强子

启动子和增强子属于基因的调节序列,它们可以位于基因的两端,也可以位于基因的中间,控制基因何时被转录。启动子和增强子又被称为顺式调节元件(*cis*-regulatory element)。顺式调节元件是 DNA 上的一段序列,它与被调节的基因在同一条 DNA 上。

1. 启动子

编码蛋白质的基因,其启动子往往位于转录起始位点的上游,含有 TATA 序列。该序列称为 TATA 盒(TATA box),也是 RNA 聚合酶结合的地方。TATA 盒位于转录起始点的上游,距离其大约 30 个碱基对。RNA 聚合酶结合于 TATA 盒必须得到至少 6 个转录因子(transcription factor)的帮助。这些转录因子称为基础转录因子(basal transcription factor)。首先,基础转录因子 TFⅡD 结合于 DNA 上。接着,基础转录因子 TFⅡA、TFⅡB 和 TFⅡH 相继结合于 TFⅡD,形成了转录起始复合体(transcription initiation complex)。之后,RNA 聚合酶Ⅱ结合在此复合体中,其羧基末端被 TFⅡH 磷酸化。然后,TFⅡE、TFⅡF 和 TFⅡH 将 RNA 聚合酶Ⅱ从转录起始复合体中释放出来,RNA 聚合酶Ⅱ开始进行转录。

2. 增强子

增强子控制转录的效率和速度。它并非一定要位于基因的 5′端,可以在 3′端,也可以在内含子中。人β珠蛋白基因的增强子位于 3′非翻译区(3′ UTR)AATAAA 的下游,相距大约 700 个碱基对。它对β珠蛋白基因在时空方面的表达进行调控。像启动子一样,增强子也必须和转录因子结合才能发挥作用。

(三) 转 录 因 子

转录因子(transcription factor)是一类蛋白质,它能够结合于启动子或增强子上,激活或抑制基因。转录因子又被称为反式调节元件(*trans*-regulatory element)。反式调节元件往往是可溶性的物质,编码它的基因和被其调节的基因不在同一条 DNA 上。反式调节元件结合于顺式调节元件上,对基因的表达进行调节。反式调节元件往往是转录因子。

根据转录因子的结构,可以将其分成几个家族。同一家族的转录因子,它们的 DNA 结合域的框架结构往往相似。常见的转录因子家族有:同源异型域蛋白(homeodomain protein)、碱性螺旋-环-螺旋(basic helix-loop-helix,bHLH)转录因子、碱性亮氨酸拉链(basic leucine zipper,bZip)转录因子和锌指(zinc finger)转录因子(表 8.1)。

表 8.1　几种常见的转录因子家族

家　族	代　表	作　用
1. 同源异型域蛋白		
Hox	Hoxa1、Hoxb1 等	体轴的形成
POU	Pit-1、UNc-86、Oct-2	垂体和神经板的发育
LIM	Lim-1、Forkhead	头部发育
Pax	Pax1、Pax2、Pax3、Pax6 等	神经系统分化，眼的发育
2. 碱性螺旋-环-螺旋转录因子	MyoD、MITF、daughterless	肌肉和神经分化，果蝇的性别决定，色素形成
3. 碱性亮氨酸拉链转录因子	C/EBP、AP1	肝和脂肪细胞的分化
4. 锌指转录因子		
旗瓣(standard)	WT1、Kruppel、Engrailed	肾、性腺和巨噬细胞的发育，果蝇的分节
核激素受体	糖皮质激素受体、雌激素受体、睾酮受体、视黄酸受体	第二性征的决定，颜面发育，肢体发育
Sry-Sox	Sry、SoxD、Sox2	弯曲 DNA，哺乳动物初级性决定，外胚层发育

转录因子的氨基酸序列上有三个主要的结构域(domain)：①DNA 结合域(DNA-binding domain)，能够识别并结合 DNA 上的特定序列(启动子或增强子)；②反式激活域(trans-activiting domain)，激活或抑制被它结合的基因；③蛋白质相互作用域(protein-protein interaction domain)，使得转录因子的活性受到其他转录因子的调节。

1. 同源异型域蛋白

同源异型域蛋白是一类非常重要的转录因子，在动物的发育中，它调节胚胎前后轴的发育。所有的同源异型域蛋白都有一个由 60 个氨基酸组成的区域，形成螺旋-转角-螺旋(helix-turn-helix)的形状(图 8.13)；还有一个螺旋(第三个螺旋)伸入到 DNA 双螺旋的大沟(major groove)里面，结合于 DNA；此外，其氨基末端的氨基酸也伸入到 DNA 双螺旋的小沟(minor groove)里面，并与 DNA 结合。

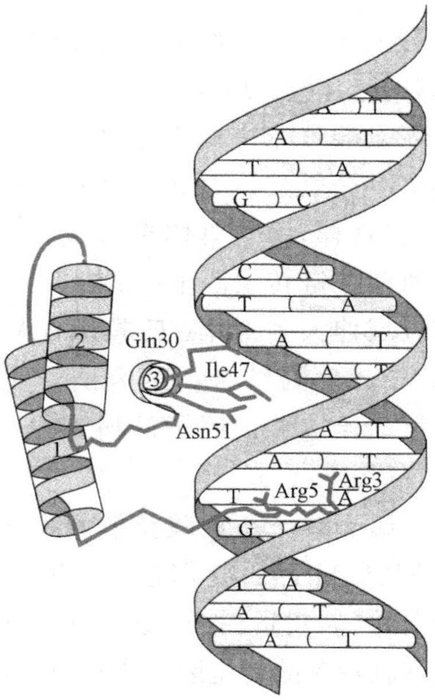

图 8.13　同源异型域蛋白结合于 DNA
(自 Gilbert，1997)
所有的同源异型域蛋白都有一个由 60 个氨基酸组成的区域，形成螺旋-转角-螺旋的形状，第三个螺旋(3)伸入到 DNA 双螺旋的大沟里面，结合于 DNA 上。

Pax6 是一种同源异型域蛋白，它在哺乳类眼睛、神经系统和胰脏的发育中起作用。当 Pax6 结合在基因的启动子或增强子上时，它激活或抑制该基因。Pax6 有两个 DNA 结合域，氨基末端是主要的结合域。这里的氨基酸与 DNA 上的 20～26 个碱基对反应，并结合上去。这 20～26 个碱基对序列存在于脊椎动物晶体蛋白(crystallin)基因增强子上，也存在于胰脏内分泌细胞的胰岛素基因、胰高血糖素基因和促生长素抑制素(somatostatin)基因的增强子上。

2. 碱性螺旋-环-螺旋转录因子

这类转录因子家族的蛋白质都有螺旋-环-螺旋结构(图 8.14)。其 α 螺旋上每隔三四个氨基酸就有一个疏水

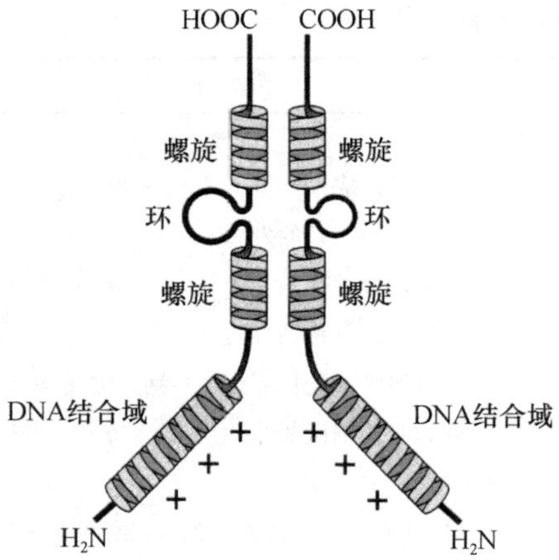

图 8.14　碱性螺旋-环-螺旋转录因子
（自 Gilbert，1997）
两个碱性螺旋-环-螺旋转录因子通过疏水反应结合成为同型二聚体，DNA 结合域位于氨基端。

氨基酸。因此，α 螺旋呈现一种疏水氨基酸残基的表面，这里就是该转录因子的蛋白质相互作用域。蛋白质相互作用域使得两个碱性螺旋-环-螺旋转录因子通过疏水反应结合成为同型二聚体（homodimer）。碱性螺旋-环-螺旋转录因子的 DNA 结合域位于氨基端，该处含有多个碱性氨基酸残基。该转录因子靠 DNA 结合域结合于基因的启动子或增强子上。

MITF 是一种碱性螺旋-环-螺旋转录因子，在耳朵、眼睛、皮肤色素细胞的发育中起作用。MITF 含有三个结构域：DNA 结合域能够结合在基因的启动子或增强子上；蛋白质相互作用域促使二聚体的形成；反式激活域位于蛋白质的中央。当 MITF 结合于启动子或增强子时，其反式激活域就与一种称为 P300/CBP 的蛋白质结合。P300/CBP 是一个组蛋白乙酰基转移酶（histone acetyltransferase），它将乙酰基转移到核小体的组蛋白上。核小体组蛋白的乙酰化使得核小体不稳定并松散开，其他的转录因子和 RNA 聚合酶Ⅱ能够进入启动子中并结合上去。这样就激活了该基因。

3. 碱性亮氨酸拉链转录因子

碱性亮氨酸拉链转录因子也是一个二聚体，每一个单体的 DNA 结合域都是一段 α 螺旋，位于羧基末端，上面有多个碱性氨基酸序列。DNA 结合域之后紧接着一段 α 螺旋，上面有多个亮氨酸残基。两个单体依靠其 α 螺旋上面的多个亮氨酸残基相互连接，成为“亮氨酸拉链”。这样，两个单体聚合成为二聚体。碱性亮氨酸拉链转录因子（二聚体）靠其两个 DNA 结合域伸入到 DNA 双螺旋的大沟中，与相同的 DNA 序列结合。结合的结果是使得碱性亮氨酸拉链转录因子的构型像一把剪刀或止血钳（图 8.15）。

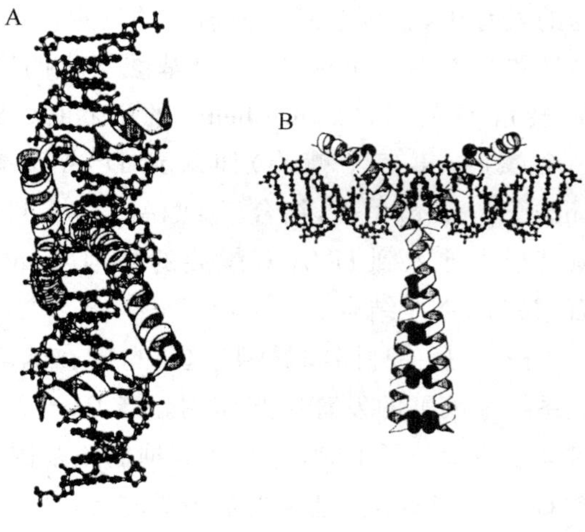

图 8.15　碱性亮氨酸拉链转录因子（自 Gilbert，1997）
A. 背面观；B. 侧面观。

属于碱性亮氨酸拉链转录因子家族的有 C/EBP、AP1 等，它们在脂肪形成、肝脏细胞的蛋白质（如白蛋白）合成中起作用。C/EBP 也是肝脏特有的凝血因子 9 基因的转录因子。

4. 锌指转录因子

锌指转录因子的结构中有 2 个或更多的“锌指”，一个锌指是一段 α 螺旋，上面含有多个碱性氨基酸。每一个锌指的中央是一个锌离子，该锌离子与 2 个半胱氨酸、2 个组氨酸相连，使得 α 螺旋形成一个稳定的手指状结构。锌指是 DNA 结合域，它伸入到 DNA 双螺旋的大沟中，与 DNA 序列结合（图 8.16）。

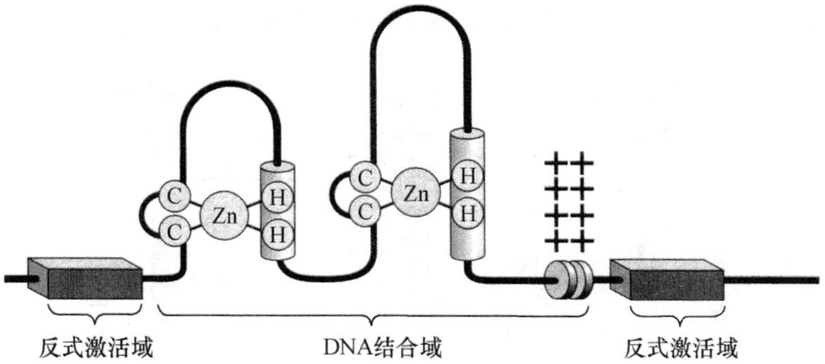

图 8.16　锌指转录因子的结构(自 Gilbert,1997)

锌离子和半胱氨酸(C)、组氨酸(H)相连,稳定锌指的形状。

属于锌指转录因子的有 WT1、Sp1、TFⅢA、Kruppel、Engrailed 和核激素受体等。WT1 有 4 个锌指,在肾脏和性腺的形成中起作用。将小鼠的 WT1 基因剔除,胚胎不能形成性腺和肾脏,并死于子宫中。核激素受体原先位于细胞质中,当类固醇激素(如糖皮质激素、雌激素、睾酮等)进入细胞并与激素受体结合后,激素受体构型改变,能够进入细胞核,并结合于基因的启动子或增强子上。核激素受体上有激素结合域,激素结合在此处,并引起受体分子结合成为二聚体。核激素受体的 DNA 结合域含有锌指。锌指伸入 DNA 双螺旋的大沟中,并与 DNA 结合。

(四) DNA 甲基化

DNA 的甲基化与否对于基因的表达与否至关重要。那些没有表达的基因,它们的启动子区域的某些胞嘧啶甲基化了,其结果是核小体变得很稳定,转录因子不能结合在启动子上。

通常人们认为,一个基因在表达和不表达的状态下,其核苷酸是一样的。例如,在哺乳动物的同一个体中,红细胞前体细胞中的 β 珠蛋白基因(能够表达)和成纤维细胞的 β 珠蛋白基因(不能够表达)是一样的。实际上,这两者之间还是有微妙的差别。差别就在于能够表达的 β 珠蛋白基因和不能表达的 β 珠蛋白基因的胞嘧啶甲基化程度不同。能够表达的 β 珠蛋白基因,其启动子几乎没有甲基化;而不能表达的 β 珠蛋白基因,其启动子是高度甲基化的。

在脊椎动物的细胞周期中,DNA 复制之后,胞嘧啶开始甲基化,成为 5-甲基胞嘧啶。这时,在哺乳动物细胞中,大约 5%的胞嘧啶甲基化了。甲基化的胞嘧啶往往是那些位于鸟苷之前的胞嘧啶。现在的研究表明,胞嘧啶的甲基化程度决定了基因能否转录。胞嘧啶的甲基化成为脊椎动物基因差异表达的一个重要机制。在一个基因的启动子区域,胞嘧啶的甲基化程度与该基因的被抑制程度成正相关。人的红细胞前体细胞中 β 珠蛋白基因家族的表达就很好地说明了这个机制。

人的胚胎阶段和成体阶段的血红蛋白组分不尽相同。成年人的血红蛋白主要由 2 条 α 珠蛋白和 2 条 β 珠蛋白以及 4 个血红素分子组成($\alpha_2\beta_2$)。而在胚胎阶段,血红蛋白的组成却在逐渐变化:由 2 条 ζ 珠蛋白和 2 条 ε 珠蛋白($\zeta_2\varepsilon_2$)改变为 2 条 α 珠蛋白和 2 条 ε 珠蛋白($\alpha_2\varepsilon_2$),再转变成 2 条 α 珠蛋白和 2 条 γ 珠蛋白($\alpha_2\gamma_2$),再转变为 2 条 α 珠蛋白和 2 条 δ 珠蛋白($\alpha_2\delta_2$),最后才变为 2 条 α 珠蛋白和 2 条 β 珠蛋白。在成年人的血红蛋白中,97%是 $\alpha_2\beta_2$,2%~3%是 $\alpha_2\delta_2$,1%是 $\alpha_2\gamma_2$。人发育过程中血红蛋白组分的变化是由于珠蛋白基因差异转录的结果。ζ 珠蛋白基因和 α 珠蛋白基因位于人的 16 号染色体上,而 β 珠蛋白基因家族的 ε 珠蛋白、γ 珠蛋白、δ 珠蛋白、β 珠蛋白基因位于 11 号染色体上。这些基因有条不紊地按顺序开放或关闭,使得人的发育过程中珠蛋白的种类呈现变化,导致血红蛋白组分的有规律变化(图 8.17)。

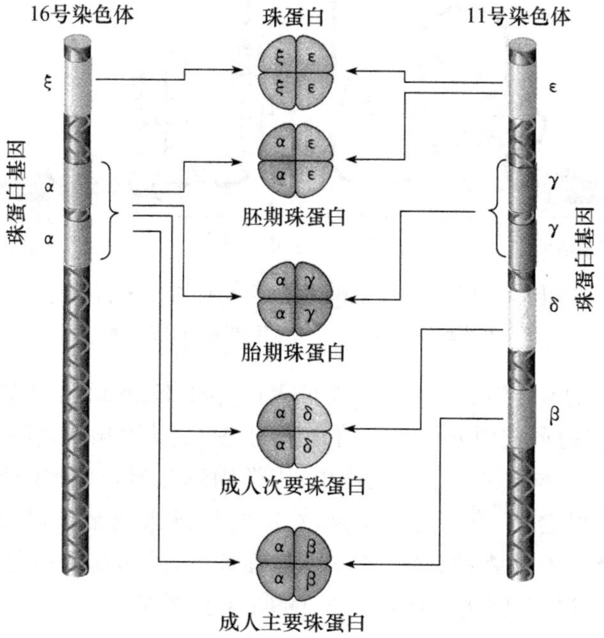

图 8.17　人发育中珠蛋白基因的表达(自 Gilbert,2000)

ζ珠蛋白和α珠蛋白基因位于人的 16 号染色体上,ε珠蛋白、γ珠蛋白、δ珠蛋白和β珠蛋白基因位于 11 号染色体上。在发育过程中,这些基因有条不紊地按顺序开放或关闭。

β珠蛋白基因家族的顺序表达与这些基因的顺序甲基化有关。如图 8.18 所示,在人的 6 周胚胎中,β珠蛋白基因家族的ε珠蛋白基因的启动子没有甲基化,而γ珠蛋白基因的启动子却甲基化了。因此,此时ε珠蛋白基因表达,而γ珠蛋白基因不表达。到了 12 周的胚胎,ε珠蛋白基因的启动子甲基化了,而γ珠蛋白基因的启动子却没有甲基化,因此,ε珠蛋白基因不表达,而γ珠蛋白基因却开始表达。

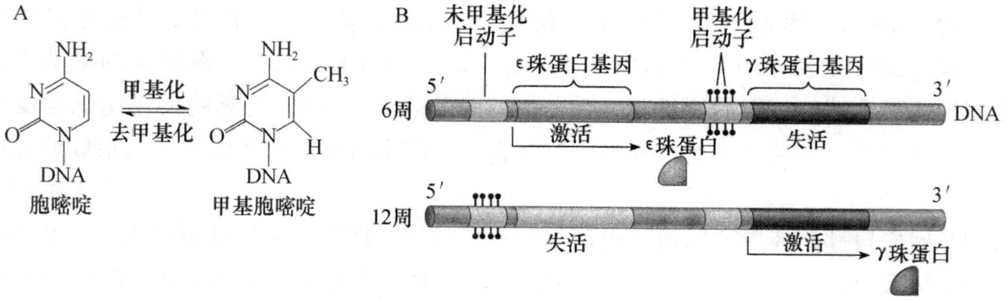

图 8.18　人β珠蛋白基因的顺序甲基化(自 Gilbert,2010)

A. 胞嘧啶的甲基化;B. β珠蛋白基因启动子的甲基化和基因表达。

此外,组蛋白 H3 第 9 位的赖氨酸残基是否甲基化或乙酰化决定了核小体的稳定性。如果该赖氨酸残基乙酰化,组蛋白 H3 就会不稳定,核小体散开。如果该氨基酸没有被乙酰化,就会被甲基化。而组蛋白 H3 的甲基化会使得核小体更加稳定。组蛋白 H3 甲基化后还会促使更多地酶参与到 DNA 的甲基化过程中。而甲基化了的 DNA 更容易与组蛋白 H1 结合，促使 DNA 更进一步螺旋化，变得更致密。

（五）基因转录在时空方面的差异

在发育的过程中，像 β 珠蛋白基因这样在转录的水平上对发育进行调节的例子还有许多。不但在不同的发育阶段基因的转录存在着差异，即使在同一发育阶段，不同的组织中基因的转录也存在差异。也就是说，基因转录在时间、空间两方面都有差异。例如，在海胆的原肠胚形成中，内胚层中会形成某种 mRNA，这种 mRNA 可以通过原位杂交（*in situ* hybridization）方法在胚胎中被检测出来，该 mRNA 仅存在于内胚层的细胞中，其他胚层的细胞中没有这种 mRNA。这表明，仅就这一特定的基因而言，其转录具有空间方面的差异。而且，在内胚层细胞中，随着发育的进展，该基因的转录也有差异。在原肠胚早期，所有内胚层细胞皆有该基因的转录，即都有该 mRNA 的存在；而在原肠胚晚期，仅中肠和后肠的细胞中才转录该基因，前肠的细胞中该基因不转录。在小鼠胚胎中，*Brachyury* 基因仅在中胚层细胞中转录。这也可以通过原位杂交检测 *Brachyury* mRNA 来确定。凡是检测出 *Brachyury* mRNA 的细胞都是该基因在转录的细胞。在 9.5 天的小鼠胚胎中，胚体后部的细胞该基因在转录；而在 10.5 天的胚胎中，除了胚体后端的细胞转录该基因外，肢芽及头部的细胞亦在转录 *Brachyury* 基因（图 8.19）。

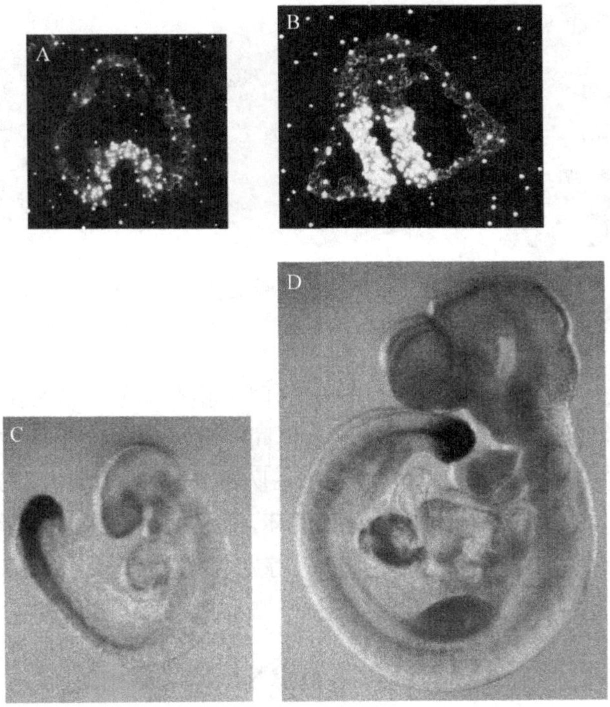

图 8.19　海胆和小鼠发育中基因差异的转录（自 Gilbert，1997）

A、B. 海胆胚胎原位杂交照片，显示内胚层特有的 mRNA 在胚胎的定位，在原肠胚早期，所有的内胚层细胞皆存在该 mRNA（A），而在原肠胚晚期，仅中肠和后肠的细胞中才有该 mRNA，前肠的细胞中没有该 mRNA（B）；C、D. 小鼠胚胎整体原位杂交照片，显示 9.5 天胚胎的后部有 *Brachyury* mRNA（C），10.5 天胚胎除了胚体后端外，肢芽以及头部的细胞亦有 *Brachyury* mRNA（D）。

在发育过程中，双翅目昆虫幼虫细胞的多线染色体上横带会呈现形态变化，从致密状态变成疏松状态，或从疏松状态变成致密状态。当横带呈疏松状态时称为疏松泡(puff)。横带变为疏松泡是染色质去折叠的结果。当轻微去折叠时，疏松泡较小；当去折叠的程度大时，形成的疏松泡就比较大。较大的疏松泡又称为巴尔比亚尼环(Balbiani ring)。巴尔比亚尼环上正在进行RNA的转录。通过比较发育中的多线染色体上横带和巴尔比亚尼环的模式，就会发现，随着发育的进行，横带和巴尔比亚尼环之间会呈现互相转化。例如，果蝇幼虫唾液腺细胞第3条多线染色体上编号为74EF的横带，在不同的胚龄会呈现不同的变化；在110h的幼虫中，它膨胀成为一较小的疏松泡；到115h时，它膨胀成巴尔比亚尼环；进入预蛹(prepupa)期，它又缩小。在4h预蛹期，它已恢复成为致密的横带；但发育到12h预蛹期，它又成为巴尔比亚尼环(图8.20)。通过以上观察，我们可以发现，在发育过程中某一特定的基因会随着时间的变化呈现差异的转录。

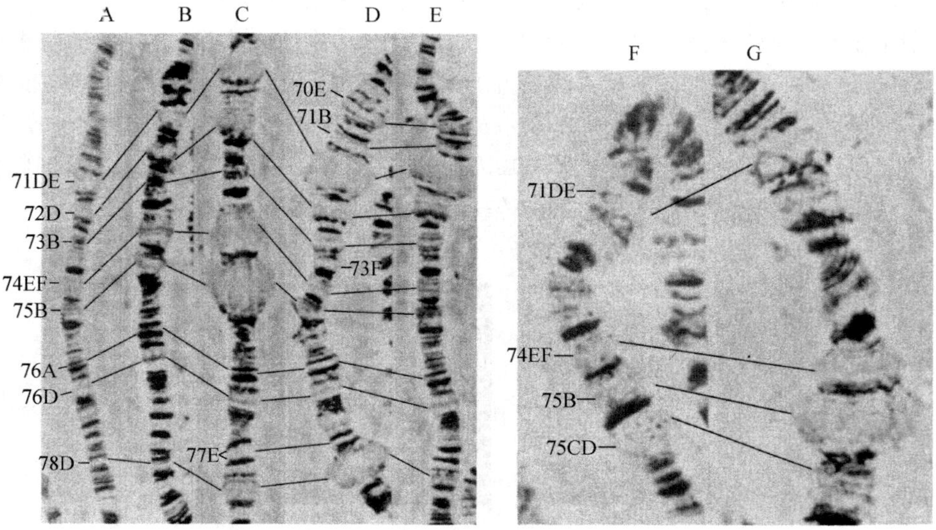

图8.20　果蝇幼虫第三条多线染色体横带的变化(自Browder et al.,1991)

A、B. 110h幼虫；C. 115h幼虫；D. 0h预蛹期；E. 4h预蛹期；F. 8h预蛹期；G. 12h预蛹期。

此外，观察不同组织中同一条多线染色体上的同一横带，就会发现在同一发育时间，这些横带的疏松与否不尽相同。如图8.7所示，摇蚊幼虫同一胚龄的不同组织中，同一条多线染色体上编号为19A的横带，在唾液腺细胞、直肠细胞和小肠细胞中都呈致密状态，即该处基因没有转录；而在马氏管细胞中，该横带却形成巴尔比亚尼环，即该处正在进行转录。这表明，在同一发育阶段，不同组织细胞中，基因的转录是有差异的。综上所述，双翅目昆虫在发育过程中，基因表达呈现时空方面的差异。

二、差异的RNA加工

差异的基因表达不是仅局限于差异的基因转录，基因转录之后，对形成的RNA进行加工也存在着差异。因此，在RNA加工的水平上进行调节，也会影响细胞的分化。差异的RNA加工分为两个部分：一部分涉及对细胞核中的RNA进行选择，以决定哪些RNA被加工成为信使RNA，并被送进细胞质中；另一部分涉及RNA的剪接(splicing)，不同的细胞对于相同的RNA可能进行不同的剪接，产生不同的mRNA。

（一）核 RNA 的选择

基因转录的最初产物（转录本）是核 RNA（nuclear RNA，nRNA）。不同的核 RNA，其长度差异很大，所以核 RNA 又被称为不均一核 RNA（heterogeneous nuclear RNA，hnRNA）。核 RNA 的序列中含有内含子，因此，长度比 mRNA 长了许多。只有将内含子剪去，核 RNA 才能成为 mRNA. 所以核 RNA 又被称为前信使 RNA（pre-messenger RNA，pre-mRNA）。

最初人们认为，不论细胞核中转录出何种 RNA，都要被加工成为 mRNA。但是，现在的研究表明，在发育的过程中，一些细胞的某些核 RNA 可能完全闲置不用，而相同的核 RNA 在另一些细胞中却可能被加工成 mRNA。换言之，不同类型的细胞可能转录出相同类型的转录本，但是，选择其中不同的转录本进行加工。细胞核中的 RNA 总是多于被加工的 RNA。例如，海胆 *Strongylocentrotus purpuratus* 的 *Cy*Ⅲ*a* 基因，这是一个在幼虫的外胚层表达的基因。如果使用能够和该基因的核 RNA 中的外显子或内含子结合的探针对幼虫的三个胚层进行检测，发现该基因不但在外胚层表达，在中胚层和内胚层也一样表达，而且 *Cy*Ⅲ*a* 基因表达的量在三个胚层中是一样的。这表明，在海胆幼虫的三个胚层的细胞中，*Cy*Ⅲ*a* 基因的转录速率是一样的。但是，仅在外胚层的细胞中，*Cy*Ⅲ*a* nRNA 被加工成 mRNA，在中胚层和内胚层的细胞中，*Cy*Ⅲ*a* nRNA 没有被加工成 mRNA，而且很快被降解。

（二）差异的 RNA 剪接

通过差异的 RNA 剪接，从同一个基因可以产生出大量相似的蛋白质。脊椎动物的核 RNA 往往含有相对较短的外显子，序列长度大约是 140 个碱基对。这些外显子被序列相对较长的内含子隔开。哺乳动物核 RNA 的外显子往往很多，通过差异的 RNA 剪接，不同的细胞将同一条核 RNA 的不同外显子组合在一起，产生了不同的 mRNA 和蛋白质。细胞对外显子和内含子的识别对于产生差异的 RNA 剪接是至关重要的。一个细胞可能将一段序列看作是一个外显子，而另一个细胞却可能将它当作内含子。因此，差异的 RNA 剪接是基于细胞将哪一段序列看成内含子并将它切掉。

对于绝大部分基因而言，内含子的 5′端和 3′端都有共有序列（consensus sequence），该序列又称为剪接点（splice site）。一种称为剪接体（spliceosome）的核糖核蛋白颗粒（ribonucleoprotein particle，RNP）将结合在剪接点，进行核 RNA 的剪接。RNP 是由 RNA 和蛋白质结合而成的。构成剪接体的 RNA 是一些小核 RNA（small nuclear RNA，snRNA），核苷酸数量从 107 个到 210 个不等。参与剪接体组成的小核 RNA 有 5 个，因为含有较多的尿嘧啶，所以被命名为 U1 snRNA、U2 snRNA、U4 snRNA、U5 snRNA 和 U6 snRNA。构成剪接体的蛋白质是剪接因子（splicing factor）。U1 snRNA 和相应的剪接因子结合，形成的核糖核蛋白颗粒称为 U1 snRNP，U2 snRNA 和相应的剪接因子结合，形成的核糖核蛋白颗粒称为 U2 snRNP，等等。

内含子的 5′端剪接点往往被 U1 snRNP 所结合，这是因为 U1 snRNA 能够识别 5′端剪接点的序列（U1 snRNA 的部分序列与 5′端剪接点的序列互补）。内含子的 3′端剪接点能否被剪接体结合基于它能否与一个称为 U2AF 的蛋白质结合。当 U1 snRNP 结合于内含子的 5′端剪接点，U2AF 结合于内含子的 3′端剪接点，一种称为 SR 的蛋白质将 U1 snRNP 和 U2AF 结合起来，剪接就开始，这两个剪接点之间的序列就被切去（图 8.21）。

如果 U1 snRNP 结合于一个内含子的 5′端，而 U2AF 并不结合于同一个内含子的 3′端，而

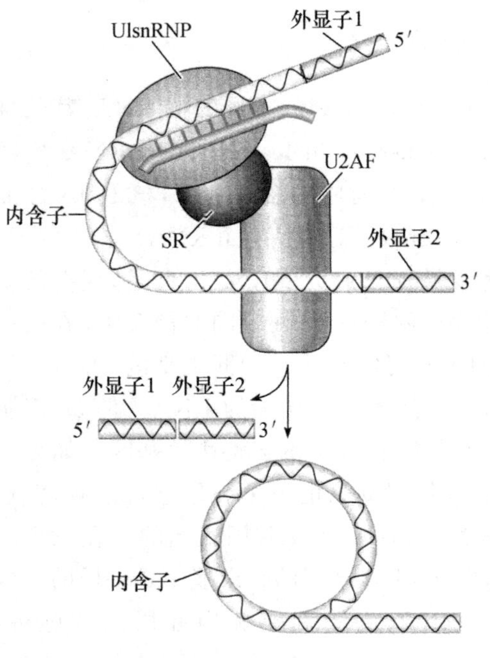

图 8.21　剪接体和剪接点的结合(自 Gilbert,1997)
U1 snRNP 结合于内含子的 5′端,U2AF 结合于内含子的 3′端,蛋白质 SR 将 U1 snRNP 和 U2AF 结合起来,两者之间的序列(内含子)被切去。

是结合于其下游的另一个内含子的 3′端,这样,介于此 5′端和 3′端之间的所有序列(内含子和外显子)都将被切去,保留下来的外显子数量就较少。因此,通过差异的 RNA 剪接,从一个核 RNA 产生的外显子组合就有多种,而不是一种。也就是说,有可能产生多种 mRNA。由这些 mRNA 翻译而成的蛋白质就成为一个蛋白质家族。因此,"一个基因,一条多肽"应该改为"一个基因,一族蛋白质"。例如,原肌球蛋白的核 RNA 含有 11 个外显子,骨骼肌细胞和平滑肌细胞对原肌球蛋白核 RNA 的剪接是不同的。在骨骼肌细胞中,第 1～5、7～10 个外显子保留下来,组成了原肌球蛋白的 mRNA,而在平滑肌细胞中,第 1～6、8、9 和第 11 个外显子组成了原肌球蛋白的 mRNA。这样,骨骼肌细胞中的原肌球蛋白和平滑肌细胞中的原肌球蛋白就出现差异(图 8.22)。

由此观之,如果一个基因有数十个内含子,经过剪接就可能产生数以千计的 mRNA。果蝇的 *Dscam* 基因就是这样的一个基因,该基因与发育过程中神经细胞轴突如何伸向效应器有关。*Dscam* 基因含有 24 个外显子,而第 4 个外显子可供选择的序列有 12 个,第 6 个外显子可供选择的序列更是多达 48 个,第 9 个外显子可供选择的序列也达 33 个,第 17 个外显子可供选择的序列有 2 个。果蝇对 *Dscam* nRNA 的差异剪接将产生 38 016 种不同的 mRNA(图 8.23)。果蝇的基因组含有大约 14 000 个基因,而仅 *Dscam* 基因产生的蛋白质就有可能是所有基因数量的近 3 倍。研究认为,人的基因至少 35%的 nRNA 都经过差异的剪接,因此,尽管人的基因组中含有的基因数量是 35 000～80 000 个,而潜在的蛋白质数量可能大大地超过这个数字。

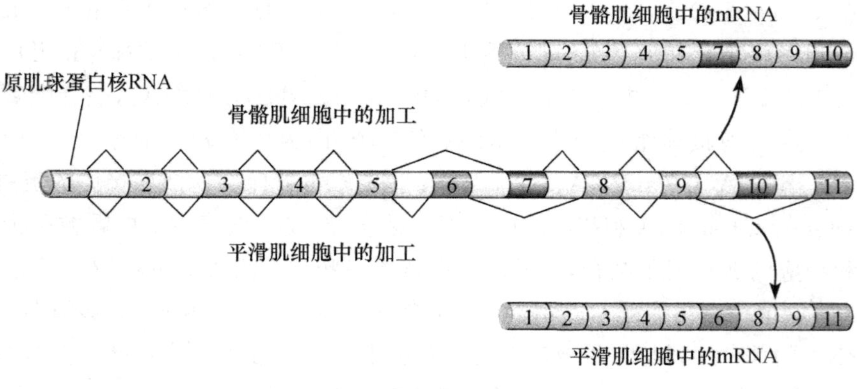

图 8.22　原肌球蛋白的前信使 RNA 的剪接(自 Gilbert,1997)
骨骼肌细胞和平滑肌细胞对于原肌球蛋白核 RNA 进行不同的剪接,形成骨骼肌细胞的原肌球蛋白 mRNA(上方)和平滑肌细胞的原肌球蛋白 mRNA(下方)。

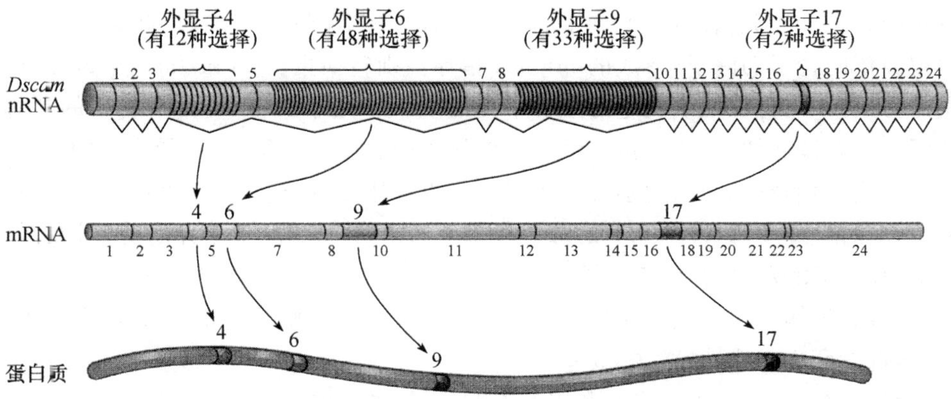

图 8.23　果蝇 *Dscam* nRNA 的差异剪接(自 Gilbert，2010)

果蝇 *Dscam* nRNA 含有 24 个外显子，第 4、6、9 和 17 个外显子可供选择的序列有多个。对 nRNA 的差异剪接将产生 38 016 种不同的 mRNA 和蛋白质。

(三) 差异的 RNA 剪接和细胞分化

差异的 RNA 剪接产生的不同蛋白质虽然氨基酸组成相似，功能却可能有较大的差异。例如，转录因子 WT1 的核 RNA 加工后产生了两种 mRNA，其中一种 mRNA 比另一种多了一个外显子。外显子多一个的 mRNA 翻译成的蛋白质是参与哺乳动物睾丸形成的转录因子，而另一种 mRNA 翻译成的蛋白质却是参与肾脏形成的转录因子。在果蝇的发育中也有相似的情况。果蝇的 *Held-out wings* 基因的转录本也有两种剪接方式，形成了两种 mRNA。其中一种 mRNA 翻译成的蛋白质抑制腱的分化，另一种 mRNA 翻译成的蛋白质却刺激腱的分化。在发育的过程中，这两种蛋白质对形成腱的细胞进行调节，促使细胞在适当的时间成熟并形成腱。

由同一个核 RNA 剪接而成的 mRNA 在果蝇的性别分化中发挥了极为重要的作用。果蝇性别表现型的决定与 X 染色体和常染色体的比率有关。二倍体果蝇的常染色体数量用 AA 表示，当细胞中的 X 染色体有 2 条时(即为 XX)，X∶A=1，胚胎将发育成雌性；当细胞中的 X 染色体只有 1 条时(即为 XY)，X∶A=0.5，胚胎将发育成为雄性。在 X∶A 的比率和性别表现型之间有一系列的基因在发挥作用(图 8.24)。

在这些关键的基因中有一个性别转换基因(*transformer* 基因，*tra* 基因)。在果蝇的幼虫阶段，*tra* 基因表达，其核 RNA 的第二个外显子上有一

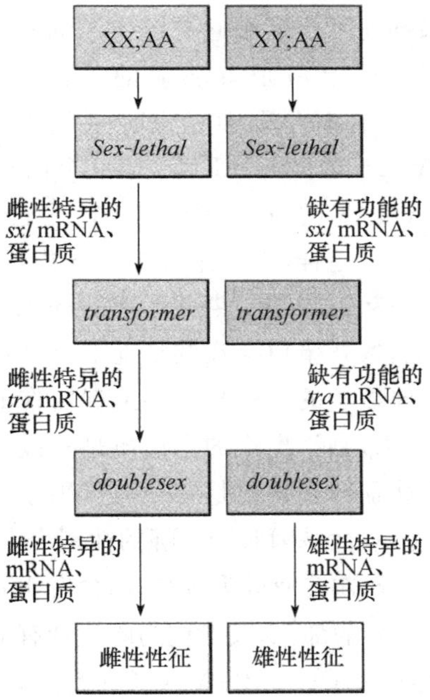

图 8.24　果蝇的性别决定

(自 Gilbert，2003)

在 X∶A=1 的果蝇中，性别致死基因(*Sex-lethal*)是有活性的，产生了性别致死蛋白。性别致死蛋白促使性别转换(transformer)基因的 nRNA 被剪接成雌性特异的 mRNA，再翻译成为雌性特异的性别转换蛋白。雌性特异的性别转换蛋白促使双性(doublesex)基因的 nRNA 进行雌性特异的剪接，产生雌性特异的双性蛋白。雌性特异的双性蛋白是转录因子，促进雌性表现型的产生。在 X∶A=0.5 的果蝇中，没有性别致死蛋白产生，因此，没有产生有功能的性别转换蛋白。双性基因的 nRNA 进行雄性特异的剪接，产生雄性特异的双性蛋白。雄性特异的双性蛋白也是转录因子，进而促进雄性表现型的产生。

个翻译终止密码子 UAG。在 X∶A=1 的果蝇中，*tra* nRNA 进行剪接时，此翻译终止密码子所在的序列被当作内含子切除了，形成的 mRNA 指导性别转换蛋白(*transformer protein*)的合成。该蛋白质是剪接因子，将在性别决定的过程中继续发挥作用。而在 X∶A=0.5 的果蝇中，此翻译终止密码子没有被剪切掉，依然留在第二个外显子中。由此 mRNA 指导合成的蛋白质是一个小分子的蛋白质，而非有功能的性别转换蛋白。此蛋白质在合成后不久就降解了。也就是说，尽管在 X∶A=1 的果蝇和 X∶A=0.5 的果蝇中都有 *tra* nRNA，由于差异的剪接，在两者的细胞中产生了不同的 mRNA，并由此产生了不同的蛋白质。在 X∶A=1 的果蝇中产生了有功能的性别转换蛋白，此个体将发育成为雌性；而在 X∶A=0.5 的果蝇中没有产生有功能的性别转换蛋白，此个体将发育成为雄性(图 8.25)。

那么，为什么在 X∶A=1 的果蝇和 X∶A=0.5 的果蝇中，对 *tra* nRNA 的剪接会出现差异呢？研究表明，这种差异 RNA 剪接的调控与内含子的 3′端剪接点有关。原来，有两种蛋白质在和第一个内含子的 3′端剪接点的结合上存在着竞争。这两种蛋白质是性别致死蛋白(sex-lethal protein)和 U2AF。性别致死蛋白是性别致死基因(*sex-lethal* 基因，*sxl* 基因)的产物。*sxl* 基因是果蝇性别决定中起关键作用的另一个基因，它在 *tra* 基因之前转录。在 X∶A=1 的果蝇中，性别致死蛋白是有功能的蛋白质，它会和 U2AF 竞争第一个内含子的 3′端剪接点，而在 X∶A=0.5 的果蝇中，没有性别致死蛋白(图 8.24)。在性别致死蛋白存在的情况下，它会先于 U2AF 结合于 *tra* nRNA 第一个内含子的 3′端剪接点，这样，就阻止了 U2AF 和 3′端剪接点的结合。U2AF 转而结合于第二个外显子中的另一个剪接点，该剪接点位于翻译终止密码子 UAG 的下游。这样，第二个外显子 5′端的一段序列(其中包含翻译终止密码子 UAG)将与第一个内含子一起被剪去。由此形成的 mRNA 翻译出来的蛋白质是有功能的性别转换蛋白。相反，在没有性别致死蛋白存在的情况下，U2AF 能够正常地结合于第一个内含子的 3′端剪接点，这样，第二个外显子的序列将完整地保留在 mRNA 中。由于在第二个外显子近 5′端处有翻译终止密码子，所以，翻译出来的蛋白质是一段很短的没有活性的蛋白质。

性别转换蛋白是一个剪接因子，它能够调节双性基因(doublesex 基因，*dsx* 基因)nRNA 的加工。双性基因对于果蝇的性别决定同样是至关重要的，要是该基因突变，含有 XX 染色体的胚胎将发生性逆转而成为雄性，而含有 XY 染色体的胚胎将转变成为雌性。在化蛹期，*dsx* 的 nRNA 也受到差异的加工，或者成为雌性特有的 mRNA，或者成为雄性特有的 mRNA。雌性特有的 mRNA 和雄性特有的 mRNA 两者开始的 3 个外显子是一样的，第 4 个外显子不一样。*dsx* nRNA 中的第 4 个外显子保留于雌性特有的 mRNA 中，却不存在于雄性特有的 mRNA 中。

在 *dsx* nRNA 中，第 4 个外显子之前的 3′端剪接点含有较多的嘧啶碱基。该 3′端剪接点和 U2AF 的结合很弱，U2AF 不会结合于该处。在 X∶A=1 的果蝇中，有功能的性别转换蛋白能够帮助 U2AF 结合于该处。这样，第 4 个外显子将进入 mRNA 中。而在 X∶A=0.5 的果蝇中，由于没有有活性的性别转换蛋白存在，U2AF 就不会结合于第 4 个外显子之前的 3′端剪接点，而是结合于第 5 个外显子之前的 3′端剪接点。这样，第 4 个外显子连同其前后的第 3 个内含子和第 4 个内含子一起被剪去。因此，在 mRNA 中就没有了第 4 个外显子。由于雌性特有的 mRNA 和雄性特有的 mRNA 在有无第 4 个外显子方面存在差异，因此，翻译出来的双性蛋白是不同的。这两个双性蛋白都是转录因子。雌性特有的双性蛋白促进雌性特异的基因表达(如表达卵黄源蛋白基因)，使得胚胎显示出雌性特征。同样，雄性特有的双性蛋白促进雄性特异的基因表达，使得胚胎显示雄性的特征(图 8.25)。

综上所述，果蝇的性别决定通过一系列差异的 RNA 加工得以完成。由此我们可以认识到差异的 RNA 加工在发育中起着重要的作用。

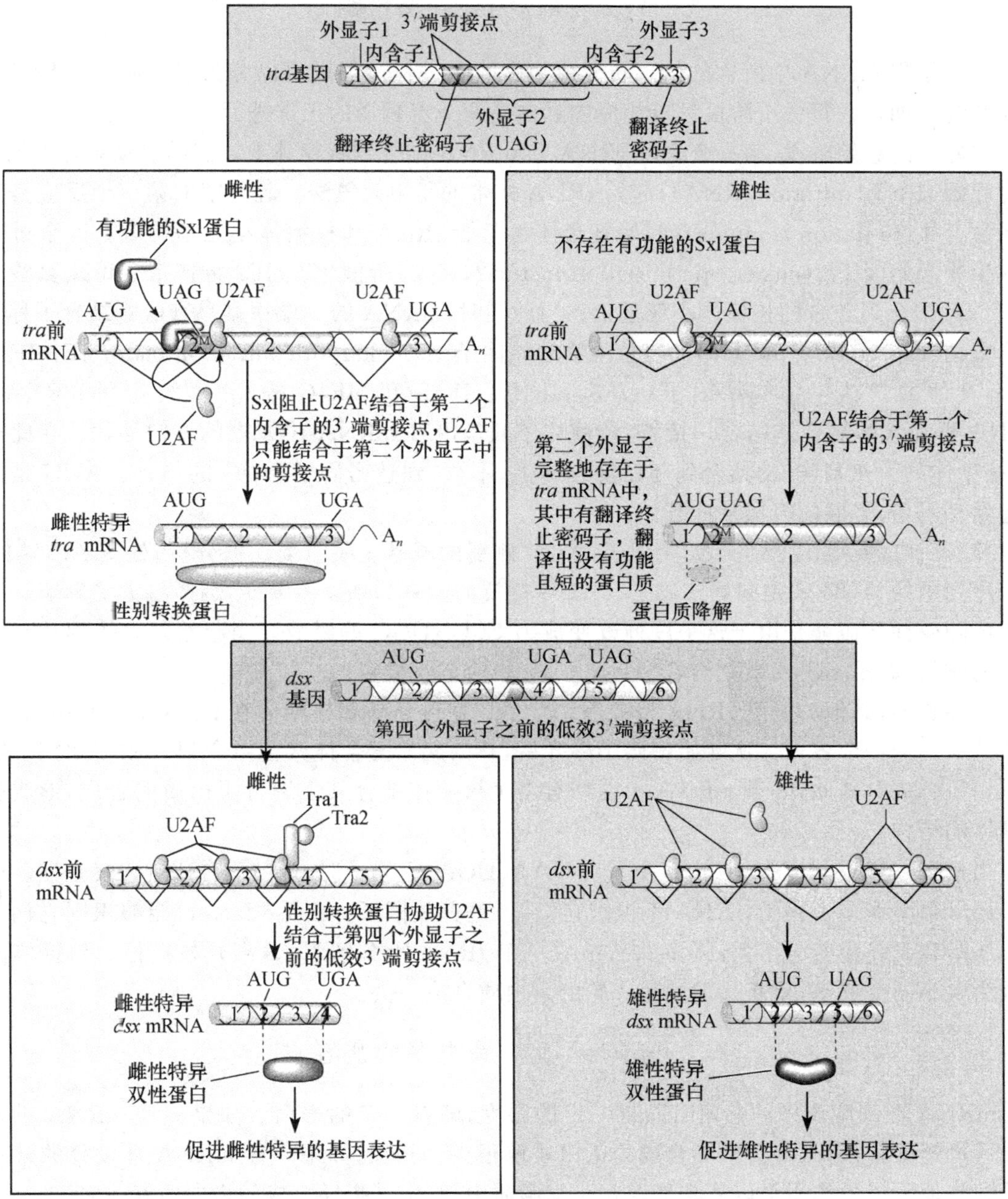

图 8.25　nRNA 的差异剪接和果蝇的性别决定（自 Gilbert，1997）

在 X∶A=1 的果蝇和 X∶A=0.5 的果蝇中，由于性别致死蛋白的有和无，导致对性别转换基因核 RNA 加工的差异。在前者，产生了有功能的性别转换蛋白；在后者，没有产生该蛋白质。又由于性别转换蛋白的有和无，导致对双性基因核 RNA 加工的差异。在前者，产生了雌性特异双性蛋白；在后者，产生了雄性特异双性蛋白。雌性特异双性蛋白促进雌性特异的基因表达，雄性特异双性蛋白促进雄性特异的基因表达。

三、mRNA 翻译的调控

当核 RNA 加工成为 mRNA 并被送出细胞核之后，它将翻译合成蛋白质。在发育的过程中,mRNA 翻译的水平上也受到调控。不同的细胞控制 mRNA 翻译的方法不尽相同。

(一) 真核细胞 mRNA 的翻译

翻译是将 mRNA 中所含的信息转变成为多肽的过程。翻译可以分为三个阶段:起始期、伸长期和终止期。在每一个阶段都有相应的蛋白质调节着翻译的正常进行。

在翻译的起始阶段,第一个氨酰 tRNA 和 mRNA 结合到核糖体上。能够启动翻译的 tRNA 称为起始 tRNA(initiator tRNA),起始 tRNA 携带的是甲硫氨酸。起始期的第一个反应是形成起始复合体(initiation complex),起始复合体由起始 tRNA 和核糖体小亚基构成。这个过程由真核生物起始因子 2(eukaryotic initiation factor 2,eIF2)所催化。eIF2 将携带着甲硫氨酸的起始 tRNA 结合到 40S 的核糖体小亚基上。与此同时,mRNA 的 5′端甲基鸟苷酸帽结合了称为帽结合蛋白(cap-binding protein)的真核生物起始因子 4E(eukaryotic initiation factor 4E,eIF4E)。随后,其他的真核生物起始因子(eIF3、eIF4A、eIF4B 和 eIF4G 等)相继结合到 mRNA 上,mRNA 再和起始复合体结合。接着,核糖体小亚基沿着 mRNA 往 3′端的方向移动。在此过程中,核糖体的大亚基(60S)结合到起始复合体上,不久,到达密码子 AUG 的位置。AUG 是翻译的起始密码子,多肽的合成从此开始。

并非所有的 AUG 都是起始密码子,AUG 侧翼的碱基至关重要。据分析,处于 ACCAUGG 这个序列中的 AUG 才是起始密码子。AUG 侧翼的碱基如果发生突变,翻译将大受影响。珠蛋白生成障碍性贫血就是由于这个序列改变成为 CCCAUGG 的缘故。当起始复合体到达起始密码子的时候,起始 tRNA 就结合在 AUG 上,起始期至此结束。

在伸长期,其他的氨酰 tRNA 按顺序结合于核糖体。随着核糖体在 mRNA 上的移动,多肽逐渐伸长。当一个核糖体从起始密码子移开后,新的起始复合体又会结合到 mRNA 的 5′端,开始蛋白质合成。因此,一条 mRNA 上往往有多个核糖体结合其上进行蛋白质的合成,形成多聚核糖体的结构。

当核糖体移到 mRNA 上的 UAG(或 UAA、UGA)密码子时,蛋白质合成进入终止期。这三个密码子都是终止密码子,tRNA 不识别它们,但是释放因子(release factor)能够识别它们。释放因子结合到终止密码子上,将多肽从最后一个 tRNA 上分解下来,离开核糖体。核糖体又分解成为大小两个亚基,重新参加到新一轮的蛋白质合成中去。

(二) mRNA 的寿命与蛋白质合成

mRNA 在细胞质中的存留时间有一定的限度,即有一定的寿命。如果一种 mRNA 进入细胞质后迅速降解,那么由其指导合成的蛋白质就很少。相反,如果一种 mRNA 在发育的某一阶段受到其他因子的作用得以稳定地存在于细胞质中,则由其指导合成的蛋白质就较多。

细胞质中各种 mRNA 稳定程度各不相同。β 珠蛋白 mRNA 半衰期较长,可达 17h。而各种生长因子的 mRNA 则很不稳定,其半衰期还没有 30min。mRNA 的寿命与 3′端的 poly(A)的长度有关,而 poly(A)的长度又依赖于 3′端非翻译区(3′ untranslated region)的序列。那些半衰期较短的 mRNA,其 3′端非翻译区含有较多的 AU 碱基。如果将 mRNA 的 3′端非翻译区的序列更换,mRNA 的寿命将会改变。例如,将人的生长因子 GM-CSF 基因的 3′端非翻译区取出一段有 51 个碱基对的序列(该序列富含 AT 碱基),插到兔子 β 珠蛋白基因的 3′端非翻译区,由此产生的兔子 β 珠蛋白 mRNA 的半衰期就变得小于 30min。作为对照,如果将富含 CG 碱基的 51 对碱基序列插到兔子 β 珠蛋白基因的 3′端非翻译区,由此产生的 β 珠蛋白 mRNA 就会有正常的半衰期。mRNA 上富含 AU 碱基的 3′端非翻译区会促使与其相连的 poly(A)脱腺苷酸(deadenylation),而 mRNA 的 3′端脱腺苷酸又会导致 5′端脱帽(decapping)。其结果是整个 mRNA 从 5′端至 3′端依次降解。

某些物质对于 mRNA 的稳定起积极的作用。例如,哺乳动物乳腺细胞合成酪蛋白时激素参与调节,在此起关键作用的是催乳激素,它对酪蛋白 mRNA 起稳定作用,延长其寿命。平时,大鼠乳腺细胞中的酪蛋白 mRNA 的半衰期是 1.1h,而在哺乳阶段,在催乳激素的作用下,酪蛋白 mRNA 的半衰期长达 28.5h。除了激素能够稳定 mRNA 之外,葡萄糖也会延长 mRNA 的寿命。例如,小鼠胰岛细胞的胰岛素 mRNA 在葡萄糖的作用下,其半衰期可长达 77h。表 8.2 列举了一些对于 mRNA 起稳定作用的激素。

表 8.2　激素对 mRNA 的稳定作用

mRNA	存在的细胞或组织	激　素	半衰期/h
卵黄源蛋白	非洲爪蟾肝脏	雌激素	500
清蛋白	非洲爪蟾肝脏	雌激素	10
卵黄源蛋白	鸟类肝脏	雌激素	22
酪蛋白	小鼠乳腺	催乳激素	92
生长因子	小鼠脑垂体	甲状腺素	20
卵清蛋白	鸡输卵管	雌激素、孕酮	24

(三) 卵母细胞 mRNA 翻译的调节

对于 mRNA 翻译进行调节的最为典型的例子出现在卵母细胞中。据估计,许多动物的卵子中贮藏着 20 000～50 000 种不等的 mRNA,每种大约有 1600 个拷贝。卵母细胞是迄今为止所有被研究过的细胞中含有 mRNA 的种类和数量最多的细胞,这体现了卵母细胞具有巨大的发育潜能。但是,为数众多的 mRNA 类型中仅有极少部分已被人们所了解。这么多的 mRNA 绝大部分不被卵母细胞所利用,它们仅是贮藏在卵母细胞中,受精后才翻译成为蛋白质。表 8.3 列举了一些卵母细胞中贮藏的 mRNA。

表 8.3　某些贮藏于卵母细胞中的 mRNA

mRNA	功　能	存在于的动物
细胞周期蛋白	调节细胞分裂	海胆、海星、蛤、蛙等
肌动蛋白	细胞运动和收缩	小鼠、海星
微管蛋白	形成有丝分裂纺锤体、纤毛、鞭毛	蛤、小鼠
核苷酸还原酶小亚基	DNA 合成	海胆、海星
次黄嘌呤磷酸核糖基转移酶	嘌呤合成	小鼠
Vg1	中胚层决定	蛙
组蛋白	染色质形成	海胆、蛤、蛙
钙黏着蛋白	卵裂球黏着	蛙
金属蛋白酶	胚泡植入	小鼠
生长因子	细胞生长	小鼠
性别决定因子 FEM-3	精子形成	秀丽隐杆线虫
PAR 基因产物	形态发生决定子	秀丽隐杆线虫
SKN-1 形态发生素	囊胚细胞命运决定	秀丽隐杆线虫
Hunchback 形态发生素	胚胎前部形态决定	果蝇

续表

mRNA	功 能	存在于的动物
尾部形态发生素	胚胎后部形态决定	果蝇
Bicoid 形态发生素	胚胎前部形态决定	果蝇
Nanos 形态发生素	胚胎后部形态决定	果蝇
GLP-1 形态发生素	胚胎前部形态决定	秀丽隐杆线虫
Oskar 蛋白	生殖细胞定位	果蝇
鸟氨酸转氨甲酰酶	尿素循环	蛙
伸长因子	蛋白质合成	蛙
核糖体蛋白	蛋白质合成	蛙、果蝇

这些 mRNA 中有些是编码卵裂中使用的蛋白质。在卵裂过程中,胚胎需要合成大量的染色质、质膜和细胞骨架。卵子中与这些成分有关的 mRNA 在受精后迅速翻译成蛋白质,以供卵裂时需要。卵母细胞中的有些 mRNA 编码的蛋白质能够控制早期卵裂。在许多动物中,卵裂的速度和模式与受精卵的细胞核无关,而是受到卵子细胞质中某些蛋白质的控制,其中之一便是细胞周期蛋白。细胞周期蛋白的 mRNA 贮藏于卵子的细胞质中。在每次分裂之时,细胞周期蛋白完全降解;进入新的一个分裂周期时,又必须以贮藏于卵子中的 mRNA 为模板重新合成。细胞周期蛋白周而复始的合成和降解控制着卵裂的正常进行。

还有一些 mRNA 编码的蛋白质决定胚胎细胞命运。例如,*bicoid* mRNA 和 *nanos* mRNA 在果蝇的发育中提供了位置信息,*glp-1* mRNA 在秀丽隐杆线虫的发育中提供位置信息。这些 mRNA 编码的蛋白质在胚胎细胞的分化方面起着重要的作用。

mRNA 的 5′端帽子和 3′端非翻译区对于 mRNA 和核糖体的结合似乎特别重要。如果 mRNA 的 5′端没有戴上帽子,或者 3′端非翻译区没有接上 poly(A),mRNA 就不可能翻译。例如,烟草天蛾幼虫卵母细胞贮藏的许多 mRNA,它们的 5′端是未甲基化的帽子,即已经有了鸟苷酸,但是未加上甲基,这样的 mRNA 是不能翻译的。受精之后,这些 mRNA 迅速甲基化,帽子完整地戴于mRNA 的 5′端,翻译即可开始。又如,贮藏在果蝇卵子中的 *bicoid* mRNA,其 3′端非翻译区没有接上 poly(A),所以不能翻译成为蛋白质。受精后,蛋白质 Cortex 和 Grauzone 将 poly(A)接到 3′端非翻译区,这样,*bicoid* mRNA 就开始翻译,形成的 Bicoid 蛋白将决定胚胎的头部和胸部的形成。

在两栖类的卵母细胞中,很多 mRNA 的 5′端和 3′端通过一种起“遮蔽”作用的遮蔽蛋白(maskin)连接在一起(图 8.26)。遮蔽蛋白通过一个称为 CPEB 的蛋白质与 mRNA 的 3′端 UUUUAU 序列相连,又通过真核生物起始因子 4E(eIF4E)与 mRNA 的 5′端帽子序列相连。遮蔽蛋白连接 eIF4E 的结果是阻止了真核生物起始因子 4G(eIF4G)和 eIF4E 的结合。而 eIF4G 又是蛋白质合成起始期的一个重要起始因子,它能够促进核糖体小亚基和 mRNA 的结合。因此,遮蔽蛋白对 mRNA 起了一种“遮蔽”的作用。在两栖类排卵时,孕酮激活了一种蛋白质激酶,该酶进而磷酸化蛋白质 CPEB。磷酸化了的 CPEB 结合了蛋白质 CPSF(cleavage and polyadenylation specificity factor,卵裂和多聚腺苷酸化专一性因子的简称),后者位于 3′端非翻译区的一个特异序列 AAUAAA 上。CPSF 和 poly(A)聚合酶结合,后者促进 poly(A)伸长。一旦 poly(A)伸长,一种称为 poly(A)结合蛋白[poly(A) binding protein,PABP]的蛋白质就结合在伸长的 poly(A)上。PABP 能够稳定 eIF4G,后者与遮蔽蛋白竞争 eIF4E 上的结合位点。eIF4G 在竞争中获得了与 eIF4E 结合的优先权,并和真核生物起始因子 3(eIF3)结合。eIF3 也能够帮助核糖体小亚基结合于 mRNA,开始蛋白质的合成。

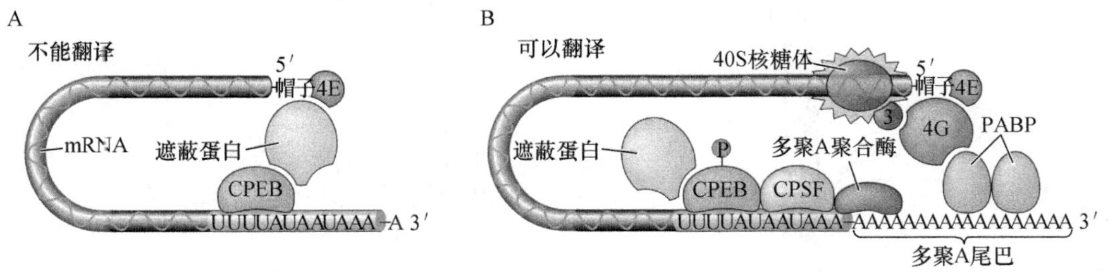

图 8.26 非洲爪蟾卵子中 mRNA 翻译的调节(自 Gilbert,2003)

A. 在两栖类的卵母细胞中,蛋白质 CPEB 与 mRNA 的 3′端相连,真核生物起始因子 4E(eIF4E)与 mRNA 的 5′端相连,遮蔽蛋白分别与 CPEB、eIF4E 相连,因此翻译不能进行;B. 排卵时,孕酮激活了一种蛋白质激酶,该酶进而磷酸化蛋白质 CPEB,磷酸化了的 CPEB 结合卵裂和多聚腺苷酸化专一性因子(CPSF),后者和 poly(A)聚合酶结合,促进 poly(A)的伸长,接着,poly(A)结合蛋白(PABP)就结合在伸长的 poly(A)上,并和真核生物起始因子 4G(eIF4G)结合,eIF4G 再结合于 eIF4E,同时也结合真核生物起始因子 3(eIF3),从而促进核糖体小亚基和 mRNA 的结合,导致翻译的开始。

卵母细胞中有些 mRNA 的 3′端非翻译区结合了起抑制作用的蛋白质,因此翻译不能进行。例如,果蝇卵子 *nanos* mRNA 的 3′端非翻译区上结合了蛋白质 Smauge,该 mRNA 因此不能翻译。在受精后,蛋白质 Smauge 脱离了 3′端非翻译区,*nanos* mRNA 才得以翻译成蛋白质。同样,在果蝇胚胎前部,*caudal* mRNA 的 3′端非翻译区结合了蛋白质 Bicoid,因此不能翻译成蛋白质。蛋白质 Bicoid 分布于果蝇胚胎的前部,是一种转录因子,它可以激活某些基因,同时又是某些 mRNA 翻译的抑制物。Bicoid 结合到 *caudal* mRNA 的 3′端非翻译区后,又和蛋白质 d4EHP 结合。d4EHP 在与 eIF4E 竞争 *caudal* mRNA 的 5′端帽子中占了上风,这样,eIF4E 就不能结合在帽子上。没有了 eIF4E,eIF4G 也不能结合在帽子上,翻译就不能进行。这样,果蝇胚胎前部就没有 Caudal 蛋白。而在胚胎的后部没有 Bicoid,所以,那里的 *caudal* mRNA 的翻译没有受到抑制,能够产生 Caudal 蛋白。

(四) 微 RNA 的调节作用

参与 mRNA 翻译调节的因子中有一类小 RNA 分子,这类小 RNA 分子的碱基和 mRNA 的某一特定序列互补。这类反义 RNA 最早发现于秀丽隐杆线虫。

秀丽隐杆线虫第一期幼虫的发育和一种称为 LIN-14 的转录因子有关。LIN-14 能够激活某些基因,促进幼虫的器官发育。在第一期幼虫阶段,胚胎中 LIN-14 的含量很高。但是,过了第一期幼虫阶段,尽管体内仍可以检测出 *lin-14* mRNA,却检测不出蛋白质 LIN-14,这是由于 *lin-14* mRNA 的翻译受到抑制的缘故。抑制 *lin-14* mRNA 翻译的是一种小 RNA,称为 *lin-4* RNA。编码 *lin-4* RNA 的基因 *lin-4* 在第一期幼虫之后被激活。*lin-4* RNA 是由 21 个核苷酸组成的小 RNA,它的碱基序列和 *lin-14* mRNA 的 3′端非翻译区的几个序列互补,能够结合在 3′端非翻译区,并促使 *lin-14* mRNA 降解(图 8.27)。

lin-4 RNA 属于微 RNA(micro RNA,miRNA)。miRNA 大约含有 22 个核苷酸,是从较长的前体 RNA 上剪切下来的。编码这些前体 RNA 的基因可能独立存在,也可能位于某个基因的内含子中,转录之后,经过 RNA 酶 Drosh 和 Dicer 的剪切,成为单链的 miRNA。然后,这些 miRNA 被某些蛋白质包装成为 RNA 诱导性沉默复合体(RNA-induced silencing complex,RISC)。RISC 与某些 mRNA 的 3′端非翻译区结合,抑制翻译的进行。当 RISC 与 3′端非翻译区结合很紧密时,该结合位点可能发生断裂。miRNA 的数量很大,在线虫、果蝇、脊椎动物和植

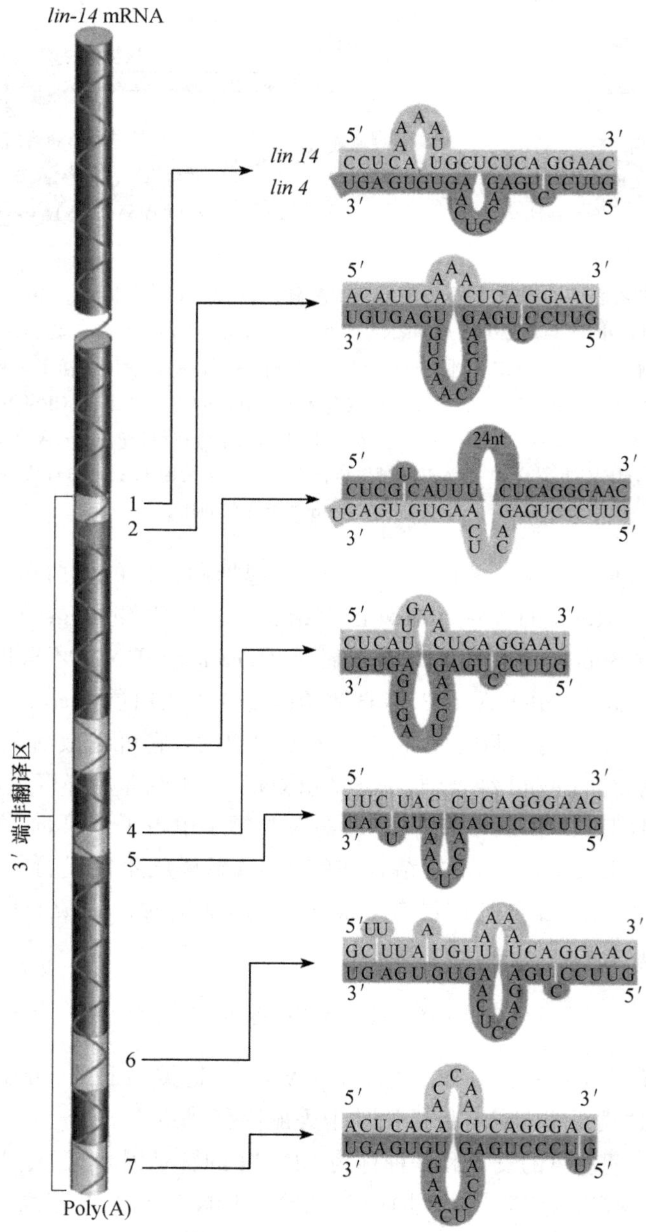

图 8.27　*lin-4* RNA 调节 *lin-14* mRNA 的翻译(自 Gilbert,2003)

lin-4 RNA 结合在 *lin-14* mRNA 的 3′端非翻译区的几个区域,从而抑制 *lin-14* mRNA 的翻译。

物中都有,而且序列保守,说明这类分子是重要的调节基因表达的物质。近年来发现 miRNA 参与许多 mRNA 翻译的调节。例如,在哺乳动物的心脏和血细胞的发育中,都有 miRNA 参与调节。

四、基因表达的翻译后调节

当一个蛋白质合成后,它往往要成为更大结构的一个组成部分。例如,它可能成为细胞结构框架的一个部分,或者它将作为酶促反应的一员参与细胞代谢。总之,蛋白质合成后将成为机体中复杂的“生态系统”中的一个有机成分。因此,在合成之后,蛋白质往往还要经过一些改变,才能适应其功能。

某些新合成的蛋白质(多肽)是没有活性的,它必须切去一些抑制的成分。例如,胰岛素分子的前体是一个较大的多肽,经过剪切成为较短的2条多肽,然后通过化学键相连成为有活性的胰岛素分子。有些蛋白质必须和其他的蛋白质结合,组装成为一个功能单位。例如,成年人红细胞中的血红蛋白分子就是由2个α珠蛋白分子、2个β珠蛋白分子和4个血红素分子共同组成的。又如,抗体分子是由2条轻链和2条重链组成的。此外,核糖体、微丝、微管也都是由多个蛋白质分子组装而成的。某些蛋白质分子必须结合了离子或者磷酸化以后才有功能。这种情况在胚胎发育中较为常见。在胚胎细胞中,许多蛋白质是没有功能的,只有当某种信号将它们激活后才变得有活性,能够行使其特异的功能。例如,在下一章的内容中,我们将会多次看到,在胚胎细胞中,信号传递过程会出现许多蛋白质分子结构被修饰的情形,其最终结果是形成了有活性的转录因子,该转录因子进而激活相应的基因,产生特异的蛋白质,促使细胞特化。

第九章 胚胎细胞命运的决定

由于不同的细胞表达了不同的基因,因此,不同的细胞在蛋白质合成方面出现了差异,这导致细胞在形态结构和功能方面的差异,即产生分化。为什么不同的细胞会表达不同的基因?为什么有的基因仅在内胚层细胞中表达,却不在中胚层或外胚层细胞中表达?为什么红细胞的前体细胞表达的是珠蛋白基因而不是酪蛋白或清蛋白基因?为什么B淋巴细胞中能够表达免疫球蛋白重链基因和轻链基因,而上皮组织的成角质细胞却不能表达这两种基因……总而言之,为什么胚胎细胞会出现差异的基因表达?

胚胎细胞出现差异的基因表达主要受到两种因素的指导。一种因素来自胚胎细胞内部,另一种因素来自胚胎细胞外部。来自细胞内部的因素是存在于细胞质中的形态发生决定子(morphogenetic determinant)。形态发生决定子是在卵子发生过程中积累在卵子中,在受精后的卵裂过程中分配给胚胎细胞的。不同的细胞获得不同的形态发生决定子。来自胚胎细胞外部的因素是细胞在胚胎中的特定位置所获得的位置信息(positional information)。由于不同的细胞分布于胚胎的不同位置,因此获得的位置信息也有所差异。胚胎细胞在形态发生决定子和位置信息的作用下,产生了差异的基因表达,并由此向不同的方向特化(specification),逐渐定型成为不同类型的细胞。

胚胎细胞的特化有三种模式:自主特化(autonomous specification)、条件特化(conditional specification)和合胞特化(syncytial specification)。其中,合胞特化是昆虫胚胎发育中所特有的细胞特化方式,其余的两种特化方式在无脊椎动物和脊椎动物的发育中都是常见的。本章将分别阐述细胞的这三种特化方式,重点阐述形态发生决定子和位置信息如何指导胚胎细胞的分化。

第一节 形态发生决定子和自主特化

胚胎细胞的第一种特化方式是自主特化。在自主特化过程中,一个胚胎细胞的特化与周围的胚胎细胞无关。由于这种特化方式是由胚胎细胞本身具有的形态发生决定子决定的,所以当一个卵裂球从早期胚胎中分离出来后仍然会形成其在整体胚胎中将形成的那种类型细胞,而失去该卵裂球的胚胎将失去这种类型的细胞。如图 9.1 所示,从帽目属(*Patella*)的软体动物 16 细胞期胚胎上取下预定长纤毛的细胞进行体外培养。经过两次分裂,这些预定纤毛细胞就会像在胚胎整体中一样长出纤毛。

自主特化赋予胚胎一种特有的发育模式——嵌合型发育(mosaic development)。使用"嵌合"这个词是由于这种类型的发育犹如用马赛克瓷砖拼凑成一幅图案一样。无脊椎动物中的软体动物、环节动物和被囊动物,其细胞特化往往是采用自主特化的方式,因此,它们的发育可以称为嵌合型的发育。

自主特化与形态发生决定子有关。形态发生决定子是在卵子发生过程中积累在卵母细胞中的母体基因产物,主要包括蛋白质和 mRNA。由于这些 mRNA 是在卵子发生中形成的,所以又称为卵生 mRNA(oogenetic mRNA)。形态发生决定子又被称为卵质决定子(ooplasmic determinants)或形态发生素(morphogen)。形态发生决定子在卵子中往往并非均等分布,不同类型

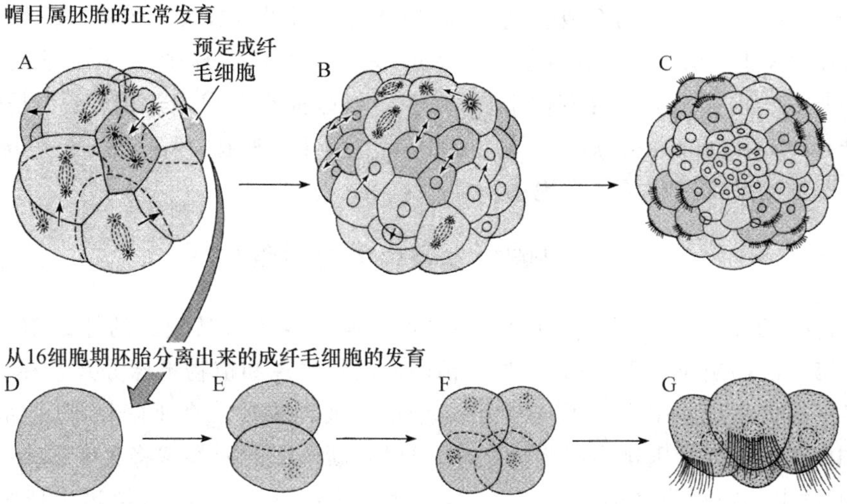

图 9.1　帽目属胚胎纤毛细胞的自主特化(自 Gilbert,2000)

A～C. 纤毛细胞的形成;A. 16 细胞期胚胎;B. 48 细胞期胚胎;C. 纤毛期幼虫动物极;

D～G. 从 16 细胞期胚胎分离 1 个预定成纤毛细胞,经过体外培养,产生纤毛。

的卵生 mRNA 和蛋白质有其特定的分布区域。例如,果蝇卵子中的 *bicoid* mRNA 和 *nanos* mRNA 分别定位于卵子的前部和后部。在卵裂过程中,形态发生决定子被分配到不同的卵裂球中,不同的卵裂球获得不同类型的卵生 mRNA 和蛋白质,这些细胞质成分将决定卵裂球及其后代特化成哪一特定的细胞类型。所以,一个胚胎细胞进行自主特化与周围的胚胎细胞无关。下面阐述几种动物早期发育中的细胞自主特化。

一、秀丽隐杆线虫早期发育中的自主特化

秀丽隐杆线虫的卵裂球分化如图 4.9 所示,第一次分裂形成了 AB 细胞和 P1 细胞,P1 细胞的继续分裂将产生生殖细胞。P1 细胞后代的特化体现了自主特化的特点。P1 细胞的自主特化和一种形态发生决定子 P 颗粒(P granule)有关。在受精卵中,P 颗粒先是随机分布于全卵。不久,雌雄原核开始移动。随着原核的迁移,P 颗粒逐渐定位于受精卵的一端,该端为卵子的后端,精子亦从该端进入卵子。第一次卵裂后,P 颗粒位于 P1 细胞中;在第二次卵裂之前,P 颗粒局限于 P1 细胞的后端;第二次卵裂后,P 颗粒位于 P2 细胞;第三次卵裂后,P 颗粒位于 P3 细胞中;第四次卵裂后,P 颗粒位于 P4 细胞中。P4 细胞是原生殖细胞,它的后代形成精子和卵子。

在秀丽隐杆线虫的发育中,除了 P 颗粒决定生殖细胞的发生外,SKN-1、PAL-1 和 PIE-1 这几种蛋白质与由 P1 细胞分裂而成的 MS、E、C 和 D 这几个细胞(来自 EMS 细胞)的特化有关。转录因子 SKN-1 是母体基因产物,能够激活 *med-1* 基因和 *med-2* 基因。MED-1 和 MED-2 也是转录因子,它们与 EMS 细胞的特化有关。如果非 EMS 细胞也表达 *med-1* 和 *med-2*,它们的后代也将发育成为 EMS 细胞。EMS 细胞将产生咽部的肌肉,如果将 EMS 细胞从胚胎中分离,它也将自主特化,产生类似咽部的肌肉细胞。而 EMS 细胞分裂后,仅 MS 细胞有此能力。*skn-1* 基因的突变体缺少咽部的中胚层和内胚层,不能形成咽部组织和小肠组织。

PAL-1 也是转录因子,和 SKN-1 一样与 P1 细胞后代的特化有关。PAL-1 主要与由 P2 细胞分裂来的 C、D 细胞的特化有关。胚胎缺乏 PAL-1,就缺少由 C、D 细胞形成的组织(肌肉、神

经元和皮下组织等)。PAL-1 的合成受到一种 RNA 结合蛋白 MEX-3 的调节。如果 MEX-3 结合于 *pal-1* mRNA 上,PAL-1 就不能合成。因此,只要一个卵裂球中 *mex-3* 基因表达,该细胞中就没有 PAL-1。而在 *mex-3* 突变体中,每一个卵裂球都有 PAL-1。PIE-1 也是转录因子,它与 P1 细胞产生生殖细胞有关。*pie-1* 基因在 P1、P2 和 P3 细胞中都有表达。*pie-1* 突变的个体,所有的生殖细胞系都变成了体细胞系。

二、马蛔虫发育中的自主特化

在马蛔虫受精卵的卵裂过程中,也会发生基因删除的现象。马蛔虫的体细胞含有 4 条染色体,受精卵的第一次卵裂是纬裂,卵裂面将受精卵的动物半球和植物半球分开。在第二次卵裂之前,在动物半球的那个细胞中产生了基因删除:染色体破碎成数十个小碎片,其中部分碎片进入子细胞的核中,其余的碎片则排出细胞核之外。这样,新形成的卵裂球将丢失许多基因。而植物半球的细胞不发生基因删除。第二次卵裂时,动物半球细胞进行经裂,植物半球细胞仍进行纬裂。植物半球细胞纬裂后形成的两个细胞中一个靠近动物半球,另一个位于植物极。靠近动物半球的细胞在第三次卵裂之前也发生基因删除,而位于植物极的细胞不发生基因删除。这样,在四细胞阶段,唯有位于植物极的那个细胞才会有完整的基因组。发生了基因删除的细胞将产生体细胞,不发生基因删除的细胞将产生原生殖细胞。在随后的几次卵裂中,植物极的细胞每一次分裂的结果都产生一个不发生基因删除的细胞和一个发生基因删除的细胞,不发生基因删除的细胞总是位于植物极。

为什么只有位于植物极的细胞才不发生基因删除呢?是否位于植物极的细胞其细胞质对细胞核起保护作用?如果情况果真如此,那么任何细胞的核只要位于植物极的细胞质中将都不会发生基因删除。Boveri 用实验证实了这种假说。他将马蛔虫的受精卵置于离心机中离心,结果受精卵第一次卵裂的纺锤体转动了 90°。这样,第一次卵裂为经裂而不是纬裂。第一次卵裂后形成的两个细胞都含有植物极的细胞质,这两个细胞都不发生基因删除。第二次卵裂时,两个细胞皆为纬裂。位于动物半球的两个细胞皆发生了基因删除,而位于植物半球的两个细胞都不发生基因删除。

Boveri 的实验还表明,马蛔虫受精卵的植物极细胞质中含有某种形态发生决定子,该决定子保护染色体的完整性,指导胚胎细胞形成原生殖细胞。这种形态发生决定子称为生殖质(germ plasm)。在不同的动物中,决定生殖细胞形成的形态发生决定子有不同的名称,在某些动物中称为生殖质,在另一些动物中称为极质(polar plasm)或 P 颗粒(P granule)。生殖质(或极质、P 颗粒)在受精卵中有其特定的分布位置。在卵裂过程中,获得生殖质的卵裂球将形成原生殖细胞。

三、极叶与软体动物中胚层器官的形成

在某些动物中,形态发生决定子在卵子中的区域性分布十分明显,以致卵子被称为嵌合型卵子。在此类型卵子中,不同的细胞质成分被局限于不同位置。整个卵子由不同位置的细胞质嵌合而成。如果缺少某一区域细胞质,胚胎就相应地缺少某种器官。软体动物的卵子就是一种典型的嵌合型卵子。

在开始的两次卵裂过程中,某些形态发生决定子会移位到细胞的一极,并在该极形成一个突起,称为极叶(polar lobe)。如图 9.2 所示,受精卵的第一次卵裂之前先形成极叶。第一次卵裂

将受精卵分成不对称的两个部分：一个卵裂球(CD 细胞)含有极叶，另一个卵裂球(AB 细胞)不含有极叶。在有的软体动物中，与 CD 细胞相连的极叶相当大，甚至含有受精卵近 1/3 的细胞质，此时胚胎被称为三叶期(trefoil stage)胚胎。不久，极叶被 CD 细胞吸收。在第二次卵裂前，极叶再次从 CD 细胞中伸出。第二次卵裂后，极叶与 D 细胞相连。不久，D 细胞将极叶吸收。从此，极叶不再形成。

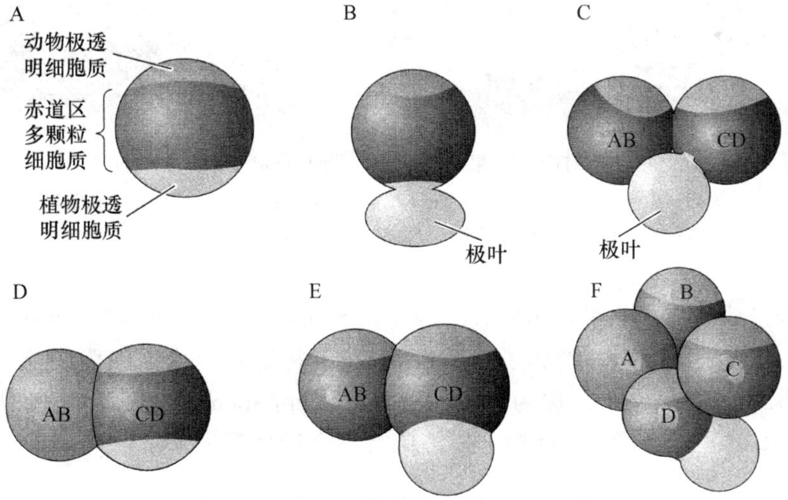

图 9.2　软体动物的前两次卵裂(自 Gilbert，1997)

A. 受精卵；B. 第一次卵裂之前，极叶出现；C. 卵裂后，极叶和 CD 细胞相连；D. 随后，极叶被 CD 细胞吸收；E. 第二次卵裂前，极叶从 CD 细胞中伸出；F. 第二次卵裂后，极叶和 D 细胞相连。

如果在三叶期将极叶切除，胚胎将正常卵裂，但形成的幼虫是畸形的，它缺少中胚层器官(肌肉、口、壳腺和足)。由此可见，极叶中含有中胚层决定子。

四、极质与昆虫极细胞的形成

在昆虫卵子的后端含有决定原生殖细胞(极细胞)形成的决定子——极质，在极质中含有极颗粒(polar granule)。极细胞在合胞体胚盘阶段形成，极细胞中含有极质。如果将果蝇受精卵的后端细胞质移走，极细胞将不会形成。如果用紫外线照射果蝇卵子的后端，极细胞也不会形成。但是，如果将未经紫外线照射的果蝇卵子后端细胞质移进紫外线照射过的卵子后端，该卵子在随后的分裂阶段将恢复形成极细胞的能力。

果蝇极质的成分大致已被人们所了解，它是由蛋白质和 RNA 组成的。果蝇极质的第一个成分是 *germ cell-less* 基因(*gcl*)的 mRNA。在果蝇卵子发生过程中，抚育细胞的 *gcl* 基因表达，其 mRNA 运输进入卵母细胞，并被定位于卵子的最后端。在早期卵裂阶段，该 mRNA 翻译成蛋白质(图 9.3)。*gcl* 编码的蛋白质进入胚胎后端的细胞核中，促使这些细胞核与其周围的细胞质形成极细胞。如果 *gcl* 突变，或将 *gcl* mRNA 的反义 RNA 注入胚胎，极细胞就不会形成。

果蝇极质的第二个成分是 Nanos 蛋白，它与胚胎后部结构的形成息息相关。此外，它还参与极细胞的形成。如果极细胞中缺少 Nanos，极细胞将不会迁移到生殖腺，也不会分化形成配子。极

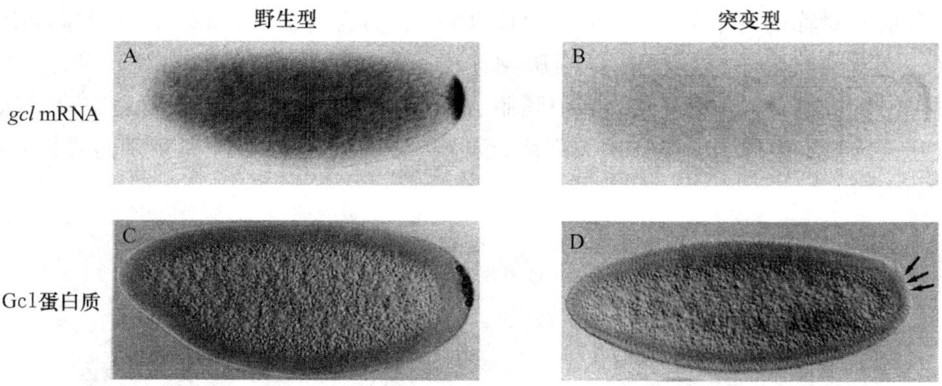

图 9.3　gcl 基因产物在果蝇卵子和胚胎中的定位(自 Gilbert,1997)
A. 野生型果蝇卵子中的 gcl mRNA 位于后端;B. gcl 基因突变型卵子中没有 gcl mRNA;C. 野生型果蝇胚胎中的 Gcl 蛋白位于后端;D. gcl 基因突变型胚胎中没有 Gcl 蛋白。

质的第三个成分是线粒体大核糖体 RNA(mitochondria large ribosomal RNA,mtlr RNA)。如果将 mtlr RNA 注入经紫外线照射过的卵子后端,这些卵子将恢复形成极细胞的能力。极质的第四个成分是一种未翻译的 mRNA,称为 polar granule component(pgc),位于极颗粒中。若将该 mRNA 的反义 RNA 注入卵子中,胚胎的极细胞将不会迁移到生殖嵴中。

五、海胆小分裂球的自主特化

海胆小分裂球将形成初级间充质细胞,随后分化成为骨骼系统(骨针)。小分裂球以自主特化的方式进行发育。如果将其从胚胎中分离,置于试管中培养,它依然发育成为骨针。如果将小分裂球移植到一个囊胚的动物极区域,小分裂球的后代不但发育成为骨针,而且还会影响宿主动物极区域的细胞,改变其命运。在原肠胚形成中,本来动物极区域的细胞做外包运动,发育成为外胚层,现在却像植物极板一样向囊胚腔中内陷,形成一个次生性的原肠(图 9.4)。

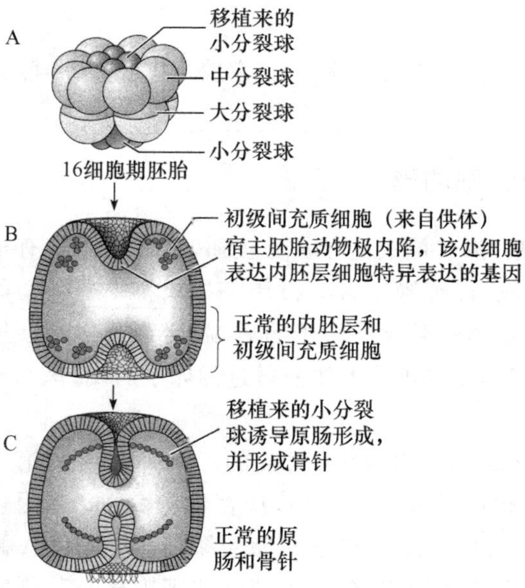

图 9.4　海胆小分裂球的移植(自 Gilbert,2003)
A. 将一个 16 细胞期胚胎的小分裂球移植到另一个 16 细胞期胚胎的动物极;B. 宿主胚胎的动物极区域内陷,形成一个次生性原肠,同时,移植来的小分裂球进入胚胎内部,形成初级间充质细胞;C. 移植来的小分裂球最终形成骨针。

指导小分裂球进行自主特化的形态发生决定子是 β 联蛋白(β-catenin)。β 联蛋白是转录因子,它积累在植物极区域的小分裂球和 veg2 细胞的核中。小分裂球属于中胚层,veg2 细胞的后代既有中胚层又有内胚层。如果海胆的胚胎经过氯化锂的处理,β 联蛋白将进入所有胚胎细胞的细胞核中,预定的外胚层细胞也将转变成为内胚层细胞。这样,整个胚胎将没有外胚层。相反,如果阻止 β 联蛋白进入小分裂球和 veg2 细胞的核中,那么,胚胎就没有内胚层和中胚层(图 9.5)。

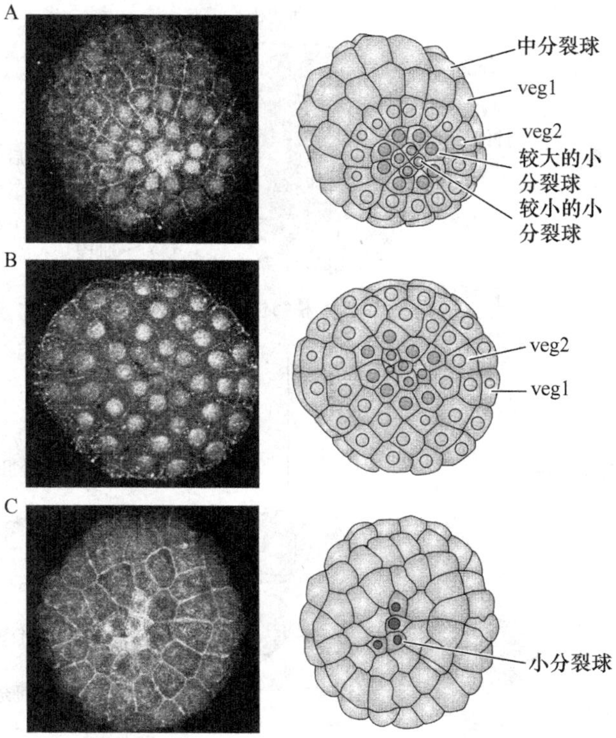

图 9.5　β联蛋白和海胆胚胎小分裂球的发育(自 Gilbert,2000)

A. 正常发育的胚胎,β联蛋白主要位于小分裂球,veg2 细胞有少量的 β 联蛋白;B. 胚胎经过氯化锂的处理后,所有的卵裂球中都有 β 联蛋白;C. 如果阻止 β 联蛋白进入细胞核(保留于细胞质中),小分裂球不能特化,所有卵裂球都将形成具有纤毛的外胚层细胞。

六、黄色新月与被囊动物肌肉的形成

被囊动物卵子受精后形成黄色新月,第一次卵裂的裂面平分黄色新月。在 8 细胞期的胚胎中,黄色新月位于胚胎后部的腹侧两个细胞中(B4.1)。在此时期,若将胚胎细胞分离成 4 个部分,每一部分含有 2 个细胞,每一部分将分别形成不同的组织。动物半球的 2 个 a4.2 细胞将形成外胚层;植物半球的 2 个 A4.1 细胞将形成脊索和内胚层;动物半球的 2 个 b4.2 细胞将形成外胚层;植物半球的 2 个 B4.1 细胞将形成肌肉组织、间充质组织和内胚层(图 9.6)。在 8 细胞期的胚胎中,唯有 B4.1 细胞才会产生出肌肉组织。如果将 8 细胞期胚胎 B4.1 细胞的细胞质转到 b4.2 细胞中,b4.2 细胞除了形成外胚层外,还将产生出肌肉。同样,将受精卵的黄色新月处的细胞质转移到 a4.2 细胞中,a4.2 细胞将产生肌肉组织所特有的蛋白质。

形态发生决定子通过选择性地激活或抑制某些基因来形成某种类型的细胞,被囊动物卵子中黄色新月就含有调节肌肉细胞特异基因表达的形态发生决定子。该形态发生决定子是几种母体 mRNA,其中有一种是 *macho-1* mRNA。*macho-1* 基因编码的是一种锌指转录因子。*macho-1* mRNA 最早出现在卵子的植物半球,在受精时,它和黄色新月一起迁移。在 8 细胞期的胚胎,它位于 2 个 B4.1 细胞中。在 16 细胞期胚胎和 32 细胞期胚胎,它仅位于预定中胚层细胞中。如果将 *macho-1* mRNA 的反义 RNA 注射进未受精卵,发育而成的幼虫缺肌肉组织,尾巴特别短小。如果将 *macho-1* mRNA 注射入预定外胚层细胞(a4.2 细胞和 b4.2 细胞),这些细胞将产生肌肉

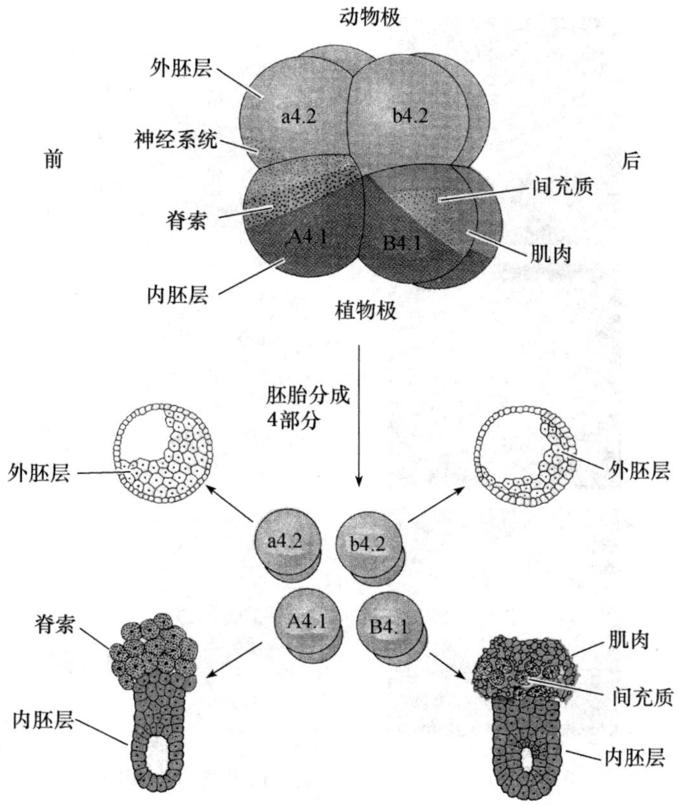

图 9.6　被囊动物早期胚胎细胞的分离(自 Gilbert,1997)

将 8 细胞期的胚胎分离成为 4 个部分,各部分将形成不同的组织。

组织。由此可见,*macho-1* mRNA 是肌肉细胞的形态发生决定子。它在未受精卵中分布于皮层细胞质中,受精后才随着细胞质的流动集中于黄色新月处。

在黄色新月中还有一种母体 mRNA,称为 *CivdgTR* mRNA。*CivdgTR* 基因编码的是转录因子 CivdgTR。受精时,*CivdgTR* mRNA 也随黄色新月一起迁移,最终也进入 2 个 B4.1 细胞中。CivdgTR 结合于 *snail* 基因的增强子上,激活该基因。蛋白质 Snail 能够阻止 *Brachyury* 基因的表达。*Brachyury* 的表达将使细胞成为脊索细胞,而 Snail 通过阻止 *Brachyury* 的表达来阻止细胞成为脊索细胞。

由此可见,黄色新月中的 *macho-1* mRNA 和 *CivdgTR* mRNA 共同发挥作用:前者激活形成肌肉细胞的基因,后者抑制形成脊索细胞的基因。在 *macho-1* 和 *CivdgTR* 的协同作用下,含有黄色新月的 B4.1 细胞才能特化成肌肉细胞。

第二节　位置信息和条件特化

胚胎细胞的第二种特化方式涉及相邻细胞的相互作用。在这种特化方式中,本来胚胎细胞有能力分化成为各种类型的细胞,然而,胚胎细胞之间的相互作用限制了胚胎细胞的发育潜能,使得胚胎细胞只能按一定的途径分化。这种分化方式称为条件特化,意即胚胎细胞的特化依赖于其所处的环境条件。这种分化方式由胚胎细胞所处的位置决定。如果将一个早期胚胎的细胞从整体中移植到另一个早期胚胎中，它将根据其在宿主胚胎中的位置进行分化，与其在原先胚胎中的位置无关。当一个胚胎细胞从早期胚胎中分离出去后，其余的胚胎细胞会作出调整，使得失去的胚胎细胞在发育中所起的作用被其他的细胞所取代。胚胎并不因为失去某个细胞而丧失某种结构。胚胎细胞改变其发育方向以补偿失去的细胞所起作用的这种能力称为调整(regulation)(图 9.7)。条件特化赋予胚胎另一种发育模式——调整型发育(regulative development)。调整型发育主要是脊椎动物的发育模式，特别在同卵双生的情况下，调整型发育显得尤为重要。同卵双生是早期胚胎一分为二，两个部分各自形成一个完整的个体。杜里舒甚至将 4 细胞期的海胆胚胎一分为四，每一个卵裂球都发育成为正常的胚胎(图 1.4)。

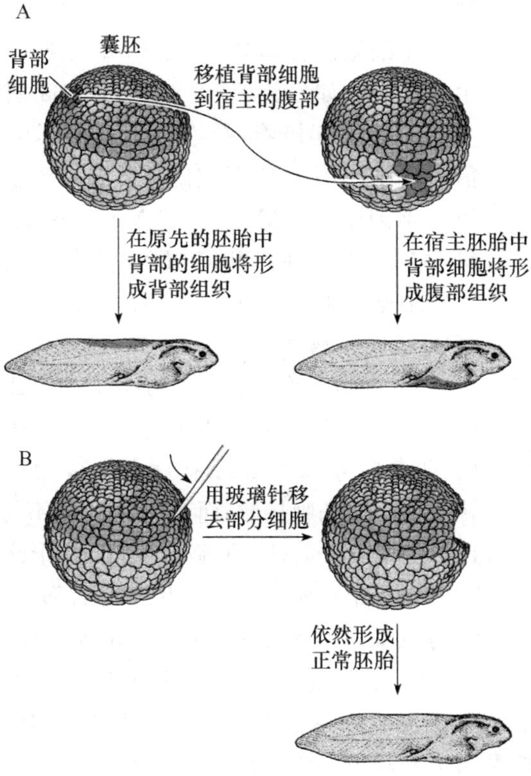

图 9.7 两栖类胚胎细胞的条件特化(自 Gilbert,2003)

A. 将供体胚胎背部的细胞移植到宿主胚胎的腹部，移植来的细胞将发育成为腹部的组织；B. 从胚胎中移去部分细胞，其余的细胞将作出调整，补偿丧失的细胞，依然形成正常的胚胎。

条件特化和胚胎细胞所处的位置有关。在一个完整的胚胎中，任何一个胚胎细胞都有其特定的位置。不同的细胞所处的环境不尽相同，每一个细胞都受到相邻细胞的作用，这种细胞的相互作用通过信号分子来完成，胚胎细胞向邻近的细胞发出的信号分子就是胚胎细胞得到的位置信息。在一个胚胎中，不同位置的胚胎细胞获得的位置信息是不同的。位置信息最终的作用是调节细胞核中特定基因的表达，以产生特异的蛋白质，从而使细胞向某一特定的方向分化。

所有的动物都采用自主特化和条件特化这两种方式来进行胚胎细胞的分化，因此，所有动物的发育都具有嵌合型发育和调整型发育的特点。但是，在无脊椎动物的发育中，细胞分化的主要方式是自主特化，因此，其发育过程主要体现出嵌合型发育的特征。而在脊椎动物的发育中，细胞分化的主要方式是条件特化，因此，其发育过程主要体现出调整型发育的特征。

一、秀丽隐杆线虫胚胎细胞的条件特化

秀丽隐杆线虫的胚胎细胞不仅以自主特化的方式发育，还以条件特化的方式发育，内胚层细胞的发育就是以条件特化的方式进行的。如图 4.9 所示，4 细胞期胚胎含有 ABa、ABp、EMS 和 P2 细胞。EMS 细胞的发育需要 P2 细胞发出的信号。EMS 细胞分裂成为 MS 细胞和 E 细胞，其中，MS 细胞将发育成为肌肉、性腺等，E 细胞将发育成为内胚层组织。如果在 4 细胞阶段将 P2 细胞移走，EMS 细胞就将分裂成为 2 个 MS 细胞。这样，由于没有产生 E 细胞，胚胎就不会有内胚层。如果将 4 细胞期胚胎分散，让 EMS 细胞和 P2 细胞一起培养，就会产生内胚层。如果让 EMS 细胞和 ABa 细胞或 ABp 细胞或和 ABa、ABp 细胞一起培养，都不会产生内胚层。可见，P2 细胞产生某种信号分子作用于 EMS 细胞，指导其产生 E 细胞。这个信号分子是旁分泌因子 MOM-2。在 EMS 细胞的质膜上有 MOM-2 的受体 MOM-5。MOM-2 和 MOM-5 结合，其结果是在 EMS 细胞的一个后代细胞中下调 *pop-1* 基因的表达。*pop-1* 表达下调的细胞就发育成为 E 细胞（图 9.8）。

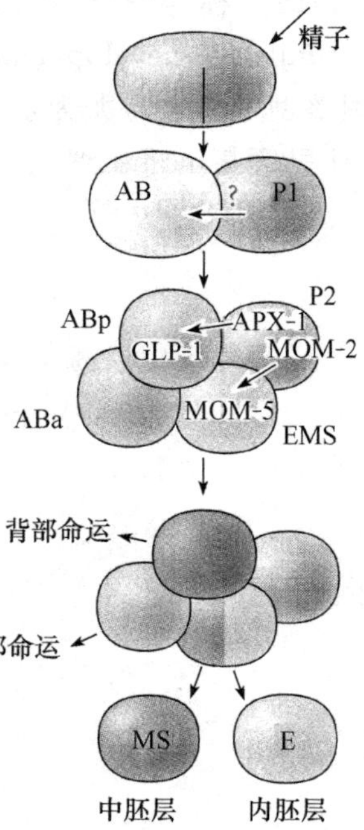

图 9.8　秀丽隐杆线虫 4 细胞期胚胎细胞的信号

（自 Gilbert，2000）

P2 细胞产生两种信号分子：①旁分泌因子 MOM-2，它和 EMS 细胞的受体 MOM-5 结合；②近分泌因子 APX-1，它和 ABp 细胞的受体 GLP-1 结合。

P2 细胞还产生信号分子作用于 ABp 细胞，使得 ABp 细胞不同于 ABa 细胞。在 4 细胞期胚胎中，ABa 细胞位于 ABp 细胞的前面，两者都与 EMS 细胞接触。但是，ABp 细胞除了和 EMS 细胞接触，还和 P2 细胞接触，而 ABa 细胞则不与 P2 细胞接触（图 9.8）。在正常的发育中，ABa 细胞产生咽、皮下组织和神经元，ABp 细胞只产生皮下组织和神经元，不产生咽部组织。如果将 4 细胞期胚胎中的 ABa 细胞和 ABp 细胞的位置调换一下，这两个细胞的发育命运也将调换，也会形成一个正常的胚胎。也就是说，ABa 细胞和 ABp 细胞的发育命运由它们在胚胎中的位置来决定。ABp 细胞之所以和 ABa 细胞不同，就是因为其与 P2 细胞接触的缘故。

P2 细胞作用于 ABp 细胞的信号分子是 APX-1 蛋白。APX-1 是不可以扩散的分子，它镶嵌在 P2 细胞的质膜上，是近分泌因子。在 ABa 细胞和 ABp 细胞的质膜上都有 APX-1 蛋白的受体分子 GLP-1。由于 ABa 细胞不和 P2 细胞接触，所以 P2 细胞的 APX-1 蛋白不可能和 ABa 细胞的受体分子 GLP-1 结合。而 ABp 细胞的情况正好相反，它与 P2 细胞接触，APX-1 蛋白能够结合于 ABp 细胞的受体分子 GLP-1 上，引起 ABp 细胞中的信号传递，最终在 ABp 细胞中产生了特异的基因表达。

二、位置信息与果蝇小眼 R7 细胞的形成

果蝇的每只眼由大约 800 个相同的小眼组成。这些小眼排成正六边形的晶格，每一个小眼由 8 个感光神经元（R1～R8 细胞）、4 个视锥细胞和数个色素细胞组成。色素细胞含有红色素，因此复眼呈红色（图 9.9）。复眼自第 3 龄幼虫头部的器官芽（imaginal disc）上形成。器官芽为单层上皮，上面先形成一条形态发生沟（morphogenetic furrow）。形态发生沟从器官芽的后端逐

渐向前端推进。在其推进过程中，其后方的细胞开始分化形成小眼，因此小眼的形成亦是从后端逐渐向前端推进（图 9.10）。

在每一个小眼中，最先形成的是 R8 细胞。R8 细胞周围的 20 个细胞将分化成小眼的 R1～R7 细胞、视锥细胞和色素细胞。在这些细胞中，R2 和 R5 细胞最先形成，接着 R3 和 R4 细胞形成，然后 R1 和 R6 细胞形成。R7 细胞最后形成，而 R7 细胞命运的决定与其所在位置有关。R8 细胞表达 *bride-of-sevenless* 基因，产生 Bride-of-sevenless 蛋白，该蛋白质镶嵌于 R8 细胞的质膜上。预定 R7 细胞表达 *sevenless* 基因，产生 Sevenless 蛋白。Sevenless 是受体酪氨酸激酶，它镶嵌于预定 R7 细胞的质膜上，是 Bride-of-sevenless 的受体。一旦 Bride-of-sevenless 结合于 Sevenless 之上，就会触发预定 R7 细胞中的一系列反应，最终导致某种转录因子的激活。转录因子进入细胞核，调节特异的基因表达，使得 R7 细胞形成。

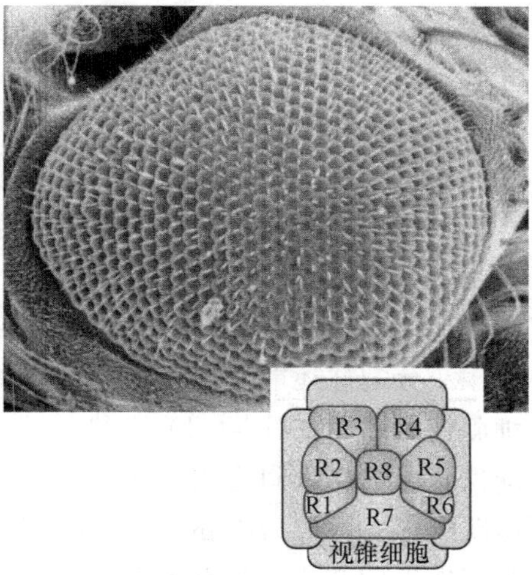

图 9.9 果蝇的复眼（自 Wolpert，1998）
果蝇复眼的扫描电子显微镜照片，右下方小图是小眼的结构示意图，显示 8 个感光神经元和 4 个视锥细胞。

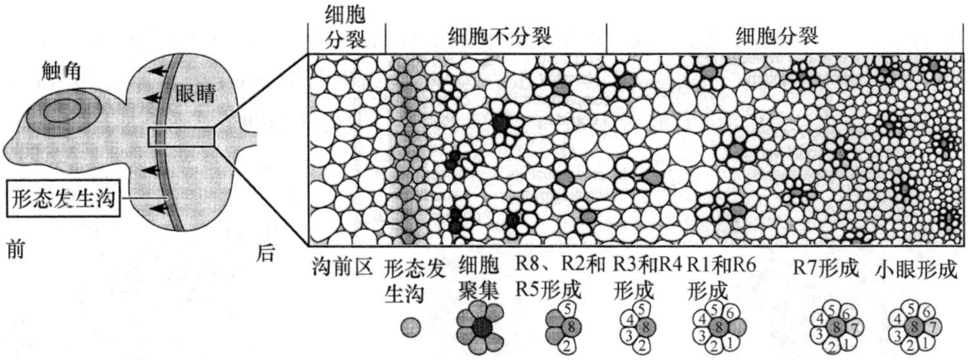

图 9.10 果蝇小眼的形成（自 Wolpert，1998）
形态发生沟从器官芽的后端逐渐向前端推进，在其推进过程中，小眼逐渐形成。

事实上，R8 细胞周围的那些未分化细胞与预定 R7 细胞一样都会表达 *sevenless* 基因，在它们的质膜上都镶嵌有 Sevenless。之所以这些细胞不会形成神经元而只有预定 R7 细胞才形成神经元，其原因是预定 R7 细胞所处的位置在起关键作用。当单层上皮的器官芽上每一个 R8 细胞周围相继分化出 R1～R6 细胞后，这 6 个神经元围绕着 R8 细胞，形成一个近于完成的圆。在 R8 细胞的一侧还留下一个位置，仅够容纳一个细胞。而能进入这个位置的细胞，其质膜上的 Sevenless 就能与 R8 细胞质膜上的 Bride-of-sevenless 结合，并触发细胞内的一系列反应，形成 R7 细胞。其余未能进入这个位置的细胞，尽管其质膜上也有 Sevenless，但是无法结合 R8 细胞质膜上的 Bride-of-sevenless，因此无法分化成 R7 细胞。

三、位置信息与海胆胚胎细胞的条件特化

上一节说到，如果将海胆胚胎的小分裂球移植到一个囊胚的动物极区域，小分裂球的后代不

但发育成为骨针，而且还会影响宿主动物极区域的细胞，改变其命运，使其像植物极板一样向囊胚腔中内陷，形成一个次生性的原肠(图 9.4)。宿主动物极区域的细胞本来发育成为外胚层细胞，现在变成植物极板，内陷成为原肠，成为内胚层细胞。动物极区域细胞发育途径的改变完全受到移植来的小分裂球的作用，也就是说，由于小分裂球移植到动物极区域，动物极区域的细胞获得的位置信息改变了其原先的发育途径。小分裂球发出的位置信息与β联蛋白有关。β联蛋白是转录因子，它激活小分裂球中的特定基因，产生了特异的蛋白质。该蛋白质是一种信号分子，扩散到宿主动物极的细胞中，改变了这些细胞的分化途径。

小分裂球还能作用于其背方的 veg2 细胞，使得 veg2 细胞发育成为次级间充质细胞。在 64 细胞期的胚胎中(图 4.1)，动物半球的 an1 和 an2 细胞发育成为外胚层细胞，植物半球的小分裂球发育成为初级间充质细胞，veg1 细胞既可以发育成为外胚层，又可以发育成为内胚层，veg2 细胞既可以发育成为内胚层，又可以发育成为中胚层即次级间充质细胞。veg2 细胞发育成为次级间充质细胞与小分裂球有关。在小分裂球的细胞膜上有 Delta 蛋白，该蛋白质是 Notch 蛋白的配体。在 veg2 细胞的质膜上有受体 Notch。一旦 Delta 结合于 veg2 细胞的质膜上的 Notch，将触发 veg2 细胞内的信号传递，最终引起 veg2 细胞特异的基因表达。在 veg2 细胞的后代细胞中，只有那些能够与小分裂球接触的细胞，其质膜上的受体 Notch 才有可能结合配体 Delta，这些细胞才可能发育成为次级间充质细胞。

四、位置信息与脊椎动物体节细胞的分化

脊椎动物体节形成后，其背外侧称为生皮生肌节(dermamyotome)，腹内侧称为生骨节(sclerotome)。以后，生皮生肌节分化成生皮节(dermatome)和生肌节(myotome)(图 9.11)。生皮节将形成皮肤的真皮，生肌节将形成骨骼肌，生骨节将形成脊椎骨和肋骨。

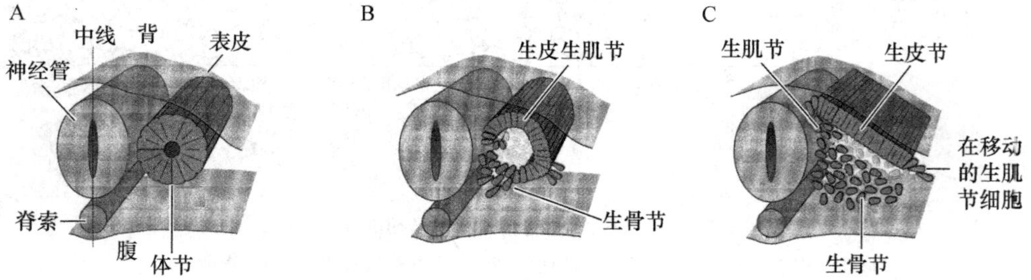

图 9.11　鸡胚体节细胞命运的决定(自 Wolpert，1998)

A. 2 天鸡胚，显示体节周围的组织器官；B. 3 天鸡胚，体节的内侧发育成为生骨节，背部和外侧成为生皮生肌节；C. 4 天鸡胚，生皮生肌节分化成为生皮节和生肌节。

体节刚形成时，其细胞命运尚未决定。体节细胞分别形成生皮节、生肌节和生骨节细胞，与体节细胞所处的位置有关。体节周围的组织会产生不同的信号，体节中不同位置的细胞在特定信号的作用下分别形成生皮节、生肌节和生骨节。体节周围的组织结构有神经管、脊索、侧板中胚层和表皮外胚层。这些结构都会发出信号：背部来的信号由神经管背部和表皮外胚层产生；腹部来的信号由神经管腹部和脊索产生；侧面来的信号由侧板中胚层产生。其中，脊索发出的信号使得位于体节腹内侧的细胞分化成为生骨节细胞。如果移植一段脊索于体节的背侧，则此体节在神经管下方原有脊索和移植来的脊索共同作用下将只形成生骨节，而不

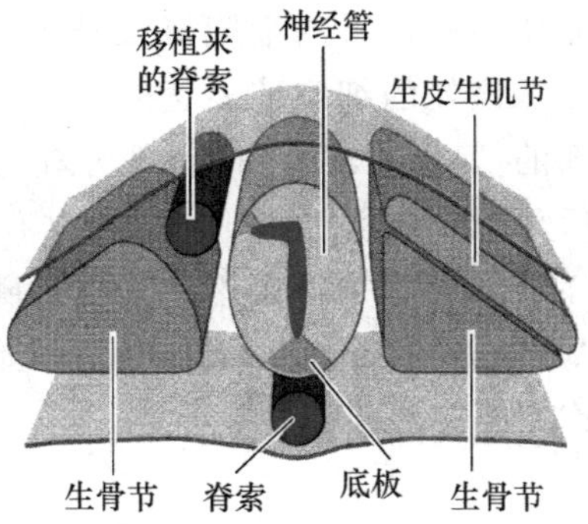

图 9.12　脊索对体节细胞的作用
（自 Wolpert，1998）
移植一段脊索于体节的背侧，在原有脊索和移植来的脊索共同作用下，该体节只能形成生骨节。

会形成生皮节和生肌节（图 9.12）。脊索发出的信号是 Sonic hedgehog 蛋白。体节背外侧部细胞得到的位置信息由神经管背部、表皮外胚层和侧板中胚层产生。其中，神经管背部和表皮外胚层产生的信号是 Wnt 家族的蛋白质，侧板中胚层产生的信号是 BMP4。位于体节背外侧部的细胞受到 Wnt 和 BMP4 的作用，分化形成生皮生肌节（有关体节的分化，详见第十二章）。

五、哺乳类胚胎滋养层和内细胞团细胞的决定

哺乳类的囊胚（胚泡）由两种类型的细胞组成：滋养层细胞和内细胞团（ICM）细胞。滋养层细胞将参与胎盘的形成，ICM 细胞将参与胚胎本体的形成。在囊胚之前的桑椹胚期，胚胎细胞并无滋养层细胞和 ICM 细胞之分。桑椹胚是实心的细胞团，构成桑椹胚的细胞仅有位置上的差异：某些细胞处于外部，某些细胞处于内部。正是由于细胞在位置上的差异导致细胞命运的不同：那些处于外部的细胞将成为滋养层细胞，那些处于内部的细胞将成为 ICM 细胞。

如果将 8 细胞期胚胎的细胞分离并作标记，再将标记了的细胞置于另一个未标记的桑椹胚中，就可以追踪标记细胞的发育命运。标记了的细胞若放置于宿主胚胎的外部，它往往形成滋养层细胞；如果将它置于宿主胚胎的内部，它往往形成 ICM 细胞。如果用标记了的细胞将整个宿主胚胎包起来，则宿主细胞将仅形成内细胞团，标记了的细胞将仅形成滋养层。如果将桑椹胚的细胞分离，处于外部的细胞与处于内部的细胞将分别聚集起来，形成细胞团，则该细胞团又会形成正常的囊胚。

第三节　合胞特化

除了上述自主特化和条件特化以外，在昆虫的发育中，还有另一种特化方式，称为合胞特化，合胞特化兼有自主特化和条件特化的特点。昆虫早期卵裂时仅有细胞核的分裂，细胞质没有参与分裂，数百个细胞核位于受精卵的细胞质中，形成一种合胞体状态。在这种合胞体状态下进行的细胞特化，称为合胞特化。

如同其他种类的卵子，昆虫卵子中各种形态发生决定子的分布并不均匀。那些位于胚胎前端的细胞核，其所处环境中的形态发生决定子与胚胎后端的不尽相同，反之亦然。以蛋白质的分布为例，某种蛋白质在昆虫胚胎中的分布呈现梯度分布：在其合成的地方，该蛋白质浓度最高；随着蛋白质向周围扩散，浓度逐渐下降。这样，位于胚胎不同位置的细胞核，其周围环境中的该蛋白质的浓度是不一样的，获得的位置信息就不同。在胚胎中，不同位置的细胞核都与其周围环境中的各种形态发生决定子相互作用，最终导致细胞核中基因表达的差异。

例如，在果蝇胚胎中有一种形态发生决定子 Bicoid 蛋白，在胚胎前端，该蛋白质的浓度最高，从前端往后端，浓度逐渐降低。因此，Bicoid 的分布呈现从前端向后端逐渐递减的浓度梯度。胚胎中的另一种形态发生决定子 Caudal 蛋白则相反，呈现从后端向前端逐渐递减的浓度梯度（图 9.13）。Bicoid 和 Caudal 都是转录因子，它们在胚胎中不同位置的浓度及其比率能够

促使不同位置的细胞核表达不同的基因。在胚胎的前端，Bicoid浓度最高，而Caudal浓度最低。该处的细胞核表达的基因与头部结构的形成有关。在头部之后的区域，Bicoid浓度比头部的低，而Caudal的浓度稍高，该处的细胞核表达的基因与胸部结构的形成有关。在胚胎的后部，Bicoid浓度极低(甚至没有Bicoid)，而Caudal浓度最高。该处的细胞核表达的基因与腹部的形成有关。当这些细胞核随着细胞胚盘的形成进入各自的细胞后，这些细胞的特化方向基本已经定型了。从此时期开始，胚胎细胞的分化就在自主特化和条件特化两个机制的共同作用下进行。

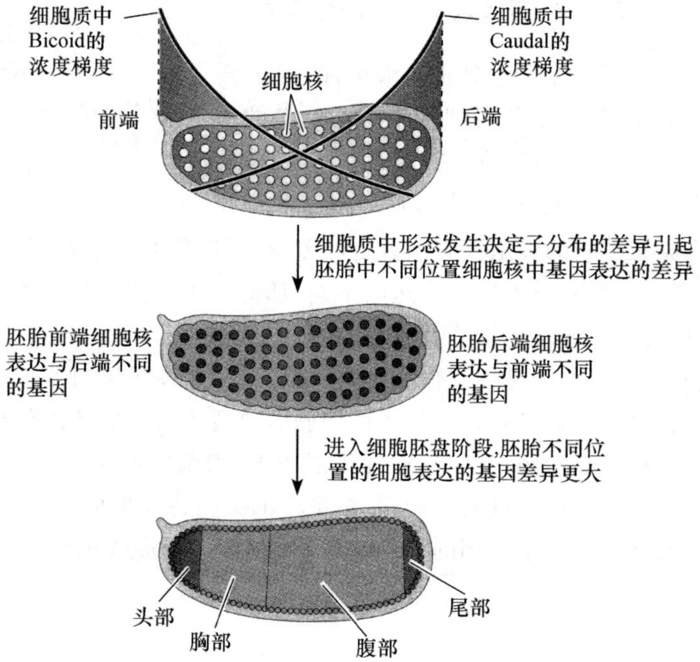

图 9.13 果蝇胚胎的合胞特化(自 Gilbert,2010)

在合胞体胚盘中，Bicoid呈现从前端向后端逐渐递减的浓度梯度，Caudal呈现从后端向前端逐渐递减的浓度梯度。不同位置的细胞核在此浓度梯度的作用下，产生了差异的基因表达。最终，胚胎产生了头部、胸部和腹部的分化。

第四节 诱导：胚胎细胞的相互作用

在本章前面的内容中，已经初步涉及位置信息对胚胎细胞命运的决定作用。位置信息就是胚胎细胞发出的信号分子，它对细胞的分化起着诱导作用。在胚胎发育过程中，一类细胞会指导另一类细胞朝着一定的方向分化，这个现象称为诱导(induction)。诱导通过诱导信号(inducing signal)的传递来实现，诱导信号即上述位置信息。胚胎细胞发出诱导信号，影响周围细胞的发育途径。在发育过程中，存在着许多诱导。例如，两栖类的胚孔背唇和脊索中胚层诱导神经管的形成，视泡诱导晶状体的形成，输尿管芽诱导肾单位的形成。

一、初级诱导

胚胎发育中的诱导现象最早由德国科学家施培曼(H. Spemann)于20世纪初叶发现。当时他和同事们研究有尾两栖类蝾螈的发育。蝾螈的早期发育具有嵌合型发育和调整型发育的特点。施培曼和他的同事们在 20 多年的时间里设计了一系列实验对蝾螈的早期发育进行分析。他的研究工作奠定了发育生物学的基础，为此，他于 1935 年获得诺贝尔奖。

（一）两栖类胚胎灰色新月的作用

施培曼用婴儿的头发丝沿着蝾螈受精卵第一次卵裂的裂面结扎胚胎，把胚胎一分为二，每一个卵裂球都会形成一个正常的蝌蚪。如果沿着第二次卵裂的裂面结扎蝾螈的胚胎，则一半会形成正常的蝌蚪，另一半仅形成类似于囊胚的一团组织（称为腹部细胞团）。形成蝌蚪的那一半胚胎中含有灰色新月，不形成蝌蚪的那一半胚胎不含有灰色新月（图 9.14）。为什么两次分离胚胎会产生两种不同的结果？是不是在第二次卵裂时某些细胞质成分不均等地分配到卵裂球中引起卵裂球的差异？

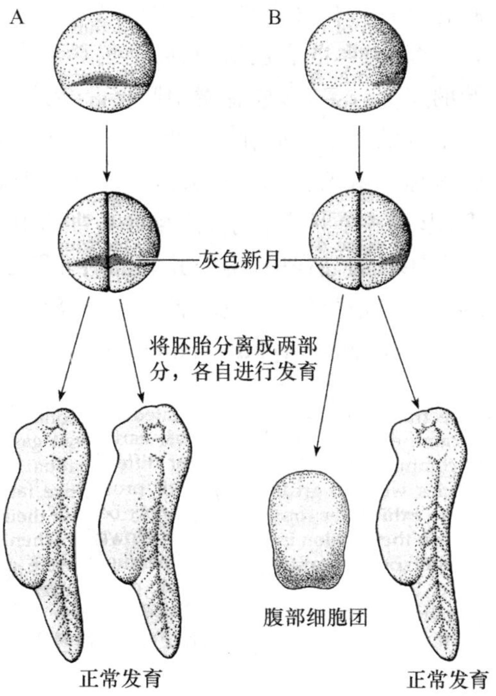

图 9.14　施培曼结扎蝾螈胚胎的实验（自 Gilbert，1991）

A. 沿着蝾螈受精卵第一次卵裂的裂面把胚胎一分为二，每一个卵裂球都会形成一个正常的蝌蚪；B. 沿着第二次卵裂的裂面把胚胎一分为二，一半会形成正常的蝌蚪，另一半仅形成腹部细胞团。

我们知道，两栖类在受精后，受精卵的皮层细胞质发生了流动，在受精卵的一侧（未来胚胎的背侧）产生了灰色新月。第一次卵裂的裂面平分灰色新月。因此，第一次卵裂形成的两个卵裂球皆含有一半的灰色新月。第二次卵裂的裂面与第一次卵裂的裂面垂直。第二次卵裂的结果是一半的胚胎中含有灰色新月，另一半的胚胎中不含有灰色新月。将第一次卵裂形成的两个卵裂球分开后，每一个卵裂球都会形成一个正常的蝌蚪，说明蝾螈的早期发育是调整型的。将第二次卵裂形成的两部分分开后仅有一半胚胎会正常发育，说明调整型的发育与卵裂球中是否含有灰色新月密切相关。卵裂球含有灰色新月（即使仅含有一半的灰色新月）就会正常发育。灰色新月区域的细胞在原肠胚初期成为胚孔的背唇。在原肠胚形成过程中，背唇内卷，形成脊索中胚层。在脊索中胚层的背方，外胚层细胞分化成神经外胚层，并进而形成神经管。

（二）两栖类原肠胚细胞的条件特化和自主特化

施培曼发现，在蝾螈的原肠胚形成过程中，胚胎细胞的发育潜能发生了很大的变化。蝾螈早期原肠胚细胞进行条件特化，而晚期原肠胚细胞却进行自主特化。他在两种含有不同色素的蝾螈原肠胚中进行移植实验。如果将一个早期原肠胚的预定表皮外胚层移植到另一个胚胎的预定神经板区域，该移植块将形成神经组织。如果将一个早期原肠胚的预定神经外胚层移植到另一个胚胎的预定表皮区域，该移植块将形成表皮。由此可见，在早期原肠胚中，胚胎细胞尚未定型，具有很大的发育潜能。它们的命运依其所在的胚胎中的位置而定，因此具有条件特化的特点。然而，如果这种移植实验是在晚期原肠胚中进行，将会产生完全不同的结果。被移植的细胞不是依其所在的环境进行分化，而是呈现出自主特化的特征，它们的发育命运已定型。晚期原肠胚的预定神经板细胞移植到预定表皮区域后仍然形成神经组织，预定表皮细胞移植到预定神经板区域后仍然形成表皮。

施培曼的实验表明，从蝾螈的早期原肠胚过渡到晚期原肠胚的过程中，胚胎细胞的发育潜能发生了很大的变化，胚胎细胞从条件特化转变成自主特化。晚期原肠胚的细胞是定型了的细胞，它们不再被调整成其他类型的细胞，尽管此时细胞看不出有明显特化的特征。

施培曼对蝾螈胚胎的进一步实验表明，尽管早期原肠胚的细胞具有条件特化的特征，但是，胚孔的背唇却具有自主特化的特征。如果将早期原肠胚的背唇移植到另一个早期原肠胚的腹部，它不是形成表皮组织，而是仍然形成背唇组织。它在宿主胚胎原肠胚形成的同时，在宿主胚胎的腹部内卷，形成脊索中胚层。最终，在宿主胚胎的腹部形成另一个次生性的胚胎(图 9.15)。施培曼的这个实验在 20 世纪的 80 年代后多次被重复并得到证实。施培曼将早期原肠胚的胚孔背唇称为组织者(organizer)。背唇之所以被称为组织者是因为它能将宿主的胚胎细胞组织起来，形成一个具有脊索、神经管和背部中胚层等组织的次生性胚胎。施培曼认为，组织者在组织一个胚胎的过程中，诱导其背侧的外胚层形成神经管。组织者是诱导者，其背侧的外胚层是反应组织。施培曼认为，组织者诱导神经管的形成是发育中最早出现的诱导，他将此诱导称为初级诱导(primary embryonic induction)。

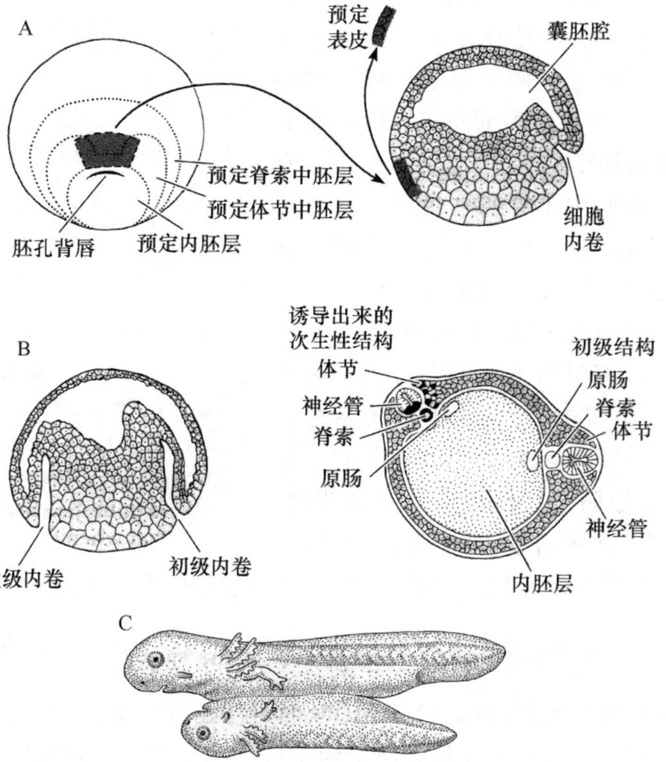

图 9.15　蝾螈早期原肠胚背唇的自主特化(自 Gilbert，1991)

A. 将一个早期原肠胚的背唇移植到另一个早期原肠胚的腹部；B. 在宿主胚胎腹部，移植来的背唇内卷，形成原肠，并进而形成第二个胚胎；C. 宿主的腹部结合一个次生性胚胎。

在文昌鱼和其他两栖类中，胚孔背唇如同蝾螈的背唇一样，都能起到组织者的作用。在鸟类和哺乳类中，原结的作用如同两栖类的胚孔背唇。从鸭的早期原肠胚上移植原结到鸡的早期原肠胚的上胚层，移植来的原结也会在宿主中诱导出一个次级胚胎(图 9.16)。

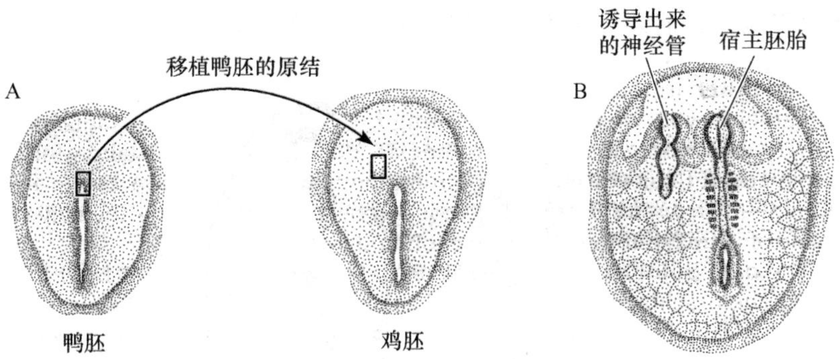

图 9.16 鸟类原结的诱导作用(自 Gilbert,1997)

A. 将鸭胚的原结移植到鸡胚的上胚层;B. 在鸡胚中产生一个次生性神经管。

二、诱导的基本特点

在诱导过程中,发出信号的细胞是诱导细胞,接受信号的细胞是反应细胞。诱导信号的传递有三种途径。第一种途径是扩散,在此途径中,信号分子扩散过细胞外的空间,被邻近细胞(反应细胞)质膜上的受体所捕获,进而在细胞中产生一系列连锁反应(信号传递),最终使得反应细胞产生分化。第二种途径是相邻细胞表面信号分子和受体的直接反应,在此途径中,信号分子没有在细胞间扩散,而是位于诱导细胞表面,相邻的细胞表面存在着该信号分子的受体,信号与受体的结合引起反应细胞内的信号传递,最终导致反应细胞的分化。第三种途径是信号分子通过缝隙连接从诱导细胞进入反应细胞,并引起细胞的分化(图 9.17)。

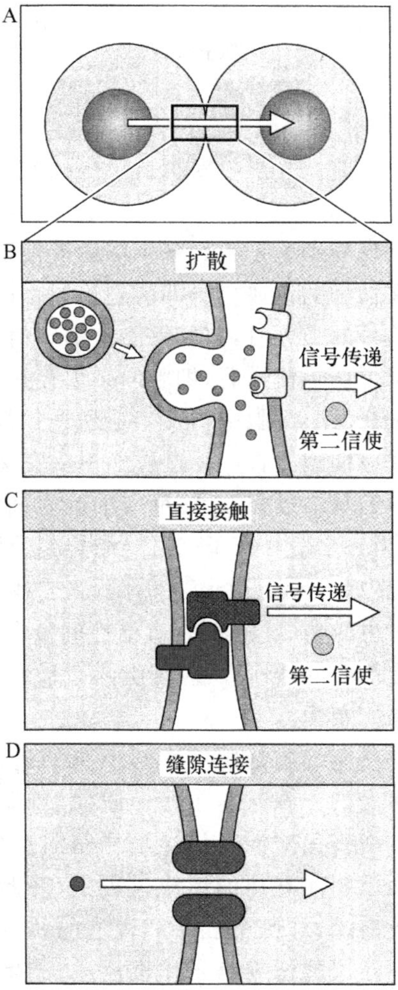

图 9.17 诱导信号传递的方式

(自 Wolpert,1998)

A. 相邻两个细胞的左侧是诱导细胞,右侧是反应细胞;B. 信号分子通过扩散与反应细胞的受体结合;C. 信号分子直接结合于反应细胞的受体;D. 信号分子通过缝隙连接进入反应细胞。

在诱导过程中,诱导的实现依赖两个因素:一个是诱导细胞必须发出诱导信号,另一个是反应细胞必须具备对诱导信号作出反应的能力。反应细胞对诱导信号的反应能力称为感应性(competence)。在脊椎动物眼睛的早期发育中,视泡(optic vesicle)对头部外胚层的诱导就体现了这个原则。神经管前端向左右两侧各伸出一个泡状突起,称为视泡,视泡会诱导其外侧的头部外胚层成为晶状体。如果将视泡切除,外胚层就不会形成晶状体;如果将其他组织移植到头部外胚层的下方,也不会诱导晶状体的产生;如果将切除下来的视泡移植到躯干部外胚层的下方,该处外胚层也不会形成晶状体。因此,在晶状体形成阶段,头部外胚层具备了对视泡发出的诱寻信号作出反应的能力,即具有感应性，而头部以外的其他位置的外胚层不具备这种感应性(图 9.18)。

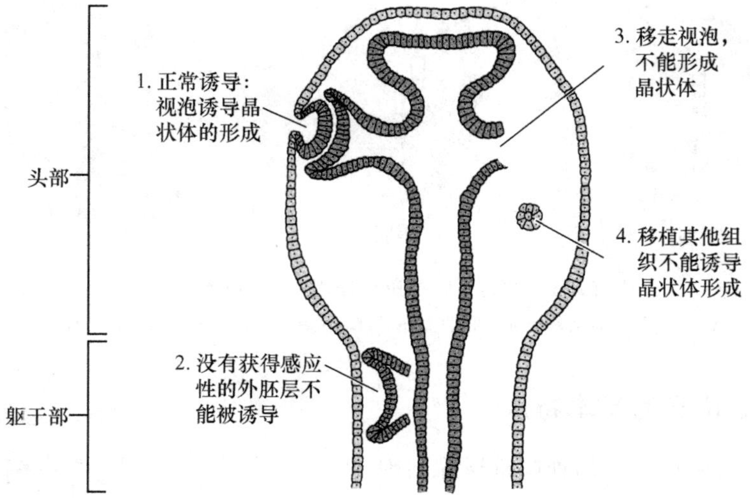

图 9.18　非洲爪蟾视泡和外胚层之间的相互作用(自 Gilbert，2000)

反应细胞是否具备感应性依赖于反应细胞是否存在诱导信号的受体，以及反应细胞内是否存在信号的传递机制即信号转导路径(signal transduction pathway)。当反应细胞的表面存在诱导信号的受体时，它能够结合诱导信号；否则，反应细胞并不识别信号分子。当反应细胞的受体结合了诱导信号后，细胞内必须存在一个信号转导路径来发挥诱导信号的作用。诱导信号的作用是在反应细胞中诱发一系列连锁反应，最终产生某种转录因子以激活细胞核中的特异基因。而反应细胞能否产生这种连锁反应又依赖于是否存在催化这些反应的各种酶。反应细胞内信号转导的基本过程如下：反应细胞表面存在的受体是一个跨膜蛋白，具有细胞外部分和细胞内部分，当一个信号分子(配体)结合到受体的细胞外部分时，受体分子的结构发生变化，受体分子的细胞内部分是一个潜在的酶，当受体分子的结构变化时，这个潜在的酶被激活，该酶通常是一个蛋白质激酶(kinase)。有活性的蛋白质激酶磷酸化细胞内某些蛋白质的酪氨酸残基，激活了这些蛋白质的活性，反应细胞内一系列蛋白质的磷酸化最终导致某一特定基因的表达，或引起细胞骨架的变化。

反应细胞的感应性随发育的进展会发生变化。反应细胞对某种诱导的反应能力不是一成不变的。在某一个胚胎阶段，细胞对某一特定的诱导信号作出反应。而过了这个阶段，细胞可能丧失对同一诱导信号作出反应的能力，改为对另外一些诱导信号作出反应。例如，在非洲爪蟾晶状体的形成过程中，胚胎头部预定形成晶状体的外胚层先后受到前肠内胚层、神经板前端、心脏中胚层和视泡的诱导。在原肠胚的中期和晚期，预定晶状体外胚层先是对前肠内胚层的诱导信号作出反应，产生了转录因子 Otx2，Otx2 赋予预定晶状体外胚层新的感应性。在神经外胚层的边缘形成神经褶的时期，预定晶状体外胚层改为对神经板和心脏中胚层发出的诱导信号作出反应，产生了转录因子 Pax6，Pax6 又赋予预定晶状体外胚层新的感应性。因此，到了视泡形成时，预定晶状体外胚层就改为对视泡发出的诱导信号作出反应，并产生了转录因子 Sox3(图 9.19)。

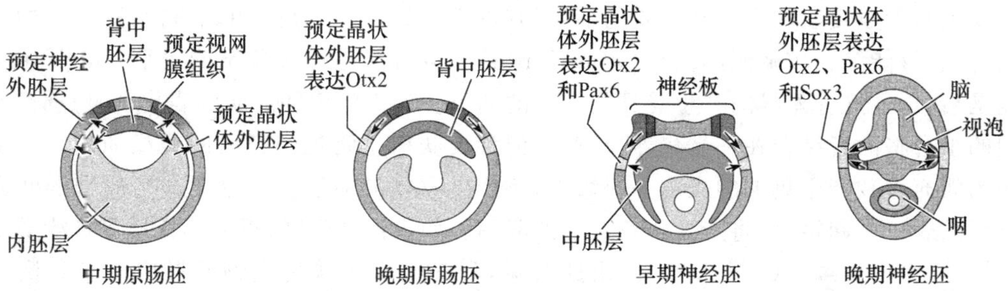

图 9.19　两栖类晶状体诱导顺序(自 Gilbert,2000)

在原肠胚的中、晚期,一种来自前肠内胚层的诱导信号促使预定晶状体外胚层表达转录因子 Otx2,预定晶状体外胚层从而获得了新的感应性。当神经褶升起时,来自神经板的信号促使预定晶状体外胚层表达转录因子 Pax6。这样,预定晶状体外胚层的感应性又发生改变。在晚神经胚阶段,预定晶状体外胚层能够对视泡发出的诱导信号作出反应,并产生转录因子 Sox3。

诱导者和反应者还具有相互诱导(reciprocal induction)和连续诱导(sequential induction)的特点。还是以上述晶状体诱导为例,在晶状体形成过程中,它会诱导其他的组织,其中包括视泡这个原先的诱导者。在晶状体基板(lens placode,晶状体的原基)发出的诱导信号作用下,视泡变成视杯(optic cup),其双层的壁将分别形成视网膜的色素层和神经层(图 9.20)。因此,视泡和晶状体之间存在着相互诱导。晶状体除了诱导视泡形成视杯以外,还诱导其外部的头部外胚层形成角膜。在晶状体形成后,头部外胚层中预定形成角膜的区域已经获得了对晶状体发出的诱导信号作出反应的能力,并最终形成角膜。在这里,先是视泡诱导晶状体的形成,晶状体接着诱导角膜的形成,这种诱导是连续的。

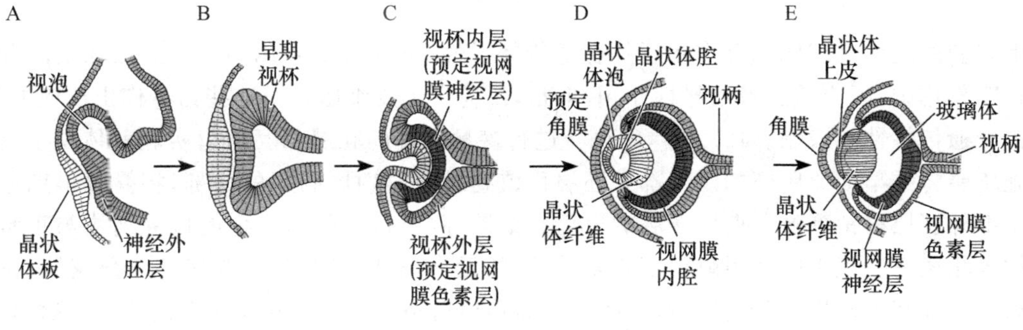

图 9.20　小鼠的晶状体诱导(自 Gilbert,2000)

A. 在第 9 天,视泡形成,伸向头部外胚层,晶状体板在视泡附近的外胚层中形成;B. 在第 9 天中期,晶状体板扩大,视泡转变成视杯;C. 在第 10 天中期,视杯继续形成,晶状体板向视杯中央陷入;D. 在第 11 天中期,晶状体泡形成;E. 在第 13 天,在晶状体泡的前方,外胚层形成角膜。

三、上皮和间充质的相互作用

在动物体发育过程中,研究得比较多的是上皮和其邻近的间充质之间的相互作用。实际上,所有器官的发生过程都存在着上皮和间充质的相互作用。上皮和间充质之间的相互作用具有区域特异性(regional specificity)。以鸡胚的皮肤组织分化为例,皮肤有两层组织——表皮和真皮。表皮是由上皮组织形成的,真皮是由间充质组织形成的。在鸡的皮肤发育中,上皮细胞发出诱导信号,指导其下方的间充质细胞形成致密的结构(真皮)。同时,致密了的间充质细胞又指导其上方的上皮细胞形成皮肤的表皮和皮肤的衍生物(羽毛、鳞爪)。在皮肤的不同位置产生的衍生物是不同的,它可能是比较宽阔的翼羽(wing feather),也可能是比较狭窄的股羽(thigh feather),还可能是鳞、爪。这种差异的产生受到间充质的调节。如果将鸡胚皮肤的表皮和真皮分开,再按照不同的组合将两者结合在一起培养,将产生何种皮肤衍生物视间充质的类型而定。如果让产生翼羽的间充质和产生翼羽的表皮一起培养,将产生宽阔的翼羽。如果让产生股羽的间充质和产生翼羽的表皮一起培养,将产生比较狭窄的股羽。如果让产生鳞、爪的间充质和产生翼羽的表皮一起培养,将产生鳞、爪(图 9.21)。由此可见,间充质在皮肤衍生物的形成中起着诱导的作用,指导上皮细胞特定的基因表达。

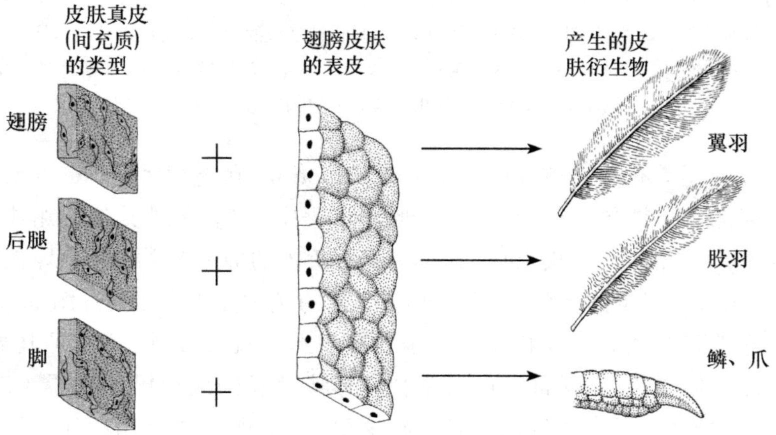

图 9.21　鸡胚上皮和间充质的诱导实验(自 Gilbert,1991)
来自皮肤不同位置的真皮间充质和同样的表皮结合,产生出不同的皮肤衍生物。

上皮和间充质之间的相互作用还具有遗传特异性(genetic specificity)。虽然在上皮和间充质的相互作用中,间充质起着指导性作用,但是,反应者上皮细胞在对这些指令作出反应的时候,受到自身遗传特性的限制。1932 年,施培曼进行蝾螈和蛙的胚层相互移植实验就体现了这个特点。施培曼将蛙早期原肠胚的躯干部外胚层移植到蝾螈早期原肠胚的口部,将蝾螈早期原肠胚的躯干部外胚层移植到蛙早期原肠胚的口部。结果,两个宿主胚胎产生的口部结构与正常的口部结构大相径庭。正常的蛙蝌蚪口部有角质的腭,无齿,有吸盘和分泌黏液的外分泌腺;正常的蝾螈蝌蚪口部有平衡棒,腭上长有钙化的齿。而移植后宿主的口部却是一个嵌合体:蝾螈蝌蚪口部有吸盘,蛙蝌蚪口部有平衡棒。

在这个移植实验中,仅移植外胚层,口部间充质并没有移植。宿主蝌蚪口部结构的形成显然是移植来的上皮和宿主口部间充质之间相互作用的结果。在这里,虽然移植来的上皮受到下方的宿主间充质的诱导发育成为口,但是,它是以自己的遗传特点来形成口的。所以,宿主蝾螈的蝌蚪长出了蛙蝌蚪的口,宿主蛙的蝌蚪长出了蝾螈蝌蚪的口。由此可见,间充质发出的诱导信号可以跨越种间界限,而上皮的反应却受到遗传特性的限制,具有种的特异性。

第五节　诱导信号

根据诱导信号能否扩散,可以将其分为两类:一类是旁分泌信号(paracrine signal,即旁分泌因子),另一类是近分泌信号(juxtacrine signal,即近分泌因子)。旁分泌信号是一类可以扩散的分子,它由诱导细胞合成并分泌,扩散有限的一段距离,结合到邻近的反应细胞的质膜受体上,引起反应细胞的分化。近分泌信号是不可扩散的分子,它由诱导细胞产生,位于质膜上,只能和相邻细胞质膜上的受体结合,由此引起后者的分化。本节阐述旁分泌信号和近分泌信号的转导路径。

一、旁分泌信号

旁分泌信号大致可以分为四大类:①成纤维细胞生长因子家族(fibroblast growth factor family,FGF 家族);②Hedgehog 家族;③Wnt 家族;④转化生长因子 β 超家族(transforming growth factor-β superfamily,TGF-β 超家族)。其中,TGF-β 超家族包括 TGF-β 家族、活化素(activin)家族、骨形态发生蛋白(BMP)家族、Nodal 蛋白家族、Vg1 家族等。旁分泌信号结合在受体细胞的质膜表面受体上,引起受体细胞的一系列酶促反应(信号转导路径)。反应的结果可能是特异的基因表达导致反应细胞产生了特异的蛋白质,也可能是细胞骨架的激活导致反应细胞形状的改变或迁移。不同的旁分泌信号引起反应细胞内部的酶促反应(信号转导路径)不尽相同。

(一) 成纤维细胞生长因子和 RTK 路径

FGF 家族包括大约 24 个结构相近的蛋白质,这些蛋白质分子是通过 RNA 的差异加工形成的。其中,Fgf1 是酸性 FGF,在组织再生中起重要作用;Fgf2 有时称为碱性 FGF,在血管形成中起重要作用;Fgf7 有时称为角质形成细胞生长因子(keratinocyte growth factor),在皮肤的发育中起重要作用;Fgf8 在脊椎动物的肢体和晶状体的发育中起作用。

与 FGF 结合的受体称为成纤维细胞生长因子受体(fibroblast growth factor receptor,FGFR),是一种受体酪氨酸激酶(receptor tyrosine kinase,RTK)。当 FGF 结合于 FGFR 时,启动了信号转导的受体酪氨酸激酶路径(receptor tyrosine kinase pathway),即 RTK 路径(RTK pathway)。RTK 路径是发育生物学领域中非常常见的一种信号转导路径。除了 FGF,能够与 RTK 结合的配体还有表皮生长因子(epidermal growth factor)、血小板源性生长因子(platelet-derived growth factor)和干细胞生长因子(stem cell factor)等。

RTK 路径是这样的:配体(这里是 FGF)先结合于反应细胞质膜表面的 RTK 上。RTK 是一种跨膜蛋白,当其胞外部分结合了配体,其分子结构就发生改变。分子结构改变之后,两个 RTK 分子聚合成为二聚体。同时,分子结构的改变也激活了 RTK 的胞内部分,该部分是潜在的蛋白质激酶。蛋白质激酶被激活后,二聚体中的两个 RTK 就相互磷酸化对方的酪氨酸残基。这样,配体结合于 RTK 引起 RTK 的自身磷酸化(图 9.22)。

RTK 酪氨酸残基的磷酸化使得它能够被一种衔接蛋白(adaptor)识别。衔接蛋白的作用是将磷酸化了的 RTK 与细胞内的信号转导系统连接起来。衔接蛋白激活一种称为 RAS 的 G 蛋白。通常状态下,RAS 与 GDP 相连,是没有活性的。衔接蛋白受到激活了的 RTK 的作用,激活鸟苷酸释放因子(guanine nucleotide releasing factor,GNRP)。GNRP 接着将 GTP 的磷酸转移到与 RAS 相连的 GDP 上。这样,与 RAS 相连的不再是 GDP,而是 GTP,这样的 RAS 是有活性的。有活性的 RAS 与一种称为 RAF 的蛋白质激酶结合,并激活 RAF。RAF 将蛋白质激酶 MEK 磷酸化。磷酸化了的 MEK 是有活性的,它将蛋白质激酶 ERK 磷酸化。磷酸化了的 ERK 也是有活性的,它进入细胞核,磷酸化并激活某些转录因子,引起相应的基因表达。

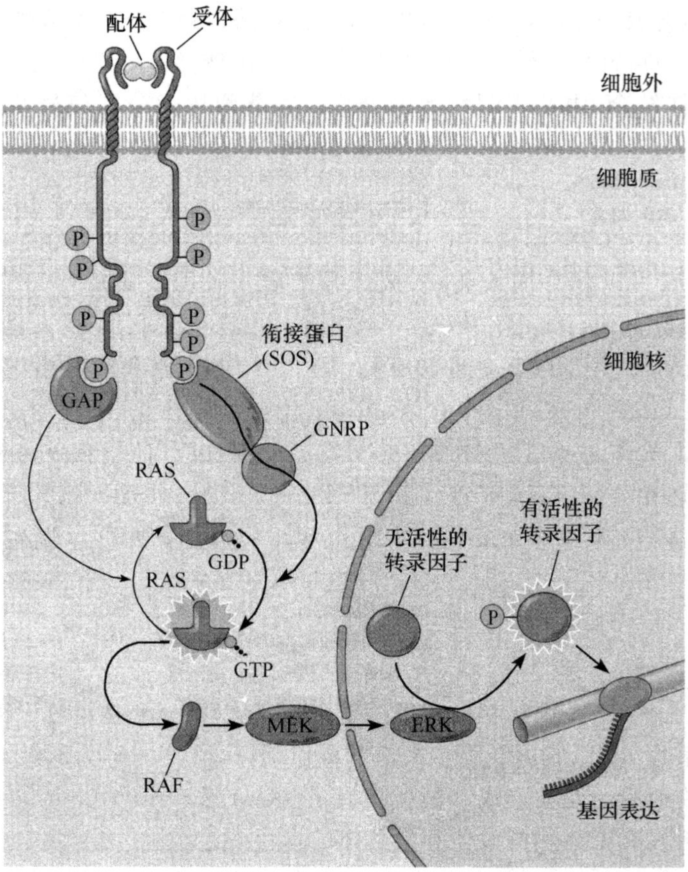

图 9.22　受体酪氨酸激酶路径(自 Gilbert,2010)

配体结合于 RTK,引起 RTK 成为二聚体并自身磷酸化。衔接蛋白识别磷酸化了的 RTK,并激活 GNRP。GNRP 将 G 蛋白 RAS 激活。激活了的 RAS 进而激活 RAF 蛋白,RAF 蛋白继续磷酸化其他的蛋白质,最终促使细胞核中的转录因子被激活,引起特异的基因表达。

当有活性的 RAS 将信号转导到 RAF 后,与 RAS 相连的 GTP 被水解成为 GDP,这一过程受到 GTP 酶激活蛋白(GTPase-activating protein,GAP)的催化。RAS 与 GDP 相连就恢复原先的无活性状态,以便进入下一轮的信号转导。

(二) 成纤维细胞生长因子和 JAK-STAT 路径

成纤维细胞生长因子也能激活 JAK-STAT 信号转导路径。该信号转导路径在血细胞的发生、胎儿骨骼的发育和酪蛋白基因激活方面具有重要的作用。

如图 9.23 所示,当 FGF 结合到反应细胞质膜表面的受体时,该受体就聚合成为二聚体。受体的胞内部分与一种蛋白质激酶 JAK 相连,配体和受体的结合激活了 JAK。JAK 相互磷酸化,并磷酸化受体的二聚体。磷酸化了的受体成为有活性的蛋白质激酶,它进而磷酸化细胞质中一种称为 STAT 的蛋白质。STAT 是一种转导信号,同时也是转录因子,当它被磷酸化后就聚合成为二聚体。STAT 二聚体移动位置,进入细胞核,结合在某一特定基因上。在其他转录因子共同作用下,该基因开始表达。

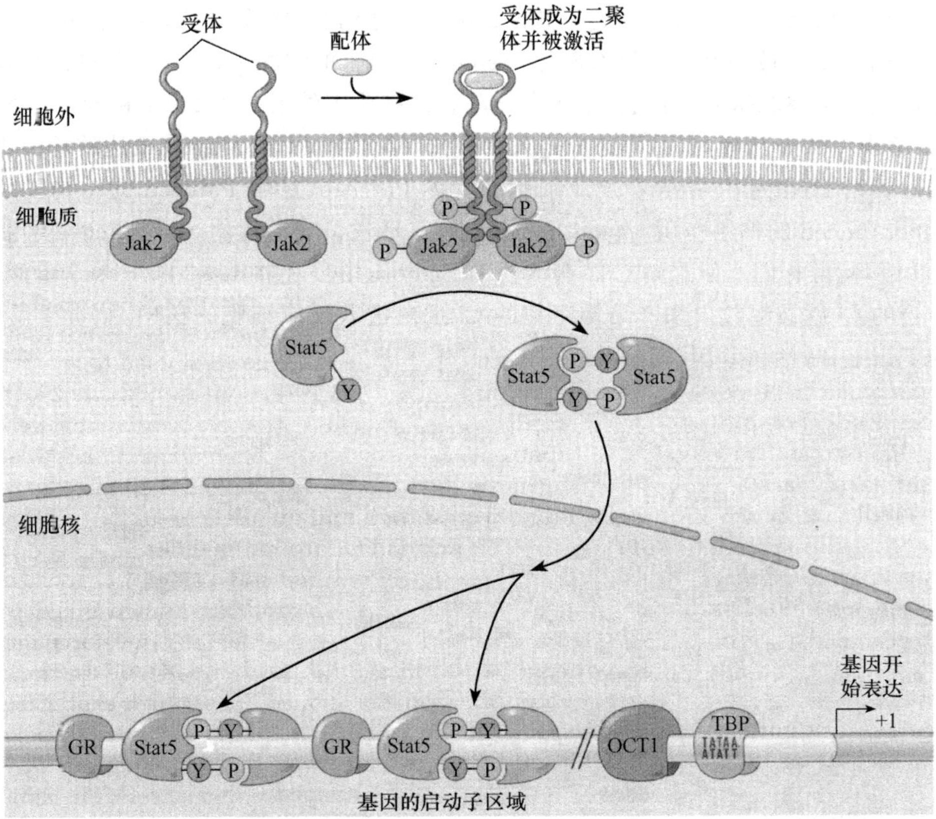

图 9.23 JAK-STAT 信号转导路径(自 Gilbert,2010)

当配体结合到反应细胞表面的受体时,受体就聚合成为二聚体,并激活了与受体相连的蛋白质激酶 JAK。JAK 相互磷酸化,并磷酸化受体的二聚体。磷酸化了的受体是有活性的蛋白质激酶,进而磷酸化转录因子 STAT。磷酸化了的 STAT 成为二聚体,进入细胞核,激活特异的基因。

肋骨和四肢骨骼的生长与 JAK-STAT 路径紧密相关。在成熟年龄,肋骨和四肢骨骼骺板中软骨细胞的成纤维细胞生长因子受体 3(FgfR3,是一种受体酪氨酸激酶)结合了 FGF,成为有活性的蛋白质激酶。它进而磷酸化 Stat1,Stat1 进入细胞核,激活细胞分裂抑制因子(p21)的基因。这样,软骨细胞停止分裂,肋骨和四肢骨骼停止生长。如果 *FgfR3* 基因突变,在胎儿阶段,肋骨和四肢骨骼骺板中的软骨细胞 FgfR3 无需 FGF 的结合就一直处于有活性的状态,这样,骨骼提早停止生长,成为侏儒。

(三) Hedgehog 家族和 Hedgehog 路径

在脊椎动物中有三个与果蝇的 *hedgehog* 基因(刺猬基因)同源的基因:*sonic hedgehog*(*shh*)、*desert hedgehog*(*dhh*)和 *indian hedgehog*(*ihh*)。*hedgehog* 基因(刺猬基因)的名称与该基因突变的果蝇表现型有关。该基因突变的果蝇幼虫表面长满尖锐的突起,形如刺猬,故名。*dhh* 在脊椎动物精巢的支持细胞中表达,*dhh* 突变的小鼠不能进行正常的精子发生。*ihh* 在内胚层器官肠管中表达,也在软骨组织中表达,在出生后的骨骼生长中起重要作用。在三种 *hedgehog* 基因中,*shh* 的功能最多。它与神经管腹部运动神经元的发生有关,与体节分化出生骨节有关,与鸡胚皮肤产生羽毛的类型有关,还与指(趾)的发育有关。Hedgehog 蛋白往往与胆固醇结合在一起才能发挥作用。

Hedgehog 信号转导路径如下。在反应细胞的质膜表面有 Hedgehog 的受体 Patched 蛋白,

Patched与蛋白质Smoothened结合。Smoothened是信号的转导者，但是，由于它与受体Patched结合，其活性被抑制。在没有配体Hedgehog结合的情况下，反应细胞的细胞质中Ci蛋白通过蛋白质Cos2和Fused与微管结合在一起。细胞质中的蛋白质PKA和Slimb将与微管结合的Ci分解成为两个部分，其中一部分进入细胞核，结合在反应细胞特异表达的基因上，抑制该基因的表达。当Hedgehog结合在反应细胞的受体Patched上时，Patched的结构发生变化，解除了对Smoothened的抑制作用，Smoothened就有了活性。有活性的Smoothened抑制PKA和Slimb的活性，使得它们不能水解Ci。有活性的Smoothened还将Cos2和Fused磷酸化，这样，与微管结合的Ci就被释放出来。结构完整的Ci蛋白进入反应细胞的核中，结合于反应细胞特异表达的基因上，激活该基因(图9.24)。

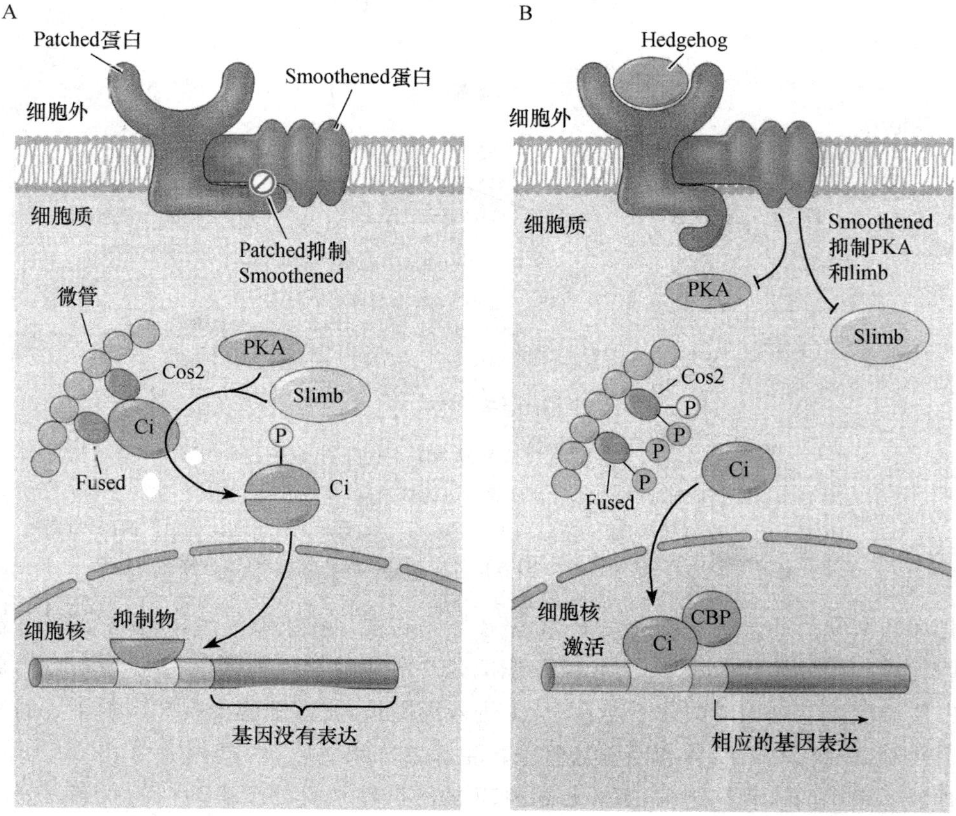

图9.24　Hedgehog信号转导路径(自Gilbert，2010)

A. 当Hedgehog没有结合在反应细胞的受体Patched上时，细胞质中Ci蛋白通过Cos2、Fused和微管结合在一起，蛋白质PKA和Slimb将Ci分解成为两个部分，其中一部分进入细胞核，结合在反应细胞特异表达的基因上，抑制该基因；B. 当Hedgehog结合在反应细胞的受体Patched上时，Patched的构形改变，解除了对Smoothened的抑制，Smoothened就有了活性，有活忙的Smoothened抑制PKA和Slimb，使得它们不能水解Ci蛋白，同时，它将Cos2和Fused磷酸化，这样，与微管结合的Ci蛋白被释放出来，Ci蛋白进入细胞核中，激活特异的基因。

(四) Wnt家族和Wnt信号转导路径

在脊椎动物中，Wnt家族的成员不少于15个。这些成员是富含半胱氨酸的糖蛋白，在体节分化成为肌肉的过程中起作用。此外，它们对于昆虫胚胎极性的建立、脊椎动物肢体的发育、干细胞的分裂和泌尿生殖系统的发育都起到重要作用。

Wnt 信号转导路径如下。在反应细胞的质膜上有跨膜蛋白 Frizzled，它是 Wnt 的受体。当 Wnt 结合于 Frizzled 上时，Frizzled 激活了蛋白质 Disheveled。一旦 Disheveled 被激活，它就抑制糖元合成酶激酶 3(glycogen synthase kinase 3，GSK3)的活性。如果 GSK3 是有活性的，它能阻止 β 联蛋白脱离蛋白质 APC。蛋白质 APC 和 β 联蛋白的结合将分解 β 联蛋白。当 Wnt 结合于 Frizzled 上时，GSK3 的活性被抑制，β 联蛋白就能脱离蛋白质 APC，进入细胞核。在细胞核中有反应细胞基因表达的抑制物 LET 或 TCF，它们结合在特异表达的基因上，抑制了该基因的表达。β 联蛋白进入细胞核，结合于 LET 或 TCF，使得它们变成基因表达的激活剂。这样，反应细胞的特异基因表达得以进行(图 9.25A)。

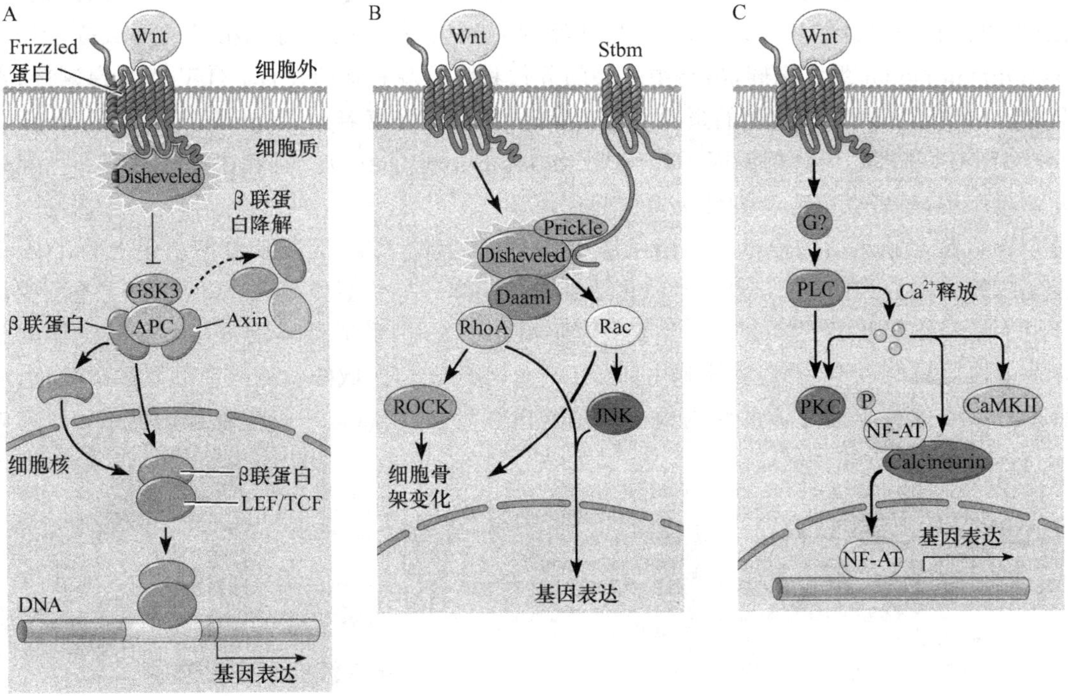

图 9.25 Wnt 信号转导路径(自 Gilbert，2010)

A. 典型的 Wnt 路径，当 Wnt 结合于反应细胞的受体 Frizzled 上时，激活了 Disheveled，进而糖元合成酶激酶 3(GSK3)的活性被抑制，β 联蛋白就能脱离蛋白质 APC，进入细胞核，并结合于基因表达的抑制物 LET 或 TCF，使得它们变成基因表达的激活剂，反应细胞的特异基因表达得以进行；B. 非典型的 Wnt 路径，当 Wnt 结合于 Frizzled 上时，Disheveled 被激活，有活性的 Disheveled 激活蛋白质 Rac 和 RhoA，Rac 和 RhoA 能够调节细胞骨架的活性，也能进入细胞核，激活相应的基因；C. 非典型的 Wnt 路径，Wnt 结合于 Frizzled 后，Frizzled 激活磷脂酶 PLC，在该酶的作用下，从反应细胞的内质网中释放出游离的钙离子，进而触发依赖于钙离子的基因表达。

以上路径是 Wnt 信号转导中最常见的路径，称为典型的 Wnt 路径。实际上，Wnt 不但能够激活反应细胞的特异基因，还能够影响反应细胞中细胞骨架微管和微丝的活性，引起反应细胞形状的变化，促使反应细胞进行分裂，或促使反应细胞产生运动，这样，就有了非典型的 Wnt 路径。如图 9.25B 所示，当 Wnt 结合于 Frizzled 上时，Disheveled 被激活。在这种情况下，Disheveled 通过蛋白质 Prickle 连接于细胞膜。有活性的 Disheveled 激活蛋白质 Rac 和 RhoA。Rac 和 RhoA 能够调节微管的活性，也能进入细胞核激活相应的基因。还有一种非典型的 Wnt 路径没有蛋白质 Disheveled 的参与。Wnt 结合于 Frizzled 后，Frizzled 激活的是一种磷脂酶(PLC)，在该酶的作用下，从反应细胞的内质网中释放出游离的钙离子。钙离子能够激活反应细胞中相应的酶、转录因子和翻译因子，引起相应的基因表达(图 9.25C)。

（五）转化生长因子β超家族和 SMAD 信号转导路径

TGF-β 超家族包括 30 多个成员，它们以二聚体的形式存在：可以是相同的 2 个转化生长因子组成的同型二聚体，也可以是不同的 2 个转化生长因子组成的异型二聚体。转化生长因子超家族包括以下几个家族。①TGF-β 家族。TGF-β1、TGF-β2、TGF-β3、TGF-β5 在调节细胞外基质的形成和细胞分裂中起作用。②BMP 家族。BMP 家族的得名是因为最先在骨的发育中发现它具有诱导骨形成的作用。事实上，BMP 家族具有多种功能，而促进骨的发育仅仅是其中一种。BMP 家族能够调节细胞分裂、细胞的程序性死亡、细胞迁移和分化等。例如，BMP4 参与骨的发生、细胞凋亡和表皮的特化等；BMP7 参与神经管的分化、肾脏的发育和精子的形成等。③活化素(activin)和 Nodal 蛋白家族，参与中胚层的分化和胚胎左右轴的发育。④Vg1 蛋白家族，在中胚层的形成中起作用。⑤其他的蛋白质，包括胶质源性神经营养因子(glial-derived neurotrophic factor，GDNF)和穆勒氏管抑制因子(Mullerian inhibitory factor)。前者在肾脏发育和神经系统发育中起作用，后者在哺乳动物性决定中起作用。

TGF-β 超家族激活的信号转导路径是 SMAD 路径(图 9.26)。反应细胞质膜上的 TGF-β 超家族蛋白的受体分为两类：Ⅰ型受体和Ⅱ型受体。配体先与Ⅱ型受体结合，然后再与Ⅰ型受体结合。当Ⅰ型受体和Ⅱ型受体由于结合了配体而相互靠近时，形成受体复合体。Ⅱ型受体的胞内部分是蛋白质激酶，能将Ⅰ型受体胞内部分 GS 盒(GS box)区域的丝氨酸或苏氨酸磷酸化，从而激活了Ⅰ型受体。Ⅰ型受体的胞内部分也是蛋白质激酶，它将位于反应细胞内的 Smad 家族的

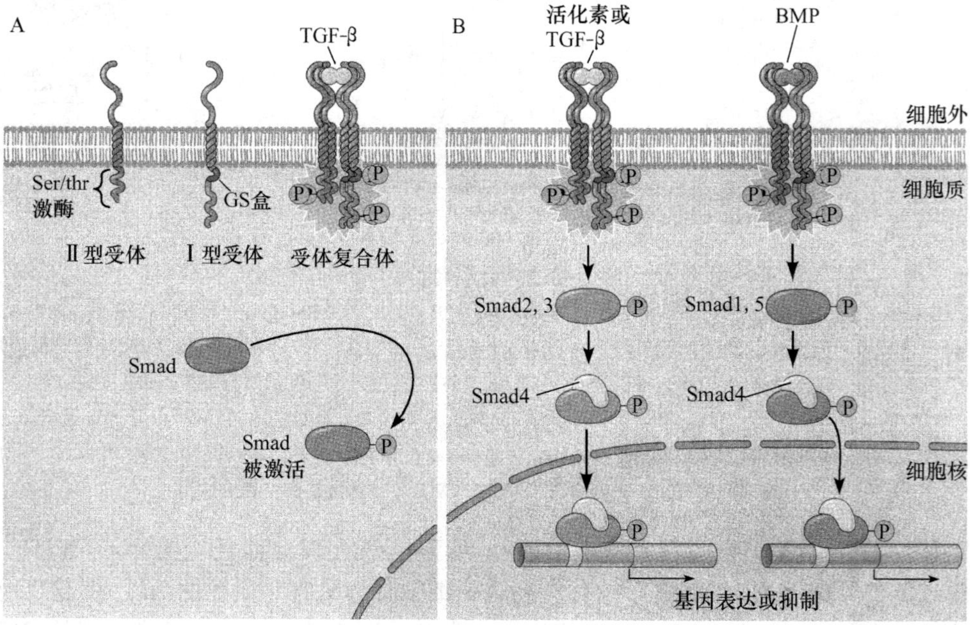

图 9.26　SMAD 信号转导路径(自 Gilbert，2010)

A. 配体先与反应细胞表面的Ⅱ型受体结合，然后再与Ⅰ型受体结合，Ⅱ型受体的胞内部分是蛋白质激酶，能够将Ⅰ型受体的 GS 盒区域的丝氨酸或苏氨酸磷酸化，激活Ⅰ型受体，磷酸化了的Ⅰ型受体将 Smad 家族的蛋白质(转录因子)磷酸化；B. 如果配体是活化素、Nodal 蛋白或 TGF-β 家族蛋白，磷酸化了的Ⅰ型受体将 Smad2 和 Smad3 磷酸化，如果配体是 BMP 家族蛋白，磷酸化了的Ⅰ型受体将 Smad1 和 Smad5 磷酸化，这些磷酸化了的 Smad 蛋白再与 Smad4 结合，形成有活性的转录因子复合体，进入细胞核并激活相应的基因。

蛋白质(转录因子)磷酸化。哪一种 Smad 蛋白质被磷酸化与配体的种类有关。如果配体是活化素、Nodal 蛋白或 TGF-β 家族蛋白,反应细胞胞质中的 Smad2 和 Smad3 被磷酸化。如果配体是 BMP 家族蛋白,反应细胞胞质中的 Smad1 和 Smad5 被磷酸化。这些磷酸化了的 Smad 蛋白再与 Smad4 结合,形成有活性的转录因子复合体。转录因子复合体进入细胞核,激活相应的基因。

二、近分泌信号

上述旁分泌信号是能够扩散的蛋白质,而近分泌信号却是不能扩散的蛋白质,它镶嵌于诱导细胞的质膜上,与反应细胞质膜上的受体相互作用。诱导细胞和反应细胞必须足够靠近,才能保证近诱导信号和它的受体相互作用。最常见的近分泌信号有 Delta、Jagged 和 Serrate 等蛋白质。它们的受体蛋白是 Notch。如图 9.27 所示,Notch 蛋白是反应细胞质膜上的跨膜蛋白,它的胞外部分能够与诱导细胞质膜上的配体分子结合。一旦结合了 Delta、Jagged 或 Serrate,Notch 的结构就发生改变,同时激活了细胞内的一种蛋白酶。该酶将 Notch 分子的胞内部分切割下来,切割下来的部分进入细胞核,与处于休眠状态的转录因子 CSL 结合。原先,CSL 与一个转录的抑制物结合在一起,并结合于基因的增强子上,抑制该基因的转录。当 Notch 的胞内部分结合于 CSL 时,它将转录抑制物移开,将转录激活剂如组蛋白乙酰基转移酶 P300 结合在 CSL 上,从而激活了 CSL,有活性的 CSL 就能开始基因的转录。

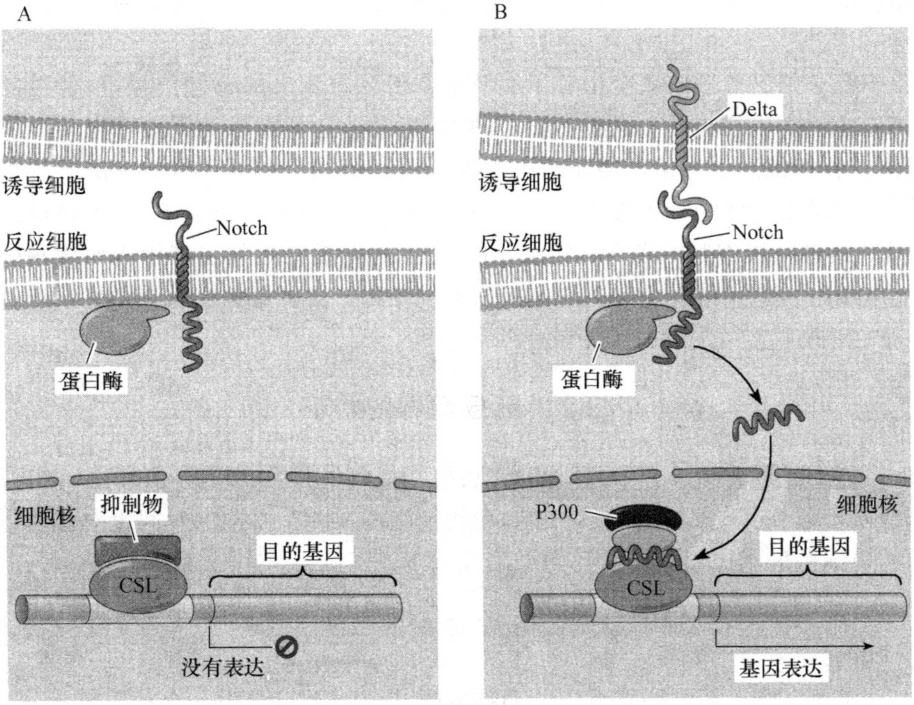

图 9.27 Notch 信号转导路径(自 Gilbert,2010)

A. 当配体没有结合于反应细胞的受体 Notch 时,转录因子 CSL 和转录抑制物结合,抑制特异的基因;B. 当配体结合于 Notch 时,Notch 的结构发生改变,激活了蛋白酶,该酶将 Notch 的胞内部分切割下来,切割下来的部分进入细胞核,结合于 CSL,并将转录抑制物移走,将组蛋白乙酰基转移酶(P300)结合在 CSL 上,从而激活了 CSL,开始基因的转录。

Notch信号转导路径与脊椎动物的肾脏、胰脏和心脏的形成有关。在神经系统的发育中，Notch信号转导路径显得尤为重要。在脊椎动物和果蝇的神经系统发育中，Delta和Notch的结合促使反应细胞不成为神经细胞。在脊椎动物眼睛的发育中，Notch和配体的结合调节神经细胞和胶质细胞的发育。

第六节 中胚层诱导

在20世纪七八十年代，许多研究人员致力于研究非洲爪蟾的初级诱导，并取得一些突破性的进展。研究表明，施培曼发现的初级诱导并非两栖类发育中最早出现的诱导。在初级诱导之前已经有了一个更早的诱导，即植物极内胚层细胞诱导其上方的动物极细胞形成中胚层细胞，这个诱导过程称为中胚导层诱导(mesoderm induction)。

一、非洲爪蟾的中胚层诱导

在非洲爪蟾的未受精卵中，沿着动植物轴，细胞质存在着差异。这种差异也体现在早期囊胚之中。如果将非洲爪蟾早期囊胚的动物极组织和植物极组织切下来分别加以培养，动物极组织将形成一团表皮细胞(外胚层)，植物极组织将形成内胚层细胞。一般认为，动物极细胞分化成为表皮组织和植物极细胞分化成为内胚层组织无需胚胎其他位置提供诱导信号，完全依赖于自身所含有的卵质决定子，因此属于自主特化。而囊胚边缘带区域细胞分化成为中胚层却是另外一种情形。

两栖类中胚层细胞的形成完全依赖于囊胚植物极区域发出的诱导信号，该信号能改变与植物极细胞邻近的动物极细胞的分化途径。这些位置的细胞本来是要自主特化成为表皮外胚层的，由于受到植物极细胞诱导信号的作用而改变发育途径，成为中胚层，这一诱导过程就是中胚层诱导。将非洲爪蟾囊胚的动物极组织(即动物极帽，animal cap)切下来，与植物极组织一起培养，3天之后观察动物极细胞的发育。组织学的研究表明，动物极帽将产生出肌肉细胞、脊索、血细胞和间充质细胞。免疫组织化学的研究表明动物极帽产生的细胞中含有中胚层所特有的蛋白质，如肌动蛋白、肌球蛋白等。

二、中胚层诱导的特征

非洲爪蟾的中胚层诱导具有一些明显特点：植物极细胞发出的诱导信号是一些可溶性的物质，该诱导信号扩散到其上方的动物极细胞，动物极细胞在一个有限的时间里对此诱导信号作出反应，即动物极细胞的感应性具有时间的局限性。

(一) 诱导信号是可扩散的物质

如果将从非洲爪蟾早期囊胚切下来的动物极帽和植物极组织用一个滤膜隔开来培养(该滤膜上的孔很小，胚胎细胞无法穿过这些孔隙)，中胚层诱导仍然可以发生。这表明植物极细胞发出的诱导信号是可扩散的物质(旁分泌因子)，中胚层诱导无需细胞的直接接触。诱导信号的有效扩散距离为80μm，相当于4个囊胚细胞的直径总和。在此距离之内，诱导信号的浓度足以在被诱导细胞中激发一系列反应，使之分化成为中胚层细胞。植物极细胞的诱导信号扩散的距离不止80μm，但是在超出80μm的地方，诱导信号的浓度太小，不足以发挥其诱导作用。

（二）动物极细胞的有限反应时间

在中胚层诱导中，动物极细胞只在一个有限的时间里能对诱导信号作出反应。过了这一段时间，动物极细胞就不会产生反应。中胚层诱导的开始时间大约是受精后的4h，此时胚胎发育进入32细胞期。中胚层诱导结束时间大致是在受精后11h，此时胚胎处于原肠胚形成的开始阶段。也就是说，在受精后4～11h（共7h）的这一段时间里，动物极细胞才会接受诱导。11h之后，动物极细胞就失去了反应能力。在这一段时间里，动物极细胞实际只需5h就可完成中胚层诱导，甚至只需2h的诱导就可产生肌肉细胞的某些特征。

中胚层诱导的结果是反应细胞中出现中胚层细胞所特有的基因表达。这种特异的基因表达出现于受精后的16h。如前所述，动物极细胞在受精后的4～11h这段时间里接受诱导。在这7h里，实际上只需诱导2h，肌肉细胞所特有的某些基因表达就会在反应细胞中出现。无论这2h的诱导发生于7h这段时程的前段、中段或后段，肌肉细胞所特有的基因表达总是发生在受精后的16h。也就是说，基因表达的开始时间与诱导完成的时间之间没有联系。在反应细胞中存在着一种时间控制机制，该机制确保被诱导的细胞在受精后固定的时间表达中胚层所特异表达的那些基因。

（三）中胚层诱导的信号分子

在非洲爪蟾卵子的植物极皮层中存在两种母体基因产物：*Vg1* mRNA和*VegT* mRNA。Vg1蛋白是TGF-β超家族的成员，它在中胚层诱导中起着非常重要的作用。如果将胚胎的*Vg1* mRNA去掉，就不会形成中胚层。*VegT* mRNA编码的蛋白质VegT是一种转录因子，它能够指导内胚层细胞合成并分泌某些TGF-β超家族的成员（活化素、Derriere和几种Nodal蛋白）。这些蛋白质扩散到上方的动物极细胞中，指导这些细胞表达非洲爪蟾*Brachyury*（*Xbra*）基因。*Xbra*编码的是一种转录因子，在它的作用下，中胚层特异基因表达，其结果是动物极细胞变成中胚层细胞。其中，活化素的量对于中胚层的形成至关重要，不同的浓度可以诱导出不同的结果。中等的量可以诱导*Xbra*的表达，而高浓度的活化素却能够促使动物极细胞表达组织者的特异基因。Vg1蛋白、活化素、Derriere蛋白和几种Nodal蛋白都是通过SMAD信号转导路径来发挥作用的，它们所起的作用是相互叠加的。

三、中胚层的分化

植物极细胞不但发出信号将其上方的动物极细胞诱导成为中胚层，而且还促使中胚层出现分化。其中，位于未来胚胎背侧的中胚层是脊索中胚层（组织者）和体节中胚层，其他的区域分化成为间介中胚层和侧板中胚层。因此，中胚层诱导就有了极性，而这种极性的产生也与植物极有关：植物极的背部发出的诱导信号与腹部发出的信号是不同的。背部发出的诱导信号诱导脊索中胚层和体节中胚层的形成，腹部发出的诱导信号诱导间介中胚层和侧板中胚层的形成。如图9.28所示，如果将植物极内胚层中未来背侧区域与动物极帽一起孵育，动物极帽将被诱导形成脊索和肌肉。如果将植物极内胚层中未来腹侧区域与动物极帽一起孵育，动物极帽将被诱导形成侧板中胚层的组织（如血管等）。

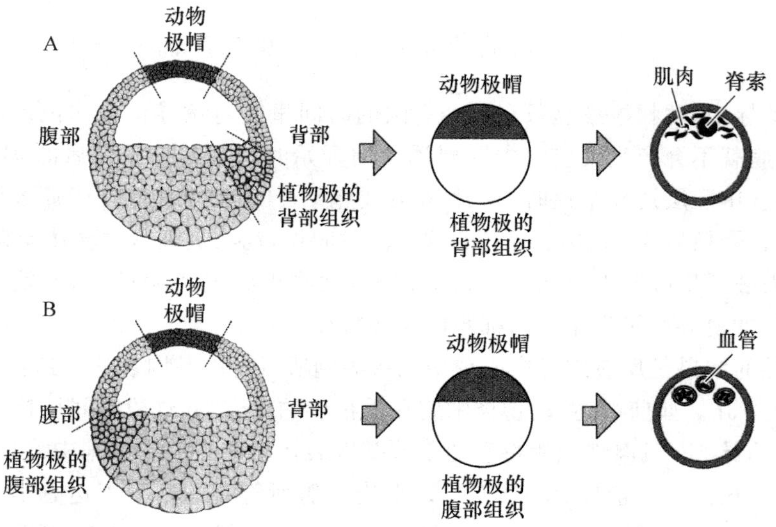

图 9.28　植物极内胚层诱导的差异(自 Wolpert,1998)

A. 将非洲爪蟾动物极帽和植物极的背部组织一起培养,动物极帽将被诱导形成脊索和肌肉;B. 将非洲爪蟾动物极帽和植物极的腹部组织一起培养,动物极帽将被诱导形成侧板中胚层组织(如血管)。

(一) Nieuwkoop 中心的建立

非洲爪蟾的未受精卵是以动植物轴为对称轴的辐射对称结构。受精后,这种辐射对称就被打破。在受精后的 90min 之内,卵子的皮层细胞质往精子穿入点的方向流动,在精子穿入点的对侧(未来胚胎的背侧)出现了灰色新月。与此同时,还出现了一个信号中心,称为 Nieuwkoop 中心(Nieuwkoop center)。Nieuwkoop 中心与灰色新月同侧,但与精子穿入点正相对(图 9.29),位于植物极内胚层。Nieuwkoop 中心和灰色新月所在的一侧就是未来胚胎的背侧,精子穿入点所在的一侧则为未来胚胎的腹侧。这样,在受精卵中就建立起了未来胚胎的背腹轴。

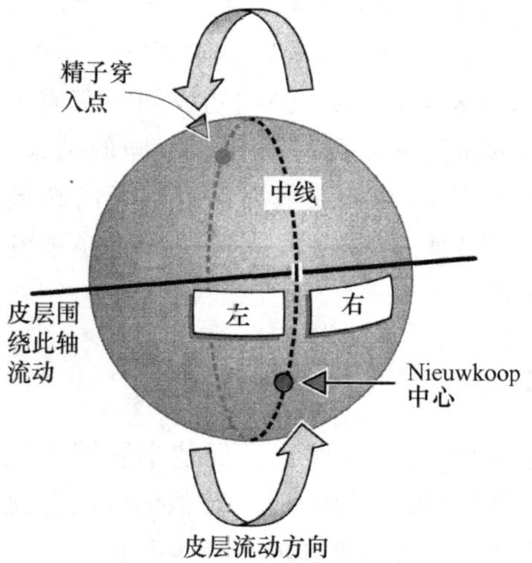

图 9.29　Nieuwkoop 中心
(自 Wolpert,1998)

卵子受精后,卵子的皮层细胞质往精子穿入点的方向流动。与此同时,在精子穿入点的对侧出现了 Nieuwkoop 中心。第一次卵裂的卵裂面恰好经过精子穿入点和 Nieuwkoop 中心,将胚胎分为左右对称的两部分。

Nieuwkoop 中心的出现不但建立了胚胎的背腹轴,还决定了胚胎的左右对称关系。第一次卵裂的裂面恰好经过精子穿入点和 Nieuwkoop 中心,并把胚胎分成左右两半。第二次卵裂的裂面把胚胎分为背腹两半。如果沿第二次卵裂的裂面将胚胎一分为二,则含有 Nieuwkoop 中心的那一侧即背侧会发育,而不含 Nieuwkoop 中心的那一侧即腹侧不会发育。如果将一个 64 细胞期胚胎的 Nieuwkoop 中心移植到另一个 64 细胞期胚胎的腹部,宿主将形成一个具有两个头部的胚胎(图 5.16)。然而,如果移植的是腹侧的细胞,就不会产生出这样的结果。这样，我们不难看出，Nieuwkoop 中心必定会发出某种信号影响胚胎的发育。这种信号的一个重要作用就是将位于 Nieuwkoop 中心上方的中胚层区域特化成为组织者。

那么，为什么 Nieuwkoop 中心具有这种特性呢？Nieuwkoop 中心具有这种特性与 β 联蛋白有关。β 联蛋白是一种多功能的蛋白质：它在细胞中能够固定钙黏着蛋白；在 Wnt 信号转导路径中，它是转录因子；在海胆胚胎发育中，它能促使小分裂球进行自主特化。在非洲爪蟾的卵子中，β 联蛋白的 mRNA 作为母体的基因产物均匀地分布于全卵。受精后，β 联蛋白 mRNA 翻译成蛋白质，并积累于未来胚胎的背侧。在卵裂的过程中，它依然位于背侧的细胞中，即 Nieuwkoop 中心和其上方的组织者中。

为什么 β 联蛋白开始合成时是分布于整个卵子，后来只积累在胚胎的背部？这与蛋白质 Disheveled(Dsh)和糖元合成酶激酶 3(GSK3)结合蛋白(GSK3-binding protein，GBP)的移位有关。在未受精卵中，Dsh 和 GBP 都位于植物极。受精后，Dsh 和 GBP 移动到未来胚胎的背部区域。GBP 和 Dsh 都能抑制 GSK3 的活性，以免 β 联蛋白被降解。受精后，卵子的皮层细胞质和深层细胞质之间出现了一层平行排列的微管，其走向与将来皮层细胞质流动的方向一致。这一层微管在皮层细胞质流动之前出现，在皮层细胞质流动之后消失(详见第三章)。一种称为驱动蛋白(kinesin)的 ATP 酶动力蛋白(ATPase motor protein)能够贴在这一层微管上，并随着皮层细胞质一起运动，即向未来胚胎背部的方向运动。Dsh 结合于 GBP，GBP 结合于驱动蛋白，跟随着微管一起从植物极运动到未来胚胎的背部。到达背部后，GBP 和 Dsh 从微管上脱落下来。GBP 促使 GSK3 失活，失活的 GSK3 不能降解 β 联蛋白。受精卵其他区域的 β 联蛋白由于没有 GBP 的保护都被降解了。这样，仅有未来胚胎的背部才积累了 β 联蛋白。

在卵子发生过程中，植物极区域积累了母体基因 *Wnt11* 的 mRNA。在受精后，它也随着皮层细胞质的流动从植物极迁移到未来胚胎的背部。在背部，*Wnt11* mRNA 翻译成 Wnt11。这样，Wnt11 也集中于胚胎背部的细胞中。Wnt11 和 Dsh 是 Wnt 信号转导路径的成员，当 Wnt11 结合于反应细胞(胚胎背部的卵裂球)质膜上的受体 Frizzled 蛋白上时，Frizzled 激活蛋白质 Dsh。一旦 Dsh 被激活，它也抑制 GSK3 的活性，以免 β 联蛋白被降解。转录因子 β 联蛋白没被降解，就能进入细胞核，结合于蛋白质 LET 或 TCF，使得背部细胞的特异基因得以表达。而腹部细胞没有 Wnt11 信号转导，细胞核中没有 β 联蛋白，因此不能产生特异的基因表达。

(二) 中胚层分化的诱导信号

中胚层的继续分化(形成脊索中胚层、体节中胚层、间介中胚层和侧板中胚层)与不同的诱导信号有关。位于背部的中胚层在背部化信号(dorsal signal)的诱导下，表达了某些特异的基因，形成了脊索中胚层和体节中胚层。位于腹部的中胚层则分化成为间介中胚层和侧板中胚层。

背部化信号有的存在于胚胎背部，有的来自 Nieuwkoop 中心。存在于胚胎背部的背部化信号就是 β 联蛋白。β 联蛋白结合于 Tcf3，将它从转录的抑制剂转变成为转录的激活剂，这样胚胎背部卵裂球的特异基因表达得以进行。β 联蛋白和 Tcf3 激活的基因是 *twin* 和 *siamois*。这两个基因编码的是含有同源异型框的转录因子。它们结合在某些基因的增强子上，促进这些基因的表达。这些基因编码的是转录因子(Goosecoid、Xlim1)和旁分泌因子(Noggin、Chordin、Frzb、Cerberus)。这些蛋白质都是胚胎背部所特有的，赋予背部中胚层与其他位置中胚层不同的特性(图 9.30)。

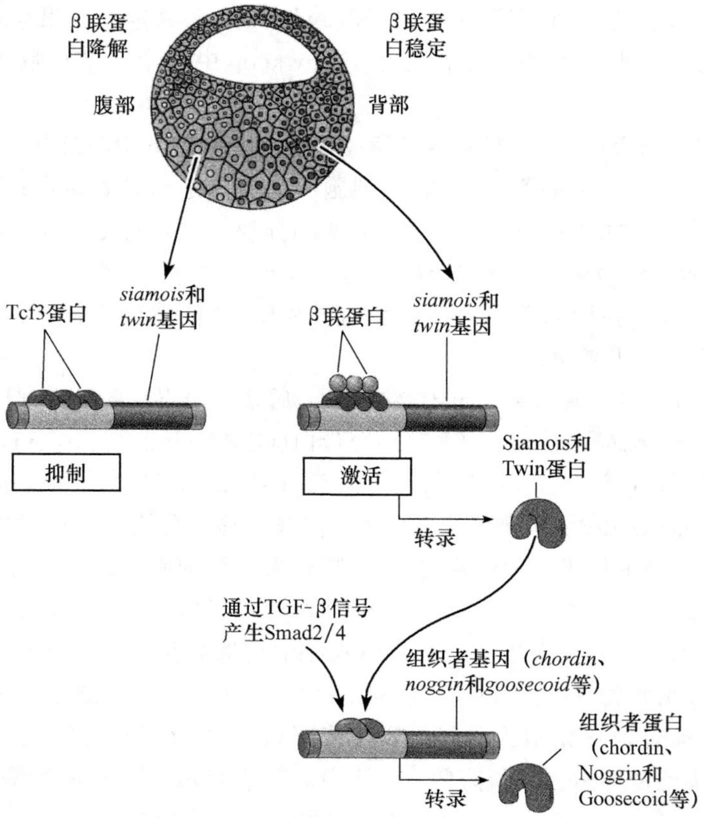

图 9.30　胚胎背部特异基因表达的机制（自 Gilbert，2010）

在胚胎腹部，β联蛋白被降解，*twin* 和 *siamois* 基因不能表达。在胚胎背部，β联蛋白进入细胞核，*twin* 和 *siamois* 基因表达。Twin 和 Siamois 是转录因子，能促进背部中胚层特有的基因表达。同时，背部的细胞通过 TGF-β 信号转导路径产生磷酸化了的 Smad2。Smad2 和 Smad4 结合，形成转录因子复合物，也进入细胞核，促进背部中胚层特有的基因表达。

事实上，根据前面的阐述，在 Nieuwkoop 中心也有 β 联蛋白。那么，Nieuwkoop 中心能否表达背部中胚层特异表达的那些基因（*Goosecoid*、*Xlim1*、*Noggin*、*Chordin*、*Frzb* 和 *Cerberus*）呢？答案是否定的，原因是在 Nieuwkoop 中心存在着和其他植物极内胚层一样的转录因子 VegT。而 VegT 能够抑制这些背部中胚层特异表达的基因。因此，尽管 Nieuwkoop 中心也有 β 联蛋白，但是它不能成为背部中胚层。

除了 β 联蛋白能够引起背部中胚层相关基因的表达以外，从 Nieuwkoop 中心扩散来的诱导信号也能够促进这些背部中胚层相关基因的表达。前面已经说过，在植物极内胚层中存在着 TGF-β 超家族的成员 Vg1 蛋白，以及由转录因子 VegT 诱导出来的其他 TGF-β 超家族的成员，包括活化素、Derriere 和几种 Nodal 蛋白（也称为 Nodal 相关蛋白）。而且，在植物极内胚层中，Nodal 相关蛋白的量存在着一个浓度梯度：腹侧的量最低，背侧的量最高。这种浓度梯度的出现与 VegT 和 β 联蛋白有关。VegT 能够诱导 Nodal 相关蛋白的产生，β 联蛋白能够协助 VegT 的诱导作用。而 β 联蛋白位于背部，因此，在背部内胚层区域（Nieuwkoop 中心），Nodal 相关蛋白的浓度最高；而在胚胎腹部，由于没有 β 联蛋白，所以 Nodal 相关蛋白的浓度最低。

这样，位于植物极内胚层上方的中胚层受到不同剂量的 Nodal 相关蛋白的作用。受到最小剂量 Nodal 相关蛋白作用的中胚层是位于腹部的中胚层，它将表达 *BMP4* 和 *Xwnt8*，并将成为侧板中胚层。受到中等剂量 Nodal 相关蛋白作用的中胚层是位于两侧的中胚层，将分化成为侧板中胚层和间介中胚层。而受到最大剂量 Nodal 相关蛋白作用的中胚层是位于背部的中胚层。高浓度的 Nodal 相关蛋白和其他 TGF-β 超家族的成员从 Nieuwkoop 中心扩散进入其背侧的中胚层中，结合于卵裂球质膜的受体（Ⅰ型受体和Ⅱ型受体）上，受体被激活。有活性的受体进而激活细胞质中的转录因子 Smad2。有活性的 Smad2 和 Smad4 蛋白结合，形成转录因子复合物，进入细胞核，并和 Siamois 蛋白、Twin 蛋白相互作用，引起特异基因的表达（图 9.30）。这些特异表达的基因就是上述背部中胚层特异表达的那些基因：*Goosecoid*、*Xlim1*、*Noggin*、*Chordin*、*Frzb* 和 *Cerberus*。

第十章　果蝇胚胎体轴的建立

在动物的早期发育中，胚胎体轴(embryonic axis)的建立对于发育的正常进行至关重要。对于一只两侧对称的动物来说，身体中存在三个体轴：前后轴(anterior-posterior axis)、背腹轴(dorsal-ventral axis)和左右轴(right-left axis)(图 10.1)。前后轴是从头部到尾部的一条直线；背腹轴是从背部到腹部的直线；左右轴是身体两侧的连线。

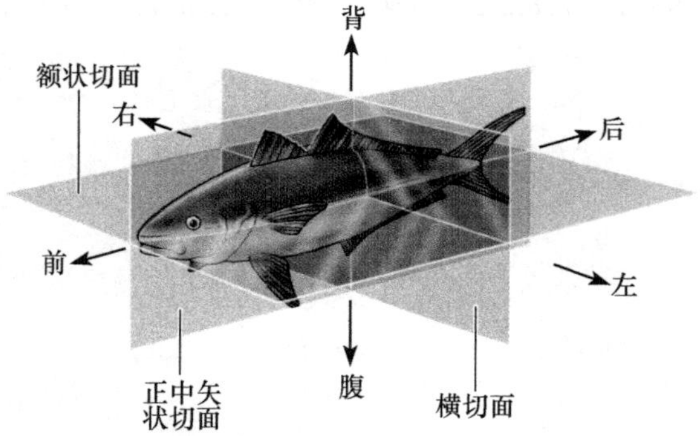

图 10.1　鱼体的三个体轴(自 Gilbert，2000)
显示鱼体的前后轴、背腹轴和左右轴，其他脊椎动物的情形与鱼类的大致相同。

体轴的形成需要大量的基因参与，这些基因大致可以分为两类：母体基因[maternal gene，也称为母体效应基因(maternal effect gene)]和合子基因(zygotic gene)。母体基因参与体轴的形成，是指在卵子发生阶段母体基因表达后形成的基因产物(mRNA 和蛋白质)在发育阶段影响体轴的形成。在卵子发生过程中，卵母细胞内积累了大量的 mRNA，这些 mRNA 称为卵生 mRNA(oogenetic mRNA)。卵生 mRNA 在卵子中的分布有其特异性，不同种类的卵生 mRNA 在卵子中的分布位置不尽相同，这就为体轴的分化打下了基础。受精前，绝大多数卵生 mRNA 并没有被卵母细胞利用。受精后，卵生 mRNA 指导受精卵中蛋白质的合成。

受精后，雌雄配子的核携带的基因组成合子的基因组。合子基因组形成后没有立即发挥作用。在许多动物中，囊胚之前的卵裂阶段，仅有极少量的合子基因表达。由合子基因表达形成的 mRNA 称为合子 mRNA(zygotic mRNA)。合子 mRNA 在囊胚期开始大量合成，此时，指导发育的任务才逐渐由合子基因取代。合子基因在母体基因作用的基础上进一步对体轴的分化进行调节。参与体轴分化的合子基因有多种，其中有一类称为同源异型基因(homeotic gene)的合子基因对于胚胎前后轴的形成起着非常关键的作用。

本章仅以果蝇为代表动物阐述动物发育过程中前后轴和背腹轴的形成过程，由于篇幅所限，其他动物的体轴形成在此不再进行阐述。在果蝇的早期发育中，大约有 50 个母体基因参与这两个体轴的形成。这些母体基因的产物在未受精卵中各有其特定的分布区域，这样就形成了位置信息的基本框架。中囊胚转变后，位置信息激活了合子基因。由于胚胎各处位置信息的差异，合子基因的表达也出现了差异。由于合子基因的差异表达，胚胎的前后轴和背腹轴才得以逐渐形成。

第一节　果蝇胚胎前后轴的形成

母体基因中参与胚体前后轴分化的基因有三类：一类控制胚体前部的发育；一类控制胚体后部的发育；一类控制胚体前后两端的发育。母体基因的表达使得未受精卵前后轴上细胞质组分出现差异，这些差异便是胚胎发育中胚体前后轴上不同的形态结构形成的基础(参见第九章的“合胞特化”内容)。

一、母体基因指导前后轴的分化

在昆虫的发育中，先出现 14 个副体节，之后形成 14 个体节。其中头部体节 3 个，胸部体节 3 个，腹部体节 8 个。此外，在头尾两端还分别出现顶节（acron）和尾节（telson）（图 10.2）。要是控制胚体前后轴发育的母体基因发生突变，胚体前后轴的发育就会受到影响。假如控制胚体前部发育的基因（如 *bicoid*）突变，将导致胚体头胸部结构的缩短甚至缺如，或由胚体后部结构取代胚体前部结构。如果控制胚体后部发育的基因（如 *nanos*）突变，将导致腹部体节缺如，形成短小的胚胎。如果控制胚胎头尾两端发育的基因（如 *torso*）突变，将影响胚胎头尾端顶节和尾节的发育。

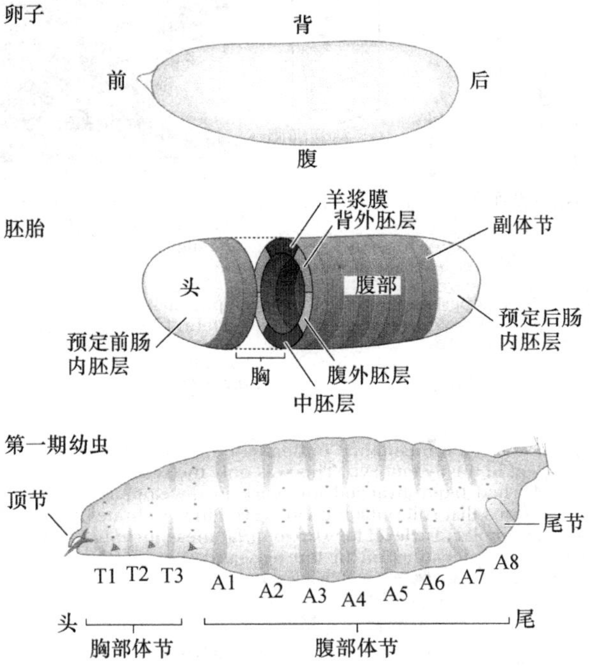

图 10.2　果蝇的前后轴和背腹轴（自 Wolpert，1998）

显示果蝇的卵子、胚胎和第一期幼虫前后轴的主要差异，在胚胎阶段还显示背腹轴的差异。

最先促使卵子细胞质出现前后差异的母体基因是 *gurken*。*gurken* mRNA 先是在卵室的抚育细胞中合成，以后移到卵母细胞中。在卵母细胞中，*gurken* mRNA 位于细胞核的后方，介于细胞核和卵室后端的滤泡细胞之间。在那里，*gurken* mRNA 翻译成 Gurken 蛋白。同时，在卵室后端的滤泡细胞中表达 *torpedo* 基因，其基因产物 Torpedo 蛋白镶嵌在滤泡细胞的质膜上，作为 Gurken 的受体。由于 Gurken 靠近卵室后端的滤泡细胞，因此，Gurken 结合于 Torpedo 上。这样，在卵室后端的滤泡细胞中产生了一系列反应，反应的结果是滤泡细胞向卵母细胞发出一种信号。在该信号的作用下，卵母细胞中的 Par-1 蛋白聚集于细胞的后部。Par-1 能够使卵母细胞中的微管蛋白聚合成为微管。微管的负端（不会伸长的一端）固定于卵母细胞的前端，正端（能够伸长的一端）朝向卵母细胞的后端（图 10.3A～C）。

卵母细胞中微管的定向排列为其他母体基因产物的分布打下了基础。不同的动力蛋白（motor protein）将携带不同的 mRNA 或蛋白质沿着微管朝着不同的方向运动。例如，驱动蛋白

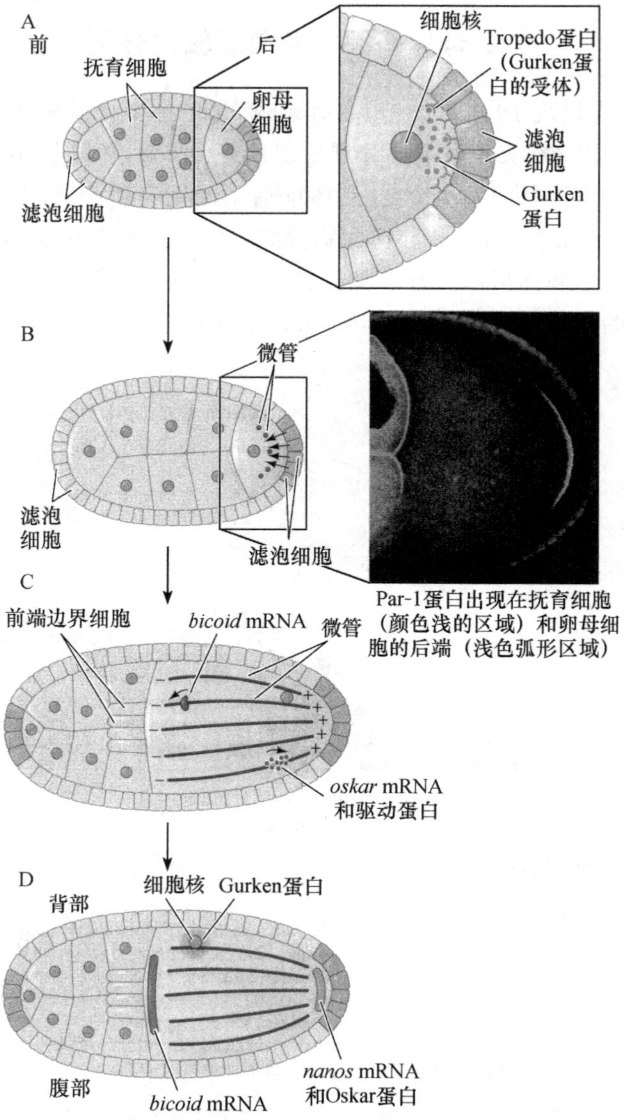

图 10.3　几种母体基因产物在卵子中的分布(自 Gilbert,2010)

A. 显示一个卵室,卵母细胞位于卵室的后端,卵母细胞中的 Gurken 蛋白结合于卵室后端滤泡细胞质膜的 Torpedo 蛋白上;B. 卵室后端的滤泡细胞中产生了一系列反应,并向卵母细胞发出了一种信号,在该信号的作用下,Par-1 蛋白聚集于卵母细胞的后部,并使微管蛋白聚合成为微管;C. 微管的负端固定于卵母细胞的前端,正端朝向卵母细胞的后端,不同的动力蛋白分别携带 *bicoid* mRNA 和 *oskar* mRNA 沿着微管向卵子的前后端移动;D. *bicoid* mRNA 聚集于卵母细胞的前端,*nanos* mRNA 聚集于卵母细胞的后端。

(一种动力蛋白,也是 ATP 酶)沿着微管将其携带的物质运输到微管的正端(卵子的后端)。另一种动力蛋白 Dynein 则相反,它将携带的物质运输到微管的负端(卵子的前端)。*oskar* mRNA 就是以这种方式被运输到卵母细胞后端的细胞质中(图 10.3C),并在那里翻译成为 Oskar 蛋白。Oskar 能够聚集更多的 Par-1,这样使得微管的排列更加稳定,更多的母体基因产物被运送到卵子的后端,在卵子的后端出现了极质(pole plasm),奠定了极细胞形成的基础。

随着更多的抚育细胞中的 mRNA 被运送进入卵母细胞,卵母细胞的体积不断扩大。*bicoid* mRNA 和 *nanos* mRNA 进入卵母细胞后,也被相应的动力蛋白运送到卵母细胞的不同部位。其中,*bicoid* mRNA 位于卵母细胞的前端,*nanos* mRNA 位于卵母细胞的后端(图 10.3D)。*bicoid* mRNA 和 *nanos* mRNA 编码的蛋白质在建立胚胎前后轴的过程中起了非常重要的作用。受精后,*bicoid* mRNA 和 *nanos* mRNA 翻译成为 Bicoid 蛋白和 Nanos 蛋白。在受精卵的前端,Bicoid 的浓度最高,并从前端向后端扩散;在受精卵的后端,Nanos 的浓度最高,并从后端向前端扩散。这样,在合胞体胚盘中形成了 Bicoid 和 Nanos 的浓度梯度。这两种蛋白质的浓度梯度决定了胚胎前后轴的形成(图 10.4)。

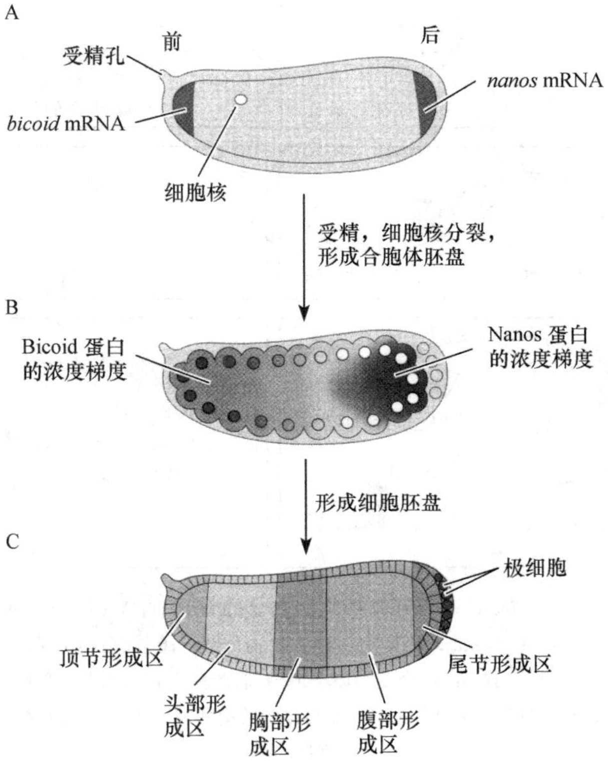

图 10.4 Bicoid 蛋白和 Nanos 蛋白的浓度梯度(自 Gilbert,2010)

A. 在卵子中,*bicoid* mRNA 和 *nanos* mRNA 分别位于前后端;B. 在合胞体胚盘阶段,胚胎前端的 Bicoid 蛋白的浓度最高,并向后扩散;胚胎后端的 Nanos 蛋白的浓度最高,并向前扩散;C. 在细胞胚盘阶段,胚胎的前后轴将依次产生不同的结构。

(一) *bicoid* 基因控制胚体前部的发育

在卵母细胞中,*bicoid* mRNA 被动力蛋白 Dynein 运送到卵母细胞的前端。受精后,Bicoid 蛋白在卵母细胞的前端合成,并向后扩散。Bicoid 的半衰期约为 30min,在从前端往后端扩散的过程中逐渐降解,这也为 Bicoid 浓度从前端到后端呈梯度分布创造了一个条件。

bicoid 基因在发育中的作用由以下实验可见一斑。在果蝇中,*bicoid* 突变体胚胎缺前部体节,头部有尾节而没有顶节。如果将野生型果蝇卵子的前端用针刺一下,让其流出部分细胞质,由该卵发育而成的胚胎与 *bicoid* 突变体十分相似。相反,如果将野生型果蝇卵子前端的细胞质取出,注射到 *bicoid* 突变的卵子前端,则该突变体胚胎能发育出部分前部结构。如果将野生型果蝇卵子前端细胞质注射到突变体卵子的中部,则将来胚胎的头部结构将出现于中央,其两侧将

出现胸部结构(图 10.5)。

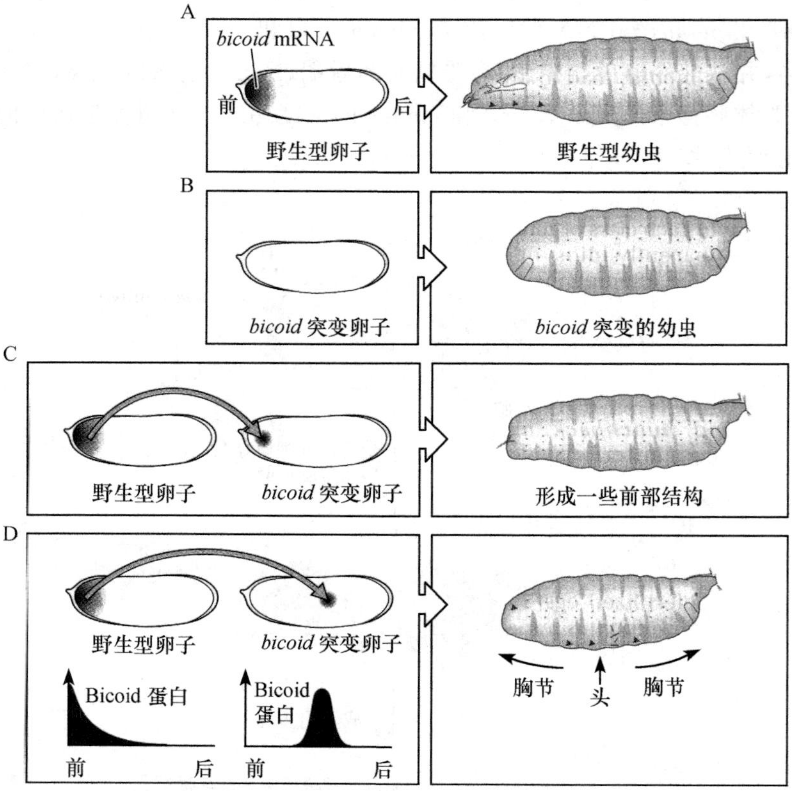

图 10.5　*bicoid* 基因和果蝇胚胎前部的发育(自 Wolpert,1998)

A. 野生型果蝇;B. *bicoid* 基因突变的果蝇,缺前部结构;C. 将野生型果蝇卵子前端的细胞质取出,注射到 *bicoid* 突变的卵子前端,胚胎能发育出部分前部结构;D. 将野生型果蝇卵子前端细胞质注射到突变体卵子的中部,胚胎的头部结构将出现于中央,其两侧将出现胸部结构。

Bicoid 蛋白是一种转录因子,它能调节某些合子基因(*hunchback*、*buttonhead*、*empty spiracles* 和 *orthodenticle* 等)的表达,使得胚体前后轴进一步分化。因此,*bicoid* 是调节果蝇发育的重要母体基因。Bicoid 浓度最高的区域将形成胚胎的头部,Bicoid 浓度稍低的地方将形成腭,Bicoid 浓度中等的区域将形成胸部,而没有 Bicoid 或 Bicoid 含量极少的区域将形成腹部。

(二) *nanos* 基因等控制胚体后部的发育

胚体后部的发育受一组母体基因(*nanos*、*oskar*、*valois*、*vasa*、*staufen* 和 *tudor* 等)的控制。如果这些基因发生突变,果蝇幼虫的腹部发育将出现畸型,这些突变体比正常的幼虫短,因为它们缺少部分腹部。在这些基因中,*oskar* 的作用很重要。*oskar* 的作用是将 *nanos* mRNA 定位于未受精卵的后端。*oskar* mRNA 和 Staufen 蛋白结合于动力蛋白,由动力蛋白携带着沿微管迁移到卵母细胞的后端。在那里,它们结合于微丝,定位于后端的皮层细胞质中。Staufen 促使 *oskar* mRNA 翻译成为 Oskar 蛋白。Oskar 结合 *nanos* mRNA,使得 *nanos* mRNA 定位于卵母细胞的后端。

nanos mRNA 像 *bicoid* mRNA 一样也在受精后翻译成蛋白质，并在胚胎中形成一个分布梯度。Nanos 在胚胎的后部浓度最高，逐渐向前部递减(图 10.4)。Nanos 能够影响其他 mRNA 的翻译，进而调节胚胎前后轴的分化。

(三) 母体基因 *hunchback* 和 *caudal* 参与前后轴分化

除了 *bicoid* 和 *nanos* 以外，另外两个母体基因也参与前后轴的分化。这两个母体基因是 *hunchback* 和 *caudal*。

Nanos 蛋白的作用是结合于母体基因 *hunchback* 的 mRNA 上，抑制 *hunchback* mRNA 的翻译。*hunchback* mRNA 也是抚育细胞合成的，运送到卵母细胞中，并均匀地分布于未受精卵。由于 Nanos 在胚胎中的分布是从后端往前端递减，因此，在胚胎后端，*hunchback* mRNA 的翻译受到抑制的程度较大。而在胚胎前端，*hunchback* mRNA 的翻译受到较小程度的抑制。这样，在胚胎中，Hunchback 蛋白的量在前端最多，在后端最少，呈现了从前端往后端逐渐递减的梯度(图 10.6)。Hunchback 是一种转录因子，它进而调节其他合子基因的表达。

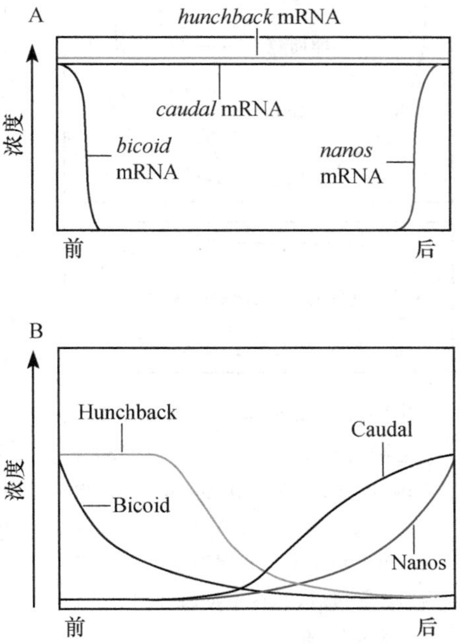

图 10.6　几种母体基因产物在果蝇卵母细胞和胚胎中的分布(自 Gilbert,2000)
A. *bicoid* mRNA、*hunchback* mRNA、*caudal* mRNA 和 *nanos* mRNA 在卵母细胞中的分布；B. Bicoid 蛋白、Hunchback 蛋白、Caudal 蛋白和 Nanos 蛋白在早期胚胎(卵裂阶段)中的分布。

另一个母体基因 *caudal* 的 mRNA 也是在抚育细胞中合成的。当它被运送到卵母细胞中后，像 *hunchback* mRNA 一样均匀分布于未受精卵中，并在受精后翻译成为 Caudal 蛋白。由于 Bicoid 在胚胎中的分布是从胚体前端往后端递减，而 Bicoid 又对 *caudal* mRNA 的翻译起抑制作用，因此在胚体中，Caudal 的合成在胚胎前端最少，在胚胎后端最多，呈现出从前端往后端逐渐递增的梯度分布。该分布梯度与 Nanos 的分布梯度一样，但是与 Hunchback 的分布梯度相反(图 10.6)。Caudal 对胚体后部结构(腹部体节)的形成至关重要，要是胚体后部缺少 Caudal，胚胎的腹部体节或者愈合或者部分缺如。

(四) *torso* 基因控制胚体头尾两端的发育

除了参与胚胎前部和后部发育的基因以外，还有第三类母体基因控制胚胎头端(头部前端及顶节)和尾端(最后端的腹部体节及尾节)的分化。在这类基因中最重要的一个是 *torso*。要是 *torso* 突变，胚胎将缺少顶节和尾节。这表明胚体的头尾两端结构尽管在解剖学上分居两处，却受同一机制调节。

torso mRNA 由卵室中的抚育细胞合成，以后运送到卵母细胞中。受精后，*torso* mRNA 翻译成为 Torso 蛋白。Torso 是一种受体酪氨酸激酶，均匀地镶嵌于卵子的质膜中。其伸向卵周隙的部分是受体，伸向胞质的部分是蛋白质激酶。在卵子发生过程中，位于卵母细胞头尾两端的滤泡细胞会表达 *torsolike* 基因。*torsolike* mRNA 翻译成为 Torsolike 蛋白。Torsolike 越过卵黄膜，沉积于卵子头尾两端的卵黄膜内侧。Torsolike 是 Torso 的配体，能结合于 Torso 上。但

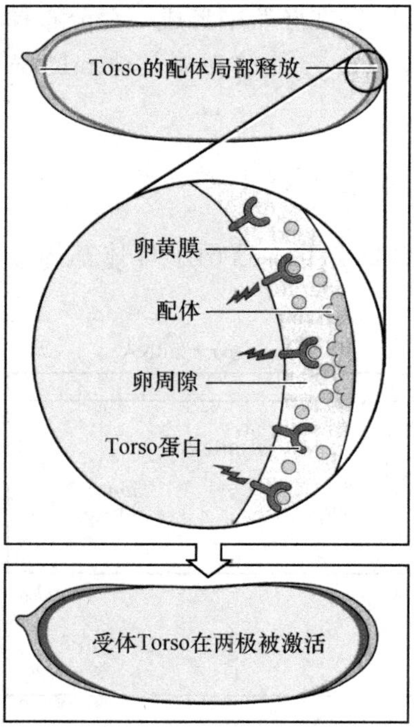

图 10.7　*torso* 基因参与胚胎头尾端的分化(自 Wolpert,1998)
Torso 蛋白是一种受体酪氨酸激酶,均匀地镶嵌于卵子的质膜上。Torsolike 蛋白只沉积于卵子头尾两端的卵黄膜内侧。受精后,Torsolike 离开卵黄膜,越过卵周隙,结合于受体 Torso 上,引发一系列反应,导致胚胎头尾两端特异基因的表达。

是,在未受精卵中,Torsolike 处于休眠状态,仅是黏于卵黄膜上。受精后,Torsolike 离开卵黄膜,越过卵周隙,结合于 Torso 上。由于 Torsolike 仅处于卵子的头尾两端卵周隙中,其他位置没有这种蛋白质,因此,卵子质膜上也仅有头尾两端的 Torso 能结合 Torsolike。Torsolike 一旦结合到受体上,就引发一系列反应。先是 Torso 的胞质部分磷酸化,磷酸化了的 Torso 进而使其他蛋白磷酸化,并将胞质中的某种转录因子磷酸化;磷酸化了的转录因子进而进入胚胎头尾两端的细胞核中,激活某些合子基因,引起胚胎头尾两端结构的分化(图 10.7)。

二、合子基因调节胚胎前后轴的进一步分化

在前后轴的发育过程中,母体基因起的作用是为合子基因的表达奠定基础,前后轴的最终分化依赖于合子基因的表达。参与前后轴分化的合子基因是一些分节基因(segmentation gene)。分节基因起的作用是沿着前后轴将胚胎分成一系列的体节,这些体节各有其特性。从前向后,这些体节分别参与头部、胸部和腹部的形成。这些分节基因可以分为三类:裂隙基因(gap gene)、配对规则基因(pair-rule gene)和体节极性基因(segment polarity gene)。

(一) 裂 隙 基 因

在胚胎前后轴分化中最早表达的合子基因是裂隙基因。裂隙基因主要包括 *hunchback*、*giant*、*Kruppel*、*knirps* 和 *tailless* 等。这些基因表达的区域往往呈一条或两条与胚胎前后轴垂直的横带(图 10.8)。裂隙基因的产物是一类转录因子,它们将调节其他分节基因的表达。

在合胞体胚盘阶段,胚胎前后轴上 Bicoid 蛋白的分布存在着浓度梯度。Bicoid 是同源异型域转录因子,它结合于 *hunchback* 的启动子区域,调节裂隙基因中 *hunckback* 的表达。*hunchback* 是裂隙基因中最先表达的基因(*hunckback* 既是母体基因,又是合子基因)。*hunchback* 的表达局限于胚胎的前半部,这是 Bicoid 在胚胎前半部的浓度达到一定阈值的缘故。*hunchback* 的表达与 Bicoid 的量密切相关。只有当 Bicoid 的量达到一定阈值时,*hunchback* 才能表达。而果蝇合胞体胚盘中,只有前半部分的 Bicoid 量才达到此阈值,因此,只有胚胎前半部能够表达 *hunchback*(图 10.8)。

Hunchback 蛋白亦是一种转录因子,它进而调节其他裂隙基因的表达。除 *hunchback* 以外的其他裂隙基因的表达往往局限于胚胎的某一狭窄的区域,呈一条横带状。裂隙基因表达范围的界限受到 Hunchback 和其他蛋白质的调节。以 *Kruppel* 的表达为例可以体现这一调节机理。*Kruppel* 的表达受 Bicoid 和 Hunchback 的激活,其中 Hunchback 的量至关重要。当 Hunchback 的量高于某一阈值(抑制阈值)时,*Kruppel* 不表达;当 Hunchback 的量低于某一阈值(激活阈值)时,*Kruppel* 也不表达;只有当 Hunchback 的量介于激活阈值和抑制阈值之间时,

Kruppel 才能表达。在果蝇的胚胎中，只有位于胚胎中央的 Hunchback 的量才介于这两个阈值之间，因此，只有此处的细胞核才能表达 *Kruppel*。这样，*Kruppel* 表达的范围呈一条带状，位于胚胎的中央(图 10.8)。

如果增加母体基因 *bicoid* 的剂量，Hunchback 的量也会随之增加，适合于 *Kruppel* 基因表达的 Hunchback 量的范围就会后移，这样 *Kruppel* 表达的区带也会后移。相反，在 *bicoid* 突变体中，由于缺 Bicoid，合子基因 *hunchback* 将不会表达。但是，由于母体基因 *hunchback* 的 mRNA 受 Nanos 调节后只在胚胎前部得以翻译，胚胎前部出现了 Hunchback(图 10.6)，并且该蛋白质的量恰好适于激活 *Kruppel*(介于抑制阈值和激活阈值之间)，这样，在整个胚胎前部，*Kruppel* 都能表达，不会局限于一个带状的范围内进行表达。

giant 的表达也与 Bicoid 和 Hunchback 有关。只有高剂量的 Bicoid 和 Hunchback 才能促使 *giant* 的表达。因此，在胚胎前部，*giant* 得以表达。但是，*giant* 的表达也与 Caudal 的量有关。在胚胎后部，较高剂量的 Caudal 也能激活 *giant*。这样，*giant* 在胚胎的前部和后部都表达，呈现了两条横带(图 10.8)。*knirps* 的表达也受 Caudal 的调节。较高剂量的 Caudal 才能激活 *knirps*，所以 *knirps* 在胚胎的后部表达(图 10.8)。

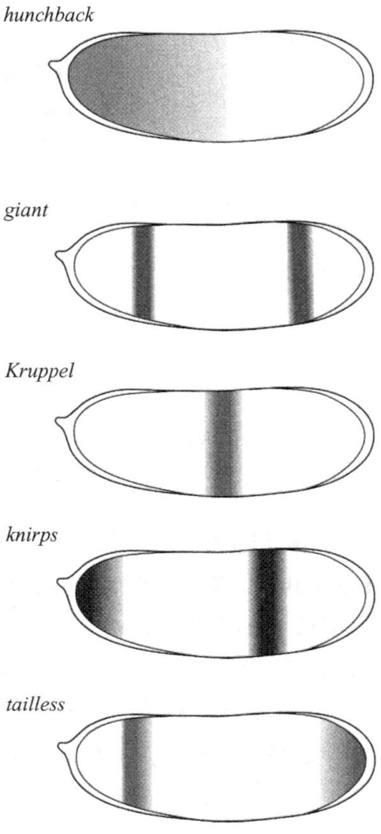

图 10.8　裂隙基因在果蝇早期胚胎中的表达(自 Wolpert，1998)
裂隙基因在果蝇胚胎前后轴的不同位置表达，它的表达受到 Bicoid 蛋白、Hunchback 蛋白等的调节。

(二) 配对规则基因

在分节基因中，裂隙基因是最早表达的基因，随后表达的是配对规则基因。配对规则基因包括 *even-skipped*、*hairy*、*runt*、*fushi tarazu*、*odd-paired*、*odd-skipped*、*sloppy-paired* 和 *paired* 等基因。在果蝇的原肠胚形成中，副体节的出现与配对规则基因的表达有关。在第 13 个卵裂周期，细胞胚盘开始形成，胚胎表面出现了细胞结构。此时，配对规则基因开始表达，而副体节也在此时出现。配对规则基因表达的区域和裂隙基因的相似，也是呈现与胚胎前后轴垂直的横带。配对规则基因的表达受到裂隙基因的调节。不同的裂隙蛋白的浓度决定了配对规则基因是否表达。

配对规则基因中 *even-skipped* 表达的结果在胚胎中形成 7 条含有 Even-skipped 蛋白的细胞带。若用免疫组化的方法对 Even-skipped 进行定位，胚胎表面会出现 7 条含 Even-skipped 的细胞带。*fushi tarazu* 表达的结果也在胚胎中形成 7 条含有 Fushi tarazu 蛋白的细胞带。同样，用免疫组织化学方法也能显示出这 7 条细胞带(图 10.9)。7 条含 Even-skipped 的细胞带和 7 条含 Fushi tarazu 的细胞带相间排列，其中奇数号的细胞带是 *even-skipped* 表达后形成的，偶数号的细胞带是 *fushi tarazu* 表达后形成的。这 14 条细胞带就是 14 个副体节的原基。

配对规则基因在每一条细胞带中的表达都与裂隙基因产物有关。但是，在每一条细胞带中，配对规则基因的表达又有其独立性。以 *even-skipped* 的表达为例，尽管 *even-skipped* 在 7 条细胞带中表达，但在每条细胞带中调节 *even-skipped* 表达的因素却不尽相同。以第二条 *even-skipped* 细胞带的形成为例，它的形成需要 Bicoid、Hunchback、Kruppel 和 Giant 的调节。当 Bicoid

图 10.9　*even-skipped* 基因和 *fushi tarazu* 基因在细胞胚盘的表达(自 Wolpert,1998)
果蝇细胞胚盘的免疫组织化学照片,显示 7 条含 Even-skipped 蛋白的细胞带和 7 条含 Fushi tarazu 蛋白的细胞带相间排列。这 14 条细胞带就是 14 个副体节的原基。

和 Hunchback 达到激活阈值时,就会激活 *even-skipped*。在胚胎前部的细胞核中,Bicoid 和 Hunchback 都达到激活 *even-skipped* 的阈值以上。但是,*even-skipped* 并非在整个胚胎前部的细胞核中都表达,仅仅在狭窄的细胞带中表达。究其原因是 *even-skipped* 的表达还受到 Kruppel 和 Giant 的抑制。当 Kruppel 和 Giant 超过一定的量时,对 *even-skipped* 起抑制作用。如图 10.10 所示,Giant 限定了第二条 *even-skipped* 细胞带的前端边界,Kruppel 限定了它的后端边界。这样,*even-skipped* 在一个狭窄的区域中得以表达,形成了第二条 *even-skipped* 细胞带(即第三个副体节的原基)。

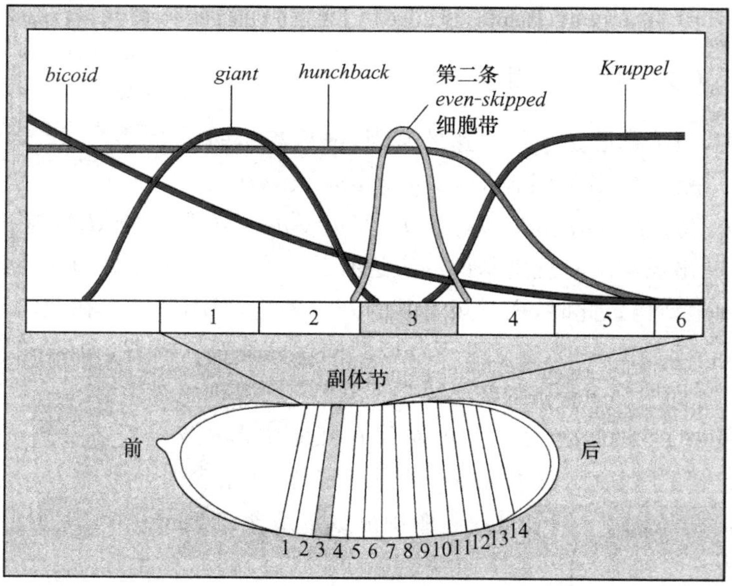

图 10.10　第二条 *even-skipped* 细胞带形成机制(自 Wolpert,1998)
Bicoid、Hunchback、Kruppel 和 Giant 调节 *even-skipped* 基因在第三对副体节的表达,形成第二条 *even-skipped* 细胞带。

除了 *even-skipped* 和 *fushi tarazu* 以外,其他配对规则基因如 *hairy* 和 *runt* 等表达的结果也是在胚胎表面形成 7 条细胞带。它们的表达各自受到裂隙基因产物的调节。

（三）体节极性基因

体节极性基因在配对规则基因作用的基础上对体节的分化进行调节。体节极性基因主要有 *engrailed*、*wingless* 和 *hedgehog* 等，它们在副体节中表达。*wingless* 和 *hedgehog* 编码的蛋白质 Wingless 和 Hedgehog 参与 Wnt 信号转导路径（Wingless 蛋白是旁分泌因子 Wnt 家族的成员）和 Hedgehog 信号转导路径。

14 个副体节形成后，每一个副体节的前部和后部细胞都进行了特异的基因表达，而表达何种基因与配对规则基因有关。如前所述，在 14 个副体节中，奇数号的副体节表达的是 *even-skipped*，偶数号的副体节表达的是 *fushi tarazu*。Even-skipped 和 Fushi tarazu 在每一个副体节的前部细胞中含量较高，在后端的细胞中则很少，甚至没有。而在副体节的后部细胞中，另外一些配对规则基因在表达，如 *runt*、*odd-skipped* 和 *sloppy-paired*。因此，在副体节的后部细胞中，Runt 蛋白、Odd-skipped 蛋白和 Sloppy-paired 蛋白的含量很高。由于在一个副体节的前部细胞和后部细胞中含有不同的配对规则基因的产物，因此，前部细胞和后部细胞中不同的体节极性基因被激活。

在 14 个副体节的前部细胞中，高浓度的 Even-skipped 或 Fushi tarazu 都能激活 *engrailed*。而在后部细胞中，由于没有或仅有很少 Even-skipped 或 Fushi tarazu，*engrailed* 不能被激活。但是，后部细胞中高浓度的 Runt、Odd-skipped 和 Sloppy-paired 却能激活 *wingless*。这样，每一个副体节的前部细胞含有 Engrailed 蛋白，后部细胞中含有 Wingless 蛋白。

在果蝇的原肠胚形成中，胚带伸展到胚胎背部以后，又从原路退缩，回到腹部，14 个副体节将变成 14 个体节。由于相邻两个副体节的前后部分构成一个体节（副体节和体节的关系如图 5.5 所示），所以，当 14 个副体节变成 14 个体节后，每一个体节中含有 Wingless 和含有 Engrailed 的细胞相邻排列，含有 Wingless 的细胞在中间，含有 Engrailed 的细胞在其前后（图 10.11A）。

engrailed 和 *wingless* 的表达是由配对规则基因激活的，一旦这两个基因被激活，表达这两个基因的细胞就产生了相互作用，结果是这两个基因能够稳定地继续表达，以保持体节的极性。产生 Wingless 蛋白的细胞激活邻近的细胞继续表达 *engrailed*，同时也表达 *hedgehog*，而产生 Engrailed 蛋白和 Hedgehog 蛋白的细胞又反过来激活邻近的细胞继续表达 *wingless*。如图 10.11B 所示，在表达 *wingless* 基因的细胞中，*wingless* mRNA 位于细胞的顶端，并翻译成蛋白质。Wingless 蛋白从细胞中分泌出来，被表达 *engrailed* 的相邻细胞所捕获。表达 *engrailed* 的细胞，其质膜上有 Wingless 蛋白的受体 Frizzed 蛋白。Wingless 和受体 Frizzed 的结合，激活了细胞中的 Wnt 信号转导路径，激活了蛋白质 Disheveled，β 联蛋白就能脱离蛋白质 APC，进入细胞核，导致细胞表达 *engrailed* 和 *hedgehog*。*Hedgehog* 的基因产物 Hedgehog 蛋白从细胞中分泌出来，被表达 *wingless* 的邻近细胞所捕获。表达 *wingless* 的细胞，其质膜上有 Hedgehog 的受体 Patched。当 Hedgehog 和 Patched 结合时，产生 Hedgehog 信号转导路径，细胞质中结构完整的 Cubitus interruptus（Ci 蛋白）就能进入细胞核，激活 *wingless*。这样，相邻的两种细胞相互作用就能稳定地表达 *engrailed*、*hedgehog* 和 *wingless*。这些基因的表达促使其他的基因被激活，进一步促进体节的分化。

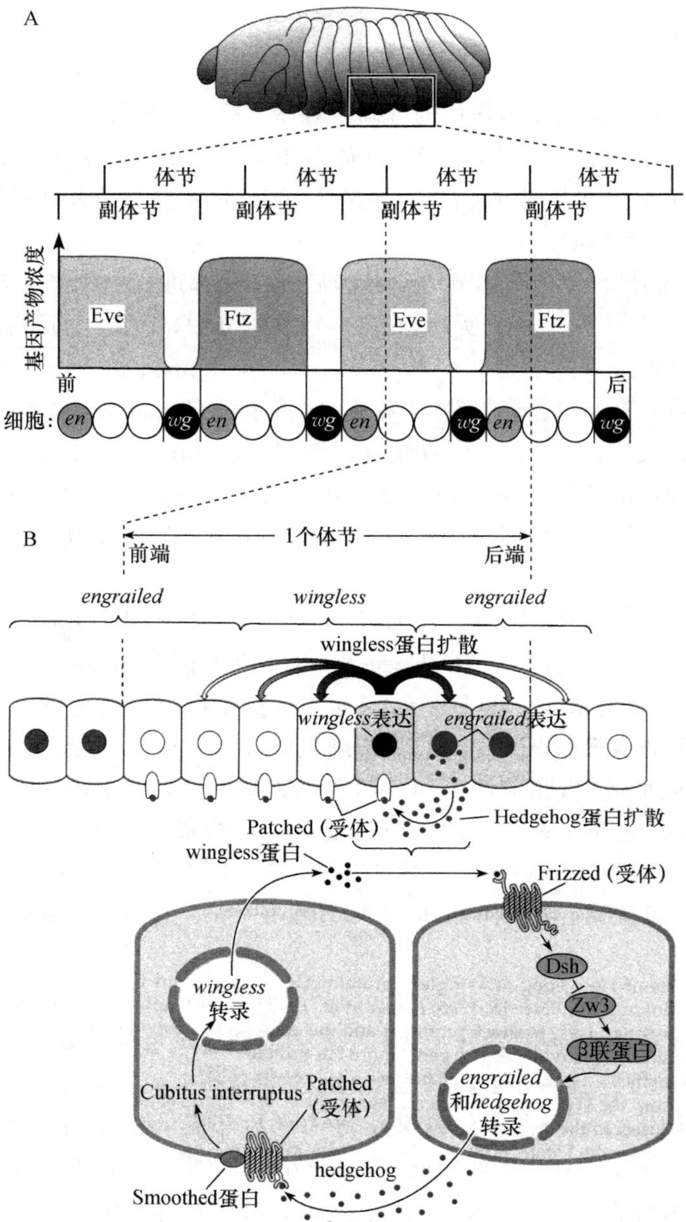

图 10.11　体节极性基因在体节中的表达(自 Gilbert,1997)

A. 在每一个副体节的前部细胞中,高浓度的 Even-skipped 或 Fushi tarazu 激活 *engrailed* 基因,而在每一个副体节的后部细胞中,高浓度的 Runt、Odd-skipped 和 Sloppy-paired 激活 *wingless* 基因,当副体节变成体节后,每一个体节中含有 Wingless 蛋白和含有 Engrailed 蛋白的细胞相邻排列,含有 Wingless 的细胞在体节的中部,含有 Engrailed 的细胞在其前后;B. 在一个体节中,*engrailed* 基因和 *wingless* 基因被激活后,表达这两个基因的细胞就产生了相互作用,结果是这两个基因能够稳定地继续表达,以保持体节的极性。

第二节　同源异型基因参与前后轴的形成

在果蝇胚胎前后轴的发育过程中,有一类合子基因发挥了重要的作用,这就是同源异型基因(homeotic gene),也称为同源异型选择者基因(homeotic selector gene,HOM 基因)。果蝇的同源异型基因位于 3 号染色体上，编码的是一类转录因子。这类转录因子成员很多，它们都有一段约由 60 个氨基酸组成的序列，这段序列称为同源异型域(homeodomain)。同源异型域含有螺旋-转角-螺旋(helix-turn-helix)结构，能结合于 DNA 上。在同源异型基因中，编码同源异型域的 DNA 序列含有 180 个碱基对，这段 DNA 序列称为同源异型框(homeobox)。同源异型基因家族参与发育过程。最早在果蝇的发育过程中发现同源异型基因参与胚胎前后轴的形成过程，之后，在脊椎动物中也发现同源异型基因参与体轴的发育过程。

果蝇的同源异型基因由两个基因复合体(gene complex)组成，其中一个称为触角足复合体(antennapedia complex)，另一个称为双胸复合体(bithorax complex)。触角足复合体和双胸复合体皆含有数个基因。触角足复合体含有 *labial*(*lab*)、*proboscipedia*(*pb*)、*deformed*(*dfd*)、*sex combs reduced*(*scr*)和 *Antennapedia*(*Antp*)共 5 个基因。其中，*lab* 和 *dfd* 两个基因控制头部体节的发育，*scr* 和 *Antp* 两个基因控制胸部体节的发育。*pb* 仅在成体中发挥作用，但是，要是该基因突变，口旁的触须将改变成为腿。双胸复合体含有 *Ultrabithorax*(*Ubx*)、*abdominal A*(*abdA*)和 *Abdominal B*(*AbdB*)共 3 个基因。其中，*Ubx* 和第 3 个胸节的发育有关，*abdA* 和 *AbdB* 与腹部的体节发育有关(图 10.12)。

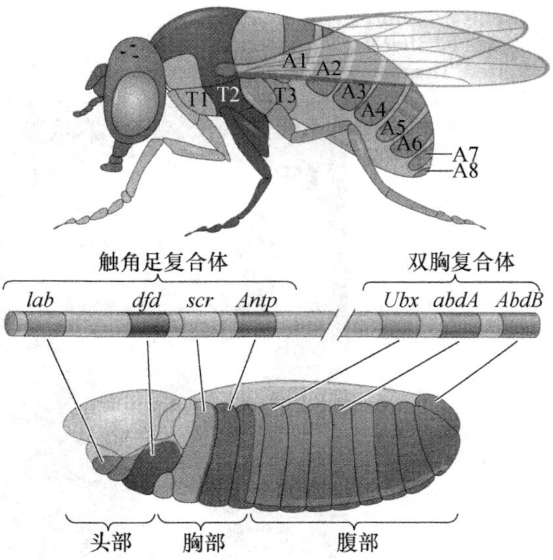

图 10.12　果蝇的触角足复合体基因和双胸复合体基因(自 Gilbert，2010)

果蝇的同源异型基因位于 3 号染色体上。其中，触角足复合体基因(*lab*、*dfd*、*scr* 和 *Antp*)控制头部和胸部的发育，双胸复合体基因(*Ubx*、*abdA* 和 *AbdB*)主要控制腹部的发育。

在果蝇的副体节形成后，裂隙基因和配对规则基因的产物相互作用，调节同源异型基因的表达。到了细胞胚盘的后期，由于每一个体节都含有特异的裂隙基因、配对规则基因和同源异型基因的产物而呈现出其特性。

一、HOM 基因表达的特点

果蝇的 HOM 基因在染色体上的排列顺序与这些基因在发育过程中时间和空间上的表达顺序一致。例如，在双胸复合体中，*abdA* 位于 *AbdB* 的 3′侧，它比 *AbdB* 早激活；*Ubx* 又位于 *abdA* 的 3′侧，它又比 *abdA* 早激活。这三个基因在染色体上的排列顺序代表了它们在发育过程中时间上的表达顺序。*Ubx* 在第 4 副体节以后的副体节中表达，*abdA* 在第 6 副体节以后的副体节中表达，*AbdB* 在第 9 副体节以后的副体节中表达。这三个基因在染色体上的排列顺序又代表了它们在发育过程中空间上的表达顺序。

此外，每一个 HOM 基因都被位于其后面的 HOM 基因产物抑制。例如，位于 3 号染色体前部的 *Antp* 的表达就受到位于其后的其他 3 个 HOM 基因的抑制。这样，*Antp* 只能在胚胎的前部表达，而不能在胚胎的后部表达。一旦位于其后的 HOM 基因突变，*Antp* 就能在胚胎的后部表达。

二、HOM 基因指导体节的分化

正常的果蝇成体有 3 个胸节，每一个胸节都产生一对腿。第 1 胸节除了腿以外，不产生其他的附属结构。第 2 胸节除了产生一对腿以外，还产生一对翅膀。第 3 胸节除了产生一对腿以外，还产生一对平衡棒。如果 HOM 基因发生突变，胸节的这些结构将发生变化。例如，如果 *Ubx* 突变，第 3 胸节就变成第 2 胸节，即除了产生一对腿以外，还产生一对翅膀。结果，突变体有两对翅膀（图 10.17）。同样，*Antp* 本来在胸节表达，如果该基因易位表达，比如说在头部表达，那么，头部的触角将变成腿（图 10.13）。

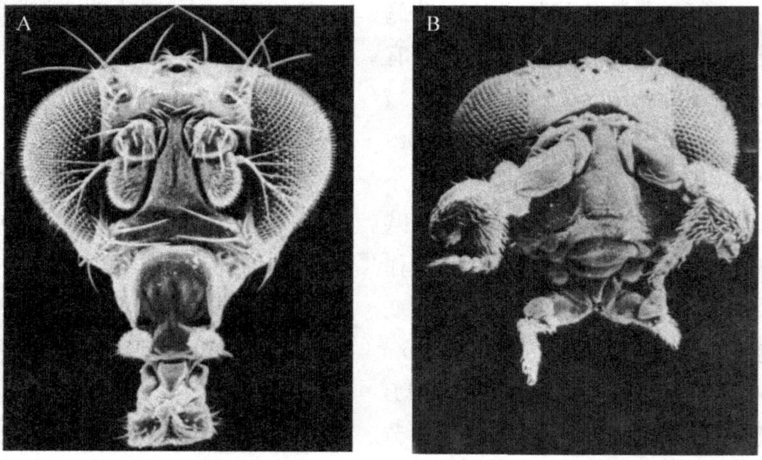

图 10.13　*Antp* 基因突变的果蝇（自 Gilbert，1997）
A. 野生型果蝇的头部；B. *Antp* 突变的果蝇头部，触角变成腿。

HOM 基因的激活依赖于裂隙基因和配对规则基因的调节。例如，*Antp* 的表达需要一定浓度的 Hunchback 蛋白的激活，而适合浓度的 Hunchback 存在的区域正是第 4 副体节所在的位置。所以，*Antp* 可以在第 4 副体节表达。而 *abdA* 和 *AbdB* 的表达受到较高浓度的 Hunchback 的抑制，在胚胎的前部，Hunchback 浓度较高，所以，这两个基因不能在胚胎的前部（头部和胸部）表达，只能在将来形成腹部的副体节（第 5 副体节之后）表达。

果蝇的双胸复合体含有 3 个基因：*Ubx*、*abdA* 和 *AbdB*。*Ubx* 从第 5 副体节开始表达，一直到第 14 副体节。*abdA* 从第 7 副体节开始表达，一直到第 14 副体节。*AbdB* 从第 10 副体节开始表达。其中 *Ubx* 和 *abdA* 在开头的两三个副体节中的表达较强，越往后的体节中越弱。而 *AbdB* 正相反，在开头的几个副体节中表达较弱，越往后越强，在第 14 副体节中表达最强（图 10.14A）。这些基因的综合作用对体节的分化产生影响。

如果双胸复合体的 3 个基因都突变，那么第 5～13 副体节的发育命运将相同，并都相似于第 4 副体节。由此可见，第 5～13 副体节的分化与双胸复合体密切相关。如果双胸复合体中仅有 *Ubx* 起作用，那么，第 5 和第 6 副体节的分化正常，但是后面副体节的发育却与第 6 副体节的发育一样。这表明 *Ubx* 指导第 5、6 个副体节的分化。如果 *Ubx* 和 *abdA* 正常，*AbdB* 突变，那么第 7～9 副体节的发育也正常，但是第 9 副体节之后的发育都不正常，它们皆相似于第 9 副体节。由此可见 *Ubx* 和 *abdA* 共同作用能指导第 5～9 副体节的分化。如果仅 *Ubx* 丧失功能，那么，第 5、6 副体节发育异常，它们皆相似于第 4 副体节。

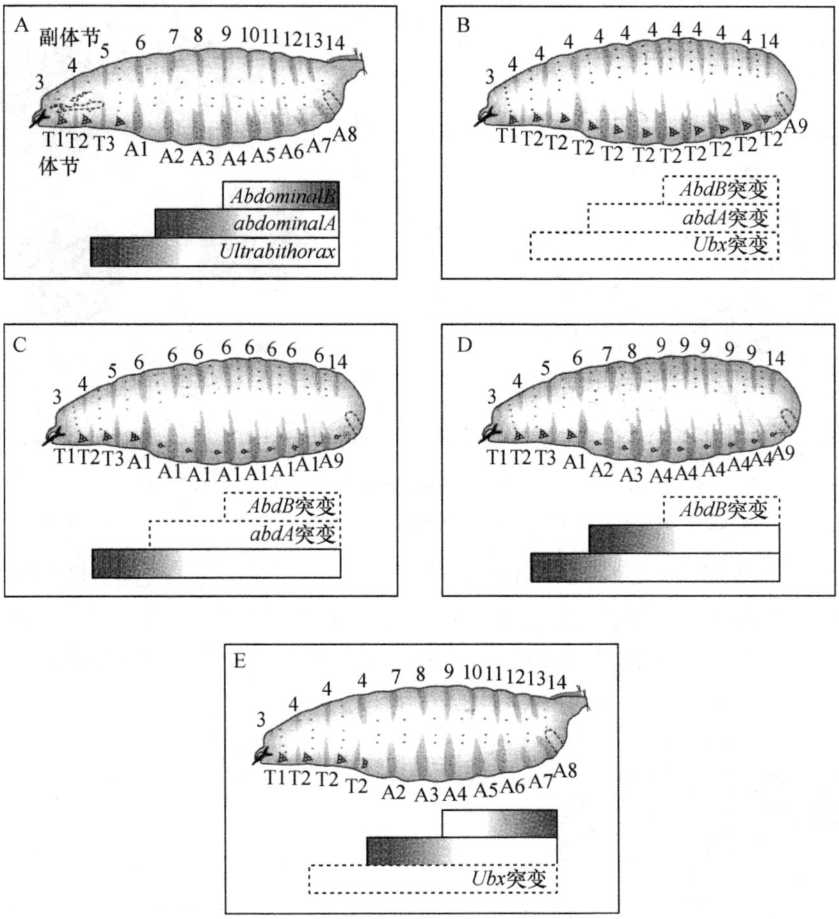

图 10.14 双胸复合体的表达对体节分化的影响(自 Wolpert,1998)

A. 野生型果蝇,*Ubx* 从第 5 副体节开始表达,*abdA* 从第 7 副体节开始表达,*AbdB* 从第 10 副体节开始表达,*Ubx* 和 *abdA* 在开头的几个副体节中的表达较强,*AbdB* 在最后的几个副体节中表达较强;B. 如果 3 个基因都突变,第 5~13 副体节都相似于第 4 副体节;C. 如果 *abdA* 和 *AbdB* 基因突变,第 5、6 副体节的分化正常,后面的副体节都相似于第 6 副体节;D. 如果 *AbdB* 基因突变,第 7~9 副体节发育正常,之后的副体节皆相似于第 9 副体节;E. 如果 *Ubx* 基因突变,第 5、6 副体节发育异常,它们皆相似于第 4 副体节。

三、HOM 基因指导附肢的分化

昆虫的腿、翅膀和平衡棒皆由器官芽发育而成,而这些器官芽的形成又受 HOM 基因的指导。在第 3~6 副体节上先形成腿芽,即产生于第 3/4 副体节、4/5 副体节和 5/6 副体节的交界处(图 10.15)。由于前一个副体节的后部与后一个副体节的前部共同构成一个体节,所以第 3/4 副体节中产生的第一对腿芽位于第 1 胸节(T1)中,第 4/5 副体节产生的第二对腿芽位于第 2 胸节(T2)中,第 5/6 副体节产生的第 3 对腿芽位于第 3 胸节(T3)中。每对腿芽最初由约 25 个细胞组成。以后第 2 对腿芽中分离出一部分细胞,形成翅芽,所以,翅芽在 T2 中;第 3 对腿芽也分离出一部分细胞,形成了平衡棒芽,所以平衡棒芽在 T3 中。

Ubx 在第 5、6 副体节的表达指导翅膀和平衡棒的形成。在双胸突变(bithorax mutation)的个体中,*Ubx* 的表达出错。T3 的前半部改变成 T2 的前半部,即平衡棒的前半部变成翅膀的前

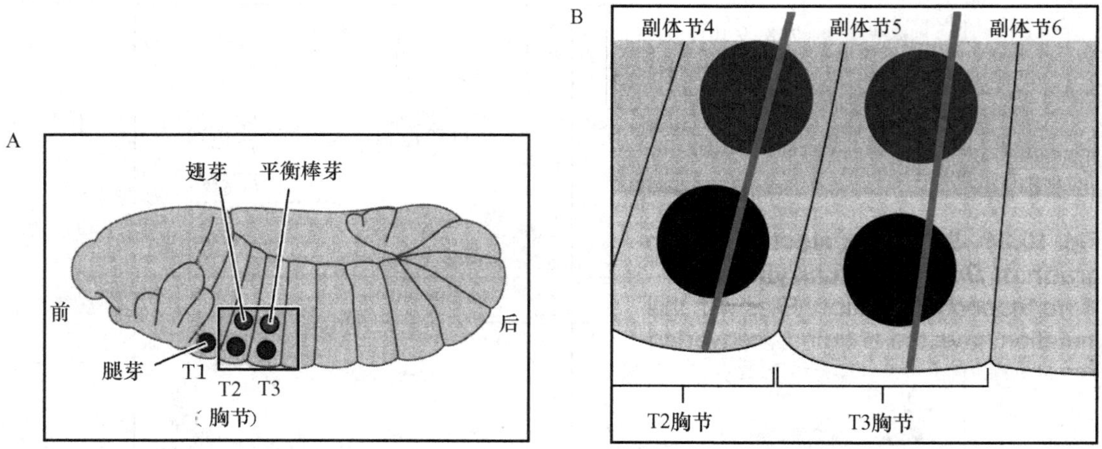

图 10.15　果蝇翅膀和平衡棒的形成(自 Wolpert,1998)

A. 果蝇腿芽、翅芽和平衡棒芽在胚胎中的位置;B. 第 2 胸节和第 3 胸节中的器官芽。

半部(图 10.16)。在后双胸突变(postbithorax mutation)的个体中,*Ubx* 的调节区(启动子或增强子)受损,平衡棒的后半部改变成翅膀的后半部。如果这两种突变同时存在于一个个体中,则该个体将形成两对翅膀,而不是一对翅膀(图 10.17)。这种突变体的果蝇虽然多了一对翅膀,却不会飞。

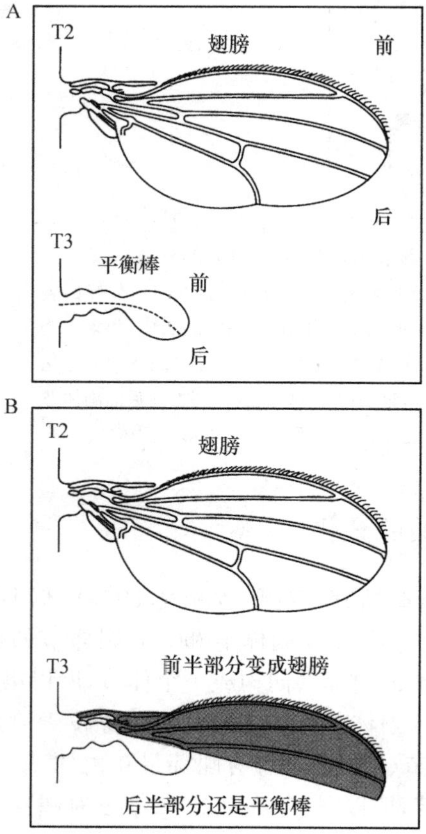

图 10.16　双胸突变(自 Wolpert,1998)

A. 野生型果蝇,T2 长翅膀,T3 长平衡棒;B. 双胸突变果蝇,T3 前半部产生翅膀的前半部。

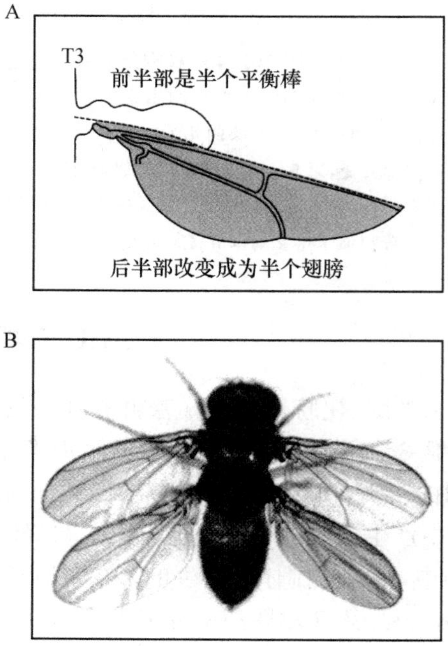

图 10.17　双胸突变和后双胸突变(自 Wolpert,1998)

A. 后双胸突变的果蝇,平衡棒的后半部改变成翅膀的后半部;B. 双胸突变和后双胸突变的个体,平衡棒改变成为翅膀,因此,具有 2 对翅膀。

第三节　果蝇胚胎背腹轴的形成

果蝇胚胎背腹轴的分化也由母体基因和合子基因控制。和前后轴的发育相似，母体基因为背腹轴的分化打下基础，合子基因继续对背腹轴的分化进行调节。在母体基因中起关键作用的是 *dorsal*。Dorsal 蛋白是一种转录因子，受精后，它进入胚胎腹侧的细胞核中，调节相应的合子基因的表达；而在胚胎背侧，Dorsal 不进入细胞核中。因此，胚胎背、腹侧的基因表达出现了差异，由此奠定了背腹轴分化的基础。

一、卵母细胞和滤泡细胞之间的信号传递

在合胞体胚盘中，Dorsal 均匀地分布于细胞质中，不能进入细胞核。原因是 Dorsal 结合着 Cactus 蛋白，体积太大，无法通过核孔进入细胞核。所以，Dorsal 只能位于细胞质中。而且，在背腹侧的细胞质中，Dorsal 分布均匀，没有差异。之所以后来胚胎腹侧的细胞核中有 Dorsal，胚胎背侧的组胞核中没有 Dorsal，是胚胎的背腹侧在其他母体基因产物的作用下出现了变化的缘故。而这种变化的产生要追踪到卵子发生过程中卵母细胞与滤泡细胞之间的相互作用（图 10.18）。

在卵子发生过程中，围绕于卵母细胞外方的滤泡细胞原本没有形态上的差异，卵母细胞释放出的某种信号改变了滤泡细胞的这种均一性。在卵母细胞长大的过程中，细胞核逐渐从卵子的后端向前端移动，并定位于卵子的背侧。卵子的 *gurken* mRNA 随着细胞核一起运动，最终定位于卵子背部。*gurken* mRNA 翻译成蛋白质后，Gurken 蛋白聚集于细胞的背侧，而非均匀分布于全卵。

滤泡细胞的 *torpedo* 基因产物 Torpedo 蛋白分布于滤泡细胞的质膜上，它是 Gurken 的受体。由于 Gurken 位于卵子的背侧，它扩散的距离有限，因此只有靠近卵母细胞细胞核的滤泡细胞（即位于卵子背侧的滤泡细胞）才能捕获到 Gurken，而其对侧（即腹侧）的滤泡细胞却不能捕获到 Gurken。Gurken 结合于受体 Torpedo 上，使得卵子背侧的滤泡细胞获得了其对侧（腹侧）滤泡细胞所没有的信号，这两部分的滤泡细胞就出现了差异，在形态结构上表现为背侧的滤泡更呈柱状。

背腹侧的滤泡细胞除了形态学上的差异之外，其内在的差异更为重要。当背侧的滤泡细胞质膜上的 Torpedo 捕获到 Gurken 之后，滤泡细胞的 *pipe* 基因便永久地关闭了。但是，腹侧滤泡细胞质膜上的 Torpedo 没有捕获到 Gurken，这些细胞的 *pipe* 都得以表达。Pipe 蛋白将卵室腹部滤泡细胞中的一种未知因子（X）结构改变，成为有活性的蛋白酶，并进入卵周隙。同时，滤泡细胞中的 *nudel* 基因表达，产生的基因产物 Nudel 蛋白分泌出滤泡细胞，贴于卵母细胞的腹侧质膜上。Pipe 自滤泡细胞中运出，激活卵子腹侧质膜上的 Nudel。

在合胞体胚盘阶段，胚胎中产生的三种蛋白质进入卵周隙中。这三种蛋白质是 Gastrulation-defective、Snake 和 Easter，都是蛋白水解酶。在卵周隙中，它们以无活性的酶原形式存在。胚胎腹侧的卵周隙中，有活性的 Nudel 和上述由未知因子变成的蛋白酶一起将 Gastrulation-defective 水解，激活该蛋白质成为有活性的蛋白酶。该蛋白酶分解 Snake，使之形成有活性的蛋白酶。有活性的 Snake 进而分解 Easter，也成为有活性的蛋白酶。

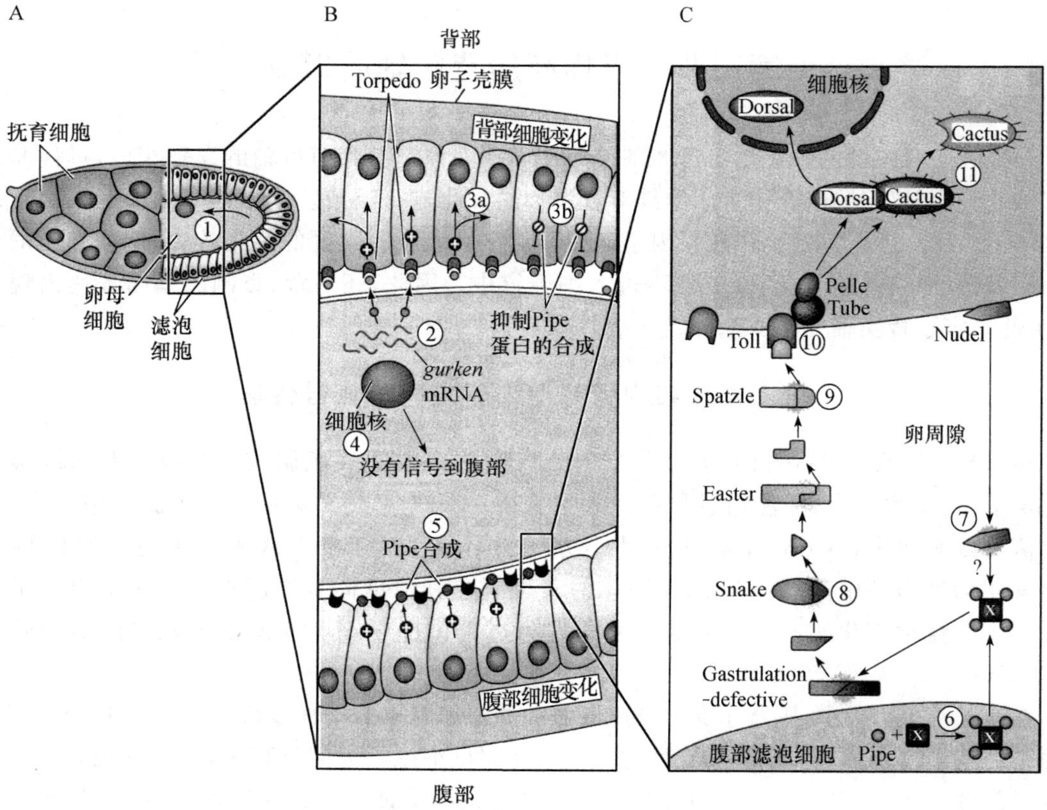

图 10.18　果蝇卵母细胞和滤泡细胞的相互作用(自 Gilbert,2000)

A. 果蝇的卵室,卵母细胞的核定位于卵子的背侧,*gurken* mRNA 也随细胞核迁移到背部①;B. 卵室的局部放大,显示卵室背部和腹部滤泡细胞的变化:*gurken* mRNA 翻译成为蛋白质,位于背侧的滤泡细胞,其质膜上的 Torpedo 蛋白捕获到 Gurken 蛋白②;Gurken 信号促使背部的滤泡细胞形态产生变化③a,同时,*pipe* 被抑制③b;Gurken 不能扩散到腹部④,位于腹侧的滤泡细胞不能捕获到 Gurken,腹部的滤泡细胞合成 Pipe 蛋白⑤;Pipe 将腹部滤泡细胞中的一种未知因子(X)改变成为有活性的蛋白酶,并进入卵周隙;腹部滤泡细胞还表达 Nudel 蛋白,也进入卵周隙⑥;C. 合胞体胚盘阶段,腹部卵周隙中发生的反应:Nudel 和 X 因子分解 Gastrulation-defective,产生有活性的蛋白酶⑦;有活性的 Gastrulation-defective 分解 Snake,成为有活性的蛋白酶。有活性的 Snake 分解 Easter,成为有活性的蛋白酶⑧;有活性的 Easter 分解卵周隙中的 Spatzle 蛋白⑨;Spatzle 的碎片结合于胚胎腹部质膜上的受体 Toll,Toll 激活 Pelle⑩;Pelle 磷酸化 Cactus 蛋白,Cactus 降解,并与 Dorsal 分离⑪;胚胎腹部细胞质中的 Dorsal 进入细胞核中。

在卵周隙中还存在另一种蛋白质 Spatzle,这是卵子的基因产物。它均匀地分布于整个卵周隙中。胚胎腹侧卵周隙中含有有活性的蛋白酶 Easter,而其他位置的卵周隙中无此酶。在腹侧卵周隙,Easter 分解 Spatzle,将其变为碎片。而 Spatzle 碎片进而作用于合胞体胚盘腹部的质膜,使得 Dorsal 移位进入腹侧的细胞核中。

二、胚胎细胞核中 Dorsal 蛋白梯度的建立

在合胞体胚盘的细胞膜上均匀地分布着一种称为 Toll 的蛋白质。Toll 是母体基因产物,是 Spatzle 的受体。由于只有在胚胎腹侧的卵周隙中才有 Spatzle 碎片,而其他位置的卵周隙中没有 Spatzle 碎片,所以只有胚胎腹侧细胞膜上的 Toll 才能捕获到 Spatzle 碎片,胚胎背侧质膜的 Toll 不能捕获到 Spatzle 碎片。

在胚胎腹部的细胞质中，母体基因产物 Tube 蛋白能将另一种母体基因产物 Pelle 蛋白移近质膜。在那里，因结合了 Spatzle 碎片而被激活了的 Toll 进而激活 Pelle。Pelle 是一种蛋白质激酶，它一旦被激活，就能将细胞质中的靶蛋白磷酸化。Pelle 的靶蛋白是 Cactus 和 Dorsal。这两种蛋白质原先均匀地分布于细胞质中，并呈结合状态，无法通过核孔进入细胞核。有活性的蛋白质激酶 Pelle 同时将 Cactus 和 Dorsal 磷酸化。这两者被磷酸化后分开，Dorsal 就能进入邻近的细胞核中。而在胚胎背侧，Dorsal 和 Cactus 没有被磷酸化，依然结合在一起，不能进入细胞核中。这样，在合胞体胚盘中，从腹侧到背侧，细胞核中的 Dorsal 呈现出一种分布梯度。腹侧的细胞核中，Dorsal 含量最高；越往背部，Dorsal 在核中的含量越少；在背部，细胞核中就没有 Dorsal。磷酸化了的 Dorsal 是一种转录因子，它进入细胞核后将调节合子基因的活性，进一步促进胚胎背腹轴的分化。

三、合子基因在背腹轴上的差异表达

在发育的早期，母体基因控制背腹轴的发育。随着发育的进行，背腹轴的发育逐渐从由母体基因组控制转变为由合子基因控制。

Dorsal 在合胞体胚盘的细胞核中呈梯度分布，从腹侧向背侧逐渐递减，在赤道上方的细胞核中几乎没有 Dorsal。在腹侧，细胞核中的 Dorsal 有两个作用：它能激活某些合子基因，又能抑制某些合子基因。其结果是某些合子基因如 *twist*、*snail* 和 *rhomboid* 在腹侧得以表达，而另一些合子基因如 *dpp*、*tolloid* 和 *zen* 在腹侧不能表达，只能在背侧表达（图 10.19）。

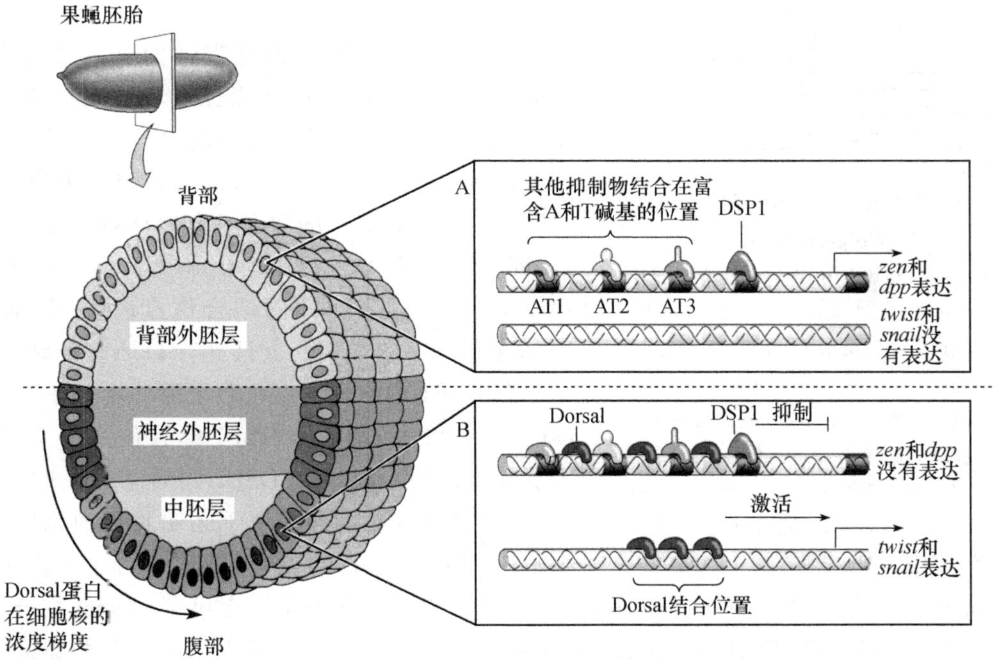

图 10.19　Dorsal 对合子基因的作用（自 Gilbert，1997）

Dorsal 在胚胎的细胞核中呈梯度分布，从腹部向背部递减。Dorsal 能够激活某些合子基因（如 *twist*、*snail*），又能抑制另外一些合子基因（如 *zen*、*dpp*）。A. 在胚胎背部，由于细胞核中没有 Dorsal，合子基因 *twist*、*snail* 不能表达，而 *zen*、*dpp* 得以表达；B. 在胚胎腹部，因为细胞核中有 Dorsal，合子基因 *twist*、*snail* 能够表达，而 *zen*、*dpp* 不能表达。

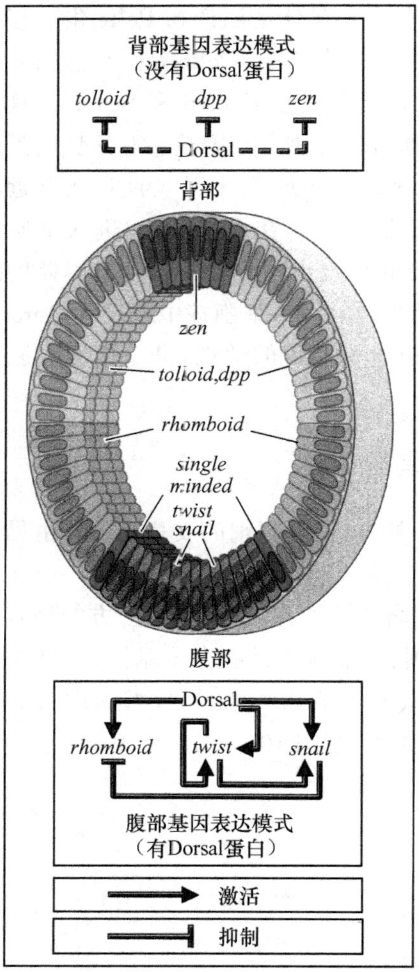

图 10.20　合子基因表达和背腹侧的分化（自 Wolpert，1998）

在最腹侧地区，细胞核中的 Dorsal 含量最多，*twist* 和 *snail* 基因得以表达。*twist* 和 *snail* 基因表达的细胞成为中胚层细胞。*snail* 基因表达的结果还会抑制 *rhomboid* 基因的表达。在中胚层的背方两侧的细胞中，*rhomboid* 基因被激活，形成腹部外胚层细胞，在胚胎腹部分居两侧。在胚胎背部的细胞核中没有 Dorsal，合子基因 *dpp*、*tolloid* 和 *zen* 得以表达，形成背部外胚层。其中，最顶端的细胞带将形成羊浆膜。

在最腹侧地区，细胞核中的 Dorsal 含量最多，这些细胞核中的 *twist* 和 *snail* 基因得以表达。当合胞体胚盘变为细胞胚盘后，表达 *twist* 和 *snail* 的细胞在胚胎的最腹面形成一条从前端到后端走向的细胞带，这条细胞带是预定中胚层（图 10.20）。*twist* 和 *snail* 的表达是细胞成为中胚层细胞的必要条件。

在中胚层的背方两侧细胞中，Dorsal 在核中的含量比中胚层细胞少。在这些细胞中 *rhomboid* 被激活，这些细胞将形成腹部外胚层。腹部外胚层将产生神经组织和腹部表皮。腹部外胚层细胞在胚胎腹部分居两侧。*rhomboid* 在中胚层细胞中不会表达，因为中胚层细胞中 *snail* 表达的结果会抑制 *rhomboid* 的表达（图 10.20）。

在胚胎背部的细胞核中没有 Dorsal，合子基因 *dpp*、*tolloid* 和 *zen* 因没有 Dorsal 的抑制得以表达。*dpp*、*tolloid* 和 *zen* 表达的细胞将形成背部外胚层。背部外胚层中最顶端的细胞带将形成羊浆膜（amnioserosa）。羊浆膜是一种胚外胎膜，胚胎发育完成后将被抛弃。除羊浆膜以外的背部外胚层将形成背部的表皮（图 10.20）。

综上所述，果蝇胚胎背腹轴的进一步分化受到 Dorsal 的调节。Dorsal 既能促进某些合子基因的转录，又能抑制某些合子基因的转录。在这些受 Dorsal 调节的合子基因（如 *twist*、*snail*、*zen* 和 *dpp*）中，某些基因（如 *zen* 和 *dpp*）的增强子上含有 Dorsal 结合的位点，同时也含有 DSP1（dorsal switch protein 1，DSP1 存在于所有细胞核中）的结合位点；另一些基因（如 *twist* 和 *snail*）的增强子上只含有 Dorsal 的结合位点，不含有 DSP1 的结合位点。对于那些增强子上既含有 Dorsal 结合位点又含有 DSP1 结合位点的基因（*zen*、*dpp*）来说，当 Dorsal 和 DSP1 同时结合上时，这些基因就受到抑制，这情形出现于胚胎腹部的细胞中。当细胞核中缺 Dorsal 时，仅有 DSP1 结合于增强子上，此时基因就能表达，这情形出现于胚胎背部的细胞中。对于那些增强子上仅有 Dorsal 结合位点的基因（*twist*、*snail*）来说，当 Dorsal 结合上时，这些基因就能表达，这情形出现于胚胎腹部的细胞中。当细胞核中缺 Dorsal 时，这些基因就能不表达，这情形出现于胚胎背部的细胞中（图 10.19）。因此，胚胎背、腹侧的细胞核中才产生了基因的差异表达，由此建立胚胎的背腹轴。

第十一章　外胚层的分化和相关器官的发生

在原肠胚形成过程中，胚胎形成了三个胚层。蛙的原肠胚基本上是一个球状结构，外胚层位于胚胎的表面，将整个胚胎包被起来；内胚层包围着原肠腔；中胚层介于外胚层和内胚层之间。爬行类、鸟类和哺乳类原肠胚的形态与蛙的不一样，三个胚层排列近似于平板状。外胚层位于表面；中胚层在外胚层的下方；内胚层又位于中胚层的下方。这三个胚层在胚盘上从前端往后端逐渐形成，当三个胚层往胚盘的后端推进时，胚盘的前端已经开始了下一个阶段的发育。

三个胚层出现后继续分化，形成各种器官原基。其中，外胚层分化成三个部分：表皮外胚层(epidermic ectoderm)、神经外胚层(neural ectoderm)和神经嵴(neural crest)。表皮外胚层将参与皮肤的形成，神经外胚层将形成中枢神经系统，神经嵴主要参与周围神经系统的形成。由神经外胚层形成神经管可以作为胚胎发育进入一个新阶段的标志。神经管的形成过程又称为神经胚形成(neurulation)。神经管形成后，胚胎称为神经胚(neurula)。

第一节　神经管的分化和中枢神经系统的发生

神经管由神经外胚层分化而成。神经管形成后继续分化，形成头部的脑和躯干部的脊髓。伴随着神经管的形成，还产生神经嵴细胞。

一、神经外胚层的形成

在原肠胚形成过程中，外胚层已经分化出神经外胚层和表皮外胚层。在脊椎动物的原肠胚中，神经外胚层呈一狭长的细胞层，位于脊索中胚层的背方，即胚胎的前后轴上。神经管是由神经外胚层发育而来的，如果没有先形成神经外胚层，神经管就不会形成。

现在的观点认为，外胚层总有发育成为神经外胚层的趋势。之所以会有神经外胚层和表皮外胚层的分化，是因为某些因素在影响着外胚层，使得它发育成为表皮外胚层。如果阻止这种因素作用于外胚层，那么，外胚层就会发育成为神经外胚层。所以，神经外胚层的出现是表皮外胚层的分化受阻的结果。

那么，是什么因素在影响着外胚层，使之发育成为表皮外胚层呢？对非洲爪蟾的研究表明，这种影响因素主要是 BMP4。在囊胚阶段，非洲爪蟾的外胚层和中胚层都表达 *bmp4* 基因。而到了原肠胚形成阶段，仅位于胚胎腹部的中胚层才表达 *bmp4*，位于背部的中胚层不表达 *bmp4*。这是因为在原肠胚开始形成时，在背部中胚层中，Siamois/Twin 和 Smad2/Smad4 相互作用，激活了组织者所特有的基因(如 *goosecoid*、*chordin* 和 *noggin* 等)(详见第九章的中胚层诱导部分)。这些基因的产物是转录因子，它们抑制了背部中胚层 *bmp4* 的表达。因此，只有位于腹部和两侧的中胚层能够表达 *bmp4*。BMP4 扩散到上方的外胚层，结合到外胚层细胞的质膜受体上，最终激活了某些转录因子基因。这些转录因子包括 Xvent1、Xmsx1、Vox 和 Xom 等，它们进而促进表皮特有的基因表达，促使外胚层发育成为表皮外胚层。同时，BMP4 也抑制了外胚层细胞表达另外一些基因，如 *neurogenin*。这些基因的表达与神经组织的形成有关。

那么,为什么位于背部中胚层背方的外胚层能够发育成为神经外胚层呢?这是由于背部中胚层(组织者)会扩散出一些可溶性的物质,进入其背方的外胚层,阻止 BMP4 的作用,使之发育成为神经外胚层。背部中胚层(组织者)产生的可溶性物质可以看成是 BMP4 的抑制物,包括 Noggin、Chordin 和 Follistatin 等蛋白质。

图 11.1 *noggin* mRNA 促进非洲爪蟾头部的发育(自 Gilbert,2000)

Noggin 能够挽救受到紫外线照射的非洲爪蟾胚胎的背部结构。背部结构恢复的程度视注射到胚胎的 *noggin* mRNA 的剂量而定。最上方是没有注射 *noggin* mRNA 的胚胎,缺头部结构。从上往下,*noggin* mRNA 的剂量逐渐增加。最下方是 *noggin* mRNA 注射过量的胚胎,仅有头部,没有头部以后的结构。

背唇发出的第一个 BMP4 抑制物是 Noggin。*noggin* 基因原先在背唇表达,之后,当脊索中胚层形成时,*noggin* 在脊索中胚层表达。Noggin 是一种分泌蛋白,它结合在 BMP4 上,阻止其与外胚层细胞的质膜受体结合。这样,Noggin 抑制了 BMP4 的作用,促使位于胚胎背方的外胚层分化成为神经外胚层。如果非洲爪蟾的受精卵经过紫外线照射,皮层细胞质就不会流动。这样处理过的胚胎将不会形成包括神经管在内的头部结构和背部结构。但是,如果将 *noggin* mRNA 注射到经紫外照射的受精卵中,头部结构和背部结构将恢复。恢复的程度和 *noggin* mRNA 的剂量成正相关(图 11.1)。

背唇发出的第二个 BMP4 抑制物是 Chordin 蛋白。与 *noggin* 的情形相似,*chordin* 原先在背唇表达,以后在脊索中胚层中表达。Chordin 也结合在 BMP4 上,阻止其与外胚层细胞的质膜受体结合。如果用 *chordin* mRNA 的反义 RNA 处理非洲爪蟾的胚胎,就不会形成神经外胚层。如果斑马鱼的 *chordin* 突变,胚胎的神经板就变得很小。

背唇发出的第三个 BMP4 抑制物是 Follistatin 蛋白。*follistatin* 也在背唇和脊索中胚层表达。和 Noggin、Chordin 一样,Follistatin 也结合在 BMP4 上,阻止其与外胚层的细胞结合,促使外胚层发育成为神经外胚层。由此可见,背部中胚层(组织者)以及脊索中胚层对于外胚层发育成为神经外胚层是至关重要的。

二、神经管的形成

脊椎动物神经管的形成有两种不同的方式:一种称为初级神经胚形成(primary neurulation);另一种称为次级神经胚形成(secondary neurulation)。一般说来,神经管的前段是以初级神经胚形成的方式形成的,神经管的后段是以次级神经胚形成的方式形成的。非洲爪蟾蝌蚪尾巴之前的神经管、鸡胚第 29 对体节之前(后肢之前)的神经管和哺乳类胚胎骶骨之前的神经管都是通过初级神经胚形成的方式形成的。

以初级神经胚形成方式形成神经管时,胚胎背部的外胚层先变成较为平坦的板块状形态,称为神经板(neural plate)。两栖类的神经板位于胚胎的背部(图 11.2),鸟类和哺乳类的神经板位于原条的前方(图 5.24)。神经板的边缘(与表皮交界处)隆起,形成神经褶(neural fold)。在神经褶位置分布着神经嵴细胞。接着,神经板中央下沉,形成一条神经沟(neural groove)。同时,左右神经褶继续隆起并相互靠近,最终,在神经沟上方相遇并融合,这样,神经板就形成了神经管(neural tube)。神经管的前后端暂时是开放的,各有开口,称为前神经孔(anterior neuropore)和后神经孔(posterior neuropore)。以后,前后神经孔先后闭合。神经管为神经系统的原基。神经管的前端将形成脑,其余的部分将形成脊髓。左右神经褶的融合导致表皮外胚层与神经管分开,成为盖在神经管背方的一层。同时,神经嵴也从神经褶融合处分离出来,位于神经管的背方、表皮的下方。以后神经嵴细胞再从神经管背侧迁移到其他地方去(图 11.3)。

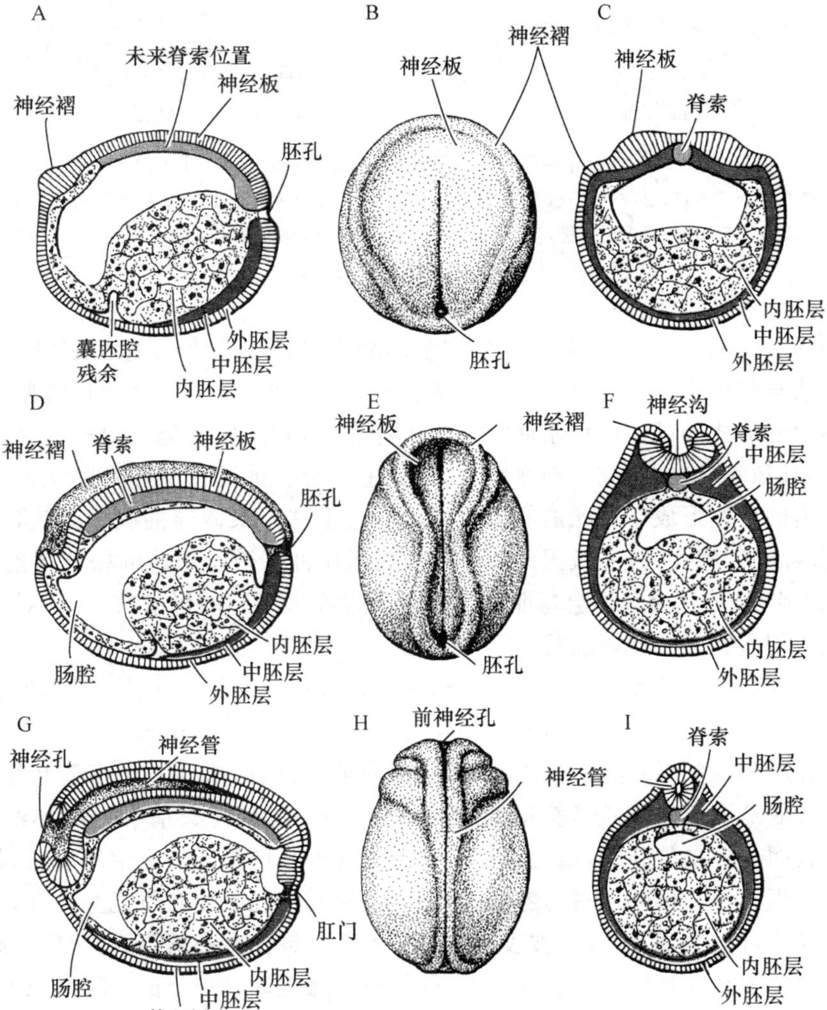

图 11.2　两栖类的神经胚形成(自 Carlson,1988)

每一行的胚胎都处于相同的胚期:A~C. 早神经胚;D~F. 中神经胚;G~I. 晚神经胚。每一列胚胎都显示相同的切面或表面:左侧一列显示胚胎的正中矢状切面,中间一列显示胚胎的背面,右侧一列显示胚胎的横切面。

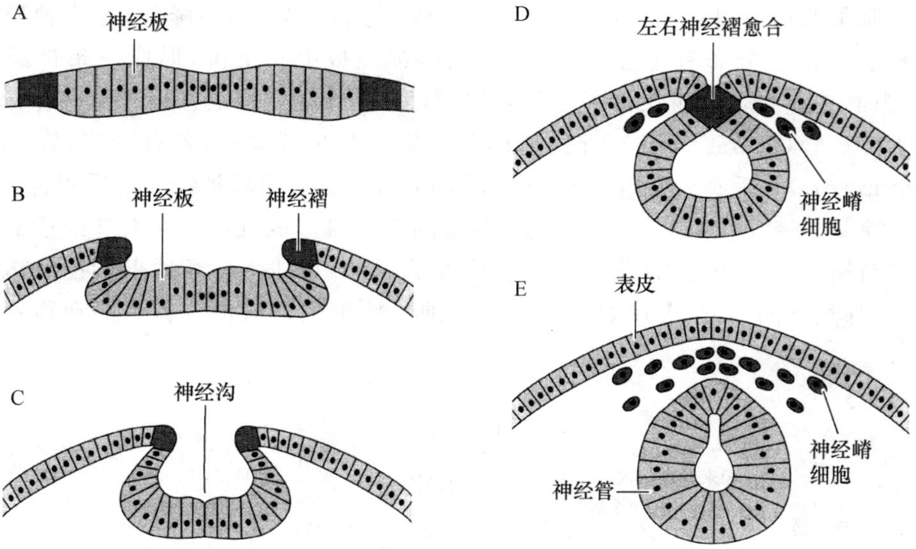

图 11.3　神经管形成模式图(自 Browder et al.,1991)

A. 神经板横切面;B. 左右神经褶隆起,神经板中央下陷,形成神经沟;C. 左右神经褶相互靠近;D. 左右神经褶相遇,原先位于神经板和表皮交界处的神经嵴细胞与神经管、表皮分离;E. 神经嵴细胞位于神经管的背方。

在蛙胚的神经管形成时,构成神经板的细胞逐渐改变其形状,形成柱状细胞。神经板细胞由立方体变成柱状与细胞中的微管有关。由于微管的聚合并伸长,导致神经板细胞逐渐形成长柱状。若用破坏微管形成的试剂如秋水仙素作用于神经板,则细胞不能形成柱状。神经板细胞的形状继续变化,其顶端变狭窄,基部却变宽大,细胞呈楔形。神经板细胞由柱状改成楔状与微丝有关。柱状细胞的顶端形成一环状的肌动蛋白丝。由于这一束微丝的收缩,使得柱状细胞的顶端变狭窄,而基部则变宽大,神经板因此而弯曲。如果用抑制微丝形成的松胞菌素 B(cytochalasin B)作用于神经板,神经板就不会弯曲。正是由于神经板细胞的形状改变,才导致左右神经褶在神经沟的上方相遇并融合成神经管。

鸡胚的神经管在原条的前方形成,随着原条的退缩,神经管逐渐伸长。在鸡胚脊索的前方有一块区域,该处仅有外胚层和内胚层,缺中胚层,称为原羊膜(proamnion)。大约在孵化 20h 后,原羊膜处的外胚层和内胚层一起向上方突起,然后向前方伸长,成为一个盲管状结构,称为头褶(head fold)。头褶是头部的原基。头褶的背面是神经外胚层,与头褶后方的神经外胚层相连。头褶的两侧和腹面是表皮外胚层,也与头褶后方的表皮外胚层相连。头褶形成后,其背面的神经外胚层成为神经板。神经板的左右边缘形成神经褶,左右神经褶相互靠拢并融合,形成了前后端都有开口的神经管,神经管的背方也被表皮遮盖。神经管最先在头褶形成,然后逐渐向头褶之后延伸。头褶后方的神经外胚层也形成神经板,神经板边缘也形成神经褶。随着原条的向后退缩,左右神经褶逐渐向后方延伸。越靠近头褶,左右神经褶越靠拢;越远离头褶,左右神经褶距离越远(图 11.4)。因此,鸡的神经管从头端逐渐延伸至后端(图 11.5)。哺乳类的神经管发生与鸟类的相似(图 11.6)。

神经管形成时,表皮外胚层与神经管分离,表皮遮盖于神经管的背方。表皮与神经管的分离

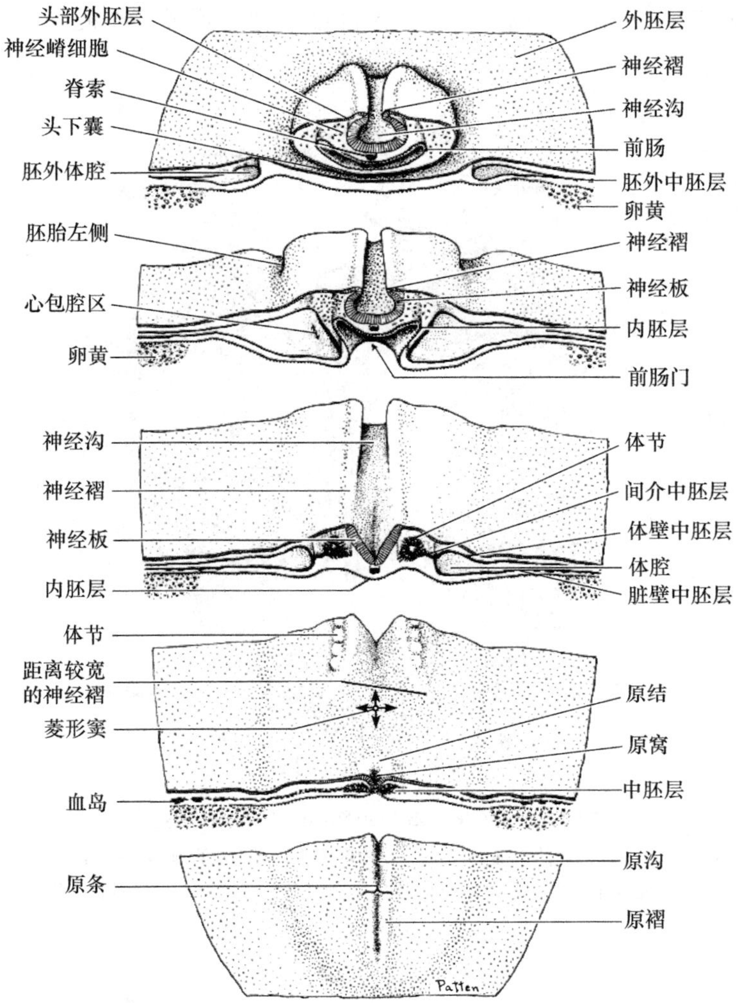

图 11.4 孵化 24h 的鸡神经胚(自 Carlson,1988)

将鸡胚横切 5 段,显示表面和切面。第一横切面显示头褶悬于表皮外胚层的上方,左右神经褶尚未愈合。第二段的表面可以看出头褶表面与表皮相连。第四横切面经过原结。

与钙黏着蛋白有关。神经板的细胞表达的是 N 钙黏着蛋白,表皮的细胞表达的是 E 钙黏着蛋白,而介于两者之间的神经嵴细胞既不表达 N 钙黏着蛋白,也不表达 E 钙黏着蛋白。由于三者在产生钙黏着蛋白方面的差异,神经管和表皮才有可能分开,神经嵴细胞才能够分散开。如果在非洲爪蟾胚胎的一侧注射 N 钙黏着蛋白的 mRNA,这样,该侧的表皮外胚层将也产生 N 钙黏着蛋白,其结果是该侧表皮和神经管不再分离。

前后神经孔的封闭是多种因素相互作用的结果。*Pax3*、*Sonic hedgehog* 和 *openbrain* 等基因与哺乳动物神经管的闭合有关。此外,胆固醇和叶酸(维生素 B_6)也起着关键的作用。虽然叶酸促进神经管闭合的确切机制还不清楚,现在的研究表明,在小鼠神经管闭合之前,神经管的背部细胞出现了叶酸的受体蛋白。要是用该受体蛋白的抗体作用于神经管,神经管就不会闭合。而那些生出神经管未闭合畸形婴儿的妇女,体内就存在叶酸受体的抗体。

次级神经胚形成发生于胚胎的后部。在表皮下方的间充质细胞聚集起来,形成实心的细胞索，称为髓索(medullary cord)。以后，髓索中央的细胞裂开形成一个腔，这样就形成了管状结构，此即神经管。

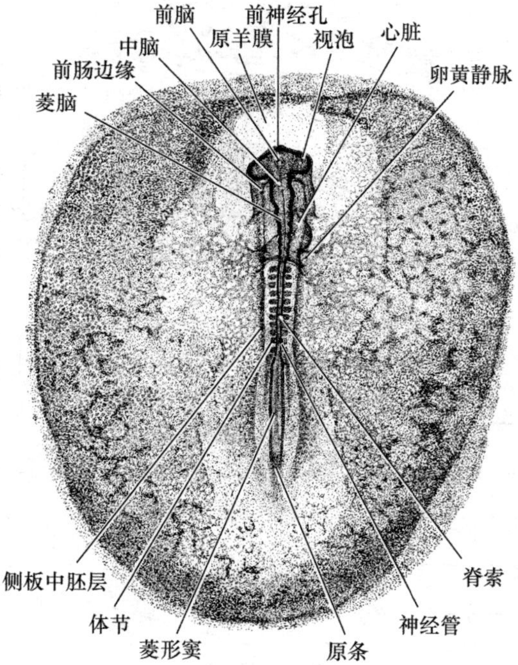

图 11.5　孵化 33h 的鸡胚(自 Carlson，1988)

胚胎的神经管已经从头部(头褶)扩展到躯干部。神经管的前端分化出三个脑泡，视泡从前脑的两侧伸出。在躯干部，神经管两侧已经产生了多对体节。

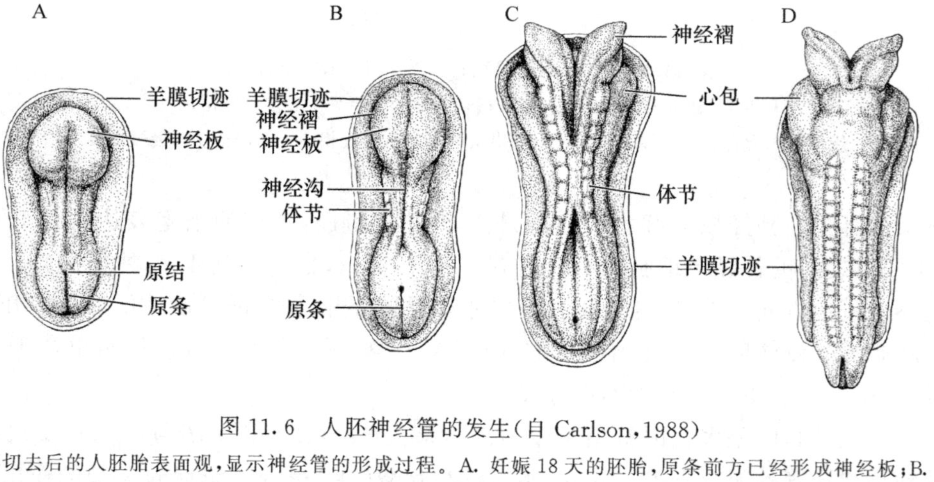

图 11.6　人胚神经管的发生(自 Carlson，1988)

羊膜切去后的人胚胎表面观，显示神经管的形成过程。A. 妊娠 18 天的胚胎，原条前方已经形成神经板；B. 妊娠 20 天的胚胎，神经板边缘出现神经褶，中央出现神经沟；C. 妊娠 22 天的胚胎，左右神经褶局部愈合，形成一截较短的神经管；D. 妊娠 23 天的胚胎，神经管延长，前后神经孔尚未闭合。

三、神经管前后轴的分化

神经管是中枢神经系统的原基，其前端部分将分化成为脑，脑后的神经管将分化成为脊髓。

同时，神经管的管壁上皮细胞（即神经上皮细胞，neuroepithelial cell）分化成为不同类型的神经细胞（神经元）和神经胶质细胞。

（一）神经管前后轴的形态变化

早期哺乳动物的神经管是一条直的管，在胚胎后端的神经管尚未完全形成之前，前端的神经管已经发生了变化。神经管的前端出现了 13 个（一说为 11 个）膨大的结构，称为神经原节（neuromere）。其中，前三个原节（第Ⅰ、Ⅱ和Ⅲ）形成一个大的脑泡，称为前脑（prosencephalon）。第Ⅳ和第Ⅴ个原节形成的脑泡称为中脑（mesencephalon）。第Ⅵ到第ⅩⅢ个原节形成的脑泡称为菱脑（rhombencephalon）（图 11.7）。前脑的两侧向左右各伸出一个膨大的泡状结构，为视泡。视泡是眼球的原基。以后，前脑、中脑和菱脑继续分化。前脑分化成端脑（telencephalon）和间脑（diencephalcn），菱脑分化成后脑（metencephalon）和延脑（myelencephalon）。这样，由 3 个脑泡形成了 5 个脑泡，即端脑、间脑、中脑、后脑和延脑。5 个脑泡继续分化，衍生出各种结构（表 11.1）。

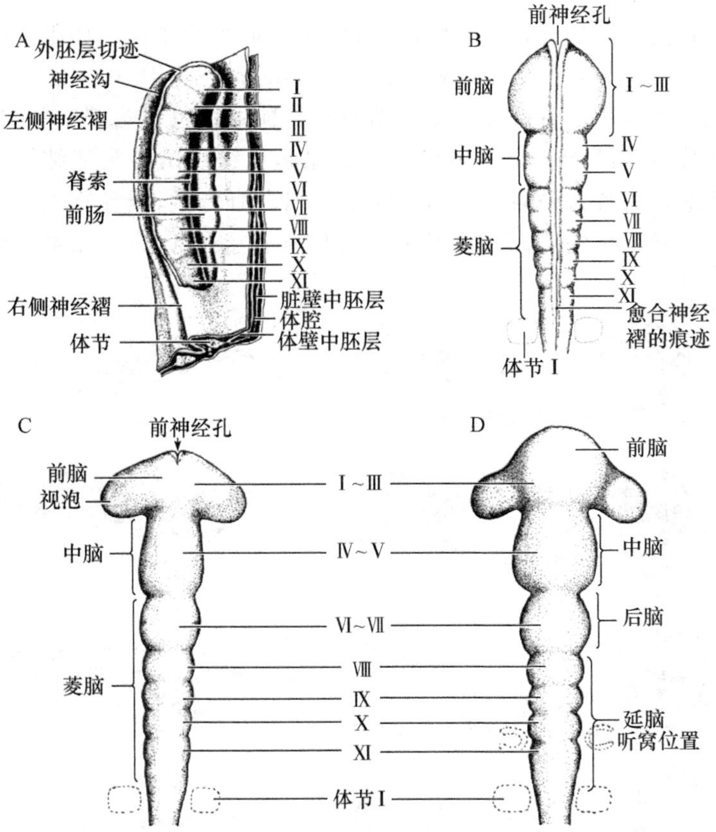

图 11.7　鸡胚神经管的分化（自 Carlson，1988）

A. 4 体节期胚胎侧面观，胚胎前端右侧的表皮被切去局部，以显示即将形成的神经管及 11 个原结（Ⅰ～Ⅺ）；B. 7 体节期胚胎的神经管背面观（表皮已经切去），显示 3 个脑泡；C. 10 体节期胚胎，视泡已经形成；D. 14 体节期胚胎，菱脑已经分化成后脑和延脑。

表 11.1　神经管前端的分化

三脑泡	五脑泡	衍生的结构	功能
前脑	端脑	嗅叶	嗅觉
		海马	记忆存储
		大脑	智力
	间脑	视泡	视力
		上丘脑	形成松果腺
		丘脑	视神经和听神经的中转中枢
		下丘脑	温度、睡眠和呼吸中枢
中脑	中脑	中脑	前后脑之间的纤维束、视叶
菱脑	后脑	小脑	协调复杂的肌肉运动
		脑桥	大脑和小脑之间的纤维束
	延脑	延髓	不随意活动放射中心

（二）神经管前后轴分化的机制

在两栖类神经管前后轴的分化过程中，组织者起了重要的作用。如果将蝾螈晚期原肠胚不同位置的原肠顶部组织移植到另一个蝾螈早期原肠胚的囊胚腔中，宿主胚胎产生的变化与移植来的原肠顶组织原先所在的位置有关。最前端的原肠顶组织包含头部中胚层，它将诱导宿主胚胎产生平衡棒和部分口部结构。位置稍后一点的原肠顶组织诱导头部结构的产生，包括前脑、鼻、眼、平衡棒和听泡。位置再稍后一点的原肠顶组织含有脊索，诱导宿主胚胎产生后脑。位置最后的原肠顶组织诱导躯干的背部和尾部的中胚层分化（图 11.8）。如果将蝾螈早期原肠胚的

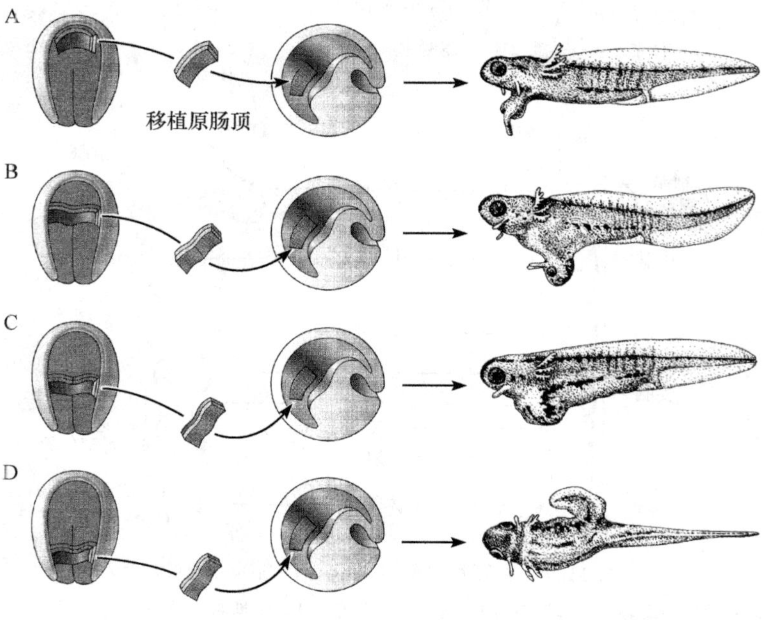

图 11.8　蝾螈原肠顶组织的诱导作用（自 Gilbert，2000）

A. 最前端的原肠顶组织诱导宿主胚胎产生平衡棒；B. 位置稍后一点的原肠顶组织诱导含有眼、平衡棒和前脑的头部；C. 位置再稍后一点的原肠顶组织诱导后脑的产生；D. 位置最后的原肠顶组织诱导躯干和尾部的产生。

背唇移植到另一个蝾螈早期原肠胚的囊胚腔中，能够诱导出一个头部。如果将蝾螈晚期原肠胚的背唇移植到另一个蝾螈早期原肠胚的囊胚腔中，则只能诱导出一个尾巴。这些实验结果表明，背唇组织中最早内卷进入胚胎内部的细胞能够诱导头部和脑的发生，后内卷的背唇细胞只能诱导脊髓和尾巴。

那么，是什么物质存在于先内卷的背唇组织中，使得它能够诱导包括脑在内的头部结构的发生？又是什么物质存在于后内卷的背唇组织中，使得它只能诱导脊髓的发生？现在的研究表明，能够诱导神经管前端结构（脑）产生的物质是 Cerberus、Dickkopf、Frzb 和 IGF 等蛋白质；能够诱导神经管后部结构（脊髓）产生的物质是 Wnt、BMP、FGF 和视黄酸等物质。

1. 神经管头部结构的诱导物质

背唇组织中最早内卷的细胞位于原肠顶的最前方，这些细胞组成了将来的胚胎口咽部内胚层和脊索前板中胚层（prechordal mesoderm），它们共同组成口咽部中内胚层（pharyngeal endomesoderm）。口咽部中内胚层能够抑制 BMP 和 Wnt 信号转导路径，诱导头部最前端结构的产生。它发出的诱导物质是 Cerberus、Dickkopf、Frzb 和 IGF 等蛋白质。其中，Cerberus 能够促进蝌蚪头部最前端的胶黏腺（cement gland）、眼睛和嗅基板（鼻子的原基）的形成。将 *cerberus* mRNA 注入非洲爪蟾 32 细胞期的植物极腹部卵裂球中，将诱导易位头部结构的产生。*cerberus* 在口咽部中内胚层表达，Cerberus 蛋白结合 BMP 和 Xwnt8（非洲爪蟾 Wnt 家族的一种成分），抑制它们的信号转导路径。如果 Cerberus 的合成受阻，头部结构的形成也将受阻。

口咽部中内胚层也合成 Frzb 和 Dickkopf 两种蛋白质。Frzb 能够结合在 Wnt 信号受体 Frizzled 蛋白上面。但是，在结合于受体之前，它先与 Xwnt8 结合。Frzb 结合了 Xwnt8，再结合在受体蛋白 Frizzled 上，阻止 Wnt 信号转导路径。如果胚胎产生过量的 Frzb，整个胚胎的 Wnt 信号转导路径都将被抑制，胚胎将只产生头部结构，而不会产生后部结构。Dickkopf 的作用与 Frzb 的相似，也是与 Wnt 信号受体结合，阻止该信号的转导路径。将 Dickkopf 的抗体注入胚胎，将产生一个小而变形的头部。

IGF（胰岛素样生长因子，insulin-like growth factor）的作用是阻止 BMP 和 Wnt 的信号转导到细胞核。IGF 能够激活细胞的受体酪氨酸激酶信号转导路径，其结果是干扰 BMP 和 Wnt 的信号转导。将 IGF 的 mRNA 注射到胚胎腹部中胚层细胞中，将产生易位的头部。而注射 IGF 的抑制物，将产生一个缺少头部结构（如胶黏腺和眼睛）的胚胎。

2. 神经管后部结构的诱导物质

在非洲爪蟾胚胎中，参与神经管后部结构分化的物质是 Xwnt8。这个旁分泌因子在胚胎中存在着浓度梯度。在神经板下方的背中胚层（脊索中胚层）中，Wnt 的浓度从后端往前端递减。Xwnt8 从中胚层扩散进入神经板中，影响神经管的分化。如果增加胚胎中 Xwnt8 的浓度，脊髓结构会往神经管的前端推进。相反，抑制 Wnt 的信号转导路径，头部结构就会往神经管的后端推进。

除了 Wnt 参与神经管后部结构的形成外，还有其他一些物质也在神经管后部结构的形成中发挥作用，其中包括 FGF 和视黄酸等。FGF 的作用是促进细胞对 Wnt 信号转导作出反应。而视黄酸在脊索中胚层中也有一个浓度梯度，与 Wnt 一样，从后端往前端递减。它的作用也是依其浓度而定的，浓度高时，促进神经管后部结构的形成。此外，它还和 FGF 一起激活染色体上同源异型基因复合体中排于较后位置的基因，以促进神经管后部结构的形成。

综上所述，在非洲爪蟾的胚胎中，神经诱导的基本模式可以用图 11.9 来显示。在神经板下方的口咽部中内胚层和脊索中胚层中，存在着三类诱导信号。第一类信号是 BMP 的抑制物

Chordin、Noggin 和 Follistatin。这些蛋白质的基因先是在背唇表达，以后在脊索中胚层表达。这些蛋白质扩散到外胚层中，能够阻止 BMP4 的作用，使外胚层发育成为神经外胚层。第二类信号是 Wnt 的抑制物 Cerberus、Frzb、Dickkopf 和 IGF。这些蛋白质在口咽部的中内胚层中合成，以后扩散到神经板中，促进神经管形成脑。这两类信号都是前部化信号（anteriorizing signal），促进神经管前端结构的形成。前部化信号在胚胎中存在浓度梯度，从前端往后端递减。第三类信号是后部化信号（posteriorizing signal），包括 Wnt、FGF 和视黄酸等，促进神经管后部结构（脊髓）的形成。后部化信号也存在浓度梯度，从后往前递减。神经外胚层的形成、神经管的形成和分化都在这三类信号的作用下才得以完成。

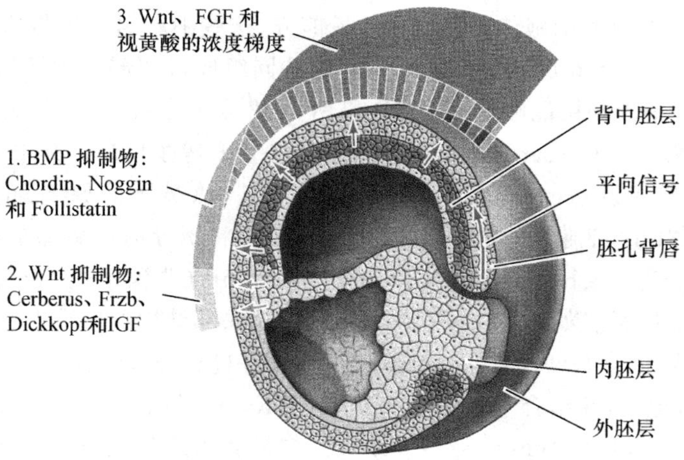

图 11.9 组织者诱导神经管分化的基本模式（自 Gilbert，2010）

1. 来自组织者的 BMP 抑制物阻止表皮的形成；2. 来自口咽部中内胚层的 Wnt 抑制物诱导脑的形成；3. 后部化信号的梯度分布激活同源异型基因，诱导神经管形成脊髓。

四、神经管背腹轴的分化

神经管除了前后轴出现了分化以外，背腹轴也出现了分化。以脊髓为例，位于背部区域的神经元接受感觉神经送入的神经冲动。而在腹部区域存在着运动神经元，其轴突伸到肢体。介于两者之间的是中间神经元，连接脊髓背部和腹部的神经元。

神经管背腹轴的形成与神经管周围组织发出的信号有关。构成神经管的细胞称为神经上皮细胞，将分化成为神经细胞（神经元）或神经胶质细胞。这些细胞在神经管管壁上的排列犹如上皮组织中的细胞排列。神经上皮细胞形成神经管的腹部结构受到脊索发出的信号 Sonic hedgehog 的影响，形成神经管的背部结构受到神经管背方表皮发出的信号 TGF-β 的影响。脊索和表皮是神经管背腹轴分化的初级信号中心。初级信号中心会在神经管中诱导出次级信号中心。脊索诱导其背方的神经管腹侧正中的神经上皮细胞形成底板（floor plate）。底板是 Sonic hedgehog 次级信号中心，它也分泌 Sonic hedgehog 信号。Sonic hedgehog 信号在神经管中呈梯度分布，最腹部的区域浓度最高，越向背方浓度越低。神经管背方表皮发出的 TGF-β 信号主要是 BMP4 和 BMP7。当神经管腹侧建立起 Sonic hedgehog 信号的次级中心底板时，神经管背侧也建立起 TGF-β 信号的次级中心，即顶板（roof plate）。顶板位于神经管紧靠表皮的区域。在顶板中也分泌 TGF-β 信号，包括 BMP4、BMP7、背蛋白（Dorsalin）和活化素。顶板发出的 TGF-β 信号也在神经管中呈现梯度分布，从背部往腹部递减。

这样，在神经管的背腹侧存在着两个旁分泌因子信号的浓度梯度：Sonic hedgehog 信号从腹部向背部递减；TGF-β 信号从背部向腹部递减。在这两种旁分泌因子的共同作用下，从神经管的腹部到背部产生了不同的转录因子，指导不同位置的神经上皮细胞进行分化。神经管腹部的细胞主要受到 Sonic hedgehog 信号的诱导，神经背部的细胞主要受到 TGF-β 信号的诱导（图 11.10）。

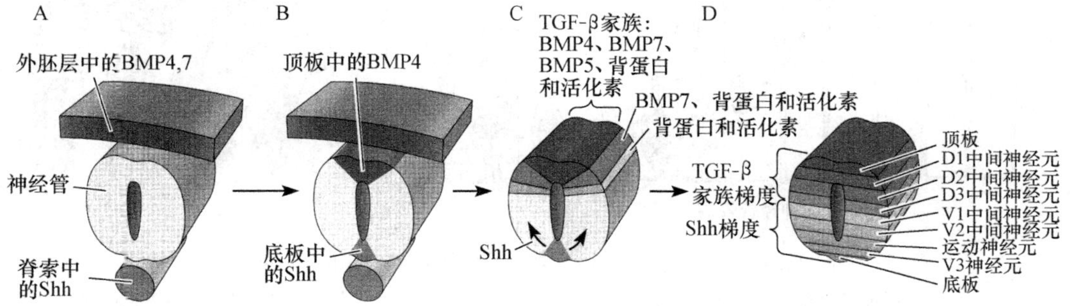

图 11.10　神经管背腹轴的分化（自 Gilbert，2000）

A. 神经管受到两个信号中心的作用：背部受到表皮发出的 TGF-β 信号的作用，腹部受到脊索发出的 Sonic hedgehog 信号的作用；B. 神经管的背腹各形成一个次级信号中心顶板和底板；C. 底板向上扩散 Sonic hedgehog，顶板向下扩散 TGF-β；D. 在两个次级信号中心的作用下，神经管出现了背腹轴的分化。

例如，在神经管的腹部，最靠近底板的细胞中 Sonic hedgehog 的浓度最高，但几乎没有 TGF-β。这些细胞合成的转录因子是 Nkx6.1 和 Nkx2.2，它们将形成腹部的神经元（V3）。比这些细胞位置稍高一些的细胞，Sonic hedgehog 浓度稍低，并有少许 TGF-β。这些细胞合成的转录因子是 Nkx6.1 和 Pax6。这些细胞将分化成为运动神经元。位置再高一些的细胞，Sonic hedgehog 的浓度更低，将分化成为 V2 和 V1 细胞（图 11.10）。

如果将外源的脊索移植到神经管的侧面，那么，神经管将产生另一个底板。这个易位产生的底板将诱导其两侧的神经上皮细胞形成运动神经元。这样，神经管将有 2 个底板和 2 倍的运动神经元。如果用含有 Sonic hedgehog 的小珠（该珠子会缓慢地释放出 Sonic hedgehog）替代脊索移植到神经管的侧面，也将产生同样的结果。相反，如果将胚胎的脊索切去一段，那么，没有脊索区域的神经管将不产生底板。

五、脑和脊髓组织的形成

神经上皮细胞是神经系统的干细胞，具有迅速分裂增殖的能力。神经上皮细胞在神经管管壁上的排列与假复层上皮（pseudostratified epithelium）的相似，这些细胞仅有一层，所有的细胞都从神经管的管腔表面长出。但是，由于这些细胞的核不在同一个平面上，所以看起来似乎是多层细胞。不同细胞中的细胞核之所以不在同一个平面上，是因为这些细胞核在细胞中不是静止不动的，而是处于不断变动其位置的状态中。当细胞处于细胞周期的 G_1 期时，细胞核靠近神经管管腔的位置。当细胞进入 S 期，细胞核逐渐移向神经管的表面，然后，又向管腔方向移动。在 G_2 期和分裂期，细胞核靠近管腔（图 11.11）。

神经上皮细胞分裂后，形成的两个子细胞中一个依然贴在管腔表面，作为干细胞；另一个则往神经管的表面迁移，进入分化阶段，成为神经元的前体细胞或神经胶质细胞的前体细胞。神经元的前体细胞又称成神经细胞（neuroblast）。迁移细胞的这次分裂是其迁移前的最后一次分裂，其分裂时间称为由该细胞分化成的神经元或神经胶质细胞的“生日”（birthday）。因此，不同的

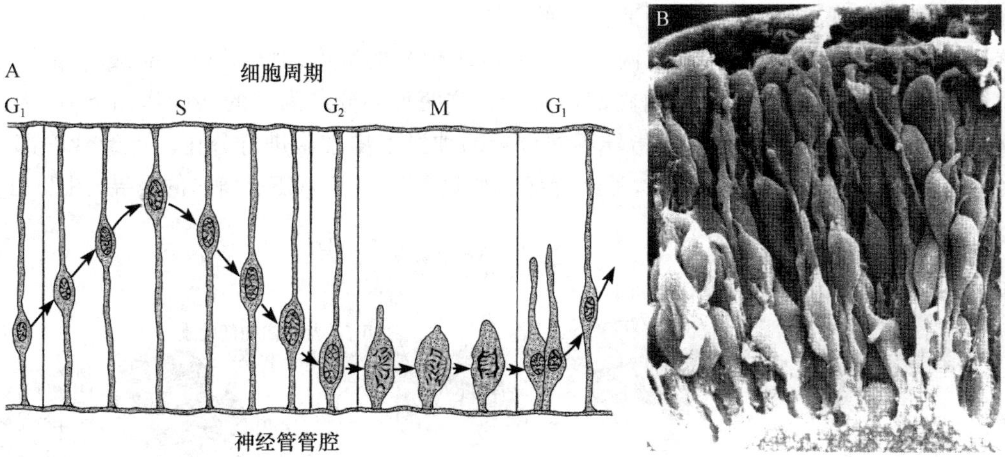

图 11.11　神经管管壁上的神经上皮细胞(自 Gilbert,1997)

A. 显示鸡胚神经管神经上皮细胞的核在细胞周期中的移动;B. 神经上皮细胞的扫描电子显微镜照片。

神经元或神经胶质细胞有其特定的“生日”。具有较早“生日”的细胞移动的距离较短,距离神经管的管腔较近。而那些“生日”较晚的细胞,移动距离较远,较靠近神经管的表层(脑的皮质)。这些移动了的成神经细胞和神经胶质细胞的前体细胞以后的分化依其在神经管管壁上的位置而定。

(一) 神经元的分化

中枢神经系统中含有多种类型的神经元和神经胶质细胞。以小脑皮质为例,既有细小的颗粒细胞(granule cell),又有体积较大、突起繁多的蒲肯野细胞。神经元的细胞体上伸出的较短突起主要起着接受外来神经冲动的作用,这些突起称为树突(dendrite)。有的神经元树突数量很少,甚至仅有一条树突,如双极神经元。而有的神经元树突很多,而且反复分支,像是一棵大树的树枝,如蒲肯野细胞。成神经细胞在分化过程中一个重要的变化就是长出树突。人出生时,大脑皮质神经元的树突往往很少。出生后一年之内,神经元的树突数量急剧增加。蒲肯野细胞由于树突数量多,可以和多达 100 000 个其他的神经元通过突触(synapse)发生联系。一般说来,每一个神经元平均与 10 000 个其他神经元通过突触联系。

成神经细胞除了长出树突以外,还要长出一条很长的轴突(axon)。轴突的伸长与其末端的生长锥(growth cone)有关。生长锥上有许多突起,称为微端丝(microspike)(图 11.12)。微端

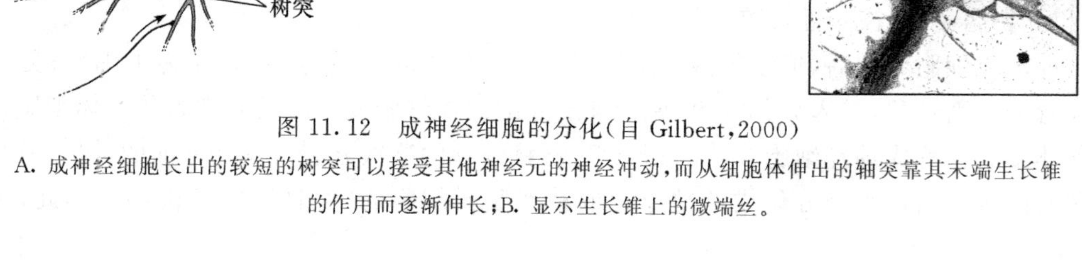

图 11.12　成神经细胞的分化(自 Gilbert,2000)

A. 成神经细胞长出的较短的树突可以接受其他神经元的神经冲动,而从细胞体伸出的轴突靠其末端生长锥的作用而逐渐伸长;B. 显示生长锥上的微端丝。

丝像海胆原肠胚形成过程中次级间充质细胞伸出的伪足，其中含有许多微丝。微丝的收缩和舒张使得微端丝可以伸缩。生长锥靠微端丝不停地伸缩，在组织中寻找其向前运动的路径。这样，轴突的长度逐渐增加。如果用破坏微丝的松胞菌素B处理成神经细胞，就能阻止轴突的伸长。轴突本身长度的维持靠其中平行排列的微管。如果将成神经细胞放置于秋水仙素中，轴突将缩短。

在成神经细胞的发育中，轴突表面还产生髓鞘(myelin sheath)。髓鞘通过神经胶质细胞的质膜重复缠绕在轴突上形成。中枢神经系统和周围神经系统的髓鞘由不同的神经胶质细胞形成：在中枢神经系统，少突胶质细胞(oligodendrocyte)薄片状的细胞质连同其外方的质膜包绕生长中的轴突，形成了髓鞘；在周围神经系统，施旺细胞(Schwann cell)产生凹陷，成神经细胞伸长中的轴突陷入其中，然后施旺细胞的质膜缠绕着轴突，从而形成髓鞘(图11.13)。髓鞘的厚度由神经元调节。轴突可以分泌神经调节蛋白1(neuregulin-1)来控制髓鞘的直径。髓鞘对于神经元行使正常的功能起着重要作用。髓鞘可以加快神经冲动的传递，同时起绝缘作用。没有髓鞘的神经元不能传导神经冲动，甚至会引起许多神经系统的疾病。

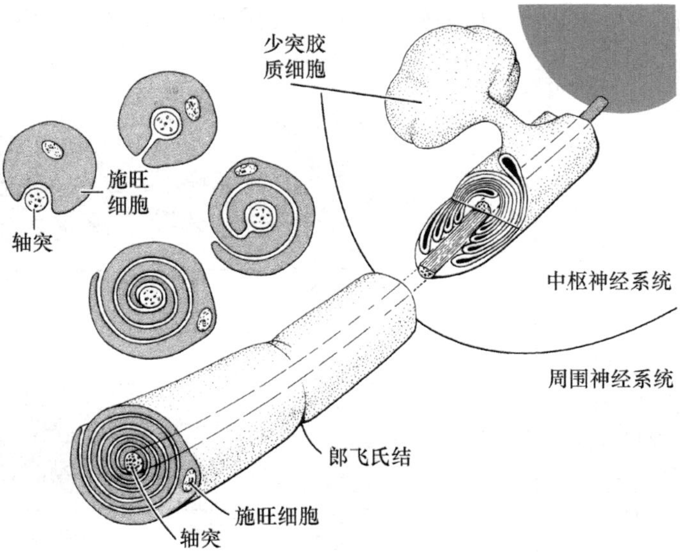

图11.13　中枢神经系统和周围神经系统中髓鞘的形成(自Carlson，1988)

在中枢神经系统，髓鞘由少突胶质细胞的突起缠绕轴突而成；而在周围神经系统，施旺细胞将轴突包绕起来，形成髓鞘。

不同的神经元分泌不同的神经递质来传导神经冲动。常见的神经递质有乙酰胆碱、去甲肾上腺素等。在不同的成神经细胞中，不同的基因被激活，以建立不同的酶促反应，合成不同的神经递质。

（二）脊髓和延髓的组织分化

神经上皮细胞在分裂后开始迁移，并在神经管的管壁上形成新的一层，围绕着原来的神经上皮细胞层。随着更多的细胞迁移出来，新形成的神经上皮细胞层越来越厚。这一层称为套层(mantle zone)或中间层(intermediate zone)，原先的神经上皮细胞层称为室管膜层(ventricular zone)。套层的细胞就是成神经细胞和神经胶质细胞的前体细胞(图11.14)。成神经细胞前体

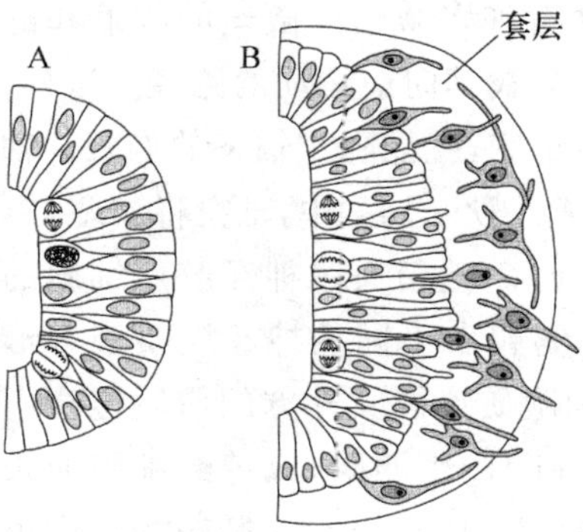

图 11.14　神经管壁套层的形成
（自 Browder et al. ,1991）
A. 早期的神经管管壁由假复层上皮组成，仅有一层神经上皮细胞；B. 神经上皮细胞向外迁移，形成新的一层即套层（中间层），原先的神经上皮细胞层即为室管膜层。

细胞的轴突伸出套层以外，这样，在套层之外形成新的一层，称为边缘层（marginal zone）（图 11.15）。神经胶质细胞形成后，在边缘层的轴突上形成了髓鞘，使得边缘层出现白色的外观，因此，边缘层又称为白质（white matter），而含有神经元细胞体的套层则称为灰质（gray matter）。

在脊髓和延髓的发育过程中，这种由室管膜层、套层和边缘层构成的三层组织结构一直保持不变。在其横切面上，由套层发育而成的灰质呈蝴蝶状，其内侧的室管膜层相对于套层显得很薄，环绕着称为中央管的原神经管腔。位于灰质腹角（前角）的成神经细胞分化成为运动神经元，由其伸出的轴突构成了腹神经根。位于灰质背角（后角）的成神经细胞分化成为较小的神经元，接受背神经根送来的神经冲动；而位于侧角的成神经细胞分化成为交感神经系统的节前神经元，其伸出来的轴突进入交感神经节。整个套层外方是由边缘层形成的白质（图 11.16）。

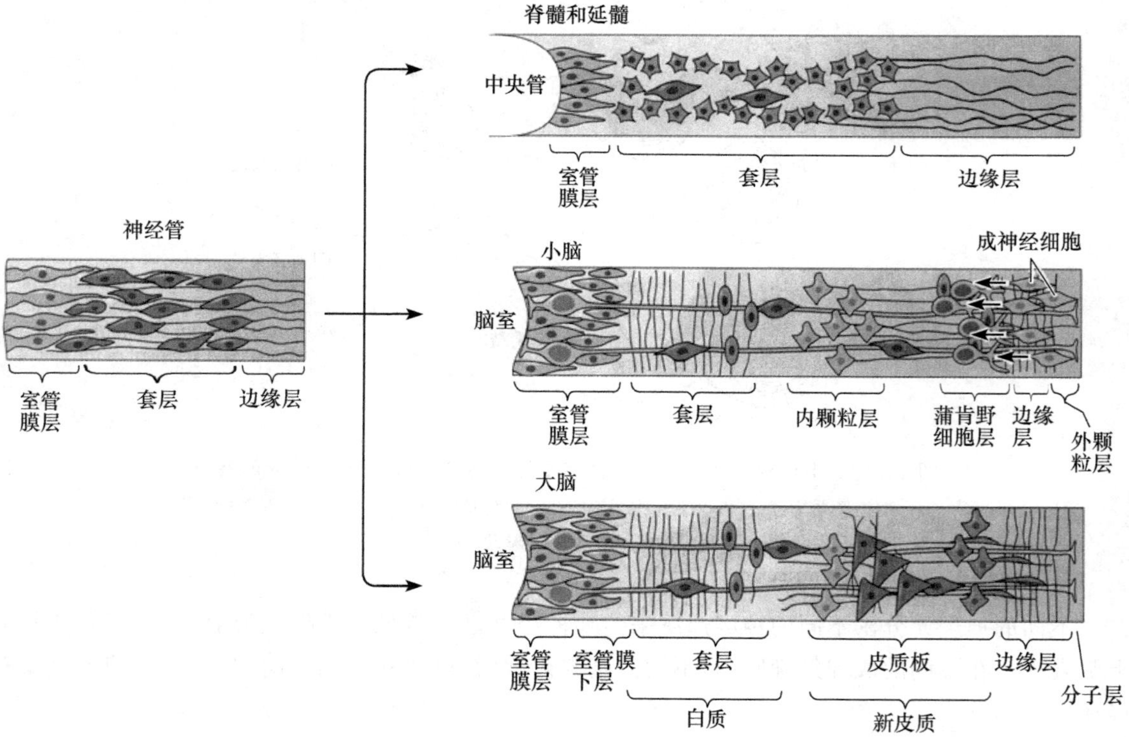

图 11.15　神经管壁的组织分化（自 Gilbert,2010）
由具有三层结构的神经管管壁发育成为脊髓、延髓、小脑和大脑组织。

（三）小脑的组织分化

在小脑组织的形成过程中，神经管壁的三层（室管膜层、套层和边缘层）结构经过了修改，形成了皮质（灰质）和髓质（白质）。首先，一部分套层的成神经细胞迁移到边缘层的外缘，形成了外

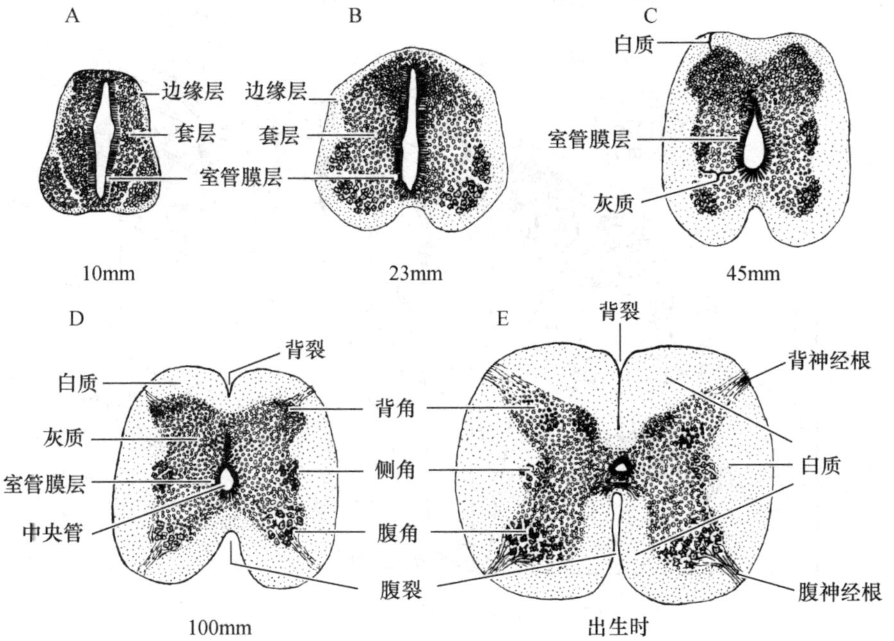

图 11.16　猪脊髓的发育(自 Carlson,1988)

A～E 是不同发育阶段(以胚胎长度显示)的脊髓横切面,显示套层(灰质)和边缘层(白质)的变化。

颗粒层(external granular layer)。外颗粒层较薄,但是其中的细胞分裂迅速,形成细小的颗粒细胞。颗粒细胞往回迁移,即向室管膜层的方向移动,在套层的外侧产生新的一层,称为内颗粒层(internal granular layer)。内颗粒层就是将来小脑的颗粒层(图 11.15)。另一部分套层的成神经细胞迁移到内颗粒层的外侧,形成了蒲肯野细胞层。该层的神经细胞是蒲肯野细胞,能够分泌 Sonic hedgehog,后者能够维持外颗粒层细胞的分裂。每一个蒲肯野细胞产生了反复分支的树突,形状如同侧柏的叶片,或呈扇形,铺展在边缘层和外颗粒层。将来,外颗粒层还产生星形细胞和篮状细胞。这些细小的神经元和蒲肯野细胞的树突共同构成了小脑的分子层。原先的边缘层和外颗粒层也都属于分子层。每一个蒲肯野细胞还产生一条轴突。轴突伸向室管膜层方向,穿过内颗粒层,进入原先的套层。套层的成神经细胞都迁移走之后,完全被蒲肯野细胞的轴突所占据。神经胶质细胞在轴突的表面形成髓鞘,因此,原先的套层不再是灰质,而变成了白质。

成神经细胞从套层迁移出来进入外颗粒层、蒲肯野细胞层和内颗粒层主要依靠神经胶质细胞为其提供通道。在小脑中有一种神经胶质细胞称为伯格曼胶质细胞(Bergmann glia),它具有很长的突起。成神经细胞和胶质细胞之间存在着相互作用。成神经细胞会分泌一些蛋白质来黏着神经胶质细胞,其中有一种蛋白质是星形胶质细胞接触蛋白(astrotactin)。成神经细胞靠这些蛋白质黏着于胶质细胞的突起上,然后沿着该突起移动。

小脑组织由灰质和白质组成。灰质(即皮质)在表层,不像脊髓那样在内层;白质(即髓质)在灰质里面,不像脊髓那样在灰质的外侧。皮质分成三层,从外到内依次是分子层、蒲肯野细胞层和颗粒层。分子层主要由一些较小的神经元和蒲肯野细胞的树突组成。蒲肯野细胞层是蒲肯野细胞的细胞体存在的位置。蒲肯野细胞是小脑中最主要的神经元。颗粒层的神经元是较小的细胞,包括星形细胞和篮状细胞,排列密集(图 11.17)。

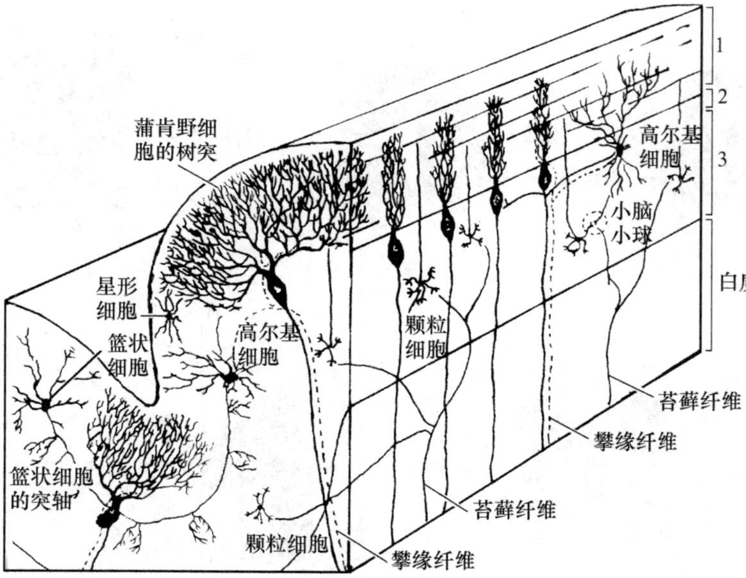

图 11.17　小脑的组织结构(自成令忠,1998)

皮质分为三层:1. 分子层,分布着较小的神经元,主要是星形细胞和篮状细胞,以及大量的蒲肯野细胞的树突;2. 蒲肯野细胞层,蒲肯野细胞是小脑最大的细胞,其细胞体位于此层,其树突在分子层,其轴突深入白质;3. 颗粒层,由密集的颗粒细胞和高尔基细胞组成。皮质之内是白质(髓质)。

(四) 大脑的组织分化

在大脑的发育过程中,神经管的三层结构也发生了改变。最早发生变化的是室管膜层。室管膜层的神经上皮细胞分裂增殖后,一部分细胞迁移到室管膜层的外侧,形成室管膜下层(subventricular zone)。室管膜层和室管膜下层合称生发层,它的神经上皮细胞分裂增殖成为成神经细胞,并迁移到套层,再从套层迁移到外侧,形成了皮质板(cortical plate)。皮质板将分化成为新皮质(neocortex)。套层所在区域成为白质(髓质),位于皮质的内侧(图 11.15)。

室管膜层的神经上皮细胞中,有一类细胞称为放射胶质细胞(radial glial cell,RGC),形状类似胶质细胞,也有一条很长的突起。RGC 是一种干细胞,每次分裂产生一个 RGC 和一个进入分化的细胞。这种进入分化的细胞可以是成神经细胞,也可以是另一类称为中间祖细胞(intermediate progenitor cell)的前体细胞。中间祖细胞迁移进入室管膜下层,它分裂后形成成神经细胞,并向外侧迁移。在室管膜层还有一类神经上皮细胞,称为短神经前体细胞(short neuronal precursor),它分裂之后也产生成神经细胞,并向外迁移。室管膜层产生的成神经细胞迁移的距离较短;而室管膜下层产生的成神经细胞迁移的距离较长(图 11.18)。

从套层迁移出来的成神经细胞也依附在胶质细胞的长突起上移动。它们离开套层之后,在套层的外侧形成新的一层,即新皮质。新皮质的形成与转录因子 Lhx2 有关。转录因子 Lhx2 可以激活许多和新皮质形成有关的基因。*Lhx2* 基因突变的小鼠,新皮质不能形成。新皮质就是将来的大脑皮质,其中的成神经细胞将分化成为不同类型的神经元,并将大脑皮质分成 6 层。不过,在胚胎阶段,哺乳动物的大脑皮质仅有 5 层,在儿童阶段才最终形成 6 层结构。大脑皮质的每一层都与其他层在神经元的组成、功能以及神经元之间的连接方面存在差异。成神经细胞在沿着胶质细胞的突起迁移的过程中,其迁移距离与该成神经细胞“生日”的早晚有关。那些“生日”早的细胞,迁移的距离较短,而“生日”晚的细胞,迁移的距离较长。

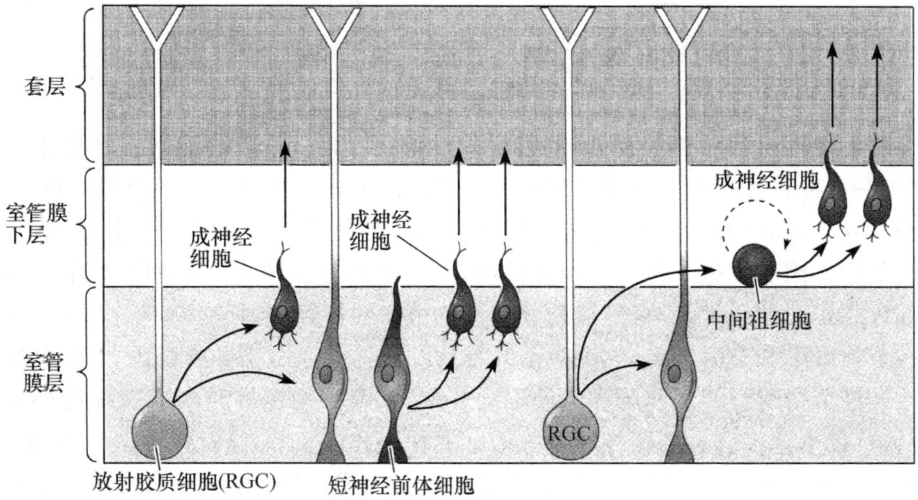

图 11.18 大脑生发层神经上皮细胞的分裂和迁移(自 Gilbert,2010)

放射胶质细胞(RGC)位于室管膜层,它分裂后产生 RGC 和成神经细胞或中间祖细胞。中间祖细胞进入室管膜下层,分裂产生成神经细胞。室管膜层中的短神经前体细胞分裂产生成神经细胞。从不同生发层产生的成神经细胞,迁移的距离不同。

新皮质最终分化成为大脑皮质,从外到内依次是:分子层、外颗粒层、外锥体细胞层、内颗粒层、内锥体细胞层和多形细胞层。分子层的细胞细小,主要是水平细胞和星形细胞。外颗粒层主要是星形细胞和少量小型的锥体细胞。外锥体细胞层较厚,由许多中、小型锥体细胞组成。内颗粒层的细胞密集排列,多数是星形细胞。内锥体细胞层由中型和大型的锥体细胞组成。多形细胞层以梭形细胞为主,还有锥体细胞和颗粒细胞(图 11.19)。

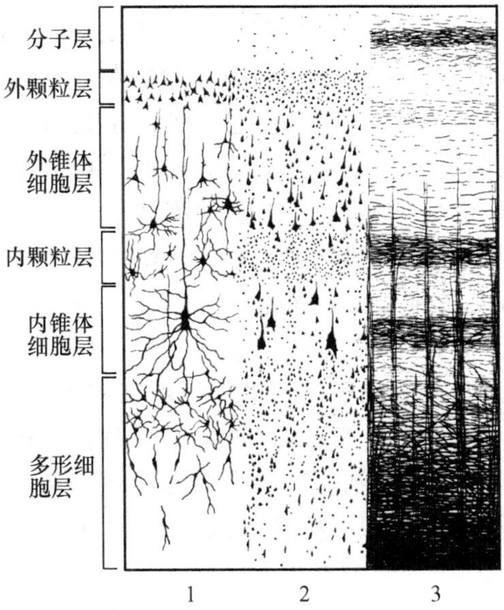

图 11.19 人大脑皮质的组织结构(自成令忠,1998)

1. 镀银法显示各种神经元的形态;2. 尼氏染色显示 6 层结构;3. 髓鞘染色显示神经纤维的分布。

第二节　神　经　嵴

在神经管形成的过程中伴随着神经嵴的形成(图 11.3)。神经嵴细胞将分化成为多种类型的细胞,其中一部分神经嵴细胞将参与周围神经系统的形成。周围神经系统包括脊神经、脑神经和内脏神经。这三部分周围神经系统皆有感觉(传入)部分和运动(传出)部分。其中,脊神经和脑神经感觉部分的细胞体位于神经节中,而运动部分的细胞体则位于脑和脊髓中。内脏神经系统的感觉部分神经元位于神经节,其运动部分又称植物性神经,包括交感神经和副交感神经。植物性神经有节前纤维和节后纤维之分,节前纤维的细胞体位于脑干和脊髓内,节后纤维的细胞体位于植物性神经节中。脊神经和脑神经的运动纤维,以及植物性神经的节前纤维都来源于神经管,其细胞体也位于神经管。周围神经系统的感觉纤维和神经节,以及植物性神经的节后纤维和神经节则来源于神经嵴。神经嵴除了形成上述神经系统成分以外,还形成能够产生肾上腺素的肾上腺髓质细胞、皮肤的黑色素细胞,以及头部的骨骼和结缔组织。

一、神经嵴细胞的形成和分化

神经嵴细胞产生于神经板和表皮的交界处,因此,有人认为神经嵴细胞的产生与神经板和表皮的相互作用有关。在体色不同的两种蝾螈原肠胚之间的移植实验表明,蝾螈的神经嵴细胞起源于预定的神经板细胞和预定的表皮细胞。如果将鹌鹑的神经板移植到鸡胚的表皮,鹌鹑的神经板和鸡的表皮共同产生神经嵴细胞。

神经嵴细胞的形成过程涉及多种信号分子。在两栖类中,背唇和脊索中胚层通过抑制 BMP 的作用来诱导外胚层形成神经外胚层和神经板,而体节中胚层和侧板中胚层因为含有中等剂量的 BMP,能够诱导外胚层形成神经嵴。在有羊膜的动物中,神经板和表皮的相互作用能够诱导神经嵴细胞的形成。神经板形成后,将诱导其两侧的细胞表达特异的基因,如 *Distalles-5*、*Pax3* 和 *Pax7*。这些基因的产物 Distalles-5、Pax3 和 Pax7 是转录因子,促使这些细胞表达另一些转录因子,包括 FoxD3、Sox9、ID、Twist 和 Snail,从而成为神经嵴细胞。如果让 FoxD3、Sox9 和 Snail 在神经管的两侧壁神经上皮细胞中表达,这些神经上皮细胞将分化成为神经嵴细胞,并从上皮类型的细胞转变成为间充质类型的细胞,离开神经管。Sox9 还能够抑制神经嵴细胞的凋亡,促使其成活。FoxD3 能够促使神经嵴细胞表达某些蛋白质,这些蛋白质将分布于神经嵴细胞的表面,以利于神经嵴细胞的迁移。抑制 *FoxD3* 的表达将抑制神经嵴细胞的形成。如果让 *FoxD3* 易位表达,比如说在神经板中表达,那么,神经板细胞将产生神经嵴细胞特有的蛋白质。

Distalles-5、Pax3 和 Pax7 等转录因子还促进神经嵴细胞表达一些与迁移有关的基因,以及一些与神经嵴细胞的分化有关的基因。例如,神经嵴细胞中表达转录因子 MITF 的基因将使得该细胞分化成为黑色素细胞;神经嵴细胞表达一些小的 G 蛋白基因将使得该细胞将来能够改变形状,进行迁移;在神经嵴细胞表面出现一些受体(如受体酪氨酸激酶)将使得神经嵴细胞对周围环境的信号作出反应。

神经嵴细胞是多潜能的细胞,位于神经管不同位置的神经嵴细胞将分化成不同类型的细胞。那么,究竟是由什么因素控制神经嵴细胞的分化?是否神经嵴细胞在离开神经管之前就已决定了将分化成何种类型细胞?或者神经嵴细胞的分化由其迁移的路线以及最后的定位来决定?在鸡胚和鹌鹑胚胎之间调换神经管实验可以解释这个问题。之所以在鸡胚和鹌鹑胚胎之间进行神经管片段的调换是因为人们可以通过染色方法区别出两者的神经嵴细胞，这样可以观察到宿主的神经管被置换的那部分的发育。将鹌鹑第1～7对体节处的神经管片段切下（切下的神经管背面附着神经嵴细胞），移植到鸡胚神经管的第18～24对体节处（鸡胚该处的神经管片段已先行切去）。通常第1～7对体节处的神经嵴迁移到肠子，产生肠神经节。该神经节的神经元产生的神经递质是乙酰胆碱。而移植之后，第1～7对体节处的神经嵴在宿主胚胎的第18～24对体节处不是形成肠神经节，而是形成交感神经节。该神经节的节后纤维产生的神经递质是去甲肾上腺素而非乙酰胆碱。此外，移植块还产生肾上腺髓质。如果将鸡胚第18～24对体节处的神经管切下移植到鹌鹑胚胎神经管的第1～7对体节处，移植块将产生出肠子神经节（图11.20）。这个实验表明，神经嵴细胞的命运并非预先就决定了，它是随着迁移路线的不同而改变。但是，也有实验表明，某些神经嵴细胞的分化是预先就决定了的，如头部的神经嵴细胞只能形成颅骨。

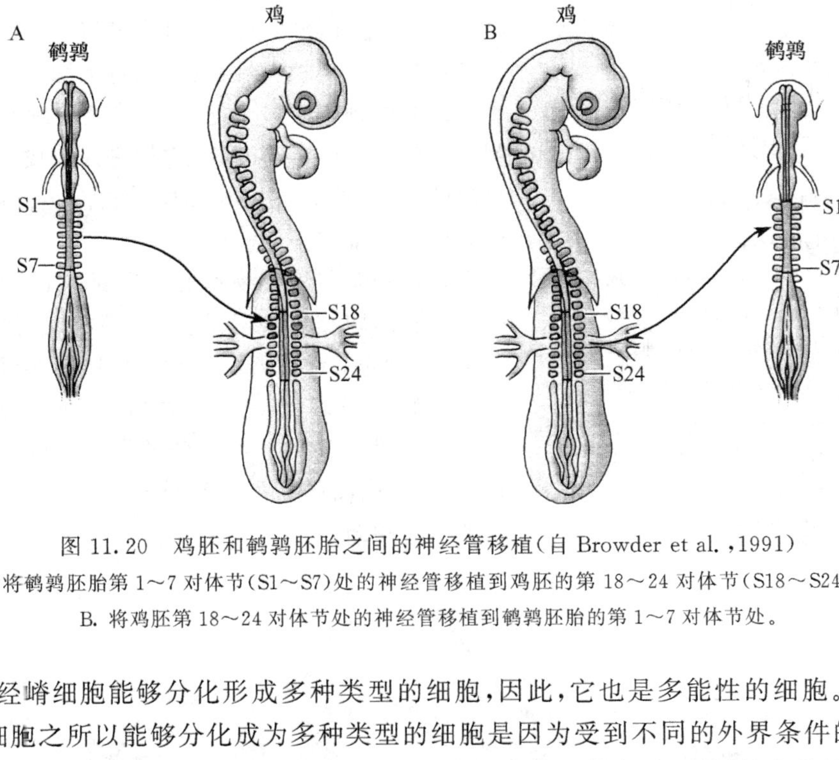

图11.20　鸡胚和鹌鹑胚胎之间的神经管移植（自 Browder et al.，1991）

A. 将鹌鹑胚胎第1～7对体节（S1～S7）处的神经管移植到鸡胚的第18～24对体节（S18～S24）处；

B. 将鸡胚第18～24对体节处的神经管移植到鹌鹑胚胎的第1～7对体节处。

由于神经嵴细胞能够分化形成多种类型的细胞，因此，它也是多能性的细胞。上述实验表明，神经嵴细胞之所以能够分化成为多种类型的细胞是因为受到不同的外界条件的作用。这里所说的外界条件就是神经嵴细胞所处的周围环境给它的位置信息，即不同的旁分泌因子。

二、神经嵴细胞的类型

神经嵴细胞是一种过渡类型的细胞，当它与神经板和表皮相连时，属于上皮类型；当它与神经板、表皮脱离后，就成为间充质类型，而且，从神经管的背方迁移到胚胎的不同位置去。位于神经管不同区段的神经嵴细胞迁移的方向、路线以及分化成的细胞类型有所差异。根据其所在的位置、迁移方向和分化情况，将神经嵴细胞分成4类（图11.21）。

头部神经嵴细胞　位于神经管头部的神经嵴细胞将向头部的两侧迁移，形成头面部的间充质细胞，然后，再分化成为头部的软骨、骨、神经元、神经胶质细胞和面部的结缔组织。头部神经嵴细胞还将进入鳃弓和咽囊，分化成胸腺细胞、成牙本质细胞、中耳和腭的骨。

心脏神经嵴细胞　心脏神经嵴细胞位于第1～3对体节。心脏神经嵴细胞产生黑色素细胞、

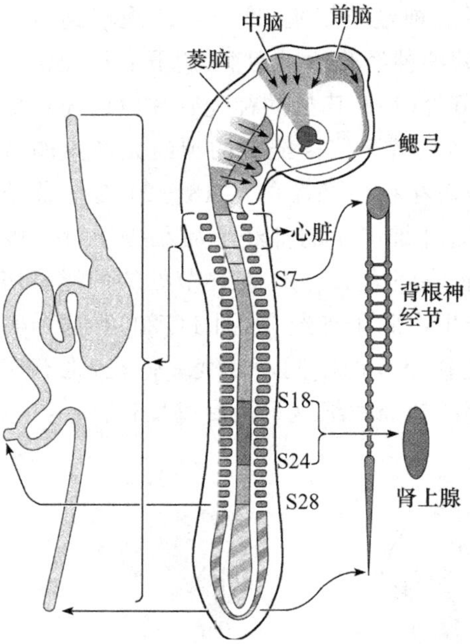

图 11.21　鸡胚神经嵴细胞的类型
（自 Gilbert，2000）
头部神经嵴细胞迁移到面部和鳃弓，形成面部和颈部的软骨和骨，也产生脑神经。颈部神经嵴（位于第 1～7 对体节处）和骶部神经嵴（位于第 28 对体节之后）形成肠子的副交感神经。心脏神经嵴位于第 1～3 对体节附近，产生主动脉和肺动脉的隔膜。从第 6 对体节起的神经嵴是躯干部神经嵴，产生植物性神经、黑色素细胞和肾上腺髓质细胞。

神经元、软骨和第 3、4、6 鳃弓的结缔组织。此外，还产生起源于心脏的大动脉血管壁上的肌肉和结缔组织，以及分隔主动脉和肺动脉的隔膜。

躯干神经嵴细胞　位于神经管躯干段的神经嵴细胞的迁移路线有两条：第一条沿着腹内侧路线迁移；第二条沿着背外侧路线迁移。如图 11.22 所示，每一对体节分别位于神经管两侧。每一个体节又可分为两部分：位于外侧的生皮生肌节和位于内侧的生骨节。首先迁移的神经嵴细胞沿着腹内侧路线（第一条路线）迁移，进入每一个生骨节的前半部。如果神经嵴细胞留在生骨节的前半部，它们将分化成为脊神经节（包括其中的神经元）。如果神经嵴细胞穿过生骨节，继续往腹部迁移，它们将分化成为植物性神经节、肾上腺髓质细胞和围绕着主动脉的神经。较后迁移的神经嵴细胞将沿着背外侧路线（第二条路线）迁移，它们进入表皮和生皮生肌节之间的空间，然后进入外胚层。它们在外胚层中增殖，形成黑色素细胞。

颈部和骶部神经嵴细胞　颈部和骶部神经嵴细胞产生肠管的副交感神经节。鸡的颈部神经嵴细胞位于第 1～7 对体节（这个部分与心脏、躯干神经嵴重叠），骶部神经嵴位于第 28 对体节之后（这个部分与躯干神经嵴重叠）（图 11.21）。如果颈部和骶部的神经嵴细胞没有迁移到肠管，肠管的副交感神经节就不会产生，将来肠子不会蠕动。

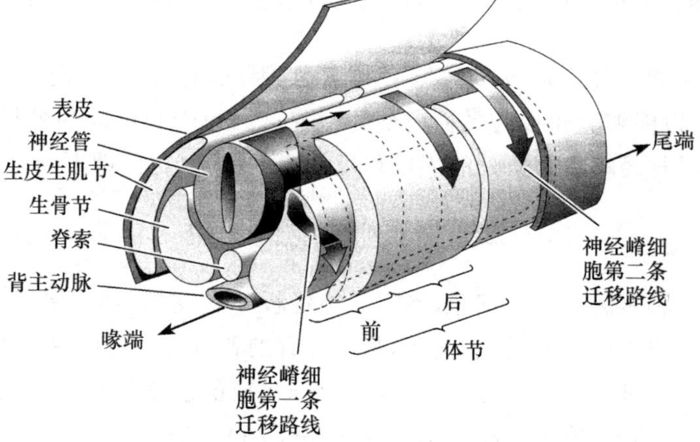

图 11.22　鸡胚躯干部神经嵴细胞的迁移（自 Gilbert，1997）
躯干部神经嵴细胞的第一条迁移路线：与每一个体节的前半部相对的神经嵴细胞进入每一个生骨节的前半部，与每一个体节的后半部相对的神经嵴细胞沿着神经管移动，要么进入本生骨节的前半部，要么进入下一个生骨节的前半部。进入生骨节的神经嵴细胞要么留在生骨节，要么继续向腹部迁移。躯干部神经嵴细胞的第二条迁移路线：进入第二条迁移路线的细胞沿着表皮和生皮生肌节之间的空间向腹部移动。

躯干部神经嵴和头部神经嵴在发育的潜能方面有共同点也有差异。共同点是两者都能形成神经元、黑色素细胞和神经胶质细胞。不同点是头部神经嵴能够形成软骨和骨，而躯干部神经嵴却不能。如果将躯干部神经嵴细胞移植到头部区域，它们能够迁移到软骨形成的区域，但是不能形成软骨。如果将头部神经嵴细胞移植到躯干部，它们能在躯干部形成软骨。躯干部神经嵴细胞不能形成软骨的原因是躯干部神经嵴细胞表达了 *Hox* 基因。如果抑制躯干部神经嵴细胞表达 *Hox* 基因，它们就能形成软骨细胞。如果让头部神经嵴细胞表达 *Hox* 基因，它们就不能形成软骨。因此，躯干部神经嵴实际上具有形成软骨的潜能。如果将躯干部神经嵴细胞置于含有某种激素和维生素的培养基中培养一段时间，再将其植入头部，它们就能形成软骨。由此可见，头部神经嵴细胞和躯干部神经嵴细胞尽管都是多潜能的细胞，但是，它们已经初步定型，有各自的分化领域。

三、躯干部神经嵴

躯干部神经嵴细胞在神经管的背面形成后不久就开始迁移。有些细胞较早迁移，有些细胞较迟迁移。较早迁移的细胞采取第一条路径，即腹内侧迁移路径；较迟迁移的细胞采取第二条路径，即背外侧路径。许多躯干部神经嵴细胞采取第一条路径迁移，这些细胞将分化成为脊神经节(感觉神经元的细胞体聚集的地方)、交感神经节、肾上腺髓质细胞和施旺细胞等。在鸡胚和哺乳动物胚胎中，这些神经嵴细胞进入每一个生骨节的前半部，而不是后半部。本来躯干部神经嵴细胞均匀地分布在神经管的背侧，与每一对体节相对，当开始迁移时，那些与每一个生骨节的前半部相对的神经嵴细胞进入每一个生骨节的前半部，而与每一个生骨节的后半部相对的神经嵴细胞则沿着神经管的背面前后运动，或进入本生骨节的前半部，或进入下一个生骨节的前半部。进入生骨节的神经嵴细胞或留在生骨节，或穿过生骨节继续向腹部迁移。而采取第二条路径迁移的神经嵴细胞穿过表皮和生皮生肌节之间的空间进行迁移，然后从表皮下方基膜上的小孔进入表皮。在表皮中，它们分裂增殖，形成黑色素细胞(图 11.22)。

(一) 神经嵴细胞迁移的机制

神经嵴细胞形成后之所以能够迁移，与某些旁分泌因子有关。触发神经嵴细胞迁移的旁分泌因子是 BMP 和 Wnt 等蛋白质。当神经管两侧的体节细胞下调 *noggin* 基因时，神经管背侧合成 BMP。BMP 进而激活 Wnt，Wnt 激活神经嵴细胞中的 Snail 蛋白。Snail 能够促使神经嵴细胞分散开。本来神经嵴细胞与神经细胞、表皮细胞连在一起，属于上皮细胞类型；而与神经细胞和表皮细胞分离之后的神经嵴细胞是分散的细胞，属于间充质细胞类型。从上皮细胞类型转变成为间充质细胞类型主要通过抑制神经嵴细胞表面的钙黏着蛋白来实现的。Snail 能够分解钙黏着蛋白，促使神经嵴细胞分散。Wnt 还通过非典型的信号转导路径激活神经嵴细胞中的 Rho 蛋白，后者进而激活细胞骨架的合成。在神经嵴细胞中被激活的细胞骨架是微丝系统，它促使神经嵴细胞伸出长长的伪足，拉动神经嵴细胞在胞外基质中移动。

神经嵴细胞之间的接触抑制还起着推动神经嵴细胞运动的作用。当运动着的神经嵴细胞相遇时，它们各自缩回伪足。同时，细胞质中的微丝系统经过重新分布，在与原先伸出伪足相反的地方形成新的伪足。因此，神经嵴细胞本身成为推动其他神经嵴细胞运动的力量。

(二) 腹内侧迁移路径

最早迁移的躯干部神经嵴细胞为什么不是采取第二条路径，而是采取第一条路径？因为第二条路径是穿过表皮和体节之间的空间移动，在此空间的胞外基质中含有阻止神经嵴细胞迁移的蛋白质，如肝配蛋白(ephrin)、硫酸软骨素蛋白多糖等。同样，这些神经嵴细胞也不能穿过相邻体节之间的空间迁移。因为在体节之间的空间中存在着脑信号蛋白(semaphorin-3F)，该蛋白质也和肝配蛋白一样阻止神经嵴细胞的运动。因此，神经嵴细胞只能进入体节之中。

在体节中，胞外基质在神经嵴细胞的迁移中发挥作用。生骨节前半部的胞外基质和后半部的不同，只有前半部的胞外基质才允许神经嵴细胞迁移。生骨节后半部的胞外基质和第二条路径的胞外基质以及体节间的胞外基质一样，含有阻止神经嵴细胞迁移的蛋白质，其中也有肝配蛋白和脑信号蛋白。神经嵴细胞的质膜表面有肝配蛋白的受体 Eph 和脑信号蛋白的受体神经毡蛋白(neuropilin-2)。在肝配蛋白、脑信号蛋白和相应受体的相互作用下，神经嵴细胞不能在生骨节的后半部移动。而在生骨节的前半部，胞外基质中没有肝配蛋白和脑信号蛋白，但是含有纤连蛋白、层粘连蛋白、生腱蛋白、胶原蛋白和蛋白多糖。神经嵴细胞表达 $\alpha4\beta1$ 整联蛋白，该蛋白质能够结合于胞外基质的这几种蛋白质，并开始运动。此外，生骨节前半部的胞外基质中还含有血小板反应蛋白(throbospondin)。血小板反应蛋白仅存在于生骨节前半部的胞外基质中，后半部的基质中没有此蛋白质。此蛋白质能够与神经嵴细胞结合，并协同纤连蛋白和层粘连蛋白，促进神经嵴细胞的运动。因此，神经嵴细胞就只能进入生骨节前半部运动。

进入生骨节前半部的神经嵴细胞最终分化成两种类型：一类是脊神经节中的细胞；另一类是植物性神经节和肾上腺髓质的细胞。原来，神经嵴细胞进入生骨节之前，细胞膜上就已经表达了不同的受体蛋白。有些神经嵴细胞表达的受体是神经营养蛋白(neurotrophin)受体和 Wnt 受体。这些神经嵴细胞在生骨节中结合了神经营养蛋白和 Wnt，分化成为脊神经节。在脊神经节中，含有较多近分泌因子 Delta 蛋白的神经嵴细胞将分化成为神经元；而含有较多 Delta 的受体 Notch 蛋白的神经嵴细胞将分化成为神经胶质细胞。另外一些进入生骨节前半部的神经嵴细胞表面没有神经营养蛋白受体和 Wnt 受体，它们继续向腹部方向移动。这些细胞最终分化成为植物性神经中的交感神经节和副交感神经节、肾上腺髓质细胞。神经嵴细胞分化成为哪一类细胞和其所在的位置有关。例如，从主动脉发出的 BMP 能够诱导神经嵴细胞分化成为交感神经节和肾上腺髓质细胞，而从肾上腺发出的糖皮质激素却将这些细胞中靠近肾上腺的细胞诱导成为肾上腺髓质细胞。因此，虽然神经嵴细胞在其形成后不久就已经初步定型，但是，在其迁移过程中还是会受到位置信息的作用，改变其分化途径。

(三) 背外侧迁移路径

躯干部神经嵴细胞中较后迁移的细胞已经初步定型，是黑色素细胞的前体细胞——成黑色素细胞(melanoblast)。成黑色素细胞在胞外基质中趋化性因子和蛋白多糖的作用下，采取第二条迁移路径。这些细胞之所以初步特化为成黑色素细胞与转录因子 MITF 的表达有关。MITF 能够促进神经嵴细胞表达与黑色素颗粒的合成有关的基因，它还能促使成黑色素细胞沿着背外侧路径迁移。此外，它还阻止迁移中成黑色素细胞的凋亡，使其成活。而转录因子 MITF 的表达又与转录因子 *FoxD3* 的表达有关。当神经嵴细胞中 *FoxD3* 表达时，转录因子 MITF 的基因就被抑制。如果 *FoxD3* 表达下调，转录因子 MITF 的基因就表达，神经嵴细胞形成成黑色素细胞。

成黑色素细胞之所以能够沿着第二条路径迁移，与细胞表面表达内皮缩血管肽(endothelin)受体和 Kit 蛋白有关。这两种蛋白质都能促进成黑色素细胞在胞外基质中的移动。Kit 结合了表皮细胞分泌的干细胞因子之后，不但能够促进成黑色素细胞的迁移，还能阻止其凋亡，促进其分裂增殖。

四、头部神经嵴

头部神经嵴中的大部分细胞是初步定型了的细胞，仅有少数是多潜能的细胞。头部神经嵴将分化成为神经元、神经胶质细胞、黑色素细胞、肌肉细胞、软骨和骨。头部神经嵴细胞主要从中脑和菱脑背侧开始迁移。菱脑由 8 个神经原节组成，分别称为菱脑节 1(rhombomere 1)至菱脑节 8(rhombomere 8)。中脑和菱脑区域的神经嵴细胞进入额鼻突(frontonasal process)到鳃弓的区域，参与上述细胞类型的分化。

头部神经嵴细胞分成三部分进行迁移。第一部分是来自中脑、菱脑节 1 和菱脑节 2 的神经嵴细胞。这些细胞迁移到第一腮弓，形成腭骨、中耳的砧骨和锤骨、三叉神经节的神经元以及控制睫状肌的神经节，此外，还参与前额和鼻子的形成。第二部分神经嵴细胞来自菱脑节 4，迁移到第二腮弓，形成舌软骨、中耳的镫骨和面部的神经元。第三部分神经嵴细胞来自菱脑节 6 至菱脑节 8，它们迁移到第三和第四腮弓，形成舌骨、胸腺、甲状腺和甲状旁腺。它们还迁移到心脏区域，协助主动脉和肺动脉的形成。这三部分神经嵴细胞的迁移路线没有混杂，是肝配蛋白起了作用。要是抑制神经嵴细胞肝配蛋白受体的作用，这三部分细胞将混杂在一起迁移。菱脑节 3 和菱脑节 5 的神经嵴细胞没有迁移，它们都凋亡了。

头部神经嵴细胞还形成头部的骨组织。胚胎骨组织的形成有两种方式：软骨内成骨(endochondral ossification)和膜内成骨(intramembranous ossification)。软骨内成骨指中胚层起源的间充质细胞先形成软骨，然后，软骨组织再转变成为骨组织(将在第十二章叙述)。膜内成骨是指间充质细胞直接形成骨组织。在头部神经嵴细胞形成骨的过程中，主要是以膜内成骨的方式进行的。

膜内成骨的过程大致是这样的：在头部表皮发出的旁分泌因子 BMP 的作用下，头部神经嵴细胞开始分裂，部分聚集成小结状结构。如果 BMP 的浓度高，这些小结将分化成为软骨；如果 BMP 的浓度低，这些小结中的细胞将分化成为成骨细胞(osteoblast)的前体细胞。成骨细胞的前体细胞表达转录因子 Runx2，同时，产生Ⅱ型胶原蛋白和Ⅸ型胶原蛋白的 mRNA。随后，这些细胞下调表达转录因子 Runx2 的基因，转而表达骨桥蛋白(osteopontin)的基因。在这些基因的作用下，细胞的外形逐渐变得像软骨细胞一样，称为软骨样成骨细胞(chondrocyte-like osteoblast)。软骨样成骨细胞通过自分泌的方式，分泌并吸收 Indian hedgehog(IHH)和甲状旁腺素相关蛋白(parathyroid hormone-related protein，PTHrP)，分化成为成骨细胞(图 11.23)。成骨细胞是定型了的细胞，只能分化成为骨细胞。

成骨细胞合成并分泌胶原和蛋白多糖，形成类骨质(osteoid)，类骨质逐渐将成骨细胞包埋起来。以后，钙盐沉积在类骨质中，类骨质就变成骨质。被骨质包埋的成骨细胞成为骨细胞。骨细胞和骨质共同构成骨组织。致密的间充质细胞在骨组织外形成骨外膜(periosteum)，骨外膜内侧的细胞也转变成为成骨细胞，并制造骨质以增加骨的厚度。

五、心脏神经嵴

在心脏的发生过程中需要神经嵴细胞的参与。神经嵴细胞参与动脉弓血管内皮的形成，以及主动脉和肺动脉之间隔膜的形成。心脏神经嵴细胞还进入鳃弓，参与甲状腺、甲状旁腺和胸腺的发生。此外，颈动脉体也由心脏神经嵴细胞形成。神经嵴细胞从神经管的背侧迁移到心脏似乎受到脑信号蛋白的调节。小鼠的心脏神经嵴细胞表达转录因子 Pax3。如果小鼠的 *Pax3* 基

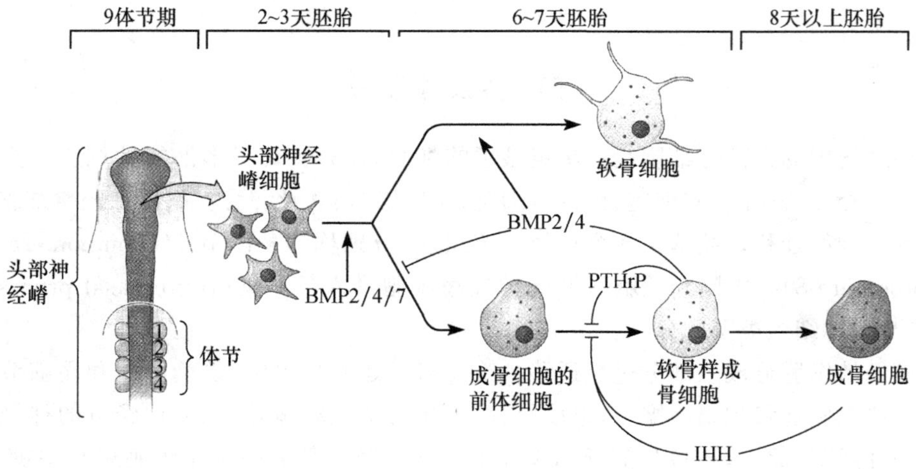

图 11.23 膜内成骨的调节(自 Gilbert,2010)

小鼠胚胎头部神经嵴细胞膜内成骨过程受到旁分泌因子的调节。高浓度的 BMP 将神经嵴细胞诱导成为软骨细胞,低浓度的 BMP 将神经嵴细胞诱导成为成骨细胞的前体细胞。成骨细胞的前体细胞分化成为软骨样成骨细胞,受到 Indian hedgehog(IHH)和甲状旁腺素相关蛋白(PTHrP)的调节。

因突变,心脏神经嵴细胞数量将变少,而且主动脉和肺动脉之间的隔膜不会形成。此外,甲状腺、甲状旁腺和胸腺的形成也受到影响。因此,先天性心脏疾病往往伴随着甲状腺、甲状旁腺和胸腺的毛病。

第三节 眼睛的发生

脊椎动物的眼睛是一个复杂的器官,其组成部分主要起源于外胚层,包括神经板和神经嵴。在眼睛的发生过程中存在着许多诱导,某些旁分泌因子对于眼睛的正常发生是至关重要的。本节主要阐述视网膜、晶状体和角膜的发生。

一、视网膜的发生

眼睛发生的最早形态学变化出现在三脑泡阶段,在前脑的预定间脑区域两侧壁各产生一个向外突出的囊状结构,称为视泡。在人类,大致是在妊娠的第 3 周中期出现视泡。此时,神经管的最前端尚未完全闭合(图 11.24A、B)。大致是在妊娠的第 5 周,视泡远端的壁开始变平坦,然后,很快地向视泡中央凹陷,形成一个双层壁的杯状结构,称为视杯(图 11.24C、D)。随着视泡远端壁的内陷,原先位于视泡中央的空腔逐渐变成非常狭窄的缝隙,介于视杯的内层壁和外层壁之间。视杯和间脑相连的地方变成管状的视柄(optic stalk),其中有视神经通过。视杯形成后,双层壁都迅速发生分化,外层变得很薄,在妊娠的第 6 周,出现了黑色素颗粒。这一层将形成视网膜的色素层(pigment layer of the retina)。而视杯的内层变得很厚,分化出几种神经细胞,包括视锥细胞(cone cell)、视杆细胞(rod cell)、双极细胞(bipolar cell)和节细胞(ganglion cell)等。这一层将形成视网膜的神经层(neural layer of the retina)(图 11.24E、F)。

在视网膜的神经层,从内向外(从视杯的空腔向视网膜色素层的方向)依次排列着节细胞层、双极细胞层和视锥、视杆细胞层。以后,视网膜的神经层又分化出其他的神经元和神经胶质细胞,包括水平细胞(horizontal neuron)和穆勒胶质细胞(Muller glial cell)等,增加了组织结构的

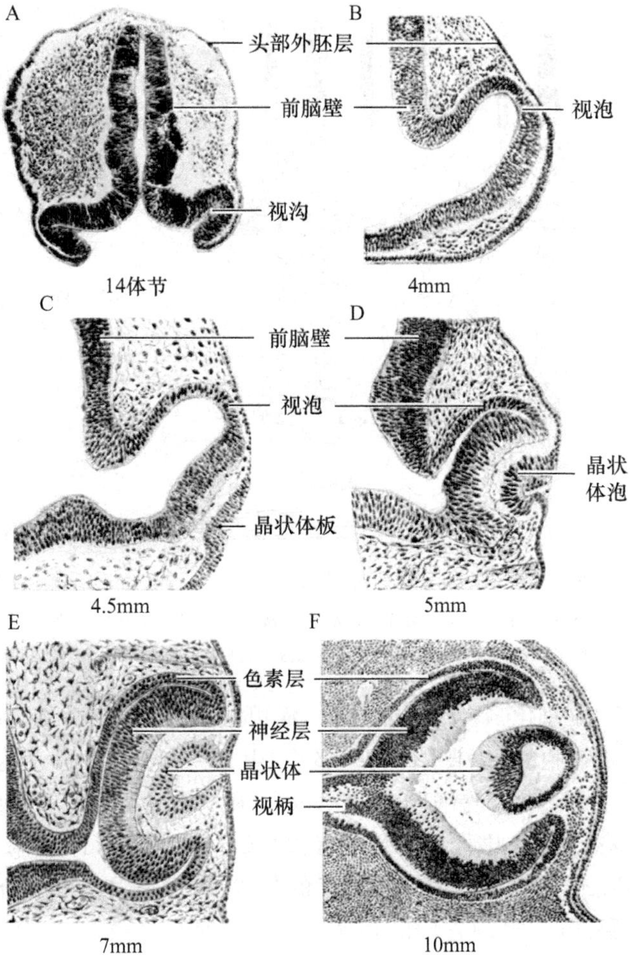

图 11.24 人的眼睛早期发生(自 Carlson,1988)

各发育阶段人胚胎以胚胎的长度表示。A、B. 视泡出现,其靠近表皮的一侧开始变得平坦;C. 变得平坦的一侧开始向内凹陷,晶状体板开始形成;D. 视杯形成,晶状体板向视杯中央凹陷,形成开口的晶状体泡;E. 视杯扩大,其内层成为视网膜神经层,外层成为视网膜色素层,中央镶嵌着晶状体泡;F. 晶状体泡与外胚层脱离,镶嵌在视杯的开口。

层数。在成体的视网膜,包括色素层在内共有 10 层结构。光线首先通过节细胞层,再通过双极细胞层才到达视锥、视杆细胞层。视锥细胞和视杆细胞是感光细胞,它们能够接受光刺激,并将它转变成为神经冲动,通过突触传递到双极细胞,再到节细胞。节细胞是长轴突的多极神经元,它的树突通过突触接受双极细胞的信号,其长轴突构成视神经,视神经穿过视柄,将信号传到中枢神经系统(图 11.25)。

视泡的形成与一些蛋白质的表达有关。在神经管的前端,Noggin 抑制了 BMP 和 Wnt 的信号转导路径,*Otx2* 基因得以表达。*Otx2* 表达的结果使得 *ET* 基因开始表达,产生了 ET 蛋白。ET 又促进 *Rx1* 基因的表达,产生了 Rx1 蛋白。Rx1 是转录因子,能够激活 *Pax6* 基因。*Pax6* 是促使神经管前端区域形成视泡结构的最重要的基因。在本书的第九章曾经提到,预定形成晶状体的外胚层细胞也表达 *Pax6*。事实上,在动物界中,*Pax6* 的表达与感光系统的形成息息相关。

视网膜神经层的细胞具有多潜能,能够发育成为神经层的各类细胞,而各类细胞的形成与其表达的基因有关。以两栖类为例,表达 *Xotx5b* 的细胞将分化成为视锥细胞和视杆细胞,表达

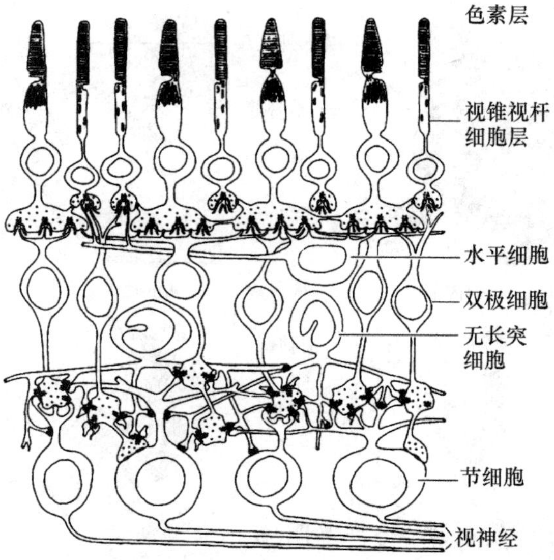

图 11.25 人胚胎视网膜神经层的结构(自 Berrill and Karp,1976)
显示胚胎期视网膜神经层的主要细胞类型:上方靠近视网膜色素层,分布视锥、视杆细胞;视锥、视杆细胞通过突触和双极细胞联系;双极细胞再通过突触与节细胞联系;节细胞伸出视神经。

Xotx2 和 *Xvsx1* 的细胞将分化成为双极细胞。而哪一类细胞表达 *Xotx5b*,哪一类细胞表达 *Xotx2* 和 *Xvsx1*,又与该细胞的"生日"有关。那些"生日"较早的细胞表达 *Xotx5b*,形成视锥细胞和视杆细胞。那些"生日"较晚的细胞表达 *Xotx2* 和 *Xvsx1*,形成双极细胞。*Xotx5b*、*Xotx2* 和 *Xvsx1* 表达的时间差异又与几种微 RNA 有关(关于微 RNA,详见第八章)。这些微 RNA (*miR129*、*miR155*、*miR214* 和 *miR222*)在发育的较早阶段表达,并结合于 *Xotx2* mRNA 和 *Xvsx1* mRNA 的 3′非翻译区,抑制它们的翻译,因此,这时视网膜神经层的细胞不能形成双极细胞。但是,它们能够表达 *Xotx5b*,从而形成视锥细胞和视杆细胞。而在发育的较迟阶段,这些微 RNA 的数量减少,因此,这时 *Xotx2* mRNA 和 *Xvsx1* mRNA 的翻译没有受阻,视网膜神经层的细胞能形成双极细胞。

位于视杯口边缘的细胞发育成为有色素的肌肉组织,即虹膜(iris)和睫状体(ciliary body)。睫状体能够分泌房水(aqueous humor),以营养晶状体,并形成压力以维持眼睛的弯曲,保持晶状体和角膜之间的距离。

二、晶状体的发生

当视泡尚未形成视杯时,视泡的远端与表皮外胚层靠得很紧(图 11.24B)。此时,视泡对其外侧的外胚层进行诱导,而此处的外胚层已经具备了对视泡的诱导作出反应的能力。在人妊娠的第 4 周末或第 5 周初,靠近视泡外侧的头部外胚层加厚,形成晶状体基板(lens placode)(图 11.24C)。晶状体基板是晶状体的原基,它随着视杯中央凹陷的加深逐渐内陷,形成一个开口的晶状体泡(lens vesicle)(图 11.24D)。在妊娠的第 5 周,晶状体泡闭合成为一个囊状结构(图 11.24E)。以后,晶状体泡与表皮脱离,镶嵌在视杯的开口处(图 11.24F)。在妊娠的第 6 周,晶状体泡的后壁(指靠近视网膜神经层的那一侧)上的细胞拉长,成为晶状体纤维(lens fiber),前壁的细胞是立方状的,构成晶状体上皮。到妊娠的第 7 周末,晶状体纤维的长度已经很长,其前端与晶状体上皮逐渐靠近。最终,晶状体泡中央的空腔被压缩而消失,晶状体纤维和晶状体上皮连接在一起。

晶状体上皮立方状的细胞具有很强的分裂增殖能力(位于晶状体上皮正中央区域的细胞后来失去分裂能力),它们分裂之后产生的细胞向晶状体赤道区域移动,然后停止分裂,并逐渐拉长成为晶状体纤维(图 11.26)。晶状体纤维继续拉长,并从赤道位置向中央移动,成为一层又一层的片层状结构,包住位于中央的晶状体核(lens nucleus)。晶状体核是最先形成的晶状体纤维聚集而成的,以后形成的晶状体纤维层层包住晶状体核,使得晶状体的结构形似一个洋葱。晶状体纤维合成大量的晶体蛋白(crystallin),以至于细胞内部逐渐被晶体蛋白所占据,其他细胞器逐渐萎缩,包括细胞核在内的所有细胞器将来都从晶状体纤维中消失。晶体蛋白是透明的,没有细胞核和其他细胞器的晶状体纤维也是透明的,因此整个晶状体是一个透明的结构。

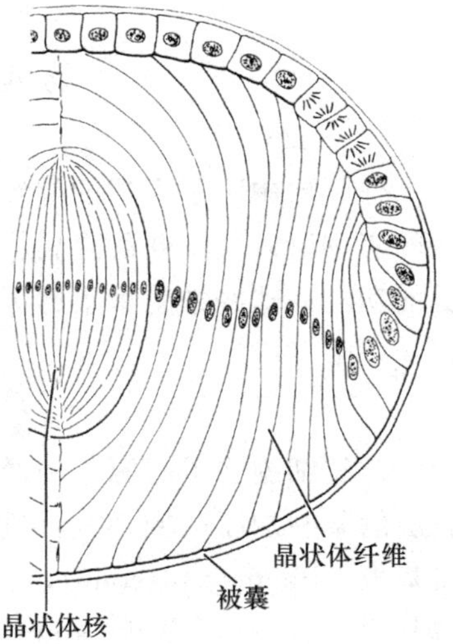

图 11.26　晶状体的发育
(自 Carlson,1988)
晶状体上皮细胞分裂后移到赤道区域,在那里,细胞停止分裂,并改变形态,成为长柱状细胞。这些长柱状细胞继续拉长,并逐渐包住先期形成的晶状体核,形成了洋葱状的结构。

本书的第九章曾经提到,在两栖类的原肠胚形成阶段,预定形成晶状体的表皮外胚层已经依次受到内胚层、中胚层和神经板的诱导,先后表达了转录因子 Otx2 和 Pax6 等蛋白质。这使得此处的表皮外胚层具备了对视泡的诱导作出反应的感应性。当视泡形成后,视泡和其外方的晶状体基板接触。视泡细胞的质膜上 Delta 蛋白和晶状体基板细胞质膜上的 Notch 蛋白结合,触发了 Notch 信号转导路径。同时,在转录因子 Otx2 的协助下,晶状体基板细胞的 *Lens1* 基因被激活。Lens1 蛋白本身也是转录因子,能促进晶状体基板细胞分裂增殖和晶状体泡的形成。

视泡细胞还合成并分泌旁分泌因子,诱导晶状体基板细胞产生特异的转录因子。视泡细胞产生两种旁分泌因子,一种是 BMP4,另一种是 Fgf8。BMP4 能够诱导晶状体细胞产生转录因子 Sox2;Fgf8 能够诱导晶状体细胞产生转录因子 L-Maf。转录因子 Sox2 和 Pax6 协同作用,促使晶状体细胞表达晶体蛋白的基因,产生晶体蛋白。转录因子 L-Maf 的产生比 Sox2 的迟,它的作用是维持晶体蛋白基因的表达,以完成晶状体的分化。

三、角膜的发生

当晶状体泡与表皮脱离时,由头部神经嵴细胞形成的间充质细胞迁移到表皮和晶状体泡之间的空间。这些细胞聚集起来,和该处的表皮共同形成两层结构,此即角膜的原基。其表层是原先表皮的上皮细胞层,深层(面向晶状体的那一层)是间充质细胞形成的内皮细胞层。以后,上皮细胞开始合成并分泌细胞外基质,基质位于上皮细胞层和内皮细胞层之间。上皮层细胞还合成并分泌胶原蛋白,在基质中形成胶原原纤维和胶原纤维。深层的内皮细胞开始合成透明质酸,参加到基质的组成中。由于透明质酸能够吸水,所以基质的厚度增加。神经嵴起源的成纤维细胞进入基质,并在其中分裂增殖,同时,合成并分泌胶原蛋白。以后,在基质中出现了透明质酸酶,该酶分解基质中的透明质酸。在甲状腺分泌的甲状腺素的作用下,基质开始脱水,角膜也转变成为透明的结构。睫状体分泌的房水产生了眼内压,能够维持角膜的弯曲度。据认为,角膜的上皮细胞层合成并分泌基质和胶原与视泡对其诱导有关。在视泡的诱导下,上皮细胞能够表达

Pax6 基因。Pax6 能够促使上皮细胞的分裂和分泌。

第四节　外胚层基板和表皮外胚层

外胚层中除了上述的神经外胚层和神经嵴之外，还有表皮外胚层。表皮外胚层主要形成皮肤的表皮层以及皮肤的附属物。在表皮的某些区域，聚集了一些特化了的细胞，这些细胞具有感觉的功能。这些细胞聚集的区域构成了外胚层基板(ectodermal placode)。

一、外胚层基板

神经细胞除了起源于神经管和神经嵴以外，还可以从外胚层基板中产生。外胚层基板是外胚层的某些加厚区域，它们出现于头部，位于神经板的前方和两侧。在胚胎头部最前端的是一对嗅基板(olfactory placode)，它将产生嗅上皮。在嗅基板两侧稍后的区域有晶状体基板。在晶状体基板之后，有听基板(auditory placode)，它将形成内耳。此外，还有鳃上基板(epibranchial placode)，将产生头部神经节的神经元(图 11.27)。

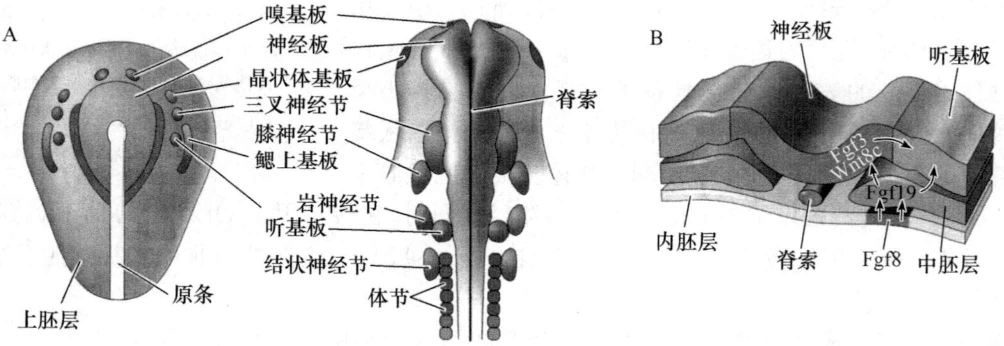

图 11.27　脊椎动物的外胚层基板(自 Gilbert，2010)

A. 鸡胚头部的外胚层基板。左侧是神经胚期，右侧是 8 体节期；B. 鸡胚听基板的诱导。头部内胚层发出的诱导信号促使体节中胚层产生 Fgf19。在 Fgf19 的作用下，神经板发出 Fgf3 和 Wnt8c，诱导邻近的表皮形成听基板。

这些基板的形成与周围组织对它的诱导有关。不同的基板，诱导的物质不同。以鸡胚的听基板为例，它的形成与旁分泌因子 FGF 和 Wnt 密切相关。在胚胎头部预定形成听基板的下方，内胚层细胞合成并分泌 Fgf8。Fgf8 扩散到上方的体节中胚层，指导体节中胚层合成和分泌 Fgf19。Fgf19 扩散到相邻的神经板和表皮外胚层。神经板细胞在 Fgf19 的诱导下，合成并分泌 Fgf3 和 Wnt8c。Fgf3 和 Wnt8c 扩散到相邻的表皮。位于体节中胚层上方的表皮细胞在 Fgf19、Fgf3 和 Wnt8c 的诱导下，形成听基板(图 11.27)。

不同的外胚层基板形成相应器官的方式不尽相同。某些基板先是内陷成囊状，以后该囊与外胚层脱离，成为位于内部的一个上皮球。例如，晶状体基板就是以这种方式形成晶状体；同样，听基板也以相同的方式形成听泡(otic vesicle)，再经复杂的变化形成内耳(图 11.28)。嗅基板的形态变化则与此不同。嗅基板先行内陷形成嗅窝(olfactory pit)，嗅窝亦呈囊状，但是不与外胚层脱离联系。嗅基板的细胞最终形成嗅上皮的细胞，它们是能感受气味的特化了的神经细胞。第一对脑神经也起源于嗅上皮。鳃上基板的变化则又是另一种模式。这类基板形成后，基板上的细胞单个或成群地从基板上脱落下来。这些细胞与头部的神经嵴细胞结合在一起，形成神经节。在神经节中，来自外胚层基板的细胞形成神经元，来自神经嵴的细胞既可以形成神经元，也可以形成神经胶质细胞。

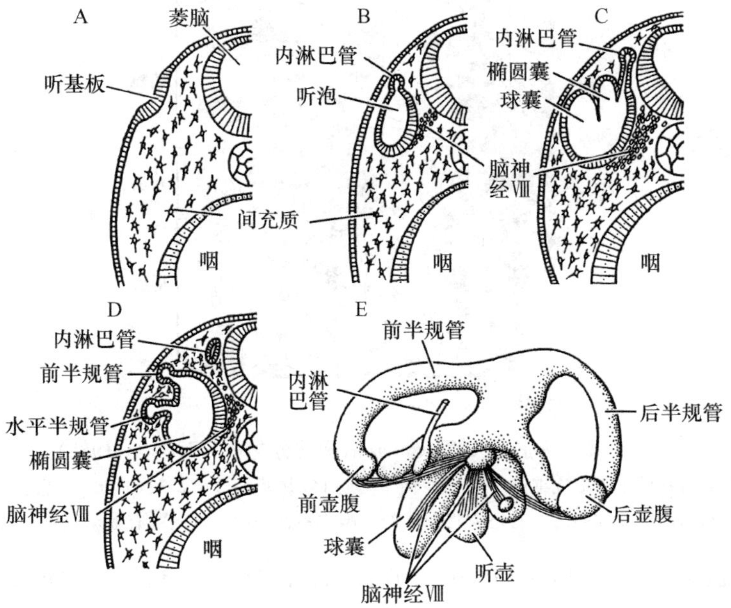

图 11.28　听泡的形成(自 Berrill and Karp,1976)

听基板先是内陷(A)，以后与外胚层脱离，成为位于内部的一个上皮细胞构成的囊(B)。该囊继续发育，形成椭圆囊和球囊(C)。椭圆囊和球囊继续分化(D)，形成内耳(E)。

二、表皮和皮肤附属物

哺乳动物的皮肤由表皮和真皮构成。表皮是复层扁平上皮，由表皮外胚层形成。真皮来自中胚层，含有成纤维细胞、胶原纤维等。此外，皮肤的表皮层中还有神经嵴起源的黑色素细胞。哺乳动物皮肤的表皮层大部分分为 4 层，由内到外分别是：基层(basal layer)、棘层(stratum spinosom)、颗粒层(stratum granulosum)和角质层(stratum corneum)。

在 2 周的人胚中，表皮还仅仅是单层上皮。不久，它开始增殖，成为两层结构。外层称为胎皮(periderm)，这是暂时性结构，覆盖于皮肤的外方，起保护作用。内层称为基层，它将分裂增殖形成表皮的棘层、颗粒层和角质层。在基层中含有表皮干细胞(epidermal stem cell)，它分裂之后，一个依然留在基层，贴于基膜上，作为干细胞；另一个离开基层，向外迁移，并开始分化，在细胞中形成了角蛋白，角蛋白再聚合成为中间丝。这些细胞称为角质形成细胞(keratinocyte)。角质形成细胞先分化成棘层的细胞，再由棘层的细胞分化成为颗粒层的细胞，颗粒层的细胞最终分化成为角质层(图 11.29)。到第 5 个月，角质层形成。在妊娠 6 个月的胎儿，皮肤已角化。此时胎皮从表层脱落，脱落的胎皮和皮肤的皮脂性分泌物混合在一起，形成胎脂(vernix)。胎脂分布于皮肤上，对胎儿起保护作用。

前面已经述及，外胚层分化出表皮外胚层与 BMP 有关。BMP 能够促进表皮的形成，诱导出表皮特有的转录因子如 P^{63} 等。P^{63} 能够促进角质形成细胞的分化，并能够促使 Notch 的配体 Jagged 的产生。Jagged 由基层的细胞产生，镶嵌于质膜上，其上方的角质形成细胞质膜上有受

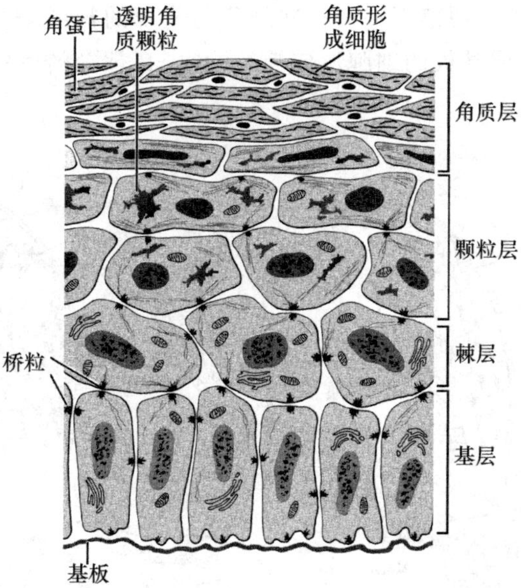

图 11.29　人胚表皮角质形成细胞的分化(自 Carlson,1988)

依附在基膜上的基层角质形成细胞分裂之后向上方迁移,并开始分化,依次形成棘层、颗粒层和角质层。在角质形成细胞之间有桥粒将相邻的细胞联系在一起。本图没有显示黑色素细胞。

体 Notch。当 Jagged 结合到 Notch 上,激活了 Notch 信号转导路径,促进角质形成细胞的分化,同时抑制其分裂。

表皮中的黑色素细胞来源于神经嵴。黑色素细胞迁移入基层,产生棕色色素,称为黑色素(melanin)。黑色素聚集于由膜包裹成的黑素体(melanosome)中。然后,黑素体从黑素细胞的突起中转移出去,进入基层的角质形成细胞中。

从表皮上还可衍生出许多结构,如毛发、指甲、羽毛、角和各种腺体(汗腺、乳腺、皮脂腺等)。

第十二章　中胚层的分化和相关器官的发生

中胚层分化为4个部分，从中央往两侧分别是脊索中胚层(notochordal mesoderm)、体节中胚层(somite mesoderm，又称轴旁中胚层 paraxial mesoderm)、间介中胚层(intermedate mesoderm)和侧板中胚层(lateral plate mesoderm)(图6.1)。

在蛙原肠胚形成时，脊索中胚层原先与两侧的体节中胚层连在一起，以后与体节中胚层分离，成为一条独立的索状结构即脊索，从胚胎的头部向尾部延伸。在鸡胚中，脊索中胚层从原窝进入胚胎内部后成为一条索状结构，伸向胚胎前方，此即脊索(也称为头突)。随着原条的退缩，脊索长度不断增加。在脊椎动物中，脊索是暂时性的结构，只存在于胚胎中，成体没有脊索。脊索的主要作用在于诱导神经管的发育。

体节中胚层位于脊索两侧，先是与两侧的间介中胚层相连，以后与间介中胚层分离，并且分节成为体节(somite)。体节是团块状的结构，分布于胚胎的背部、神经管的两侧(图12.1)。体节将分化成胚胎躯干部的组织，包括软骨、骨、肌肉和真皮等。体节中胚层两侧是间介中胚层，它将衍生出泌尿生殖系统。在间介中胚层的两侧是侧板中胚层。侧板中胚层裂开成为两层：一层与外胚层相靠近，称为体壁中胚层(somatic mesoderm)；另一层与内胚层相靠近，称为脏壁中胚层(splanchnic mesoderm)。体壁中胚层和脏壁中胚层之间有一个空间，称为体腔。侧板中胚层将分化出心脏、血管、血细胞、体腔壁、生殖腺和胚外的胎膜。

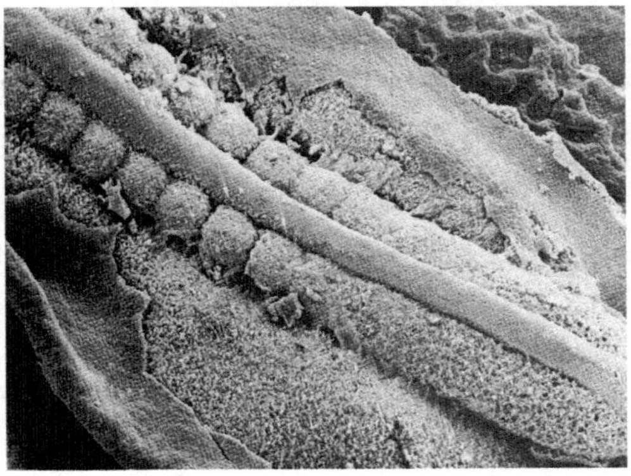

图12.1　鸡胚的体节中胚层(自 Carlson，1988)
电子显微镜照片，显示剥去表皮之后的鸡胚背面。神经管从左上方向右下方延伸，神经管两侧是体节中胚层。胚胎前部的体节中胚层已经分节，后部尚未分节，称为体节板。在神经管和体节中胚层表面可以看见神经嵴细胞。

由此可见，中胚层的分化呈现了从中央向两侧变化的规律。这种规律与BMP的浓度有关。在中胚层中，BMP的浓度从中央向两侧递增，越向两侧，BMP4的浓度越高。如果人为地改变BMP4的浓度，就能够改变中胚层的分化。尽管其中的机制还不是完全清楚，但是，据认为BMP4浓度的差异会促使转录因子Fox家族基因的表达产生差异。在BMP4浓度最高的地方即侧板中胚层和胚外中胚层区域，*Foxf1* 得以表达。而在BMP4浓度最低的地方即体节中胚层区域，*Foxc1* 和 *Foxc2* 得以表达。如果将小鼠的 *Foxc1* 和 *Foxc2* 去除，体节中胚层将改变成为间介中胚层，并开始表达间介中胚层特异表达的基因 *Pax2*。

第一节　体节中胚层的分化

体节中胚层分居于脊索的两侧，尚未分节之前，它又称为体节板(segmental plate)。在神经管出现后不久，体节中胚层开始分节。最早分节的是位于胚胎前部的体节板。第一对体节靠近延髓，以后，从前往后逐渐形成体节。据认为，体节中胚层的形成和蛋白质Noggin有关。*nog-*

gin 只在体节板中表达,如果将表达 *noggin* 的细胞移植到预定侧板中胚层中,预定侧板中胚层将改变成为体节中胚层。体节将分化成三个部分:腹侧的体节成松散的结构,称为生骨节,生骨节将衍生出脊椎骨和肋骨;背外侧的体节呈上皮状,称为生皮节,生皮节将成为躯干部皮肤的真皮;位于生皮节两端的是生肌节,将形成背部和四肢等处的肌肉。

一、体节的形成

体节的形成(体节板的分节)具有一定的节律。在鸡胚中,大致每隔 90min 形成 1 对体节。位于体节板中的细胞何时形成体节似乎是已经确定了的。如果将整个体节板调转 180°(将原先的头端朝向尾端,将原先的尾端朝向头端),那么,体节的形成不是从头端开始,而是从尾端开始,然后逐渐往前端推进。如果将整个体节板从胚胎上分离出来,体节的形成还是按预定的时间开始,并按预定的方向进行。因此,体节的形成具有内在的节律。此外,体节的数量也是确定不变的。鸡胚的体节数是 50 对,小鼠的是 65 对,而某些蛇竟然多达 500 对。如果用实验手段让非洲爪蟾或小鼠的胚胎体积缩小,形成的体节数量依然不会改变。

尽管目前还不清楚为什么体节的形成会有这样的节律,但是,研究人员对体节板上何处出现分节已经有所了解。分节位点的出现与近分泌因子 Notch 信号有关。如图 12.2 所示,如果将鹌鹑胚胎体节板上预定要出现分节位点的细胞移植到鸡胚体节板上非预定分节的地方,那么,在宿主体节板的移植位置将出现一个分节位点。如果移植的不是预定分节位点,那么,在宿主体节板的移植位置将不出现一个分节位点。然而,如果将蛋白质 Notch 注入非预定分节位点的细胞中,然后再进行移植,那么,在宿主体节板的移植位置就会出现一个分节。由此可见,Notch 与分节位点的出现有关。事实上,体节板上每一个分节的位点都是表达 *Notch* 和不表达 *Notch* 的交界处。

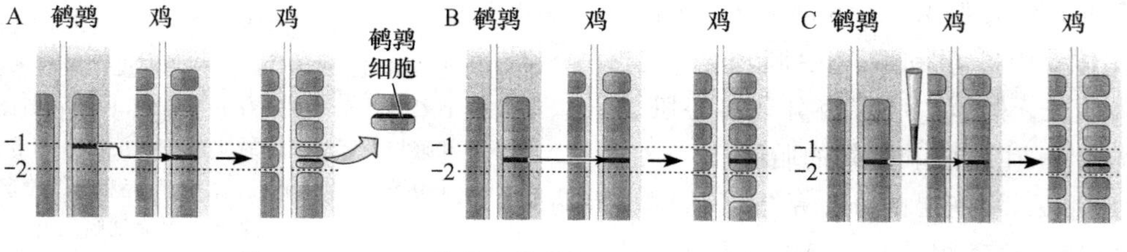

图 12.2 Notch 信号和体节板的分节(自 Gilbert,2003)

A. 将鹌鹑胚胎体节板上预定分节位点的细胞移植到鸡胚体节板上非预定分节位点处,将产生分节;B. 将鹌鹑胚胎体节板上非预定分节位点的细胞移植到鸡胚体节板上非预定分节位点处,将不产生分节;C. 将 Notch 注入鹌鹑胚胎体节板上非预定分节位点的细胞中,然后再进行移植,宿主胚胎体节板上将产生分节。

Notch 是 Notch 信号转导路径中的受体,一旦与其配体(如 Delta 等)结合,将引起细胞内的一系列反应。最终,细胞中的某些基因开始表达。如果 *Notch* 和配体的基因发生突变,Notch 信号转导路径将受影响,体节的分化也将出现异常,并将导致脊椎骨的分化出现异常。

Notch 信号转导路径激活的一个基因是 *hairy1*。*hairy1* 编码一种转录因子。*hairy1* 以一种动态的方式进行表达。首先,*hairy1* 不是在整个体节中表达,它只在每一个体节的后端边缘处表达,表达持续时间长达 15h。其次,*hairy1* 的表达呈现波浪状模式,每隔 90min 出现一次高峰。在 *hairy1* 表达的每一个周期,最先表达的地方是体节板的后端,表达的区域较大。然后,表达的区域逐渐向前推进,表达的范围也随之变狭窄。当其表达范围变小至一条狭窄的带状时,其位置就是新形成体节的后端边界。如图 12.3A 所示，体节 S_1 刚形成，其后端边缘在表达 *hairy1*。另一个将形成的体节 S_0 的后端也在表达 *hairy1*。此外，体节板的后端也表达 *hairy1*，表达的范围很大。接着，在将形成的体节 S_0 的后端出现了一条裂缝(图 12.3B 的短箭号所示)，将 S_0 与体节板分开。与此同时，原先体节板后端表达 *hairy1* 的区域向前移动，范围变狭窄。然后，S_0 完全与体节板脱离，形成新的体节，其编号改为 S_1，而原先编号为 S_1 的体节改为 S_2。S_1 和 S_2 的后端依然在表达 *hairy1*。而原先体节板后端表达 *hairy1* 的区域又向前移动，同时，范围更加狭窄(图 12.3C)。此狭窄的 *hairy1* 表达区带将成为新的体节 S_0 的后端边缘，而此时，体节板的后端又开始了新一轮大范围的 *hairy1* 表达(图 12.3D)。

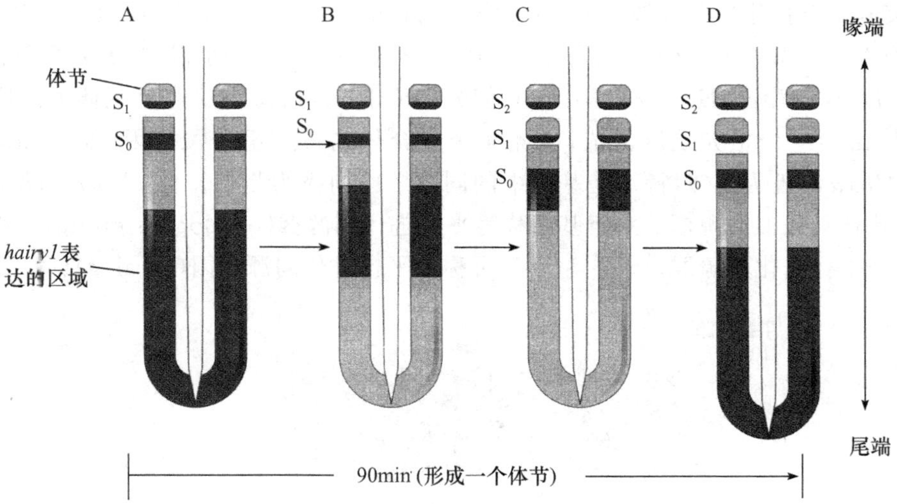

图 12.3　*hairy1* 基因表达与体节的形成(自 Gilbert，2010)

A. 在鸡胚体节板的前方，体节 S_1 刚形成，其后端还在表达 *hairy1*。在体节 S_1 的后方，即将形成新体节 S_0，其后端也在表达 *hairy1*。同时，在体节板的后端，*hairy1* 在一个很大的范围内表达；B. S_0 中表达 *hairy1* 的区域之后将产生一个裂缝(短箭号所示)，同时，体节板后端表达 *hairy1* 的区域前移，范围变小；C. 原先的 S_0 已经形成体节，改称为 S_1，原先的体节 S_1 改称为 S_2。S_1 和 S_2 的后端依然在表达 *hairy1*。同时，体节板中表达 *hairy1* 的范围更靠前，也更小。该区域将是新体节 S_0 的后端界限；D. 体节板的后端又开始了新一轮大范围的 *hairy1* 表达，将导致一个新体节的产生。

Notch 信号转导路径激活的另一个基因是 *Mesp2*/*c-Meso1*，该基因产物 Mesp2/c-Meso1 蛋白是一个转录因子。它出现在预定体节的前半部，并促使体节前半部的细胞表达受体酪氨酸激酶 EphA4 的基因，同时，在预定体节的后半部表达 EphA4 的配体肝配蛋白 B2 的基因(*ephrin-B2*)。在斑马鱼和鸡胚的体节板上，*EphA4* 表达的地方将成为一个体节的前端边界，而 *ephrin-B2* 表达的地方将成为一个体节的后端边界。表达 *EphA4* 的区带和其前方表达 *ephrin-B2* 的区带交界的地方会出现一个裂缝，将此两个区带分开，由此形成一个新的体节。

二、体节的分化

体节形成时，组成体节的细胞属于间充质类型的细胞。随后，这些细胞逐渐致密化。在体节的表面，间充质类型的细胞逐渐变成上皮类型的细胞。因此，每一个体节的表面都由上皮包被着。间充质类型的细胞转化成为上皮类型的细胞可能受到外胚层信号的作用。外胚层信号能够降低这些细胞中 Cdc42 的浓度。低水平的 Cdc42 使得细胞骨架发生变化。另外一个因素可能是一种 GTP 酶 Rac1 的活性发生变化。Rac1 能够激活转录因子 Paraxis，而后者与细胞的上皮化有关。此外，细胞外基质中纤连蛋白和 N 钙黏着蛋白对于体节表面上皮的维持起着重要的作用。N 钙黏着蛋白能够使得相邻的上皮细胞紧密相连。

（一）同源异型基因和体节的分化

虽然体节看起来很相似，但是，在胚胎的前后轴上，不同位置的体节将分化成不同的结构。例如，颈部的体节可以形成颈椎，却不能形成胸椎。如果将鸡胚体节板上预定胸部体节区域切下来，移植到另一个鸡胚体节板的预定颈部区域，宿主胚胎的颈部椎骨将产生肋骨，即颈椎变成了胸椎。由此可见，胚胎前后轴上不同位置的体节是已经定型了的。

体节发育潜能的定型与同源异型基因（脊椎动物的同源异型基因称为 Hox 基因）在体节板上的表达有关。体节板前后轴不同的位置表达的 Hox 基因不同。小鼠的 Hox 基因有 4 个复合体，分别是 *Hoxa*、*Hoxb*、*Hoxc* 和 *Hoxd*，它们分别位于 6、11、15 和 2 号染色体上。这 4 个 Hox 基因复合体由同一个祖先复制而成，因此 4 个复合体的每一组相关基因（如 *Hoxa4*、*Hoxb4*、*Hoxc4* 和 *Hoxd4*）极为相似，特别是基因中的同源框序列极为相似。像 *Hoxa4*、*Hoxb4*、*Hoxc4* 和 *Hoxd4* 这样具相似同源框的一组基因称为平行进化同源群（paralogous group）。小鼠的 Hox 基因有 13 个平行进化同源群。Hox 基因又可称为平行进化同源基因（paralog）（图 12.4）。

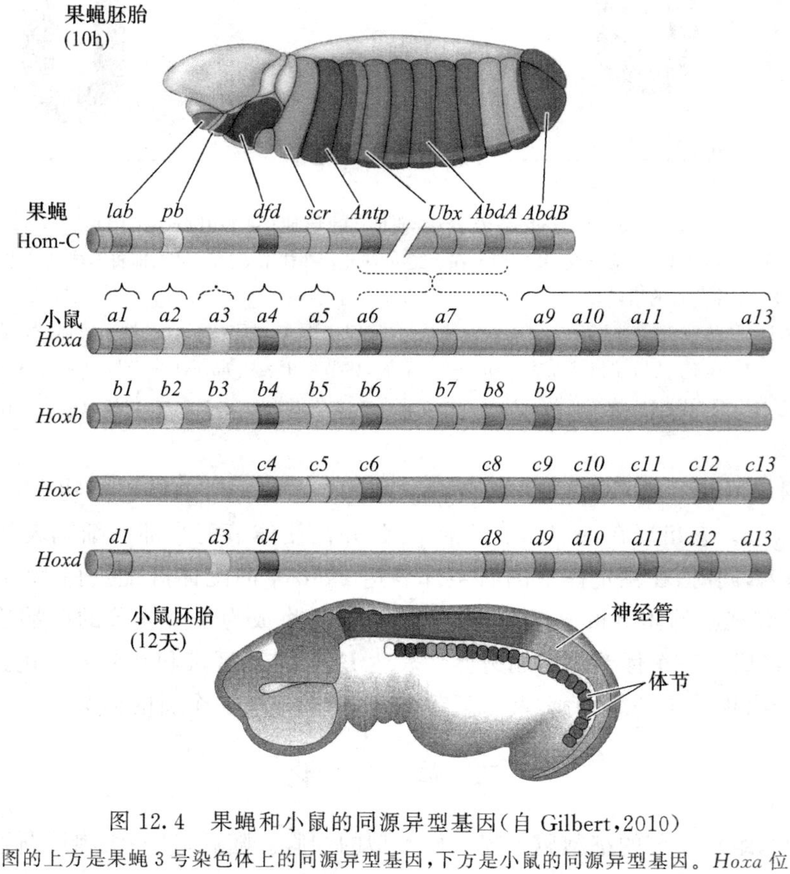

图 12.4　果蝇和小鼠的同源异型基因（自 Gilbert，2010）

图的上方是果蝇 3 号染色体上的同源异型基因，下方是小鼠的同源异型基因。*Hoxa* 位于 6 号染色体上，*Hoxb* 位于 11 号染色体上，*Hoxc* 位于 15 号染色体上，*Hoxd* 位于 2 号染色体上。小鼠和果蝇的同源异型基因大多有一一对应的关系，而且都与胚胎的前后轴发育密切相关。

Hox 基因的表达与 HOM 基因的表达一样具有如下特点：①基因在染色体上的排列顺序代表了其在发育过程中时间上和空间上的表达顺序；②在胚胎的前后轴上某一区域，一个 Hox 基因开始表达时往往都很强烈，因此具有十分明显的前端界限，而在以后的区域中，该基因虽然也在表达，但是比较弱，因此其后端界限比较模糊。在体节的分化过程中，不同体节中 Hox 基因的表达有所差异。由于每一个 Hox 基因表达时都有其明显的前端界限，因此，某一个 Hox 基因开始在某一个体节中的表达就赋予该体节一个与众不同的特征，即形成了某一块椎骨。如图 12.5 所示，无论是在鸡胚还是小鼠胚胎中，*Hoxc6* 开始表达的体节将形成第一块胸椎，尽管第一块胸椎出现的位置差异很大。同样 *Hoxd10* 开始表达的体节将形成第一块骶椎，*Hoxd12* 开始表达的体节将形成第一块尾椎。

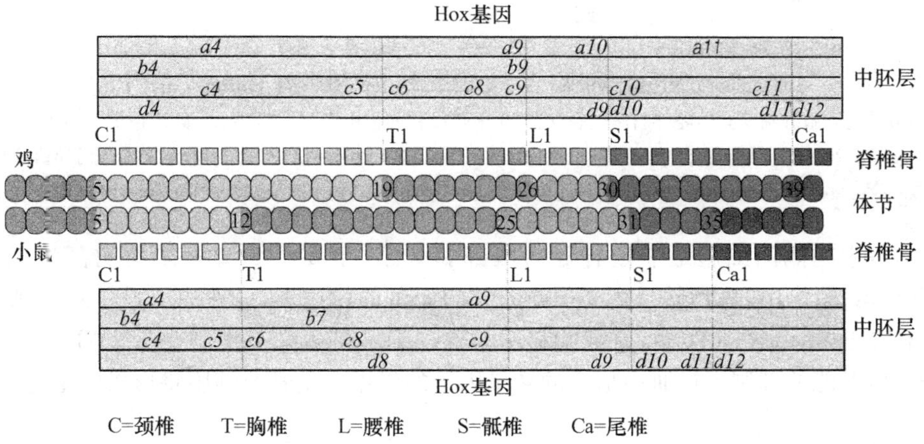

图 12.5　Hox 基因的表达和椎骨的分化（自 Wolpert，1998）

在鸡和小鼠胚胎椎骨分化中，Hox 基因的表达起着关键的作用。本图仅显示前 40 对体节的情形。

Hox 基因的突变将导致同源异型转化（homeotic transformation），即身体的某种结构变成另一种结构。例如，如果小鼠的 *Hoxc8* 发生突变，第一腰椎将发生改变。小鼠的胸椎有 13 块，胸椎长有肋骨；腰椎有 6 块，腰椎不长肋骨。*Hoxc8* 的突变将使第一块腰椎变成第 14 块胸椎，即原先不长肋骨的第一块腰椎变成长出肋骨的胸椎骨。这样，由于 *Hoxc8* 的突变，身体后部的结构（腰椎）变成前部的结构（胸椎）。同源异型转化还见于 *Hoxb4* 和 *Hoxd11* 的突变。小鼠的 *Hoxb4* 原本在枢椎（第二颈椎）中表达，不在寰椎（第一颈椎）中表达。如果 *Hoxb4* 变，枢椎将改变成寰椎。*Hoxd11* 原本在骶椎中表达，不在腰椎中表达。如果 *Hoxd11* 突变，小鼠的骶椎将改变成腰椎。如果原先在身体后部表达的 Hox 基因也在身体前部表达，身体前部的结构将改变成后部的结构。例如，*Hoxa7* 原本从小鼠的胸椎开始表达，不在胸椎之前的区域表达。如果胸椎之前的区域也表达 *Hoxa7*，那么位于头部的枕骨将改变成其后的前寰椎。

（二）体节内的分化

体节的细胞分化成三个部分：生骨节、生肌节和生皮节。因此，体节的细胞是多潜能的细胞。本书第九章曾述及体节细胞分化成为哪一类型的细胞根据其在体节中的位置而定。体节周围的组织和器官有神经管、脊索、表皮、间介中胚层和侧板中胚层，这些结构都会产生旁分泌因子，作用于体节不同位置的细胞，影响细胞的分化（图 12.6）。

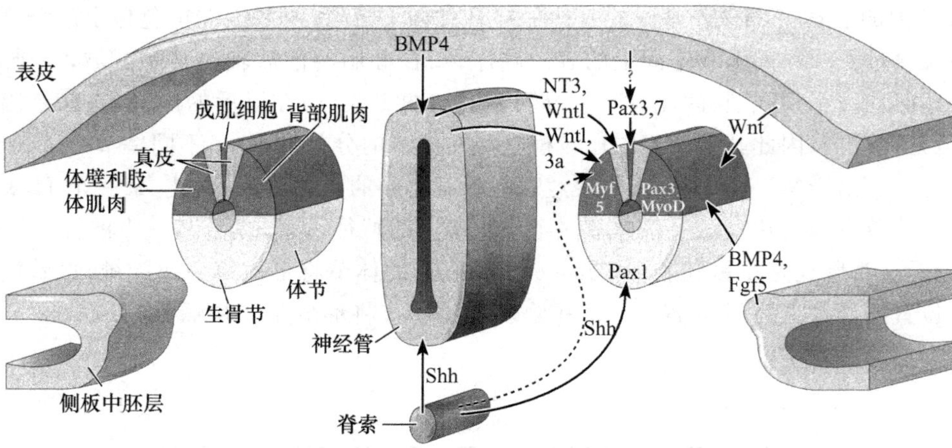

图 12.6 体节细胞受到旁分泌因子作用示意图(自 Gilbert,2010)

体节中的细胞分别受到神经管、脊索、表皮、间介中胚层和侧板中胚层的诱导,形成了生骨节、生肌节和生皮节。神经管背部发出的诱导信号是 Wnt1、Wnt3a 和神经营养蛋白 3(NT3);脊索发出的诱导信号是 Sonic hedgehog(Shh);表皮发出的信号是 Wnt;间介中胚层和侧板中胚层发出的信号是 BMP4 和 Fgf5。

位于体节腹内侧的细胞最靠近神经管腹部和脊索,主要受到脊索发出的高浓度诱导信号 Sonic hedgehog 的作用,表达转录因子 Pax1。在 Pax1 的作用下,该处的细胞失去 N 钙黏着蛋白,从上皮类型转变成为间充质类型,并开始移动。这些细胞是生骨节细胞(图 12.7B)。生骨节细胞还表达 Imf,后者能够抑制促进肌肉形成的转录因子的作用。生骨节细胞将形成脊椎骨、肋骨。

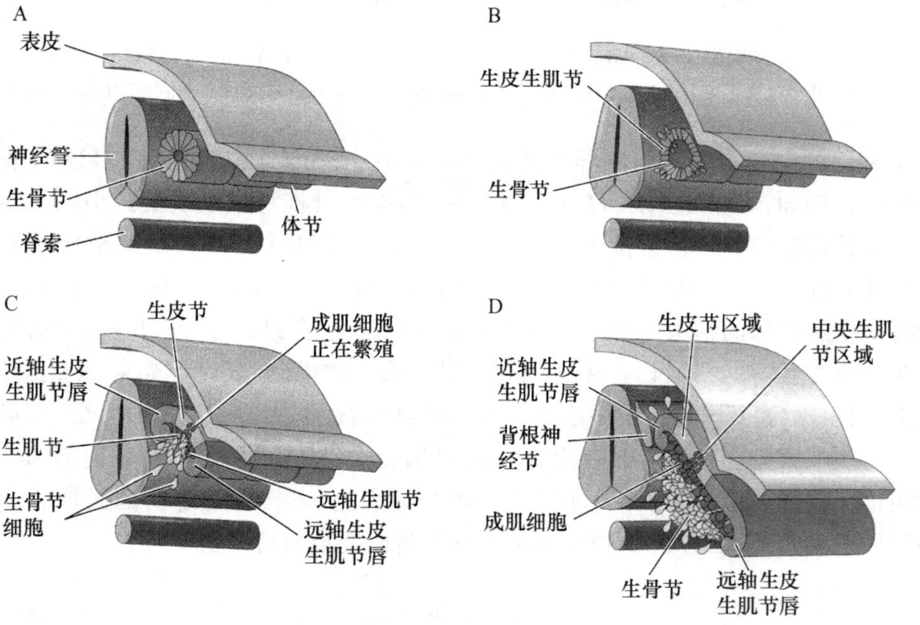

图 12.7 2~4 天鸡胚横切面模式图,示体节的分化(自 Gilbert,2010)

A. 2 天鸡胚的体节,其腹内侧为预定生骨节;B. 3 天胚胎的体节,生骨节细胞逐渐变成间充质细胞,开始迁移,体节的其他位置成为生皮生肌节;C. 4 天胚胎的体节,生皮生肌节分成近轴、远轴部分和中央部分。近轴和远轴部分是生肌节,中央部分是生皮节;D. 4 天胚胎的体节,生皮节中产生成肌细胞,并向下迁移。

生骨节从体节分化出去之后,留在体节的细胞是生皮生肌节(dermamyotome)。生皮生肌节可以分成三部分:位于两侧的生肌节和位于中央的生皮节。两侧的生肌节分别称为近轴生肌节(primaxial myotome)和远轴生肌节(abaxial myotome)(图 12.7C)。其中,近轴生肌节的细胞主要受到神经管背部发出的 Wnt1 和 Wnt3a 的诱导,此外,还受到脊索发出的少量 Sonic hedgehog 信号的诱导,形成了成肌细胞(myoblast)。这些成肌细胞将主要形成躯干背部的肌肉和肋间肌肉(近轴肌肉)。远轴生肌节的细胞主要受到表皮发出的 Wnt 信号,以及间介中胚层和侧板中胚层发出的 BMP4、Fgf5 等信号的影响,也形成了成肌细胞。这些成肌细胞迁移到胚胎的腹侧,将形成体壁、肢体和舌头的肌肉(远轴肌肉)。

位于生皮生肌节中央区域的生皮节可能受到表皮发出的诱导信号 Wnt6 的影响,以及神经管背部发出的神经营养蛋白 3(NT3)和 Wnt1 的作用。在这些旁分泌因子的诱导下,生皮节的细胞也从上皮细胞改变成为间充质细胞。这些细胞将形成皮肤的真皮。以往认为生皮节的细胞只能形成皮肤的真皮,近来的研究表明,位于生皮生肌节中央区域的生皮节中也产生成肌细胞(图 12.7D)。生皮节的细胞分裂之后,部分新产生的细胞下调 N 钙黏着蛋白基因,成为间充质细胞,迁移到下方,加入到生肌节细胞产生的成肌细胞中。这些由生皮节分化来的细胞除了参与肌肉组织的形成外,部分保持原样,没有继续分化。这些细胞将来成为包围在肌肉细胞周围的卫星细胞。

三、生骨节的分化和骨的发生

生骨节的细胞主要分化成为脊椎骨和肋骨(先形成软骨,以后再形成骨),少部分细胞(靠近神经管的细胞)形成脑脊膜以及为脊髓提供营养的血管。

(一) 脊椎骨的形成

脊索会诱导其周围的一些间充质细胞分泌表皮形态发生素(epimorphin),以吸引生骨节的细胞迁移到脊索和神经管的周围。来自同一对体节的生骨节细胞相对集中在一起,但是,它们聚集的密度有差异。位于前部的细胞相对较松散,位于后部的细胞相对较致密,介于两者之间的是细胞排列更致密的一层薄的细胞层(图 12.8B)。以后,当从脊髓伸出来的运动神经纤维开始分布于由生肌节形成的骨骼肌上时,来自每一对生骨节相对致密的细胞和来自下一对生骨节相对松散的细胞聚集起来,形成了一块脊椎骨的原基(图 12.8C)。而原先介于中间的薄层致密细胞

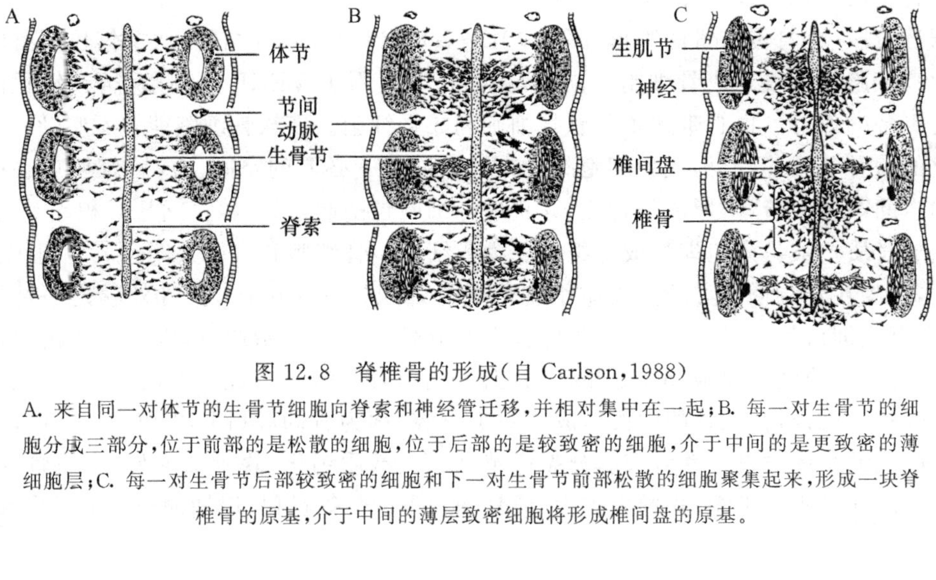

图 12.8　脊椎骨的形成(自 Carlson,1988)

A. 来自同一对体节的生骨节细胞向脊索和神经管迁移,并相对集中在一起;B. 每一对生骨节的细胞分成三部分,位于前部的是松散的细胞,位于后部的是较致密的细胞,介于中间的是更致密的薄细胞层;C. 每一对生骨节后部较致密的细胞和下一对生骨节前部松散的细胞聚集起来,形成一块脊椎骨的原基,介于中间的薄层致密细胞将形成椎间盘的原基。

将形成介于两块脊椎骨之间的椎间盘原基。

（二）骨的发生

骨的发生(osteogenesis)有两种方式：膜内成骨和软骨内成骨。头部间充质细胞形成颅骨是以膜内成骨的方式形成的(见第十一章)，而脊椎骨、肋骨、四肢骨和骨盆是通过软骨内成骨形成的。软骨内成骨的大致过程是先由间充质细胞形成软骨，然后再由软骨形成骨，整个软骨内成骨过程分为5个阶段。在第一阶段，从生骨节迁移出来的间充质细胞定型，将形成软骨细胞。间充质细胞的定型受到Sonic hedgehog的作用，后者诱导间充质细胞表达转录因子Pax1。Pax1再激活软骨细胞特异的基因，促使间充质细胞向软骨细胞特化(图12.9A)。

在第二阶段，定型了的间充质细胞聚集起来，致密化成小结节。小结节的细胞分化成为软骨细胞(图12.9B)。在此阶段，BMP起着关键的作用。BMP诱导定型了的间充质细胞表达N钙黏着蛋白和神经细胞黏着分子(neural cell adhesion molecule，N-CAM)。此外，BMP还诱导间充质细胞表达转录因子Sox9。N钙黏着蛋白促使定型了的间充质细胞相互黏着并聚集起来，致密化成小结节，N-CAM能够维持致密化小结节的存在，Sox9能够激活其他的转录因子和Ⅱ型胶原蛋白基因。Ⅱ型胶原蛋白是形成软骨所必需的。如果人的*Sox9*突变，将使得胚胎骨组织发育异常。婴儿将因为气管软骨和肋软骨发育不全而影响呼吸，以致死亡。

在第三阶段，软骨细胞分裂增殖，致密化小结节形成骨的雏形(图12.9C)。在此雏形中，软骨细胞分泌软骨基质。

在第四阶段，软骨细胞停止分裂，迅速变大，成为肥大软骨细胞(图12.9D)。这个过程受到转录因子Runx2的调节(在膜内成骨的过程中，转录因子Runx2也参与调节)。而转录因子Runx2的表达又受到组蛋白脱乙酰酶4(histone deacetylase-4)的调节。组蛋白脱乙酰酶4在软骨细胞未开始肥大时表达。如果肋软骨和四肢软骨中组蛋白脱乙酰酶4过度表达，肋软骨和四肢软骨的骨化将严重受阻。如果组蛋白脱乙酰酶4的基因被剔除，肋软骨和四肢软骨的骨化将提前。肥大的软骨细胞分泌Ⅹ型胶原蛋白和大量的纤连蛋白，改变软骨基质的组成，这样的软骨基质更容易钙化。肥大的软骨细胞也分泌血管发生因子VEGF，促进血管的形成。肥大软骨细胞还分泌由膜包被的小囊进入基质，其中含有促进羟基磷灰石结晶形成的酶类。羟基磷灰石结晶促使软骨基质钙化。此外，肥大软骨细胞的代谢发生改变，线粒体的膜结构也发生改变。在钙化了的软骨基质中，肥大软骨细胞不久就凋亡了。

在第五阶段，血管侵入骨的雏形(图12.9E～G)。当肥大软骨细胞死亡时，位于骨雏形中段表面的软骨细胞转变成为成骨细胞。同时，在血管发生因子VEGF的刺激下，在钙化的软骨基质中产生更多的血管。血管带来了破软骨细胞和成骨细胞。破软骨细胞能够吞噬死亡的软骨细胞和钙化的软骨基质碎片，为成骨细胞制造骨组织创造了必要的空间。成骨细胞就在破软骨细胞开辟的空间中开始造骨，形成类骨质，并将成骨细胞包围起来。以后，钙盐沉积在类骨质中，类骨质就变成骨质。被骨质包埋的成骨细胞成为骨细胞。骨细胞和骨质共同构成骨组织。

同时，包围在骨雏形外方的间充质细胞形成骨外膜(periosteum)。骨外膜是一种纤维性的鞘，其中含有毛细血管、成骨细胞等。骨外膜中的成骨细胞也开始造骨，以增加骨的厚度。与此同时，由血管带来的破骨细胞(osteoclast)分泌酸和蛋白酶，分解已经造好的骨组织，然后再吞噬骨组织的碎片。这样，在长骨的中段形成了一个空腔，称为骨髓腔(图12.9G)。以后，骨髓腔两端的软骨组织继续依次发生软骨细胞分裂增殖、肥大、基质钙化、软骨细胞死亡、成骨细胞造骨、破骨细胞破坏并吸收骨组织、骨髓腔扩大、成骨细胞再造骨等过程，以增加长骨的长度和直径。

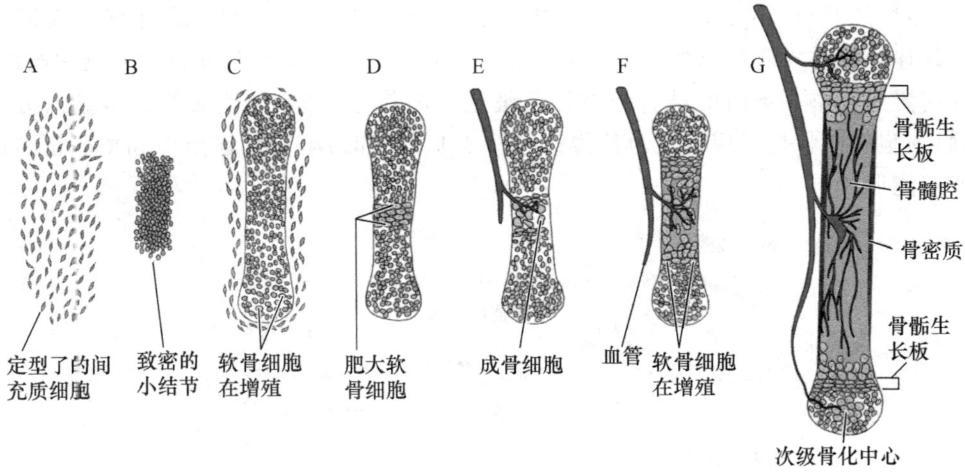

图 12.9　软骨内成骨示意图(自 Gilbert,2010)

A. 间充质细胞定型;B. 定型了的间充质细胞聚集起来,致密化成小结节,其中的细胞分化成为软骨细胞;C. 软骨细胞形成骨的雏形;D. 在骨雏形的中段形成肥大软骨细胞,基质钙化,肥大软骨细胞凋亡;E. 血管入侵,并带来破软骨细胞和成骨细胞;F. 破软骨细胞清除钙化了的软骨基质碎片和死亡的软骨细胞,形成空间供成骨细胞造骨;G. 骨髓腔形成,骨髓腔两端的软骨组织继续依次发生软骨细胞增殖、肥大、钙化、死亡、造骨、破骨细胞破坏并吸收骨组织等过程。

四、生肌节的分化和骨骼肌的发生

生皮生肌节中的近轴生肌节和远轴生肌节都是生肌节,它们都将分化成为肌肉组织。近轴生肌节将形成近轴肌肉,远轴生肌节将形成远轴肌肉。

(一) 生肌 bHLH 蛋白

在神经管背部、脊索、表皮以及间介中胚层和侧板中胚层发出的旁分泌因子的诱导下,这两处生肌节的细胞都表达 Myf5 蛋白和 MyoD 蛋白。Myf5 和 MyoD 属于转录因子中碱性螺旋-环-螺旋蛋白(bHLH 蛋白)家族的成员,是形成肌肉细胞特有的转录因子。任何细胞只要表达 *Myf5* 或 *MyoD*,都将形成骨骼肌细胞的祖细胞成肌细胞(myoblast)。将 *Myf5* 或 *MyoD* 转染到任意培养细胞中,该培养细胞也将形成成肌细胞。

在不同的脊椎动物类群中,激活 *Myf5* 和 *MyoD* 的机制有些差异。在近轴生肌节和远轴生肌节中,激活 *Myf5* 和 *MyoD* 的机制也有差异。在小鼠的远轴生肌节中,周围组织发出的旁分泌因子先诱导转录因子 Pax3 的产生,Pax3 再激活 *Myf5* 和 *MyoD*。而在近轴生肌节中,周围组织发出的旁分泌因子先诱导 Myf5 的产生,然后,Myf5 再诱导 MyoD 的产生。Myf5 和 MyoD 能够激活与骨骼肌细胞形成有关的基因。例如,MyoD 能够激活肌肉组织特有的肌酸磷酸激酶基因、乙酰胆碱受体基因等。MyoD 还能激活自身基因。此外,MyoD 还激活一些辅助因子基因(如 *p38*),辅助因子基因的蛋白质产物(如 P38 蛋白)能够帮助 MyoD 结合于其他基因的增强子上,激活该基因。

(二) 骨骼肌细胞的形成

表达生肌 bHLH 蛋白的成肌细胞形成骨骼肌细胞(肌纤维)之前要有规律地排列,然后相互融合，成为多核的肌管(myotube)，再发育成为肌纤维。首先，成肌细胞离开细胞周期(停止分裂)，分泌纤连蛋白进入胞外基质中。成肌细胞靠其质膜上纤连蛋白的受体整联蛋白与纤连蛋白结合。纤连蛋白和整联蛋白的结合能够触发细胞内的信号传递，促使成肌细胞进入分化阶段。此时，成肌细胞的形状也相应地成为长梭状(图 12.10)。如果阻止纤连蛋白和整联蛋白的结合，肌纤维就不能形成。

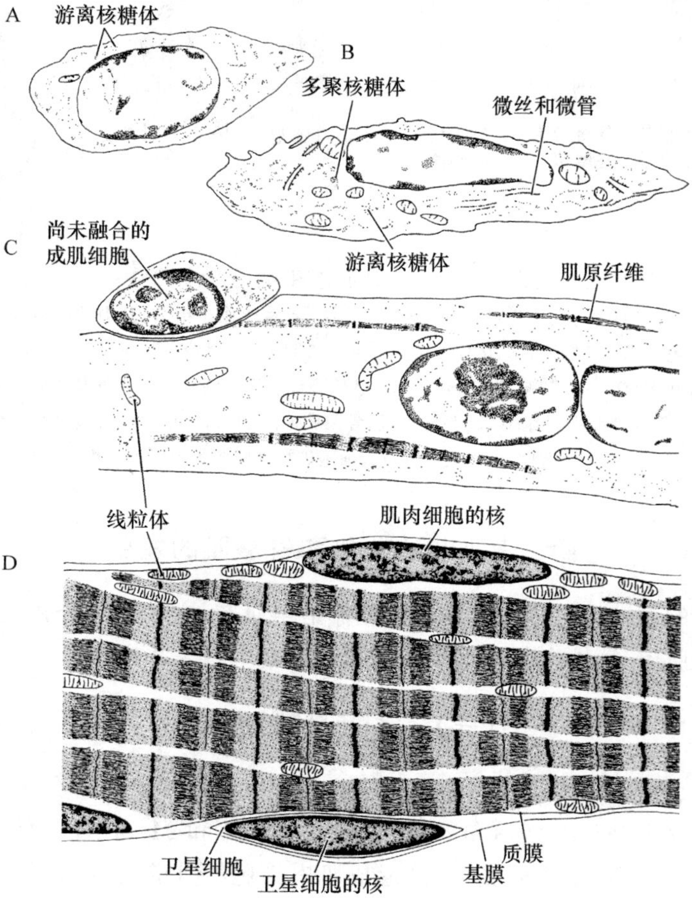

图 12.10 骨骼肌细胞的形成(自 Carlson，1988)

A. 尚未分化的间充质细胞；B. 由间充质细胞分化成梭状的成肌细胞；C. 成肌细胞相互融合形成的肌管(局部)，其中多个细胞核暂时位于中央。细胞质中出现了少量粗肌丝和细肌丝，并组装成为肌原纤维。肌管旁边的一个成肌细胞将与肌管融合；D. 一条骨骼肌纤维纵切面(局部)，示细胞质(肌浆)中充满肌原纤维，肌纤维呈现出横纹，细胞核位于质膜内侧。在肌纤维的质膜外侧，依附着卫星细胞。

骨骼肌纤维形成的第二步是成肌细胞首尾相连地排列成链状。这一步受到质膜上的糖蛋白(包括几种钙黏着蛋白)的调节。成肌细胞中的细胞器(包括细胞骨架)也经过了重排列。特别是在将来细胞融合处，肌动蛋白的排列对于质膜的融合起重要作用。

第三步是成肌细胞融合成为肌管。肌管是一种多核的长杆状细胞。在成肌细胞融合过程中有几种物质起着关键的作用。一个是钙离子。事实上，用钙离子载体 A23187 就可以诱发细胞的融合。第二是一类称为解联蛋白酶 α(meltrin α)的金属蛋白酶。解联蛋白酶 α 大约在成肌细胞融合时合成。如果用解联蛋白酶 α mRNA 的反义 RNA 处理成肌细胞，将阻止它们的融合。第三是成肌蛋白(myogenin)，它是另一种成肌 bHLH 蛋白。成肌蛋白基因在成肌细胞融合时被激活，产生的成肌蛋白能够结合在其他几种肌肉细胞特异表达基因的调节区域，激活这些基因。肌管形成后还会分泌白细胞介素 4(interleukin-4)，它是旁分泌因子，能够吸引其他的成肌细胞到新形成的肌管周围，并与肌管融合，形成更长的肌管。

第四步，肌管形成后就积极地进行蛋白质合成，主要是产生参与肌原纤维收缩的蛋白质，如肌动蛋白和肌球蛋白。这些蛋白质形成后组装成为粗肌丝和细肌丝，然后再组装成为肌原纤维。随着肌原纤维的成熟，肌原纤维逐渐占据细胞中的绝大部分空间，而原先在肌管中排列在中央的多个细胞核被移动到细胞的边缘，位于质膜的内侧。这样，就成为骨骼肌纤维(图 12.10)。

(三) 卫 星 细 胞

卫星细胞是位于生皮生肌节中央的生皮节细胞，分裂之后迁移到生肌节细胞中，它们往往没有进一步分化，将来位于肌肉细胞的周围(图 12.10)。哺乳动物出生后，肌肉组织受到损伤时，卫星细胞进入细胞周期，分裂增殖并分化成为骨骼肌细胞，对损伤进行修复。因此，卫星细胞和生肌节细胞是有区别的。在生肌节细胞中表达 *Myf5* 和 *MyoD*，而卫星细胞却表达 *Pax3* 和 *Pax7*。卫星细胞同时表达 *Pax3* 和 *Pax7* 能够阻止 *MyoD* 的表达，并阻止细胞进一步分化。而且，Pax7 还能阻止卫星细胞的凋亡。现在的研究表明，表达 Pax7 但不表达 Myf5 的卫星细胞是干细胞($Pax7^+/Myf5^-$)。在骨骼肌损伤时(或是经常参加锻炼)，干细胞开始分裂，形成的两个子细胞中一个依然是干细胞($Pax7^+/Myf5^-$)，另一个却开始表达 Myf5($Pax7^+/Myf5^+$)。$Pax7^+/Myf5^+$ 细胞由于能够表达 bHLH 转录因子，因此形成了成肌细胞，并进一步分化成为骨骼肌细胞。

在小鼠出生时，肌纤维的数量已经确定了，不能再增加，但是，卫星细胞可以继续和肌纤维融合，以增加肌纤维的长度。同时，肌纤维中参与收缩的蛋白质(肌动蛋白、肌球蛋白、原肌球蛋白、肌原蛋白等)的数量也在增加。

第二节　间介中胚层的分化和肾脏的发生

间介中胚层只存在于躯干部，连接着体节中胚层和侧板中胚层。间介中胚层衍生出泌尿系统和部分生殖器官。

在发育过程中，从胚胎的前端到后端，间介中胚层先后会产生出三种不同的肾脏。胚体最前端的间介中胚层产生出前肾(pronephros)。前肾是脊椎动物中最低等类群的肾脏，如盲鳗和某些鱼类成体的肾脏就是前肾。此外，在鱼类和两栖类的胚胎阶段，前肾也会发挥作用。而在其他的脊椎动物胚胎阶段，前肾虽形成但并不发挥作用。前肾存在的时间很短暂，当中肾(mesonephros)出现时前肾就开始退化。中肾从前肾之后的间介中胚层产生，是两栖类和鱼类成体的肾脏。在其他的更高等脊椎动物的胚胎期，中肾也会发挥作用。在爬行类、鸟类和哺乳类，中肾最终被后肾(metanephros)所取代。后肾由间介中胚层的最后一段产生。哺乳动物的三种肾的相互位置如图 12.11 所示。

一、肾脏的发生过程

间介中胚层形成生肾间充质(nephrogenic mesenchyme)。生肾间充质可以分为三部分，从前往后依次是生前肾间充质(pronephrogenic mesenchyme)、生中肾间充质(mesonephrogenic mesenchyme)和生后肾间充质(metanephrogenic mesenchyme)。前肾、中肾和后肾分别从这三个部分产生。

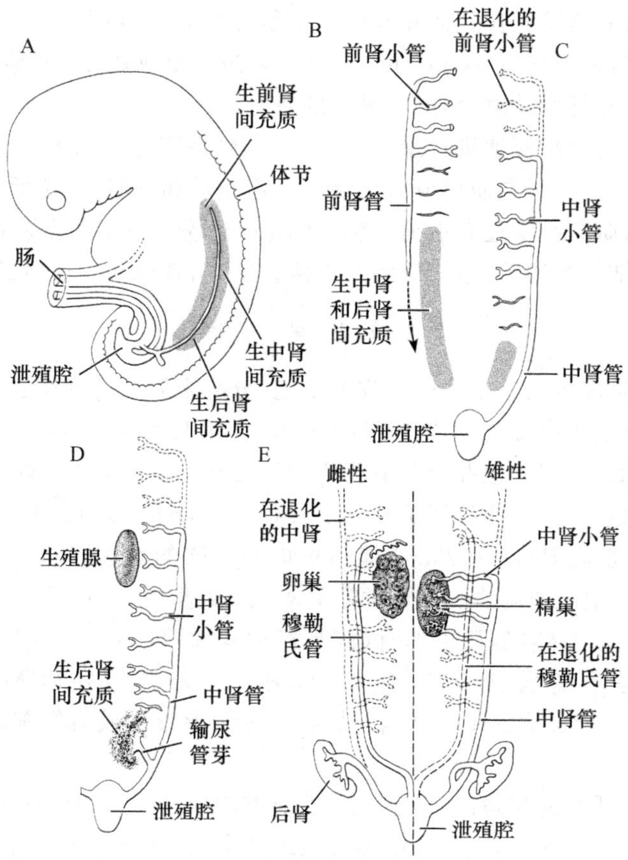

图 12.11　前肾、中肾和后肾发育示意图(自 Carlson,1988)

A. 显示胚胎左侧的间介中胚层(生前肾、中肾和后肾间充质);B. 前肾形成,前肾管向胚胎后部延伸;C. 前肾退化,中肾形成。前肾管的后部继续延伸至泄殖腔,改称为中肾管;D. 从中肾管的基部伸出输尿管芽,进入生后肾脏间充质;E. 后肾形成,中肾退化。虚线左右侧分别显示雌雄个体泌尿生殖系统。在雄性中,中肾管和部分中肾小管保留。而在雌性中,整个中肾退化。

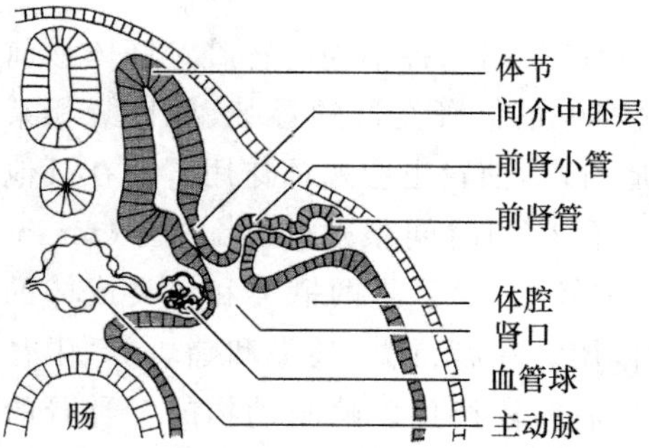

图 12.12　鸡胚前肾示意图
(自 Browder et al.,1991)
胚胎横切,显示前肾管、前肾小管、血管球、主动脉和体腔。

(一) 前　肾

前肾由前肾管(pronephric duct)和前肾小管(pronephric tubule)组成。前肾管起源于间介中胚层,其前端是盲端,后端沿着间介中胚层的一侧边缘从前端往后端延伸(图 12.11B)。生前肾间充质与前肾管相邻,其中产生数条前肾小管。前肾小管一端通前肾管,另一端开口于体腔。在前肾小管的开口附近有血管球。代谢废物从血管球滤出,进入体腔,再进入前肾小管、前肾管(图 12.12)。

前肾小管从前端向后逐渐形成。当后面的前肾小管出现时,前端的已退化。后端的前肾小管最终也要退化,前肾管的后部保留下来,并继续向后延伸,最终通向泄殖腔。保留下来的前肾管改称为中肾管(mesonephric duct),也称为吴尔夫管(Wolffian duct)或肾管(nephric duct)。

(二) 中　　肾

中肾在前肾之后的间介中胚层产生。中肾由中肾管和中肾小管组成。中肾小管从生中肾间充质中产生。如同前肾小管一样,中肾小管也是从胚体的前端到后端逐渐形成。中肾小管的一端通向中肾管,另一端形成杯状的肾小囊(glomerular capsule)。在肾小囊附近,从背主动脉分支出来的血管(入球小动脉)形成毛细血管,再形成血管球(glomerulus)。中肾小管伸长,肾小囊包住血管球。血管球中的毛细血管汇集成为出球小动脉,离开肾小囊,并分支成毛细血管缠绕于伸长了的中肾小管外方。从血管球中滤出的尿液进入肾小囊,再进入中肾小管、中肾管,最后排入泄殖腔(图 12.13)。在爬行类、鸟类和哺乳类中,中肾也要退化,最终由后肾取代。在雄性动物中,中肾的部分结构参与生殖腺和输精管道的形成。中肾管分化成输精管,部分中肾小管形成精巢的输出管(vas deferens)。而在雌性动物中,中肾和中肾管完全退化。

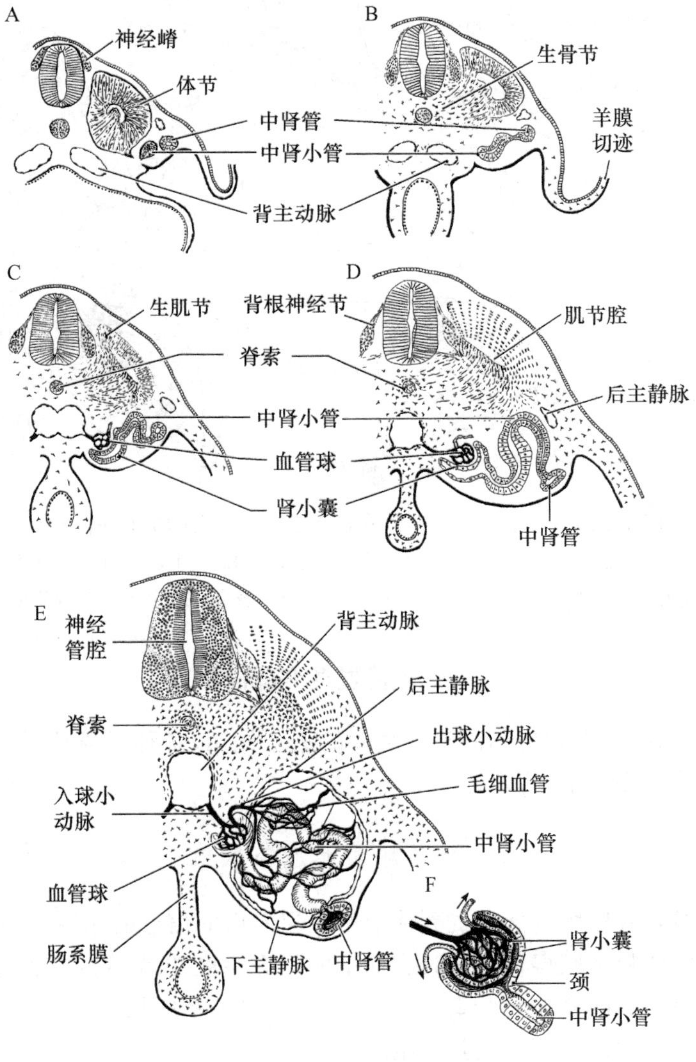

图 12.13　鸡胚中肾的发生(自 Carlson,1988)

胚胎横切面,显示中肾的发生过程。A. 中肾小管的原基出现在中肾管附近;B. 中肾小管形成,一端与中肾管相连;C. 中肾小管的另一端形成肾小囊原基,附近出现了血管球;D. 中肾小管伸长,肾小囊包住血管球;E. 血管球中的毛细血管汇集成为出球小动脉,离开肾小囊,并分支缠绕于中肾小管外方;F. 肾小囊和血管球的放大图。

(三)后　　肾

羊膜动物成体的排泄器官是后肾,后肾起源于两个组织:一个是中肾之后的生后肾间充质;另一个是从中肾管基部伸生出的一个盲管,称为输尿管芽(ureteric bud)。输尿管芽长出后伸向生后肾间充质。在输尿管芽伸长的过程中,其盲端在生后肾间充质中反复分支。生后肾间充质的细胞聚集于每一个分支的末端。输尿管芽伸长后和中肾管分开,形成输尿管,直接通入泄殖腔。生后肾间充质则形成肾单位(nephron)(图 12.14)。哺乳动物的肾脏是一个结构极为复杂的器官,它的每一个基本结构单位(肾单位)含有 10 000 多个细胞。这些细胞至少分属 12 种不同的类型。每一种类型的细胞在肾单位中都有其特定的分布位置。

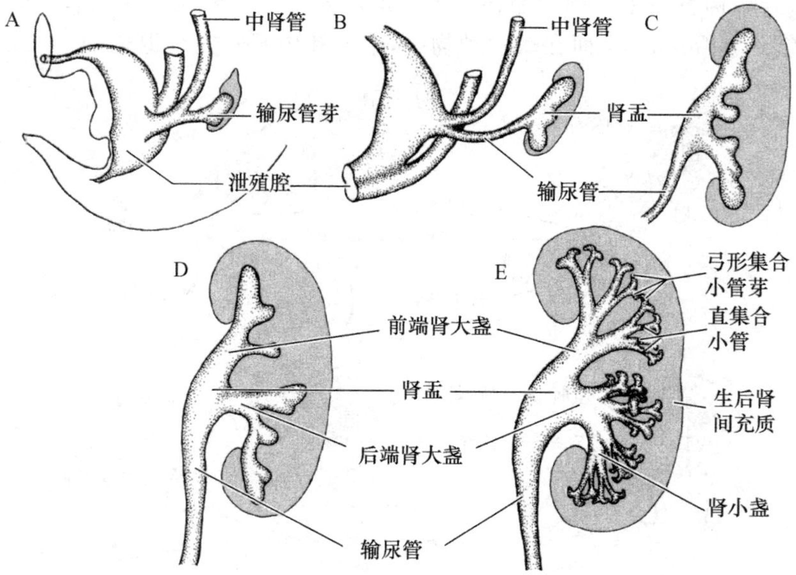

图 12.14　输尿管芽和生后肾间充质的发育(自 Carlson,1988)

A. 输尿管芽从中肾管基部近泄殖腔处产生,伸向生后肾间充质;B~E. 在生后肾间充质中,输尿管芽的盲端反复分支,将分化成为肾脏的各级收集管。生后肾间充质的细胞聚集在各分支末端,分化成肾单位。

二、肾脏发生的机制

在肾脏的发生过程中,存在着不同组织之间的相互作用,各种诱导信号发挥了重要的作用,其中的许多机制尚未完全弄清楚。

(一)生肾间充质的特化

间介中胚层形成各级肾脏的能力受到体节中胚层发出的信号的作用。如果将鸡胚左侧或右侧的间介中胚层连同侧板中胚层切下,那么,切下的间介中胚层就不会形成肾脏,而依然和体节中胚层连在一起的另一侧间介中胚层却会产生肾脏。如果将侧板中胚层和体节中胚层一起培养,侧板中胚层将产生前肾,而不产生其他组织。

虽然体节中胚层发出的诱导信号是什么物质尚不是很清楚,但是可以肯定的是,受到该信号作用后,间介中胚层中产生了一类转录因子,即包括 Lim1、Pax2 和 Pax8 在内的同源异型蛋白。这些含有同源异型域的转录因子能够将间介中胚层转化成为生肾间充质。在非洲爪蟾中,只有同时表达 Lim1 和 Pax8 的区域才能形成肾脏。如果 Lim1 和 Pax8 异位表达，那么肾脏也异位产生。在鸡胚中，如果让体节中胚层表达 Pax2，体节中胚层将转化成间介中胚层，并能够表达 Lim1，产生肾脏。同样，如果将小鼠的 *Pax2* 和 *Pax8* 两个基因剔除，那么间充质细胞就不能转变成为上皮细胞，肾脏中的各种小管都不能形成，而且，间介中胚层细胞将很快凋亡。在小鼠胚胎中，Lim1 对于中肾和后肾中各种小管的形成，以及对于输尿管芽的发生至关重要。此外 Lim1 和 Pax2 还相互诱导。

（二）后肾发育中的细胞相互作用

在后肾的形成过程中，中肾管和相邻的生后肾间充质之间发生了复杂的相互作用。左右生后肾间充质分别诱导与其相邻的左右中肾管产生一条盲管状分支，即输尿管芽。输尿管芽形成后逐渐伸长，进入生后肾间充质之中，最终形成输尿管。输尿管后来与中肾管分离，通入膀胱。输尿管芽也会对生后肾间充质进行诱导，使得生后肾间充质形成许多肾单位。

输尿管芽和生后肾间充质之间的相互作用如图 12.15 所示。先是生后肾间充质诱导输尿管芽的伸长并分支（图 12.15A）。输尿管芽每一个分支的末端对生后肾间充质进行诱导。松散的间充质细胞聚集成小结状结构（图 12.15B）。然后，这些细胞转化成为上皮类型的细胞。每一个小结状结构约含 20 个细胞。这些细胞经过分裂增殖，小结状结构的形状也发生变化，先是形成

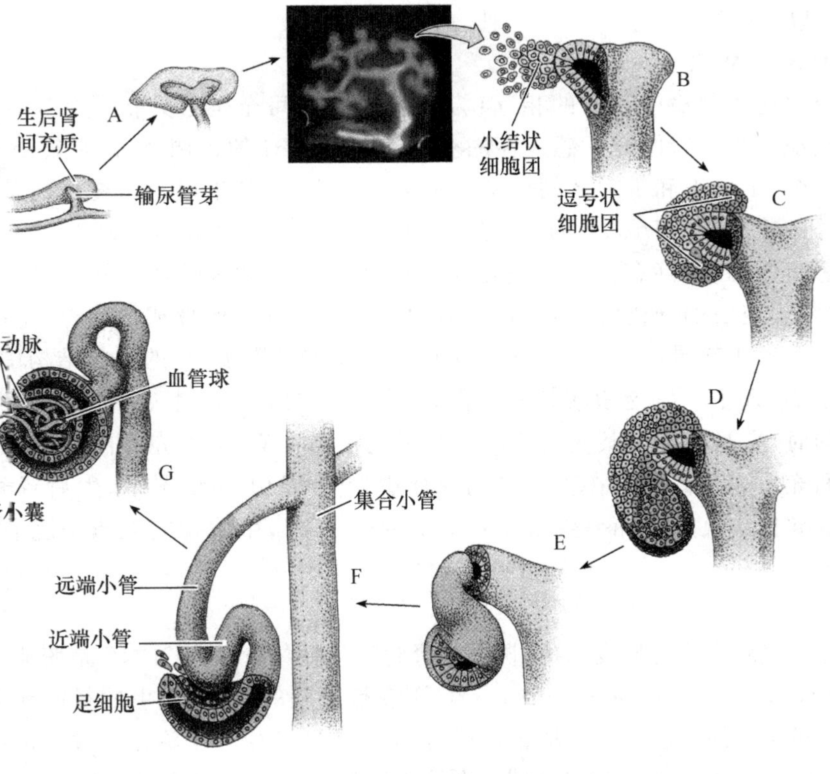

图 12.15　输尿管芽和生后肾间充质的相互诱导（自 Gilbert，2003）

A. 生后肾间充质诱导输尿管芽的产生，输尿管芽伸入生后肾间充质中并分支；B. 输尿管芽的分支末端诱导生后肾间充质细胞聚集成小结状；C. 小结状结构中的间充质细胞转化成上皮细胞，小结状结构转变成逗号状；D. 逗号状结构转变成 S 形管状结构；E. S 形管状结构的一端与输尿管芽的分支末端相连；F. 近端小管和远端小管形成；G. 肾小囊形成，血管球进入小囊的凹陷中，近端小管和远端小管伸长。

逗号状，后来形成S形的管状结构(图 12.15C、D)。S形管状结构的一端与输尿管芽的分支末端相连(图 12.15E)，相连的那一端将成分化为肾单位的近端小管(proximal tubule)和远端小管(distal tubule)(图 12.15F)，另一端则分化成肾小囊，从动脉分支形成的毛细血管球进入肾小囊的凹陷中(图 12.15G)。同时，输尿管芽的分支伸长成为各级收集管。近端小管和远端小管继续伸长、弯曲。在此过程中，S形管状结构的细胞进行分化，按其所在的位置分别分化成被膜细胞(capsule cell)、肾小囊脏层细胞(也称足细胞，podocyte)、近端小管细胞和远端小管细胞等。

若将输尿管芽和生后肾间充质分离开来单独进行培养，输尿管芽不会分支，生后肾间充质会凋亡。若将两者一起培养，输尿管芽将伸长并分支，而生后肾间充质则会形成许多肾单位。输尿管芽的分支末端继续分支，新形成的分支末端仍然会诱导生后肾间充质形成新的肾单位，新形成的肾单位再接到此分支末端上。随后，该分支末端再继续诱导新的肾单位的形成。这些肾单位依次连到伸长着的分支末端上，形成了一连串肾单位。

(三) 肾脏诱导的分子基础

在后肾的形成过程中，输尿管芽和生后肾间充质之间的相互作用通过许多旁分泌因子和转录因子得以实现。这些参与后肾形成的旁分泌因子和转录因子主要通过在小鼠上进行基因剔除实验发现。缺少这些转录因子，将使得小鼠的肾脏发育出现严重的缺陷。这些旁分泌因子和转录因子至少可以归纳为7类。

1. Fox、Hox 和 WT1

在生后肾间充质和输尿管芽的相互诱导中，生后肾间充质已具备了感应性，并且只能分化成为肾脏组织。生后肾间充质感应性的获得受到 Hoxb4 的正调节，以及转录因子 Foxc1 和 Foxc2 的负调节。*Foxc1* 和 *Foxc2* 两个基因都突变的小鼠，其生后肾间充质的范围大大增加，并将产生额外的输尿管。*Hox11* 的平行进化同源群 *Hoxa11*、*Hoxc11* 和 *Hoxd11* 也参与了生后肾间充质感应性的获得(有关平行进化同源群基因请参阅本章第一节)。*Hox11* 被剔除了的小鼠，生后肾间充质的分化将受阻，并且不能诱导输尿管芽的形成。此外，生后肾间充质感应性的获得也有赖于转录因子 WT1。WT1 属于锌指转录因子，它的分子结构中有4个锌指，靠锌指结合于 DNA 上。它能激活某些基因，这些基因的表达与生后肾间充质形成后肾组织密切相关。同时，它又能抑制某些生长因子基因的表达。WT1 最先在间介中胚层表达，以后主要在生肾间充质表达。只有在生后肾间充质中产生 WT1 的情况下，生后肾间充质才能对输尿管芽的诱导作出反应。如果生后间充质中没有 WT1，生后肾间充质细胞非但不被诱导，还会死亡。

2. GDNF

GDNF 是由生后肾间充质发出的，诱导中肾管产生输尿管芽。GDNF 是胶质源性神经营养因子(glial-derived neurotrophic factor)，是 TGF-β 超家族的成员，在生后肾间充质中合成。如果整个生后肾间充质都表达 *gdnf*，那么，中肾管上将不止产生一个输尿管芽。因此，*gdnf* 的表达只能限制于生后肾间充质的后端区域。而这种限制依赖于蛋白质 Sprouty1 和 Robo2。如果 *Robo2* 突变，生后肾间充质的前部和后部都会表达 *gdnf*，这样，中肾管将产生一前一后两个输尿管芽。Sprouty1 是 FGF 信号转导路径的抑制物，剔除小鼠 *Sprouty1*，整个生后肾间充质都表达 *gdnf*，导致中肾管上产生多个输尿管芽。

在中肾管上具有 GDNF 的受体 Ret。由生后肾间充质发出的 GDNF 与邻近的 Ret 相互作用，刺激该处的中肾管长出输尿管芽。该受体先是在中肾管表达，后来局限于在输尿管芽表达。GDNF 继续与输尿管芽上的 Ret 相互作用，刺激输尿管芽的伸长并分支。在输尿管芽的伸长和分支过程中，Ret 仅位于输尿管芽的顶端(图 12.16)。如果小鼠的 GDNF 和 Ret 的基因被剔除，将很快死亡。

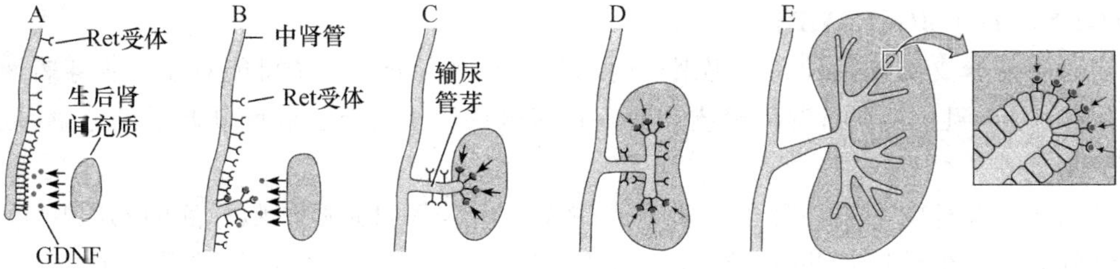

图 12.16　GDNF 和受体 Ret 的结合，诱导输尿管芽的产生(自 Gilbert，2000)

生后肾间充质分泌 GDNF，GDNF 的受体 Ret 集中于中肾管的后部(A)，GDNF 和受体 Ret 的结合刺激中肾管的后部产生输尿管芽(B)。以后，受体 Ret 集中于输尿管芽的顶端(C～D)。

3. Fgf2 和 BMP7

Fgf2 和 BMP7 由输尿管芽发出，能阻止生后肾间质细胞的凋亡。Fgf2 对生后肾间充质的作用有三方面：抑制细胞凋亡、促进生后肾间充质细胞聚集成团块状，以及维持生后肾间充质细胞中 *WT1* 的表达。BMP7 的作用与 Fgf2 的作用相似。要是缺 BMP7，生后肾间充质细胞也将凋亡。

4. Wnt6 和 Wnt9b

Wnt6 和 Wnt9b 也是由输尿管芽发出。在小鼠的后肾发育中，Wnt6 和 Wnt9 对于生后肾间充质细胞改变成为上皮细胞起着关键的作用。生后肾间充质细胞表面有这些 Wnt 的受体。Wnt6 能够促进生后肾间充质细胞的聚集，Wnt9b 能够促进生后肾间充质细胞表达 Wnt4(关于 Wnt4 的作用见下述)。Wnt9 基因缺陷的小鼠缺肾脏。

在输尿管芽发出的信号作用下，生后肾间充质细胞合成 E 钙黏着蛋白，促使自身相互黏着，聚集成小结状结构。生后肾间充质细胞在未被输尿管芽诱导之前分泌纤连蛋白、Ⅰ型胶原和Ⅲ型胶原。受到输尿管芽的诱导之后，小结状结构中的细胞开始合成Ⅳ型胶原和层粘连蛋白，这两种蛋白质都是上皮组织基膜中的基板成分。同时，生后肾间充质细胞还合成层粘连蛋白的受体。当受体结合了层粘连蛋白，小结状结构中的细胞逐渐转变成为上皮细胞。细胞中的微管和微丝的分布也随着细胞类型的改变相应作了改变。

在输尿管芽发出的信号作用下，生后肾间充质细胞还表达 *Pax2*。*Pax2* 也参与生后肾间充质细胞转变成为上皮细胞的调节。如果用 *Pax2* mRNA 的反义 RNA 作用生后肾间充质，将阻止 *Pax2* mRNA 的翻译。这样，生后肾间充质细胞就不会聚集。

5. Wnt4

被输尿管芽诱导过的生后肾间充质细胞还分泌 Wnt4，这种蛋白质以自分泌的形式发挥作用，促进间充质细胞转变成上皮细胞。在刚聚集的生后肾间充质细胞、逗号状结构、S 形管状结构，以及 S 形管状结构和输尿管芽分支末端的相连处都能检测到 Wnt4。如果小鼠的 *Wnt4* 突变，生后肾间充质细胞能够聚集起来，但是不能转变成为上皮细胞。

还有一些蛋白质可能在生后肾间充质细胞分化成为肾单位的过程中发挥作用，其中一个是同源异型转录因子 Lim1。该蛋白质最早存在于由间充质细胞聚集而成的小结状结构中，在随后的肾单位形成过程中，*Lim1* 一直都在表达。另外两个蛋白质是多囊蛋白 1(polycystin 1)和多囊蛋白 2(polycystin 2)。*polycystin 1* 和 *polycystin 2* 突变的人会患多囊肾病。小鼠的这两个基因如果突变，肾脏将异常并肿大。

6. GDNF、TGF-β1 和 BMP4

输尿管芽的分支受到几种旁分泌因子的调节。某些旁分泌因子可能对输尿管芽表面的胞外基质起保护作用，阻止输尿管芽的分支。另一些旁分泌因子可能引起胞外基质的分解，从而促进输尿管芽的分支。

参与输尿管芽分支的第一种蛋白质是 GDNF。生后肾间充质细胞分泌的 GDNF 不但可以诱导中肾管分支产生输尿管芽，而且，在输尿管芽进入生后肾间充质后依然诱导顶端具受体 Ret 的细胞分裂增殖，出现分支。同时，GDNF 下调输尿管芽顶端的细胞表达 XⅧ 型胶原。XⅧ 型胶原的减少有助于输尿管芽顶端产生分支。GDNF 还诱导输尿管芽的顶端细胞产生 Wnt11。Wnt11 反过来调节生后肾间充质细胞的分化，并调节 GDNF 的水平。参与调节输尿管芽分支的第二种蛋白质是 TGF-β1。输尿管芽表面的胞外基质能够保护输尿管芽，阻止分支的产生。而金属蛋白酶却可以分解胞外基质，从而促使输尿管芽分支。TGF-β1 能够促进胞外基质中蛋白质的合成，并抑制金属蛋白酶的作用。因此，当输尿管芽完成一次分支之后，TGF-β1 能够稳定输尿管芽新形成的分支。第三种分子是 BMP4。BMP4 的作用是抑制分支信号。输尿管芽周围的生后肾间充质细胞表达 BMP4，BMP4 的受体出现在输尿管芽上皮细胞的质膜上。BMP4 能够将分支局限于产生该分支的位置。如果让小鼠胚胎肾脏组织中 BMP4 的信号转导路径异位产生，将严重干扰输尿管的分支模式。

7. Fox2 和 Fgf7

生后肾间充质细胞表达转录因子 Fox2，Fox2 也能促进输尿管芽的分支。如果小鼠的 *Fox2* 被剔除，输尿管芽的分支将大大减少。正常状态下，输尿管芽的分支次数是 7～8 次，而 *Fox2* 被剔除后，仅分支 3～4 次。与此同时，生后肾间充质细胞本身也停止分化，因此，不能形成肾单位。生后肾间充质细胞还能够将维生素 A 转变成为视黄酸。视黄酸能够维持 GDNF 的受体 Ret 在输尿管芽的表达。此外，生后肾间充质细胞还表达 Fgf7，Fgf7 的受体位于输尿管芽。Fgf7 信号转导路径能够维持输尿管上皮细胞的生长，并保证肾脏中产生正常数量的肾单位。

第三节　侧板中胚层的分化

脊椎动物的侧板中胚层位于间介中胚层的两侧。不同的脊椎动物类群，侧板中胚层的形态结构虽然有些差异，但是大体结构是一样的。左右侧板中胚层的远轴端都裂开，形成了外侧的体壁中胚层和内侧的脏壁中胚层。体壁中胚层和其外方的外胚层一起称为胚胎的体壁层，脏壁中胚层和其内方的内胚层合称为胚胎的脏壁层。两层之间的空腔是体腔，分居于胚胎的两侧，从胚胎的颈部扩展到后部(图 6.1)。

在随后的发育中，左右两侧的体腔愈合，从体壁层伸出来的褶将体腔分成不同的几个空间。在哺乳动物胚胎中，从前端到后端，这几个空间依次是胸膜腔(pleural cavity)、心包腔(pericardial cavity)和腹膜腔(peritoneal cavity)。侧板中胚层衍生出的组织和器官主要有生殖腺(精巢和卵巢)、心脏、血管和血细胞。

一、生殖腺的发生

脊椎动物的生殖腺主要由两类细胞构成：体细胞和生殖细胞。体细胞来源于脏壁中胚层的生殖嵴(germinal ridge)；生殖细胞来源于原生殖细胞(PGCs)，原生殖细胞并不是来源于脏壁中胚层。

最早的生殖嵴是位于胚胎后半部脏壁中胚层表面(背部体腔膜)一条沿着胚胎前后轴的加厚细胞带，靠近背肠系膜和中肾(图 12.17)，该处的细胞呈现单层高柱状的上皮细胞形态。以后，细胞层数增加，生殖嵴从体腔膜突向体腔。再往后，生殖嵴与体腔膜之间的连接变狭窄，成为睾丸系膜(mesorchium)或卵巢系膜(mesovarium)。生殖嵴就通过睾丸系膜或卵巢系膜悬挂于体腔中。在随后的发育中，从生殖嵴以外的地方迁移来的原生殖细胞进入生殖嵴中。原生殖细胞在形态上很容易和生殖嵴的细胞区别开来。它们往往是球状的，比生殖嵴的细胞大得多，细胞核也大。生殖嵴的组织切片经组织学染色后，原生殖细胞的细胞质染色很浅。原生殖细胞进入生殖嵴后，与生殖嵴的细胞混杂在一起，共同发育成为精巢或卵巢。原生殖细胞将发育成为精子或卵子，而生殖嵴的细胞将发育成为体细胞，其中包括支持细胞和滤泡细胞等。

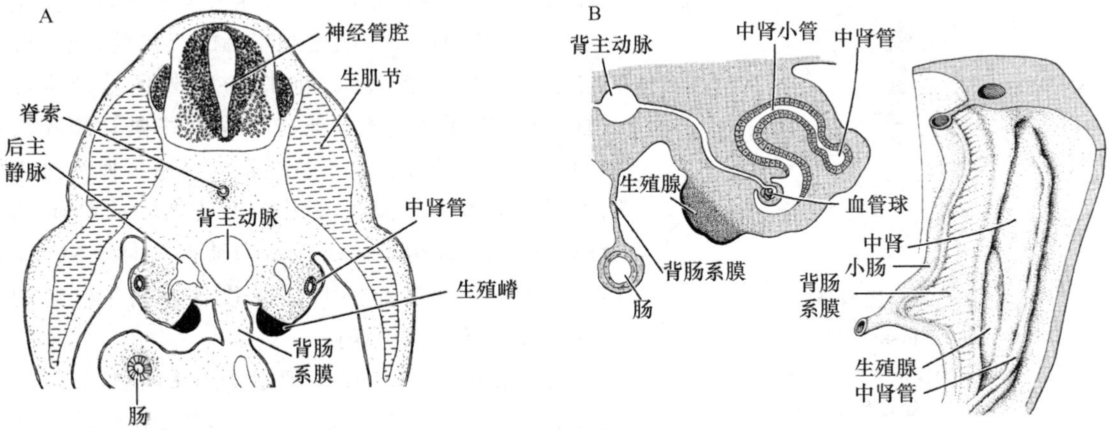

图 12.17　脊椎动物的生殖嵴(A 自 Balinsky，1975；B 自 Carlson，1988)
A. 小鼠胚胎过中肾的横切面，显示生殖嵴的位置；B. 5 周人胚胎局部，显示生殖嵴形态、生殖嵴和中肾、背肠系膜的关系。

(一) 原生殖细胞的起源和迁移

本书第九章提到，在秀丽隐杆线虫、马蛔虫和果蝇等无脊椎动物中，原生殖细胞在卵裂阶段就已经产生或决定了。在卵裂过程中，只有获得了生殖质、极质或 P 颗粒等形态发生决定子的卵裂球，才能发育成为原生殖细胞。在脊椎动物中，情况大致相同。以非洲爪蟾为例，含有生殖质的卵裂球将发育成为原生殖细胞。两栖类的生殖质中含有和昆虫极质相似的成分，包括许多 RNA 和蛋白质，如线粒体大核糖体 RNA 和线粒体小核糖体 RNA 等。非洲爪蟾的原生殖细胞最先位于囊胚的植物极，以后，以变形虫运动的方式迁移到原始消化管的腹壁，再通过背肠系膜迁移到生殖嵴中(图 12.18)。因此，一般认为，非洲爪蟾的原生殖细胞来源于内胚层。

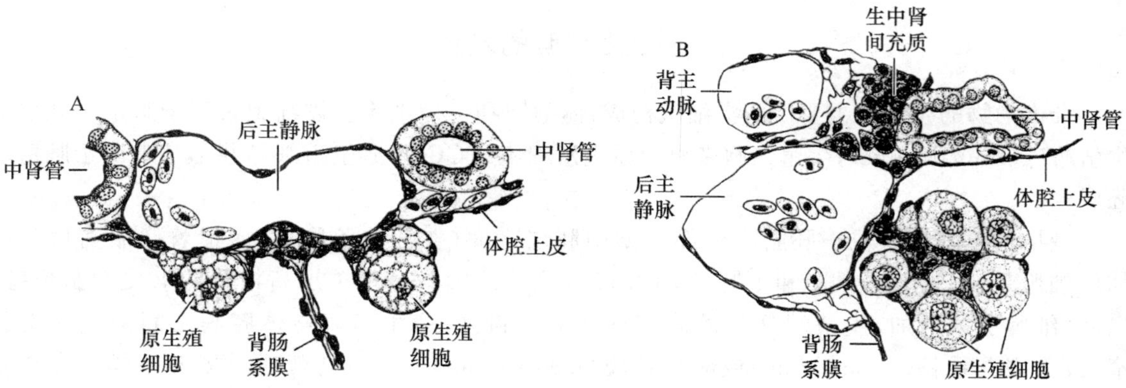

图 12.18　蛙原生殖细胞的迁移(自 Balinsky,1975)

A. 原生殖细胞刚进入生殖嵴;B. 显示一侧生殖嵴,原生殖细胞分裂增殖后数量增加。

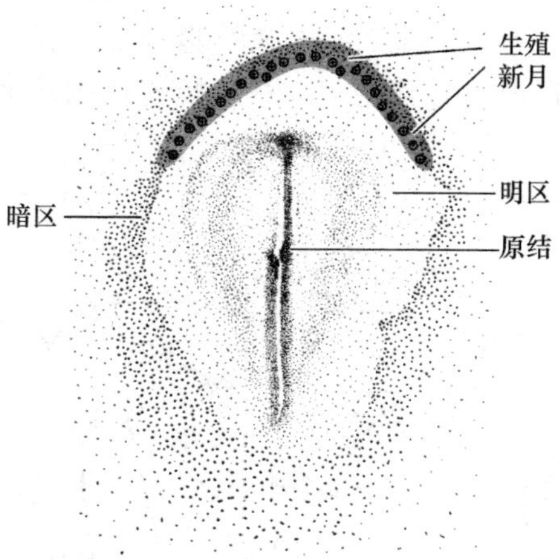

图 12.19　鸡胚原生殖细胞的分布
(自 Balinsky,1975)

鸡胚表面观,显示原生殖细胞位于胚胎前端明区和暗区的交界处的生殖新月区域。

在鸟类中,原生殖细胞由次级下胚层的细胞形成。在鸟类的原肠胚形成中,预定内胚层细胞从原条进入胚胎内部并镶嵌到次级下胚层后,次级下胚层改称为内胚层。这时,原先的次级下胚层细胞被推到胚胎的前端,形成一个新月状的区域,称为生殖新月。生殖新月位于内胚层的前端,明区和暗区的交界处,属于胚外内胚层区域(图 12.19)。将来,在胚外区域产生许多血管,原生殖细胞进入血管中。而这些血管和胚内部分的血管相通,因此,原生殖细胞可以通过血流进入胚胎内部。生殖嵴会发出吸引原生殖细胞的物质 Sdf1 蛋白。原生殖细胞表面有该蛋白质的受体 CXCR4 蛋白。原生殖细胞沿着 Sdf1 的浓度梯度向生殖嵴的方向运动,最终进入生殖嵴。

在哺乳动物中,原生殖细胞不是从内胚层产生,而是从上胚层产生。对小鼠的研究表明,胚外外胚层分泌 BMP 作用于胚盘的上胚层。而此时的上胚层在胚盘的下胚层(也就是脏内胚层)分泌的 Wnt 的作用下,已经具备了对 BMP 的诱导作出反应的感应性。在 BMP 的诱导下,上胚层产生了一些能够表达 *blimp1* 和 *Prdm14* 的细胞。此时,大约是受精后的 6.5 天。这些细胞中的 blimp1 蛋白是转录因子,抑制和体细胞发育有关的基因,激活诸如 *Sox2* 和 *Nanog* 这样能够保持细胞多能性的基因。此外,blimp1 还激活生殖细胞决定子基因 *Nanos3*。Nanos3 能够保护原生殖细胞,以免其凋亡。Prdm14 蛋白也能激活 *Sox2*,维持细胞的多能性。总而言之,上胚层中表达了 *blimp1* 和 *Prdm14* 的细胞将发育成为原生殖细胞。由此观之,哺乳动物的原生殖细胞不是因为获得了生殖质才形成的,而是通过胚胎细胞之间的相互作用被诱导出来的。这些原生殖细胞迁移到胚胎的后端,胚外外胚层和原条的交界处(图 12.20)。

在受精后的第 8 天,位于胚胎后端的原生殖细胞开始了向生殖嵴的迁移。它们也是以变形虫运动的方式进行移动的,从原条进入内胚层。在肠子发生过程中,它们进入后肠。然后,移动到肠子的背部,经过背肠系膜,向生殖嵴移动。大约在受精后 11.5 天,原生殖细胞进入生殖嵴。在此过程中,经过分裂增殖,原生殖细胞由原先的 10～100 个增加到 2500～5000 个(图 12.20)。

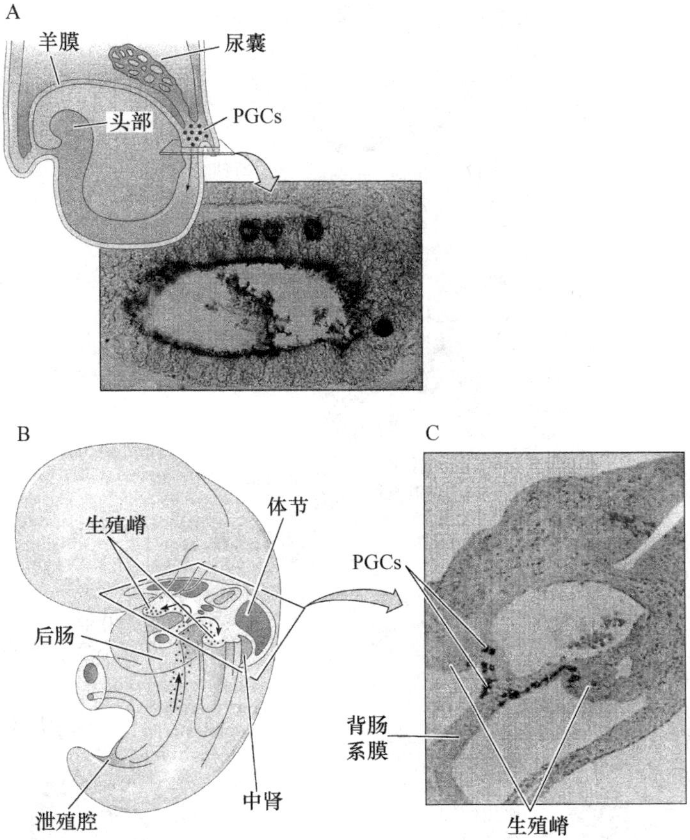

图 12.20　小鼠原生殖细胞的迁移(自 Gilbert,2010)

A. 原生殖细胞先是迁移到胚胎的后端,位于胚外外胚层和原条的交界处,然后进入内胚层。右下方为后肠横切面的显微照片,显示 4 个原生殖细胞位于后肠壁上;B. 后肠中的原生殖细胞向生殖嵴迁移。图中的横切面在 C 中显示;C. 大约受精后 11 天胚胎横切面的显微照片,原生殖细胞经过背肠系膜进入生殖嵴。

原生殖细胞向生殖嵴迁移的机制至今尚无定论。但是,在原生殖细胞迁移过程中,胞外基质中的纤连蛋白可能起着一定的作用。在原生殖细胞的表面有纤连蛋白的受体整联蛋白。缺乏整联蛋白的原生殖细胞不能迁移至生殖嵴。此外,原生殖细胞周围有分泌干细胞因子(SCF)的细胞存在。干细胞因子有助于原生殖细胞的存活和迁移。在原生殖细胞迁移的过程中,始终有分泌干细胞因子的细胞伴随着。

(二) 生殖嵴的分化

在人类胚胎发育的第 6 周,原生殖细胞进入生殖嵴。原生殖细胞位于生殖嵴的中央(髓质),周围(皮质)是生殖嵴的上皮细胞。从那时开始到第 7 周,生殖嵴都保持一种不分化的状态,这个阶段的生殖嵴称为未分化生殖腺(indifferent gonad)(图 12.21A、B)。从第 8 周开始,未分化生殖腺进入分化阶段,形成雄性生殖腺或雌性生殖腺。

1. 雄性生殖腺的发生

如果胚胎的性染色体是 XY,未分化生殖腺的皮质将退化,髓质将发育。生殖嵴的上皮细胞分裂之后将形成支持细胞。支持细胞和原生殖细胞共同形成索状结构,称为睾丸索(testis cord)。睾丸索位于未分化生殖腺的髓质,它们与生殖嵴上皮细胞分化成的网状小管相连。这些

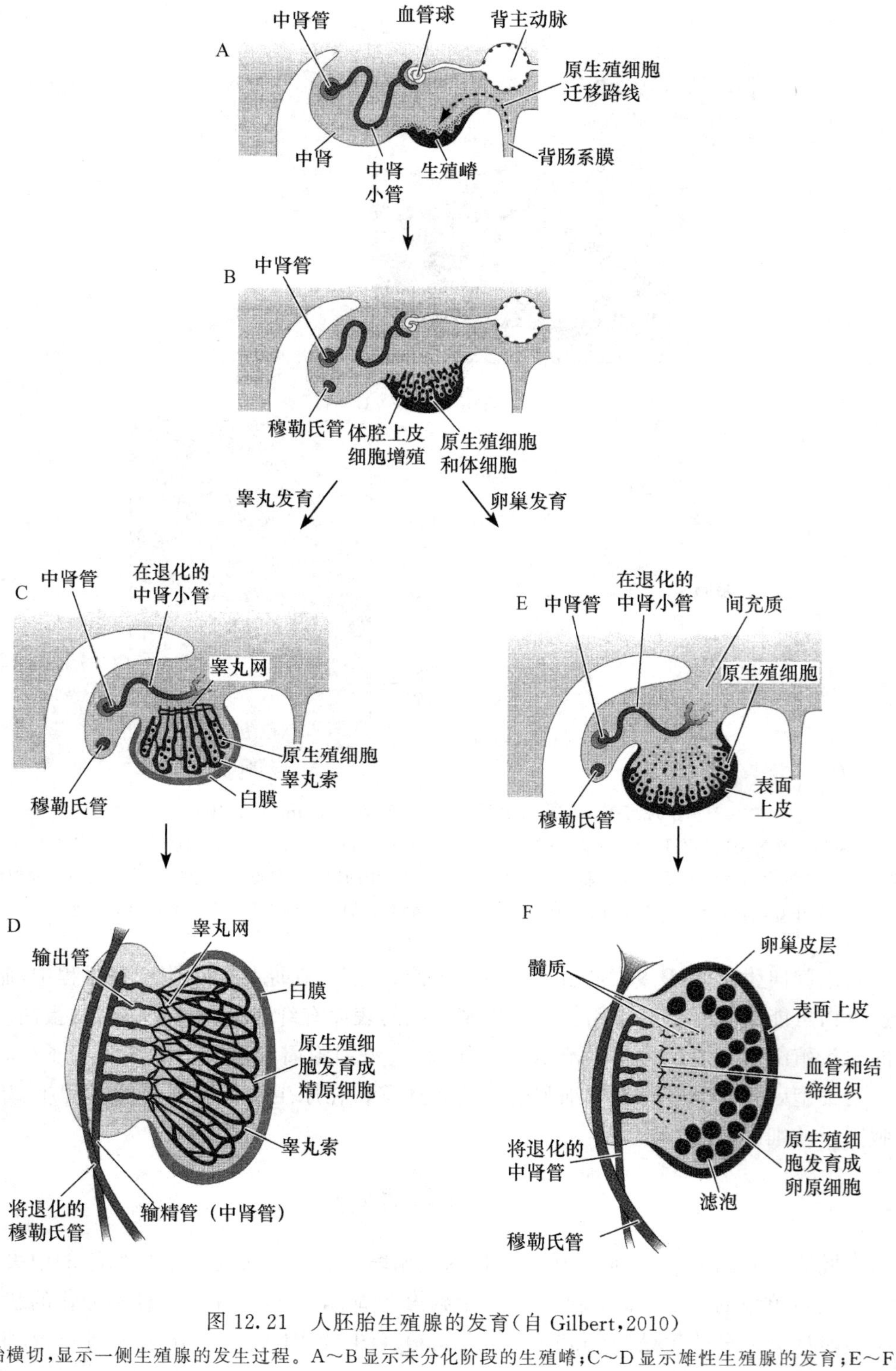

图 12.21　人胚胎生殖腺的发育(自 Gilbert,2010)

胚胎横切,显示一侧生殖腺的发生过程。A～B 显示未分化阶段的生殖嵴;C～D 显示雄性生殖腺的发育;E～F 显示雌性生殖腺的发育。A. 4 周胚胎的生殖嵴;B. 6 周胚胎,原生殖细胞已经进入生殖嵴。此时的生殖腺属于未分化生殖腺;C. 8 周胚胎,睾丸索与皮质脱离,在髓质继续发育。同时,睾丸网在髓质形成;D. 16 周胚胎,睾丸索、睾丸网通过由中肾小管变成的输出管与中肾管(输精管)相连。睾丸索将形成生精小管,原生殖细胞将形成精原细胞;E. 8 周胚胎,未分化生殖腺的髓质退化,皮质发育,原生殖细胞进入皮质;F. 20 周胚胎,生殖嵴上皮细胞形成的滤泡细胞包围着原生殖细胞,形成滤泡。原生殖细胞将形成卵原细胞。

网状小管靠近中肾管，称为睾丸网(rete testis)。以后，一层很厚的称为白膜(tunica albuginea)的胞外基质将睾丸索和睾丸网包裹起来。

睾丸索中的支持细胞分泌抗穆勒氏管因子(anti Mullerian factor，AMF)，抑制穆勒氏管的发育。同时，从中肾迁移进入未分化生殖腺的一些间充质细胞发育成为间质细胞。间质细胞能够合成并分泌睾丸酮(一种雄性激素)。以后，睾丸索中央出现了空腔，这样，实心的睾丸索就形成了生精小管。原生殖细胞在生精小管中分化成为精原细胞。同时，由中肾小管分化成的输出管将生精小管、睾丸网和中肾管连接起来。在睾丸酮的作用下，中肾管发育成为附睾和输精管(图 12.21C、D)。

2. 雌性生殖腺的发生

如果胚胎的性染色体是 XX，未分化生殖腺的髓质将退化，皮质将发育。原生殖细胞进入皮质，皮质的上皮细胞分化成为滤泡细胞，并将原生殖细胞包裹起来，形成滤泡。其中的原生殖细胞将分化成为卵原细胞。同时，从中肾迁移来的间充质细胞将分化成为滤泡膜细胞，包围在滤泡的外方。每一个滤泡中仅有一个卵原细胞，滤泡能够分泌雌性激素。

在雌性生殖腺发生的过程中，由于没有支持细胞产生，所以没有形成抗穆勒氏管因子。因此，穆勒氏管不会退化，并将发育成为输卵管、子宫、子宫颈和阴道的上段。同时，由于没有睾丸酮的产生，中肾管将退化(图 12.21E、F)。

(三) 生殖腺分化的机制

有关哺乳动物生殖腺分化的机制至今尚未完全明了，这里仅作大致的阐述。生殖腺的分化从生殖嵴阶段就已经开始。生殖嵴细胞表达 WT1、Sox9、Wnt4、Lhx9、Fgf9、GATA4 和 Sf1 等蛋白质。要是编码这些蛋白质的基因突变，生殖腺的分化将出现异常。

1. 卵巢分化的机制

如果胚胎的性染色体中没有 Y 染色体，上述生殖嵴细胞表达的蛋白质将促进 Wnt4 的表达，同时也促进蛋白质 Rspo1 的表达。Wnt4 产生 Wnt 信号转导路径，激活 Disheveled，进而释放细胞质中的β联蛋白。β联蛋白进入细胞核，激活参与雌性生殖腺分化的基因，还能进一步促进 Wnt4 和 Rspo1 的表达，而且，能够阻止 Sox9 的产生。Sox9 是雄性生殖腺分化的关键蛋白。如果性染色体为 XX 的小鼠 *Wnt4* 突变，卵巢就不能形成，生殖嵴的细胞转而表达睾丸特异的蛋白质，如 Sox9、抗穆勒氏管因子(AMF)和睾丸酮产生所需的酶等。由此可见，Wnt4 是卵巢形成的一个重要因子。

Rspo1 也是卵巢形成的一个重要蛋白质，它结合于质膜上的受体，进一步激活 Disheveled，促使细胞质中释放更多的β联蛋白，从而使得 Wnt 信号转导路径更加有效。如果人的 *RSPO1* 突变，女人将转变成为男人。相反，性染色体为 XY 的人，如果 *Rspo1* 和 *Wnt4* 两个基因表达过量，将使得β联蛋白大增，这样也将促使性反转，由男性转变成为女性。同样，要是促使 XY 小鼠过量表达β联蛋白，未分化生殖腺也将形成卵巢，而非精巢。因此，β联蛋白成为形成卵巢的一个信号。

β联蛋白进入细胞核，激活卵巢形成的相关基因。其中一个是转录因子 TAFⅡ105。TAFⅡ105 是一个协助 RNA 聚合酶结合于 TATA 盒的蛋白质，只出现在滤泡细胞中。雌性小鼠要是缺少此转录因子，将形成很小的卵巢，其中仅有少量滤泡。β联蛋白激活的另一个基因是 *FoxL2*。如果 XX 小鼠的 *FoxL2* 突变，未分化生殖腺将形成精巢结构，并且上调 Sox9 的表达，产生睾丸酮。β联蛋白还激活雌激素受体基因。雌激素受体也是一个转录因子，发育中的卵巢上调该基因的表达。

2. 精巢分化的机制

如果人胚胎的性染色体中有 Y 染色体，生殖嵴细胞表达的 WT1、Sox9、Wnt4、Lhx9、Fgf9、GATA4 和 Sf1 等蛋白质就激活 Y 染色体上的 *SRY*(sex-determining region of the Y chromosome)基因。*SRY* 基因位于 Y 染色体的短臂上，它在未分化生殖腺即将开始分化时表达。在 XY 小鼠的未分化生殖腺中，*Sry* 也在即将开始分化的体细胞表达，随后，该基因的表达就停止。如果将一段含有 *Sry* 的 DNA 序列(14 000 个碱基对)注射到刚受精的 XX 小鼠受精卵的原核中，该小鼠将形成精巢和雄性附属生殖器官。因此，有理由相信，*SRY*/*Sry* 是睾丸形成的一个主要基因。

SRY 表达的时间短暂，可能仅有几个小时。在此时间内，转录因子 Sry 蛋白合成。Sry 结合于另一个基因 *SOX9* 的启动子上，进一步促进这个睾丸形成关键基因的表达。*SOX9* 位于常染色体上，参与一些器官的发育过程(如骨的形成过程)。而在生殖腺的分化中，它促进睾丸的形成。性染色体是 XX 的人，要是 *SOX9* 多了一个，将发育成为男人，尽管没有 Y 染色体存在。同样，要是将 *Sox9* 转入 XX 小鼠的受精卵，该小鼠也将产生睾丸，而不是卵巢。相反，剔除 XY 小鼠的 *Sox9*，将引起该小鼠性反转成为雌性。由此观之，在精巢的形成过程中，*Sox9* 可以取代 *Sry* 发挥作用。事实上，在脊椎动物中，*Sox9* 是决定雄性的中心基因。在哺乳动物中，它被 Sry 蛋白激活。在鱼类、蛙和鸟类中，它被 Dmrt1 蛋白激活。而在那些性别决定受温度影响(温度依赖性决定，temperature-dependent sex determination)的动物中，它的表达受温度的控制。在某些类群中，高温激活该基因，促进精巢的发育；而在另一些类群中，低温激活了该基因，引起精巢的形成。

Sox9 有多种作用：其一，它激活自身基因的表达，因此，*Sox9* 可以在较长的时间内表达；其二，它可能通过抑制 β 联蛋白的作用来抑制 *FoxL2* 的表达，从而阻止未分化生殖腺向雌性分化；第三，它激活多个与精巢形成有关的基因；第四，它结合于 AMF 基因的启动子上，激活该基因，促进雄性性征的出现；第五，它促进 *Fgf9* 的表达。

旁分泌因子 Fgf9 在精巢的形成中有几个方面的作用。首先，它能维持 *Sox9* 的表达。其次，它能够促进支持细胞前体细胞的分裂增殖，引起它们的分化。第三，它能够吸引附近生中肾间充质中的内皮细胞进入生殖腺，形成精巢的动脉，并能够促进睾丸索的形成。如果 XY 小鼠的 *Fgf9* 被剔除，将发育成为雌性小鼠。

此外，与雄性生殖腺发育有关的基因还有 *Sf1*。该基因的蛋白质产物是转录因子类固醇生成因子 1(steroidogenic factor 1，Sf1)。*Sf1* 的表达对于未分化生殖腺的形成是重要的，但是，随后在 XX 小鼠的生殖腺中，它的表达下降；而在 XY 小鼠的生殖腺中，它的表达上调。据认为，Sry 能够维持 *Sf1* 的表达。*Sf1* 主要在支持细胞和间质细胞中表达。在支持细胞中，Sf1 和 Sry 一起激活 *Sox9*，并上调 AMF 的表达。在间质细胞中，Sf1 激活与睾丸酮合成有关的酶的基因。

二、心脏的发生

心脏从脏壁中胚层产生，是胚胎中最早行使功能的器官。在心脏还没有完全形成之前，它就开始发挥作用。低等脊椎动物的心脏较为简单，高等脊椎动物(羊膜动物)的心脏较为复杂。以下先叙述两栖类的心脏发生，再叙述羊膜动物的心脏发生，最后阐述心脏发生的机制。

（一）两栖类的心脏发生

在两栖类的原肠胚形成过程中，介于外胚层和内胚层之间的中胚层向腹面扩展。在神经胚阶段，在将来咽部的下方，左右侧板中胚层在腹面相遇之前，从脏壁中胚层中分离出一些细胞，这些间充质细胞是心内膜(endocardium)的原基。这些细胞从左右两侧向腹部中线相互靠近，经过分裂增殖，在咽部下方形成实心细胞索(图 12.22A、B)。该细胞索后来中空，成为心内膜管(endocardial tube)(图 12.22C)。心内膜管将形成心脏的内层即心内膜，其中的空腔就是心腔。心内膜管的前后两端各自分叉，前端的分叉形成腹主动脉，后端的分叉与卵黄静脉相连。卵黄静脉是最早与心脏相连的静脉，此时的卵黄静脉和心内膜管一样，都是由单层扁平的上皮细胞(又称内皮细胞)围成的。

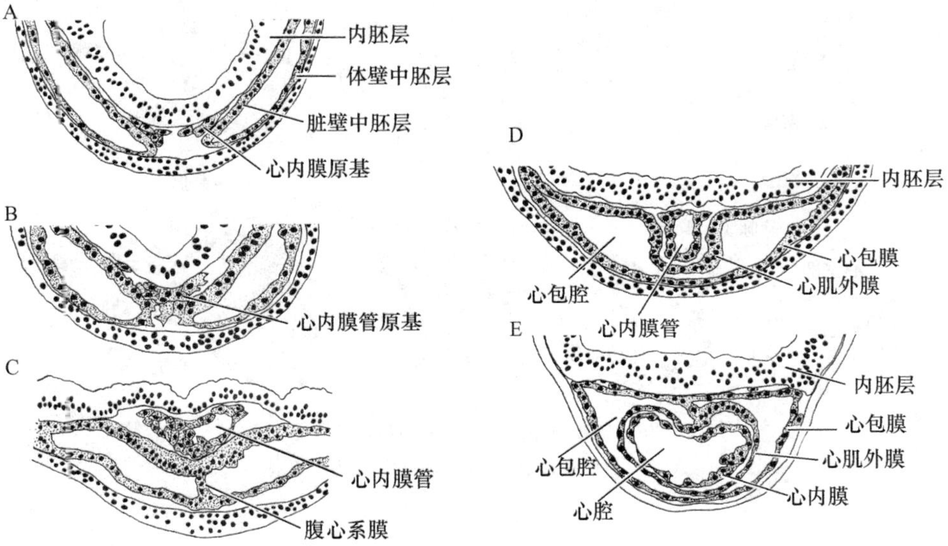

图 12.22　两栖类心脏的发生(自 Balinsky,1975)

本图为过胚胎咽部的横切面，显示心脏的形成过程。A. 从脏壁中胚层分离出间充质细胞，这些细胞从左右两侧向腹部中线靠近；B. 间充质细胞相遇，并分裂增殖，在咽部下方形成实心细胞索，即心内膜管的原基；C. 实心的细胞索中空，成为心内膜管。同时，左右侧板中胚层在心内膜管下方相遇并融合，形成腹心系膜；D. 脏壁中胚层往背方升起，逐渐包住心内膜管；E. 脏壁中胚层在心内膜管上方相遇并融合，形成背心系膜。包着心内膜管的脏壁中胚层成为心肌外膜。

在左右脏壁中胚层分离出心内膜原基的同时，脏壁中胚层变厚。接着，左右侧板中胚层在心内膜管下方相遇并融合(图 12.22C)。融合处将形成腹心系膜(ventral mesocardium)。接着，加厚的脏壁中胚层往背方升起，逐渐包住心内膜管，最终在心内膜管上方相遇并融合(图 12.22D、E)，融合处将形成背心系膜(dorsal mesocardium)。腹心系膜存在的时间较短，很快被分解，而背心系膜存在的时间较长。由于腹心系膜的消失，左右体腔就融合成为一个共同的腔，并扩大成为心包腔(pericardial cavity)。心包腔原先与其后方的体腔相通，后来由于肝脏形成并不断扩大，堵住了心包腔与后方体腔之间的通路，这样，心包腔就成为一个独立的腔。以后，心包腔和后方的体腔之间出现了一个横隔膜。包着心内膜管的是脏壁中胚层的加厚区域，它成为心肌外膜(epimyocardium)。心肌外膜将分化成两层：里面一层是心肌膜(myocardium)；外面一层是心外膜(epicardium)。心肌膜位于心内膜之外,是厚厚的心肌分布的地方;心外膜位于心肌膜的外方,是心脏的被膜。体壁中胚层包围着心包腔,成为心包膜(pericardium)。

蛙胚发育到5mm时,管状的心脏开始弯曲、打环(loop)。管的中央部分膨大,向右并向腹侧弯曲,这部分成为心室部。心室部的前方分化为动脉干,后方为窦房部。接着,动脉干的后端成为动脉球,动脉球与心室相连。窦房部的前端膨大成为心房,后端成为静脉窦。心房和心室之间有一收缩,使两者分开。到7mm时,心脏进一步扭曲,心房扭到心室的背方。心房内部产生一纵隔,将心房一分为二,成为左右两部分。到8~10mm时,左右心房完全隔开,静脉窦通入右心房。在蝌蚪变态时,动脉球改称为动脉圆锥,其内部产生一螺旋瓣。从心室出来的血液分别流向肺皮动脉和体动脉。至此,心脏完全形成(图12.23)。

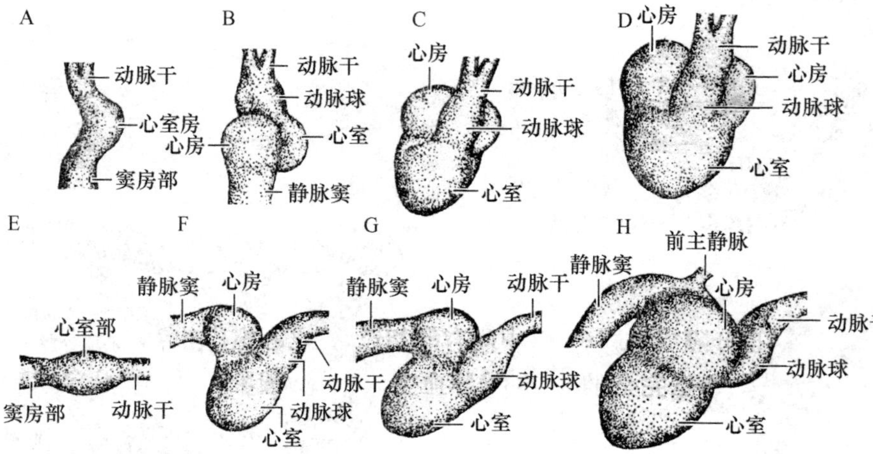

图12.23　蛙心脏的形态变化(自曲漱惠等,1980)
A、B为背面观;C、D为腹面观;E~H为右面观。

(二)鸡胚的心脏发生

羊膜动物的心脏发生大致相同,这里仅叙述鸡胚的心脏发生。鸡胚的心脏形成始于孵化25h胚胎的前肠门下方(有关前肠门结构,详见第十三章)。该处的左右脏壁中胚层出现了明显的加厚,并随着前肠的形成逐渐相互靠拢,该处将形成心肌外膜。在心肌外膜和前肠门边缘之间,出现了一些间充质细胞。这些细胞是从脏壁中胚层上脱落下来的,是心内膜原基(图12.24A)。这些间充质细胞从左右两侧向腹部中线运动。

在孵化26h的胚胎中,前肠门两侧的心内膜原基各自围成了一条管,称为心内膜管。心内膜管是由单层上皮细胞(即内皮细胞,endothelial cell)构成的。心内膜管将分化成为心脏的心内膜。左右心内膜管外侧加厚的脏壁中胚层逐渐围绕着心内膜管,成为心肌外膜原基。和蛙的心脏形成的情形相似,鸡胚的心肌外膜也将分化成为心肌膜和心外膜(图12.24B)。

在孵化27h的鸡胚中,前肠门两侧相互靠拢并愈合,前肠逐渐向后延长。与此同时,左右心内膜管也随着延长,并在新形成的前肠下方相互靠近。左右心肌外膜原基继续包围心内膜管(图12.24C)。到孵化28h的时候,左右心内膜管相互贴在一起(图12.24D)。在孵化29h的时候,贴在一起的左右心内膜管相互融合,成为一条心内膜管(图12.24E)。与此同时,左右心肌外膜原基在心内膜管下方相遇并融合,形成腹心系膜。和蛙的情形相似,腹心系膜也很快消失,左右

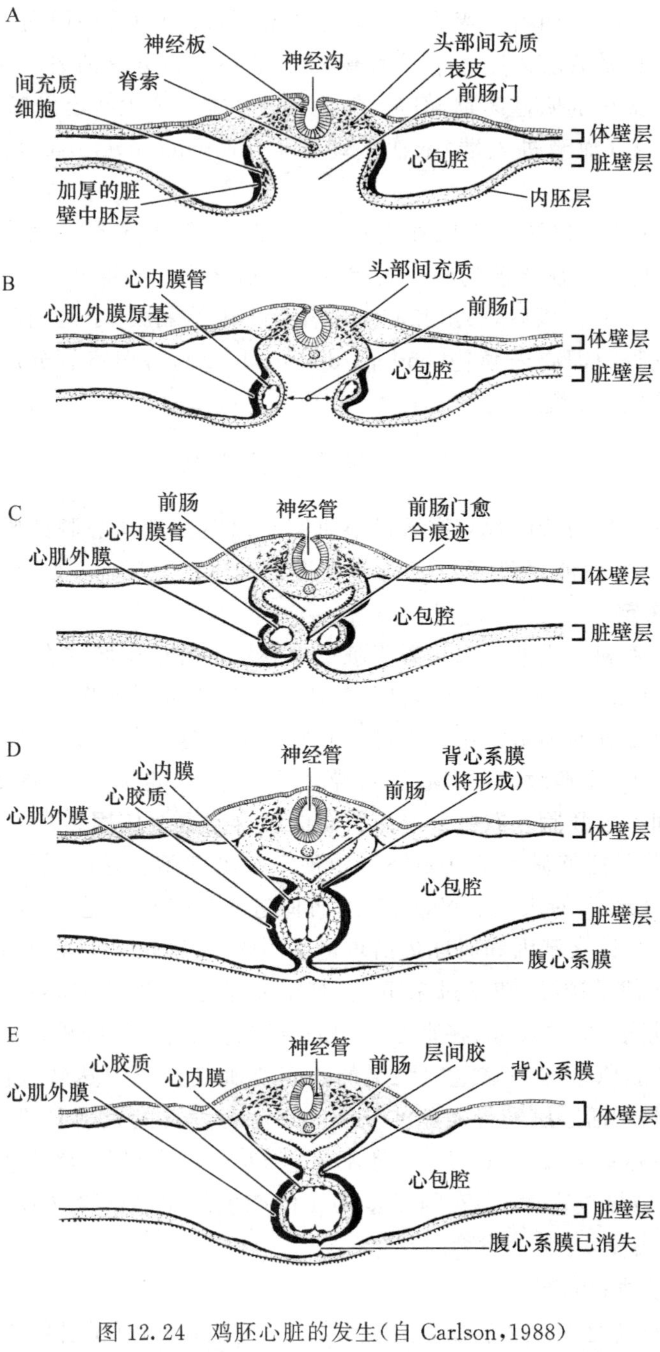

图 12.24　鸡胚心脏的发生(自 Carlson,1988)

鸡胚心脏发育的横切面。A. 孵化 25h,从左右脏壁中胚层脱落下来的间充质细胞位于加厚的脏壁中胚层(心肌外膜)内侧,它们是心内膜原基;B. 孵化 26h,左右心内膜管形成;C. 孵化 27h,左右心肌外膜逐渐包围心内膜管;D. 孵化 28h,左右心内膜管相互靠近并贴在一起;E. 孵化 29h,左右心内膜管融合,成为一条心内膜管。左右心肌外膜在心内膜管的上下方愈合,形成腹心系膜和背心系膜。

心包腔相通。然后,左右心肌外膜原基在心内膜管的上方也相遇并融合,形成背心系膜。这样心内膜管就完全被心肌外膜包围。

愈合以后的心内膜管位于前肠下方,后者的上方是菱脑。和蛙胚的情形相似,心内膜管的前端分叉,形成两条腹主动脉。心内膜管的后端也分叉,分别与左右卵黄静脉相通。到孵化 33h

时，心内膜管的中段膨胀，并向右侧弯曲。到孵化35h时，心内膜管中段向右弯曲更加明显，以至于突出到胚体之外。伴随着心内膜管中段的弯曲，背心系膜也分解消失。此时，虽然从心内膜管的外形看不出心脏各部分的明显区别，但是，各部分的基本位置大致已经确定。从心内膜管的前端（血液离开端）到后端（血液进入端）依次是动脉干（truncus arteriosus）、心室、心房和静脉窦（sinus venosus）。

心内膜管（连同其外方包被的心肌外膜）继续弯曲，近似于S形。然后，S形的心内膜管弯曲、打环（loop），原先位于心房之前的心室变成位于心房之后。心房和心室之间的通道称为房室管（atrioventricular canal）。以后，心房和心室中各自出现了隔膜，于是，有了左右心房和左右心室。房室管中也出现隔膜即心内膜垫（endocardial cushion），将房室管分成左右两部分。这样，一侧的心房只能和同侧的心室相通。

（三）心脏发生的机制

在心脏发生的各个不同阶段都存在着调节机制。以下分别从心脏细胞的决定、心内膜原基的移动，以及心内膜管的弯曲、打环（loop）等方面进行阐述。

1. 心脏细胞的决定

构成心脏的心内膜和心肌外膜都起源于脏壁中胚层。脏壁中胚层在从原条进入胚胎内部之前（也就是还位于上胚层时），其部分细胞已经被决定成为心脏的细胞。在鸡胚和小鼠胚胎中，脏壁中胚层中预定形成心脏的细胞将从原沟进入胚胎内部。这些位于原条两侧的细胞都表达转录因子GATA4。GATA4能够激活许多心脏特异表达的基因，也激活N钙黏着蛋白基因。N钙黏着蛋白对于鸡胚和小鼠胚胎左右两条心内膜管的融合起重要作用。

BMP信号转导路径能够激活脏壁中胚层中预定心脏细胞表达转录因子Nkx2-5，转录因子GATA4也能诱导Nkx2-5的表达。Nkx2-5进而促进这些细胞表达许多与心脏形成有关的基因，如肌动蛋白基因、心钠素基因和肌球蛋白重链基因等。Nkx2-5也是某些基因表达的抑制物。例如，它虽然由BMP信号诱导，却反过来下调BMP的表达。当预定心室细胞的*Nkx2-5*被剔除后，这些细胞将大量表达BMP10，将来心室中的空腔将堆满心肌纤维。

在鸡胚和小鼠胚胎原条两侧脏壁中胚层的预定心脏细胞还表达转录因子Tbx5。Tbx5和GATA4、Nkx2-5一起激活心脏特异表达的基因。在心脏发育的较后阶段，*Tbx5*的表达局限于左心房和左心室。在心室区域，表达*Tbx5*和不表达*Tbx5*的交界处，将产生两心室之间的隔膜。如果*Tbx5*在心室区域异位表达，心室隔膜也将异位产生。如果剔除*Tbx5*，心室隔膜将不会产生。如果人的*Tbx5*突变，心脏的发育将异常。

2. 心内膜原基移动的调节

无论是两栖类、鸡还是哺乳类胚胎，心内膜原基从左右脏壁中胚层分离出来之后，都要向腹部中线方向移动。在两栖类中，这些来自左右脏壁中胚层的细胞在成为咽的前肠下方相遇，形成了一条细胞索。在鸡胚中，来自左右脏壁中胚层的细胞先各自形成心内膜管，之后，左右心内膜管也在前肠的下方向腹部中线移动，并相互靠近，融合成为一条心内膜管。心内膜原基向腹部中线移动与其上方的内胚层有关。现在的研究表明，内胚层能够诱导心内膜原基向腹部中线移动。

在小鼠的前肠腹部，内胚层细胞表达*Foxp4*。该基因编码的是一个转录因子。在心内膜原基移动的路线上，内胚层细胞都在表达*Foxp4*。要是该基因突变，心内膜原基就停止移动，左右两条心内膜管将各自独立形成一个心脏。这样，鸡胚将有两个心脏。这种双心畸形（cardia bifida）也可出现在斑马鱼的胚胎中。控制斑马鱼心内膜原基向腹部中线运动的基因是*miles* *apart*。该基因也在左右心内膜原基上方的内胚层中表达。要是该基因突变，心内膜原基停止向腹部中线运动，也将形成左右两个心脏。

心内膜管形成后，从前端到后端依次是动脉干、心室、心房和静脉窦。心内膜管的这种分化和视黄酸有关。视黄酸由背中胚层分泌，从胚胎的前端向后端逐渐增加。在心内膜管区域，视黄酸的浓度也存在着从前向后逐渐增加的梯度。较高浓度的视黄酸诱导心内膜管的后半部形成心房和静脉窦。而在视黄酸浓度较低的前半部，心房和静脉窦不能形成，但是能形成动脉干和心室。如果将心内膜管切下，旋转 180°后放置原处，原先的前端将分化成为心房和静脉窦，原先的后端将分化成为动脉干和心室。

预定心内膜原基下调 N 钙黏着蛋白，促使其从脏壁中胚层分离出来，成为间充质细胞类型。心内膜原基分离出去之后，左右脏壁中胚层中预定心肌外膜细胞将表达 N 钙黏着蛋白。由于 N 钙黏着蛋白的产生，预定心肌外膜从左右两侧包围心内膜管时，才会在心内膜管的下方和上方分别融合成为腹心系膜和背心系膜。

3. 心内膜管跳动和弯曲的调节

在鸡胚和小鼠胚胎中，当左右两条心内膜管开始融合时，就已经会跳动，行使其功能。心内膜管的跳动和心肌外膜的收缩有关。在这些细胞的质膜上有钠钙交换泵的存在，该泵能够促使细胞收缩。如果抑制该泵的作用，管状心脏将不会跳动。在这之后，管状心脏的跳动与静脉窦的收缩节律有关。

管状心脏经过弯曲、打环，改变了心房和心室的相对位置。弯曲、打环的产生与转录因子 Nkx2-5 有关。Nkx2-5 调节转录因子 Hand1 和 Hand2 的表达。在早期管状心脏阶段，这两种蛋白质都表达。但是，当管状心脏开始弯曲、打环时，Hand1 的表达局限于左心室，Hand2 的表达局限于右心室。

管状心脏的弯曲、打环还和胞外基质蛋白及细胞骨架有关。首先，在胞外基质中产生一种类似于肌球蛋白的蛋白质 Flectin。该蛋白质能够改变管状心脏不同位置的张力。管状心脏不同位置出现不同的张力有助于弯曲和打环。其次，转录因子 Nkx2-5 能够激活“心基因”(*Xin* 基因，“Xin”是“心”字的汉语拼音)。该基因产物“心蛋白”能够结合在肌动蛋白微丝上，调节微丝的收缩以促进管状心脏的弯曲和打环。第三，金属蛋白酶，特别是金属蛋白酶 2(MMP2)，也对细胞骨架进行调节，促进管状心脏的弯曲、打环。如果用 MMP2 的抗体或抑制它的药物处理管状心脏，就不会产生弯曲和打环。

心脏左右侧的生长和分化至今尚不清楚，可能与心脏不同位置表达的基因有关。例如，*Tbx5* 只在左心房和左心室表达，*Wnt11* 仅在右心房和右心室表达。而这些基因在特定区域的表达又受到许多调节因子如 Tbx2 和 Tbx20 等的控制。

三、血管的发生

血管发生和心脏发生是两个独立的事件。血管并不是从管状心脏前后端的分叉发展而来，而是在心脏以外的地方形成，然后再与心脏相连，共同构成一个完整的循环系统。血管发生大致可以分为两个阶段：初级血管发生(vasculogenesis)和次级血管发生(angiogenesis)。在初级血管发生阶段，从脏壁中胚层中产生初级毛细血管丛(primary capillary plexus)；在次级血管发生阶段，初级毛细血管丛被改造，形成毛细血管、动脉和静脉。

(一) 初级血管发生

无羊膜动物和羊膜动物的初级血管发生有些差异。斑马鱼胚胎腹部的脏壁中胚层产生成血成血管细胞(hemangioblast)。这是血细胞和血管内皮细胞的共同祖先,能分化出造血干细胞和成血管细胞(angioblast)。成血成血管细胞的形成和 *Cdx4* 基因的表达有关。只有表达 *Cdx4* 的脏壁中胚层细胞才能形成成血成血管细胞。成血成血管细胞是分化成为血细胞还是内皮细胞受 Notch 信号转导路径的调节。Notch 信号能够促使成血成血管细胞转变成为造血干细胞,而较弱的 Notch 信号则促使成血成血管细胞转变成为内皮细胞。内皮细胞围成毛细血管,再相互连接,形成初级毛细血管丛。在非洲爪蟾胚胎,腹部的脏壁中胚层会产生血岛(blood island),血岛细胞分化成造血干细胞和成血管细胞,然后分别形成血细胞和血管。

在羊膜动物中,情况有所不同,成血成血管细胞的起源至今还有争议。初级毛细血管丛的发生至少有两种方式:第一种是胚外初级血管发生(extraembryonic vasculogenesis),第二种是胚内初级血管发生(intraembryonic vasculogenesis)。在胚外初级血管发生过程中,起源于胚外脏壁中胚层的成血成血管细胞先聚集成为血岛,血岛在鸡胚的暗区形成,或在人胚的卵黄囊上形成(图 12.25)。位于这一细胞团内方的细胞将分化成为造血干细胞,位于这一细胞团外方的细胞将分化成为成血管细胞。成血管细胞经过分裂增殖,成为内皮细胞,内皮细胞再围成血管。从不同血岛产生的血管相互连接,成为初级毛细血管丛。胚内初级血管发生主要是器官中血管发生的方式,与血岛无关。脏壁中胚层起源的成血管细胞先是包围着各个器官原基,在器官分化的同时,这些成血管细胞也分化成为内皮细胞,内皮细胞再形成血管。胚内初级血管发生受各器官发出的旁分泌因子的诱导,因此,不同的器官形成的血管有其特异性。例如,肾脏的毛细血管是一种多孔的类型,具有滤过作用,便于原尿的形成。脾脏的毛细血管,其内皮细胞呈长杆状,排列稀疏,便于血细胞通过。

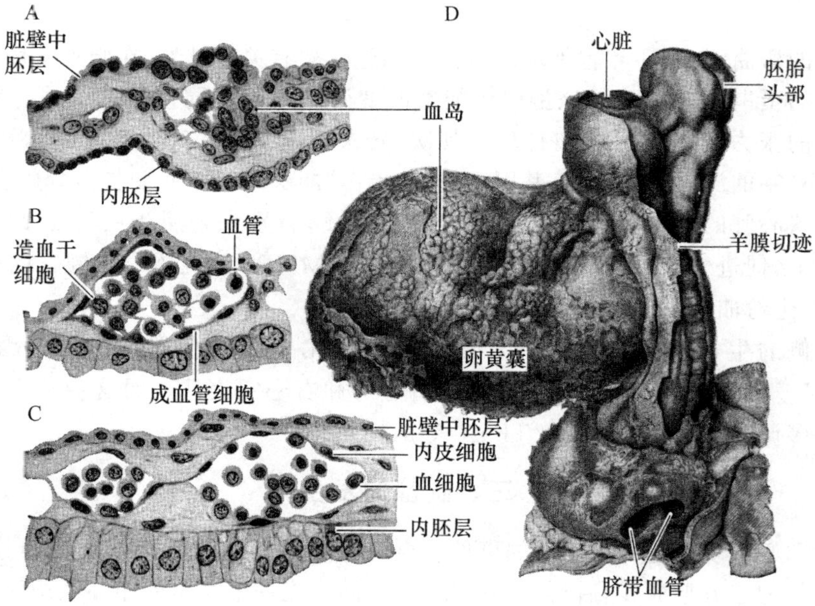

图 12.25　4 周人胚的初级血管发生(自 Carlson,1988)

A. 脏壁中胚层和内胚层之间出现了血岛;B. 血岛外方的细胞分化成为成血管细胞,内部的细胞分化成为造血干细胞;C. 毛细血管已经形成;D. 羊膜被切除,显示胚胎外形。胚胎腹部的卵黄囊上有大量的血岛。

某些动物的胚内初级血管发生较为特殊。例如,斑马鱼的毛细血管可以通过内皮细胞内囊泡与质膜融合的方式形成。聚集在一起的内皮细胞通过胞吞作用(endocytosis)在细胞内形成了许多小囊泡,这些小囊泡中含有液体。小囊泡相互愈合,成为大囊泡。这些大囊泡在相邻细胞结合处与各自的质膜融合,这样,在这个细胞聚集团中间出现了一个腔,这个腔就成为毛细血管的管腔(图 12.26A)。胚内初级血管发生还可以这样形成:长杆状的内皮细胞中较小的囊泡先相互融合,成为一个居于中央的大囊泡。然后,这个长形囊泡的两端分别和细胞两端的质膜融合,以胞吐作用(exocytosis)排出囊泡中的液体。这样,细胞中就出现了管腔,包围这个管腔的仅有一个内皮细胞。然后,相同结构的内皮细胞相互连接起来,形成了毛细血管(图 12.26B)。这种形成毛细血管的方式也见于人胚胎脐静脉的形成。

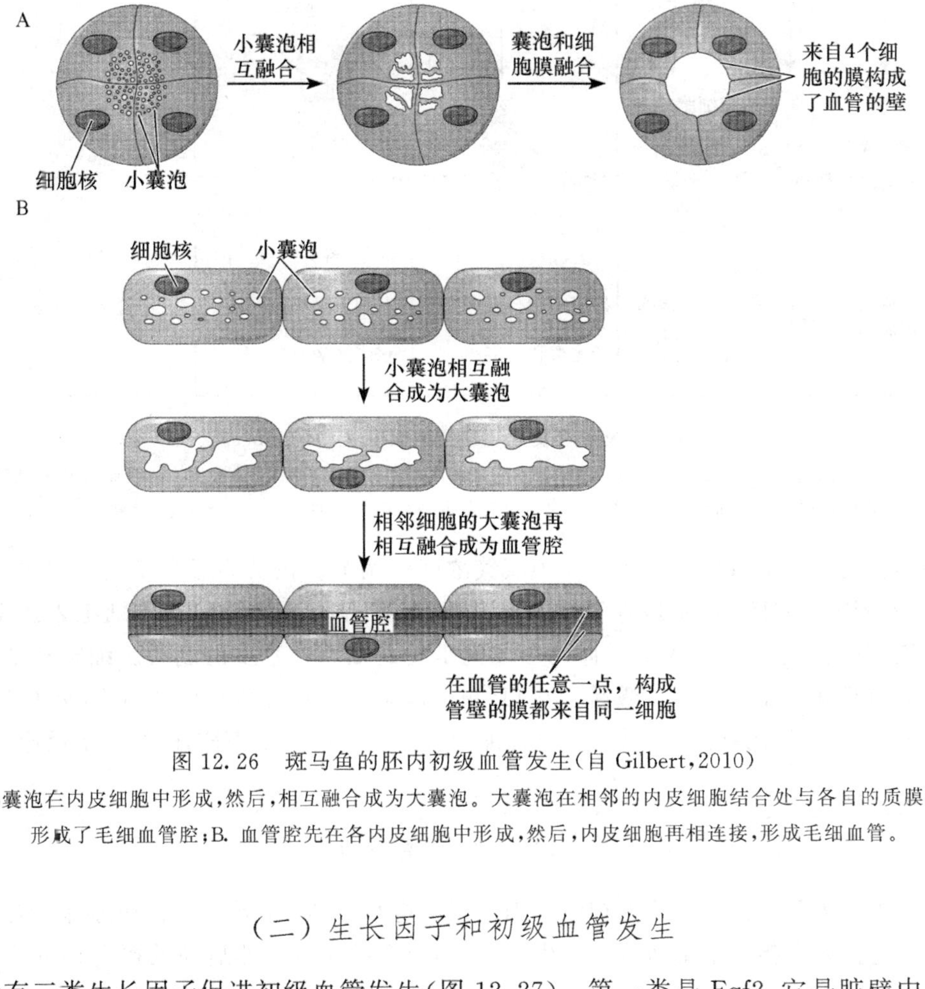

图 12.26　斑马鱼的胚内初级血管发生(自 Gilbert,2010)

A. 小囊泡在内皮细胞中形成,然后,相互融合成为大囊泡。大囊泡在相邻的内皮细胞结合处与各自的质膜融合,形成了毛细血管腔;B. 血管腔先在各内皮细胞中形成,然后,内皮细胞再相连接,形成毛细血管。

(二) 生长因子和初级血管发生

至少有三类生长因子促进初级血管发生(图 12.27)。第一类是 Fgf2,它是脏壁中胚层产生成血成血管细胞所必需的。如果将鹌鹑胚盘的细胞分散后进行培养,这些细胞不会形成血岛和内皮细胞。但是,如果在培养液中添加 Fgf2,血岛就会产生,并形成内皮细胞。第二类是血管内皮生长因子(vascular endothelial growth factor,VEGF)。VEGF 含有多个成员,能够促进成血管细胞的分裂增殖,并分化成为内皮细胞。VEGF 中最重要的一员是 VEGF-A,由血岛附近的间充质细胞分泌,成血成血管细胞和成血管细胞的质膜上都有它的受体。如果小鼠胚胎缺少 VEGF-A 的基因或者它的主要受体 Flk1(一种受体酪氨酸激酶)的基因,卵黄囊上就不会产生血岛,初级血管发生也不会开始。第三类是血管生成素(angiopoietin)。血管生成素能够调节内皮细胞和周细胞(pericyte)的相互作用。周细胞是被内皮细胞吸引到血管周围的,是一种扁平而且有突起的细胞，包围于新形成的血管外周。周细胞和内皮细胞的相互作用有助于血管外面平滑肌纤维的产生。如果血管生成素的基因或者受体 Tie2 的基因突变，血管结构将出现畸形，而且没有平滑肌包围血管外方。

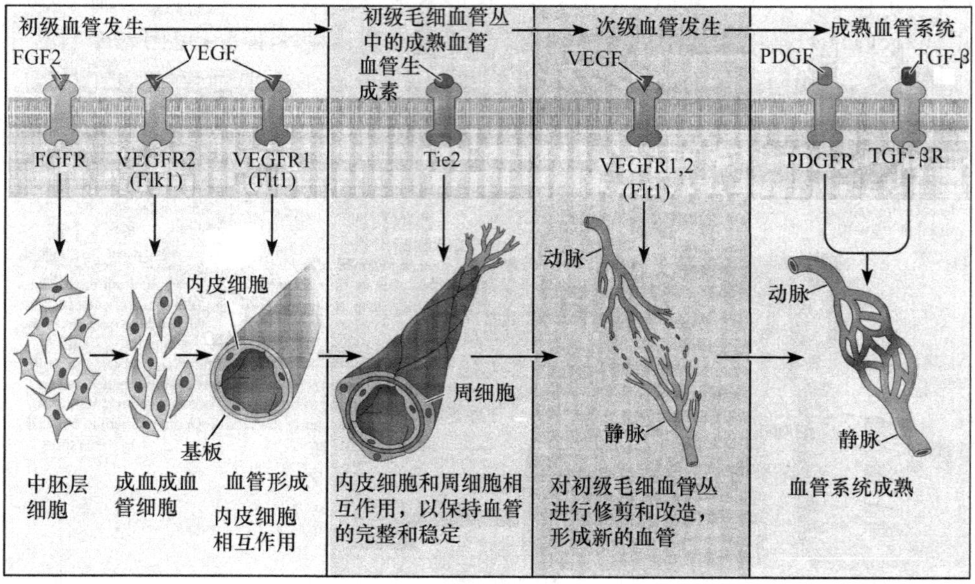

图 12.27 初级血管发生和次级血管发生(自 Gilbert,2010)

本图上半部显示参与血管发生的主要旁分泌因子和其受体。初级血管发生仅显示胚外初级血管发生，包括血岛的形成和初级毛细血管丛的形成。次级血管发生是对初级毛细血管丛进行改造，形成新的血管。

某些器官的初级血管发生受到组织中氧气浓度的调节。在某些器官发生过程中，只有在低氧状态下转录因子 HIF-1α 才是有活性的。有活性的 HIF-1α 激活间充质细胞表达 *VEGF-A*。而成血管细胞质膜上 VEGF-A 的受体的形成则是受到细胞外基质的刺激。细胞外基质会对成血管细胞的质膜施加压力，这样，激活了 GTP 酶。该酶进而激活某些转录因子(如 GATA2)，后者激活 VEGF-A 受体的基因。这样，成血管细胞就能对生长因子 VEGF-A 作出反应，分化成为内皮细胞。

(三) 次级血管发生

次级血管发生是对已经形成的初级毛细血管丛进行改造，并形成动脉和静脉。对原有毛细血管丛的改造主要是指在毛细血管上产生分支，形成新的血管。然后新的血管再分化成为动脉和静脉。

1. 毛细血管的分支

毛细血管的分支也受到 VEGF-A 的调节。许多器官都会分泌 VEGF-A，吸引器官中毛细血管内皮细胞形成一个突起，即形成一个芽突(这有点像生后肾间充质细胞分泌 GDNF 诱导输尿管芽的产生)。此芽突上的内皮细胞经过分裂增殖，逐渐伸长，形成新的毛细血管。分布在此芽突上的内皮细胞称为顶端细胞(tip cell)，和其他的内皮细胞有所差异。顶端细胞表达 Notch 的配体 Delta-like-4(Dll4)，附近内皮细胞的质膜上有 Dll4 的受体 Notch。Dll4 结合于 Notch 上，阻止邻近内皮细胞继续对 VEGF-A 的诱导作出反应。这样，保证一个芽突附近不会再出现其他的芽突。如果顶端细胞下调表达 Dll4，那么，它附近将产生大量的芽突。

芽突上顶端细胞的分裂增殖依然受到 VEGF-A 的调节。顶端细胞伸出伪足，上面分布着大量 VEGF-A 的受体 VEGFR2 和 VEGFR3。它们促使顶端细胞的伪足沿着 VEGF-A 的浓度梯度伸长，同时，顶端细胞分裂增殖，芽突伸长。这样，毛细血管的分支伸长，产生了新的血管。在此过程中，脑信号蛋白、导蛋白(netrin)、神经毡蛋白(neuropilin)和脱落蛋白(split protein)等都参与调节。肾脏中的血管就是受到 VEGF-A 的诱导后形成的。发育中的肾单位会分泌 VEGF，VEGF 诱导附近的背主动脉分支。从背主动脉分支出来的血管进入发育中的肾单位，形成肾小囊中的毛细血管球以及缠绕在肾小管外方的毛细血管网。

2. 动脉和静脉的分化

动脉和静脉的形态结构差异很大，动脉的管壁很厚，其中含有大量环行排列的平滑肌和弹性纤维，使得动脉具有很好的收缩能力。而静脉的管壁较薄，环行平滑肌和弹性纤维很少，内壁上具有静脉瓣。

对小鼠的研究表明，构成初级毛细血管丛的内皮细胞已经出现了差异，即具有两种不同的类型。一种类型的内皮细胞表达肝配蛋白 B2(ephrin B2)，该蛋白质位于质膜上。另一类内皮细胞表达肝配蛋白 B2 的受体 Eph B4，Eph B4 也位于质膜上。质膜含有肝配蛋白 B2 的内皮细胞是预定形成动脉的内皮细胞，反之，含有 Eph B4 的是预定形成静脉的内皮细胞。因此，初级毛细血管丛中的血管就有预定形成动脉的毛细血管和预定形成静脉的毛细血管。在次级血管发生中，预定形成动脉的毛细血管末端和预定形成静脉的毛细血管末端靠肝配蛋白 B2 和受体 Eph B4 的相互作月，融合成为连续的毛细血管。此外，在毛细血管的非末端区域，肝配蛋白 B2 和受体 Eph B4 的相互作用阻止不同类型的毛细血管相互融合，仅允许同类型的毛细血管相互融合，形成更大的血管，即形成动脉或静脉。

对斑马鱼的研究表明，在胚胎发育的早期，一个成血管细胞经过分裂增殖，其后代只能形成动脉或者静脉，不能既形成动脉又形成静脉。也就是说，在发育早期，成血管细胞就已经有了两种类型：一种类型是预定动脉内皮细胞，另一种类型是预定静脉内皮细胞。然后，这些不同类型的内皮细胞再分化成为动脉和静脉。成血管细胞的分化依赖于 Notch 信号转导路径。如果抑制 Notch 信号转导路径，成血管细胞将不能分化成为能产生肝配蛋白 B2 的内皮细胞，只能形成产生受体 Eph B4 的内皮细胞，即不能形成动脉，只能形成静脉。反之，激活 Notch 信号转导路径，成血管细胞将分化成为能够产生肝配蛋白 B2 的内皮细胞，最终导致动脉的形成。究其原因是 Notch 信号转导路径激活成血管细胞表达转录因子 Gridlock。Gridlock 进而激活肝配蛋白 B2 和其他动脉特异蛋白的表达。

还有人认为动脉和静脉的形成是分步进行的。VEGF 信号先诱导动脉的形成，动脉再诱导附近的成血管细胞形成静脉。静脉的形成是为了动脉中的血液有一个流回心脏的通路。这种观点和 19 世纪、20 世纪对鸡胚卵黄囊上血管形成的仔细观察相符合。在鸡胚卵黄囊上，毛细血管丛先形成卵黄动脉，再形成卵黄静脉。

3. 某些器官的次级血管发生

神经纤维也能够诱导次级血管发生。在动物体内，血管往往和神经相伴行。究其原因是神经和血管之间存在着相互作用。神经元和施旺细胞会分泌 VEGF，诱导其附近的血管分支，产生新的血管。因此，在血管的发生过程中，神经似乎为血管的分布提供了一个预定的模板，血管将沿着神经纤维的走向形成。一个发育中的器官如果不能形成正常的神经分布，那么，血管分布也不能正常形成。如果由于基因突变，器官中出现了畸形的神经分布，那么，血管分布也将是畸形的。另一方面，血管也会作用于神经，诱导神经的正常分布。例如，在器官发生中，有时血管发生在前，神经进入在后。血管表面的平滑肌细胞会分泌类似 GDNF 的物质，吸引神经纤维进入该区域。在这类器官中，神经纤维也是和血管相伴行的。

四、血细胞的发生

脊椎动物血液中的血细胞来源于造血干细胞(HSC)，造血干细胞是成体干细胞中的一类，属于多能性的干细胞(multipotent stem cell)类型。多能性干细胞经过分裂以后，只能够产生有限类型的分化细胞。例如，造血干细胞只能产生红细胞、各种白细胞(包括中性粒细胞、嗜酸性粒细胞、嗜碱性粒细胞、单核细胞和各种淋巴细胞)和血小板，不能产生其他组织的细胞(如神经细胞、肌肉细胞等)。与胚胎干细胞相比，像造血干细胞这样的成体干细胞，发育的潜能要小得多。

如前所述，斑马鱼的造血干细胞来源于胚胎腹部的成血成血管细胞；非洲爪蟾的造血干细胞来源于血岛；而羊膜动物的造血干细胞来源颇有争议。早先的研究认为，造血干细胞最早出现在血岛，以后移到肝脏和骨髓中。血岛中的造血干细胞产生的血液供给早期胚胎(胚期)发育所需的氧和营养物质，而肝脏和骨髓的造血干细胞则为胎期的胚胎即胎儿(胎期在胚期之后。以人的发育为例，胚期是受精后 1～8 周的胚胎，胎期是 9～38 周的胚胎)造血。胎儿出生后，只有骨髓的造血干细胞继续造血。因此，骨髓成为终生唯一的造血器官。后来，人们发现羊膜动物的造血干细胞有两种不同的起源。一种起源于卵黄囊上的血岛，另一种起源于主动脉附近的脏壁中胚层(属于主动脉生殖腺中肾区域，aorta-gonad-mesonephros region)。起源于血岛的造血干细胞只为胚期的胚胎造血，而起源于主动脉附近脏壁中胚层的造血干细胞则为胎期的胚胎和成体造血。2009 年，又有证据表明，肝脏和骨髓的造血干细胞来源于成血内皮细胞(hemogenic endothelial cell)。所谓成血内皮细胞是指主动脉上的内皮细胞，特别是主动脉腹侧的内皮细胞。这类细胞能够转化成为造血干细胞，而这种转变需要转录因子 Runx1 的参与。要是小鼠缺少转录因子 Runx1，造血干细胞就不能形成。

(一) 造血干细胞的分化

与其他干细胞一样，造血干细胞分裂之后，一个子细胞依然作为造血干细胞存在，另一个子细胞进入分化阶段。那些进入分化阶段的子细胞将分化成为谱系限制干细胞(lineage-restricted stem cell)。谱系限制干细胞比成体干细胞的发育潜能更小，只能形成该谱系(lineage)的细胞，不能形成其他谱系的细胞。图 12.28 显示了哺乳动物造血干细胞所分化的各类血细胞。

造血干细胞形成两类谱系限制干细胞：①髓共同前体细胞(common myeloid precursor cell，CMP)；②淋巴共同前体细胞(common lymphoid precursor cell，CLP)。CMP 产生两个细胞系：巨核细胞红细胞前体细胞(megakaryocyte erythroid precursor cell，MEP)和粒细胞单核细胞前体细胞(granulocyte monocyte precursor cell，GMP)。MEP 能够产生巨核细胞系(megakaryocyte lineage)的祖细胞(progenitor)和红细胞系(erythroid lineage)的祖细胞。巨核细胞系祖细胞最终产生血小板，红细胞系祖细胞最终产生红细胞。GMP 最终产生中性粒细胞、嗜酸性粒细胞、嗜碱性粒细胞和单核细胞。

CLP 产生三类祖细胞系：前 NK 细胞(pro-NK cell)、前 T 细胞(pro-T cell)和前 B 细胞(pro-B cell)。这三类祖细胞系最终分化成为自然杀伤细胞(NK cell)、树突状细胞(dendritic cell)、细胞毒性 T 淋巴细胞(Tc lymphocyte)、辅助性 T 淋巴细胞(T helper lymphocyte)和 B 淋巴细胞(B lymphocyte)。

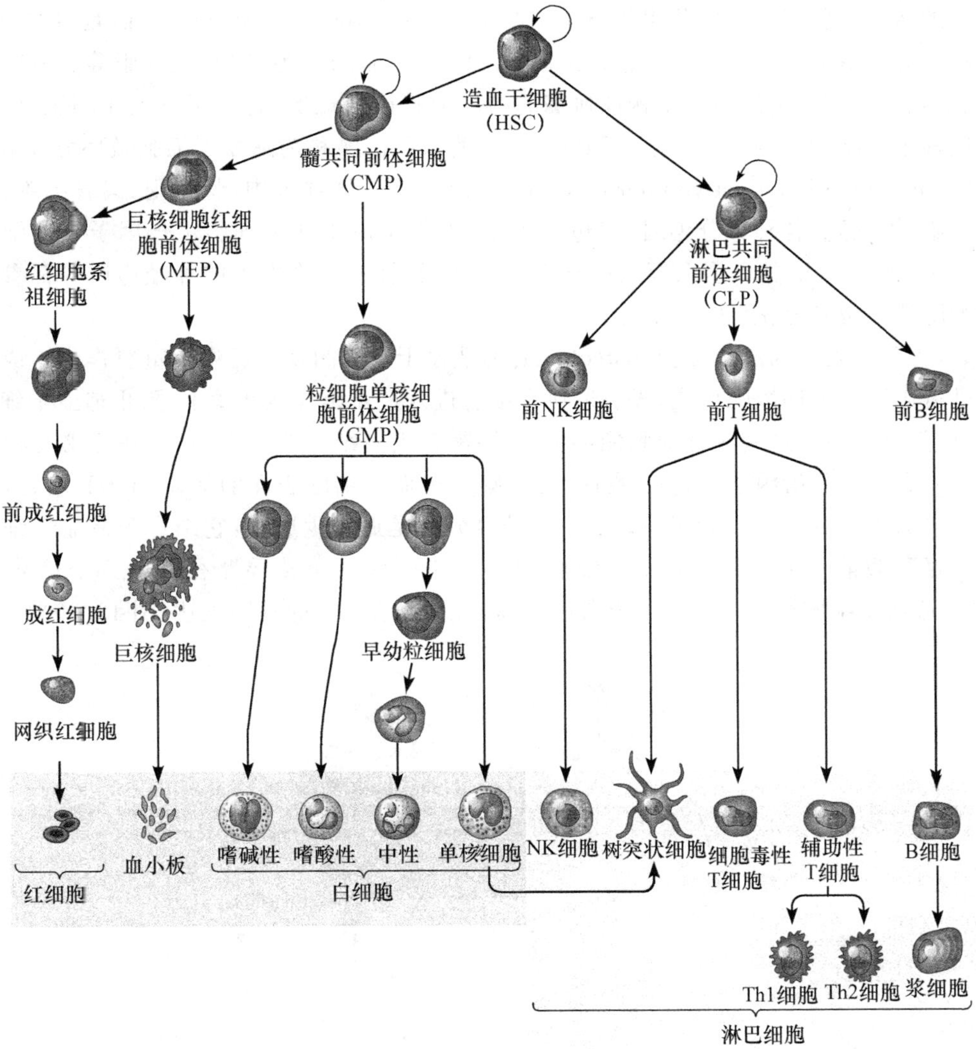

图 12.28 哺乳动物造血干细胞的分化(自 Gilbert,2010)

哺乳动物造血干细胞产生两类谱系限制干细胞:髓共同前体细胞(CMP)和淋巴共同前体细胞(CLP)。CMP 继续分化成为红细胞和白细胞的祖细胞,CLP 继续分化成为各类淋巴细胞的前体细胞。最终,在骨髓中形成了各类成熟的血细胞。

红细胞系的分化自红细胞系祖细胞(erythroid progenitor)开始。在红细胞生成素(一种激素)的作用下,红细胞系祖细胞先形成前成红细胞(proerythroblast)。前成红细胞合成珠蛋白,成为成红细胞(erythroblast)。成红细胞产生大量的血红蛋白,并排出细胞核,成为网织红细胞(reticulocyte)。网织红细胞由于没有细胞核,不能继续合成珠蛋白的 mRNA,但是,可以利用细胞质中已经存在的珠蛋白 mRNA 继续合成珠蛋白。网织红细胞继续分化,成为红细胞。红细胞没有细胞核和各种细胞器,不能分裂,不能合成 RNA 和蛋白质,它的细胞质中充满血红蛋白。红细胞形成后离开骨髓,进入血液循环。

(二) 造血诱导微环境

骨髓(这里指红骨髓)是造血器官,包括造血组织和血窦。造血组织主要由网状组织和各个发育阶段的造血细胞组成。网状组织属于结缔组织，包括网状细胞和网状纤维，是造血组织的支架。网孔中充满造血干细胞和各级造血细胞、巨噬细胞、脂肪细胞、间充质细胞等。血窦是一类管腔大、形状不规则的毛细血管。构成血窦的内皮细胞排列疏松，有利于成熟血细胞进入血液。骨髓的这种组织结构适合于造血干细胞的生长发育，因此，被称为造血干细胞微环境或造血诱导微环境(hematopoietic inductive microenvironment)。在该微环境中，骨细胞、成骨细胞、毛细血管内皮细胞、周细胞、各种旁分泌因子(包括 Wnt、血管生成素和干细胞生长因子等)、细胞表面的信号分子(如 Notch、整联蛋白等)、血管送来的激素、神经纤维发出的神经递质等都参与调节造血干细胞的分裂和分化(图 7.27)。

例如，骨髓腔表面的成骨细胞(osteoblast)为造血干细胞的发育提供了重要作用。成骨细胞能够促进造血诱导微环境的形成，吸引造血干细胞进入造血诱导微环境中，阻止造血干细胞的凋亡，并保持其可塑性。这些成骨细胞能够靠 N 钙黏着蛋白结合造血干细胞，并分泌几种信号分子。其中一个是近分泌因子 Jagged 蛋白，它能够与造血干细胞表面的受体 Notch 结合，激活造血干细胞中的 Notch 信号转导路径。另一个信号分子是血管生成素，它结合于造血干细胞表面的受体酪氨酸激酶 Tie2，激活造血干细胞的受体酪氨酸激酶转导路径。第三个信号分子是 Wnt，促进造血干细胞胞质中的 β 联蛋白进入细胞核，激活相应的基因表达(图 12.29)。

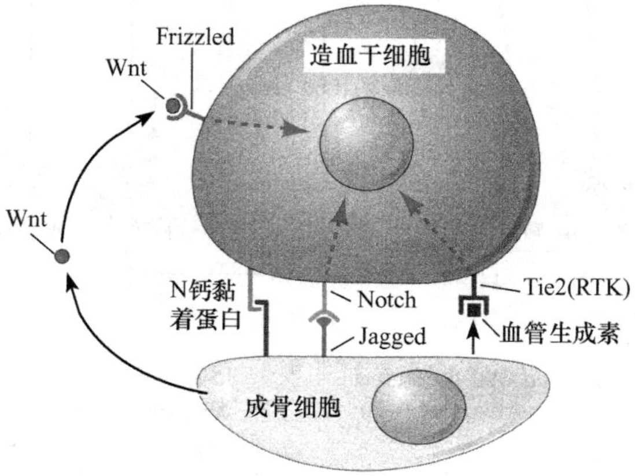

图 12.29　骨髓成骨细胞对造血干细胞的维护作用(自 Gilbert，2010)

骨髓中的成骨细胞和造血干细胞通过 N 钙黏着蛋白相结合，成骨细胞至少分泌三种信号分子，以激活造血干细胞中的 Wnt、Notch 和 RTK 信号转导路径。

第十三章　内胚层的分化和相关器官的发生

内胚层参与消化系统和呼吸系统的发生，形成这两个系统中各个器官的黏膜，脏壁中胚层起源的间充质包围着内胚层，形成黏膜外方的组织。

原肠胚形成后，内胚层位于胚胎内部。在蛙的原肠胚中，内胚层已形成消化系统的原基——原始消化管(primitive digestive tube)，原肠腔就是原始消化管的管腔(图 11.2)。在鸡的原肠胚中，内胚层和外胚层、中胚层一样，都是平展的薄层，位于中胚层下方，其下方是胚盘下腔，即原肠(图 5.22)。在以后的发育过程中，内胚层和脏壁中胚层一起(两者合称为胚胎的脏层)向胚胎的腹部扩展，逐渐包围卵黄，形成卵黄囊。在此过程中，内胚层逐步形成原始消化管。

呼吸系统从原始消化管经过出芽的方式产生。先是形成一个盲管状的突起，以后形成气管，再形成其他的器官。因此，虽然消化系统和呼吸系统是两个不同的系统，它们的起源却是一样的。

第一节　原始消化管的分化

在蛙的神经管形成后，原始消化管位于神经管和脊索的下方，从胚胎的头部伸展到尾部。原始消化管的前端管腔较大，往后逐渐变狭窄。

羊膜动物的原始消化管伴随着头部的原基——头褶的形成而出现。在鸡胚头褶形成时，前端内胚层伸向头褶中，形成一个较短的盲管状结构，称为前肠(foregut)。前肠后端依然是开放的，与原肠(胚盘下腔)相通，相通处称为前肠门(anterior intestinal portal)(图 13.1B)。以后，在胚胎的后部形成尾褶，胚胎后端的内胚层也伸向尾褶中，形成和前肠相似的盲管，称为后肠(hindgut)(图 13.1C)。后肠也很短，通过后肠门(posterior intestinal portal)与原肠相通。介于前肠和后肠之间的空间将形成中肠。前肠、中肠和后肠组成了原始消化管。在随后的发育中，前肠逐渐向后伸长，后肠逐渐向前伸长，中肠逐渐变短。中肠和下方的卵黄囊相连，相连处是卵黄囊柄(图 13.1D)。

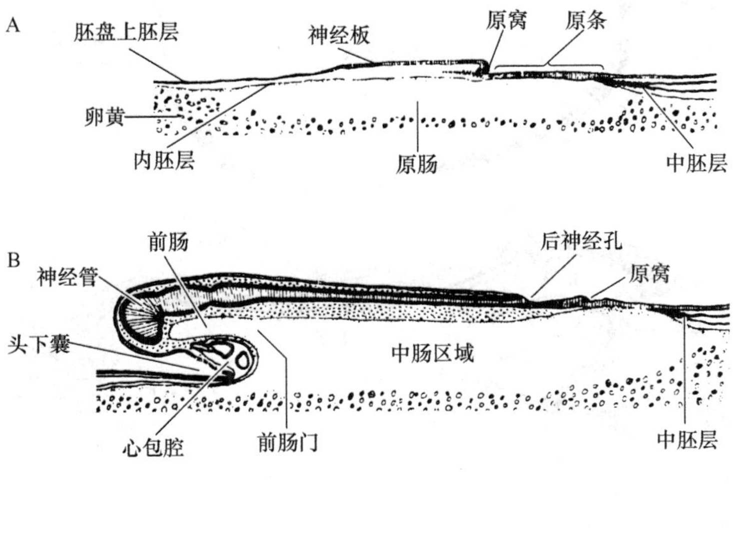

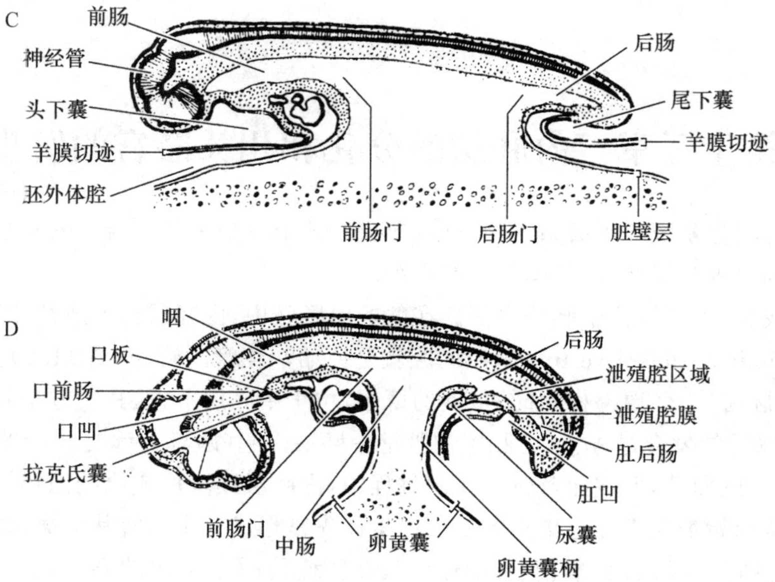

图 13.1　鸡胚纵切，示原始消化管的形成(自 Carlson，1988)

A. 孵化第 1 天末的胚胎，原先的胚盘下腔即原肠；B. 孵化第 2 天末的胚胎，前肠已形成；C. 孵化 2.5 天的胚胎，后肠已经形成；D. 孵化 3.5 天的胚胎，前后肠伸长，中肠通过卵黄囊柄与卵黄囊相连。

哺乳动物的原始消化管形成与鸡胚的相似，但是也有差异。哺乳动物在原肠胚形成中就已经形成了卵黄囊，卵黄囊的顶壁是内胚层。以后，胚胎的头部原基——头褶往羊膜腔突起，前端的内胚层向头褶中伸入，形成一个盲管状结构，此即前肠。前肠和卵黄囊相通处也称为前肠门。后肠也以相同的方式在尾褶中形成，其与卵黄囊相通处也称为后肠门(图 13.2A、B)。前后肠形成后，也逐渐伸长。原始消化管也通过中肠与卵黄囊相连，相连处也变成狭窄的卵黄囊柄(图 13.2C、D)。

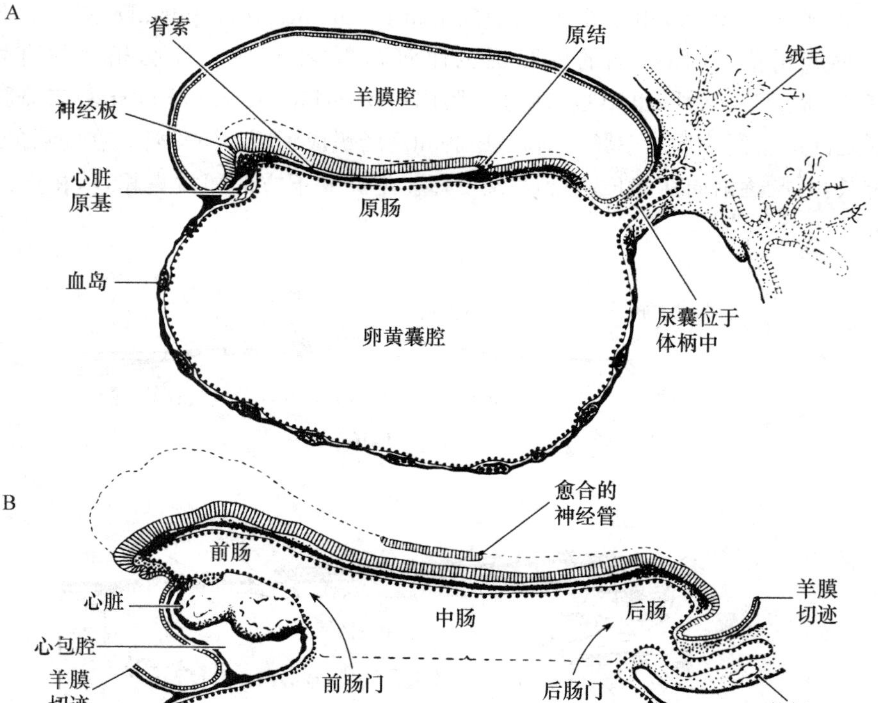

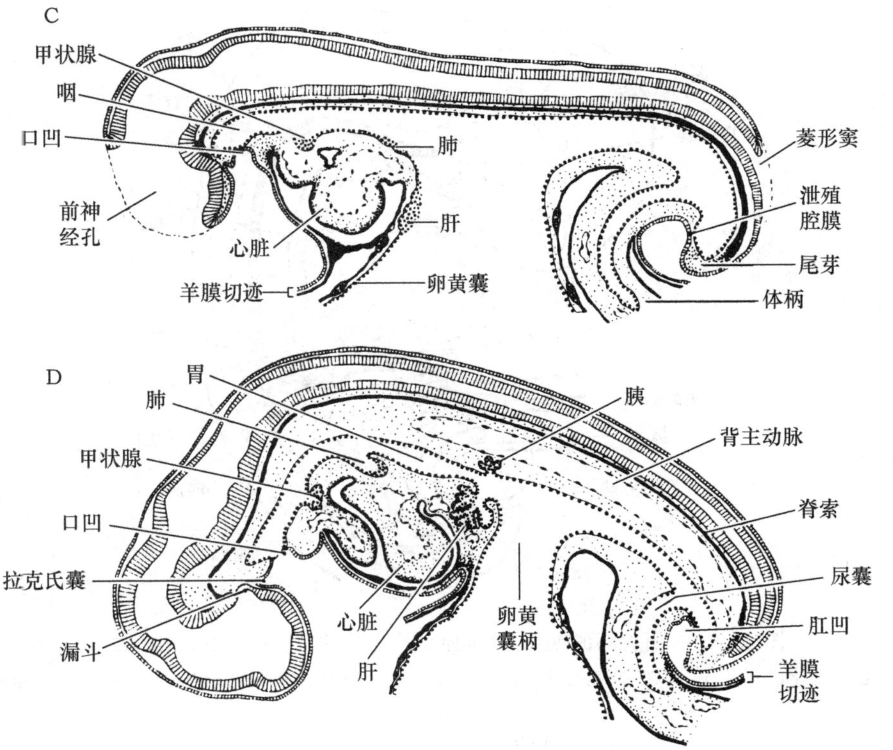

图 13.2　人胚胎纵切，示原始消化管的形成(自 Carlson，1988)

A. 大约 16 天的胚胎，头褶正在形成；B. 18 天的胚胎，前肠和后肠已经形成(本图和图 C、D 都将大部分的羊膜和卵黄囊切去)；C. 22 天的胚胎，前后肠伸长；D. 第 4 周末的胚胎，前肠已经分化出一些器官原基。卵黄囊柄狭窄，中肠通过卵黄囊柄和卵黄囊相连。

一、消化器官的发生

原始消化管的三个部分(前肠、中肠和后肠)继续分化。前肠将形成口腔的后半部分、咽、食道、胃、肝、胰和十二指肠等器官的黏膜。前肠还将衍生出肺和气管的黏膜。在原始消化管的分化过程中，前肠的变化最为复杂(图 13.3)。

在消化管的分化过程中，外胚层也参与局部区域(口腔和肛门)的分化。在前肠盲端的外方，外胚层向内凹陷形成口凹。有一层称为口板(oral plate)的结构位于口凹和前肠之间，因此，前肠不与外界相通。后来(22 天的人胚)，口板破裂，前肠就与外界相通。在口板破裂的地方，形成了口腔。因此，口腔前半部的黏膜来自外胚层，后半部的黏膜来自内胚层。口腔前半部的顶壁向神经管的方向突起，形成一个盲管状结构，称为拉克氏囊(图 13.3)(Rathke's pouch)。拉克氏囊将和间脑腹壁向下伸出的突起(漏斗，infundibbulum)一起形成脑垂体(pituitary gland)。拉克氏囊成为脑垂体的腺体部，漏斗成为脑垂体的神经部。

咽是前肠前端的扩大区域，位于口腔之后。咽在发育过程中形成咽囊(pharyngeal pouch)。咽囊是咽的两侧内胚层向外突出形成的。在咽囊的外方，外胚层向内陷，形成与咽囊相对的凹陷，称为鳃沟(pharyngeal groove)。此外，神经嵴细胞迁移到咽部区域形成了软骨性结构，称为鳃弓(pharyngeal arch)。两栖类的咽部如图 13.4 所示，在咽的两侧各有 6 个鳃弓。第 1 对为颌弓，第 2 对为舌弓，随后为第 3～6 对鳃弓(第 6 对鳃弓不明显)。在鳃弓之间，咽的内胚层向外突

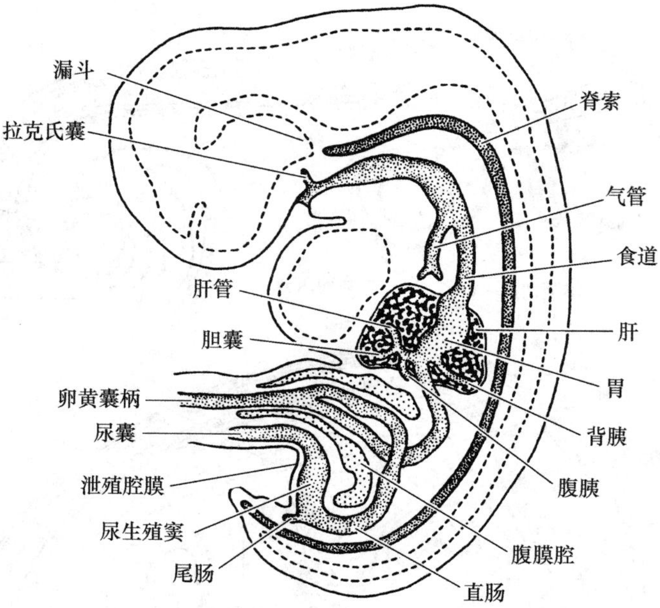

图 13.3　6 周人胚的纵切，显示原始消化管的分化（自 Gilbert，1991）

前肠已经分化出食管、胃、肝脏、胰和气管等器官的原基；中肠通向卵黄囊柄；后肠已经分化出直肠和尾肠。

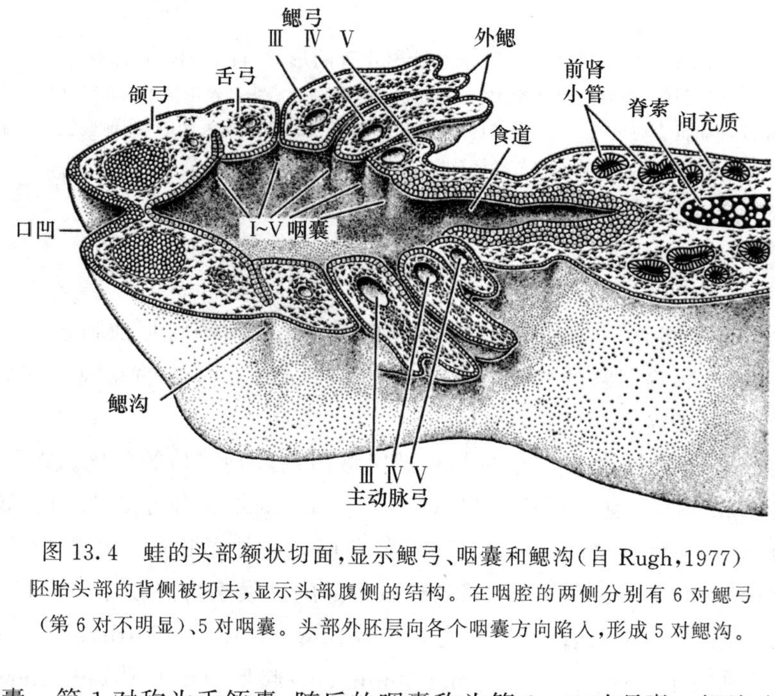

图 13.4　蛙的头部额状切面，显示鳃弓、咽囊和鳃沟（自 Rugh，1977）

胚胎头部的背侧被切去，显示头部腹侧的结构。在咽腔的两侧分别有 6 对鳃弓（第 6 对不明显）、5 对咽囊。头部外胚层向各个咽囊方向陷入，形成 5 对鳃沟。

出，形成 5 对咽囊。第 1 对称为舌颌囊，随后的咽囊称为第 2～5 对咽囊。鳃沟也有 5 对，与咽囊一一对应。其中第 2～5 对鳃沟与第 2～5 对咽囊相通，形成鳃裂(gill cleft)。因此，鳃裂有 4 对。第 3～5 对鳃弓的外胚层细胞增殖外突，形成鳃芽。鳃芽继续生长，形成 3 对外鳃。外鳃由许多细丝组成，呈羽状，其中有毛细血管分布。外鳃存在不久就被内鳃所取代。内鳃也由鳃弓的外胚层细胞形成，前后亦有 3 对内鳃。内鳃也由许多细丝组成，其中也有毛细血管分布。外鳃和内鳃都是胚胎的呼吸器官。

咽部的另一个重要变化是从咽囊衍生出许多器官。在羊膜动物中，咽部不具有呼吸功能，呼吸功能为肺所承担。人的鳃弓仅有 4 对，咽囊也有 4 对。咽囊形成了一些衍生器官。第 1 对咽囊衍变为咽鼓管和鼓室；第 2 对咽囊产生扁桃体；第 3 对咽囊和部分第 4 对咽囊形成胸腺，第 3 对咽囊和第 4 对咽囊还产生甲状旁腺；第 4 对咽囊除了产生胸腺和甲状旁腺，还产生鳃后体(postbranchial body)。此外，第 2 对咽囊之间的咽部腹面往下产生一个突起。该突起之后与咽底脱离，分化成甲状腺(图 13.5)。

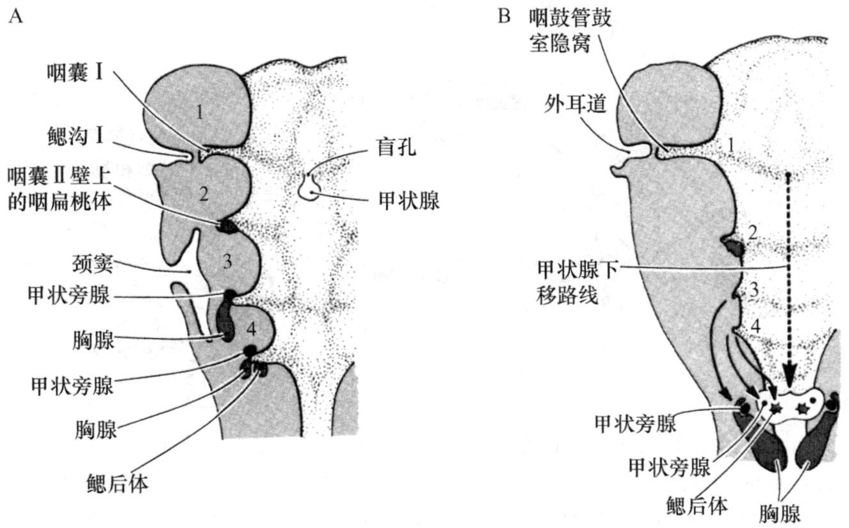

图 13.5　咽囊衍生的器官(自 Carlson，1988)

A. 从咽囊产生的器官原基有咽鼓管和鼓室、扁桃体、胸腺、甲状旁腺、甲状腺和鳃后体，1～4 代表鳃弓；B. 胸腺、甲状腺、甲状旁腺和鳃后体迁移到新的地方发育，1～4 代表咽囊。

咽之后的消化管变狭窄，形成食管。食管之后的区域膨大，形成胃。胃之后是十二指肠。从十二指肠衍生出肝脏和胰脏(图 13.3)。首先，从十二指肠上长出一个突起，该盲管状突起称为肝憩室(hepatic diverticulum)。肝憩室伸向周围的间充质组织中，间充质组织诱发肝憩室继续生长和分支，同时，间充质组织形成许多细胞索。这些细胞索由间充质组织中有功能的细胞构成。肝憩室的分支则成为肝管(hepatic duct)。以后从肝憩室的近肝管处长出另一个突起，该突起为胆囊的原基。在肝憩室的近十二指肠处又长出一个突起，称为腹胰(ventral pancreas)。在腹胰附近，十二指肠上长出一个突起，称为背胰(dorsal pancreas)。以后腹胰和背胰继续生长并互相靠近以至于最后愈合在一起，成为胰脏(图 13.6)。

十二指肠之后，中肠形成小肠中的空肠和回肠，后肠形成大肠。同样，内胚层仅形成这些器官的黏膜，间充质形成黏膜外方的组织(包括肌层等)。在后肠的末端，外胚层向内凹陷形成肛凹。后肠的末端和肛凹相对，隔在两者之间的是泄殖腔膜，即肛板(anal plate)。由于有肛板的存在，后肠与外界不相通。以后，肛板破裂，形成肛门。肛板破裂时间比口板破裂的时间要早。

二、消化器官发生的机制

原始消化管分化成为咽、食管、胃、小肠、大肠、肝脏、胆囊、胰脏，以及甲状腺、甲状旁腺、胸腺等器官。这些器官的准确定位与多种因素有关，其中包括间充质组织和内胚层之间的相互作用。

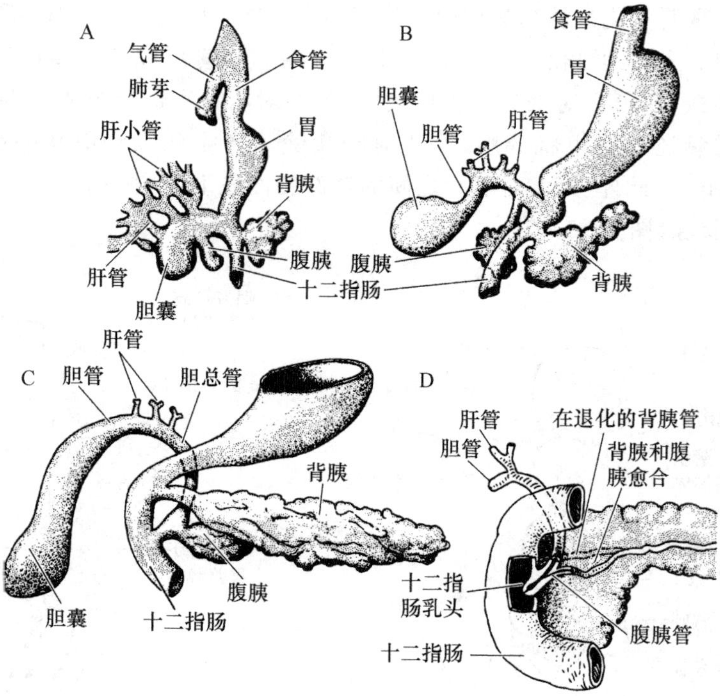

图 13.6 人胚胰脏和胆囊的发生(自 Carlson,1988)

A. 5 周胚胎,肝憩室伸向周围的间充质组织中,胆囊的原基、腹胰和背胰的原基形成;B. 7 周胚胎,腹胰原基开始移位,胆囊原基伸长;C. 腹胰和背胰的原基接触;D. 背胰通向十二指肠的导管退化,仅腹胰的导管和十二指肠相通。但是,大约 10%的人群保留背腹胰的两条导管。

消化管不同区段外方的间充质会产生不同的物质影响内胚层的分化。在形成小肠的原始消化管的区域,间充质分泌 Wnt,该蛋白质抑制某些基因(如 *Hhex*)的表达,从而阻止该区段分化成为胃、肝脏和胰脏,只能形成小肠。此外,间充质细胞还分泌 BMP4,BMP4 促使位于小肠之前区域的间充质细胞表达转录因子 Sox9 和 Nkx2-5。这些转录因子诱导该区域的间充质细胞形成胃壁的肌肉层(包括幽门括约肌),而不是形成小肠壁上的肌肉层。而且,在形成胃、肝脏和胰脏的原始消化管的区域,间充质细胞还表达转录因子 Bax1,该转录因子促进 sFRP1 和 sFRP2 的产生。这两种蛋白质阻止了 Wnt 信号转导路径,最终,诱导该区段的消化管分化成为胃、肝脏和胰脏。

内胚层也作用于包围着它的间充质,使间充质表达不同的基因。在前肠和后肠形成时,内胚层发出 Sonic hedgehog 信号分子,诱导其周围间充质表达某些 Hox 基因。如前所述,Hox 基因表达的一个特点就是具有非常明显的前端界线。当某一个 Hox 基因在消化管外间充质的某一位置开始表达时,呈现出强烈表达的模式,越往后(消化管更后的区域)该基因的表达越弱。表达了某个 Hox 基因的间充质再作用于该区域的内胚层,引起消化管的区域性特化。在某个 Hox 基因表达最强烈的位置将确定消化管的某一特定器官的起始位置。因此,后肠就有了大肠、盲肠、直肠等的起始边界。

此外,视黄酸也能影响内胚层的分化。不同浓度的视黄酸能激活不同的转录因子,进而对内胚层的分化产生重要影响。高浓度的视黄酸激活 *Pdx1*,进而诱导十二指肠、肝脏和胰脏的发育。高浓度的视黄酸也能激活 *cSox2*,引起胃和食管的分化。更高浓度的视黄酸激活 *CdxA*,引起小肠的分化。而在视黄酸浓度很低甚至没有视黄酸的区域,咽却能形成。由此可见,从消化管的前端到后端,视黄酸浓度的变化影响了各器官的定位。

第二节　呼吸器官的发生

呼吸器官，包括气管、左右支气管和肺，也从内胚层产生。和消化管的情况一样，内胚层仅构成了呼吸器官的黏膜层，黏膜外方的组织（黏膜下层和外膜）则由间充质形成。

一、气管、支气管和肺的简要发生过程

呼吸器官的发生从气管的发生开始，气管起源于前肠。首先，第 4 对咽囊之间的咽底向下方凹陷，形成一条与前肠走向一致的沟，称为喉气管沟（laryngotracheal groove）。沟继续下陷，变成一条盲管，此即肺芽（图 13.7）。肺芽往胚胎后部生长，成为一条与食道平行的管道，即则气管。气管的末端分叉成两个盲管，即左右支气管原基。左右支气管伸入周围的间充质组织中，间充质组织能诱导支气管的伸长和继续分支，形成支气管树（bronchial tree）（图 13.8）。最后的分支末端形成肺的基本结构单位，即肺泡（alveoli）。

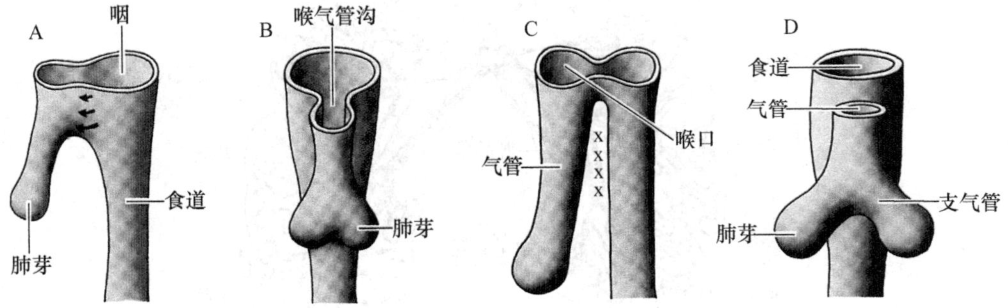

图 13.7　人胚气管的发生（自 Browder et al.，1991）

A. 3 周末胚胎侧面观，咽的腹面产生一条沟（箭号所示），此即喉气管沟。喉气管沟继续发育成为肺芽，肺芽末端开始分支；B. 3 周末胚胎腹面观；C. 4 周胚胎侧面观，喉气管沟收缩（X 号所示），气管伸长，末端分支伸长；D. 4 周胚胎腹面观。

二、呼吸器官发生的调节

喉气管沟的产生和视黄酸有关，视黄酸出现于侧板中胚层。视黄酸促使脏壁中胚层细胞表达 *Tbx4*。Tbx4 蛋白诱导 Fgf10 的表达，Fgf10 进而诱导喉气管沟的产生。如果抑制视黄酸的形成，喉气管沟将不能产生。除了视黄酸，Wnt 信号也是喉气管沟的产生所必需的。Wnt2 和 Wnt2b 能够使得前肠中预定产生喉气管沟的位置积累 β 联蛋白。要是没有 Wnt 信号分子的存在，喉气管沟就不能形成。如果 β 联蛋白易位表达，那么喉气管沟也将易位产生。

如同消化管的分化一样，发育中的气管、支气管和肺外方的间充质对于气管、支气管和肺的分化至关重要。在哺乳动物胚胎肺的发育过程中，呼吸管道的上皮对于外方间充质的诱导有两种反应方式：在颈部，呼吸管道上皮形成一条直的管，即气管；进入胸部，同样的上皮却开始分支，形成左右两条支气管，左右支气管继续分支，形成各级细小的支气管。如果将小鼠胚胎的左右支气管分离出来，右侧的支气管仍然和原有的间充质一起培养，而左侧的支气管改为和气管外方的间充质一起培养，结果如图 13.9 所示。右侧的支气管在其原有的间充质中反复分支，而左侧的

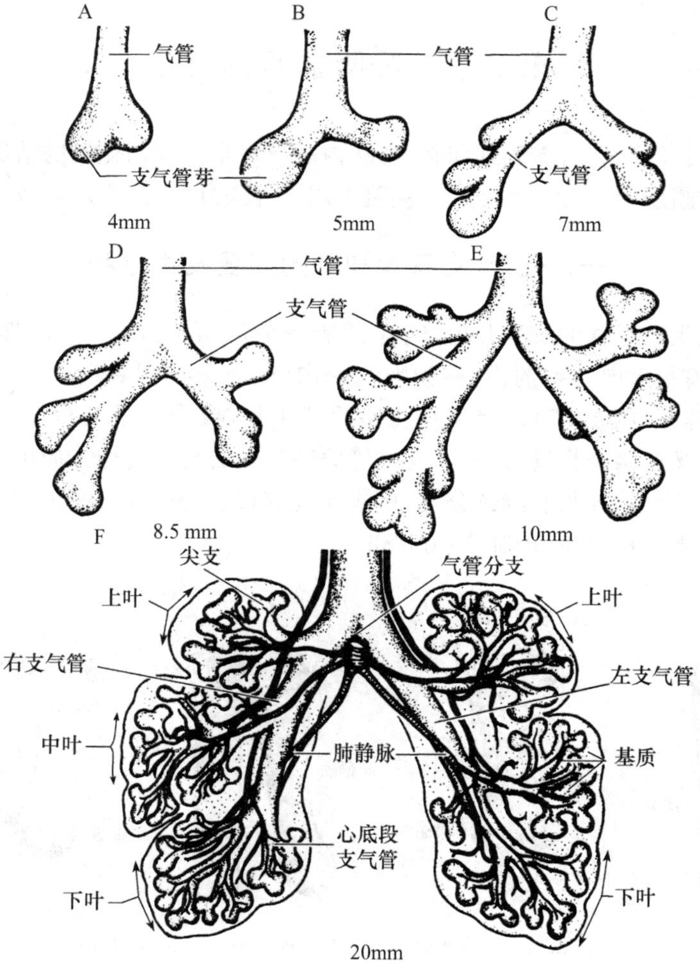

图 13.8　人胚左右支气管及其各级分支的产生（自 Carlson，1988）

A～F 为各发育阶段（以胚胎长度表示）的气管、左右支气管和肺组织的形成过程。

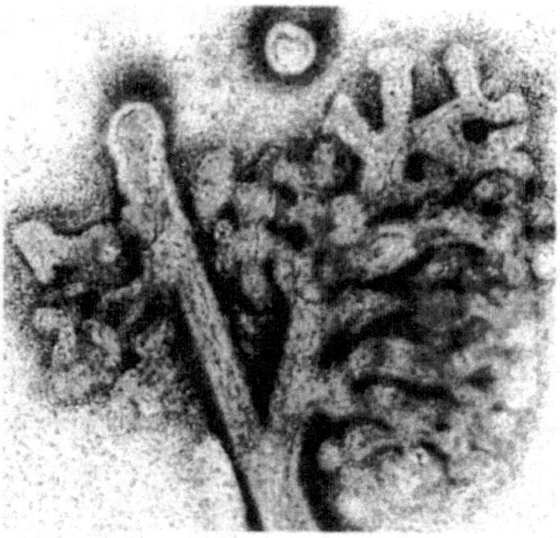

图 13.9　不同的间充质对于左右支气管的作用（自 Gilbert，2000）

图的右侧显示培养中的小鼠的右侧支气管在原有的间充质中反复分支，左侧显示左支气管在气管间充质中不分支的情形。

支气管在气管间充质中却不分支，依然是一条直管。

肺泡上皮细胞能够分泌表面活性物质（surfactant），该物质是蛋白质和磷脂的混合物。肺泡表面活性物质遮盖在肺泡上皮细胞的游离面上，对于呼吸的正常进行是必不可少的。它使得呼气时，肺泡不会过分压缩；而吸气时，肺泡又不会过分扩张。由于肺是胚胎器官中最迟形成的器官之一，因此，肺泡表面活性物质的形成也较迟。在人妊娠 34 周时，肺泡表面活性物质才达到足够的量。现在的研究表明，肺泡表面活性物质又会促进胎儿的分娩产出。肺泡表面活性物质能够激活羊水中的巨噬细胞。羊水中的巨噬细胞从羊膜迁移到子宫，在子宫肌中产生白细胞介素 1β。白细胞介素 1β 激活环加氧酶 2（cyclooxygenase），该酶催化前列腺素（prostaglandin）的产生。而前列腺素能够促进子宫肌肉的收缩，引起分娩。

第十四章　肢的发育

动物的四肢主要从外胚层和中胚层中产生。四肢的皮肤和神经来源于外胚层；骨骼和血管来源于侧板中胚层；肌肉来源于体节中胚层。所以，本书将肢的发生单独列为一章，不像其他器官发生那样放在相应的胚层分化章节中(第十一章至第十三章)叙述。

在肢的发育中，出现了近远轴(proximal-distal axis)、前后轴(anterior-pasterior axis)和背腹轴(dorsal-ventral axis)的分化。这是肢的发生有别于其他器官发生的一个明显的特点。在这些轴的形成过程中，多个基因发挥着重要的作用。有关肢的发育尚有许多未知的问题，因此，对于肢发育的研究目前仍然方兴未艾，而且存在着争议。

第一节　肢的结构特点和肢的发生

肢，包括前肢(翅膀、上肢)和后肢(下肢)，主要由皮肤、骨骼和肌肉组成。此外，还有神经、血管及其他结缔组织等。

一、肢的结构特点

前肢和后肢都可以分成三部分：肢柱(stylopodium)、肢杆(zeugopodium)和肢身(autopodium)。这三部分各有不同的骨骼分布：在肢柱部分，前肢有肱骨，后肢有股骨；在肢杆部分，前肢有桡骨和尺骨，后肢有胫骨和腓骨；在肢身部分，前肢有腕骨、掌骨和指骨，后肢有跗骨、跖骨和趾骨(图 14.1)。这些骨是以软骨内成骨的方式形成的，即先形成软骨，再形成骨。

前肢和后肢都存在着三个轴。第一个轴是近远轴，指的是前肢从肩到指、后肢从股到趾的长轴。第二个轴是前后轴，指的是从大拇指(趾)到小拇指(趾)的短轴。第三个轴是背腹轴，指的是手(脚)掌背到手(脚)掌心的短轴。

二、肢的简要发生过程

肢在胚胎的体侧形成，前肢发育在前，后肢发育比前肢略迟。预定形成前肢和后肢的地方称为肢区(limb field)。肢区的表皮外胚层和其下方的间充质细胞将构成肢的原基。间充质细胞来源于体壁中胚层和生肌节，其中，来源于体壁中胚层的间充质细胞将形成肢的骨骼，来源于生肌节的间充质细胞将形成肢的肌肉。在间充质细胞的影响下，表皮外胚层加厚。此时，肢的原基称为肢盘(limb disk)。肢盘中的间充质细胞开始分裂增殖，以至于原先较为平坦的肢盘从胚胎两侧突出，形成了肢芽(limb bud)(图 14.2)。前肢芽比后肢芽先形成。鸡胚的前肢芽大致在与第 17 对体节相当的体侧生成，后肢芽大致在与第 29 对体节相当的体侧生成。肢芽的结构简单：中央是间充质细胞，表面遮盖着表皮；在肢芽的顶端，表皮外胚层加厚。此时，神经尚未进入肢芽，但是毛细血管网已经分布其中。

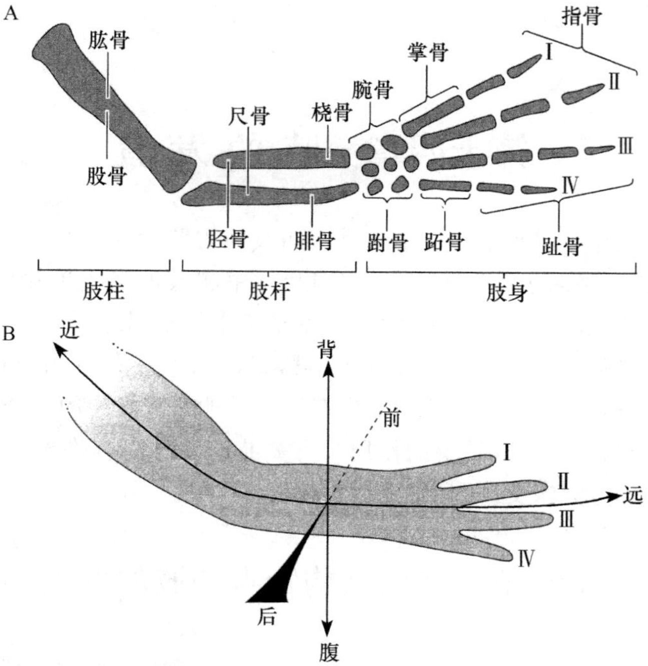

图 14.1　四足动物肢的骨骼和三个轴(自 Slack,2001)

A. 显示前后肢的肢柱、肢杆和肢身中的骨骼;B. 显示肢的三个轴:近远轴、前后轴和背腹轴。

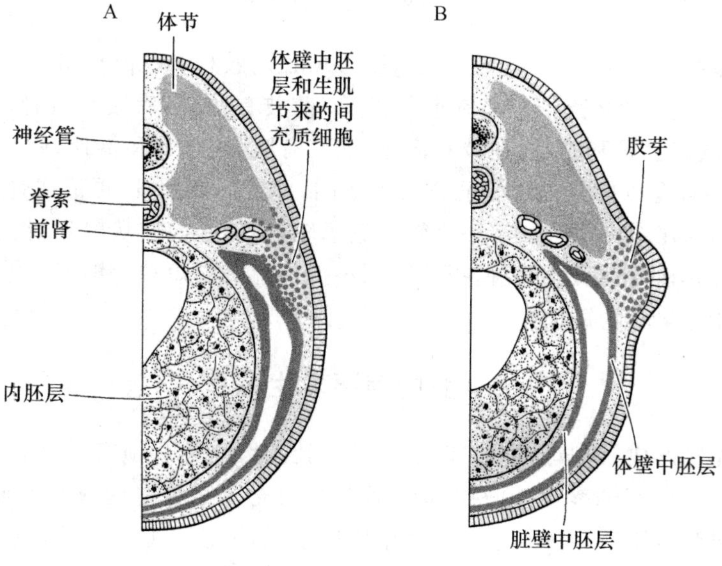

图 14.2　两栖类胚胎横切,显示肢芽的产生(自 Carlson,1988)

A. 大致在前肾的外侧,从体壁中胚层和生肌节分离出来的间充质细胞聚集于表皮外胚层的下方,形成肢盘;

B. 肢盘中的间充质细胞分裂增殖,其外方加厚了的表皮外胚层向外突出,形成了肢芽。

肢芽顶端表皮外胚层细胞的加厚与其下方的间充质细胞有关,间充质细胞诱导表皮外胚层细胞加厚。该加厚区域称为顶端外胚层嵴(apical ectodermal ridge,AER)(图 14.3)。在鸟类中,AER 的细胞排列成假复层柱状上皮的形状。而在哺乳类中,AER 的细胞排列成复层立方上皮或者复层柱状上皮的形状。AER 的细胞之间含有许多缝隙连接。细胞中含有大量的糖元、RNA、碱性磷酸酶和酸性磷酸酶等。

在肢芽中，间充质细胞之间的基质富含胶原纤维和蛋白多糖。间充质细胞具有未分化细胞的外形，核大，核仁明显，细胞质较少，能进行活跃的分裂。在AER的下方，有一个大致200μm厚的区域。在该区域，基质含量高，间充质细胞分裂迅速。这个间充质细胞区域称为前进区（progress zone，PZ）。前进区由AER诱导产生，是肢的生长和形态变化至关重要的地方。前进区的细胞分裂之后，向近体端的方向迁移（图14.4）。在肢的后缘和胚体体壁交界的地方，还有一个间充质细胞组成的区域，称为极性活性区（zone of polarizing activity，ZPA）。极性活性区对于肢的前后轴的形成有举足轻重的作用（图14.4）。

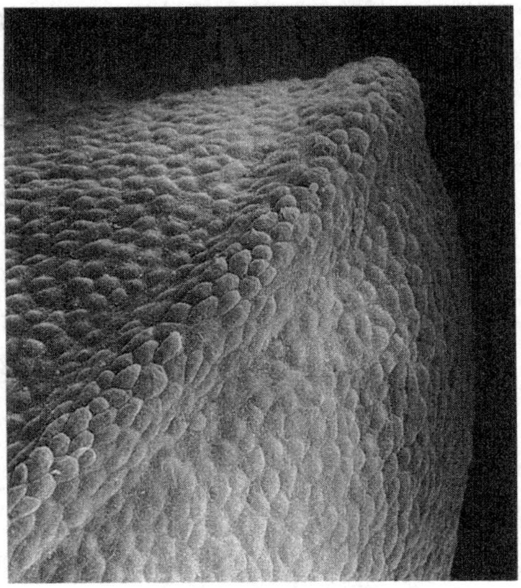

图14.3　鸡胚前肢的顶端外胚层嵴
（自Gilbert，2000）
扫描电子显微镜照片。顶端外胚层嵴位于肢的末端，其走向和肢的前后轴一致。

由于前进区间充质细胞的迅速分裂，肢的近远轴逐渐伸长。与此同时，肢的前后轴和背腹轴也在形成。肢的近远轴、前后轴和背腹轴构成了肢发育的基本框架。在此基础上，细胞开始分化，形成了肢的主要组织结构：骨骼和肌肉。同时，肢的外形也产生了变化，先形成肢柱，接着形成肢杆，最后形成肢身。

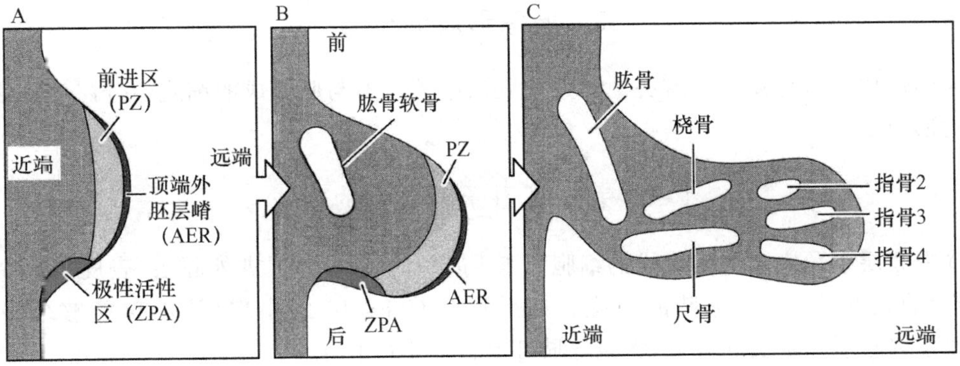

图14.4　前进区（PZ）和极性活性区（ZPA）（自Wolpert，1998）
A. 显示前进区和极性活性区的位置。前进区紧贴于顶端外胚层嵴的内侧，极性活性区位于肢的后缘和胚体的交界处；B. 前进区间充质细胞积极分裂，促使肢的生长，即沿着近远轴的方向伸长，同时，肢开始分化；C. 肢柱、肢杆和肢身的软骨开始形成。

在肢的骨骼形成中，间充质细胞最先在近体端的核心聚集，形成透明软骨。此为肢柱区域的骨骼。以后，在肢杆和肢身依次形成相应的骨骼（图14.4）。所有这些骨骼都是软骨。在胚胎发育的较后阶段，软骨才被骨取代。在肢的骨骼形成发生不久，肌肉组织也在肢中形成。从生肌节迁移来的间充质细胞形成成肌细胞，再形成骨骼肌细胞，后者聚集成为肌肉组织。肢中的血管系统在肢芽时期就存在，以后经过改造，形成了动脉、静脉和连接动静脉的毛细血管。神经在肢柱区域的骨骼形成不久就进入，并随着肢的伸长分布全肢。在肢身的末端，细胞的程序性死亡起着雕刻指（趾）的作用（有关细胞的程序性死亡详见第七章）。

简要介绍了肢的发生过程之后，以下将阐述肢的发育机制，重点阐述近远轴、前后轴和背腹轴的形成机制。在肢的发育方面，还有许多尚未解决的问题，在某些方面还存在着争议，以下介绍的机制仅仅是得到大多数研究者认同的部分。

第二节　肢芽的形成和分化

如前所述，肢盘中的间充质细胞分裂增殖后，肢盘从胚胎表面隆突出来，形成了肢芽。其中的间充质细胞主要分化成为肢的两个组成部分：来自体壁中胚层的间充质细胞将形成骨骼，来自生肌节的间充质细胞将形成肌肉。

一、肢芽的发育特点

肢芽（包括肢盘）的发育具有调整型发育的特点。如果将蝾螈尾芽期胚胎的肢芽（或肢盘）切成两半，将每一半移植到其他地方，都将发育成为一个完整的肢。也可以将肢芽（或肢盘）垂直切割成几个部分，用滤膜分隔开来，以免再粘贴在一起。这几个部分都将各自形成一个完整的肢。肢芽的这种调整能力在自然界中也可以看到。在美国的一些池塘中存在着一些多足的蛙或者蝾螈。之所以会产生多条腿，是因为这些两栖类胚胎在蝌蚪阶段感染了寄生的吸虫。吸虫的卵子能够将蝌蚪的肢芽分裂成几个部分，每个部分都长成一条完整的腿。可见，肢区的细胞具有很好的调整能力。

二、肢芽形成的机制

肢芽的形成和旁分泌因子有关。体壁中胚层中预定参与肢形成的细胞会分泌旁分泌因子诱导肢芽的形成。

（一）旁分泌因子和肢芽的形成

体壁中胚层中预定参与肢形成的细胞分泌 Fgf10，后者能够促进外胚层（表皮）和中胚层（间充质细胞）的相互作用，促进肢的发生。如果将含有 Fgf10 的小珠（该小珠能够缓慢释放出 Fgf10）埋于鸡胚非预定肢芽区域，将诱导肢芽易位产生（图 14.5）。

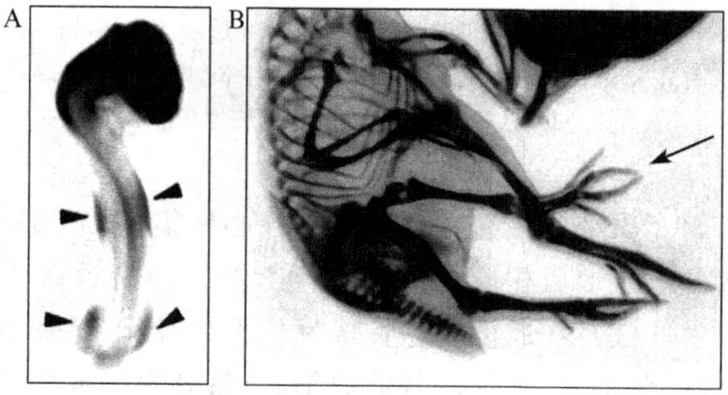

图 14.5　Fgf10 和鸡胚肢芽的形成（自 Gilbert，2000）

A. 鸡胚整体原位杂交照片，显示 Fgf10 表达的区域（箭头）是前后肢发生的区域；B. 将含有 Fgf10 的小珠埋于鸡胚预定肢芽以外的区域，诱导额外的肢的形成（箭号）。

原先，Fgf10在整个侧板中胚层中表达。后来，在肢芽即将形成之前，Fgf10的表达局限于体壁中胚层中预定产生肢的区域。而这种Fgf10表达的局限性有赖于Wnt信号的作用。在鸡胚的前部，由于Wnt2b的作用，原先在整个侧板中胚层表达的Fgf10逐渐局限于在预定前肢区域的体壁中胚层表达；在胚胎后部，由于Wnt8c的作用，Fgf10逐渐局限于在预定后肢区域的体壁中胚层表达。前肢和后肢区域的体壁中胚层细胞稳定表达的Fgf10能够诱导预定肢芽的AER细胞产生Fgf8。Fgf8又反作用于预定肢芽区域的体壁中胚层细胞，促使其继续稳定地表达Fgf10。

（二）前肢和后肢的特化

Fgf10在体壁中胚层的表达诱导出肢芽，而肢芽分化成为前肢或者后肢则靠其他基因的表达。在前后肢的分化中，有两个转录因子发挥了重要的作用：一个是Tbx4，另一个是Tbx5。转录因子Tbx5的基因在侧板中胚层的前部（包括前肢芽）表达；转录因子Tbx4的基因在侧板中胚层的后部（包括后肢芽）表达。

前面提到将含有Fgf10的小珠埋于鸡胚的体侧预定肢芽区域以外的地方可以诱导额外肢芽的产生。如果将含有Fgf10的小珠埋藏于靠近后肢的地方，诱导出来的肢芽将表达*tbx4*，肢芽将形成后肢。如果将含有Fgf10的小珠埋藏于靠近前肢的地方，诱导出来的肢芽将表达*tbx5*，肢芽将形成前肢。如果将小珠埋藏于预定前肢和后肢之间中点的位置，诱导出来的肢芽前部将表达*tbx5*，后部将表达*tbx4*。以后，该易位产生的肢芽发育成嵌合体的结构，前半部像前肢，后半部像后肢（图14.6）。而且，如果用表达*tbx4*的病毒感染鸡胚体侧的组织，使得鸡胚体侧组织仅表达*tbx4*，那么，鸡胚将不会产生前肢，仅会产生后肢（图14.7）。由此观之，肢芽分化成为前肢或后肢与*tbx5*和*tbx4*这两个基因的表达息息相关。

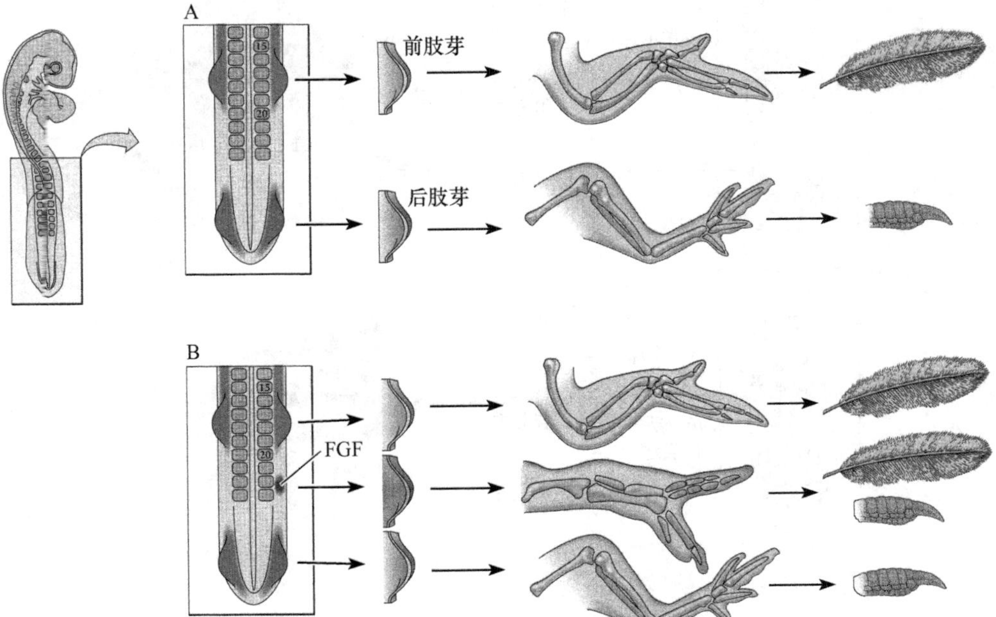

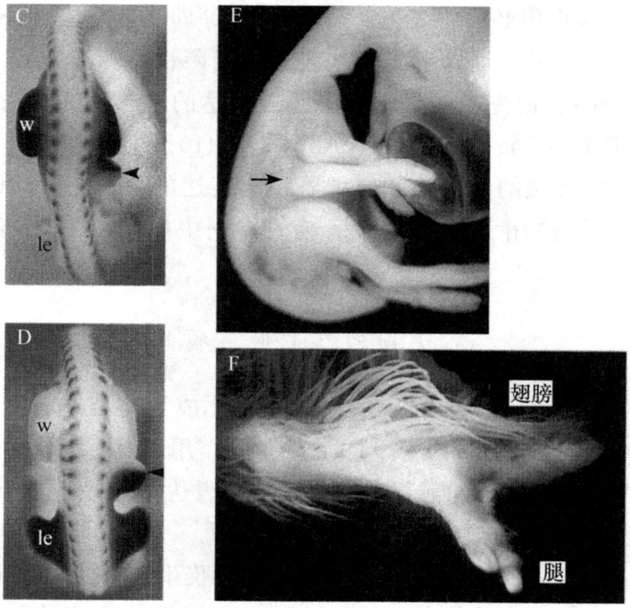

图 14.6　转录因子 Tbx4 和 Tbx5 的表达与鸡胚前后肢发育的关系(自 Gilbert,2000)

A. Tbx5 出现于鸡胚前部的体壁中胚层,Tbx4 出现于鸡胚后部的体壁中胚层。含有 Tbx5 的肢芽将发育成为前肢,含有 Tbx4 的肢芽将发育成为后肢;B. 如果用含有 Fgf10 的小珠诱导易位肢芽的产生,该肢芽将发育成为前肢还是后肢,视其表达 Tbx5 或 Tbx4 而定。如果小珠埋藏地点是表达 Tbx5 和表达 Tbx4 的中点位置,那么,诱导出来的肢芽将在前端表达 Tbx5,在后端表达 Tbx4。这样就产生了嵌合状的肢;C. 鸡胚整体原位杂交照片,显示前肢(w)表达 Tbx5,同时,由 Fgf10 诱导的易位肢芽(箭头)的前端也表达 Tbx5;D. 鸡胚整体原位杂交照片,显示后肢(le)表达 Tbx4,以及 Fgf10 诱导的易位肢芽(箭头)的后端也表达 Tbx4;E、F. 由 Fgf10 诱导的易位肢芽(箭号)的前端发育成翅膀,后端发育成腿。

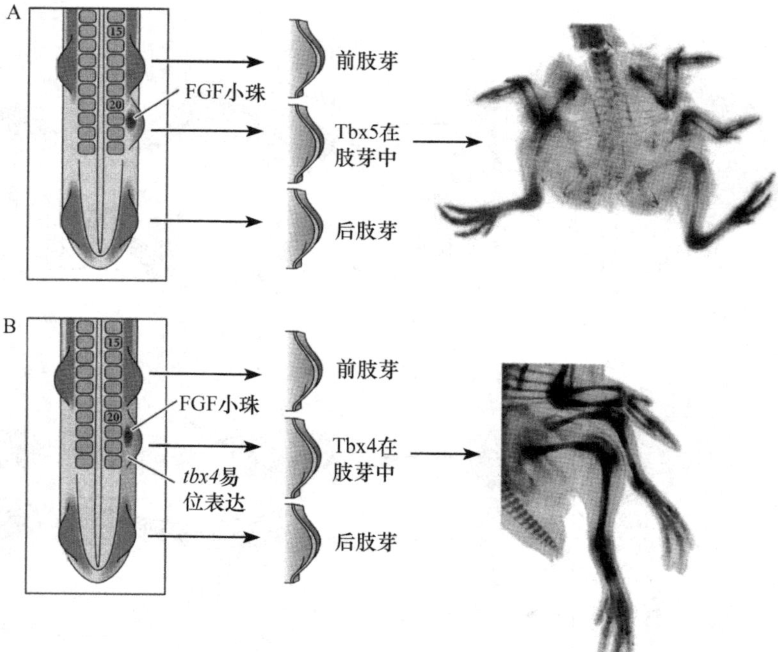

图 14.7　仅表达 Tbx4 的体壁中胚层只能产生后肢芽(自 Gilbert,2000)

A. 将含有 Fgf10 的小珠埋藏于鸡胚靠近前肢的体侧,将诱导一个额外前肢的形成;B. 如果介于前后肢芽之间的体侧被表达 Tbx4 的病毒感染,即使将含有 Fgf10 的小珠埋藏于靠近前肢的体侧,也只能诱导后肢芽的形成。

第三节 近远轴的形成

肢近远轴的形成和顶端外胚层嵴(AER)、前进区(PZ)密切相关。AER 和 PZ 之间的相互作用促进了肢的伸长和分化。

一、顶端外胚层嵴

AER 是肢芽顶端的表皮外胚层,其走向与肢的前后轴一致。AER 是肢发育的信号中枢。它的作用包括:维持其下方间充质细胞的分裂以增加肢的长度;维持与肢的前后轴形成有关的基因表达;和参与前后轴、背腹轴形成的蛋白质相互作用,促进肢芽细胞的分化。

肢的近远轴的生长和分化有赖于 AER 和其内侧前进区(大致 200μm 厚的间充质组织)。两者和肢芽发育的关系可以通过下列鸡胚的实验来显示(图 14.8):①如果在肢发育的任何阶段将 AER 切除,肢的进一步发育将停止;②如果将一个外源的 AER 移植到一个正常的肢芽上,将在正常的结构上添加肢的远端结构(如指骨等);③如果前肢 AER 内侧的前进区被后肢的前进区所取代,前肢的末端将形成趾,而不是指;④如果肢芽 AER 下方的前进区被肢以外的间充质组织取代,AER 将萎缩,肢的发育停止。

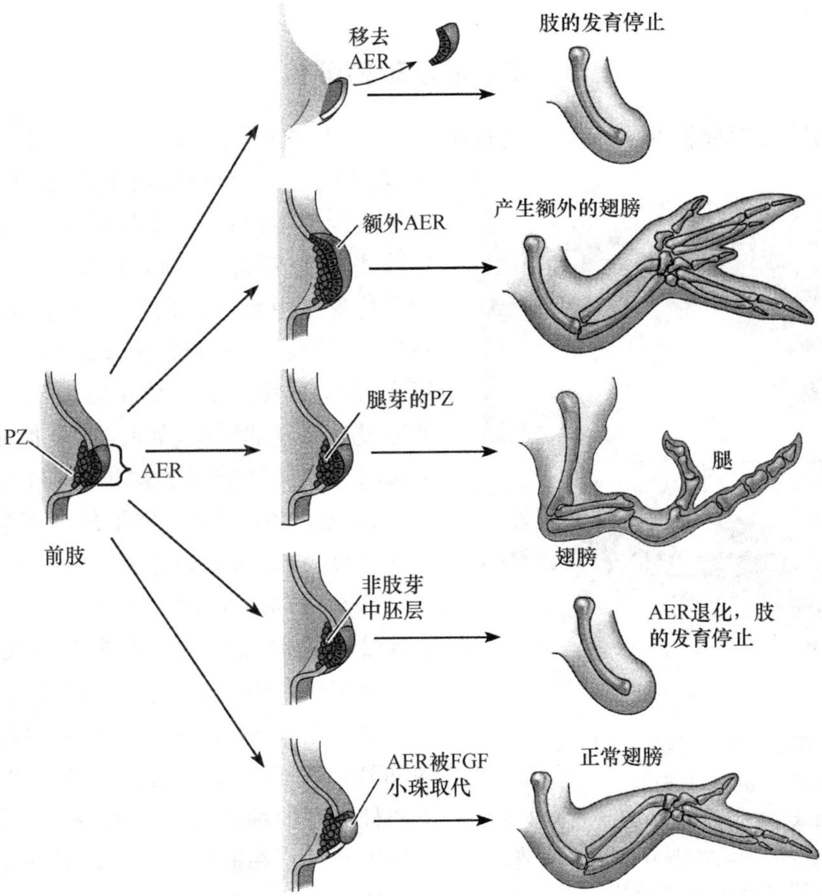

图 14.8 鸡胚顶端外胚层嵴和前进区的相互作用(自 Gilbert,2000)

通过切除 AER、移植外源 AER、置换 AER 等实验显示 AER 和 PZ 之间的相互作用指导肢的发育。

FGF对于AER的形成起着重要的作用。诱导AER的FGF主要是Fgf10。Fgf10是体壁中胚层分泌的，它诱导胚体两侧外胚层形成AER。首先，它诱导外胚层细胞产生Wnt蛋白，然后，通过典型的Wnt信号转导路径产生β联蛋白，激活*Fgf8*，并形成AER(图14.9)。Fgf8进而促使位于AER下方的间充质细胞分裂增殖，并继续表达Fgf10。这样，建立起一个正的反馈环：间充质细胞分泌的Fgf10诱导AER产生Fgf8，AER产生的Fgf8反过来促进间充质细胞继续分泌Fgf10。FGF的持续表达有助于肢芽中的间充质细胞的分裂增殖。

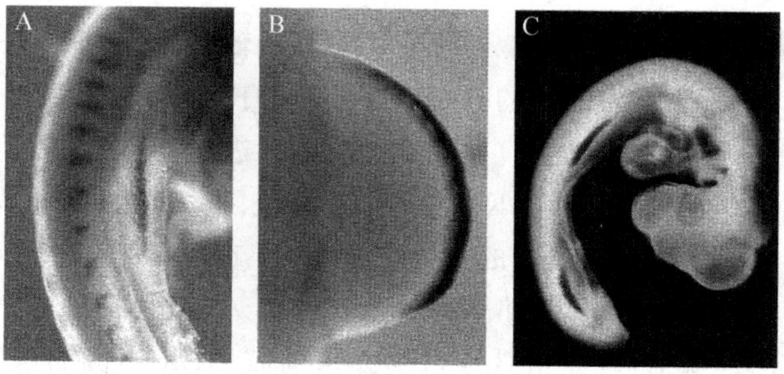

图14.9　Fgf8在顶端外胚层嵴的表达(自Gilbert，2000)

A. 鸡胚整体原位杂交照片，显示即将形成的肢芽表面有*fgf8* mRNA；B. *fgf8* mRNA位于肢芽的AER中；C. 3天鸡胚，前后肢的AER都表达*fgf8*。此外，鳃弓也表达*fgf8*。

二、近远轴的分化

前文说到肢的近远轴的生长和分化有赖于AER和前进区。通过许多移植实验，现在可以确定，AER可以维持肢的生长，促进前进区的间充质细胞分裂增殖；而肢芽的间充质(前进区)可以指导肢芽分化成为前肢或者后肢。而且，肢的近远轴的分化也是由前进区的间充质细胞决定的。如果将早期胚胎肢芽的前进区移植到后期胚胎肢芽中，那么，宿主肢芽除了形成正常肢的结构外，还将额外形成近体端的结构(如肱骨、尺骨和桡骨)；相反，如果将后期胚胎肢芽的前进区移植到早期胚胎肢芽中，那么，宿主肢芽只能形成不正常的肢：缺少尺骨和桡骨，指骨直接和肱骨相连(图14.10)。

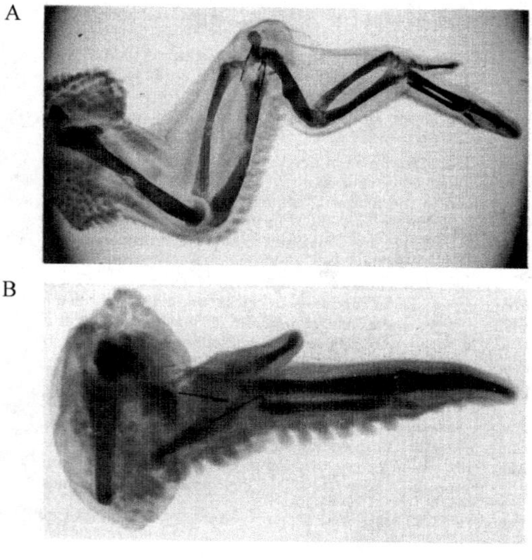

图14.10　肢芽前进区对肢发育的影响(自Gilbert，1991)

A. 将一个早期前肢芽的前进区移植到晚期前肢芽，宿主的前肢将生出额外的肱骨、尺骨和桡骨；B. 将一个晚期前肢芽的前进区移植到早期前肢芽，宿主的前肢将缺少尺骨和桡骨。

那么，前进区的间充质细胞又是如何决定肢的近远轴分化的呢？至今尚未有令人信服的解释。下面介绍两种理论，但是也存在缺点。

第一个理论称做前进区模型(progress zone model)。该理论认为，前进区中的间充质细胞分化成何种类型的细胞与该细胞在前进区中存在的时间长短有关。在前进区逗留的时间越长，该细胞分裂的次数越多，那么，这些细胞就特化成为更远端的细胞。因为前进区的厚度保持不变，随着肢的伸长，前进区中的间充质细胞不断离开。离开前进区后，预定形成骨组织的间充质细胞就开始分化成为软骨。因此，最先离开前进区的细胞分化成为肢柱的骨骼，最后离开的细胞形成肢身的骨骼，介于两者之间的细胞形成肢杆的骨骼。而切除 AER 将促使前进区的细胞停止分裂，因此切除早期肢芽的顶端外胚层嵴，只能形成近端的结构；切除较后时期肢芽的顶端外胚层嵴，就能形成更多的结构。

尽管前进区模型在解释肢的生长方面盛行了一阵，但是，却不能圆满地解释近年来出现的一些实验结果。例如，*fgf8* 和 *fgf4* 两个基因都突变的小鼠胚胎，肢芽前进区的细胞不能分裂（*fgf8* 和 *fgf4* 在 AER 表达）。这种小鼠肢的近端结构缺失，而远端结构却正常。这个实验结果就不能用前进区理论解释。因为，在这种小鼠的肢芽，前进区细胞不能分裂。因此，细胞在前进区逗留时间的长短决定其分化类型的说法在这里说不通。此外，有的实验还表明，早期肢芽的前进区细胞如果用染料标记之后，追踪其后代细胞在肢中的分布，发现这些早期前进区的细胞实际上是分布于整个肢的各个区段，并非仅仅分布在近体端。构成肢的细胞实际上在很早的阶段就已经分化了，与细胞在前进区逗留的时间没有关系。

另外一种理论称为早期分配和祖先扩展模型（early allocation and progenitor expansion model）。该理论认为，在早期的肢芽中，间充质细胞就已经特化了，一些细胞将形成肢柱的结构，另一些细胞将形成肢杆的结构，还有一些细胞将形成肢身的结构。间充质细胞的分裂仅仅是扩大每一部分的细胞群体，促使该部分的生长。在肢芽的发育过程中，不论何时切除 AER，其下方大约 200μm 厚的区域都将凋亡。如果在早期阶段切除 AER，那么，所有预定构成肢杆和肢身结构的细胞都处于凋亡的 200μm 区域之内，因此，仅有肢柱的结构能够形成，肢杆和肢身的结构不能形成。如果在较后阶段切除 AER，由于间充质细胞已经分裂增殖，各部分细胞群体已经扩展，200μm 厚的凋亡区域仅仅包括预定肢身部分的细胞，因此，就能形成肢柱和肢杆的结构。

三、Hox 基因和近远轴的分化

Hox 基因中的 *Hoxa9*～*Hoxa13* 以及 *Hoxd9*～*Hoxd13* 参与小鼠前肢的发育。其中，*Hoxa9*、*Hoxd9*、*Hoxa10* 和 *Hoxd10* 参与肢柱的形成；*Hoxa11* 和 *Hoxd11* 参与肢杆的形成；*Hoxd12*、*Hoxa13* 和 *Hoxd13* 参与肢身的形成（Hoxa 基因复合体中，没有 *Hoxa12* 基因），这已经被许多实验所证实。同样，后肢的发育也有 Hox 基因的参与。*Hoxa10* 和 *Hoxd10* 参与后肢肢柱的形成；*Hoxa11* 和 *Hoxd11* 参与后肢肢杆的形成；*Hoxd12*、*Hoxa13* 和 *Hoxd13* 参与后肢肢身的形成（图 14.11）。

要是将小鼠胚胎 Hox10 基因的所有同源群（*Hoxa10*、*Hoxc10* 和 *Hoxd10*）都剔除，该小鼠的后肢将缺少股骨和髌骨。由于前肢肢柱的形成除了 Hox10 基因的同源群参与外，Hox9 基因的同源群也参与，所以，剔除 Hox10 基因的同源群并不影响前肢肢柱的形成，前肢肢柱的结构依然是完整的。要是将小鼠胚胎 Hox11 基因的所有同源群（*Hoxa11*、*Hoxc11* 和 *Hoxd11*）都剔除，前肢将缺少尺骨和桡骨，后肢将缺少胫骨和腓骨（图 14.12A）。如果剔除 *Hoxd12*、*Hoxa13* 和 *Hoxd13*，将缺少肢身的结构。要是人的 *HOXD13* 突变，手和脚的结构都将出现畸形，某些指（趾）骨将连在一起（图 14.12B）。要是人的 *HOXA13* 突变，手和脚的结构也都将出现畸形。

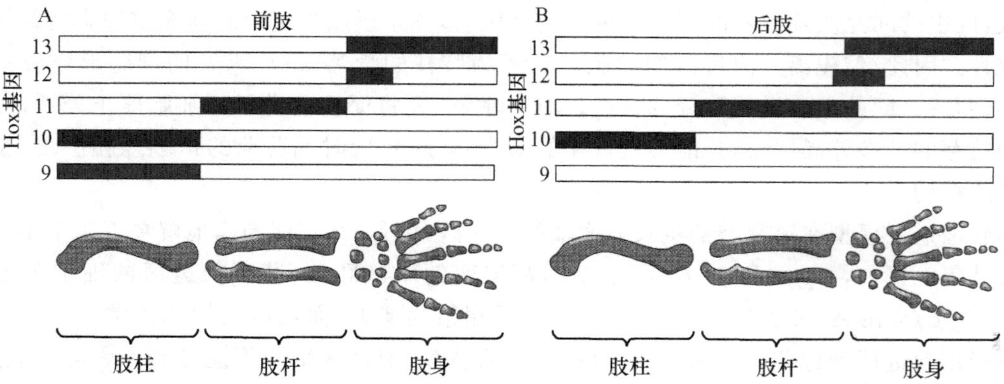

图 14.11 Hox 基因和肢的近远轴发育(自 Gilbert,2010)

A. 在前肢的发育中,*Hoxa9*、*Hoxd9*、*Hoxa10* 和 *Hoxd10* 参与肢柱的形成;*Hoxa11* 和 *Hoxd11* 参与肢杆的形成;*Hoxd12*、*Hoxa13* 和 *Hoxd13* 参与肢身的形成;B. 在后肢的发育中也出现了相似的情形,不过 *Hoxa9* 和 *Hoxd9* 没有参与肢柱的形成。

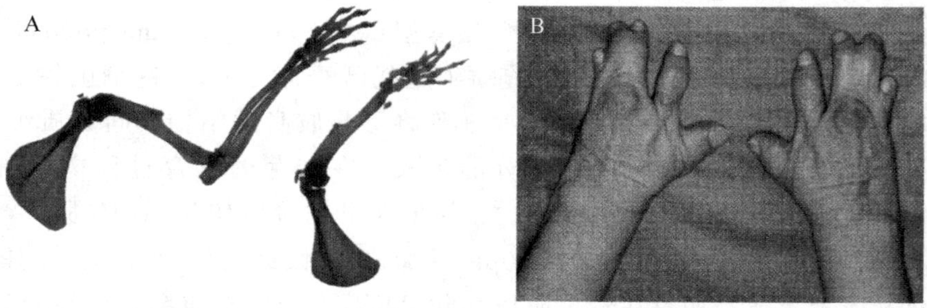

图 14.12 Hox 基因突变对肢近远轴发育的影响(自 Gilbert,2000)

A. 左侧是野生型小鼠的前肢骨骼,右侧是剔除了 *Hoxa11* 和 *Hoxd11* 的小鼠前肢骨骼,缺少尺骨和桡骨;B. *HOXD13* 基因突变的人出现多指(趾)并指(趾)畸形。

第四节 前后轴的形成

肢的前后轴发育主要指肢身部分的分化。以人的上肢肢身部分为例,前后轴的分化主要是指长短粗细不同的 5 个手指(从前端的大拇指到后端的小拇指)的形成。肢的前后轴特化受到极性活性区(ZPA)的控制。极性活性区位于肢芽的后缘和胚胎体侧壁交界处附近,由间充质细胞组成(图 14.4)。如果将鸡胚早期前肢芽的极性活性区移植到另一鸡胚前肢的前缘(与极性活性区相对),结果宿主前肢指的数量加倍,形成两套指。而且,这两套指互为镜像对称(图 14.13)。

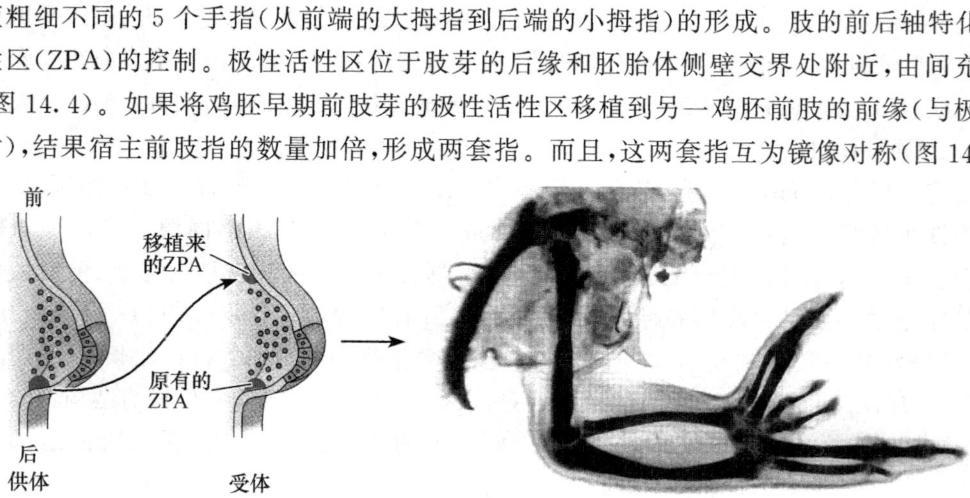

图 14.13 移植极性活性区对肢发育的影响(自 Gilbert,2000)

将一个早期鸡胚前肢芽的 ZPA 移植到另一鸡胚的前肢芽前缘的间充质中,将诱导产生两套指,且互为镜像对称。

一、极性活性区的诱导信号

极性活性区能够分泌旁分泌因子，诱导肢芽前后轴的形成。实验证明，该诱导信号是 Sonic hedgehog。如果用含有 *shh* 的病毒转染鸡胚的成纤维细胞（正常状态下，成纤维细胞不表达 *shh*），成纤维细胞就会表达该基因，并分泌 Sonic hedgehog。将此成纤维细胞团块移植到早期鸡胚前肢芽前缘的外胚层下方，其结果和移植极性活性区的情形一样，宿主的前肢也将产生两套互为镜像对称的指（图 14.14）。同样的结果也见于将含有 Sonic hedgehog 的小珠（该小珠能够缓慢地释放 Sonic hedgehog）埋藏于前肢芽前缘的实验。

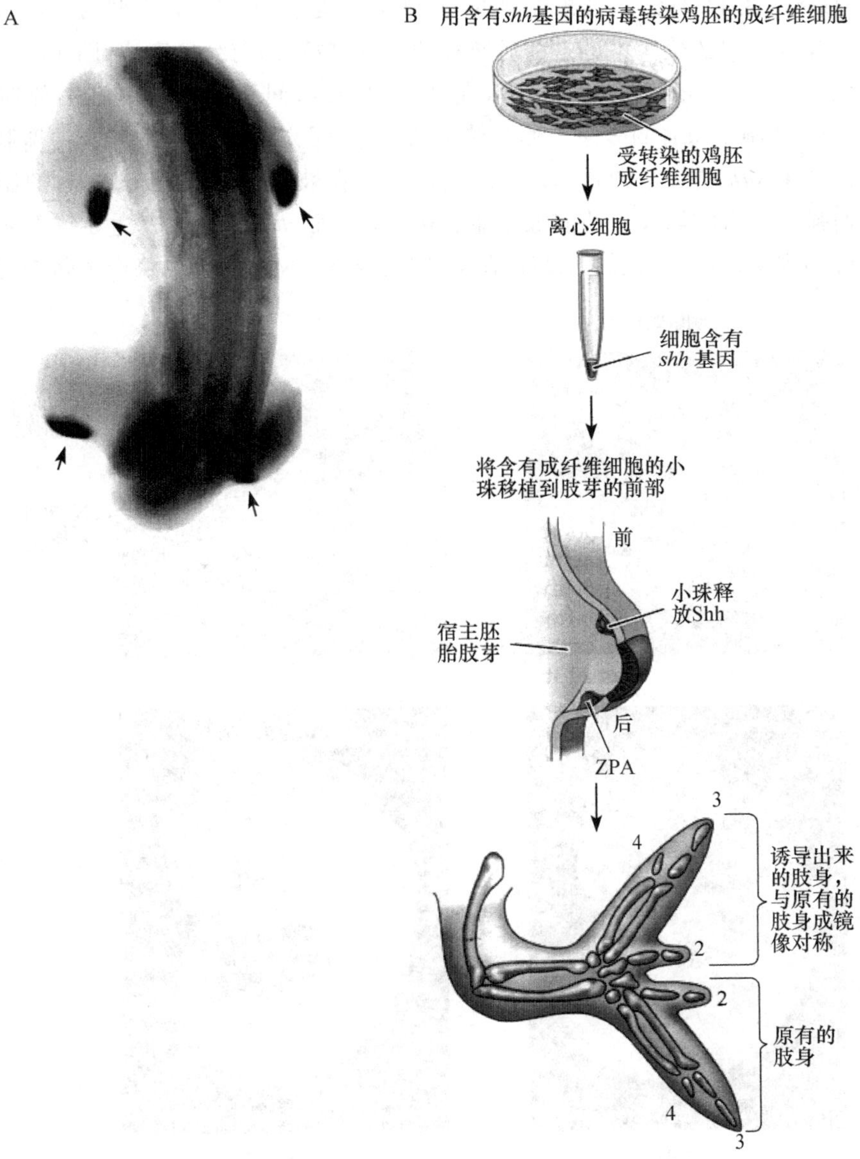

图 14.14　极性活性区分泌诱导信号 Sonic hedgehog（自 Gilbert，2000）

A. 鸡胚整体原位杂交照片，显示表达 Sonic hedgehog 的区域是肢芽的极性活性区（箭号）；

B. 用含有 *shh* 的病毒转染鸡胚的成纤维细胞，成纤维细胞能够分泌 Sonic hedgehog。将此成纤维细胞团块移植到鸡胚前肢芽前缘的表皮下方，长出的前肢具有镜像对称的指。

在一种称为 *Hx* 突变(hemimelic extra-toes mutant)的小鼠,前肢拇指的旁边具有额外的手指(图 14.15B)。引起该突变的原因是 *shh* 基因上游的一个增强子(该增强子位于 *shh* 基因上游,距 *shh* 大约 1 000 000 个碱基对,是肢特异增强子)中的一个碱基发生了改变。可以将 β 半乳糖苷酶基因和 *shh* 的这个增强子结合,构成一个 DNA 片段。在这个 DNA 片段中,β 半乳糖苷酶基因是报道基因(reporter gene)。和报道基因结合的 *shh* 增强子有两种:一种是野生型的,一种是 *Hx* 突变型的。将此两种 DNA 片段分别注射到小鼠受精卵的原核中,得到转基因的小鼠胚胎。用免疫组织化学方法可以确定小鼠胚胎表达 β 半乳糖苷酶基因的位置,由此,也就确定了 *shh* 表达的位置。如果注射的 DNA 片段含有野生型的 *shh* 增强子,那么,表达 β 半乳糖苷酶基因的位置就是前后肢芽的后缘(图 14.15C)。如果注射的 DNA 片段是含有 *Hx* 突变型的 *shh* 增强子,那么,表达 β 半乳糖苷酶基因的位置不但是前后肢芽的后缘,肢芽的前缘也表达(图 14.15D)。呈现这种变化的原因可能是这样的:正常状态下,在肢芽的前缘,间充质细胞中有一种抑制物结合在 *shh* 的增强子上,抑制了 *shh* 的表达。而在肢芽的后缘,间充质细胞中没有这种抑制物存在,*shh* 就得以表达。如果 *shh* 增强子的碱基发生改变,那么,在肢芽的前缘间充质中,抑制物就不能结合在 *shh* 的增强子上,这样,肢芽的前缘也能表达 *shh*。而 *shh* 的易位表达导致 *Hx* 突变型小鼠产生了多指(趾)现象。同样,人的 *SHH* 基因增强子要是发生突变,也将产生多指(趾)畸形。

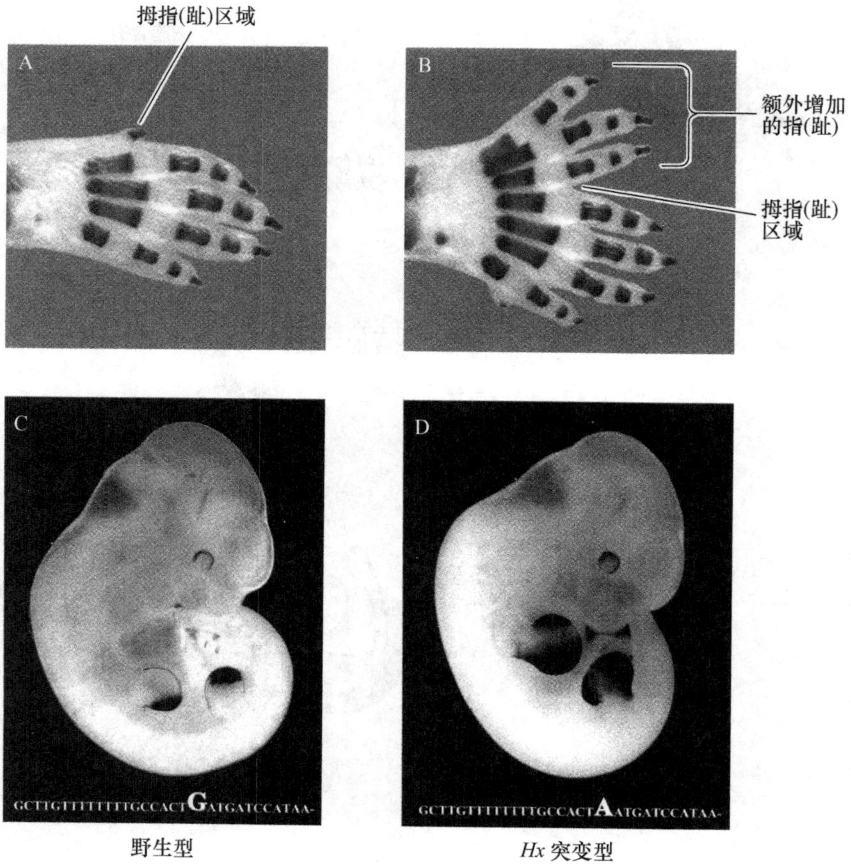

图 14.15　小鼠 *shh* 基因的易位表达引起肢发育的异常(自 Gilbert,2010)

A. 野生型小鼠的爪,经过茜素红染色后显示骨骼;B. *Hx* 突变型小鼠的爪,显示多余的指(趾);C. 注射了 β 半乳糖苷酶基因和野生型 *shh* 基因增强子的转基因小鼠胚胎,β 半乳糖苷酶基因和 *shh* 在肢芽的后缘表达;D. 注射了 β 半乳糖苷酶基因和 *Hx* 突变型 *shh* 增强子的转基因小鼠胚胎,β 半乳糖苷酶基因和 *shh* 在肢芽的前缘和后缘都表达。

在正常状态下，极性活性区的间充质细胞表达 Sonic hedgehog 受到 AER 分泌 Fgf8 的诱导，Fgf8 能够激活极性活性区间充质细胞的 *shh*。在肢芽的间充质细胞中，并非所有的细胞都具备了对诱导信号 Fgf8 作出反应的能力，只有位于极性活性区的间充质细胞才具有对 AER 分泌的 Fgf8 作出反应的感应性。而促使肢芽极性活性区的间充质细胞具备这种感应性的是转录因子 Hoxc8 和 dHAND。这两个转录因子只存在于肢芽的后部，而不存在于前部。

如果让小鼠前肢芽所有间充质细胞都表达 Hoxc8，那么，肢芽的前缘和后缘都将产生极性活性区。最终，将形成指的排列呈镜像对称的前肢。同样，*dHAND* 基因也只在肢芽后部的间充质中表达，该基因在 *shh* 之前表达。缺少 *dHAND* 基因的小鼠不能表达 *shh*，而且形成的肢是一种结构残缺不全的肢。相反，要是 *dHAND* 也在肢的前部表达，肢芽将形成两个极性活性区，指(趾)的排列也将呈现镜像对称。在 dHAND 表达的区域，*Hoxd13*、*Hoxd12* 和 *Hoxd11* 等 Hox 基因先后表达。极性活性区的间充质细胞正是在这些 Hox 基因的作用下，获得了对 Fgf8 的诱导作出反应的感应性。而在肢芽的前部，*Hoxc8* 和 *dHAND* 不会表达，另一个转录因子 Gli3 的基因却在表达。该转录因子抑制 Hox 基因和 *shh*，从而阻止极性活性区在肢芽的前部形成。

二、指(趾)的分化

肢芽间充质细胞表达的 Sonic hedgehog 对于指(趾)的分化至关重要。对于肢芽中的间充质细胞来说，Sonic hedgehog 既是旁分泌因子，又是自分泌因子。那些位于极性活性区的细胞受自身分泌的 Sonic hedgehog 刺激的时间长，而在极性活性区以外的间充质细胞，只能受到扩散来的 Sonic hedgehog 的刺激，而且时间较短。接受 Sonic hedgehog 刺激时间的长短决定了除大拇指(趾)以外的其他指(趾)的分化。

在小鼠肢芽的极性活性区中，最靠近外胚层的间充质细胞分泌 Sonic hedgehog 的时间最长，因此，该区域的细胞接受 Sonic hedgehog 刺激的时间也最长。这些细胞将形成第 5 指(趾)。而位于预定形成第 5 指(趾)的间充质细胞内侧的细胞虽然也表达 Sonic hedgehog，但是，表达的时间稍短，因此，这些细胞受到 Sonic hedgehog 刺激的时间也稍短。这些细胞将分化成为第 4 指(趾)。而位于极性活性区最内侧的细胞仅在很短的时间内分泌 Sonic hedgehog，它们主要受到扩散来的 Sonic hedgehog 的刺激。这些细胞将分化成为第 3 指(趾)。而那些位于极性活性区以外的间充质细胞不能分泌 Sonic hedgehog，只能接受扩散来的 Sonic hedgehog 的刺激，它们分化成为第 2 指(趾)。第 1 指(趾)的分化和 Sonic hedgehog 的刺激无关。可能是参与第 1 指(趾)分化的细胞与极性活性区的距离太远，Sonic hedgehog 的作用鞭长莫及，无法扩散到该区域。第 1 指(趾)的分化和 *Hoxd13* 基因的表达有关。那些表达 *Hoxd13* 基因同时又不表达 *Hoxd12* 基因的细胞才能分化成为第 1 指(趾)。

Sonic hedgehog 通过调节 BMP 信号的转导来控制指(趾)的分化。位于指(趾)间间充质细胞的 BMP 信号对其前面的指(趾)的分化起作用。BMP 浓度的高低影响了该信号转导路径最终产物的多寡，而这些最终产物的多寡决定了前进区中参与指(趾)发育的间充质细胞的数量。如果将某两指(趾)之间的组织切除，其前方的指(趾)将改变分化途径，成为与再前面的指(趾)结构相似的指(趾)。例如，切除鸡胚后肢第 2 趾原基和第 3 趾原基之间的组织，第 2 趾将分化成为第 1 趾。同样，切除第 3 趾原基和第 4 趾原基之间的组织，第 3 趾将分化成为第 2 趾(图 14.16B、C)。如果改变两指(趾)之间 BMP 的浓度，也可以达到相同的效果。例如，将含有 Noggin 的小珠(该小珠可以缓慢释放出 Noggin，该蛋白质是 BMP 信号的拮抗物)埋藏于鸡胚后肢第 2 趾原基和第 3 趾原基之间的间充质中，第 2 趾将分化成为第 1 趾(图 14.16E)。

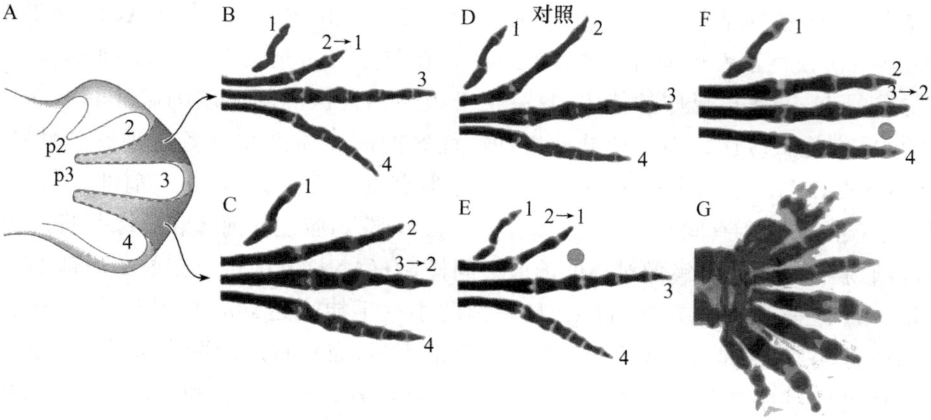

图 14.16　BMP 信号和指(趾)的分化(自 Gilbert,2003)

A. 鸡胚后肢两趾之间的间充质中含有 BMP 信号,切除两趾之间的间充质将改变趾的分化途径;B. 切除第 2 趾原基和第 3 趾原基之间的组织,第 2 趾将分化成为第 1 趾;C. 切除第 3 趾原基和第 4 趾原基之间的组织,第 3 趾将分化成为第 2 趾;D. 鸡野生型后肢肢身上的趾;E. 将含有 Noggin 的小珠埋藏于鸡胚后肢第 2 趾原基和第 3 趾原基之间的间充质中,第 2 趾将分化成为第 1 趾;F. 如果将含有 Noggin 的小珠埋藏于第 3 趾原基和第 4 趾原基之间的间充质中,第 3 趾将分化成为第 2 趾;G. 剔除小鼠的 *shh* 基因和 *gli3* 基因,前肢的肢身将长出许多没有差别的指。

第五节　背腹轴的形成

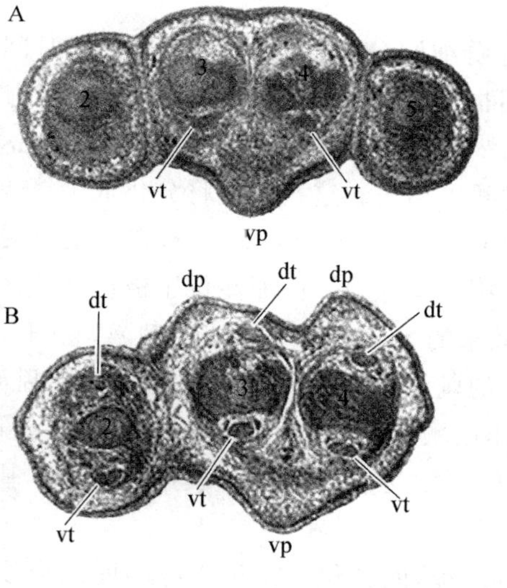

图 14.17　*Wnt7a* 基因和肢的背腹面分化(自 Gilbert,2000)

A. 野生型 15.5 天的小鼠胚胎前肢爪的横切面,位于腹侧的腱(vt)和爪垫(vp)明显可见,数字代表指的编号;B. 缺 *Wnt7a* 基因的小鼠胚胎前肢爪的横切面,在背侧出现了和腹侧相同的腱(dt)和爪垫(dp)。

肢的背腹轴区别肢的背面结构(如指甲、膝盖)和腹面结构(如爪垫、脚底)。这种背腹面极性的出现是由肢芽的外胚层决定的。如果将肢芽的外胚层切下,旋转 180°,然后再放回原处,肢的背腹极性将反转。

Wnt7a 是第一个被发现参与背腹轴形成的基因,它在鸡胚和小鼠胚胎肢芽的背侧外胚层中表达。如果剔除小鼠的 *Wnt7a*,小鼠爪的背面将长出和腹面一样的爪垫(pad,野生型的小鼠只有爪的腹面才长出爪垫)(图 14.17)。这表明,*Wnt7a* 的表达对于背面的分化是必需的。Wnt7a 能够激活背侧间充质细胞表达 *Lim1* 基因。Lim1 是转录因子,能够促使位于背侧的细胞特化成为背部组织的细胞。如果 *Lim1* 在腹部表达,那么,腹部的结构将改变成为背部的结构。如果剔除小鼠的 *Lim1*,将导致小鼠肢的背部结构丧失。如果人的 *Lim1* 突变,将产生指甲膝盖综合征(nail patella syndrome)。这种患者肢的背部结构丧失,如没有指甲、没有膝盖骨。

主要参考书目

本教材在编写过程中主要参考了下列书籍,其他参考文献从略.

陈大元. 2000. 受精生物学:受精机制与生殖工程. 北京:科学出版社.

成令忠. 1998. 组织学与胚胎学. 4 版. 北京:人民卫生出版社.

丁汉波,仝允栩,黄浙. 1987. 发育生物学. 北京:高等教育出版社.

秦鹏春. 2001. 哺乳动物胚胎学. 北京:科学出版社.

曲漱惠,李嘉泳,黄浙,等. 1980. 动物胚胎学. 北京:人民教育出版社.

Alberts B, Bray D, Lewis J, et al. 1989. Molecular Biology of the Cell. 2nd ed. New York: Garland Publishing, Inc.

Austin C R, Short R V. 1982a. Reproduction in Mammals. Book 1: Germ Cell and Fertilization. 2nd ed. New York: Cambridge University Press.

Austin C R, Short R V. 1982b. Reproduction in Mammals. Book 2: Embryonic and Fetal Development. New York: Cambridge University Press.

Austin C R, Short R V. 1984. Reproduction in Mammals. Book 3: Hormonal Control of Reproduction. New York: Cambridge University Press.

Balinsky B I. 1975. An Introduction to Emryology. 4th ed. Philadephia: W. B. Saunders Company.

Balinsky B I. 1981. An Introduction to Emryology. 5th ed. Philadelphia: Saunders College Publishing.

Berrill N J, Karp G. 1976. Development. New York: McGraw-Hill Book Company.

Brachet J, Alexandre H. 1986. Introduction to Molecular Embryology. 2nd ed. Berlin: Springer-Verlag.

Browder L W, Erickson C A, Jeffery W R. 1991. Developmental Biology. 3rd ed. Philadelphia: Saunders College Publishing.

Carlson B M. 1988. Patten's Foundations of Emryology. 5th ed. New York: McGraw-Hill Book Company.

Dale B. 1983. Fertilization in Animals. Baltimore: Edward Arnold.

Gilbert S F. 1991. Developmental Biology. 3rd ed. Sunderland: Sinauer Associate, Inc.

Gilbert S F. 1997. Developmental Biology. 5th ed. Sunderland: Sinauer Associate, Inc. Publishers.

Gilbert S F. 2000. Developmental Biology. 6th ed. Sunderland: Sinauer Associate, Inc. Publishers.

Gilbert S F. 2003. Developmental Biology. 7th ed. Sunderland: Sinauer Associate, Inc. Publishers.

Gilbert S F. 2010. Developmental Biology. 9th ed. Sunderland: Sinauer Associate, Inc. Publishers.

Gilbert S F, Raunio A M. 1997. Embryology: Constructing the Organism. Sunderland: Sinauer Associate, Inc.

Ham R G, Veomett M J. 1980. Mechanisms of Development. St. Louis: The C. V. Mosby Company.

Hogan B, Costantini F, Lacy E. 1986. Manipulating the Mouse Embryo: A Laboratory Manual. New York: Cold Spring Harbor Laboratory.

Johnson L G. 1995. Johnson & Volpe's Patterns and Experiments in Developmental Biology. 2nd ed. Dubuque: Wm. C. Brown Publishers.

Krstic R V. 1976. Ultrastructure of the Mammlian Cell. Berlin: Springer-Verlag.

Longo F J. 1987. Fertilization. London: Chapman & Hall Ltd.

Loomis W F. 1986. Developmental Biology. New York: Macmillan Publishing Company.

Ross M H, Kaye G I, Pawlina W. 2003. Histology: A Text & Atlas. 4th ed. Philadephia: Lippincott Williams & Wilkins.

Rugh R. 1977. A Guide to Vertebrate Development. 7th ed. Minneapolis: Burgess Publishing Company.
Slack J. 2001. Essential Developmental Biology. Malden: Blackwell Science Ltd.
Slack J. 2006. Essential Developmental Biology. Malden: Blackwell Publishing.
Saunders J W. 1982. Developmental Biology. New York: Macmillan Publishing Co., Inc.
Torrey T W, Feduccia A. 1979. Morphogenesis of the Vertebrates. 4th ed. New York: John Wiley & Sons.
Wolpert L. 1998. Principles of Development. New York: Oxford University Press.